Kohlhammer
Standards Psychologie

Basisbücher und Studientexte

Herausgegeben von
Theo W. Herrmann
Werner H. Tack
Franz E. Weinert

Teilgebiet: Sozialpsychologie

Helmut Crott

Soziale Interaktion und Gruppenprozesse

Verlag W. Kohlhammer
Stuttgart Berlin Köln Mainz

CIP-Kurztitelaufnahme der Deutschen Bibliothek

Crott, Helmut:
Soziale Interaktion und Gruppenprozesse / Helmut Crott. —
Stuttgart, Berlin, Köln, Mainz: Kohlhammer 1979.
(Kohlhammer-Standards Psychologie:
Basisbücher: Teilgebiet Sozialpsychologie)
ISBN 3-17-001350-5

Stuttgart Berlin Köln Mainz
Verlagsort: Stuttgart
Umschlag: hace
Gesamtherstellung: W. Kohlhammer GmbH
Grafischer Großbetrieb Stuttgart
Printed in Germany

Inhalt

Vorwort

Der vorliegende Band der Basisbuchreihe soll zusammen mit dem Buch über *soziale Urteilsbildung* von Arnold Upmeyer Studenten der Psychologie, der Soziologie und benachbarter Fächer einen Überblick über die Sozialpsychologie vermitteln. Anders als die Gruppenpsychologie, die zu den klassischen Gebieten der Sozialpsychologie gehört, hat sich der Begriff der sozialen Interaktion erst in den letzten zwei Jahrzehnten etabliert. Beeinflußt durch die Arbeiten des Soziologen G. C. Homans sowie durch die unter ökonomischer Perspektive entwickelte mathematische Spieltheorie von Neumann & Morgenstern einerseits und durch die Balancetheorie und Dissonanztheorie Heiders und Festingers andererseits sind in der Folgezeit eine sehr große Zahl theoretischer und empirischer Arbeiten zur sozialen Interaktion entstanden, von denen der Text trotz des umfangreichen Literaturverzeichnisses nur einen kleinen Prozentsatz referiert.

Der Begriff soziale Interaktion ist heute in vielen psychologischen Disziplinen von zentraler Bedeutung. Nicht nur die Sozialpsychologie, sondern auch die angewandten Fächer der Pädagogischen, Klinischen, Forensischen und der Wirtschaftspsychologie befassen sich mit der Analyse interaktiver Prozesse. Die wissenschaftlich begründete Praxis von Psychologen und Soziologen versteht sich nicht zuletzt als Beeinflussung interaktiven Verhaltens. Der Therapeut, der das Sozialverhalten seines Klienten verändern möchte, der Sozialarbeiter, der eine Verbesserung in den Beziehungen zwischen den Mitgliedern einer Familie anstrebt, der Lehrer, der dem unbeliebten Schüler zur Anerkennung durch seine Schulkameraden verhelfen will, und der Betriebspsychologe, der nach optimalen Voraussetzungen für die Zusammenarbeit in einem Arbeitsteam sucht, sie alle analysieren und steuern interaktive Vorgänge. Es ist daher nur folgerichtig, daß in jüngster Zeit sehr viele Schriften erschienen sind, die die Erkenntnisse der Interaktions- und Gruppenforschung im Hinblick auf die Praxis konkretisieren — so z.B. für die Interaktion in Familie und Schule Arbeiten von Backman & Secord (1972), Dreikurs (1976), Keller (1976) und Piontkowski (1973, 1976), für die Psychotherapie und Gruppendynamik von Däumling & Fengler (1974), von Reiss et al. (1976), Watzlawick et al. (1969) und Watzlawick (1977), für das Verhalten in Organisationen von Irle (1970, 1971), Piontkowski (1976), Smith (1976) und von Rosenstiel et al. (1977).

Das vorliegende Buch befaßt sich als Teil II eines Lehrbuchs der Sozialpsychologie[1] mit der sozialen Interaktion aus der grundwissenschaftlichen Perspektive. Es klammert also die angewandten Aspekte aus, ohne diese gänzlich aus dem Auge zu verlieren. Dem an der Anwendung interessierten Leser mag die oben angegebene Literatur die Übertragung der theoretischen Erkenntnisse der Sozialpsychologie in die ihn interessierenden Praxisfelder erleichtern.

Bei der Komplexität des Gegenstandes der sozialen Beziehungen und der Verhaltensabläufe zwischen Personen, wie er in der Psychologie der sozialen Interaktion thematisiert wird, nimmt es nicht wunder, daß viele widersprüchliche empirische Ergebnisse und widerstreitende theoretische Positionen nebeneinander existieren. Der Leser mag sich vergegenwärtigen, daß dies in noch höherem Maß der Fall ist, als es in der Darstellung zum Ausdruck kommt. Der Umfang eines Basisbuches dieser Reihe erfordert eine Be-

1 Teil I: Upmeyer, A. Soziale Urteilsbildung. In derselben Reihe voraussichtlich 1980.

schränkung, die nur durch drastisches Kürzen des Textes erreicht werden konnte. Um dennoch eine geschlossene Darstellung vorlegen zu können, hat der Verfasser vorwiegend solche Ergebnisse aufgenommen, welche sich in theoretische Konzeptionen einordnen lassen bzw. im Widerspruch dazu stehen. Mancher bedeutende Beitrag mußte daher unberücksichtigt bleiben. Das Manuskript wurde 1977 abgeschlossen und dann überarbeitet. Weil das Buch ›kapitelweise‹ geschrieben wurde, wird man in manchen Kapiteln kaum Hinweise auf Literatur aus den Jahren nach 1976 finden, da der Text zu diesem Zeitpunkt bereits konzipiert wurde. Dieser Hinweis ist erforderlich, denn das Gebiet der sozialen Interaktion befindet sich in rascher Entwicklung.

Um sowohl denjenigen Lesern gerecht zu werden, die einen Überblick über die Materie wünschen, als auch denjenigen, die an ergänzenden und vertiefenden Informationen interessiert sind, wurde zwischen einführenden und weiterführenden Abschnitten unterschieden. Die letzte Gruppe ist in der Inhaltsangabe und in den Abschnittüberschriften durch ein Sternchen gekennzeichnet. Auch die Kontrollfragen am Ende jeden Kapitels sind, soweit sie sich auf diese Abschnitte beziehen, durch Sternchen hervorgehoben. Für einen ersten Überblick genügt die Lektüre der nicht-indizierten Abschnitte. Die ›Sternchenabschnitte‹ können kapitelweise unabhängig voneinander gelesen werden, d.h. nur die indizierten Abschnitte innerhalb eines Kapitels bauen aufeinander auf.

Der Autor hat vielen Personen für die Hilfe bei der Fertigstellung des Buches zu danken. Die Herausgeber, Prof. Dr. Th. Herrmann, Prof. Dr. W. Tack und Prof. Dr. F. E. Weinert, lasen das Manuskript kritisch, Herr Herrmann lieferte eine detaillierte Rückmeldung mit zahlreichen wertvollen Hinweisen und Vorschlägen. Sie konnten leider nicht immer berücksichtigt werden, da sonst das noch kürzungsbedürftige Manuskript wiederum umfangreicher geworden wäre. Für die kritische Durchsicht danke ich ferner Frau cand. phil. Regine May, Herrn Prof. Dr. Wulf Albers, Herrn Dipl.-Psych. Peter Hamel, Herrn cand. phil. Thomas Schermer und Herrn Dipl.-Math. Roland Scholz. Herr Hamel hat außerdem die Anfertigung des Literaturverzeichnisses übernommen. Frau cand. soz. Doris Klein und Frau Irmgard Becker haben das Manuskript geschrieben und die Tabellen und Abbildungen angefertigt.

Die Publikation ist als Arbeit des SFB 24 Sozial- und Wirtschaftspsychologische Entscheidungsforschung an der Universität Mannheim entstanden, der aus den Mitteln der Deutschen Forschungsgemeinschaft (DFG) und des Landes Baden-Württemberg finanziert wird. Danken möchte ich auch dem Sprecher des SFB 24, Prof. Dr. Martin Irle, der das Buchprojekt initiiert hat.

Schließlich bin ich auch Herrn Kiewald vom Kohlhammer Verlag verpflichtet, der durch seine flexible Haltung aus Geduld und Drängen die Fertigstellung des Manuskriptes beschleunigt hat.

1 Analyse des Kommunikationsprozesses

Übersicht: Das Kapitel befaßt sich im ersten Abschnitt mit verschiedenen Versuchen, die Begriffe Kommunikation und soziale Interaktion zu definieren und gegeneinander abzugrenzen. — Die Abschnitte 1.2 bis 1.6 behandeln dann Vorstellungen über den Kommunikations- bzw. Interaktionsvorgang. Zunächst werden in Abschn. 1.2 anschauliche Modelle vorgestellt, wie sie im Anschluß an das Sender-Kanal-Empfänger-Konzept der Informationstheorie entstanden sind. Es folgen in Abschn. 1.3 und 1.4 die Modelle von Jones & Gerard und Argyle, welche soziale Interaktion als eine durch Pläne gesteuerte Sequenz von Reaktionen und Antworten bzw. als Entwicklung interaktiver Kompetenz auffassen. Die in dem mit Sternchen versehenen Abschn. 1.5 behandelte Auffassung von Watzlawick, Beavon & Jackson stellt sich als ein System von Aussagen über die Natur und den Verlauf kommunikativer Prozesse dar. Die Autoren betrachten diese Aussagen als Grundlage für eine klinische Praxis (Kommunikationstherapie). Der ebenfalls mit Sternchen versehene Abschn. 1.6 skizziert den ›Symbolischen Interaktionismus‹, der als sozialisationstheoretisch ausgelegtes Konstrukt der Ausbildung von Rollenerwartungen und Rollenhandeln verstanden werden kann.
Im Abschn. 1.7 wird der Einsatz sprachlicher Kommunikationsmittel analysiert. Schließlich wird im letzten Abschnitt exemplarisch eine Methode zur Erfassung von Interaktionsprozessen (Bales' Interaktions-Prozeß-Analyse) geschildert.

1.1 Diskussion der Begriffe Kommunikation und soziale Interaktion

»Wo immer zwei oder mehrere Individuen sich zueinander verhalten, sei es im Gespräch, in Verhandlungen, in Spiel oder Streit, in Liebe oder Haß, sei es um einer Sache oder um ihrer selbst willen, sprechen wir von sozialen Interaktionen oder von zwischenmenschlicher Kommunikation. Doch auch die Beziehungen zwischen sozialen Gebilden, wie Gruppen, Organisationen, Institutionen, Nationen werden, zumindest sofern sie als beobachtbare und/oder meßbare Wechselwirkung definiert werden, als Interaktion bezeichnet, der Kommunikationsanalyse unterworfen. Schließlich wird der Umgang mit Apparaten und Maschinen als Interaktion aufgefaßt; selbst Maschinen untereinander stehen nach jüngstem Sprachgebrauch in Kommunikation.« Mit dieser aufzählenden Umschreibung der Begriffe leitet Graumann (1972, S. 1109) den Artikel zur *Interaktion* und *Kommunikation* im Handbuch der Sozialpsychologie ein. Sie zeigt, daß das wissenschaftliche Verständnis beider Begriffe geradezu entmutigend weit ist. Graumann verweist an gleicher Stelle darauf, daß sozialwissenschaftliche Prozesse, die unter anderen Überschriften eingeordnet werden, Sozialisation, Aggression, Imitation, Beeinflussung, Gruppendynamik u.a. stets auch unter Kommunikation und soziale Interaktion fallen. Kommunikation und Interaktion werden daher nicht selten mit der Thematik der Sozialwissenschaften oder doch wenigstens der Sozialpsychologie gleichgesetzt. War noch vor wenigen Jahren Kommunikation das Zauberwort, mit dem sich sozialwissenschaftliche Darstellungen besonders häufig schmückten, so ist es heute der Interaktionsbegriff.
Der weitere Sprachgebrauch der Begriffe Interaktion und Kommunikation umfaßt schlechthin alle Vorgänge, die beim Kontakt zwischen zwei oder mehreren Personen erlebt und/oder beobachtet werden können. Bezieht man auch symbolische Prozesse mit ein, so kann auch das Denken, das die soziale Umwelt berücksichtigt, als Interaktion betrachtet werden. Daß andere Begriffe der Psychologie ähnlich weitgefaßt sind und daß diese meist ebenfalls nicht gegeneinander abgegrenzt werden, enthebt uns nicht

der Aufgabe, den Gegenstand des vorliegenden Buches zu umreißen. Wer eine Arbeit zur Lern-, Motivations- oder Entwicklungspsychologie zur Hand nimmt, weiß ungefähr, was ihn erwartet. Denn hier haben sich Fachtraditionen herausgebildet, welche den jeweiligen Gegenstandsbereich bestimmen. Für die Begriffe Interaktion und Kommunikation gibt es keine derartigen Konventionen.

Wenn bisher stets von Interaktion *und* Kommunikation die Rede war, so deutet dies bereits darauf hin, daß beide Begriffe weitgehend deckungsgleich verwendet werden. In der Terminologie der Statistik wird der angelsächsische Begriff *interaction* mit Wechselwirkung gleichgesetzt. Der statistische Wechselwirkungsbegriff besagt, daß neben der additiven Wirkung der Faktoren A und B ein Effekt auftritt, der auf das Zusammenwirken beider Faktoren zurückzuführen ist. Die Variation der als A definierten UV wirkt sich auf den verschiedenen Stufen der mit B gekennzeichneten UV unterschiedlich aus (und analog B auf A), d.h. die unabhängigen Variablen A und B erzeugen einen Effekt, der für die gemeinsame Variation von A und B charakteristisch ist.

In diesem Sinne läßt sich auch ein Minimalkonsens in der Definition des Begriffes der sozialen Interaktion feststellen. Das Verhalten von zwei Personen A und B läßt sich nicht unabhängig voneinander, sozusagen nebeneinander beschreiben. Es ist vielmehr aufeinander bezogen und beeinflußt sich. Soziale Interaktion, von der im folgenden auch kurz als Interaktion gesprochen wird, bedeutet also, daß das Verhalten mindestens eines Beteiligten durch das Verhalten eines oder mehrerer anderer beeinflußt wird.

Ist das Verhalten einseitig abhängig, dann hat man es nicht mit der typischen kontingenten Interaktion zu tun, die meist mit sozialer Interaktion gemeint ist, sondern mit Reaktionen auf eine andere Person, die ähnlich wie Reaktionen auf eine physikalische Umwelt ablaufen. So wie sich der Autofahrer nach der Lichtzeichenanlage richtet, das Umgekehrte aber nicht gilt, kann jemand seine Handlungen an denen einer anderen Person orientieren, ohne daß diese es auch nur bemerkt. Soziale Interaktion wird im allgemeinen als eine *wechselseitige* Abhängigkeit des Verhaltens zweier oder mehrerer Personen verstanden. Diese Feststellung ist jedoch noch keineswegs differenzierend, da sie für den Kommunikationsbegriff ebenfalls gilt.

Die zahlreichen Abgrenzungsversuche zwischen Interaktion und Kommunikation hinterlassen einen uneinheitlichen Eindruck. So wird Interaktion gelegentlich als der weitere Begriff verstanden, ein andermal als der engere. Homans (1960) sieht Interaktion als weiter an, wenn er betont, Kommunikation sei immer verbal, während Interaktion sowohl verbale wie nichtverbale Komponenten zwischenmenschlicher Prozesse umfasse. Damit entspricht Interaktion dem heute geläufigen Kommunikationsbegriff, der verbale und nonverbale Kommunikation einschließt. Für Watzlawick et al. (1969) ist Kommunikation der Oberbegriff. Dabei ist der einzelne kommunikative Akt die ›Mitteilung‹ und ein ›wechselseitiger Ablauf von Mitteilungen zwischen zwei oder mehreren Personen‹ die Interaktion. (Für den an ›genauerer Quantifizierung‹ interessierten Leser fügen sie hinzu, daß Interaktion mehr als eine einzelne Mitteilung, aber nicht unbegrenzt sei.)

Andere Autoren verstehen Interaktion als die Entwicklung zwischenmenschlicher Beziehungen, die sich als Konsequenz kommunikativer Akte vollzieht. Entsprechend definiert Cooley (1966, S. 147) Kommunikation als »... the mechanism through which human relations exist and develop ...«. Auch Bornewasser et al. (1976, S. 158) sehen in der Interaktion unter Verweis auf Piontkowski (1976) die Beziehung zwischen zwei oder mehreren Personen, ihre Bewertung durch den Partner und die Übermittlung spezifischer Beziehungsqualitäten, während Kommunikation Inhalte und Bedeutungen transportiert.

Ein anderes Konzept bezeichnet ebenfalls den *Inhalt* des zwischenmenschlichen Vorganges (die Absicht des Senders und/oder die Interpretation des Empfängers) als Kommunikation, als Interaktion jedoch die *beobachtbaren Handlungen.* Damit wäre Kommunikation auf der Informationsebene, Interaktion auf der Verhaltensebene angesiedelt. Beide so gefaßten Begriffe, Kommunikation und Interaktion, umfassen sowohl die Kontaktnahme mittels *Zeichen* (Sprache, Symbole) als auch die mittels *Energie* (Mimik, Gestik, Motorik). Jedes soziale Verhalten hat sowohl subjektive (kommunikative) wie objektive (interaktive) Komponenten. Mit der freundlichen Gebärde des ›die-Hand-auf-die-Schulter-Legens‹ möchte die Person etwas über ihre gegenwärtige Einstellung zur Zielperson mitteilen. Das Ziel nimmt dieses Verhalten wahr und interpretiert es. Beobachtbar für einen dritten ist jedoch nur die Gebärde der Quelle und die entsprechende verbale, mimische oder motorische Reaktion der Zielperson. Diese Unterscheidung zwischen subjektiven und objektiven Komponenten eines sozialen Vorganges spiegelt sich in Newcombs Interaktionsbegriff wider: »... we shall use the term ›interaction‹ to refer to any set of observable behaviors on the part of two or more individuals when there is reason to assume that in some parts those persons are responding to each other« (Newcomb et al. 1965, S. 3). Spezifizierend fügt Newcomb hinzu, daß sich beobachtbare Interaktionen charakteristischerweise als Sequenzen von Verhaltensweisen darstellen. — Tatsächlich stellen die meisten Kommunikationsmodelle nicht das beobachtbare Verhalten, sondern die Botschaft bzw. Information, das Senden und Übermitteln, sowie den Empfang und die Verarbeitung (Interpretation) der Botschaft in den Mittelpunkt (Reimann 1966).

Die Unterscheidung zwischen den subjektiven (kommunikativen) und den objektiven (interaktiven) Ebenen findet sich auch im Sprachgebrauch der empirischen Forschung: Man spricht von Interaktionsprozeßanalyse, wenn man die Häufigkeit von Sprechakten, Gesten usw. registriert; von Kommunikationsanalyse, wenn man sich mit dem Inhalt eines Gesprächs, einer Diskussion usw. beschäftigt. Gleichwohl beziehen die meisten Schemata der Interaktionsprozeßanalyse auch (in diesem Sinne) kommunikative Aspekte mit ein. Neben der Aufzeichnung der Häufigkeit von Sprechakten, Lachen, Kopfnicken, Handbewegungen werden auch die vom Beobachter vermuteten Bedeutungen dieser Handlungen miterfaßt.

Die Praxis der Forschung zeigt durchweg, daß — wie Graumann (1972) hervorhebt — Kommunikation und soziale Interaktion nicht voneinander zu trennen sind. Objektiv gleich erscheinendes Verhalten in sozialer Interaktion kann auf sehr unterschiedliche Intentionen zurückgehen. Entsprechend kann es unterschiedlich interpretiert werden. Die *Intention des Senders* und die *Interpretation des Empfängers* wiederum sind nicht direkt zu beobachten. Man muß sie bei der Quelle bzw. Zielperson erfragen oder aus deren objektivem Verhalten erschließen. Da man die Befragung von Vpn nicht als ausreichendes Erkenntnismittel ansieht, werden die harten Daten über beobachtbares Verhalten herangezogen, um Einsichten über die Intentionen der Vpn zu gewinnen. Die Unterscheidungen zwischen Kommunikation und sozialer Interaktion sind somit von geringer forschungspraktischer Relevanz.

Interaktion und Kommunikation sollen im vorliegenden Buch unter sozialpsychologischem Blickwinkel betrachtet werden, nicht aus der Sicht der Allgemeinen Psychologie, der Pädagogischen Psychologie, der Klinischen Psychologie oder anderer psychologischer Disziplinen. Diese Abgrenzung ist notwendig, denn schließlich spielen sich bis auf einige angeborene Mechanismen, einige Wahrnehmungsleistungen und einige als Reaktion auf die physikalische Umwelt erfolgende Lernprozesse nahezu alle psychologisch interessanten Vorgänge in einem interpersonalen Kontext ab. Würde der sozialpsychologische Akzent nicht gesetzt, dann wäre der Titel ›Soziale Interaktion‹ nur durch eine enzyklopädische Darstellung der Psychologie zu erfüllen. Aber auch damit könnte nur ein Ausschnitt erfaßt werden, denn am Phänomen Interaktion und Kommunikation sind neben der Psychologie zahlreiche andere Wissenschaften und Technologien beteiligt. Der interessierte Leser sei auf Graumann (1972) verwiesen, der eine tabellarische Synopse der Disziplinen gibt, in denen Kommunikationsforschung betrieben wird. Neben technologischen Disziplinen werden Philosophie und Geschichtswissenschaft, Psychologie, Psychoanalyse, Psychophysiologie, Psychiatrie, Sozialwissenschaften, Politik, Sprachwissenschaften, Kunstgeschichte und -theorie, Recht und Sport und die Schwerpunkte des Interesses dieser Fächer an der Kommunikationsproblematik genannt. Für die psychologischen und sozialwissenschaftlichen Fächer ist diese Aufstellung in veränderter Form in Tabelle 1.1 wiedergegeben.

Tab. 1.1: Aufstellung psychologischer Disziplinen und deren Problembereiche, in denen Kommunikations- und Interaktionsprozesse zu berücksichtigen sind (in Anlehnung an Graumann 1972)

Forschungsrichtung	Problembereich
Allgemeine Psychologie	Wahrnehmung, Informationsverarbeitung, Entscheidungsprozesse, Sprache, Gedächtnis, verbales Lernen
Entwicklungspsychologie	Sozialisation, Sprachentwicklung
Pädagogische Psychologie	Lehrer-Schüler-, Schüler-Schüler-, Lehrer-Eltern-Verhältnis
Klinische Psychologie	Kommunikations- und Interaktionsstörungen in Familie, in Sympathiegruppen, im beruflichen Feld – Therapeut-Patient-Kommunikation (z. B. in Gesprächstherapie), Aphasie u. a. Sprach- und Kommunikationsstörungen
Ethologie und vergleichende Psychologie	Menschliche und tierische Kommunikation
Sozialpsychologie	1) Soziale Urteilsbildung, Soziale Wahrnehmung, Stereotype, Einstellungen, Einstellungswandel, Soziales Lernen. 2) Interpersonale Attraktion, kollektive Entscheidungen, Kooperation, Solidarität, Konflikt, Macht, Gruppenprozesse

Mit der Beschränkung auf die sozialpsychologischen Aspekte beschäftigt sich das vorliegende Buch zentral nur mit den unter Sozialpsychologie aufgeführten Gesichtspunkten (s. Kasten in Tab. 1.1). Des weiteren soll sich der Inhalt auf die unter 2) angeführten Sachverhalte beschränken. Was unter 1) beschrieben ist, wird in Teil I dieses Lehrbuchs unter dem Oberbegriff ›Soziale Urteilsbildung‹ behandelt.
Das vorliegende Kapitel 1 stellt einige grundlegende Modelle der Sozialen Interaktion/Kommunikation dar. Vorstellungen also, die den interaktiven Vorgang anschaulich machen sollen. Andere theoretische Konzepte der Interaktion und Kommunikation werden dann in späteren Kapiteln im Zusammenhang mit der darauf bezogenen empirischen Forschung angesprochen. So werden z. B. Thibaut & Kelleys austauschtheoretische Konzeption in Kapitel 2 und Kapitel 7 behandelt, Homans Theorie der grundlegenden sozialen Prozesse in Kapitel 2 und French & Ravens Klassifikation der Macht in Kapitel 7. Damit sollen Wiederholungen vermieden und der Zusammenhang zwischen theoretischen Konzeptionen und empirischer Forschung unterstrichen werden.

1.2 Anschauliche Modelle des Kommunikationsprozesses

Das wohl bekannteste anschauliche Modell der Kommunikation stammt aus dem nachrichtentechnischen Bereich. Es wurde von Shannon & Weaver (1949) mit den Merkmalen *Quelle* der Information, *Sender* (Übermittler), *Kanal* (Störquelle), *Empfänger* (Übermittler) und *Ziel* konstituiert (vgl. Abb. 1.1). In der Psychologie wurde diese Vorstellung jedoch bald verdrängt, da sie unberücksichtigt ließ, daß der Mensch zugleich Ausgangs- und Endpunkt von Kommunikation ist. Er ist sozusagen Quelle, Sender, Empfänger und Ziel zugleich. Dies veranschaulicht das Modell von Osgood (1963). Der Mensch wird als Kommunikationseinheit aufgefaßt. Kommunikation findet zwischen mindestens zwei Einheiten statt. In Erläuterung der Abb. 1.2 kann man sich nach Osgood & Sebeok (1965, S. 1 f.) Kommunikation als Prozeß der Dekodierung und Enkodierung vorstellen:

»Beim Prozeß menschlicher Dekodierung wird ein Eingang in Form physikalischer Energie, der linguistisch oder anders kodiert ist, zuerst in neutrale sensorische Impulse rekodiert, vom Rezeptororgan bearbeitet und schließlich am Ziel ›interpretiert‹ (wahrscheinlich als Aktivitätsmuster in den höheren Zentren). Beim Prozeß menschlicher Kodierung wird eine ›Intention‹ der Quelle (wahrscheinlich ein Aktivitätsmuster in den gleichen Zentren) vom Sendeorgan in den motorischen Regionen bearbeitet, in physikalische Bewegungen rekodiert und so der Ausgang dieser Einheit. In traditioneller psychologischer Sprache wird *Eingang* zu ›Reize‹ und *Empfänger* wird ›Rezeption‹ und ›Wahrnehmung‹, *Ziel* und *Quelle* werden ›Kognition‹, (Bedeutung, Einstellung u. ä.), *Sender* wird ›motorische Organisation und Abfolge‹ und *Ausgang* wird ›Reaktion‹ (zitiert nach Graumann 1972, S. 1165 f.).

Abb. 1.1: Kommunikationsmodell nach Shannon & Weaver (1949)

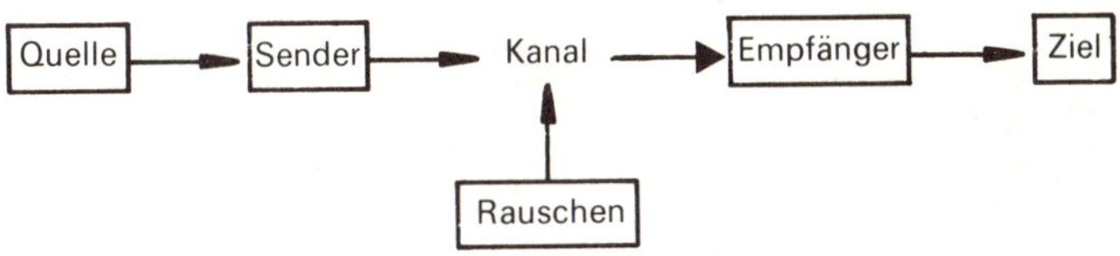

Abb. 1.2: Kommunikationseinheit nach Osgood & Sebeok (1965)

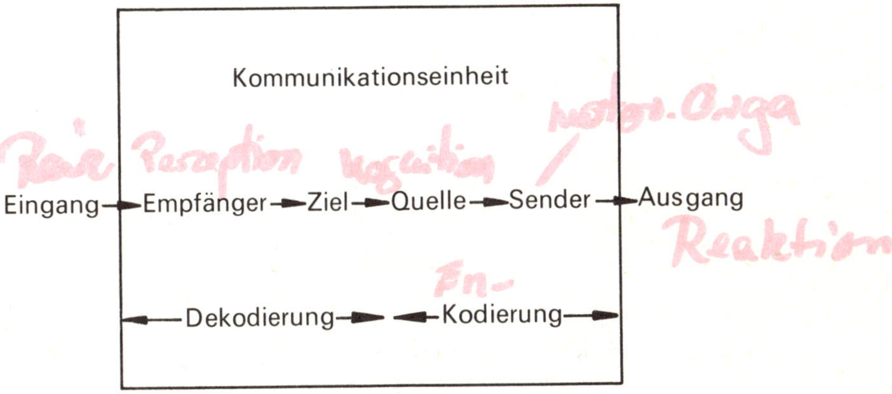

Auch diese Darstellung veranschaulicht die Wechselseitigkeit des Kommunikationsprozesses nicht. McCroskey (1968) hat das Schema für die Zwei-Personengruppe (Dyade) erweitert und damit die Interdependenz der Kommunikation illustrieren wollen (vgl. Abb. 1.3).

Abb. 1.3: Dyadisches Kommunikationsschema (nach McCroskey 1968)

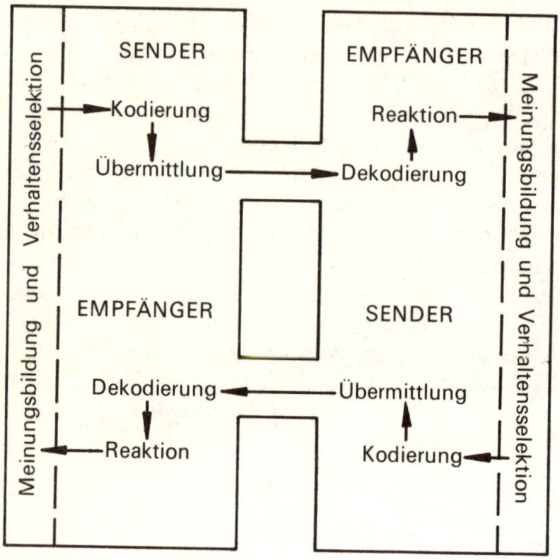

Alle Schemata berücksichtigen nur einen Kommunikationskanal pro Person. Kommunikation spielt sich jedoch gleichzeitig auf mehreren Ebenen ab. Sprachliche Äußerungen sind von para- und extralinguistischen Symbolen (Tonfall, Mimik, Gestik, Körperbewegungen) begleitet. Ein vollständiges Schema wechselseitiger Kommunikation müßte die Mehrschichtigkeit der Kommunikation berücksichtigen (Scherer 1970).

1.3 Das Interaktionsmodell von Jones & Gerard

Jones & Gerard (1967) haben ein Interaktionsmodell dargestellt, das in der empirischen Forschung als Klassifikationsschema viel Anklang gefunden hat. Sie gehen von der Dyade aus, da diese kleinste Interaktionseinheit als Baustein größerer sozialer Einheiten angesehen werden kann. Die Interaktion in Gruppen mit mehr als zwei Mitgliedern können — wenn auch nicht ohne Verlust an Information — in die Interaktionen zwischen allen möglichen dyadischen Einheiten zerlegt werden.

Es ist kennzeichnend für die Interaktionen, daß das Verhalten wechselseitig gesteuert ist. Von einer Interaktionssequenz spricht man, wenn eine Serie von Aktionen und Reaktionen abläuft. Interaktionen sind Verhaltensketten, in denen das Verhalten einer Person A das folgende Verhalten der Person B bestimmt, dieses wiederum die nun folgende Reaktion von A usw. Nach der Eröffnung ist jede Handlung zugleich Reaktion auf eine vorangegangene Handlung des Interaktionspartners und ebenso Stimulusbedingung für dessen folgende Handlung. Diese Beschreibung ist jedoch nicht hinreichend. Denn in Interaktionen reagieren die Beteiligten nicht nur auf Reize, sondern verfolgen gleichzeitig bestimmte Pläne, die sie gegebenenfalls je nach der Reaktion des Partners modifizieren. Diese Pläne, die in der Interaktionsforschung auch häufig als Strategien bezeichnet werden, können hierarchisch geordnet sein, d.h. langfristigen Zielen und Plänen sind mittelfristige untergeordnet. So wird z.B. ein Schachspieler eine langfristige Strategie haben, der mittelfristige Strategien zugeordnet sind. Seine Strategien wird er in Abhängigkeit von den Reaktionen des Gegenspielers und dem damit geschaffenen Stand der Dinge modifizieren.

Jones & Gerard (1967) unterscheiden vier Grundtypen von Interaktionssequenzen, in denen Strategien und Reaktionen in unterschiedlichem Maße beteiligt sind (vgl. Abb. 1.4), wobei nur die letzte (4) als ›wechselseitig gesteuert‹ angesehen wird.

1) *Pseudokontingenz:* Beide Teilnehmer verfolgen Pläne, die jedoch nicht vom Verhalten des Partners beeinflußt werden. Beispiele für eine solche Pseudokontingenz sind Schauspieler, die ihren Rollenpart spielen. Ihr Verhalten ist programmiert. Lediglich die zeitliche Abfolge ist durch das Verhalten des anderen bestimmt. Wenn A seinen Abschnitt gespielt hat, folgt B usw.

2) *Asymmetrische Kontingenz:* A verfolgt einen Plan. B wird vom Verhalten des A geleitet. Asymmetrische Kontingenz kann die Folge bestimmter Rollen- und Machtunterschiede sein. Beispielhaft ist die Situation beim standardisierten Interview. Der Interviewer stellt seinem Fragebogen folgend bestimmte Fragen. Der Befragte kann das Verhalten des Interviewers nicht beeinflussen. Asymmetrische Kontingenz kann auch der Ausdruck unterschiedlicher sozialer Kompetenz sein. Dem versierten Interaktionspartner gelingt es, seinen Plan ohne nennenswerte Modifikationen durchzusetzen, da er das Verhalten des anderen vorhersehen kann. Er setzt bestimmte Reize, mit denen er das Antwortverhalten beim Partner auslöst. Dieses Phänomen wird im Zusammenhang mit dem Machtbegriff als Reizabhängigkeit bezeichnet.

3) *Reaktive Kontingenz:* Weder A noch B verfolgen bestimmte Pläne. A und B reagieren aufeinander. Sie handeln spontan, indem sie jeweils auf das vorangegangene Verhalten des anderen eingehen. Jones & Gerard bezeichnen diese Form der Kontingenz als primitiv reflexartig. Reaktive Interaktionsmuster sollen vorwiegend bei Kindern zu beobachten sein, jedoch dürften auch viele Interaktionssequenzen Erwachsener reaktiven Charakter haben. Der Austausch von Freundlichkeiten erfolgt häufig entweder dem pseudokontingenten Muster (›Guten Tag, wie geht es Ihnen?‹, ›Danke gut, und Ihnen?‹, ›Bis zum nächsten Mal‹, ›Auf Wiedersehen‹) oder aber in der spontanen Form der reaktiven Interaktion. Die angenehme Konversation und das small talk, haben häufig den Charakter der reaktiven Kontingenz. Das Gespräch ist sprunghaft und wird assoziativ von Einfällen geleitet, die von den vorangegangenen Beiträgen und Reaktionen des Partners inspiriert sind.

4) *Wechselseitige Kontingenz:* A und B verfolgen Pläne und richten ihre Verhaltensweisen an den Reaktionen des anderen aus. Dies dürfte die übliche Form der sozialen Interaktion sein. Der Erfolg des eigenen Verhaltens wird jeweils am Verhalten des anderen gemessen. Sachliche Diskussionen, Verhandlungen zwischen Individuen und Gruppen können in dieses Muster eingeordnet werden.

Das Verhalten von A und B in der pseudokontingenten Interaktion und das Verhalten von A in der asymmetrischen Kontingenz stellt sich demnach als nichtkontingentes strategisches Verhalten dar. Das Verhalten von B in der asymmetrischen und das Verhalten von A und B in der reaktiven Kontingenz ist kontingent und nichtstrategisch. Schließlich ist das Verhalten von A und B in der wechselseitig kontingenten Interaktion kontingent und strategisch.

1.4 Das Modell der sozialen Fertigkeiten von Argyle

Das *Modell der sozialen Fertigkeiten* von Argyle zieht Analogien zwischen dem Erwerb von motorischen und sozialen Fertigkeiten. Argyle (1969, deutsch 1972) charakterisiert diese Vorstellung mit einigen Sätzen:

Abb. 1.4: Arten von Interaktionssequenzen nach Jones & Gerard (1967)

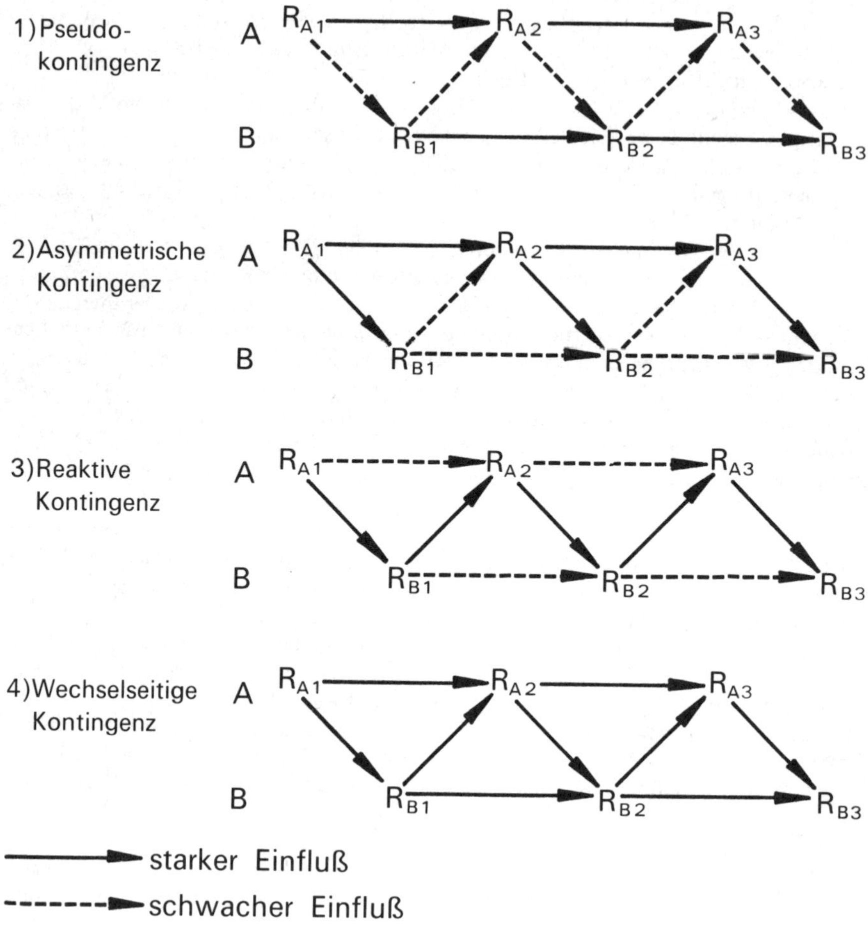

»Eine ›Fertigkeit‹ läßt sich als eine organisierte, koordinierte Handlung in Richtung auf ein Objekt oder eine Situation definieren, die eine ganze Kette sensorischer, zentraler und motorischer Mechanismen involviert. Eines ihrer Handlungscharakteristika ist die Tatsache, daß die Durchführung oder der Ablauf der Handlungen ständig unter der Kontrolle des sensorischen Inputs steht. Dieser Input leitet sich teilweise von dem Objekt oder der Situation her, auf welche(s) die Durchführung gewissermaßen gerichtet ist, und er kontrolliert die Durchführung in dem Sinne, daß die Ergebnisse der Handlungen fortlaufend mit einem Vollendungskriterium oder dem Grad der Annäherung an das Ziel verglichen werden ...« (a.a.O., S. 177).

Diese Beschreibung, die sowohl für soziale wie für nicht-soziale Fertigkeiten gelten soll, begreift die Fertigkeit als einen Rückmeldeprozeß. Die organisierte und koordinierte Durchführung wird ständig am Ergebnis der Handlung gemessen. An diesem Rückmeldeprozeß unterscheidet Argyle (1972) fünf Komponenten: 1) *Motivation und Ziel*, 2) *Wahrneh-*

mung, 3) *Übersetzung*, 4) *Motorik* und 5) *Veränderungen in der Außenwelt*, die durch eine Rückmeldeschleife miteinander verbunden sind (vgl. Abb. 1.5).
Bei der Ausübung von Fertigkeiten hat der Ausübende unmittelbare und übergeordnete, entferntere Ziele, die ihrerseits wieder mit seinen grundlegenden Motivationen zusammenhängen. Der Bastler hat zu einem bestimmten Zeitpunkt das Zwischenziel, ein Loch sauber in das Holz zu bohren. Dieses ist nur eine Station zu dem weitergesteckten Ziel, ein Bücherregal zu bauen. Seine Absicht kann verschiedene motivationale Hintergründe haben. Er will sein handwerkliches Geschick erproben, er möchte von anderen Anerkennung für seine Arbeit erlangen, er möchte (gegenüber dem Fertigeinkauf) Geld sparen, um es stattdessen anderweitig zu verwenden usw. Ähnlich kann man in sozialen Bezügen Motivationen, Zwischenziele und Ziele feststellen. Der Lehrer möchte Wissen vermitteln, der Therapeut auf die Persönlichkeit des Patienten einwirken, der Händler Ware verkaufen, Gruppenmitglieder von Sympathiegruppen wollen die Führungsfunktion, die Expertenfunktion, die Schiedsrichterfunktion übernehmen, die Eltern wollen, daß das Kind selbständig wird u. dgl. mehr. Wie die motorische Handlung, wird soziales Handeln durch Motivationen bestimmt, und das Ziel wird über eine Reihe von Unterzielen verfolgt. Der Händler grüßt zunächst freundlich, lächelt, breitet Ware aus, beschreibt sie, redet zwischenzeitlich über das Wetter, beobachtet die Reaktion des potentiellen Kunden und berät ihn, ehe sich die Transaktion vollzieht. Die Motive des Händlers können durchaus komplex sein. Er möchte sich das Verkaufsgespräch angenehm gestalten, er möchte ein gutes Verhältnis zu dem Kunden haben, er möchte ein guter Verkäufer sein und er möchte Geld verdienen, um seine Lebensbedürfnisse zu erfüllen.
Bei der Ausführung einer Handlung ist die Wahrnehmung des Handelnden hoch selektiv. Argyle bezeichnet diese Wahrnehmungsspezialisierung als ›selektive Wahrnehmung von Schlüsselreizen‹. Eine solche Selektion findet auch im sozialen Kontext statt. Je nach der Situation wird ein mehr oder minder breites Spektrum wahrgenommen. Wer eine Zugauskunft wünscht, achtet kaum auf die Stimme des Auskunfterteilenden, für ihn sind die Daten wichtig; wer aber in einem Interessenkonflikt einen Vorschlag zur Lösung macht, richtet seine Aufmerksamkeit nicht nur auf die in der Antwort enthaltene Information, sondern auch auf Details der Formulierung, den Tonfall, die Mimik und Körperhaltung, die ihm Aufschluß über die Motive und unausgesprochenen Ziele des anderen geben könnten.
Unter zentralen Übersetzungsprozessen, die im ZNS ablaufen, versteht Argyle die kognitive Zuordnung von Wahrnehmungsinhalten und Reaktionen. Beim Erlernen von Fertigkeiten geschieht diese Übersetzung aufgrund von Erfahrungen oder auch aufgrund von expliziten Handlungsanweisungen. Das Schalten im Auto vollzieht man zunächst, indem man die Anweisungen des Fahrlehrers beachtet. Feinere Einzelheiten erlernt man aus Erfahrung. Nach einiger Zeit ist der gesamte Vorgang automatisiert. Ebenso ist die soziale Interaktion von Übersetzungsprozessen geleitet: Eine wesentliche Funktion der Sozialisation besteht darin, Techniken zu erlernen, mit denen man bei anderen Menschen affiliative oder andere Reaktionen hervorrufen kann, m.a.W., man erlernt, die Reaktionen der anderen zu steuern.
Nachdem der Übersetzungsvorgang vollzogen ist, gehen die Ausführungsbefehle an das motorische System. Die motorischen Reaktionen verwirklichen unter Einbeziehung der relevanten Wahrnehmungen die Hierarchie der Ziele. »Das Wesen der zentralen Prozesse ist es zu *planen*, das des Reaktionssystems dagegen, anzuregen und zu kontrollieren; die erwünschten Reaktionen werden mit Hilfe wahrnehmungsmäßiger Führung ausgelöst und gesteuert.« (a.a.O., S. 182).
Bei der Ausführung motorischer Reaktionen dienen die Wahrnehmungen der Korrektur der Handlungen. So wie der Autofahrer seine Lenkung korrigiert, wenn er bemerkt,

daß er nicht den richtigen Abstand zum Fahrbahnrand hat, so dienen bei jedem Handlungsvollzug, also auch in der sozialen Interaktion, Hinweisreize aus der Umgebung, die sich als Konsequenzen der begonnenen Handlung ergeben, zur Koordination und zur Korrektur (z.B. die Reaktionen des Interaktionspartners auf eine Geste).

Abb. 1.5: Das Modell der sozialen Fertigkeiten (aus Argyle 1969, deutsch 1972)

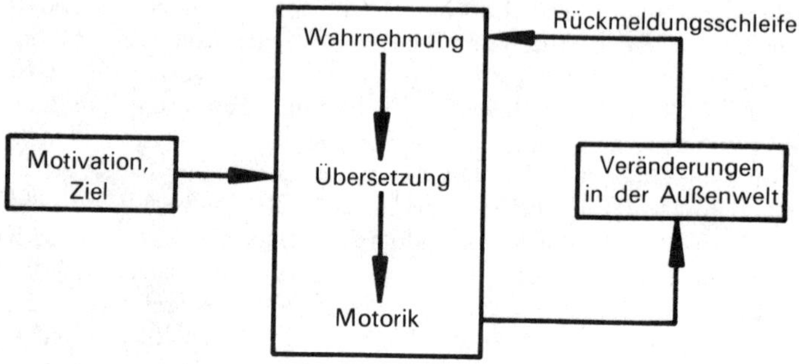

Dieser Vorgang ist in Abb. 1.5 als Rückkopplungsschleife eingetragen. »Die Rückkopplung liefert die Information für die korrigierende Handlung, welche Spielraum läßt für die Variation in den Bedingungen oder Materialien oder für Irrtümer im ursprünglichen Reaktionsplan.« (a.a.O., S. 183).
Da dieses Modell nach Argyle lediglich beschreibe, wie jeder Partner den anderen zu manipulieren versuche, dies aber eher die Merkmale eines psychopathischen als eines normalen Sozialverhaltens seien, möchte er das Modell in zwei Richtungen erweitern:
1. Die unmittelbaren Ziele des Partners können darin bestehen, dem anderen zu nützen.
2. Ein weiteres Ziel der sozialen Interaktion ist Selbstdarstellung, d.h. der Versuch, bei anderen bestimmte Eindrücke hervorzurufen. Weswegen diese beiden Ziele besonders hervorgehoben werden müssen, bleibt jedoch offen, denn sie sind mit dem zuvor Gesagten nicht unvereinbar, also weniger eine Ergänzung als eine Explikation des Modells.
Ähnlich wie die Psycholinguisten unterscheidet Argyle nach sozialer *Kompetenz* und *Performanz* (Argyle 1967, Argyle & Kendon 1967), wobei, grob gesagt, Kompetenz den Grad der Beherrschung der Prinzipien und Regeln des sozialen Verhaltens beschreibt, während Performanz das aktuelle Sozialverhalten meint. Wie bei der Sprache kann zwischen der Kompetenz und der Performanz eine Diskrepanz bestehen. In der aktuellen Handlung werden die Regeln nur teilweise und fehlerbehaftet realisiert. Auch wenn der Anfänger die Regeln des Schaltens beim Autofahren — um in dem motorischen Gleichnis zu bleiben — kennt, wird er sie nicht sofort fehlerfrei umsetzen können. Wer ein Buch über das Flirten gelesen hat, wird dort u.U. sehr nützliche Regeln erlernt haben, die er, wenn es darauf ankommt, nicht richtig anzuwenden vermag. Über die Kompetenz bzw. über die Diskrepanz zwischen sozialer Kompetenz und Performanz weiß man jedoch wenig. Experimentelle Untersuchungen zum Interaktionsprozeß handeln durchweg vom beobachtbaren Verhalten (der Performanz), nicht von den zugrundeliegenden kognitiven Vorgängen.
An der Performanz unterscheidet man nach Graumann (1972) aufgrund vorliegender Forschungsschwerpunkte vier variable Merkmale, die das jeweilige Interaktionsgeschehen beschreiben: a) die *Zeitartikulation*, die sich zwischen den Interagierenden einspielt, d.i. der für diese Gruppe spezifische Interaktionsrhythmus, b) die *Sprache und Sprechweise*

und deren Relation zum sonstigen Interaktionsgeschehen, c) den *Blickkontakt* und d) die *Körperbewegungen* und den *Gesichtsausdruck*.

Das Modell der sozialen Fertigkeiten kann als ein Komplement zu der austauschtheoretischen Vorstellung von Homans und von Thibaut & Kelley (vgl. die Abschnitte 2.2 und 7.4) verstanden werden. Die Austauschtheorien befassen sich mit der wechselseitigen Interdependenz und der partiellen Unvereinbarkeit der Ziele verschiedener an der Interaktion Beteiligter und mit den Konsequenzen, die sich aus der Zielerreichung oder Zielverfehlung (Belohnung und Bestrafung) ergeben. Demgegenüber stellt das Modell der sozialen Fertigkeiten den aktuellen Handlungsablauf in den Vordergrund, d.h. den Prozeß der Anpassung und permanenten Korrektur der zum Zwecke der Zielerreichung vollführten Handlungen.

Allerdings gibt das Modell Argyles nur eine sehr grobe Vorstellung von dem räumlich-zeitlichen Interaktionsgeschehen. Es ist unspezifisch insofern, als es nichts über die zugrundeliegenden Motive in sozialer Interaktion und deren Hierarchie, über die Beziehung zwischen Motiven und Zielsetzungen, über mögliche Zielkonflikte eines Individuums und über Zielkonflikte zwischen Individuen sagt. Man kann daher auch keine Aussagen über den Verlauf von Interaktionen in Abhängigkeit von den Merkmalen der jeweiligen sozialen Situation ableiten. Unter heuristischem Gesichtspunkt hat es jedoch eine Funktion, da es den interaktiven Vorgang am leichter nachvollziehbaren Erwerb von motorischen Fertigkeiten erläutert, wenn auch, wie Piontkowski (1976) feststellt, Argyles Schema der motorischen Fertigkeiten bereits stark vereinfacht formuliert ist, und die Analogie zwischen den interaktiven Vorgängen und den motorischen Fertigkeiten im Metaphorischen steckenbleibt. Das Modell von Argyle ist von einigen Sozialpsychologen begeistert aufgenommen worden. Sein Stellenwert wurde von ihnen höher eingeschätzt als durch Argyle selbst, für den es ein Vorschlag zu einer Sprache sein soll, in der man über soziale Interaktion reden kann. Von Cranach & Konau (1970) charakterisieren das Modell als richtungsweisend für ein neues Forschungsprogramm in der Psychologie. Tatsächlich war es für viele Forscher der Anlaß, sich dem Gebiet der nichtverbalen Kommunikation wieder zuzuwenden. Gerade das aber bedauern Keil & Sader (1976, S. 7), wenn sie feststellen, daß sich der von Argyle inspirierte ›New Look‹ — vor allem durch die Kaprizierung auf die nonverbale Kommunikation — in sehr vielen Fällen als alter Wein in neuen Schläuchen herausstellt und so manche Konzepte aus der Steinzeit der Ausdruckspsychologie fröhlich Auferstehung feiern. Ob sich aus dem Ansatz neuartige Befunde ableiten lassen, wird sich noch zeigen müssen.

*1.5 Das pragmatische Kommunikationsmodell von Watzlawick, Beavin & Jackson

Watzlawick et al. (1969) befassen sich vorwiegend mit der Wechselwirkung zwischen dem semantischen und dem pragmatischen Gehalt kommunikativer Akte. Während die Semiotik (Lehre von Zeichen und Sprachen) unter *Semantik* vorwiegend die Vermittlung von Bedeutung versteht, bezieht sich die *Pragmatik* auf die Zeichen-Benutzer-Relation. Kommunikation beeinflußt das Verhalten der Kommunikatoren, und dies ist ihr pragmatischer Aspekt. Die Begriffe Kommunikation und Verhalten werden von Watzlawick et al. praktisch gleichbedeutend verwendet. Nicht nur die Sprache sondern alles Verhalten wird als Kommunikation angesehen und jede Kommunikation beeinflußt das Verhalten (a.a.O., S. 23). Pragmatik ist damit zugleich die Lehre von den Wechselwirkungen menschlicher Beziehungen. Die Autoren haben ihre Vorstellungen in fünf Axiomen zusammengefaßt, die hier angeführt und kurz erläutert werden sollen.

1) Man kann nicht *nicht* kommunizieren (a.a.O., S. 53).
Diese Feststellung ergibt sich bereits aus der Gleichsetzung des Kommunikations- und Verhaltensbegriffes. Da man sich nicht nicht verhalten kann, ist man stets in Kommunikation. Jede Art von Verhalten hat für den Interaktionspartner informativen Gehalt. Schweigen, Kommunikationspausen, Wegsehen usw. sind ebenso kommunikative Akte wie Sprachen, Gebärden und Gesten. Selbst die Mitteilung, man habe nichts mitzuteilen, birgt Information, wie immer sie auch interpretiert wird.
Dieses erste Axiom umschreibt die Feststellung, daß die Intention zu kommunizieren, nicht als Bestimmungsstück für den Kommunikationsbegriff gelten soll. Es ist danach nicht einmal notwendig, daß die Aufmerksamkeit der Beteiligten wechselseitig aufeinander gerichtet ist. Diese Auffassung wird auch von anderen Autoren geteilt, sie ist jedoch nicht unumstritten (vgl. Graumann 1972, S. 118). Verzichtet man auf die Mitteilungsabsicht, dann läßt sich Kommunikation von den Begriffen wie Wahrnehmung, Ausdruck, Eindruck, Urteilsbildung etc. nicht mehr trennen. Genaugenommen besagt das Axiom, daß Kommunikation auch dann stattfindet, wenn sich jemand unbeobachtet irgendwie verhält, d.h. also immer. In ihren Erläuterungen schränken Watzlawick et al. (a.a.O., S. 51) die Gültigkeit der Aussage jedoch auf den ›zwischenpersönlichen‹ Kontext ein.

2) »Jede Kommunikation hat einen Inhalts- und einen Beziehungsaspekt, derart, daß letzterer den ersteren bestimmt und daher eine Metakommunikation ist.« (a.a.O., S. 56)
Der Inhaltsaspekt beschreibt den semantischen, der Beziehungsaspekt den pragmatischen Gehalt. Der Beziehungsaspekt, welcher sich aus dem sozialen Kontext ergibt, bestimmt häufig den Inhalt einer Mitteilung. Die verbale Kommunikation ist in der Regel sparsam, sie wird durch das zuvor Gesagte, durch Informationen aus dem sozialen Kontext und durch paralinguistische Mittel ergänzt. Das Satzfragment ›Für fünf Mark bitte‹ bedeutet an der Kinokasse etwas anderes als an der Tankstelle. Häufig werden verbale Mitteilungen mit Absicht mehrdeutig formuliert, so daß sich ihr Inhalt erst durch die Beziehungen der Beteiligten und durch begleitendes extralinguistisches Verhalten spezifiziert. So kann z.B. der Satz ›Glauben Sie das wirklich?‹ sehr unterschiedliche Bedeutung haben, je nachdem, in welchem Zusammenhang, mit welchem Tonfall und mit welcher Mimik er geäußert wird. Wenn dieser Sachverhalt für die Kommunikationstheorie auch nichts Neues bedeutet, so hat er doch durch die Formulierung von Watzlawick et al. eine einprägsame Fassung erhalten.
Störungen in der Kommunikation können sowohl durch unterschiedliche Interpretation des Inhalts wie der in der Kommunikation ausgedrückten Beziehung hervorgerufen werden. Z.B. kann die Frage ›Würdest Du so nett sein, diesen Brief für mich zur Post zu bringen?‹ als Bitte oder als Aufforderung verstanden werden. Wie die Aussage aufgenommen wird, ergibt sich aus der Beziehung der Kommunikatoren. Ist der Rezipient die statusniedrigere Person, so wird diese Formulierung eher als Aufforderung verstanden. Es ist aber durchaus denkbar, daß eine Bitte intendiert, aber eine Aufforderung herausgehört wurde. — Ein inhaltliches Mißverständnis liegt dagegen vor, wenn diese Formulierung ausdrücken sollte, der Brief solle bei der Post eingeschrieben werden, während der Kommunikationspartner annahm, er solle ihn lediglich in den Briefkasten werfen.
Der Begriff Metakommunikation wird mit dem Beziehungsaspekt gleichgesetzt, während er nach dem üblichen Sprachgebrauch Kommunikation über Kommunikation bedeutet. Das wären Aussagen wie ›Ich habe dies anders gemeint ...‹ oder ›Wir sollten uns öfter aussprechen, damit wir uns verstehen‹. Nach Watzlawick et al. ist jedoch jede Kommunikation zugleich Metakommunikation.

3) »Die Natur einer Beziehung ist durch die Interpunktion der Kommunikationsabläufe seitens der Partner bedingt.« (a.a.O., S. 61)
Axiom 3 besagt, daß der Kommunikationsprozeß vom Verhalten des Partners bestimmt ist. In der folgenden Erörterung wird es von den Autoren dahingehend spezifiziert, daß die bisherigen Erfahrungen des Individuums für die Interpretation des Inhaltes der Kommunikation bedeutsam sind. Das von Watzlawick et al. herangezogene Beispiel verdeutlicht, was gemeint ist. Zwischen den während des zweiten Weltkrieges in England stationierten amerikanischen Soldaten und den englischen Mädchen kam es dem Hörensagen zufolge häufig zu Mißverständnissen. Sie schätzten sich wechselseitig als zu hastig und zu direkt in ihrem Annäherungsverhalten ein. Die Ursache lag darin, daß die Amerikaner den Kuß als dezentes Mittel der Annäherung verstanden und daher in der Werbung sehr früh einsetzten. Für die Engländerinnen war dies jedoch das Signal, sich für den Beischlaf bereit zu machen, was dann wiederum die Amerikaner in Erstaunen versetzte. Das Beispiel hebt darauf ab, daß die Position von Gebärden im Ablauf der Kommunikation durch die ihnen zugemessene Bedeutung bestimmt wird. Ein zweiter Aspekt der Interpunktion bezieht sich auf die subjektive Einteilung der Ereignisfolge. Wenn Kommunikationsprozesse von den Beteiligten unterschiedlich interpunktiert werden, führt dies zu abweichenden Auffassungen über Ursache und Wirkung, wie sie sich etwa im Streit über die Ursache eines Konfliktes ausdrückt. (Beispiel: Der Mann schmollt, weil seine Frau nörgelt; die Frau nörgelt, weil ihr Mann schmollt.) Die Zuschreibung von Ursache und Wirkung hängt davon ab, an welcher Stelle im Kommunikationsprozeß eine Zäsur wahrgenommen wird.

4) »Menschliche Kommunikation bedient sich digitaler und analoger Modalitäten. Digitale Kommunikationen haben eine komplexe und vielseitige logische Syntax, aber eine auf dem Gebiet der Beziehungen unzulängliche Semantik. Analoge Kommunikationen dagegen besitzen dieses semantische Potential, ermangeln aber die für eindeutige Kommunikation erforderliche logische Syntax.« (a.a.O., S. 68)
Mit dieser Formulierung soll offenbar ausgedrückt werden, daß es neben sprachlichen (digitalen) auch nichtsprachliche (analoge) Kommunikationen gibt. Die Sprache funktioniert demnach nach dem Alles-oder-nichts-Prinzip, während der Ausdruck kontinuierlich variiert werden kann. Der inhaltliche Aspekt soll vorwiegend durch Sprache, der Beziehungsaspekt durch *para-* und *extralinguistische Mittel*, wie Tonfall, Mimik, Gebärden usw. vermittelt werden (a.a.O., S. 98).

5) »Zwischenmenschliche Kommunikationsabläufe sind entweder symmetrisch oder komplementär, je nachdem, ob die Beziehung zwischen den Partnern auf Gleichheit oder Unterschiedlichkeit beruht.« (a.a.O., S. 70)
Diese Feststellung wird aus einer Beobachtung abgeleitet, die Bateson (1935) als Phänomen der Schismogenese bezeichnet hat, der Beobachtung, daß sich Abhängigkeitsbeziehungen im Verlaufe der Interaktion progressiv zu einer immer deutlicheren Rollenzuweisung entwickeln, während Beziehungen zwischen Gleichen in einen Wettstreit resultieren. Diese Eskalation führt über kurz oder lang zu einem relativ stabilen Endzustand, der *entweder* symmetrisch *oder* komplementär ist. Daß dies notwendig so sein soll, macht die Fragwürdigkeit des Axioms von Watzlawick et al. deutlich. Es leuchtet nicht ein, daß alle auf Gleichheit beruhenden Beziehungen im Wettstreit enden müssen. Vermutlich im Sinne dieses Argumentes schränken Watzlawick et al. an anderer Stelle selbst ein: »In einer stabilen symmetrischen Beziehung sind die Partner imstande, den anderen in seinem Sosein zu akzeptieren, was zu gegenseitigem Respekt und Vertrauen führt und damit zu einer realistischen gegenseitigen Bestätigung der Ich- und Du-Definitionen«

(a.a.O., S. 104). Ebensowenig erscheint es zwingend, daß Beziehungen, welche auf Ungleichheit beruhen, notwendigerweise ausschließlich komplementär sein müssen. Machtbeziehungen sind nicht einseitig. Auch der Chef, z. B., ist auf den guten Willen seiner Angestellten angewiesen.
Da die in den Axiomen enthaltenen Begriffe vorwiegend an Analogien und Beispielen erläutert werden, fällt es schwer, die Vorstellungen der Verfasser in einer kompakten Darstellung wiederzugeben. Wer aufgrund der axiomatischen Formulierungen ein System von Folgerungen erwartet hat, wird enttäuscht. Der Stellenwert dieses Aussagesystems für die Kommunikationsforschung dürfte wohl gering bleiben, solange eine Transformation in empirisch überprüfbare Hypothesen nicht gelingt.

*1.6 Symbolischer Interaktionismus

In Abhebung von einer behavioristischen Reiz-Reaktionsbetrachtung des interaktiven Geschehens betont der von G. H. Mead (1934, deutsch 1968), Rose (1967), McCall & Simmons (1974) und Lauer & Handel (1977) ausgearbeitete symbolische Interaktionismus die Bedeutung von übergeordneten Einstellungen, Haltungen und Plänen für das Interaktionsgeschehen. Als Sozialisationstheorie geht der Interaktionismus davon aus, daß menschliches Handeln auf dem Hintergrund der mannigfachen Beziehungen des Individuums zu den Handlungen und Symbolen seiner sozialen Umgebung zu verstehen sei.
Da der Mensch von frühester Kindheit an in Wechselwirkung mit seinen Mitmenschen steht, formt er das Bild, das er von sich selbst gewinnt, zunächst an dem Ausdrucksverhalten (natürliche Zeichen, Gesten), mit dem die Umwelt auf sein Verhalten reagiert, später auch anhand von signifikanten *Symbolen.* Unter signifikanten Symbolen werden dabei Reize verstanden, die für den Menschen eine erlernte Bedeutung und einen erlernten Wert besitzen. Die menschliche Reaktion auf Symbole wird weniger durch die physikalischen Reizungen, die sie in den Sinnesorganen hervorrufen, beeinflußt als durch die Bedeutung und den Wert. So ist der Klang von Worten und der sensorische Eindruck anderer symbolischer Reize relativ unabhängig von ihrer Bedeutung und ihrem Wert. Das Wort Geld hat nichts besonders Geldartiges an sich, und das Schild für die Geschwindigkeitsbegrenzung hat nichts besonders Langsames an sich. Andere Worte und Zeichen könnten die symbolische Funktion übernehmen. Die Zuordnung von Bedeutung und Wert zu Symbolen erfolgt in erster Linie durch Lernen, wenngleich es auch lautmalerische Worte und anschauliche Zeichen gibt. Die Sprache als wichtigstes symbolisches Kommunikationsmittel hat dabei nicht nur Hinweisfunktion. Sie symbolisiert nicht nur Vorhandenes, sondern schafft Situationen und Objekte, die außerhalb des Kontextes der gesellschaftlichen Beziehungen, in denen die Symbolisation erfolgt, nicht existieren würden.
Daß man bei der Entwicklung des Selbstbildes lernt, sich mit den Augen des anderen zu sehen, bedeutet, sich in den anderen hineinzuversetzen, seine Rolle zu übernehmen. Denn Rolle wird als ein Bündel von Bedeutungen und Worten verstanden, das — als zusammengehörig wahrgenommen — das Verhalten eines einzelnen in seinem sozialen Rahmen bestimmt (Rose 1967). Die *Rollenübernahme* wird in der Kindheit in den bekannten Rollenspielen eingeübt. Dabei wird die Haltung des anderen gegenüber der eigenen Person nachempfunden. Der andere wird im eigenen Selbst repräsentiert.
Die Fähigkeit zur Rollenübernahme ermöglicht es, mit anderen zusammenzuarbeiten. Das Individuum geht als Ich »... in seine eigene Erfahrung ein, nicht dadurch, daß es sich als Subjekt gegenübertritt, sondern nur, sofern es Objekt seiner selbst wird, wie ja auch andere Individuen seine Objekte sind oder von ihm als Objekt erfahren

werden; und es wird nur dann Objekt seiner selbst, wenn es sich in die Haltung versetzen kann, die andere innerhalb einer sozialen Umwelt, eines sozialen Erfahrungs- und Verhaltenszusammenhangs, zu dem es ebenso wie die anderen Individuen gehört, ihm gegenüber einnehmen.« (Mead 1956, dtsch. 1969, S. 266). »Die unmittelbare Wirkung dieser Übernahme einer Rolle liegt in der Kontrolle, die der einzelne über seine eigenen Reaktionen ausüben kann. Die Kontrolle der Handlungen des einzelnen im kooperativen Prozeß kann im Verhalten des einzelnen selbst stattfinden, wenn er die Rolle des anderen zu übernehmen vermag. Diese Kontrolle der Reaktion des einzelnen durch die Übernahme der Rolle des anderen ist es, was, vom Standpunkt der Organisation des Gruppenverhaltens aus gesehen, den Wert dieser Art der Kommunikation ausmacht.« (Mead 1934, dtsch. 1968, S. 301.) Rollenübernahme ermöglicht also erst die verständige Interaktion.

Die Entfaltung des Ich erschöpft sich jedoch nicht darin, daß das Individuum die Haltungen anderer zu ihm und zueinander übernimmt. Vielmehr muß es sich einen allgemeinen Begriff davon machen, was ›die anderen‹ von den verschiedenen Phasen oder Aspekten gemeinsamer sozialer Aktivitäten der Gruppe oder Gesellschaft denken. Das Individuum konstruiert einen *generalisierten Anderen*, der die Gruppe oder Gesellschaft, der es angehört, repräsentiert und dessen Haltungen es zu übernehmen bereit ist. Das voll entfaltete Ich ist also zu der abstrakten Reflexion darüber fähig, wie andere dieses oder jenes Verhalten bei ihm selbst oder bei anderen Personen beurteilen würden.

Die Bereitschaft, sich in den anderen hineinzuversetzen, seine Rolle zu übernehmen, führt zu einer Angleichung des Weltverständnisses der Mitglieder einer Symbolgemeinschaft. Das Erlernen einer Kultur (und von Subkulturen) erlaubt den Menschen in den meisten Fällen, »›... das Verhalten anderer vorauszusagen und sein eigenes Verhalten entsprechend einzustellen« (Rose 1967, S. 224). Beim Kontakt von Mitgliedern unterschiedlicher Kulturen kann es leicht zu Kommunikationsstörungen kommen, da ähnliche Symbole mit anderen Bedeutungen und Werten verknüpft sein können. Darüber hinaus werden die Rollen unterschiedlich definiert, so daß das erlernte Rollenkonzept nicht in vollem Umfang gültig ist.

Die Fähigkeit und die Bereitschaft, sich in den anderen hineinzuversetzen, führt aber keinesfalls notwendigerweise — wie dies nicht selten geschlossen wird — zu einer harmonischen und konfliktfreien Interaktion. Sie ermöglicht zunächst nur eine adäquate Situationsanalyse. Ob es zu einer kooperativen Zusammenarbeit zwischen den an einer Interaktion Beteiligten kommt, hängt von dem Grad der Vereinbarkeit der Ziele ab.

Insofern kommt der Definition der Situation im Interaktionismus eine zentrale Bedeutung zu. Wenn die Situation ambivalent oder unstrukturiert ist, dann versuchen die Beteiligten zunächst, die Ziel- und Rollenprioritäten des anderen herauszufinden. Der Charakter der Situation bestimmt, inwieweit die eigenen Ziele gemeinsam mit denen anderer Personen oder in Konflikt dazu durchzusetzen sind und welche Bedeutung die Rolle des anderen für die Verfolgung der eigenen Pläne hat. Die Handlungen des Gegenüber werden auf dem Hintergrund des situativen Kontextes interpretiert. So kann z. B. der Gesetzesbrecher aus der sorgfältigen Analyse der Rolle des Polizisten und des Untersuchungsrichters sowie seiner eigenen Rolle Handlungsdevisen ableiten. Man kann sich leicht vorstellen, daß die aus der Situationsanalyse resultierenden Verhaltensweisen keineswegs im Sinne der beteiligten Rechtsvertreter sein müssen. Die Bereitschaft, sich in den anderen hineinzuversetzen, führt zu einem vertieften ›zwischenmenschlichen Verständnis‹, nicht aber notwendigerweise zu einer konfliktfreien Interaktion.

Die referierten Modellvorstellungen betonen verschiedene Aspekte des Kommunikationsgeschehens. Während das Schema von Jones & Gerard die Wechselwirkung zwischen den

Verhaltensweisen in dyadischen Beziehungen hervorhebt, akzentuiert Argyle den Erwerb und das ›Shaping‹ von sozialen Fertigkeiten. Die Axiome von Watzlawick et al. beschreiben das Verständnis der Autoren vom Kommunikationsbegriff, der Funktion der Kommunikation (Übermittlung von Inhalts- und Beziehungsaspekten), der Kommunikationsmittel und deren Eigenschaften (analoge und digitale Kommunikation) sowie den charakteristischen Verlauf von Mitteilungssequenzen und deren Wahrnehmung durch die Beteiligten (Symmetrie vs Komplementarität, Interpunktion). Der symbolische Interaktionismus befaßt sich wie Argyle mit dem Erwerb sozialer Fertigkeiten, hat aber weniger den Prozeß der Optimalisierung im Auge als vielmehr die Prinzipien, nach denen im Verlauf der Sozialisation eine allgemeine interaktive Kompetenz entwickelt wird. Alle vier Vorstellungen haben — wie zahlreiche andere, hier nicht behandelte Modelle des Interaktionsgeschehens — eher deskriptive und erklärende Funktion. Ihre Reichweite, ihr ordnender und hermeneutischer Wert muß mit dem Verzicht auf exakte, experimentell realisierbare Vorhersagen erkauft werden.

1.7 Modi der Kommunikation

1.7.1 Sprachliche Kommunikation

Obwohl die Sprache das auffälligste Mittel der Kommunikation ist, liegen nur sehr wenige Ergebnisse zur Bedeutung der Sprache für das Interaktionsgeschehen vor. Sprache wird vorwiegend in allgemeinpsychologischen und linguistischen Termini behandelt. So betont Moscowici (1967), daß die *Linguistik* wenig an der Beziehung zwischen Sprecher und Hörer interessiert ist. Gesprochene Sprache wird vielmehr als Produkt des Sprechers/Hörers angesehen, der einmal diese, dann jene Rolle einnimmt, ohne daß seine Funktion als Hörer in einem Bezug zu seiner voraufgegangenen Funktion als Sprecher gesehen würde. Deutsch & Hermann (1977) bedauern, daß die pragmatischen Aspekte sprachlichen Verhaltens ein Schattendasein führen. Eine interaktionistische Betrachtungsweise würde Sprechen als das Produkt zweier oder mehrerer Individuen ansehen, deren Sprachverhalten wechselseitig abgestimmt ist. Aber auch die Sozialpsychologen haben wenig Interesse für die sprachliche Kommunikation gezeigt. Aus der Allgemeinen Psychologie wurde die Erkenntnis übernommen, daß Sprache eine Kodierung von Information sei, die durch Rauschen gestört werden könne. Im übrigen galt ihr Interesse der extralinguistischen Kommunikation und Interaktion. Wir wissen somit wenig über die Bedeutung sprachlicher Formulierungen für die Entwicklung und das Ergebnis von Kommunikationssequenzen sowie deren Wirkung auf die zwischenmenschlichen Beziehungen. Eine gewisse Rechtfertigung der Konzentration auf die extralinguistische Kommunikation läßt sich aus Untersuchungen von Mehrabian und Mitarbeitern ablesen.

Mehrabian & Ferris (1967) und Mehrabian & Wiener (1967) variierten Inhalt, Tonfall und Gesichtsausdruck nach den Kriterien freundlich, unfreundlich und neutral. Entsprechend waren einige Mitteilungen konsistent (z.B. freundlicher Inhalt, freundlicher Tonfall und freundlicher Gesichtsausdruck), andere waren inkonsistent. Die Vpn hatten den Gesamteindruck der Kommunikation zu beurteilen. Die Wirkung der einzelnen Komponenten als freundlich, unfreundlich oder neutral waren in einem Vorversuch überprüft worden.

Die Ergebnisse zeigten, daß der Gesamteindruck vom Tonfall und vom Gesichtsausdruck stärker geprägt wurde als vom Inhalt. Die Beziehung kann nach Mehrabian & Ferris als gewichtete Summe dargestellt werden: Gesamteindruck = 0,07 Inhalt + 0,38 Tonfall

+ 0,55 Mimik. Demgegenüber schätzt Birdswhistell (1952), daß ca. 30-35% des auf soziale Sachverhalte bezogenen Inhalts durch Worte vermittelt wird.
In jüngster Zeit haben sich Herrmann und Mitarbeiter der Situationsabhängigkeit des Sprachverhaltens zugewandt. Was darunter zu verstehen ist, mag mit ein paar einfachen Fragen erläutert werden (Deutsch & Herrmann 1977): Welche Formulierung wird eine Person A wählen, wenn sie z.B. über ein Objekt, das augenblicklich im Besitz von B ist, verfügen möchte? Trifft sie eine zufällige Wahl unter den verschiedenen sprachlichen Ausdrucksmöglichkeiten? Oder hängt die Entscheidung für eine bestimmte Formulierung von Merkmalen der Situation ab (wie etwa von den sozialen Beziehungen zwischen Sprecher und Hörer oder von der raum-zeitlichen Konstellation beim Informationsaustausch)? Wenn ja, welche Beziehungen bestehen zwischen Situationsmerkmalen und Aspekten des sprachlichen Verhaltens (Wortwahl, Satzkonstruktion)? Wie läuft der Prozeß der Steuerung des Sprechverhaltens durch Situationsmerkmale ab?
Grimm (1976) stellt anhand von Ergebnissen experimenteller und freier Beobachtungsstudien fest, daß bereits fünfjährige Kinder ihre Intentionen in Reaktion auf die Äußerungen des Partners rekodieren. Fünfjährige tun dies zunächst noch, indem sie das zuvor Gesagte durch para- und extralinguistische Mittel verstärken, während ältere Kinder dazu übergehen, ihre Intentionen sprachlich neu zu enkodieren und durch zusätzliche Argumente an die Einsicht des Partners zu appellieren, wobei sie sich auf die zuvor gemachten Interaktionserfahrungen beziehen. Miller (1976) verweist darauf, daß der zunehmende Explikationsgrad der sprachlichen Äußerungen bereits auf einer sehr frühen Stufe der Sprachentwicklung als Anzeichen für die zunehmende Fähigkeit situationsangemessenen Sprechens angesehen werden könne. Nach Terbuyken (1977) variierten die formalen Merkmale der Rede (z.B. inhaltliche Differenziertheit, syntaktische Korrektheit und Komplexität) je nachdem, ob der Gesprächspartner studentischer Interviewerinnen ein Freund, ein Professor, ein Student, ein Pfarrer oder ein Verwaltungsangestellter war.
Wenn man auch mit diesen Ergebnissen der Beantwortung der zentralen Frage nach der Beziehung zwischen Situationsmerkmalen und verschiedenen Aspekten sprachlichen Verhaltens noch nicht sehr nahe gekommen ist, so läßt sich aus dem experimentellen Vorgehen doch ein Ansatz zu einer interaktionistisch orientierten Sprachpsychologie erkennen. Es wird eine Aufgabe der Zukunft sein, die Beziehungen zwischen Kategorien sprachlicher Äußerungsformen und situativen und sozialen Bedingungen aufzuzeigen, deren Wechselwirkung zu studieren, und die Dynamik des Kommunikationsprozesses in Abhängigkeit von der Angemessenheit der sprachlichen Kodierung zu sehen.
Der Eindruck wäre falsch, Kommunikation sei bisher kaum Gegenstand sozialpsychologischer Forschung gewesen. Tatsächlich ist in sehr vielen Zusammenhängen auch unter interaktionistischen Gesichtspunkten nach der Wirkung von Kommunikation gefragt worden. So wurde z.B. häufig untersucht, ob die Möglichkeit zur Kommunikation Entscheidungen in Gruppen oder die Austragung von Konflikten erschwert oder erleichtert. Auch die unter dem Stichwort *verbale Konditionierung* zusammenzufassenden Untersuchungen befassen sich mit dem Effekt sprachlicher Äußerungen auf das Verhalten. In den Kapiteln 4, 6, 7, 8 und 9 werden solche Untersuchungen referiert. Aber selbst wenn zwischen sprachlicher und nicht-sprachlicher Kommunikation unterschieden wird, betrachtet man in diesen Arbeiten die Wirkung von *irgendwie* kodierten Äußerungen. Der spezifische Effekt bestimmter sprachlicher Kodierungen in Abhängigkeit vom jeweiligen sozialen Kontext ist nicht Gegenstand dieser Untersuchungen. Die in diesem Abschnitt vorangestellte pragmatische Frage, welche Formulierung (Wortwahl, Satzkonstruktion) gewählt werde, um in einem gegebenen sozialen Kontext seine Absicht gegenüber einem bestimmten Kommunikationspartner durchzusetzen, bedarf noch eingehender Forschungen.

1.7.2 Nicht-sprachliche Kommunikation

Die behandelten Vorstellungen vom Kommunikations- und Interaktionsgeschehen haben der *nicht-verbalen Kommunikation* als extralinguistischem Ausdrucksmittel große Bedeutung beigemessen. Sprachliche Äußerungen werden durch die sie begleitenden Ausdruckserscheinungen moduliert. Die Forschungen auf dem Gebiet der nonverbalen Kommunikation (›non-verbal communication‹, ›body language‹) stellen den Beziehungsaspekt in den Vordergrund. Zwar wird der Anteil an informativem Gehalt von *Mimik, Blickkontakt, Gesten* und *Körperhaltungen* nicht ausdrücklich deren beziehungsorientiertem Anteil gegenübergestellt, aber die Konzentration der Fragestellungen der empirischen Untersuchungen auf den Zusammenhang zwischen bestimmten nonverbalen Äußerungen und zwischenmenschlichen Beziehungen macht die Akzentuierung deutlich.

1.7.2.1 Distanz und haptischer Kontakt

Die Intimität zwischen zwei Personen drückt sich in der gewählten Distanz aus. Versuchspersonen nähern sich einem Garderobeständer dichter, wenn sie aufgefordert werden, in diesem einen geschätzten Gesprächspartner zu sehen, als wenn er als verachteter Gesprächspartner identifiziert werden soll (Mehrabian 1968). Sollen die Vpn die Silhouetten von ›guten Freunden‹ in eine Szenerie einordnen, dann werden diese enger angeordnet als Fremde. In der sachlich bestimmten Atmosphäre des Büros werden weitere Abstände zwischen Gesprächspartnern gewählt als in der eher privaten Umgebung des Wohnzimmers oder der Straßenecke (Little 1965). Auch wahrgenommene Statusunterschiede sind aus der räumlichen Distanz ablesbar. Nach Lott & Sommer (1967) variiert die bevorzugte Sitzordnung in Abhängigkeit vom sozialen Status des Gesprächspartners. Ebenso drückt sich mangelnde Übereinstimmung in Sachfragen (Lifton 1972) in einer zurücklehnenden Sitzhaltung aus. Die Beziehung zwischen Intimität und Distanz schlägt sich auch in vielen sprachlichen Wendungen wie ›sich näher kommen‹, ›aufeinander zugehen‹ und ›Distanzlosigkeit‹ nieder. Die unangenehme Empfindung bei der zu dichten Annäherung einer fremden Person ist jedem geläufig.
Hall (1966), Gibson (1947), Thiel (1969, 1970), Lyman & Scott (1970) u.a. haben versucht, *Distanz- und Territorialräume* zu definieren, von denen 1) das *Eigenleibterritorium* als die intimste und privateste Sphäre, 2) die *Intimdistanz* (ca. 15-50 cm), 3) die *persönliche Distanz* (ca. 50-130 cm), 4) die *soziale Distanz* (ca. 130-400 cm) und 5) die *öffentliche Distanz* (ab 400 cm) erwähnt werden sollen. Es soll sich dabei um die als angenehm empfundene Distanz handeln, die man einhält, wenn es die Situation gestattet. Je größer der Abstand, desto mehr treten Tast-, Geruchs- und Wärmeempfindungen zugunsten der Fernsinne zurück. Die Sprache wird vor allem in der Intimdistanz und der persönlichen Distanz durch paralinguistische Mittel moduliert, bei größeren Abständen muß lauter gesprochen werden, so daß Nuancen der Sprechstimme nicht mehr so klar erkennbar sind. Auch die Mimik verliert mit größerem Abstand ihre kommunikative Funktion. So kann bei etwa 12 m Abstand Mimik kaum mehr wahrgenommen werden. Bei größeren Entfernungen spielen Körperhaltung und Gesten eine vorherrschende Rolle.
Der haptische Kontakt in der Eigenleibsphäre variiert, wie Jourard (1966, S. 227) demonstrieren konnte, in Abhängigkeit von Sender und Empfänger, sowie von deren Beziehungen (vgl. Abb. 1.6). Die von Jourard befragten Studenten wurden am ehesten von Müttern und Freunden des anderen Geschlechts an verschiedenen Körperstellen berührt, während Väter fast ausschließlich über die Hände Kontakt nahmen.

Abb. 1.6: Zonen des Körperkontaktes (nach Jourard 1966)

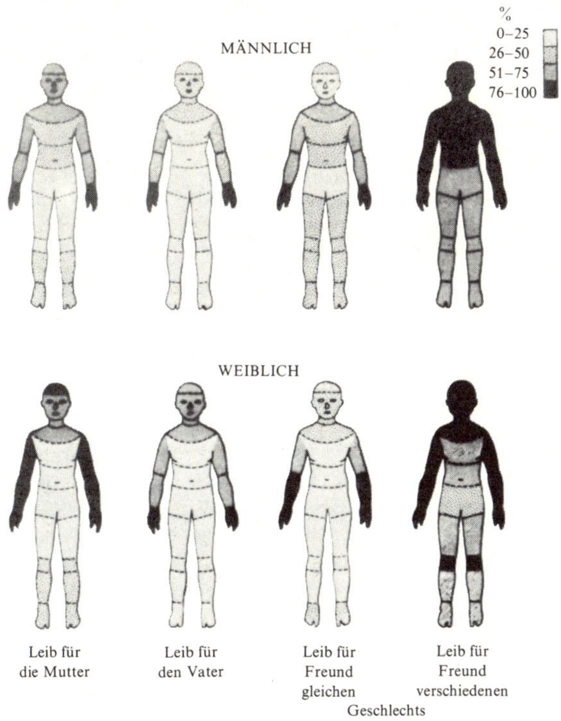

1.7.2.2 Blickkontakt

Besondere Beachtung wurde im Bereich der Forschung zur nonverbalen Kommunikation dem Blickkontakt zugewandt. Der Blickkontakt hat die Funktion der Kontaktaufnahme. Bei bestehenden Beziehungen variiert er in Abhängigkeit von den Statusunterschieden zwischen den Beteiligten.

Nach Argyle & Dean (1965) kommt dem Augenkontakt eine adjustierende Funktion zu; er wird eingesetzt, um Mißverhältnisse zwischen der für angemessen gehaltenen Intimität und den Indikatoren der sozialen Distanz auszugleichen:

In der einfachen experimentellen Versuchsanordnung saßen sich die Vpn über das Eck eines Tischs gegenüber. Der Abstand zwischen den Stühlen wurde mit 2, 6 und 10 Fuß variiert. Gesprächsthema waren die auf T.A.T.-Karten wiedergegebenen Situationen. Die Dauer des Augenkontaktes und die Anzahl der Blicke wurden von zwei Beobachtern hinter einer Einwegscheibe registriert.

Dauer und Häufigkeit des Augenkontaktes variierten mit der Distanz. Weiter entfernte Gesprächspartner sahen sich öfter und länger an. Schließlich hat der Blickkontakt eine Feedbackfunktion. Der Blick des anderen wird gesucht, um die Wirkung des eigenen Verhaltens auf den anderen zu kontrollieren. In der Kontaktaufnahme signalisiert das Anschauen die Bereitschaft zur Kommunikation.

Wie Kendon (1967) untersuchte, ist der Blick des Sprechenden nach Gesprächsbeginn nicht auf den Partner gerichtet, während der Angesprochene seine Aufmerksamkeit auf den Sprecher konzentriert. Dieser prüft mit kurzen Kontrollblicken, ob ihm der Hörer folgt. Beim Übergeben des Wortes sieht der Sprecher den Hörer länger an, während der Hörer nun seinen Blick häufiger abwendet. — Nach Mehrabian (1968) besteht zu statushöheren Personen häufiger Blickkontakt als zu statusniederen. Jedoch dürften hier die Verhältnisse komplizierter sein. Ob Augenkontakt gesucht oder aufrechterhalten wird, hängt vermutlich u.a. von dem jeweiligen Gegenstand des Gespräches zwischen statushöheren und -niederen Personen sowie von den persönlichen Beziehungen zwischen den Beteiligten ab. So wird der gesenkte Blick sprichwörtlich als Zeichen der Ehrfurcht oder auch der Verlegenheit verstanden, fest-ins-Auge-Sehen jedoch als Zeichen der Unerschrockenheit. — Argyle & Dean (1965) verstehen das nonverbale Verhalten als Konsequenz von Annäherungs- und Vermeidungsverhalten. Es wird dasjenige Maß an Intimität gewählt, in dem Annäherungs- und Vermeidungsgradienten im Gleichgewicht stehen. Der Augenkontakt hat dabei eine korrigierende Funktion. Werden andere Indikatoren der Intimität, wie die räumliche Nähe, die Häufigkeit des Lächelns und die Intimität des Gesprächsthemas verstärkt, dann sinkt die Häufigkeit des Blickkontaktes, werden sie vermindert, dann steigt sie. Argyle empfing die Teilnehmer an einem Experiment mit einer Fotographie von Argyle, auf der er die Augen entweder geschlossen oder geöffnet hatte. An die Fotographie mit geschlossenen Augen traten die Teilnehmer näher heran, während die geöffneten Augen Argyles sie auf Distanz hielten. Bekräftigt wurde die adjustierende Funktion des Blickkontaktes auch durch eine Untersuchung von Schulz & Barefoot (1974).

Untersuchungen von Kendon & Cook (1969), Ellsworth & Carlsmith (1968) und Scherwitz & Helmreich (1973) verweisen weiter darauf, daß Blickkontakt Sympathie schafft. Der Angeschaute mag den anderen, weil er glaubt, daß dieser ihn mag. Allerdings hängt die Einschätzung des Blickkontaktes offenbar vom Inhalt der Kommunikation ab. Bei einem für die Vp günstigen Inhalt wird der Augenkontakt positiv, bei einem ungünstigen Inhalt negativ bewertet.

Zu anderen non-verbalen Kommunikationsmitteln, wie Mimik, Körperbewegungen u.a. liegen bisher nur wenig systematische Informationen vor, es sei denn, man bezieht die Ergebnisse der traditionellen Ausdruckspsychologie und der Diagnostik mit ein (vgl. den Band ›Ausdruckspsychologie‹, Band 5 des Handbuches für Psychologie, Kirchhoff 1965). Ziel der Ausdruckspsychologie war es in erster Linie, die Korrespondenz zwischen bestimmten Gemütszuständen und den objektiv meßbaren Ausdrucksbewegungen des Senders einerseits und dem Eindruck des Empfängers andererseits zu erhellen. Demgegenüber sollte die interaktionistische Betrachtungsweise die Wirkung des Ausdrucks auf das Verhalten des Partners miteinbeziehen. Vielfach wird den Untersuchungen zur nonverbalen Kommunikation der Vorwurf gemacht, daß sie den sozialen Kontext und die interaktionistischen Gesichtspunkte zu wenig berücksichtigen. Sie orientieren sich am klassischen Vorgehen der Ausdruckspsychologie, ohne jedoch deren z.T. viel differenzierter gewonnenen Ergebnisse gebührend zu berücksichtigen (Sader 1976, Piontkowski 1976).

1.8 Analyse der sozialen Interaktion: Interaktions-Prozeß-Analyse

Da der Interaktionsvorgang zwischen zwei oder mehreren Personen ein Prozeß ist, in dem es keine natürlichen Abschnitte gibt, und dieser Vorgang ferner in Abhängigkeit vom Gegenstand unterschiedlich verläuft, hat man sich bemüht, Instrumente zur *Interak-*

tions-Prozeßanalyse zu entwickeln. Solche Systeme zerlegen die Kommunikation in Verhalteneinheiten, welche vom jeweiligen Gegenstand der Kommunikation relativ unabhängig sein sollten. Ob dies tatsächlich so ist, mag angesichts der Entwicklung zahlreicher für immer spezifischere Situationen ausgelegte Schemata fragwürdig erscheinen.
Das klassische und heute noch immer angewandte System ist die Interaktions-Prozeß-Analyse und wurde von Bales (1950, 1970) vorwiegend an der Untersuchung der Kommunikation in sogenannten Gruppenentscheidungssituationen erarbeitet. In diesen Situationen haben Gruppenmitglieder über ein Problem zu beraten. Mehrere Beobachter stufen das Verhalten der Gruppenmitglieder nach zwölf Kategorien ein, die in Tabelle 1.2 aufgeführt sind. Der Aufbau der Tabelle zeigt, daß das Verhalten nach zwei Hauptaspekten gegliedert ist, die den Gegensatz von sozial-emotionalem und aufgabenorientiertem Verhalten wiedergeben. Sozial-emotionales und aufgabenorientiertes Verhalten werden weiter aufgeteilt in Probleme der Orientierung, der Bewertung und der Kontrolle einerseits und Probleme der Entscheidung, der Spannungsbewältigung und der Integration andererseits. In diesen sechs Kombinationen wird nochmals nach positiven und negativen Aktionen bzw. Antworten und Fragen unterschieden. — Erfahrungsgemäß müssen die Beobachter für ihre Aufgabe trainiert werden. Mit geschulten Beobachtern werden Übereinstimmungsreliabilitäten von 0,75-0,95 erzielt.

Tab. 1.2: Kategorien des Interaktionsschemas von Bales (nach Bales 1970)

	Positive (und gemischte) Aktionen	Negative (und gemischte) Aktionen	
Orientierung	Gibt Information*	Fragt nach Information*	Aufgabenbereich
Bewertung	Äußert Meinungen	Fragt nach Meinungen	
Kontrolle	Macht Vorschläge	Fragt nach Vorschlägen	
Entscheidung	Stimmt zu	Stimmt nicht zu	Sozial-emotionaler Bereich
Spannungsbewältigung	Dramatisiert*	Zeigt Spannung	
Integration	Erscheint freundlich*	Erscheint unfreundlich*	
	Antwortversuche	Fragen	

Die mit Stern versehenen Kategorien hießen in der ursprünglichen Version (Bales 1950) von oben nach unten »Orientiert«, »Entspannt«, »Zeigt Solidarität«, »Bittet um Orientierung« und »Zeigt Antagonismus«.

Da sich die Kategorien des Interaktionsschemas von Bales für viel Gruppensituationen als zu global erwiesen, wurden inzwischen sehr viele themenspezifische Systeme entwickelt. So wurden Systeme zur Erfassung der Interaktion am Arbeitsplatz, für verbales Problemlösen in Gruppen, für Mutter–Kind-Interaktionssequenzen, für Lehrer–Schüler-Interaktionen, für soziales Verhalten in der Familie, für Kontaktverhalten u.a. entworfen bzw. befinden sich in Entwicklung. Eine Übersicht über solche Ansätze und die damit verbundene Problematik erhält man aus Sammelreferaten von von Cranach & Frenz (1969), Lipinski & Nelson (1974), Schulte & Kemmler (1974), Schulz et al. (1970).

Kontrollfragen

1. Interpretieren Sie die Elemente des Kommunikationsmodells von Osgood & Sebeok (oder McGroskey) in psychologischen Termini.
2. Wie unterscheiden sich Pseudokontingenz, asymmetrische, reaktive und wechselseitige Kontingenz im Interaktionsmodell von Jones & Gerard?
3. Welche Komponenten charakterisieren Argyles Modell der sozialen Fertigkeiten?
4. Welche Aspekte unterscheidet Graumann an der Performanz im interaktiven Kontext?
5. * Was bedeutet in der Sprachpsychologie der Begriff der Pragmatik?
6. * Was besagt bei Watzlawick et al. der Begriff Metakommunikation?
7. * Was versteht der ›Symbolische Interaktionismus‹ unter Rollenübernahme und was ist in dieser Konzeption mit ›Definition der Situation‹ gemeint?
8. Wie sind Distanz- bzw. Territorialräume definiert?
9. Welche Funktion hat nach Argyle und Mitarbeitern der Blickkontakt im Kommunikationsprozeß?
10. Versuchen Sie sich das Schema der Interaktions-Prozeß-Analyse von Bales ins Gedächtnis zu rufen. In welchen Beobachtungs- und Forschungssituationen kann man Interaktionsschemata sinnvoll einsetzen?

Weiterführende Literatur

Argyle (1972): Das Buch behandelt u.a. das Modell der sozialen Fertigkeiten sowie experimentelle Arbeiten über den Einsatz sprachlicher und nichtsprachlicher Kommunikation.

Argyle & Dean (1965): Beispiel für eine experimentelle Untersuchung der Funktion des Blickkontaktes. In der Einleitung und der Diskussion der Ergebnisse stellen die Autoren ihre theoretische Position dar.

Bales (1970): Enthält die neuere Version der Interaktions-Prozeß-Analyse sowie experimentelle Untersuchungen des Interaktionsverhaltens.

Graumann (1972): Umfassender Handbuchartikel, der sich u.a. mit verschiedenen Auffassungen von Kommunikation und sozialer Interaktion auseinandersetzt.

2 Theorien der Attraktion

Übersicht: Während bisher untersucht wurde, wie der Interaktions- und Kommunikationsprozeß verläuft und wie man sich der Kommunikationsmittel bedient, geht es im folgenden Kapitel um die Frage, *warum* man mit anderen Personen in Interaktion tritt. Weshalb sucht man in bestimmten Situationen den Kontakt, während man in anderen lieber allein bleibt? Warum wählt man *diesen* Partner und nicht einen anderen? Verschiedene sozialpsychologische Theorien werden skizziert und im Hinblick auf die interpersonale Attraktion diskutiert. Abschn. 2.1 stellt die als ›Konsistenztheorien‹ bekannten Ansätze von Heider, Newcomb und Festinger vor. Unter 2.2 werden lern- und austauschtheoretische Konzepte beschrieben. Der dritte Abschnitt (2.3) versucht einen theoretischen und empirischen Vergleich verschiedener Ansätze. — In den Sternchenabschnitten werden die referierten Theorien anhand von Experimenten und Feldstudien illustriert.

Daß Menschen sich vergesellschaften, daß sie mit anderen Kontakt aufnehmen und interagieren, ist so selbstverständlich, daß die Frage, warum sie dies tun, fast müßig erscheint. Der Mensch ist ein soziales Wesen, er wächst in der Gruppe der Familie auf, und er schließt sich schon als Kind freiwillig seinen Spielgruppen an, er arbeitet in Gruppen und verbringt seine Freizeit in Gruppen. Er meidet offensichtlich den Zustand des Alleinseins. Dies war so während des gesamten Zeitraums, den die Kulturanthropologie überblickt, und daran haben auch abrupte Wandlungen der Lebensbedingungen im Prinzip nichts geändert. Man könnte daher versucht sein, von einem Gesellungstrieb zu sprechen, einem Trieb, der die Individuen bewegt, sich mit anderen zusammenzuschließen. Ob es sinnvoll ist, einen unspezifischen Gesellungstrieb — bzw. ein Gesellungsbedürfnis — zu postulieren, braucht in diesem Zusammenhang nicht erörtert zu werden. Es sei jedoch erwähnt, daß ein solches Konzept keine Erkenntnisse liefert, die über die Beobachtung hinausgehen, daß Menschen dazu tendieren, sich zusammenzuschließen, und daß dies besonders offensichtlich wird, wenn sie zuvor sozial depriviert, also am Kontakt mit anderen gehindert wurden. Das Konzept erklärt nicht, warum Individuen bei der Aufnahme sozialer Beziehungen selektiv vorgehen. Warum wird der Kontakt zu einigen Personen angestrebt, der Kontakt zu anderen Personen gemieden? Warum werden bestimmte bestehende Beziehungen aufgekündigt und neue angeknüpft? Um dies zu verstehen, muß man mindestens eine Wechselwirkung einer allgemeinen Gesellungsneigung mit anderen Determinanten menschlichen Verhaltens annehmen.

Im folgenden sollen einige Theorien dargestellt werden, die versuchen, die Gesetzmäßigkeiten des Interaktionsgeschehens auf der Basis interpersonaler Attraktion zu erklären. Unter *Attraktion* wird dabei die Tendenz verstanden, gegenüber einer anderen Person gefühlsmäßig (affektiv), erkenntnismäßig (kognitiv) und verhaltensmäßig (konativ) zu reagieren. Die affektive Komponente bezieht sich auf die Qualität und Stärke der Gefühle und der damit einhergehenden Bewertung der Person. Die kognitive Komponente betrifft das Bild, das man sich von der Person macht, und die Erwartungen, die man an sie richtet. Zur konativen Komponente gehört die Tendenz, Kontakt aufzunehmen oder bestehende Interaktionen fortzuführen (vgl. Mikula 1977). — Der Geltungsanspruch der hier referierten Theorien erstreckt sich über den Bereich der sozialen Interaktion hinaus auf Urteilsbildung, Einstellungsformierung und -änderung sowie interpersonelle Konflikte. Im vorliegenden Zusammenhang sollen jedoch nach einer kurzen Darstellung der Grundelemente der jeweiligen Theorie nur die für die soziale Interaktion relevanten

Aspekte behandelt werden. Der Bezug zur sozialen Interaktion war ausschlaggebend für die Auswahl der skizzierten Theorien.[1]

2.1 Konsistenztheorien

Die unter der Bezeichnung *Konsistenztheorien* zusammengefaßten theoretischen Konzepte gehen von der gemeinsamen Annahme aus, daß Individuen gegenüber wechselseitig unvereinbaren Kognitionen intolerant sind. Der Ausdruck Kognition fungiert dabei als Sammelbegriff für Eindrücke und Zustände sehr unterschiedlicher Art, die im Individuum erlebnismäßig repräsentierten Einstellungen sowie die Wahrnehmung der Umwelt und der eigenen Beziehung zu dieser Umwelt.
Unvereinbare (inkonsistente) Kognitionen rufen einen Zustand hervor, der als kognitive Imbalance (Heider 1946, 1958), Asymmetrie (Newcomb 1958), Inkongruenz (Osgood & Tannenbaum 1955) oder Dissonanz (Festinger 1957) bezeichnet wird. Solche Ungleichgewichtszustände sind charakterisiert durch ein Gefühl der Spannung und der Unzufriedenheit. Die Individuen trachten danach, Ungleichgewicht zu vermeiden.
Typisches und häufig herangezogenes Beispiel für eine solche Situation ist der Besitz eines Gegenstandes, den man nicht besonders schätzt. Man neigt unter diesen Voraussetzungen dazu, den Gegenstand zu veräußern oder aber — wenn dies Schwierigkeiten bereitet — sich eine positive Einstellung dazu zu bilden. Aus dem Bereich der sozialen Interaktion illustriert die fehlende Übereinstimmung zwischen wahrgenommenen Handlungen und dem Charakter der Beziehung den Zustand des Ungleichgewichts. So können wir uns schlecht vorstellen, daß ein guter Freund uns Schmerz zufügt. Geschieht dies trotzdem, so sind wir eher bereit, ihn zu exkulpieren als einen Fremden. Finden wir aber keine passende Erklärung für sein Verhalten, dann werden wir unsere freundschaftlichen Empfindungen überprüfen. — Auch fehlende Gegenseitigkeit sozialer Beziehungen beschreibt einen Zustand des Ungleichgewichts. So wird man z.B. dazu tendieren, sein Verhältnis zu einer Person, die man gut leiden mag, zu überprüfen, wenn sie die Zuneigung nicht erwidert.
Die Vorstellung, der Mensch strebe nach ausgewogenen, harmonischen und in sich stimmigen Bewußtseinszuständen, ist in der Philosophie und später in der Psychologie — explizit oder implizit — schon mehrfach, lange vor der Formulierung der Balance- und Konsistenztheorien, ausgedrückt worden. Die Abwehrmechanismen des Ichs (insbesondere das Konzept der Rationalisierung), die Tendenz zur guten Gestalt und der Begriff der intolerance of ambiguity (Frenckel-Brunswick 1949) — um nur einige Begriffe der Psychologie zu nennen — reflektieren Balancekonzepte. In der Sozialpsychologie fand das Konstrukt der kognitiven Balance erst durch die Arbeiten von Heider (1946, 1958) eine breitere Beachtung. Spätere Ansätze beziehen sich durchweg auf seine Formulierungen (Newcomb 1953, Osgood & Tannenbaum 1955, Cartwright & Harary 1956, Festinger 1957, 1964, Pepitone 1958, Abelson & Rosenberg 1958). Heiders Theorie knüpft an die Gestaltpsychologie an. Sie weist deutliche Bezüge in den gestalt-psychologischen Vorstellungen von kortikalen Feldern und kohäsiven Kräften auf (vgl. Wright et al. 1970).

1 Detailliertere Darstellungen, die auch die Implikationen für die Urteilsbildung und die Einstellungsverfestigung bzw. -änderung einschließen, findet man unter anderem bei Irle (1975) und Shaw & Costanzo (1970).

Da sich Balance- und Konsistenztheorien u.a. mit den Kognitionen des Individuums über seine sozialen Beziehungen befassen, können sie als Theorien der kognitiven Vorbedingungen sozialer Interaktion angesehen werden. Denn die Individuen reflektieren ihre Beziehungen zu Objekten und Personen aus ihrer Umwelt und versuchen, ein stimmiges Beziehungsgefüge herzustellen. Dieser Prozeß kann zur Aufnahme, zur Festigung oder zum Abbruch interpersonaler Beziehungen führen.

2.1.1 Heiders P–O–X-Theorie

2.1.1.1 Grundbegriffe der P–O–X-Theorie

Heider (1958) subsumiert die verschiedenen möglichen Arten sozialer Beziehungen unter zwei Kategorien:
1. die *Einheitsbeziehung* (unit relation) und
2. die *Gefühlsbeziehung* (sentiment relation).

Unter Einheitsbeziehungen versteht man Relationen, die Ähnlichkeit, Nähe, Zugehörigkeit, Besitz oder Produktion ausdrücken. ›Er ist Angestellter‹ oder ›Er stellt den Gegenstand X her‹ sind Beispiele für Einheitsbeziehungen. Bei interpersonalen Beziehungen hebt Heider auf die Umgebung als einheitsstiftende Bedingung ab. Wie die Organisation mehrerer Elemente zu einer geschlossenen Gestalt vom Umfeld abhängt, werden Individuen je nach ihrer Umgebung einmal als Einheit, ein anderes Mal als einzelne wahrgenommen. Zwei Personen, die auf einer sonst menschenleeren Straße nebeneinander gehen, werden eher als Einheit wahrgenommen als zwei Personen, die das gleiche auf einer sehr belebten Straße tun. — Die Gefühlsbeziehungen werden durch die Dimension Zuneigung–Abneigung (liking — disliking) definiert und durch Worte wie lieben, verehren, achten usw. beschrieben. Einheits- und Gefühlsbeziehungen können positiv (+) oder negativ (−) sein, wobei die negative Einheitsbeziehung (ist unähnlich, ist entfernt, gehört nicht zu, kennt nicht, produziert nicht) eher dem Komplement der positiven Einheitsbeziehung entspricht, während die negative Gefühlsbeziehung (haßt, mißachtet, verabscheut) das Gegenteil ihrer positiven Version darstellt. — Heider betrachtet nun das Beziehungsgefüge zwischen einer Person P, einer anderen Person O (other) und gegenüber einem Objekt, einer dritten Person oder einer Gruppe von Personen (X). Die Person P steht bei Heider stets im Zentrum des Systems, d.h. es sind ihre Wahrnehmungen und Kognitionen, die analysiert werden. Fremde Kognitionen spielen nur als die von P wahrgenommenen Kognitionen der Person O eine Rolle. In Abb. 2.1 sind die acht möglichen Zustände wiedergegeben. Die Vorzeichen geben die Bewertung der Beziehung als positiv oder negativ wieder. Die Pfeilspitzen zeigen die Richtung der von A wahrgenommenen Beziehung an.

2.1.1.2 Balancierte und unbalancierte Zustände

Ein P–O–X-System ist balanciert, wenn das algebraische Produkt der drei Vorzeichen der von P wahrgenommenen Einheits- und/oder Gefühlsbeziehungen zwischen den Elementen P, O und X positiv ist. Das ist der Fall, wenn alle Relationen positiv sind oder zwei Relationen negativ und eine positiv. Sofern z.B. die Person P die Person O gerne mag, wenn O den Gegenstand X herstellt und wenn P diesen Gegenstand positiv bewertet, ist die triadische Beziehung balanciert. Ebenso herrscht Balance, wenn P den O nicht mag, O den Gegenstand X produziert und wenn P diesen Gegenstand nicht schätzt. So ist die Beziehung zwischen einem Studenten (P) und einem anderen Studenten (O), der Mitglied einer zur Vorbereitung auf das Diplom gebildeten Arbeitsgruppe ist, balanciert, wenn O Arbeitsbeiträge liefert, die P für akzeptabel hält. Sie ist für P aber auch dann balanciert, wenn O nicht Mitglied dieser Arbeitsgruppe ist und bekannt ist, daß er keine annehmbaren Beiträge zustande bringen würde. P ist in diesem Falle zufrieden mit dem gegenwärtigen Zustand und unternimmt keine Bemühungen, O in die Arbeitsgruppe hineinzuholen. — Nicht balanciert sind alle übrigen Zustände, bei denen das algebraische Produkt der Vorzeichen negativ ist. Dazu gehört z.B. der Fall, daß man eine Person verehrt, die einer politischen Partei angehört, welche man selbst verabscheut. Insgesamt gibt es je vier Kombinationen von Vorzeichen, die Heider als balanciert bzw. unbalanciert ansieht (vgl. Abb. 2.1). Für die Unterscheidung zwischen balanciert und nicht-balanciert spielt es keine Rolle, welche Kombinationen von Einheits- und Gefühlsbeziehungen in dem kognitiven Dreieck vorkommen. Entscheidend ist lediglich die Vorzeichenkombination.

2.1.1.3 Mechanismen der Spannungsreduktion

Aus der phänomenologisch orientierten Analyse folgert Heider, daß balancierte Zustände von den Individuen bevorzugt werden (Bevorzugung balancierter Zustände). Balancierte Zustände sollten infolge dessen stabiler sein und besser erinnert werden. Empirisch konnte Jordan (1953) bestätigen, daß verbale Beschreibungen balancierter Zustände gegenüber Beschreibungen unbalancierter Zustände präferiert werden. Nach Zajonc & Burnstein (1965a, b) haben Personen die Tendenz, unbalancierte Strukturen aus ihrer Erinnerung als balanciert zu reproduzieren. Die Charakteristiken balancierter Zustände werden schneller erlernt.

Die vermutete Neigung der Individuen, balancierte Zustände anzustreben, hat zur Konsequenz, daß bestehende Beziehungen zwischen Personen oder zwischen Personen und Objekten neue Beziehungen gleicher Richtung induzieren *(Induktion von Beziehungen)*. Konkret heißt dies: ›P mag O‹ induziert ›P tritt mit O in Beziehung‹ (und umgekehrt), ›P mag X‹ induziert ›P versucht, X in seinen Besitz zu bringen‹ (und umgekehrt: ›P besitzt X‹ induziert ›P mag X‹).

Durch diesen Mechanismus werden bestehende Beziehungen, also auch bestehende soziale Beziehungen, verfestigt. Empirische Ergebnisse bestätigen diese Tendenz: So konnten Homans (1950) und Sherif & Sherif (1953) feststellen, daß sich Personen, die häufig miteinander interagieren, gegenseitig zunehmend positiver einschätzen und sich zu Freundesgruppen zusammenschließen.

Wie bereits dargestellt wurde, sind die Individuen nach Heiders Vorstellungen stets bestrebt, balancierte Zustände zu erreichen. Die Intoleranz gegenüber unbalancierten Zuständen verursacht einen Druck zur Veränderung der kognitiven Lage *(Druck zu balancierten Zuständen)*. Das Mitglied (O) eines Arbeitsteams, das schlechte Leistungen (X) erbringt, wird entweder von seinem Chef (P) entlassen (Änderung der Einheitsbeziehungen) oder aber dieser bewertet die Leistungen des Mitarbeiters positiver (Änderung der Gefühlsbeziehung).

Auch Heider hat nicht übersehen, daß viele soziale Beziehungen nicht diesem einfachen Muster genügen. Es gibt zweifellos stabile soziale Beziehungen, die für den Betreffenden nicht in allen Punkten zufriedenstellend sind. Er versucht, diesen Widerspruch durch die Einführung des Begriffs der *Differenzierung* zu lösen. Der Chef mag dann z.B. feststellen, daß sein Mitarbeiter zwar schlechte Leistungen erbringt, aber insofern unentbehrlich ist, als er für ein gutes Betriebsklima sorgt. Die Differenzierung wird als ein nur selten

Abb. 2.1: Prozentsatz der Vpn, die die Situation als angenehm, neutral oder unangenehm eingestuft haben (nach Price, Harburg & Newcomb 1966)

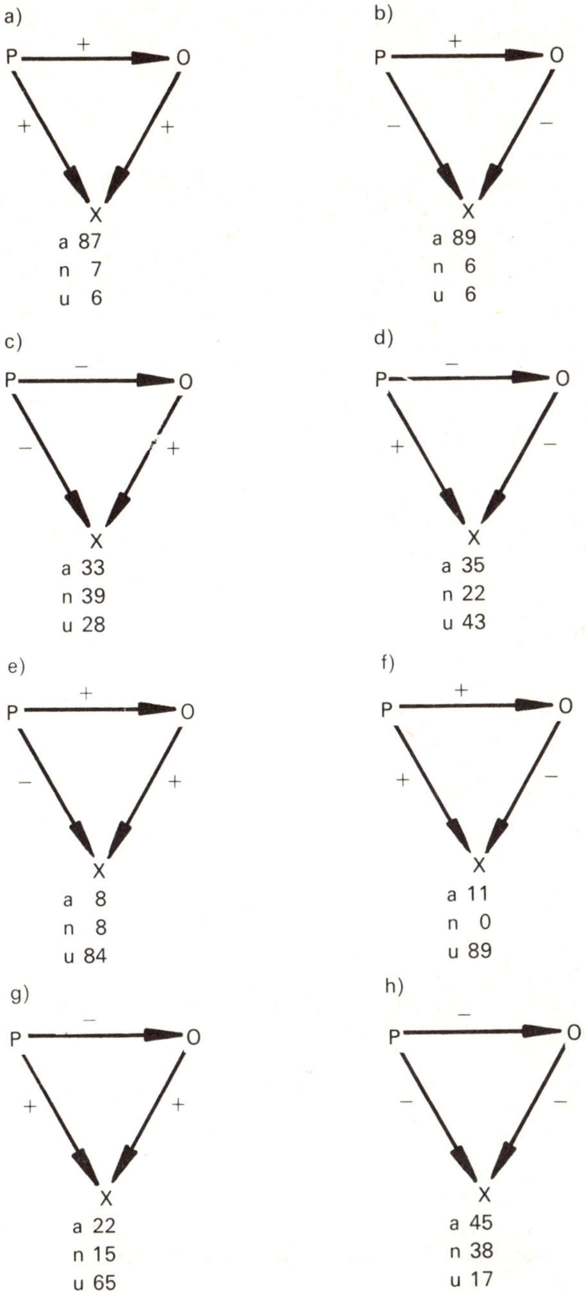

a = angenehm n = neutral u = unangenehm

benutztes Mittel zur Bildung balancierter Zustände angesehen, steht sie doch im Gegensatz zum Prinzip der Induktion von Beziehungen. Esch (1950) befragte seine Vpn danach, was in unbalancierten Zuständen der beschriebenen Art vermutlich geschehen werde. Nur 2% hielten eine Differenzierung für möglich, während 75% eine Änderung der Gefühlsbeziehung und 18% eine Bedrohung der Einheitsbeziehung erwarteten.

2.1.1.4 Bewertung des P–O–X-Systems

Heider betont, daß die Voraussetzungen seiner Theorie auf der Alltagspsychologie und der Psychologie des gesunden Menschenverstandes aufbauen. Ferner war ihm daran gelegen, eine einfache Theorie zu erarbeiten. Um der Einfachheit willen verzichtete er auf einen universalen Erklärungsanspruch und nahm Ausnahmen, auf die seine Theorie nicht zutrifft, in Kauf. Allerdings wäre von einer Theorie zu erwarten, daß die aus ihr abgeleiteten Vorhersagen über die Erkenntnisse der Alltagspsychologie hinausgehen, also mehr aussagen als das, was ohnehin jeder weiß. Das Prinzip der Induktion von Beziehungen ist wohl ein solcher Sachverhalt, der über die Einsichten der Alltagspsychologie hinausgeht. Dieser Mechanismus wurde in der Sozialpsychologie zuvor nie so deutlich formuliert. Er ist in der Folgezeit zu einem zentralen Konzept der Psychologie der sozialen Interaktion geworden.

Das Prinzip der Induktion von Relationen klingt allerdings bereits im Konzept des Halo-Effektes (Thorndike 1920) an. Personen, die man in einigen Eigenschaften als positiv bewertet, schreibt man bereitwillig weitere positive Merkmale zu. Dabei sind der erste Eindruck bzw. die ersten Informationen wichtiger als später folgende Informationen (Anfangseffekt). Spätere Informationen werden oft im Sinne der ersten Informationen interpretiert (Luchins 1957a, b). Im ersten Eindruck korrelieren beispielsweise Merkmale wie sympathisches Wesen und Intelligenz oder Tatkraft und Intelligenz mit $r = 0{,}62$ bzw. 0,84 hoch (Brunswik 1945), während die objektiven Beziehungen zwischen diesen charakterologischen Einstufungen und der Intelligenz mäßig bis gering sind (0,01 bzw. 0,28). Die Tendenz zur vereinfachenden generalisierenden Beschreibung wird auch durch Untersuchungen zur impliziten Persönlichkeitstheorie gestützt. Das Personenurteil variiert nur nach wenigen Dimensionen. So fanden z.B. Rosenberg et al. (1968), daß sich die implizite Persönlichkeitstheorie nach zwei Dimensionen aufspannt, nämlich ›sozial gut — schlecht‹ und ›intellektuell gut — schlecht‹. Darüber hinaus sind die beiden Dimensionen korreliert, so daß ›sozial gut‹ im allgemeinen mit ›intellektuell gut‹ und ›sozial schlecht‹ mit ›intellektuell schlecht‹ assoziiert wird. Diese Beobachtungen könnten als eine in einem Menschenbild manifestierte Tendenz zur Induktion von Relationen interpretiert werden.

Das P–O–X-System spiegelt eine sehr individuenzentrierte Betrachtungsweise wider. Obwohl der P–O–X-Triade stets mindestens zwei Personen angehören (da X ebenfalls eine Person oder eine Personengruppe sein kann, möglicherweise auch mehr als zwei Personen), werden nur die Kognitionen von P betrachtet. Ob sich eine soziale Beziehung als stabil oder instabil erweist, hängt aber naturgemäß nicht nur von der Sichtweise eines Agenten ab. Die Relationen zwischen den Elementen der P–O–X-Triade sind entweder positiv oder negativ. Abstufungen in der Intensität der Beziehungen bleiben unberücksichtigt. Es fehlt weiterhin, wie auch Irle (1975) betont, ein Prinzip des geringsten Aufwandes, mit Hilfe dessen man vorhersagen könnte, welche Beziehungen in einer bestimmten Situation am ehesten geändert werden.

Wie sich aus den Folgetheorien ablesen läßt, haben Heiders Formulierungen, trotz dieser und anderer, hier nicht diskutierter Schwächen, einen nachhaltigen Einfluß auf die Psychologie der sozialen Interaktion gehabt. Der Stellenwert, der diesem Ansatz beigemessen wird, kommt auch in den zahlreichen Versuchen, Heiders Aussagen mathematisch zu formulieren, zum Ausdruck (Davis 1966, Flament 1963, Harary, Norman & Cartwright 1965, Sukale 1971 und andere).

2.1.2 Newcombs A–B–X-Theorie

2.1.2.1 Grundbegriffe der A–B–X-Theorie

Heider betrachtet die sozialen Beziehungen zwischen zwei Personen (P und O) und einem Objekt (bzw. einer dritten Person) X aus der Sicht der Person P. Newcomb (1953, 1956, 1961, 1965, 1968) hat diesen Ansatz modifiziert und neben der individuellen auch die interpersonale Ebene untersucht. Er geht davon aus, daß *kommunikative Akte* zur Bildung gemeinsamer *Orientierungen* (orientations) gegenüber Personen und Objekten beitragen. Kommunikation ist die Übertragung von Informationen von einem Sender zu einem Empfänger. Die übertragenen Informationen sind Reize, die sich auf Dinge, Eigenschaften, Zustände oder Ereignisse beziehen. Damit wird auch festgestellt, daß die Reize diskriminatorischen Charakter haben müssen, denn Information können sie nur enthalten, wenn sie das Individuum befähigen, die Sachverhalte, auf die sie sich beziehen, von anderen Sachverhalten abzugrenzen. — Ausgangspunkt der Analyse Newcombs ist der einfachste kommunikative Akt, in dem eine Person einer anderen Person Informationen über einen Sachverhalt X übermittelt.

Individuen haben nach Newcomb die Tendenz, sich mit anderen Personen und mit Objekten in Beziehung zu sehen, d.h. sie orientieren sich gegenüber ihrer Umwelt. Die Orientierung gegenüber einer Person bezeichnet Newcomb als Anziehung oder *Attraktion* (attraction), die Orientierung gegenüber einer Sache als *Einstellung* (attitude). Die Orientierungen des Individuums sind insofern interdependent, als es sich gleichzeitig gegenüber der anderen Person und dem Objekt orientieren muß (Koorientierung). Die Notwendigkeit der *Koorientierung* begründet Newcomb (1953, S. 394) mit der Feststellung, man könne sich kaum Beziehungen zwischen Personen vorstellen, die ohne Orientierung an ihrer Umwelt auskommen. Selbst zwei Liebende seien von einer gemeinsamen Umwelt abhängig. Der Fortbestand ihrer Beziehungen sei auf die Entdeckung oder Entwicklung gemeinsamer Interessen angewiesen. Ebensowenig sei es denkbar, daß eine Person ihre Objektorientierung völlig unabhängig entwickelt. Kaum eine Sache sei so privat, daß die darauf gerichtete Einstellung nicht durch andere Personen beeinflußt werde: »... es ist eine nahezu unabdingbare Notwendigkeit, daß sich Menschen gegenüber den Objekten ihrer Umwelt und auch gegenüber den Personen, welche zu den gleichen Objekten Bezug haben, orientieren. In dem Maße, in dem A's Orientierung gegenüber X oder B von B's Orientierung gegenüber X abhängt, ist A motiviert, sich über B's Orientierung zu X zu informieren und/oder sie zu beeinflussen. Kommunikation ist die alltäglichste und üblicherweise effektivste Art, mit der er dies bewerkstelligt« (Newcomb 1953, S. 395 Übers. d. Verf.).

Die Neigung zur Koorientierung vervollständigt das Beziehungsgefüge zwischen A, B und X. Die Notwendigkeit zur Koorientierung liegt nach Newcomb vor allem dann vor, wenn Gegenstände der sozialen Realität zur Debatte stehen, Sachverhalte also, die sich nicht durch physikalische Messungen bestimmen lassen. Das sind z.B. Wertfragen, aber auch sehr komplexe Sachverhalte, welche sich einer raschen zweifelsfreien Überprüfung entziehen.

Die minimalen Komponenten eines vollständigen A–B–X-Systems sind (1) A's Einstellung zu X, (2) A's Attraktion gegenüber B, (3) B's Einstellung zu X und (4) B's Attraktion gegenüber A. In einem intrapersonalen A–B–X-System entsprechen diese vier Orientierungen den Wahrnehmungen einer der beteiligten Personen, z. B. der Person A. Im interpersonalen (Gruppen-)System sind die wahrgenommenen Orientierungen beider beteiligten Personen A und B enthalten.

Hinsichtlich der interpersonalen Analyse beschränkt Newcomb den Geltungsbereich seiner Aussagen auf dyadische Einheiten, deren Mitglieder über einen längeren Zeitraum assoziiert sind, face-to-face-Kontakt besitzen und verbal kommunizieren können.

Ähnlichkeit zwischen den Orientierungen erleichtert nach Newcomb die Koorientierung. A's und B's Orientierung gegenüber X werden symmetrisch genannt, wenn sie von gleichem Vorzeichen und gleicher Intensität sind. *Symmetrische Situationen* haben im Vergleich mit unsymmetrischen u.a. den Vorteil, daß sie durch die wechselseitige Bestätigung der eigenen Einstellung das Selbstvertrauen und die Selbstsicherheit erhöhen. Wenn dieser Vorteil allgemein als solcher empfunden wird, gewinnen kommunikative Akte, welche die Symmetrie erhöhen, belohnende Wirkung. Symmetrie kann somit einen sekundär verstärkenden Effekt haben (Newcomb 1953, S. 395). Aus diesem Umstand leitet Newcomb einen Druck zur Symmetrie innerhalb eines A–B–X-Systems ab. Wahrgenommene Diskrepanzen zwischen den eigenen Orientierungen und den vermuteten oder geäußerten Orientierungen des anderen werden als unangenehm empfunden. Wie groß der Druck zur Herstellung der Symmetrie ist, hängt vom *Vorzeichen und der Intensität der Attraktion* zwischen A und B, vom *Ausmaß der wahrgenommenen Attitüdendiskrepanz*, der *wahrgenommenen Wichtigkeit* des Objekts für die Person, der wahrgenommenen *Relevanz* des Objektes *für die Beziehung* zwischen A und B und der subjektiven Sicherheit über die eigenen Attitüden ab. Die Wichtigkeit bestimmt sich nach dem emotionalen (in Newcombs Terminologie *kathektischen*) Wert, die Relevanz nach dem sachlichen *(kognitiven)* Wert des Objektes.

Newcomb kritisiert, daß Heiders Konzeption der Balance zu wenig zwischen den unterschiedlichen Konfigurationen innerhalb des betrachteten sozialen Dreiecks differenziere. Er stützt sich dabei auf Ergebnisse von Jordan (1953), Price, Harburg & Newcomb (1966) (vgl. S. 38f) und Rodrigues (1967), die zeigen, daß die in Abb. 2.1 (noch in P–O–X-Terminologie) vorgestellten Konfigurationen a) und b) als angenehmer empfunden wurden als die Konfigurationen c) und d), deren Vorzeichenprodukt ebenfalls positiv ist. Analog werden unter den Konfigurationen mit negativem Vorzeichenprodukt nur e) und f) als ausgesprochen unangenehm erlebt (Crano & Cooper 1973). Hinsichtlich der übrigen Zustände sind die befragten Vpn eher indifferent. Demnach werden vor allem solche Zustände als bedeutsam angesehen, in denen die Personen positive Beziehungen zueinander haben *(Positivität)*. Sind die Beziehungen zwischen den Beteiligten negativ, dann wird die Ausgewogenheit ihrer Beziehung nicht als wichtig empfunden. Bei positiver Attraktion sind die Beziehungen dann angenehm, wenn beide Beteiligten eine positive oder beide eine negative Einstellung zu dem Objekt X haben, und unangenehm, wenn die Einstellungen zu dem Objekt diskrepant sind. Dies erklärt auch, warum Vpn in derartigen Situationen sehr ungern eine bestehende positive Beziehung zwischen zwei Personen ändern, wenn sie aufgefordert werden, Balance herzustellen (Rodrigues 1967).

Inwieweit sich die Ergebnisse dieser empirischen Untersuchungen verallgemeinern lassen, mag dahingestellt sein. Zwei Personen, deren Beziehung zueinander negativ ist, mögen dies unter Umständen als sehr bedrückend empfinden, wenn sie beide eine gemeinsame Einstellung zu einer für sie sehr wichtigen Sache teilen. Taylor (1968), der in einer Untersuchung, auf die wir weiter unten zurückkommen werden, die Anzeichen von Spannung und Spannungsbewältigung während einer dyadischen Diskussion analysierte, konnte keine Anhaltspunkte für Newcombs Vermutung finden.

2.1.2.2 Konsequenzen des Drucks zur Symmetrie

Einstellungsähnlichkeit zwischen den Interaktionspartnern

Von diesem Konzept ausgehend hat Newcomb einige Hypothesen aufgestellt. Eine zentrale These, die das Auftreten und die Richtung von Interaktionen betrifft, lautet:

»Je stärker die Kräfte sind, die A zu einer Koorientierung gegenüber B und X bewegen, desto größer ist (a) A's Druck zur Symmetrie mit B hinsichtlich X und um so wahrscheinlicher wächst (b) die Symmetrie als Konsequenz eines oder mehrerer kommunikativer Akte« (Newcomb 1953, S. 395, Übers. d. Verf.).

Newcomb geht davon aus, daß die Kräfte, die zur Koorientierung bewegen, u.a. mit der Attraktion gegenüber dem Kommunikationspartner und der Intensität der Einstellung gegenüber dem Kommunikationsobjekt variieren. M.a.W., wenn die sozialen Bedingungen eine Koorientierung gegenüber B und X erfordern, dann wird die auf Koorientierung gerichtete Kraft, und damit nach These 1 die Tendenz zur Symmetrie, um so stärker sein, je größer die Valenz gegenüber B oder X ist.

Zur Unterstützung seiner These führt Newcomb einige Untersuchungen über den Zusammenhang zwischen der Einstellung und der wahrgenommenen bzw. geäußerten Einstellung befreundeter Personen an. Newcomb (1943) und Festinger, Schachter & Back (1950) u.a. (s. dazu ein Sammelreferat von Byrne 1969) fanden einen deutlichen Zusammenhang zwischen den Einstellungen befreundeter Personen.

Eine Untersuchung Newcombs (vgl. Newcomb 1953) zeigte, daß Personen im allgemeinen annehmen, ihre Freunde hätten ähnliche Einstellungen wie sie selbst. Von 52 Vpn mit einer positiven Einstellung und 40 Vpn mit einer negativen Einstellung gegenüber Präsident Truman glaubten 48 bzw. 34 Vpn, die meisten ihrer engsten Freunde hätten gleichgerichtete Einstellungen wie sie selbst.

Verdeutlicht wird die Beziehung zwischen Attraktion und Einstellungskonsens auch durch eine Studie von Byrne & Blaylock (1963). Eheleute weisen hinsichtlich linker und rechter politischer Orientierungen und hinsichtlich ihres Dogmatismus eine korrelative Ähnlichkeit von durchschnittlich 0,30 bis 0,44 auf. Jedoch nehmen sie die Ähnlichkeit in diesen Einstellungsbereichen wechselseitig als viel höher wahr (0,70 bis 0,89). Vorausgesetzt, daß Eheleute sich attraktiv finden, kann man von diesen Daten einen Einfluß der Attraktion auf die wahrgenommene Einstellungsähnlichkeit ableiten. Die Diskrepanz zwischen wahrgenommener und tatsächlicher Ähnlichkeit demonstriert das Bedürfnis, dem attraktiven Partner ähnliche Einstellungen zu attribuieren. Nach Newcomb ist die verzerrte Wahrnehmung der Einstellung des Partners eine der Möglichkeiten, Symmetrie herzustellen, die durch ein autistisches Wunschdenken gefördert wird.

Tab. 2.1: Zusammenhang zwischen gemessener und wahrgenommener politischer Einstellung bei Eheleuten (nach Byrne & Blaylock 1963)

Rokeach Skala	gemessene Ähnlichkeit	wahrgenommene Ähnlichkeit bei den Männern	wahrgenommene Ähnlichkeit bei den Frauen
Linke politische Orientierung	0,30	0,74	0,79
Rechte politische Orientierung	0,44	0,69	0,89
Dogmatismus	0,31	0,70	0,85

Eine Untersuchung Feathers (1966) liefert zur Beziehung zwischen Attraktion und Einstellungskonsens systematische Informationen.

Feather legte seinen Vpn Sätze zur Beurteilung vor, die Aussagen über einige Orientierungen eines Senders und eines Empfängers enthielten. Zu schätzen war dann die Richtung und die Stärke jener Orientierungen, über die keine Informationen mitgeteilt wurden. Die Vpn gaben ihre Antworten auf einer Skala von 1 bis 7, wobei 1 ›definitiv nein‹ und 7 ›definitiv ja‹ bedeutete, die dazwischenliegenden Zahlen entsprechen Abstufungen zwischen beiden Extremen. Je höher der angegebene Wert, desto positiver schätzen demnach die Vpn die Orientierungen ein.

In Abb. 2.2 sind unter jedem Graph die mittleren Einschätzungen der Vpn aufgeführt. Man ersieht daraus, daß bei gemeinsamer positiver Einschätzung (Spalte 1 und 2) und bei gemeinsamer negativer Einschätzung (Spalte 5) des Attitüdenobjektes X höhere Attraktion von B gegenüber A vermutet wird als bei diskrepanten Einstellungen gegenüber dem Attitüdenobjekt (Spalte 3 und 4). Ausgeprägtere Unterschiede findet man jedoch zwischen den mittleren Werten der 2. bis 4. Zeile der Abbildung. Da zwischen den Zeilen die Attraktion von A zu B von stark positiv (2. Zeile) über schwach positiv (4. Zeile) zu stark negativ (3. Zeile) variiert, kann man aus dem Vergleich der Spalten und der Zeileneffekte ableiten, daß die gegebene Attraktion von A zu B für die Einschätzung der Attraktion von B gegenüber A wichtiger ist als die Einstellungskonformität bzw. -diskrepanz. So wird z.B. in dem Graph Nr. 19 immer noch eine leicht positive Einstellung von B zu A erwartet, obwohl die Einstellung der beiden Beteiligten stark gegensätzlich ist und nur eine schwache Attraktion von A zu B besteht. Im Vergleich dazu tendieren die Vpn bereits zu einer deutlich negativen Erwartung, wenn bei vollständigem Meinungskonsens die Attraktion von A zu B negativ ist (Graph Nr. 11).
Diese Ergebnisse deuten darauf hin, daß Vpn im allgemeinen glauben, eine positive Orientierung einer Person zu einer anderen sei eine gute Grundlage für das Entstehen wechselseitiger Wertschätzung. Außerdem scheint der Attitüdenkonsens einen gewissen, wenn auch geringen Einfluß auf die Beurteilung der mutmaßlichen Attraktion zu haben. Die Tendenz zur Symmetrie wird also insofern bestätigt, als von den Vpn die Orientierungen innerhalb des A–B–X-Systems als interdependent und darüber hinaus als symmetrisch wahrgenommen werden.
Bei der Bewertung dieser Ergebnisse muß man allerdings beachten, daß sie nicht das *Verhalten* von Vpn wiedergeben, sondern lediglich die Ergebnisse zur Befragung über hypothetische Situationen. Die Befragungsunterlagen enthielten den Vpn Informationen über wichtige Charakteristiken der beurteilten Situation vor. Die Vpn mußten eine große Zahl von Statements einschätzen, die hinsichtlich zweier Merkmale variierten (in den für Abb. 2.2 ausgewählten Graphen hinsichtlich der Attitüdendiskrepanzen und der Attraktion). Wenn die Vp nicht alle Sätze gleich einstufen will, muß sie nach diesen Merkmalen diskriminieren, auch wenn sie den Eindruck hat, daß keines von beiden sehr entscheidend für die Entwicklung positiver Orientierungen ist.

Veränderung des Beziehungssystems durch Kommunikation und Interaktion
Mit Ausnahme der Ergebnisse Feathers können alle bisher berichteten Befunde mit dem Prinzip der Ähnlichkeitswahl erklärt werden. Man möchte gern mit Personen ähnlicher Interessen und Einstellungen befreundet sein und knüpft daher vorwiegend zu solchen Personen Kontakte. Ist es nicht gelungen, einen ähnlichen (bzw. als ähnlich wahrgenommene) Partner zu finden, so hat dies Rückwirkungen auf die Attraktion. Eine andere Interpretation wäre die, daß dritte Faktoren (z. B. der sozioökonomische Hintergrund) sowohl das Maß des Einstellungs- und Interessenkonsenses als auch die Attraktion zwischen den Partnern bedingen, ohne daß eine mangelnde Übereinstimmung, falls sie vorkäme, als störend empfunden würde. Auch die Untersuchung Feathers zeigt letzten Endes nur, daß

Abb. 2.2: Auszug aus den Ergebnissen einer Untersuchung von Feather (1966)

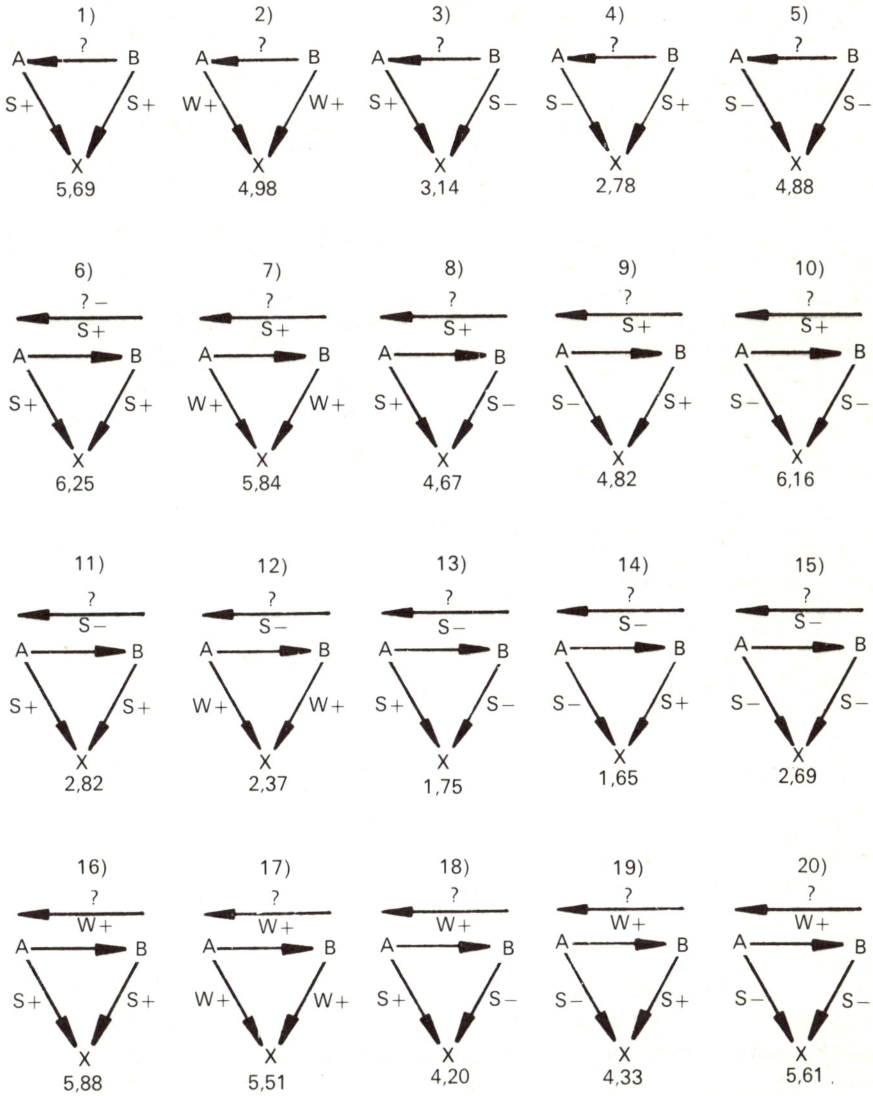

die Vpn annehmen, derartige Beziehungen seien im Durchschnitt symmetrisch, aus welchem Grunde auch immer. Die Annahme einer Tendenz zur Symmetrie schließt jedoch die weitergehende *dynamische* Aussage ein, daß unvollständige A–B–X-Systeme zu vollständigen Systemen ergänzt werden. Ferner besteht die Neigung, asymmetrische Beziehungen in symmetrische umzuwandeln. Das Ausmaß der Koorientierung hängt von der Intensität der Einstellungen zum Objekt und von der wechselseitigen Attraktion der Beteiligten ab. Die Koorientierung erfolgt unter dem Druck zur Symmetrie mittels kommunikativer Akte und resultiert bei positiver Attraktion in ähnlichen Interessen und Einstellungen und umgekehrt bei ähnlichen Interessen und Einstellungen in positiver Attraktion.

In einer nicht-hypothetischen experimentellen Situation konnten Feather und seine Mitarbeiter die Rückwirkungen kommunizierter Einstellungen auf die Einschätzung des Senders veranschaulichen (Feather & Jeffries 1967).

Die Vpn wurden zuvor je nach ihrer eigenen Einstellung zum Attitüdenobjekt (Bildung eines Neuengland Staates) in eine von vier Gruppen (›stark dafür‹, ›schwach dafür‹, ›schwach dagegen‹, ›stark dagegen‹) eingeordnet. Dann erhielt jede Vp vier Kommunikationen, die hinsichtlich der Bildung eines solchen Staates stark befürwortend (S+), schwach befürwortend (W+), schwach ablehnend (W−) oder stark ablehnend (S−) formuliert waren. Den Vpn wurde gesagt, jede der vier Kommunikationen stamme von einer anderen Person.

Der Sender bestimmter Einstellungen wird vom Empfänger als Person um so positiver beurteilt, je mehr der Empfänger mit der mitgeteilten Einstellung übereinstimmt. Die günstigere Einschätzung desjenigen Senders, dessen Kommunikation mit der eigenen Einstellung korrespondierte, schlug sich auch in der höheren Einschätzung seiner Glaubwürdigkeit nieder. In einem ähnlich aufgebauten Versuch zeigten auch Feather & Armstrong (1967), daß der Empfänger der Mitteilung über eine Einstellung den Sender dieser Mitteilung eher gut leiden mochte, wenn dieser die Einstellung des Empfängers teilte.

Sampson & Insko (1964) konnten zeigen, daß die Bereitschaft, zu einer Sache eine gemeinsame Auffassung auszubilden, von der Attraktion der Beteiligten abhängt:

In einem abgedunkelten Raum gewinnt man den Eindruck, als ob ein ortsfester schwacher Lichtpunkt sich bewege. Diese als autokinetisches Phänomen bekannte Bewegungstäuschung wird häufig zur Untersuchung von Konformitätsprozessen benutzt. Wenn man die Vpn auffordert, das Ausmaß der angeblichen Bewegung zu schätzen, erhält man in der Regel divergierende Urteile. Offenbar sind sich die Vpn über ihre Schätzungen nicht sehr sicher und sind daher leicht bereit, ihr Urteil zu revidieren. Sampson & Insko bildeten Zwei-Personen-Gruppen, die jeweils aus einer ›naiven‹ Vp und einem heimlichen Helfer des Vl bestanden. Dieser Strohmann verwickelte die Vp vor Beginn des Schätzexperiments in eine Diskussion, in der er sich entweder freundlich, zustimmend und kollegial verhielt (positive Attraktion) oder die Vp wegen ihrer politischen Ansichten angriff und ihr die Fähigkeit absprach, Menschen beurteilen zu können (negative Attraktion). In der darauffolgenden Schätzphase gab zunächst die Vp ihr Urteil ab, dann der Helfer des Versuchsleiters. In der ›Ähnlichkeitsbedingung‹ nannte der Helfer eine Schätzung, die der der Vpn sehr nahe kam; in der ›Divergenzbedingung‹ gab er ein stark abweichendes Urteil ab. Demnach wurde zwischen vier experimentellen Bedingungen unterschieden, den balancierten Bedingungen ›positive Attraktion — ähnliches Urteil‹ und ›negative Attraktion — divergierendes Urteil‹ einerseits sowie den unbalancierten Bedingungen ›positive Attraktion — divergierendes Urteil‹ und ›negative Attraktion — ähnliches Urteil‹ andererseits. Dann wurde der Schätzvorgang mehrmals wiederholt, wobei der Strohmann seine ursprüngliche Schätzung beibehielt. — Nach Beendigung des Experimentes wurde zusätzlich durch Befragung der naiven Vpn festgestellt, daß die Manipulation der Attraktion gewirkt hatte.

Die Vpn näherten ihre Schätzungen unter der Bedingung ›positive Attraktion — divergierendes Urteil‹ der Schätzung des Strohmanns an. War die Attraktion negativ und das Urteil ähnlich, dann entfernten sie sich vom Urteil des Strohmannes. Unter den beiden balancierten Bedingungen (›positiv — ähnlich‹ und ›negativ — divergierend‹) zeigten die Vpn eine vergleichsweise geringe Neigung, ihr Urteil zu ändern. Dieses Ergebnis demonstriert die Tendenz der Vpn, von unbalancierten zu balancierten Zuständen zu gelangen. — Zu beachten ist, daß die Änderung der Schätzungen auch bei negativer Attraktion auftrat, was der Positivitätsvoraussetzung Newcombs widerspricht.

Unsymmetrische Beziehungen als Auslöser für Kommunikation

Nach Newcombs These müßten in Gruppen Kommunikationen stattfinden, die auf Herstellung von Symmetrie gerichtet sind, d.h. der Zustand des A–B–X-Systems wird

nicht nur durch Kommunikation beeinflußt, sondern verursacht auch kommunkative Aktivitäten. Hier verweist Newcomb (1953) auf Untersuchungen von Schachter (1951) und Festinger (1950). Die erste dieser Untersuchungen bestätigt, daß der Druck zur Uniformität von der Wahrnehmung der Homogenität der Gruppenzusammensetzung abhängt. Die Ergebnisse von Schachter zeigen, daß die Mitglieder von Gruppen mit starkem Zusammenhalt vorwiegend mit jenen Personen intensiv kommunizieren, deren Meinung am stärksten von derjenigen der übrigen Gruppe abweicht. Ziel dieser Kommunikationen der Gruppenmitglieder ist es, den Abweichler von der Gruppenauffassung zu überzeugen. Wenn der Abweichler den Einflußversuchen standhält, wird er als Gruppenmitglied abgelehnt. Seine Attraktivität sinkt, und demzufolge lassen dann auch die kommunikativen Akte nach.
Festinger (1950) beobachtete, daß in Gruppen, deren Mitglieder stärkeren Zusammenhalt zeigen (kohäsive Gruppen), mit der Bedeutung des Gegenstandes für die Gruppe und mit dem Maß der wahrgenommenen Einstellungsdiskrepanzen der Druck auf die Mitglieder, miteinander über den kritischen Gegenstand zu kommunizieren, wächst.

Psychische Spannung als Folge von Asymmetrie
Nach Heiders und Newcombs Grundannahmen müßten *unbalancierte* Zustände Spannung verursachen, während *balancierte* Zustände vergleichsweise spannungsfrei sein sollten. Hinweise darauf ergaben sich bereits aus den oben geschilderten Versuchen von Festinger (1950), Jordan (1953) und Price et al. (1966). Jedoch handelte es sich dabei um Experimente mit hypothetischen Designs. In dem bereits erwähnten Experiment von Sampson & Insko (1964) sollten die Vpn nach Beendigung des Experimentes auf einer entsprechenden Skala angeben, wie nervös bzw. ruhig sie sich während des Experimentes gefühlt hatten. In den ursprünglich unbalancierten Zuständen empfanden die Vpn stärkere Nervosität als in den balancierten Zuständen.
Mit einer ähnlichen Versuchsanordnung konnte Taylor (1968) nachweisen, daß unbalancierte Zustände mehr Spannung verursachen als balancierte und daß die Spannung im Verlauf einer Diskussion der Beteiligten in den ursprünglich unbalancierten Zuständen stärker absinkt.

Die Vpn hatten mit einem Helfer des Vl, den sie mochten (positive Attraktion) oder nicht mochten (negative Attraktion), über einen Sachverhalt zu diskutieren, in dem sie mit dem Helfer übereinstimmten (Ähnlichkeit) oder über den sie unterschiedliche Auffassungen hatten (Divergenz). In der ersten und in der zweiten Hälfte der halbstündigen Diskussionssitzung wurde das Verhalten der Vpn mit Hilfe eines Beobachtungsschemas (Bales' Interaktions-Prozeß-Analyse) kodiert. Die Beobachter notierten die Häufigkeit, mit der Anzeichen von Spannung (Verhalten, das auf Nervosität, Angst oder Frustration schließen ließ) und Zeichen der Spannungsbewältigung (Äußerungen der Zufriedenheit, Scherze, Lachen usw.) geäußert wurden.

Tab. 2.2 zeigt den prozentualen Anteil an Spannungs- und Entspannungsäußerungen während der ersten Hälfte (T_1) und der zweiten Hälfte (T_2). Unter den balancierten Bedingungen ändert sich der Prozentsatz der Spannungs- und Entspannungsindikatoren während der Diskussionssitzung nicht nennenswert. In den unbalancierten Bedingungen haben die Anzeichen der Spannung — wiederum entgegen dem Positivitätsprinzip — sowohl bei positiver wie bei negativer Attraktion (in Tab. 2.2 zusammengefaßt) zu Beginn einen sehr großen Anteil am Interaktionsgeschehen, der dann aber im zweiten Teil der Diskussion auf das Niveau der balancierten Bedingungen absinkt. Demgegenüber sind Anzeichen der Spannungsbewältigung in den unbalancierten Bedingungen zunächst relativ selten, nehmen aber in der zweiten Hälfte der Diskussion zu. Dies kann so verstanden werden, daß Kommunikation benutzt wird, um spannungsgeladene unbalancierte Situationen zu entspannen.

Tab. 2.2: Anteil der Spannungs- und Entspannungsäußerungen während einer Gruppendiskussionssitzung (nach Taylor 1968)

	Spannung		Spannungsbewält.	
	T_1	T_2	T_1	T_2
Balancierte Bedingungen	17,1%	14,6%	4,0%	4,2%
Unbalancierte Bedingungen	31,0%	15,4%	2,3%	6,1%

2.1.2.3 Bewertung der A–B–X-Theorie

Die berichteten Ergebnisse zeigen, daß die A–B–X-Theorie empirisch relativ gut belegt ist. Die Kritik an Newcomb stützt sich daher weniger auf Daten als auf einleuchtende Gegenbeispiele. Auch Newcomb räumt ein, daß Koorientierung und Tendenz zur Symmetrie nicht immer auftreten müssen, auch wenn die von ihm genannten auslösenden Komponenten stark ausgeprägt sind, er spezifiziert aber nicht, unter welchen Voraussetzungen seine Vorhersagen nicht gelten sollen. Er zählt lediglich einige Faktoren auf, wie z. B. erzwungene vs freiwillige Gruppenmitgliedschaft, Komplementarität der Bedürfnisse und multiple Gruppenzugehörigkeit, die seine Vorhersagen modifizieren könnten. — Wie schon bei Heider fehlt auch bei Newcomb ein Prinzip des geringsten Aufwandes, nach dem sich ermitteln ließe, mit welchen der aufgezählten Mitteln die Symmetrie (falls sie überhaupt angestrebt wird) erreicht wird. Die Theorie erscheint also insgesamt wenig elaboriert. Wenn der Experimentator die Bedingungen geschickt wählt, treten entsprechende Effekte auf. Die Theorie ist aber nicht präzise genug, um vorhersagen zu können, wann diese Effekte auftreten werden und wann nicht.

Das Maß der Imbalance bzw. Asymmetrie, das erträglich erscheint oder sogar angestrebt wird, hängt von Persönlichkeitsvariablen ab, wie zahlreiche Untersuchungen zum Einfluß von Persönlichkeitsvariablen bestätigen. So zeigen z. B. kognitiv differenzierte Personen, die ihr Urteil nach einer größeren Zahl von Gesichtspunkten zu bilden pflegen, und Personen mit geringer Selbsteinschätzung eine geringe Präferenz für balancierte Zustände (Deutsch & Solomon 1959, Kind 1965, Scott 1963, Zajonc 1968), autoritäre Personen und solche mit einem starken Bedürfnis nach sozialer Zuwendung (need for affiliation) dagegen eine starke Neigung für balancierte Zustände (Byrne 1961, 1962, McLeod et al. 1966, Sheffield & Byrne 1967). Die Intelligenz scheint mit der Balancebevorzugung nicht zusammenzuhängen (Shrader & Lewit 1962).

Daß Balance, Symmetrie, Harmonie usw. ermüdend und langweilig sei, ist ein Einwand, der spontan gegen das Balance-Konzept erhoben wird. Auch wenn man akzeptieren würde, daß totale Übereinstimmung der Auffassungen innerhalb der Gruppe angestrebt wird, daß die Individuen versuchen, die eigenen Auffassungen an denen der übrigen Gruppenmitglieder zu validieren und daß die Gruppe kontroverse Sachverhalte mit dem Ziel und/oder dem Effekt einer Annäherung der Standpunkte diskutiert, so nimmt man damit noch nicht an, der Zustand der Übereinstimmung werde als befriedigend empfunden. Obwohl die durch Herstellung der Symmetrie verursachte Spannungs*reduktion* befriedigend sein mag, kann der Zustand der Symmetrie und der Spannungslosigkeit als langweilig erlebt werden. Möglicherweise möchten Individuen gerade solchen Gruppen angehören, in denen persönliche Spannungen zwischen den Mitgliedern bestehen. Es war daher zu erwarten, daß in der Forschung irgendwann einmal das Konzept des

Strebens nach unbalancierten Zuständen auftauchen würde. Taylor (1970, S. 258) stellt fest: »Unbalances may be exciting and intriguing, suggesting that balances are dull«. Auch Berlyne (1968) betont, daß ein mittleres Maß an Spannung nicht vermieden, sondern sogar aktiv gesucht wird. Die Diskrepanzhypothese der Motivationstheorie (Haber 1958, Mc Clelland et al. 1953) beruht auf der gleichen Beobachtung. Mittlere Abweichungen vom Gleichgewichtszustand werden als angenehm empfunden. Taylor sieht eine Neigung zu unbalancierten Zuständen (tendency toward unbalance) dann gegeben, (1) wenn Imbalance Vergnügen bereitet, (2) wenn Spannung als Kontrast zur antizipierten Spannungsreduktion gesucht wird, (3) wenn die Symmetrisierung der Beziehung eine oder mehrere andere wichtige Beziehungen unsymmetrisch machen würde, (4) wenn internalisierte, rollenbezogene Normen einen Zustand als balanciert deklarieren, (5) wenn die beteiligten Personen um knappe Güter streiten, (6) wenn die Vollständigkeit eines A–B–X-Systems als wichtiger empfunden wird als dessen Balance, (7) wenn der Druck zur Gruppenbildung groß ist und (8) wenn das Attitüdenobjekt nicht für die Beziehung beider Beteiligter relevant ist.

Angesichts so vieler, keineswegs entlegener Ausnahmen muß man bezweifeln, ob die Tendenz zur Symmetrie überhaupt verhaltenssteuernde Funktionen besitzt. Die Tendenz zur Symmetrie ist vermutlich lediglich die Konsequenz einer bestimmten, relativ häufig auftretenden Konstellation struktureller Situationsmerkmale und motivationaler Tendenzen der beteiligten Individuen. Später behandelte theoretische Konzeptionen wie die Austauschtheorien oder die Spieltheorie rücken den instrumentellen Charakter der Interaktionen in den Vordergrund. Interaktion und der Zusammenschluß zu Gruppen werden dort als Mittel zur Durchsetzung individueller Ziele angesehen (vgl. Abschn. 2.2 bis 2.2.3 und Kap. 5).

Diese Interpretation läßt sich auch aus einer Hypothese Taylors (1970, S. 173) ablesen, der nach einer Übersicht über Experimente zur Balancetheorie feststellt: »... investigations which evaluate the effects of social-structural variables upon balance preference and tendency are almost unexistent.« Seine Hypothese 29 (Taylor 1970, S. 176) lautet sinngemäß: Wenn A von B andere bedeutende Belohnungen (andere als die Wahrnehmung der Einstellungsähnlichkeit) erhalten kann, dann wird A dazu tendieren, B zu mögen, und zwar unabhängig davon, ob er B's Einstellung als seiner eigenen ähnlich oder unähnlich wahrnimmt. Einstellungsähnlichkeit könnte als eine unter anderen potentiellen Belohnungen aufgefaßt werden, die in einer gegebenen Situation zu erzielen sind.

2.1.3 Festingers Theorie der kognitiven Dissonanz

2.1.3.1 Grundlagen der Theorie

Die Theorie der kognitiven Dissonanz, die von Festinger (1957, 1964) entwickelt wurde, geht wie die Ansätze von Heider und Newcomb von der Vorstellung aus, der Mensch strebe nach einem konsistenten Weltbild.

Ihre Kernthese besagt, daß nicht zueinander passende Kognitionen (not fitting cognitions) *Dissonanz* verursachen. Wie der Zustand der Imbalance wird auch die dissonante kognitive Situation als unangenehm und unbefriedigend empfunden. Die Individuen haben das triebähnliche Bedürfnis, vorhandene Dissonanz zu reduzieren (»... dissonance acts in the same way as a state of drive or need or tension. The presence of dissonance leads to action to reduce it just as, for example, the presence of hunger leads to action to reduce hunger.« Festinger 1957, S. 18).

Unter *Kognitionen* oder *kognitiven* Elementen werden jene Repräsentationen abstrakter und konkreter Dinge verstanden, die von einer Person zu einem gegebenen Zeitpunkt und Ort nicht weiter untergliedert werden. Dies schließt nicht aus, daß sie aus mehreren, unterscheidbaren Teilen bestehen. Entscheidend ist, daß sie von der Person nicht differenziert werden. Mit dem Begriff Kognition werden demnach Dinge bezeichnet, die ein Individuum über sich selbst, sein Verhalten und seine Umwelt weiß. In diesem Wissen sind sowohl Kenntnisse als auch Einstellungen, Meinungen und Gefühle eingeschlossen. — Zwei kognitive Elemente können nichts miteinander zu tun haben (irrelevant relation), in einer konsonanten oder dissonanten *Beziehung* stehen. Die kognitiven Elemente und die Beziehungen zwischen ihnen sind die konstituierenden Merkmale der Dissonanztheorie. Die Beziehung ist konsonant, wenn ein Element aus dem anderen folgt, d.h. X folgt aus Y. Dissonant sind zwei Elemente X und Y dann, wenn aus der Existenz des einen das *Gegenteil* (obverse) des anderen *folgt*[2].

So nimmt man z.B. an, daß ein Eiswürfel, den man in heißes Wasser legt, schmilzt. Das Wissen ›Das Eis liegt in heißem Wasser‹ wäre dissonant zu der Feststellung ›Das Eis schmilzt nicht‹. Wenn entsprechende Erwartungen nicht zutreffen, entsteht kognitive Dissonanz. Unsere Erwartungen beruhen nach Festinger auf logischen Gesetzen, naturwissenschaftlichen Erkenntnissen, kulturellen Normen, allgemein akzeptierten Meinungen und früheren Erfahrungen. So kann z.B. die Beobachtung, daß ein konservativer Politiker (Kognition X) soziale Reformen fordert (Kognition Y), Dissonanz verursachen, weil aus der Einstellung und/oder der Erfahrung des betreffenden Individuums folgt, daß konservative Kräfte reformfeindlich sind. Anders als bei dem Eisbeispiel wird hier bereits deutlich, daß Dissonanz nur auf dem Hintergrund der individuellen Kognitionsstruktur definiert ist. Ein Mitglied einer gemäßigt konservativen Partei würde hier u.U. keine Dissonanz empfinden.

Nicht alles Widersprüchliche ruft Dissonanz hervor. Kognitive Dissonanz tritt überhaupt nur auf, wenn die nicht übereinstimmenden Kognitionen *verhaltensrelevant* sind. Zwei gegensätzliche Informationen über die Schönheit eines Feriengebietes verursachen keine Dissonanz, wenn der Betreffende nicht mindestens erwägt, irgendwann einmal dort hinzufahren. Die Stärke der empfundenen kognitiven Dissonanz ist nach Festinger eine Funktion der *Wichtigkeit* (importance), die die beteiligten Elemente für das Individuum haben, und der *Zahl der Beziehungen* jener Elemente zum übrigen kognitiven System. Es sei bereits hier darauf hingewiesen, daß Festinger erstens keine zufriedenstellenden Angaben dazu macht, wie ein einzelnes kognitives Element von einer Gruppe von Elementen unterschieden werden kann, zweitens, wie die Wichtigkeit eines Elements gemessen werden kann und drittens, wie man die Anzahl der konsonanten und der dissonanten Beziehungen eines Elementes zu den übrigen Inhalten des kognitiven Systems feststellen soll.

Im allgemeinen wird die *Stärke der Dissonanz* über die Zahl der Beziehungen definiert, die die Elemente mit anderen Elementen aufweisen. Diese ist mit der Wichtigkeit der Elemente zu gewichten. Häufig wird jedoch nur die Zahl der dissonanten und konsonanten Elemente zur Bestimmung der Dissonanz benutzt, da die Wichtigkeit noch am wenigsten überzeugend gemessen oder manipuliert werden kann. Die Stärke der Dissonanz bzw.

---

2 Die Übersetzung ›Gegenteil‹ für den von Festinger gebrauchten Ausdruck ›obverse‹ ist nicht ganz treffend, weil Nicht-X bzw. Nicht-Y verschiedene Inhalte annehmen können. Im gegebenen Beispiel sind sowohl die Kognition ›Die Größe des Eiswürfels bleibt konstant‹ wie auch die Kognition ›Der Eiswürfel vergrößert sich‹ als ›obverse‹ zu der Kognition ›Das Eis liegt im heißen Wasser‹ anzusehen.

das Erregungsequivalent (Grad der Spannung) und das Erlebnismoment (Ausmaß des Konfliktes) lassen sich demnach durch den sog. Dissonanzbruch darstellen:

$$\text{Stärke der Dissonanz} = \frac{\text{Anzahl der dissonanten Beziehungen}}{\text{Anzahl der konsonanten Beziehungen}}$$

In späteren Versionen der Dissonanztheorie wurde postuliert, daß ein unwiderrufliches, *freiwilliges Engagement* und eine *unzweideutige Verpflichtung* (Brehm & Cohen 1962, Festinger 1964) gegenüber einem Standpunkt oder einer Sache (commitment) die Voraussetzung für das Auftreten von Dissonanz sei. Solange eine Person ihre Meinung ohne Konsequenzen ändern kann, wird sie lediglich abwägen, ob sie dies tun soll oder nicht, ohne dabei Dissonanz zu erfahren. Erst wenn sie sich durch ihr Verhalten festgelegt hat (z. B. den beabsichtigten Autokauf vorgenommen, die berufliche Stellung gekündigt hat oder einer Religionsgemeinschaft beigetreten ist), wird sie Dissonanz empfinden und versuchen, diese zu reduzieren. Dies ist insofern eine plausible Annahme, als durch die Verpflichtung die Entscheidungsfreiheit eingeengt wird. Man kann nicht mehr das tun, was man nach vernünftiger Abwägung der Dinge zum gegenwärtigen Zeitpunkt vielleicht tun würde, falls man die Verpflichtung nicht eingegangen wäre. Infolgedessen wird das kognitive Element, auf das man sich festgelegt hat, gegenüber Änderung resistenter sein.

2.1.3.2 Modi der Dissonanzreduktion

Der Nachdruck, mit dem Individuen dissonante Zustände zu vermeiden trachten bzw. bestehende Dissonanz zu reduzieren wünschen, ist eine Funktion der Stärke der empfundenen Dissonanz.

Drei Möglichkeiten der Dissonanzreduktion bieten sich an:
1. Veränderungen der Kognitionen über das eigene Verhalten.
2. Veränderungen der Kognitionen über die Umwelt.
3. Hinzufügen neuer kognitiver Elemente.

Was damit gemeint ist, mag an einem Beispiel verdeutlicht werden: Eine Person, die gerne sehr schnell Auto fährt, wird von ihren Freunden getadelt, weil Fahren mit hoher Geschwindigkeit gefährlich sei. Die Person kann sich angewöhnen, langsam zu fahren (Änderung des eigenen Verhaltens und damit auch der entsprechenden Kognitionen), sie kann versuchen, die Einstellung der Freunde zu ändern, indem sie ihnen die Vorteile des schnellen Fahrens klarmacht (Änderung der Einstellung der Freunde und daraus resultierend Änderung der Umweltkognitionen) oder aber nach Argumenten suchen, die das eigene Verhalten unterstützen (z. B. Schnellfahren ist nur gefährlich für schlechte Fahrer, mein Wagen ist sicher, mein Beruf erfordert schnelles Fahren usw.). Unter Umständen wird sie Kontakt zu Gleichgesinnten suchen, um solche unterstützenden Auffassungen zu hören (Hinzufügen neuer kognitiver Elemente). Durch derartige Modifikationen kann die Zahl der dissonanten Beziehungen zwischen dem Fahrstil und der Einstellung der Freunde dazu bzw. der darin ausgedrückten Gefahr reduziert werden. Es gibt noch weitere Möglichkeiten, die Kognition des eigenen Verhaltens oder der Umwelt zu verändern. Im Extremfall kann z. B. verleugnet oder verdrängt werden: ›Ich fahre gar nicht schnell‹ oder ›Ich werde nicht getadelt‹. Welcher Weg der Dissonanzreduktion beschritten wird, hängt von der kognitiven Struktur des Individuums ab. Im allgemeinen gilt, daß Kognitionen, die mit dem eigenen äußeren Verhalten des Individuums und/oder mit wahrnehmbaren Ereignissen bzw. Sachverhalten in seiner Umwelt korrespondieren, resistenter gegenüber Änderung sind als andere, für die dies nicht zutrifft. Wie Shaw & Costanzo (1970, S. 210) und Irle (1975, S. 316) betonen, erlaubt diese Feststellung jedoch keine ausreichend genaue Vorhersage über die Art und Weise, in der Dissonanz reduziert wird.

*2.1.3.3 Die Wirkung sozialer Einflüsse in Abhängigkeit vom Dissonanzzustand

Die empirische Forschung zur Dissonanztheorie konzentriert sich vornehmlich auf Untersuchungen zum Attitüdenwandel und zur Akzentuierung des Nutzens von Wahlmöglichkeiten vor und nach Entscheidungen als Folge von Dissonanzreduktionsprozessen. Auf die Ergebnisse dieser Forschung wollen wir im gegebenen Zusammenhang nicht eingehen. Einen kritischen Überblick findet man bei Frey (1971), Irle (1975) und Nuttin (1975). Mit den aus einer Interaktion erwachsenden Dissonanzen bzw. den Konsequenzen, die dissonante Zustände für interaktives Verhalten bergen, hat sich die experimentelle Dissonanzforschung kaum beschäftigt. Dies ist um so erstaunlicher, als Festinger bereits in seiner ersten größeren Publikation zur Dissonanztheorie interaktiven Prozessen viel Beachtung geschenkt hat:

»Die soziale Gruppe ist für das Individuum gleichzeitig eine Hauptquelle kognitiver Dissonanz und ein wichtiges Instrument zur Eliminierung und Reduktion der Dissonanz ... Prozesse sozialer Kommunikation und sozialen Einflusses sind infolgedessen unentwirrbar verwoben mit Prozessen der Entstehung und Reduktion von Dissonanz.« (Festinger 1957, S. 177, Übers. d. Verf.)

Als mutmaßliche Quelle der Dissonanz und als Mittel zur Dissonanzreduktion zugleich wäre der interaktive Prozeß ein idealer Gegenstand, um dissonanztheoretische Aussagen in einem verhaltensrelevanten Kontext zu überprüfen. Daß sich die experimentell arbeitenden Dissonanzforscher auf den Einfluß der durch den Vl übermittelten Information kapriziert haben, mindert die Bedeutung interaktiver Prozesse für die Validierung der Dissonanztheorie nicht.

*2.1.3.4 Reduktion der Dissonanz durch sozialen Kontakt

Um darzulegen, wie der Zustand der kognitiven Dissonanz zum Auslöser interaktiver Orientierungen wird, hat Festinger (1957) unter diesem Aspekt einige Untersuchungen und Experimente analysiert. Er betrachtet dabei (1) die Dissonanz als Ursache für die Veränderung des kognitiven Zustands des Individuums, welche sich als Konsequenz von Kontakten mit der Umwelt ergibt, und (2) die Dissonanz als Anstoß für Interaktionen, die die Kognitionen anderer Personen beeinflussen sollen. Zum ersten Aspekt verweist er auf politische Meinungsbefragungen von Lipset et al. (1954) und Blau (1953), die in Abständen von 3 Monaten bzw. 2 Jahren wiederholt wurden. Beide Studien zeigen, daß die Meinungen einer Person zum zweiten Befragungstermin weniger dissonant sind als beim ersten Termin. Z.B. änderte in der Untersuchung von Lipset ein großer Teil der republikanisch gesonnenen Befragten, die ursprünglich gegen den republikanischen Kandidaten eingestellt waren, zum zweiten Befragungstermin ihre Meinung zugunsten dieses Kandidaten, und umgekehrt änderten die demokratisch gesonnenen Befragten, die sich ursprünglich für den republikanischen Kandidaten aussprachen, ihre Meinung zu dessen Ungunsten.

Die mit (K) bezeichneten Zustände werden als konsonant, die mit (D) bezeichneten als dissonant angesehen. Konsonanz war von vornherein häufiger als Dissonanz (vgl.

Tab. 2.3: Meinungsänderung vom ersten zum zweiten Befragungstermin in einer Untersuchung von Lipset et al. (1954)

	Häufigkeit zum ersten Interview-termin	Prozentsatz der Personen, die ihre Einstellung zum zweiten Termin geändert haben
Republikaner für den republikan. Kandidaten (K)	135	4,4%
Demokraten gegen den republikan. Kandidaten (K)	72	5,6%
Republikaner gegen den republikan. Kandidaten (D)	35	34,4%
Demokraten für den republikan. Kandidaten (D)	24	50,0%

erste Spalte der Tabelle 2.3), und Meinungsänderungen traten vorwiegend bei dissonanten Zuständen auf (zweite Spalte der Tabelle 2.3). — Dies demonstriert zunächst nur, daß Meinungswechsel — aus welchem Grunde auch immer — in Richtung auf konsonantere Zustände stattfindet. Festinger nimmt jedoch an, daß dieser Meinungswechsel aktiv durch die Suche nach unterstützenden Meinungen (social support) angestrebt wird. Blau, aus dessen Untersuchung ebenfalls ein Trend zur Meinungsänderung in Richtung auf konsonantere Zustände ablesbar war, stellt in diesem Sinne fest, daß diejenigen Befragten (Studenten), die Schwierigkeiten beim sozialen Kontakt hatten, ihre Meinung weniger häufig änderten. Festinger erklärt dies damit, daß Personen mit geringen Kontaktmöglichkeiten seltener Gelegenheit haben, dissonanzreduzierende Informationen von anderen einzuholen. Diese Schlußfolgerungen aus den Untersuchungen von Lipset und Blau sind jedoch keineswegs zwingend. Wie man aus den zur A–B–X-Theorie referierten Untersuchungen weiß, neigen Menschen dazu, sich ihre Freunde nach dem Ähnlichkeitsprinzip auszusuchen. Wenn sie ihre Freunde nach der Ähnlichkeit der politischen Weltanschauung wählen, dann werden sie in dieser Gruppe auch stärker solchen Meinungen ausgesetzt sein, die von der Mehrheit dieser Gruppe geteilt werden. Haben sie zunächst eine Auffassung, die von der Mehrzahl ihrer Freunde und Gesinnungsgenossen nicht geteilt wird, dann werden sie sie vermutlich als Folge dieser Beeinflussung ändern. Personen, die weniger Kontakt mit Freunden haben, werden seltener Beeinflussungen ausgesetzt sein. Eine größere Empfänglichkeit für solche Einflüsse infolge des dissonanten Zustandes oder eine aktive Suche nach dissonanzreduzierender Information muß nicht angenommen werden.

Festinger (1957) berichtet weiter über eine Untersuchung von McGuire, die er unter dissonanztheoretischen Gesichtspunkten auswertete.

Die Vpn hatten jeweils die Wahrscheinlichkeit für das Zutreffen zweier Prämissen und der Schlußfolgerung von mehreren Syllogismen anzugeben. Ein solcher Satz von zwei Prämissen (a und b) und einer Schlußfolgerung (c) lautete z. B.

a. Die Regierung wird hinsichtlich der Einberufung der Studenten zur Armee diejenige Politik verfolgen, die im wohlverstandenen Interesse der gesamten Nation liegt. (Major)
b. Die Studenteneinberufungspolitik, welche im wohlverstandenen Interesse der gesamten Nation liegt, ist die Politik, die alle Studenten mindestens bis zum Abschluß ihres Examens freistellt. (Minor)
c. Die Regierung wird die Studenteneinberufungspolitik verfolgen, bei der die Studenten mindestens bis zum Abschluß ihres Examens freigestellt werden. (Konklusion)

Als dissonant wurden die Fälle klassifiziert, in denen zwischen den Wahrscheinlichkeiten für die Prämissen und den danach zu erwartenden Schlußfolgerungen Diskrepanzen bestanden, das sind die Fälle, in denen die Vp die Wahrscheinlichkeit für die Schlußfolgerung nicht in der Höhe des Produktes der Wahrscheinlichkeiten für die Prämissen abgab[3]. Zu einem späteren Zeitpunkt wurden die Vpn den Argumenten einer kompetenten Person ausgesetzt, die zu einigen Prämissen im Sinne einer hohen Wahrscheinlichkeit für deren Zutreffen Stellung nahm. Das Material, das befürwortende Statements zu jeweils einer der Prämissen jedes Syllogismus (kritische Prämisse) enthielt, wurde als Protokoll einer angeblichen Pressekonferenz des Präsidenten der ›Nationalen Vereinigung der Universitätsleiter‹ ausgegeben. In einer Kontrollgruppe fand keine derartige Beeinflussung statt.

Diejenigen, die die Wahrscheinlichkeiten für die Prämissen zunächst zu niedrig eingeschätzt hatten, erhöhten die Schätzung für die kritische Prämisse nach dieser Einflußnahme. Sie reduzierten nach Festinger die Dissonanz zwischen den Einschätzungen der Prämissen und der Schlußfolgerung, indem sie ihre Meinung unter dem Einfluß der Argumentation änderten. Bei der Gruppe der Personen, die die Wahrscheinlichkeit zu hoch angesetzt hatten, hätte diese Kommunikation nur dissonanzverstärkend wirken müssen. Sie ließen sich deswegen kaum beeinflussen. Entsprechend war auch der Einstellungswandel in der Kontrollgruppe gering. Die versuchte Einflußnahme war also nach Festingers Interpretation am effektivsten, wenn sie bestehende Dissonanz reduzierte.

Tab. 2.4: Änderung in der Wahrscheinlichkeitseinschätzung für jene Prämissen, die in der überredenden Kommunikation angesprochen wurden (McGuire nach Festinger 1957)

	Wahrscheinlichkeit für die Schlußfolgerung bei der ersten Messung:	
	Größer als das Produkt der Wahrscheinlichkeiten der beiden Prämissen	Kleiner als das Produkt der Wahrscheinlichkeiten der beiden Prämissen
Experimentelle Gruppe (der überredenden Kommunikation ausgesetzt)	0,162	−0,0185
Kontrollgruppe (der überredenden Kommunikation nicht ausgesetzt)	0,0375	−0,0655

Festinger faßt die Ergebnisse zusammen: »Kurz gesagt, hier wurden unter kontrollierten Umständen Daten gesammelt, die klar zeigen, daß unter identischen Bedingungen versuchte Einflußnahme bei solchen Personen erfolgreicher ist, bei denen sie Dissonanz reduziert.« (vgl. Festinger 1957, S. 217, Übers. d. Verf.)
Man sollte sich jedoch folgendes vor Augen führen:
1. Die Dissonanz wurde nicht gemessen, und es gibt auch kein plausibles Argument dafür, daß die Vpn überhaupt Dissonanz empfunden haben. Z. B. kann die Wahrscheinlichkeit für die Schlußfolgerungen durchaus berechtigt höher angegeben werden als das Produkt der Wahrscheinlichkeiten für die Prämissen, weil andere nichtgenannte Prämissen diesen Schluß nahelegen. So kann man z.B. vermuten, daß die Regierung die Studenten

3 Aus Festingers Darstellung geht nicht hervor, woran die Diskrepanz zwischen den Wahrscheinlichkeiten für die Prämissen und die Schlußfolgerung gemessen wurde. Nach seiner Argumentation zu urteilen, scheint jedoch die Beziehung $p(c) = p(a) \cdot p(b)$ oder die Beziehung $p(c) = p(a) \cdot p(b) + p(k)$ zugrundezuliegen, wobei $p(k)$ ein für alle Syllogismen geltender konstanter Betrag ist.

zurückstellt, nicht weil sie das wohlverstandene Interesse der gesamten Nation im Auge hat, sondern weil sie Studentenunruhen vermeiden will. Die Wahrscheinlichkeit für die Schlußfolgerung muß allenfalls mindestens so hoch sein wie das Produkt der Wahrscheinlichkeit für die Prämissen; es ist aber nicht unsinnig, wenn sie höher eingeschätzt wird.

2. Daß einige Vpn die Wahrscheinlichkeiten für die Schlußfolgerungen zu niedrig angeben, ist schwerer zu erklären. Sie können diesen Widerspruch, sofern er ihnen im Nachhinein einfällt, reduzieren, indem sie die Wahrscheinlichkeit für die Prämissen verringern oder indem sie die Wahrscheinlichkeit für die Schlußfolgerung erhöhen. Soweit sich dies aus der Darstellung von Festinger entnehmen läßt, gibt es in dieser Gruppe viele Personen, die die Wahrscheinlichkeit für die Schlußfolgerung oder für die nicht zur Debatte stehende Prämisse änderten. Man könnte vermuten, daß die Veränderungen in der Weise erfolgt sind, daß die Wahrscheinlichkeit für die Schlußfolgerung erhöht wurde und/oder die Wahrscheinlichkeit für die nichtkritische Prämisse erniedrigt wurde, die Beziehung also insgesamt konsistenter wurde. Daß sie die Wahrscheinlichkeit für die kritische Prämisse nicht reduzieren (s. Tabelle 2.4), ließe dann doch auf einen Einfluß des Protokolls der Pressekonferenz schließen.

3. Leider gibt Festinger keine statistischen Kennwerte an, so daß man nicht abschätzen kann, ob bestehende Unterschiede signifikant sind oder nicht.[4] Interpretiert man nur die numerischen Werte der Tabelle, dann stellt man fest, daß die Kontrollgruppe die Wahrscheinlichkeiten für die kritische Prämisse stärker nach unten korrigiert (-0,0655) als die korrespondierende Experimentalgruppe (-0,0185). Man könnte daraus schließen, daß das Protokoll die Vpn durchaus beeinflußt hat, da sie andernfalls wie in der Kontrollgruppe ihre Wahrscheinlichkeitsschätzung stärker reduziert hätten.

Man kann die Untersuchungsergebnisse wie folgt erklären: Die Personen, die die Wahrscheinlichkeit für die Schlußfolgerung vergleichsweise zu hoch eingeschätzt haben, haben vermutlich sachliche Gründe dafür. Sie lassen sich jedoch durch das Protokoll der Pressekonferenz zu einer höheren Einschätzung der kritischen Prämisse bewegen. Die Personen, welche die Wahrscheinlichkeit für die Schlußfolgerung zu niedrig eingeschätzt haben, bemerken diesen Widerspruch und versuchen, ihn bei der zweiten Messung auszuräumen. Daß sie sich von dem Protokoll der Pressekonferenz ebenfalls beeinflussen lassen, zeigt sich darin, daß sie die Wahrscheinlichkeit für die kritische Prämisse weniger stark reduzieren als die korrespondierende Kontrollgruppe, welche der überredenden Kommunikation nicht ausgesetzt war.

Dies wäre eine naheliegendere und einfachere Erklärung für die empirischen Beobachtungen als die Annahme, daß die Vpn sich nur in Richtung auf eine Dissonanzreduktion beeinflussen lassen. Sie erklärt darüber hinaus die Differenzen zwischen Experimental- und Kontrollgruppe.

Um zu demonstrieren, daß soziale Unterstützung gesucht wird, wenn Dissonanz vorliegt, führt Festinger eine weitere Untersuchung an.

Brodbeck (1956) befragte ihre Vpn nach ihrer Meinung zur Telefonüberwachung als Mittel zur Rechtsfindung. Etwa die Hälfte der befragten Personen war dafür, die andere Hälfte sprach sich dagegen aus. Neben ihrer Stellungnahme dafür oder dagegen gaben sie auf einer Sechs-Punkte-Skala an, wie sicher sie sich ihrer Meinung waren (erste Messung). Mit dem Vorwand, daß man Anregungen für eine Diskussion unter den Teilnehmern des Experimentes über dieses Thema geben wolle, erhielt jeweils die Hälfte der Vpn über Tonband eine angebliche, stark positiv gefärbte Stellungnahme einer kompetenten Person, die andere Hälfte hörte eine stark

4 In der Veröffentlichung der Untersuchung von McGuire (1960) sind die Daten nicht so aufgeschlüsselt, daß sie eine Überprüfung der von Festinger herausgearbeiteten Unterschiede ermöglichen würden (s. McGuire 1960, S. 84ff).

negativ gefärbte Stellungnahme. Danach wurde die Einstellung zur Telefonüberwachung und die subjektive Sicherheit noch einmal erfragt (zweite Messung). Die Vpn hatten also vom Tonband entweder eine mit ihrer Meinung konforme Auffassung gehört (konsonante Vpn) oder eine abweichende Auffassung (dissonante Vpn). Als stark dissonant wurden diejenigen Vpn eingestuft, deren subjektive Sicherheit infolge der einstellungskonträren Tonbandstellungnahme reduziert wurde. Diejenigen Personen, welche ihre Meinung aufgrund der Beeinflussung änderten, wurden in der weiteren Analyse nicht betrachtet. Die Vpn wurden dann in Gruppen zusammengefaßt, die jeweils zur Hälfte aus Befürwortern und Gegnern der Telefonüberwachung bestanden. Die Einstellung der Mitglieder dieser Gruppe wurde durch ein entsprechendes Ja- oder Nein-Schild kenntlich gemacht. Die Diskussion sollte dann angeblich zunächst bilateral, d.h. in Zweiergruppen stattfinden. Die Vpn konnten sich ihre Diskussionspartner selbst wählen. Vpn mit hoher Dissonanz tendierten dazu, sich Diskussionspartner zu wählen, die der gleichen Meinung waren wie sie selbst, konsonante Personen wählten dagegen Partner, die unterschiedlicher Auffassung waren. Nach der tatsächlich stattfindenden Diskussion der Gesamtgruppe wurde nochmals die Sicherheit der Meinung gemessen.

Die Personen mit hoher Dissonanz, die in der bilateralen Diskussion mit einem Gleichgesonnenen diskutiert hatten, wiesen bei dieser Messung mindestens die gleiche oder eine höhere Sicherheit auf als bei der ersten Messung. Die Person, welche bei hoher Dissonanz einen nicht übereinstimmenden Diskussionspartner gewählt hatte, konnte ihre Zuversicht nicht in dem Maße zurückgewinnen. Immerhin hatte aber auch hier die bilaterale und die Gruppendiskussion eine die subjektive Sicherheit anhebende Wirkung. Keine der dissonanten Personen hatte nach Abschluß eine geringere Sicherheit als unmittelbar nach der Einflußnahme durch die Tonbandkommunikation. Die Vpn mit starker Dissonanz tendierten also dazu, sich Diskussionspartner zu wählen, die sie in ihrer ursprünglichen, zeitweise etwas erschütterten Ansicht bestärken würden. Festinger bemerkt, die Diskussion habe bei allen stark dissonanten Personen zu einer Festigung ihrer subjektiven Sicherheit geführt. Dies wertet er als Hinweis dafür, daß die Vpn vorwiegend jene Argumente gehört haben, die ihre Auffassung unterstützten.

Dieses Ergebnis scheint auf den ersten Blick Festingers These von der selektiven Informationswahl zu unterstützen. Bei näherem Hinsehen kommen jedoch Zweifel auf. Die numerische Information, auf die Festinger seine Aussagen stützt, ist in der Tabelle 2.5 wiedergegeben. Neben der Gruppe der stark dissonanten Personen und der konsonanten Personen unterschied er weiter eine Gruppe schwach dissonanter Personen, (d.s. solche, deren subjektive Sicherheit sich durch einstellungskonträre Kommunikation nicht änderte). Festinger stellt fest, daß die konsonanten Personen wesentlich seltener Diskussionspartner suchen, welche mit ihnen übereinstimmen, als die schwach dissonanten und die stark dissonanten Personen.

Die Häufigkeiten, mit denen übereinstimmende oder nicht übereinstimmende Diskussionspartner gewählt wurden, unterscheiden sich nicht signifikant bei starker Dissonanz und Konsonanz (Tabelle 2.5; $\chi^2=3{,}61$, $df=1$, $p>0{,}05$), wie man aus der Originalarbeit von Brodbeck (1956, S. 169) ersehen kann. Summiert man aber über alle Kategorien, dann sieht man, daß die Vpn signifikant häufiger nicht übereinstimmende Informationsquellen bevorzugen (59% vs 41%). Das aber dürfte nach Festinger eher nicht der Fall sein.

Wie intensiv eine Person die Kommunikation mit anderen anstrebt, hängt nach Festinger von der Stärke der Dissonanz ab, die die Person empfindet. Diese Vorstellung lag implizit bereits den referierten Untersuchungen zugrunde. Festinger (1957, S. 130) spezifizierte jedoch, der Zusammenhang sei kurvilinear. Er werde durch eine umgekehrte U-Funktion beschrieben. Mittlere Dissonanz verursache eine forcierte Suche nach dissonanzreduzierenden Informationen, während bei niedriger und hoher Dissonanz nur wenig Aktivitäten dieser Art zu erwarten wären. Dies läge daran, daß bei niedriger

Tab. 2.5: Beziehung zwischen Dissonanz und dem Wunsch, jemandem zuzuhören, der mit der eigenen Meinung übereinstimmt (nach Brodbeck 1956)

	Prozent der Vpn, welche a) eine übereinstimmende Person wählten	b) eine nicht übereinstimmende Person wählten
stark dissonant (N=27)	56% (15)	44% (12)
schwach dissonant (N=51)	41% (21)	59% (30)
konsonant (N=75)	34% (26)	66% (49)
über alle drei Kategorien	41% (62)	59% (91)

Dissonanz die Notwendigkeit zur Dissonanzreduzierung nicht bestehe, während bei hoher Dissonanz die Chance, daß eine mit der ursprünglichen Auffassung konsonante Information zur Reduktion der inzwischen so stark angewachsenen Dissonanzen noch etwas beitragen könne, gering sei. Die Personen würden sich daher erst gar nicht darum bemühen. — Da man Dissonanz nicht mit einem von Situation zu Situation vergleichbaren Maß messen kann, wird diese Voraussage stets richtig sein, wenn man a) eine ansteigende Beziehung feststellt, b) eine eingipflige Beziehung feststellt und c) eine abfallende Beziehung feststellt. Man wird dann jeweils vermuten, man habe mit seinen experimentellen Bedingungen nur den Anfang, einen mittleren Bereich oder nur das Ende des Dissonanzkontinuums erfaßt. Eine U-Funktion bzw. eine mehrgipflige Kurve darf nicht resultieren. Festingers Vorhersage einer umgekehrten U-Funktion hat demnach einen gewissen Informationsinhalt. Zur Darstellung dieser Beziehung sind aber mindestens drei Stufen erforderlich. Wie Rhine (1967a, 1967b) feststellt, kann man die Mehrzahl der empirischen Untersuchungen zum Zusammenhang von Dissonanzstärke und ›selektiver Informationssuche‹ außerachtlassen, da diese die Stärke der Dissonanz nur auf zwei Stufen variieren.

Es soll aber auch nicht verschwiegen werden, daß die Bilanz der Dissonanzforschung in anderen Bereichen als der selektiven Zuwendung zu Informationen mehr Positives aufzuweisen hat. So scheint z.B. nach Untersuchungen von Brehm (1956), Davidson & Kiesler (1964) und Gerard, Blevans & Malcolm (1964) die aus der Dissonanzhypothese ableitbare Annahme zuzutreffen, wonach die gewählten Alternativen nach einer Entscheidung höher und die nichtgewählten niedriger bewertet werden als vor der Entscheidung. Der Geltungsbereich der Dissonanzhypothese ist jedoch weiter gesteckt. Sie beansprucht eine allgemeine Theorie der Entscheidung zu sein (Festinger 1957, S. 47). Daß die empirischen Untersuchungen diesen Anspruch nicht rechtfertigen, hängt nicht unbedingt mit der mangelnden Qualität der durchgeführten empirischen Arbeiten zusammen. Die Ursache dafür ist vielmehr »... in der Unbestimmtheit der ursprünglichen Theorie in ihren Aussagen über die Konsequenzen kognitiver Dissonanz« (Irle 1975, S. 331) zu suchen.

Es gibt eine Reihe von Studien zur selektiven Zuwendung zu Informationen, in denen, wie bereits auch in der geschilderten Untersuchung von Rhine, nicht andere Personen, sondern Anzeigen, Werbe- und Wahlpropaganda sowie andere schriftliche Informationen die Quelle sind. Diese Studien unterstützen die Annahme der selektiven Zuwendung zu Informationen im großen und ganzen nicht. Die Vpn zeigen zwar gelegentlich — wenn auch selten — ein größeres Interesse für positive als für negative Informationen über ihr gegenwärtiges Verhalten, den gewählten Gegenstand oder die gewählte Handlungsalternative, dieses Interesse kovariiert jedoch nicht eindeutig mit dem Grad der Dissonanz. Insbesondere konnte nicht nachgewiesen werden, daß widersprechende Informationen mit zunehmender Dissonanz vermieden werden. Insgesamt sprechen die Daten dafür, daß diskrepante Kognitionen das Interesse der Person an einer Sache wachrufen.

Dies bewegt sie dazu, zusätzliche Informationen einzuholen, mit Hilfe derer sie möglicherweise den Widerspruch lösen könnte. Zudem zeigen die Personen ein verständliches Bedürfnis, die Charakteristiken einer Handlungsalternative oder die Eigenschaften eines Gegenstandes, für die man sich meist aufgrund unzureichender Information und unter Zeitdruck entschieden hat, näher kennenzulernen. Dies hat jedoch nichts mit einer Tendenz zur Dissonanzreduktion zu tun; die Daten unterstreichen die Dissonanzhypothese nicht. Ein ähnliches Resümee zieht McGuire (1968, S. 800) aus der Diskussion der Untersuchungen zur selektiven Zuwendung zu Informationen:

»Es ist mein Eindruck, daß wir bei unserer ursprünglichen Annahme verbleiben müssen, nach der die individuelle Kapazität zur Informationsverarbeitung sehr begrenzt ist, so daß notwendigerweise eine beachtliche Selektivität auftritt. Die Untersuchung dieser Selektivität würde ein fruchtbares Forschungsfeld abgeben, aber es scheint, daß die defensive Abwehr kein sehr wichtiger Faktor der Selektionsstrategie der Individuen ist.« (Übers. d. Verf.)

*2.1.3.5 Massenphänomene

Nach Festinger kann Dissonanz durch soziale Interaktion reduziert werden, indem man die erschütterte eigene Ansicht durch neue Informationen zu festigen sucht. Da die Informationsaufnahme selektiv erfolgt, werden so neue kognitive Elemente hinzugefügt, die die bestehende Ansicht unterstützen. Ein anderer Weg, durch soziale Interaktion die eigene Weltsicht zu festigen, bietet die Bekehrung der Andersdenkenden. M.a.W., wenn man nicht auf Anhieb genug Unterstützung finden kann, so kann man sie sich im Zweifelsfalle selbst schaffen. Die Beobachtung, daß weltanschauliche Minoritäten, wie Sekten und politische Randgruppen, ungewöhnlich intensive missionarische Tätigkeiten entfalten, bekräftigt diese Auffassung.

Dieses Phänomen und den Bezug der missionarischen Aktivitäten zur Dissonanzsituation versuchten Festinger und seine Mitarbeiter in einer Feldstudie zu demonstrieren (Festinger, Riecken & Schachter 1956).

Festinger, Riecken & Schachter (1956, S. 156) kommentieren diese Neigung, die eigene Überzeugung gegen Angriffe zu schützen, unzweideutig:

»Einen Menschen mit Überzeugung kann man nur schwer bekehren. Erzähle ihm, du seist anderer Ansicht, und er wendet sich ab. Zeige ihm Fakten und Zahlen, und er wird Deine Quellen anzweifeln. Verweise auf die Logik, und er wird Deine Argumentation nicht teilen. Wir sind vertraut mit einer Reihe raffinierter Abwehrmechanismen, mit der Personen ihre Überzeugung aufrechterhalten und sie selbst gegenüber den zerstörerischsten Attacken unverletzt erhalten. Aber die Möglichkeiten des Menschen gehen noch über diese bloße Verteidigung der Überzeugung hinaus. Nimm an, ein Individuum glaube etwas mit der ganzen Kraft seines Herzens, nimm weiter an, daß es sich dieser Überzeugung verpflichtet und Dinge unternommen hat, die es kaum rückgängig machen kann. Dann betrachte den Fall, daß das Individuum mit unzweideutigen und nicht zu leugnenden Tatsachen konfrontiert wird, die anzeigen, daß seine Ansicht falsch ist. Was wird dann geschehen? Individuen überstehen so etwas häufig, und sie sind dann nicht nur in ihrer Ansicht unerschüttert, sondern möglicherweise noch überzeugter von der Wahrheit ihrer Meinung als je zuvor. In der Tat versuchen sie dann mit vermehrtem Eifer andere zu überzeugen bzw. zu bekehren.« (Übers. d. Verf.)

Ein derartiges Verhalten ist nach Festinger zu erwarten, wenn 1) eine intensive verhaltensrelevante Überzeugung vorliegt, 2) wenn sich das Individuum dieser Überzeugung verpflichtet hat und im Hinblick darauf Handlungen unternommen hat, die nur schwer rückgängig

zu machen sind, 3) wenn der Glaube hinreichend spezifisch ist, um eindeutig widerlegbar zu sein, 4) wenn solche nicht zu leugnenden Fakten auftreten und wahrnehmbar sind, und 5) wenn das Individuum mit seiner Ansicht nicht alleine steht, sondern einer Gruppe Gleichgesinnter angehört.
Der Bericht über die Felduntersuchung von Festinger, Riecken & Schachter (1956) läßt sich etwa wie folgt zusammenfassen:

Ein Lokalblatt der Stadt Lake City brachte im Monat September einen Artikel über die Botschaft, die die Hausfrau Marion Keech von Lebewesen eines anderen Sterns erhalten haben wollte. Diese hätten die Erde mit fliegenden Untertassen besucht und bei ihrer Inspektion Linien in der Erdkruste wahrgenommen, die auf eine große Flutkatastrophe schließen ließen. Die Flutkatastrophe sollte nach einer Nachricht, die sie Frau Keech übermittelten, am 21. Dezember des gleichen Jahres stattfinden. Da Frau Keech die Botschaft aus dem Weltall bereits seit neun Monaten vor dem Erscheinen des Artikels kannte, hatte sie zu diesem Zeitpunkt schon eine kleine Anhängerschaft gesammelt; unter anderem auch einen Collegedozenten, der die Kunde von der bevorstehenden Flut in seinem College verbreitete. Unter den Studenten konnte er eine eigene Gruppe bilden, die sich ›Sucher‹ nannten. Nachdem sich diese Gruppen formiert hatten, unternahmen sie, von dem Artikel in der Lokalzeitung abgesehen, nichts, um Publizität zu erlangen. Sie kapselten sich deutlich von ihrer Umgebung ab, sie verweigerten Interviews und ließen Gelegenheiten, ihre Erkenntnisse zu verbreiten, ungenutzt. Am 20. Dezember erhielt Frau Keech die Nachricht, daß für ihre Gruppe eine Erlösung vorgesehen sei. Die Gruppenmitglieder sollten um 24^h des gleichen Tages in eine parkende fliegende Untertasse einsteigen, die sie aus der Gefahrenzone heraus und zu einem sicheren, vermutlich außerirdischen Ort bringen sollte. Als das Gefährt nicht termingerecht eintraf, entstand zunächst Ratlosigkeit, dann kamen Zweifel an der Richtigkeit des Glaubens auf. Einige Stunden später empfing dann Frau Keech eine neue Botschaft, diesesmal von Gott selbst. Gott hatte die Welt gerettet, weil die Gruppe soviel Licht ausstrahlte. Sie und ihre Gruppe riefen alle erreichbaren Rundfunk- und Fernsehstationen an und gaben auch an den folgenden Tagen bereitwillig Interviews und versuchten, ihre Zuhörer zu überzeugen.
Der Gruppe der ›Sucher‹ um den Collegedozenten erging es anders. Da Frau Keech die Nachricht von der Erlösung durch die fliegende Untertasse erst am 20. Dezember erhielt, waren die meisten wegen der Weihnachtsferien zu ihren Angehörigen nach Hause gefahren und hatten so ahnungslos die kritische Zeit mit Ungläubigen verbracht. Ihre Reaktionen reichten von einer ernsthaften Glaubenskrise bis zur Leugnung jeder Beziehung zu der Gruppe.

Der Unterschied zwischen den Reaktionen beider Gruppen ist nach Festinger sehr instruktiv. Die Mitglieder der Collegegruppe waren in den kritischen Stunden einsam, ihnen fehlte die unter Punkt 5 (s. S. 58f) erwähnte Unterstützung durch ihre Gruppe. Die Gruppe gewährleistet, daß die Dissonanz durch die Produktion dissonanzreduzierender Kognitionen während der kritischen Zeit vermindert wird. Die unter Punkt 1-4 genannten Voraussetzungen wurden von beiden Gruppen klar erfüllt. Denn die Gruppen waren intensiv von ihrer Sache überzeugt, die für sie eine Entscheidung auf Leben oder Tod bedeutete (Punkt 1). Sie hatten sich durch die Publikation in der Lokalzeitung zu ihrer Sache bekannt und ihre Lebensführung in den letzten Wochen auf das erwartete Ereignis eingestellt (Punkt 2). Schließlich war ihre Vorhersage spezifisch genug, um widerlegt werden zu können (Punkt 3) und das Ausbleiben des Ereignisses war nicht zu leugnen (Punkt 4).

Ein fast paralleler Fall wurde von Hardyck & Braden (1962) beobachtet. In einer kleinen amerikanischen Stadt verbreitete eine Frau Shepard die Prophezeiung, daß die Welt in nächster Zeit durch eine atomare Katastrophe vernichtet werde. Als sie schließlich von einer genaueren Prophezeiung hörte, nach der die Katastrophe in sechs Monaten geschehen sollte, hatte sie bereits eine beachtliche Zahl von Anhängern für ihre ›Kirche der wahren Welt‹ gesammelt. Auf diese Warnung hin bauten sie und ihre Anhänger etwa 80 Kilometer von der Stadt entfernt, nach einer ›Eingebung Gottes‹ und nach den Verordnungen der Behörde für Zivilverteidigung, einige Atombunker, die sie mit den notwendigen Einrichtungen und Lebensmitteln versahen. Um dies leisten zu können, mußten sie zum Teil ihre Arbeitsplätze aufgeben, und um die Bauten finanzieren zu können, ihre Habe verkaufen. Als sich schließlich acht Monate später die Nachricht verbreitete, es sei der Befehl ergangen, ›begebt euch an eure sicheren Plätze, denn die Ägypter kommen‹, verließen 29 Familien mit insgesamt 135 Angehörigen die Stadt und richteten sich in den Bunkern ein. Nach 42 Tagen des Ausharrens kamen sie wieder aus ihren Bunkern hervor. Daß die atomare Katastrophe nicht eingetreten war, schien sie nicht zu irritieren. Sie hatten eine ähnliche Begründung wie die Gruppe um Frau Keech: Gott habe ihren Glauben prüfen wollen und sein auserwähltes Volk als Werkzeug benutzt, um die schlafende Welt wachzurütteln. Nichtsdestoweniger werde die Katastrophe bald kommen. Entgegen der Erwartung machten sie jedoch keinerlei Versuche, andere zu ihrer Überzeugung zu bekehren. Sie waren nicht im geringsten auf Publizität bedacht.

Hardyck & Braden versuchen diesen Umstand damit zu erklären, daß die Gruppe um Frau Keech weniger geschlossen war als die ›Kirche der wahren Welt‹. Es gab hier mehrere führende Personen, deren Prophezeiungen sich z.T. widersprachen. Außerdem hatten die Keech-Anhänger nur eine Nacht Zeit, um ihre Dissonanz durch soziale Unterstützung aus der Gruppe selbst zu reduzieren. Demgegenüber verfügten die Bunkerinsassen über 42 Tage, um gruppenintern nach unterstützenden Argumenten zu suchen. Sie brauchten daher die Zustimmung der Außenwelt nicht mehr. Nach Ansicht der Autoren sahen die Beteiligten auch deswegen keine so große Notwendigkeit, andere zu überzeugen, weil die Außenstehenden das Verhalten der Beteiligten keineswegs als lächerlich empfanden. Viele der Ortsansässigen hielten die Bunkerbauten für notwendig, und die Zivilverteidigungsbehörde hatte ihnen eine Anerkennung für ›Dienst an der Öffentlichkeit‹ ausgesprochen. Auch die Kommentare der Presse nach der Rückkehr aus den Bunkern waren ohne Ironie geschrieben. Demgegenüber hatte die Gruppe um Frau Keech unverhohlen Spott zu ertragen.
Nach den Vorstellungen von Hardyck & Braden ist soziale Unterstützung aus der eigenen Gruppe notwendig, damit die Individuen angesichts dissonanter Information ihren Glauben aufrechterhalten. Es muß aber ein gewisses Maß an Dissonanz verbleiben, sonst hat die Gruppe keinen Anlaß, sich an Außenstehende zu wenden. Wenn die Dissonanz durch die gruppeninterne Unterstützung und/oder durch die Zustimmung der Umwelt schon weitgehend reduziert ist, dann erübrigt sich missionarische Tätigkeit.

2.1.3.6 Bewertung der Dissonanztheorie

Die Dissonanztheorie hat bei den empirisch arbeitenden Sozialpsychologen viel Resonanz gefunden und zu zahlreichen Laborexperimenten und Feldstudien angeregt. Andererseits ist — vor allem aus wissenschaftstheoretischer Perspektive — grundlegende Kritik an ihr geübt worden. Auf die vorgebrachten Argumente soll im Rahmen dieser kurzen Einführung in die Theorie nicht im Detail eingegangen werden. Eingehende Kritik an der Methode dissonanztheoretischer Experimente sowie an der Theorie selbst findet man bei Chapanis & Chapanis (1964), Irle (1975), Oerter (1970) und Secord & Backman (1974). Es sei jedoch auf folgendes hingewiesen: Um feststellen zu können, ob und in welchem Ausmaß zwei Kognitionen in einer gegebenen Situation Dissonanz hervorrufen, muß die kognitive Struktur der Person bis ins Detail transparent sein. Daß dies eine ungünstige Voraussetzung für die Operationalisierung von Dissonanz ist, liegt auf der Hand. Viele Experimentatoren umgehen das Problem, indem sie stillschweigend annehmen, die von ihnen geschaffene experimentelle Situation hätte für die Vpn die gleichen kognitiven Konsequenzen, die sie für sich selbst vermuten würden (vgl. dazu auch die Kritik von Irle 1975, S. 311). Auffallend häufig finden sich in der experimentellen Literatur zur Dissonanztheorie Rechtfertigungsversuche, die post hoc darlegen, warum ein erwartetes Ergebnis nicht eingetreten ist. Darin werden dann Randbedingungen verantwortlich gemacht, die der Experimentator prinzipiell auch vor Beginn des Versuches hätte wahrnehmen können. Solche Untersuchungen stützen die Dissonanztheorie allenfalls in dem Sinne, als der jeweilige Autor demonstriert, wie er seine auf der Inkonsistenz von Hypothesen und Beobachtungen basierende Dissonanz durch Hinzufügen neuer kognitiver Elemente zu reduzieren versucht.

Die vorliegenden experimentellen Befunde und die kritische Auseinandersetzung mit der Theorie haben zu Modifikationen der Dissonanztheorie angeregt. Die neueren Ansätze berücksichtigen auch die Meßproblematik. Wenn man z. B. postuliert, daß Dissonanz dann auftritt, wenn eine Information einer Erwartung des Individuums widerspricht (Bramel 1968) oder dann, wenn Kognitionen einer Hypothese zuwiderlaufen, die von der Person innerhalb ihres Selbst lokalisiert wird (Irle 1975), dann lassen sich die interessierenden unabhängigen Variablen operational definieren. Man kann in diesem Fall mit Irle festlegen, daß ein Individuum nur dann Dissonanz erfährt, wenn es eine auf seine Kognitionen bezogene Hypothese besitzt und diese Hypothese akzeptiert (für wahr hält) und daß ferner die Stärke der Dissonanz von dem Grad des Fürwahrhaltens (z. B. gemessen durch die subjektive Wahrscheinlichkeit für das Zutreffen dieser Hypothese) abhängt. Die Dissonanz wäre demnach um so stärker, je mehr das Individuum an seine Hypothese glaubt.

Im Hinblick auf unsere Thematik besagt Festingers Dissonanzhypothese, daß soziale Beeinflussung dann wirkt, wenn sie bestehende Dissonanz zu reduzieren vermag, und daß Individuen ferner dazu neigen, solche Informationen zu suchen, die ihre Auffassung unterstützen, während sie Informationen vermeiden, die ihr widersprechen. Voraussetzung ist, daß sie sich in gewisser Weise festgelegt haben, so daß eine Änderung der Einstellung bzw. des korrespondierenden Verhaltens nicht ohne größere Kosten (Gesichtsverlust, finanzielle Kosten usw.) möglich ist. Mehr oder minder deutlich wird auch gesagt, daß die Neigung zur Dissonanzreduktion bzw. -vermeidung um so größer ist, je größer diese Kosten sind. Namentlich bei hohen Kosten wird das Individuum Kontakte mit anderen Personen suchen, die es in seiner Meinung unterstützen oder sogar versuchen, andere Personen von der eigenen Meinung zu überzeugen, um so konsonante kognitive Elemente hinzuzufügen.

Es soll hier nicht über den Wahrheitsgehalt der Dissonanzhypothese geurteilt werden. Sie ist ja, wie auch Schönbach (1966) und Sarnoff (1968) hervorheben, nicht in allen Punkten neu. Die Dissonanzhypothese beschreibt einige Phänomene, die sich aus älteren psychologischen Theorien ableiten und die als experimentell gesichert gelten können. Außerdem enthält die Dissonanzhypothese Vorstellungen der Alltagspsychologie, die uns allen geläufig sind, wie etwa den Umstand, daß man sich ungern einen Fehler eingesteht und geneigt ist, nach Gründen zu suchen, die eine getroffene Entscheidung rechtfertigen, und daß man dies besonders dann tut, wenn man nichts mehr anderes erwarten kann. So sagt uns eine Sentenz von Christian Morgenstern »daß nicht sein kann, was nicht sein darf«, und Eugen Roth reimt »Ein Mensch erhofft sich fromm und still / daß er einst das kriegt, was er will / bis er dann doch dem Wahn erliegt / und schließlich das will, was er kriegt«.

Interessant wird eine Hypothese dann, wenn angegeben wird, unter welchen Umständen sie gelten soll. Nach Festinger (1964) ist die freie und unwiderrufliche Entscheidung eine Voraussetzung für die Tendenz zur Dissonanzreduktion. Tatsächlich treten aber Verhaltensweisen, welche als Reaktion auf Dissonanz interpretierbar sind, in einigen

Experimenten auf, in anderen nicht, und zwar sowohl vor, als auch nach der Entscheidung (vgl. dazu Grabitz & Grabitz-Gniech 1973, Frey 1978). Es sollte auch zu denken geben, daß die Daten der hier referierten z.T. von Festinger selbst herangezogenen Experimente, die Dissonanzhypothese nicht unterstützen. Die Vpn scheinen für neue Informationen durchaus offen zu sein, ob diese nun passend oder unpassend sind.

2.2 Austauschtheoretische Konzepte

2.2.1 Die Austauschtheorie von Homans

2.2.1.1 Grundbegriffe

Homans (1958, 1961) beobachtet das *elementare soziale Verhalten* in Zwei-Personen-Interaktionen, in denen ein direkter und unmittelbarer Austausch von Belohnungen und Bestrafungen stattfindet. Die Personen sollen in face-to-face-Kontakt stehen, und die Belohnungen oder Bestrafungen sollen zeitlich unmittelbar dem Verhalten folgen. Ferner sollen die betrachteten Beziehungen zwischen den Beteiligten informeller Art sein, also nicht von den Verhaltensregeln bestimmt sein, die eine Firma oder eine sonstige Organisation für den Kontakt zwischen ihnen vorsieht. Jedoch wird die Theorie häufig auch auf Sachverhalte bezogen, die außerhalb ihres so definierten Geltungsbereiches liegen.
Zunächst unterscheidet Homans drei ›deskriptive Begriffe‹, deren Bildung die Analyse des menschlichen Entscheidungsverhaltens erleichtern sollen: (1) *Aktivität* (activity), (2) *Gefühl* (sentiment) und (3) *Interaktion* (interaction). Aktivitäten sind alle willentlichen Verhaltensweisen einer Person. Die Gefühle bilden eine besondere Gruppe von Aktivitäten, »... von denen die Mitglieder einer bestimmten Wort- oder Symbolgemeinschaft glauben, daß sie äußere Anzeichen für die Einstellungen und Stimmungen einer Person anderen Personen gegenüber sind ...« (Homans 1972, S. 28f). Wenn eine Aktivität (ein Gefühl oder eine Aktivität, die nicht zu den Gefühlen gehört) von einer anderen Person erwidert (belohnt oder bestraft) wird, spricht Homans von Interaktion. Es ist zu beobachten, daß nach dieser Definition Gefühle (entgegen dem üblichen Sprachgebrauch) nicht einen inneren Zustand meinen, sondern beobachtbare Verhaltensweisen. Sie sind eine Untergruppe der Aktivitäten. Die übrigen Aktivitäten werden global als ›Aktivitäten, die nicht zur Gruppe der Gefühle gehören‹ klassifiziert.
Neben den deskriptiven Begriffen definiert er zwei Termini, die jene Variable beschreiben sollen, auf die er dann die Variation der Aktivitäten, der Gefühle und der Interaktionen zurückführt. Dies sind die Begriffe *Quantität* (quantity) und *Wert* (value). Die Quantität ist »... die Zahl der Aktivitätseinheiten ..., die der Organismus innerhalb einer bestimmten Zeitspanne aussendet«. Der Wert einer Aktivität »... besteht in der stärkeren oder schwächeren Belohnung oder Bestrafung, welche diese Aktivität ... einbringt.« (Homans 1972, S. 31 und 34)
Homans ist sich über die Schwierigkeiten im klaren, die die Messung von Aktivitätshäufigkeiten und Aktivitätswert mit sich bringen. Die Klassifizierung in Aktivitäten, Gefühle und Interaktionen und die Messung der Häufigkeit dieser Verhaltensweisen könne man noch relativ einfach durch Interaktionsprozeßanalysen, wie sie von Chapple & Arensberg (1940), Bales (1950) u.a. entwickelt wurden, bewerkstelligen. Auch die soziometrische Methode von Moreno (1954) könne mit diesem Ziel eingesetzt werden (zur Darstellung der Methoden der Interaktionsprozeßanalyse und der Soziometrie s. die Abschnitte 1.8 und 9.5). Bei der Feststellung des Wertes von Belohnungen müsse man sich in einem sozialen Zusammenhang mit sehr ungenauen Werten zufrieden geben. Ähnlich

wie beim Tierversuch könne man als interpersonelles Maß für den Wert von Belohnungen die Dauer des vorangegangenen Belohnungsentzugs (deprivation) bzw. die bestehende Sättigung (satiation) mit der jeweiligen Belohnung ansehen. Befragungen der Beteiligten könnten ebenfalls einen gewissen Aufschluß geben. Präzisere Informationen als ›größer-kleiner‹-Angaben könne man aber aus solchen ›Messungen‹ kaum erwarten.

2.2.1.2 Prinzipien des interaktiven Lernens

Aus seiner Analyse der Lerntheorie leitet Homans fünf Behauptungen über menschliches Sozialverhalten ab. In diesem Zusammenhang führt er drei weitere Begriffe ein: *Kosten*, *Investitionen* und *Gewinn*. »Die *Kosten* einer gegebenen Aktivitätseinheit bestehen ... im Wert der Belohnung, die mit einer alternativen Aktivität erhältlich ist, auf die aber zugunsten der gegebenen Aktivität verzichtet wurde« (Homans 1972, S. 51). Im Grenzfall können die Kosten auch der Belohnung entsprechen, die aus der Null-Aktivität, dem Nichtstun erwächst. Die Bequemlichkeit, die aufgegeben wird, entspricht dann den Kosten (vgl. Homans 1972, S. 51). Der »Gewinn ergibt sich ... aus dem Unterschied für den Wert der Belohnung, die ein Mensch für eine bestimmte Aktivitätseinheit erhält und dem Wert einer anderen möglichen Aktivitätseinheit ...« (Homans 1972, S. 54). Der Gewinn errechnet sich also als Belohnung minus Kosten. Investitionen werden etwas vage definiert durch: »Eine Art und Weise aber, in der zwei Menschen sich gleichen können, ist deren Investition.« (Homans 1972, S. 63). Homans spezifiziert diese Aussage, indem er an anderer Stelle ›Hintergrunddaten‹ aufzählt, die als Investitionen anzusehen sind. Das sind z.B. Alter, Geschlecht, soziale Herkunft, Rasse, Bildung und Ausbildung.
Die ersten vier der fünf zentralen Behauptungen von Homans lauten (vgl. Homans 1972, S. 45-47):
1. »Wenn die Aktivität einer Person früher während einer bestimmten Reizsituation belohnt wurde, wird diese sich jener oder einer ähnlichen Aktivität um so wahrscheinlicher wieder zuwenden, je mehr die gegenwärtige Reizsituation der früheren gleicht« (Generalisation).
2. »Je öfter eine Person innerhalb einer gewissen Zeitperiode die Aktivität einer anderen Person belohnt, desto öfter wird sich jene dieser Aktivität zuwenden« (Verstärkung).
3. »Je wertvoller für eine Person eine Aktivitätseinheit ist, die sie von einer anderen Person erhält, desto häufiger wird sie sich Aktivitäten zuwenden, die von der anderen Person mit dieser Aktivität belohnt werden« (subjektiver Wert der Verstärkung).
4. »Je öfter eine Person in jüngster Vergangenheit von einer anderen Person eine belohnende Aktivität erhielt, desto geringer wird für sie der Wert jeder weiteren Einheit jener Aktivität sein« (Sättigung).
Die Sätze umschreiben die lerntheoretischen Prinzipien der Reizgeneralisierung (1), der Wirkung der Häufigkeit der Verstärkung (2), der Wirkung der Menge und des subjektiven Wertes der Verstärkung (3) und der Sättigung (4).
Aus den Sätzen 3 und 4 leitet er folgende Schlußfolgerungen ab:
3.1 Eine Person wird sich einer Aktivität um so seltener zuwenden, je mehr diese für sie mit Kosten verbunden ist.
4.1 Je öfter eine Person eine Aktivität ausgesendet hat, die mit Kosten verbunden ist, desto kostenreicher wird sie jede weitere Einheit jener Aktivität finden.
In seinem fünften Satz spricht Homans von einem Prinzip der ausgleichenden Gerechtigkeit, welches von den Beteiligten anerkannt wird, gegen das aber dennoch gelegentlich

verstoßen wird. Diese Regel läßt sich in einer Formel beschreiben. Es soll für zwei Personen A und B gelten:

$$\frac{\text{A's Belohnungen} - \text{A's Kosten}}{\text{A's Investitionen}} = \frac{\text{B's Belohnungen} - \text{B's Kosten}}{\text{B's Investitionen}}$$

Auf die Verletzung des Prinzips der distributiven Gerechtigkeit reagieren die Personen mit Ärger (Homans 1972, S. 64):

5. »Je krasser das Gesetz der ausgleichenden Gerechtigkeit zum Nachteil einer Person verletzt wird, desto wahrscheinlicher wird sie das emotionale Verhalten an den Tag legen, das wir Ärger nennen.«

Daß Verstöße gegen dieses Prinzip vorkommen, die dann den Ärger des Benachteiligten hervorrufen, führt Homans weniger auf eine Uneinigkeit über die Gültigkeit des Prinzips zurück als darauf, daß Kosten und Investitionen von den Beteiligten auf der Wertskala unterschiedlich veranschlagt werden. — Wird das Prinzip der distributiven Gerechtigkeit zum Vorteil einer Person verletzt, so ruft dies Schuldgefühle bei ihr hervor.

Die Sätze von Homans lassen sich wie folgt zusammenfassen: Aufgrund von Satz 2 und 3 werden in sozialen Einheiten vorwiegend solche Aktivitäten gezeigt, die wechselseitig akzeptiert und geschätzt werden. ›Sozial unerwünschte‹ und damit ›unökonomische‹ Verhaltensweisen werden aufgegeben, weil sie nicht belohnt werden. Dies entspricht dem Bild eines primitiven, völlig offenen und nichtbeherrschten Marktes. Die auf den Markt kommenden Personen, die zugleich Käufer und Verkäufer sind, produzieren auf die Dauer nichts, was nicht gebraucht wird. Wenn sie es tun, ist es ihr eigener Schaden, da sie dagegen nichts eintauschen können. Sie werden sich also nach der am Markt herrschenden Nachfrage ausrichten. Wechselt jemand von einem Markt zum anderen, so wird er sein Sortiment sehr bald den dort vorherrschenden Wünschen anpassen. Auf die Dauer werden also keine Aktivitäten ausgesandt, welche von den übrigen Mitgliedern der Gemeinschaft nicht gewünscht werden. Wenn jemand von diesen Mitgliedern Belohnungen erhalten will, muß er sich etwas anderes ausdenken. Dies erklärt die Verhaltensanpassung von Personen, die ihre Bezugsgruppe wechseln. Verhaltensweisen, die in der alten Gruppe erwünscht waren, können in der neuen verpönt sein. Satz (4) beschreibt den Mechanismus von Angebot und Nachfrage. Wenn jemand eine gewisse Zeit eine Ware verkauft hat, sättigt sich der Markt. Die Abnehmer sind an der Ware nicht mehr so sehr interessiert, sie bieten geringere Gegenleistungen. Personen, die einige Zeit zusammengelebt haben, gewinnen häufig den Eindruck, daß ihre Beziehung ›fruchtloser‹, ›wenig ertragreich‹ oder ›wenig anregend‹ wird. Sie tauschen dann überwiegend Aktivitäten aus, von denen eigentlich jeder inzwischen genug hat. Wenn es den Gruppenmitgliedern nicht gelingt, neue Aktivitäten zu entwickeln, löst sich die Gruppe auf, da wegen der sättigungsbedingten Verminderung des Belohnungswertes keiner der Beteiligten einen im Verhältnis zu den Kosten angemessenen Nutzen aus der Beziehung zieht.

Fordert jemand auf dem primitiven Markt zu hohe Gegenleistungen für seine Waren, dann wird es andere Beteiligte geben, die vergleichbare Waren billiger anbieten. Ärger über zu hohe Forderungen resultiert nur dann, wenn keine Konkurrenten am Markt sind. Der Käufer ist dann vorübergehend gezwungen, die hohen Forderungen zu akzeptieren bzw., wenn er dies nicht tut, auf die gewünschte Sache zu verzichten. Über kurz oder lang werden andere Marktteilnehmer darin eine Absatzchance wittern und entsprechende Waren billiger anbieten.

In einer sozialen Beziehung, in der jemand vergleichsweise ungerechtfertigt hohe Gewinne erzielt, reagiert der Benachteiligte mit Ärger, sofern er auf diese Beziehung kurzfristig oder für längere Zeit angewiesen ist.

Das Bild des offenen Tauschmarktes hat Homans zu seinen Formulierungen inspiriert. Er wendet jedoch seine Regeln auch auf andere Sachverhalte an, die nicht mit einer solchen Marktsituation zur Deckung zu bringen sind.
Zur Illustration dessen, was Homans unter distributiver Gerechtigkeit versteht — weniger als wissenschaftlicher Beleg für die Richtigkeit dieses Prinzips — soll eine von Homans (1953) berichtete Feldstudie geschildert werden, die den Kampf von Angestellten um eine gerechte Bewertung ihrer Tätigkeit beschreibt.

Eine Elektrizitätsfirma unterschied in ihrer Buchführungsabteilung zwei Funktionen, nämlich die der Abbucherin und die der Hauptbuchhalterin. Die Abbucherinnen hatten noch am gleichen Tag jede eingehende Zahlung auf das Konto des jeweiligen Kunden zu übertragen. Die Hauptbuchhalterinnen waren damit beschäftigt, Fehlbuchungen zu korrigieren, Kundenauskünfte zu erteilen, Adressenänderungen vorzunehmen und direkte Weisungen des Chefs auszuführen. Jüngere Kräfte wurden zunächst als Abbucherinnen eingestellt und später dann zur Hauptbuchhalterin befördert. Die Abbucherinnen waren somit in der Regel jünger und weniger lange im Betrieb. Dennoch war die Beförderung zur Hauptbuchhalterin nicht mit einer Gehaltserhöhung verbunden. Die Unternehmensleitung vertrat den Standpunkt, daß die Abbucherinnen für ihre monotone Tätigkeit, die unter Zeitdruck durchgeführt werden mußte, hoch bezahlt werden sollten. Tatsächlich waren aber laut Homans die Hauptbuchhalterinnen mit ihrer Bezahlung unzufrieden. Sie nahmen ihre Tätigkeit als verantwortlicher wahr. Dies bedeutete für sie, daß sie schwerwiegendere Fehler machen konnten und somit eher mit Kritik oder Schlimmerem rechnen mußten. Während die Abbucherinnen nach Feierabend der Arbeit den Rücken kehren könnten, müßten sie häufig noch in ihrer Freizeit darüber nachdenken. Risiko und Ärger belaste sie seelisch stärker als die Abbucherinnen, und daher sei eine höhere Bezahlung angebracht.
Es ging den Frauen jedoch nicht um die absolute Höhe der Bezahlung (denn der Betrieb bezahlte sehr gut), sondern um die Differenzierung in den Gehältern. Verantwortung wurde als eine Investition angesehen, und da die Kosten als nicht geringer wahrgenommen wurden als die der Abbucherinnen, erwarteten sie einen Ausgleich über die Bezahlung.

2.2.1.3 Bewertung der Austauschtheorie von Homans

Homans' Aussagen mögen manchem Leser vereinfachend erscheinen. Man mag ihm vorwerfen, daß seine lerntheoretischen Aussagen simplifiziert sind und der Theorie von Skinner, auf die er sich bezieht, nicht gerecht werden (vgl. Deutsch & Krauss 1965, Irle 1975). Beispielsweise erwähnt er von den vielen möglichen ›Verstärkerplänen‹, die Skinner aufgestellt hat, nur einen (jede passende Reaktion wird verstärkt). Da aber auch soziales Verhalten nicht immer verstärkt wird, wäre es sinnvoll, die Wirkung partieller Verstärkung oder komplexer Bekräftigungspläne zu berücksichtigen (Foppa 1965, Jenkins 1971). Obwohl dieser Einwand zutrifft, stellt er Homans' Konzeption nicht grundsätzlich in Frage. Es wäre möglich, das System so zu spezifizieren, daß es die Wirkung unterschiedlicher Verstärkerpläne berücksichtigt.
Gegen Homans' Konzeption wird ferner häufig der Vorwurf erhoben, sie setze zu einseitig menschliches Verhalten mit ökonomischem Verhalten gleich oder schärfer, daß es sich bei Homans' Ansatz um eine typisch kapitalistische Theorie handle. Diese Art von Kritik spiegelt eher bestehende Tabus wider als ein Bemühen, der Sache gerecht zu werden. Das Wirtschaften ist ein bedeutender und lebenswichtiger Ausschnitt menschlichen Verhaltens. Warum sollten für das Wirtschaften nicht auch Prinzipien gelten, die auch in anderen sozialen Bezügen wichtig sind? Das Studium des ökonomischen Verhaltens des Menschen wird länger betrieben als die Analyse nicht-ökonomischen Sozialverhaltens. Die ökonomische Theorie stützt sich daher auf viele Beobachtungen, und sie hat zahlreiche Modelle für die Wechselwirkung zwischen Situationscharakteristiken und dem Verhalten des wirtschaftenden Menschen entwickelt. Eine Klasse solcher

Modelle werden wir bei der Darstellung der Spieltheorie kennenlernen. Man sollte die Brauchbarkeit solcher Modellvorstellungen für die Sozialwissenschaften unvoreingenommen prüfen.
Differenzierter ist die Kritik von Stendenbach (1963). Er möchte in Homans' System das Prinzip der Reziprozität von Belohnungen und Bestrafungen durch das der Gratifikation ergänzen. Die Gratifikation erhalten wir z.B. durch die »Befriedigung darüber, eine allgemeine Norm der Gesellschaft oder Gruppe, zu der wir gehören, erfüllt zu haben« (Stendenbach 1963, S. 244, zitiert nach Graumann 1972, S. 1142). Gratifikation erfährt man nicht nur durch Austausch, denn die Befriedigung durch Normerfüllung kann auch eintreten, wenn der Interaktionspartner auf das entsprechende Verhalten nicht positiv reagiert. Ein höflicher Mensch wird zufrieden sein, wenn er sich in einer heiklen Situation dezent und einfühlsam verhalten hat, auch wenn dies nicht honoriert wird. Das Verhalten einer Person hängt weniger von den erwarteten Belohnungen durch den Interaktionspartner ab, sondern davon, welche Normen und Werte es im Laufe seiner Sozialisation internalisiert hat. Die Erfüllung dieser Normen wirkt belohnend.
Homans' Vorstellungen vom Lernen sozialen Verhaltens haben weit weniger theoretische und experimentelle Arbeiten provoziert als sein Postulat von der distributiven Gerechtigkeit. Dies ist angesichts der Wechselwirkung zwischen der theoretischen und experimentellen Forschung nicht erstaunlich. Denn die Untersuchung solcher Lernprozesse erfordert eine längerfristige und daher sehr aufwendige Beobachtung von Interaktionseinheiten. Die Untersuchungen zur distributiven Gerechtigkeit sind leichter im Labor zu realisieren. Kosten, Investitionen und Belohnungen können im Experiment definiert werden, und die Reaktion der Vpn auf eine Variation dieser Merkmale kann dann unmittelbar anschließend festgestellt werden. Wie bereits erwähnt, ist das Prinzip der distributiven Gerechtigkeit der Ausgangspunkt der Equitytheorie, die später zu behandeln sein wird.
Der 5. Satz, der sich auf die distributive Gerechtigkeit bezieht, wurde später von Homans (1967, S. 301) umformuliert, in dem er den Ärger entsprechend dem Frustrations-Aggressionspostulat von Dollard et al. (1939) auf die frustrierten Erwartungen der Betroffenen zurückführt:
»Wenn jemand als Konsequenz seines Handelns nicht die Belohnung, die er erwartet, sondern Strafe, die er nicht erwartet, erhält, dann wird er ärgerlich, und im Zustand des Ärgers sind die Ergebnisse aggressiven Verhaltens belohnend.«
Graumann (1972, S. 1140ff) hält das Postulat von Homans wegen der Rolle, die der menschlichen Aggression zugewiesen wird, für »bestürzend«. Soziale Beziehungen müßten sehr aggressionsgeladen sein, wenn jede enttäuschte Erwartung Aggression hervorrufen würde. Denn schon wegen der schwierigen und unsicheren Vorhersage von zukünftigen Ereignissen bleiben viele Erwartungen unerfüllt. Dies mag Ärger hervorrufen, ob die frustrierende Situation aber notwendigerweise zur Aggression führen muß, ist auch nach experimentellen Befunden fraglich.

2.2.2 Aspekte der Austauschtheorie von Thibaut & Kelley

Die Austauschtheorie von Homans beschreibt nicht nur, wie soziale Beziehungen gestiftet werden, sondern auch, unter welchen Bedingungen sie mutmaßlich weiterbestehen. Solange der Profit als Differenz zwischen Belohnungen und Kosten positiv ist, besteht eine Chance für die Kontinuität der sozialen Beziehung. Als Grund dafür, daß soziale Beziehungen als unbalanciert angesehen und daher möglicherweise aufgelöst werden, nennt Homans das Ungleichgewicht von Profit und Investitionen zwischen den an der Interaktion

Beteiligten. Thibaut & Kelley (1959) verweisen in ihrer austauschtheoretischen Formulierung auf einen Aspekt, der implizit auch in Homans Konzeption enthalten ist.
Sie gehen davon aus, daß die Individuen bestimmte Erwartungen an eine soziale Beziehung stellen. Die Erwartungen entwickeln sich aus persönlichen Erfahrungen, die die Individuen im Lauf des Sozialisationsprozesses gemacht haben.
Thibaut & Kelley (1959) bezeichnen diese Erwartungen als *Vergleichsniveau* (comparison level — CL). Das CL wird ständig den Gegebenheiten angepaßt, weswegen auch die kurz zurückliegenden Erlebnisse der Person und die gegenwärtige Situation darin am stärksten berücksichtigt werden. Da frühere Bedingungen mit den gegenwärtigen selten übereinstimmen, besteht eine starke Neigung, das CL an den Profiten anderer Interaktionsteilnehmer zu orientieren, mit denen man sich vergleichen zu können glaubt, wie dies auch in Homans' Prinzip der distributiven Gerechtigkeit verankert ist.
Liegt der Profit, den die Person in der gegenwärtigen Beziehung erhält, unter dem CL, dann ist sie mit ihrem Anteil unzufrieden. Sie scheidet aber nur dann aus der Gruppe aus, wenn sie eine oder mehrere alternative Beziehungen besitzt, von der sie sich mehr Profit verspricht. Anhand der erwarteten Profite in alternativen Beziehungen entwickelt sich das *Vergleichsniveau für Alternativen* (CL_{alt}), das sich nach der alternativen Beziehung mit dem höchsten erwarteten Profit richtet.
Solange das CL_{alt} unterhalb des Profits liegt, verläßt sie die Gruppe nicht. Das System Thibaut und Kelleys erklärt somit auch die Existenz und den Fortbestand von Gruppen, deren Verteilungsprinzipien von einer Minderheit oder Mehrheit ihrer Mitglieder als ungerecht empfunden werden. Da die Gruppenmitglieder ihr CL auch an den Profiten anderer Mitglieder orientieren, ist. u.U. auch der Gerechtigkeitsgesichtspunkt für ihre Verteilungsvorstellungen maßgebend. Ob aber ein Verteilungskonsens erreicht werden kann, hängt nun nicht ausschließlich von der Übereinstimmung über die Bewertung von Belohnungen, Kosten und Investitionen, sondern auch von den jeweiligen CL_{alt} der Beteiligten ab.
Das CL muß nicht ausschließlich nach Gerechtigkeitsgesichtspunkten etabliert werden, sondern kann sich auch an dem orientieren, was in einer gegebenen sozialen Beziehung möglich und wahrscheinlich ist. Das CL_{alt} richtet sich danach, was außerhalb dieser Beziehung möglich und wahrscheinlich ist. Darüber hinaus ist es denkbar, daß jemand, der in bisherigen Sozialbeziehungen stets mehr erhalten hat als ihm »zusteht« — sofern man dies überhaupt feststellen kann — gerade deswegen davon überzeugt ist, daß ihm mehr zusteht als anderen und somit einen höheren eigenen Anteil für gerecht hält. Es hängt von dem taktischen Geschick einer Person ab, wie gut es ihr gelingt, ihre ›berechtigten‹ oder ›nicht berechtigten‹ Ansprüche gegenüber der Gruppe durchzusetzen. Dabei ist das Vergleichsniveau (CL) ein Orientierungswert, an dem sie bemißt, ob sie in ihrem Bestreben, einen hohen Gewinn zu erzielen, erfolgreich war.
Die Konzeption Thibaut & Kelleys läßt demnach die Beziehungen zum Phänomen der sozialen Macht, die wohl nicht ausschließlich auf Gerechtigkeitserwägungen beruht, erkennen (vgl. Kap. 7 Abschn. 7.4).
Mit der Kenntnis des durchschnittlichen Ergebnisses (X), das ein Individuum in einer sozialen Beziehung erwartet, der Kenntnis seines CL und seines CL_{alt} kann man sich veranschaulichen, wann eine Person eine Beziehung anknüpft bzw. wann die Beziehung stabil ist. Darüber hinaus beantwortet dies die Frage, wann die Individuen mit einer Beziehung zufrieden sind und wann nicht. Die folgende Aufstellung zeigt verschiedene Kombinationen von X, CL und CL_{alt}, und wie diese sich auf die *Attraktion bzw. Stabilität* der Beziehung und die *Zufriedenheit* des Individuums unterschiedlich auswirken.
Die erste Beziehung ist stabil, weil das Individuum mehr erzielt, als es erwarten konnte und mehr als in irgendeiner anderen möglichen Beziehung. Es ist daher auch zufrieden

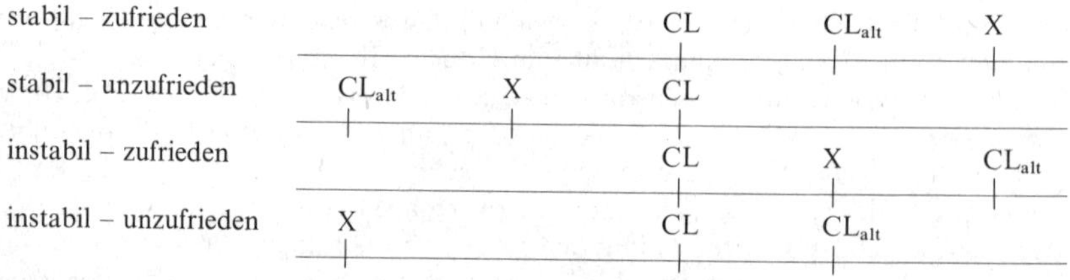

mit dem Ergebnis. Die zweite Beziehung ist zwar noch stabil, jedoch wird das Individuum die Tendenz haben, nach einer befriedigenderen Beziehung zu suchen, weil sein CL nicht erfüllt wird. Im dritten Fall ist die Person, gemessen an ihrem CL, zwar zufrieden, jedoch wird sie dennoch eine andere Beziehung vorziehen, da diese ihr mehr bietet. Weil eine andere Beziehung attraktiver erscheint, ist die bestehende instabil. Schließlich ist die Person in der vierten Beziehung unzufrieden, und die Beziehung ist nicht stabil, denn es sind bessere Alternativen vorhanden. — Da sich das CL allmählich den gegebenen Verhältnissen anpaßt, ist auf Dauer zu erwarten, daß sich das CL in Richtung auf das CL_{alt} oder auf X verändert, je nachdem, welches von beiden günstiger ist. Unzufriedenheit ist daher ein vorübergehender Zustand, der entweder durch einen Wechsel der Beziehung oder durch Anpassung des CL behoben wird.
Empirische Daten bestätigen einige grundlegende Aspekte dieser Konzeption. Die Vergleichsniveaus verschiedener Personen variieren, was nicht zuletzt auf unterschiedliche Empfindlichkeit gegenüber Kosten und Belohnungen zurückzuführen ist (Upshaw 1967). Mehrere Studien demonstrieren, daß der Anteil an dem aus einer Interaktion resultierenden Gewinn mit dem Anspruchsniveau der Beteiligten variiert (Crott 1974, Crott & Müller 1976, Tietz 1975, 1976; Weber & Tietz 1975, Yukl 1974). Für eine experimentelle Spielsituation konnte Kahan (1968) zeigen, daß die Vpn nicht bereit sind, einen Gewinn zu akzeptieren, der unter dem Niveau liegt, das durch eine alternative Wahlmöglichkeit gegeben ist.
Wie die Theorie von Homans geht die Austauschtheorie Thibaut & Kelleys (1959) von der lerntheoretischen Grundannahme aus, daß belohntes Verhalten reproduziert wird, während nicht belohntes oder bestraftes unterbleibt. Weitere Aspekte der Theorie von Thibaut & Kelley werden in den Kapiteln über interpersonalen Konflikt und soziale Macht angesprochen.

2.2.3 Verstärkertheorien der interpersonalen Attraktion

Neben der Austauschtheorie sind andere lerntheoretische Konzepte entwickelt worden, von denen hier die Ansätze von Lott & Lott (1968) und Byrne (1969) erwähnt werden sollen. Die Konzeption Byrnes (1969) geht von dem Prinzip des klassischen Konditionierens aus, nachdem das zeitlich gemeinsame (bzw. unmittelbar vorangehende) Auftreten eines zunächst neutralen Reizes (CS) und eines verstärkenden Reizes (UCS) die Wahrscheinlichkeit erhöht, daß auf den neutralen Reiz die Reaktion erfolgt (unkonditionierte Reaktion), mit der normalerweise der verstärkende Reiz (UCS) beantwortet wird. Auf Lob, freundliche Zuwendung und angenehme gemeinsame Erlebnisse reagieren die Individuen mit spezifischen Reaktionen, wie z.B. Lächeln, Gefühl der Freude usw. Diese Reaktionen werden auf alle Kontextreize mit diskriminierendem Wert konditioniert, also auch auf die anwesenden Personen. Personen, welche in solchen Reiz-Reaktions-Folgen wiederholt wahrgenommen werden, seien es die Sender des verstärkenden Reizes selbst oder irgendwelche andere Personen, können später schon durch ihre Anwesenheit diese Reaktionen auslösen. Jeder Reiz, der geeignet ist, eine als unangenehm oder angenehm empfundene gefühlsmäßige Reaktion auszulösen, kann als UCS die Kopplung an einen CS bewerkstelligen. Daher kann sowohl eine Einstellungsäußerung, eine bewertende Stellungnahme als auch eine materielle Belohnung dazu führen, daß die aussendende Person oder andere zufällig anwesende Personen mit der gefühlsmäßigen Reaktion assoziiert werden.

Die Attraktion einer Person ist nach Byrne (1969), Clore & Byrne (1974) eine einfache Funktion der Summe des Produktes der Verstärkungen und deren Intensität:

$$A_B = m \frac{\Sigma(PV_B \cdot I)}{\Sigma(PV_B \cdot I) + \Sigma(NPV_B \cdot I)} + k$$

Darin geben A_B die Attraktion von B, PV_B eine positive Verstärkung durch B, NPV_B eine negative Verstärkung durch B und I die Intensität der Verstärkungen an, m und k sind Konstanten.

Abb. 2.3: Attraktion gegenüber einem Fremden als Funktion des Prozentsatzes gewichteter positiver Verstärkungen (nach Byrne & Rhamey 1965)

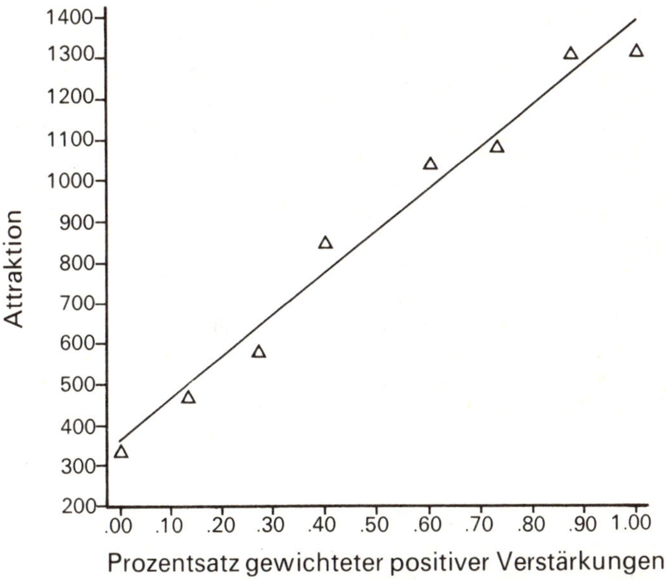

Byrne & Nelson (1965) legten ihren Vpn einen angeblich von einer anderen Person beantworteten Einstellungsfragebogen vor, der Einstellungen umfaßte, die im Wertsystem der Vp eine zentrale Position hatten. Der vom Vl vorgelegte Fragebogen variierte die absolute Anzahl der angesprochenen Einstellungen und den Anteil der Übereinstimmung mit den Einstellungen der Vp.

Wie nach der obigen Formel zu erwarten ist, hing die Einstufung der Attraktion des ›anderen‹ nicht von der absoluten Anzahl, wohl aber von dem Prozentsatz übereinstimmender Attitüden ab (s. auch Abb. 2.3). Wie Byrne & Clore (1966) und Byrne & Griffitt (1966) zeigten, konnte der Effekt der Einstellungsähnlichkeiten an verschiedenen Vp-Populationen (Studenten, Kinder, Alkoholiker, Schizophrene) und mit anderen Medien als dem Fragebogen (Tonband, Film) bestätigt werden. Wie die eben zitierte Untersuchung von Byrne & Nelson (1965) zeigt, wird die Bestätigung wertwichtiger Einstellungen als

belohnend unterstellt. Des weiteren konnten die Befunde auf andere Ähnlichkeitsdimensionen generalisiert werden. Ähnlichkeit bei der Beantwortung von Persönlichkeitseigenschaften führt ebenso zu erhöhter Attraktion wie die Ähnlichkeit bei der Beantwortung von Fragen zu den persönlichen Finanzen (Byrne, Griffitt & Stefaniak 1967).
Eine Unterstützung erfährt die Verstärkertheorie durch den Befund, daß sinnlose Silben konditioniert werden können, indem man sie mit als positiv oder negativ empfundenen Adjektiven koppelt (Stalling 1970). Eindrucksvoll ist auch die Beobachtung, nach der Personen, die man während der Einnahme angenehmer Speisen wahrnimmt, sympathischer sind als solche, die zusammen mit unangenehmen Reizen auftreten (Razran 1938). Gibt man Kindern in einer Gruppensituation Belohnungen, so gewinnen die anderen anwesenden Kinder dadurch an Attraktion (Lott & Lott 1960).

2.3 Vergleich der Theorien

2.3.1 Beziehung zwischen den Theorien

Die Beziehung zwischen der Theorie Heiders und dem Ansatz von Newcomb ist deutlich: Newcombs Analyse ist eine Erweiterung des Konzeptes von Heider. Gegenüber der ursprünglichen Formulierung akzentuiert Newcomb die Bedeutung der Positivität der Attraktion, der Intensität der Attraktion, der Intensität der Attitüdendiskrepanz, die Wichtigkeit des Attitüdenobjektes und dessen Relevanz für die Beziehung zwischen den Personen A und B. Ferner bewegt sich Newcombs Formulierung in dem interpersonalen Bereich und betont die Funktion der Kommunikation.
Festinger hebt seine Dissonanztheorie nicht deutlich von Heiders Theorie ab, obwohl ihm diese offenbar bereits bekannt war. Unterschiede zwischen der Dissonanztheorie und den Balancetheorien sind wegen der vagen Formulierungen in Festingers Theorie schwer festzumachen. Der Hinweis, daß Heider mehr der phänomenologischen und gestaltpsychologischen, Festinger dagegen eher der feldtheoretischen Betrachtungsweise Lewins verpflichtet sei (Irle 1975, S. 300), führt nicht zu einer befriedigenden Differenzierung zwischen den Theorien. Denn letzten Endes ist das Wissen um die geistige Heimat von Theorien, so nützlich es für das Verständnis der Konzeptionen sein mag, für den Theorienvergleich irrelevant, solange sich die unterschiedliche Herkunft nicht in inhaltlich unterschiedlichen Postulaten und Folgerungen niederschlägt.
Über den commitment-Begriff führt Festinger ein Prinzip des geringsten Aufwandes ein, das in den Balancetheorien keine direkte Entsprechung hat. Ein weiterer Unterschied zwischen Balance- und Dissonanztheorie liegt in der Rolle des Einstellungskonsens. Die Feststellung ›mein Freund befürwortet die Politik der Partei X‹ und ›ich verabscheue die Politik der Partei X‹ kann nach Festinger, wenn bestimmte Randbedingungen erfüllt sind, Dissonanz auslösen, muß es jedoch nicht. Diese Kognitionen sind unpassend, wenn das Individuum Freundschaft und unterschiedliche politische Einstellung als unverträglich ansieht. Dissonanz kann also nur dann auftreten, wenn für eine Person aus der Kognition ›er ist mein Freund‹ folgt ›er hat eine ähnliche politische Einstellung wie ich‹. Ob dies so ist, hängt von der Persönlichkeit des Betreffenden ab. Dagegen schreibt Heider fest, daß eine solche Beziehung in der Regel unverträglich sein soll (Ähnlichkeitsprinzip). Newcomb modifiziert dieses starre Prinzip, indem er die Rolle der Wichtigkeit und der Relevanz des Attitüdenobjektes für diese Beziehung unterstreicht.
Aber auch dieser Unterschied ist kein grundsätzlicher. Er weist lediglich die Aussage einer Theorie als Spezialfall der Aussage einer anderen Theorie auf. Eine rigorose logische

Analyse der Konsistenztheorien wurde bisher noch nicht durchgeführt. Gegenüberstellungen wurden eher vermieden. Es wäre denkbar, daß eine solche Analyse zu dem Schluß kommt, daß Balancetheorien und Dissonanztheorie Spezialfälle einer allgemeinen Konsistenztheorie sind. Abelson (1968, S. 125) hält dies für wahrscheinlich und Davis (1968, S. 548) konstatiert, daß Heiders, Newcombs und Festingers Theorien mathematisch die gleiche Struktur besitzen, ohne dies allerdings näher darzulegen. Der Unterschied zwischen den Theorien bestünde lediglich darin, daß in Heiders und Newcombs Version interpersonale Inhalte eingebaut seien, während Festingers System ›ohne jeden Inhalt‹ sei.

Die Konzepte, die hier als Verstärkertheorien apostrophiert wurden (Byrne, Lott & Lott), können als lerntheoretisch inspirierte Spezifizierungen des balancetheoretischen Ansatzes angesehen werden. Sie erklären die behauptete Beziehung zwischen Einstellungsähnlichkeit und Attraktion über das Prinzip der Verstärkung, wobei sie zunächst über elementare lerntheoretische Aussagen nicht hinausgehen.

Später haben sich Lott & Lott und ihre Mitarbeiter bemüht, andere aus der Lernpsychologie bekannte Phänomene, wie verzögerte Verstärkung und stellvertretende Verstärkung sowie Imitations- und Modellernen, mit einzubeziehen (Lott et al. 1969).

Die Austauschtheorien sind, wie auch Shaw & Costanzo (1970) feststellen, weniger Theorien als Bezugsrahmen. Sie definieren die betrachtete soziale Situation durch einige Parameter (Struktur der Auszahlungsmatrix, Belohnungen, Kosten, Vergleichsniveaus, etc.) und postulieren einige Beziehungen zwischen diesen Parametern, sind jedoch hinsichtlich weiterer theoretischer Ausgestaltung offen. Sie stecken lediglich einen Bereich ab, innerhalb dessen das Ergebnis eines Interaktionsprozesses zu erwarten ist. Der Akzent liegt nicht auf dem kognitiven Zustand des Individuums, sondern auf dem Austausch von immateriellen und materiellen Gütern.

Zwar arbeitet auch die Austauschtheorie mit dem Rückgriff auf intrinsische Belohnungen und setzt somit ebenfalls die Kenntnis des inneren Zustandes von Individuen voraus, jedoch lassen sich intrinsische Belohnungen über den korrespondierenden Bedürfniszustand operationalisieren. Beispielsweise kann man postulieren, daß Personen mit einem starken Bedürfnis nach sozialer Bestätigung (gemessen mit einem entsprechenden Test) ein Lob eines Interaktionspartners eher als Belohnung empfinden werden als Personen mit niedrigem Bedürfnis nach sozialer Bestätigung.

Shaw & Costanzo (1970, S. 101) kommen hinsichtlich der Austauschtheorie von Thibaut & Kelley zu der Feststellung:

»Their hypotheses are stated in a fashion that renders them both provable and refutable to empirical findings, indeed a positive attribute of their theoretical system. Furthermore, because of the flexibility of the outcome matrix as a conceptual tool, the system and its hypotheses can be altered by empirical refutations without a complete renovation of the conceptual framework.«

2.3.2 Empirischer Vergleich verschiedener Attraktionstheorien

Da die verschiedenen Theorien, welche für die interpersonale Attraktivität relevant sind, ihre Begriffe im allgemeinen nur vage definieren und zudem kaum Vorschriften für die Messung ihrer zentralen Variablen entwickelt haben, sind Entscheidungsexperimente, die zu eindeutigen Stellungnahmen zugunsten der einen oder der anderen Theorie führen, kaum möglich. Jedoch gibt es einige Ergebnisse, die einen Vergleich der Theorien nahelegen.

Bereits bei der Diskussion der Theorie von Newcomb wurden einige Fragezeichen hinter dem Prinzip der Ähnlichkeit angebracht. Taylor (1970, S. 176) faßte diese Zweifel in der Hypothese zusammen, daß Einstellungskonsens nur dann über die Attraktivität entscheidet, wenn keine anderen bedeutsamen Belohnungen im Spiel sind. Da der Einstellungskonsens bzw. der Versuch, Einstellungskonsens herzustellen, im Zentrum der balance- und interaktionstheoretischen Formulierungen zur interpersonalen Attraktivität und Interaktionsauslösung stehen, scheint es zunächst einmal naheliegend, den Stellenwert des Einstellungskonsenses mit dem Stellenwert anderer Informationen über die Person, auf welche sich die Attraktivitätsschätzung bzw. die Interaktionsabsicht bezieht, zu vergleichen.

Aronson & Worchel (1966) konnten nachweisen, daß man die Einstellungsähnlichkeit für belanglos hält, wenn man weiß, wie man von der anderen Person eingeschätzt wird. Ausschlaggebend für die Bewertung der Attraktion des anderen ist dann nur dessen Attraktionsurteil über die eigene Person. Byrne & Rhamey (1965) stellten fest, daß die Einschätzung der Vp durch den anderen etwa die dreifache Wirkung auf das Attraktionsurteil der Vp hatte wie die Einstellungsähnlichkeit. Das resultiert auch aus der im Zusammenhang mit dem A–B–X-System Newcombs referierten Untersuchung von Feather: Attraktion beeinflußt das Urteil der Vpn stärker als Attitüdenkonsens. Nach Walster & Walster (1963) wird sogar der Kontakt zum nicht-ähnlichen anderen eher angestrebt als der mit dem ähnlichen anderen, sofern man nur annehmen kann, daß man beiden gleich attraktiv erscheint. Lediglich wenn man weder von der einen noch von der anderen Person als attraktiv eingestuft wird, tendiert man dazu, die ähnliche Person attraktiver zu finden.

Die Untersuchung von Stalling (1970) zeigt darüber hinaus, daß Eigenschaftswörter aus der Selbstbeschreibung der Person keine Konditionierungswirkung besitzen. Byrne et al. (1966) fanden, daß ähnliche Einstellungsbehauptungen beim einfachen Diskriminierungslernen keine verstärkende Wirkung zeigten. Da Stalling für positiv oder negativ bewertete Adjektive einen Konditionierungseffekt nachweisen konnte, liegt es nahe zu vermuten, daß Einstellungskonsens oder andere Ähnlichkeitsrelationen ihre verstärkende Wirkung nicht aus der schieren Ähnlichkeit, sondern aus ihrer positiven Bewertung beziehen. M.a.W. Ähnlichkeit ist dann verstärkend, wenn der Sachverhalt, auf den sich die Ähnlichkeit bezieht, positiv bewertet wird. — Dies wird insbesondere plausibel im Hinblick auf die Ähnlichkeit in Persönlichkeitsbeschreibungen. Warum sollte eine Person A eine andere Person B mögen, nur weil diese sich ebenfalls als körperlich unattraktiv, geizig und reizbar bezeichnet, denn solche Eigenschaften schätzt man im allgemeinen an sich selbst nicht, warum sollten sie dann zur Erhöhung der Attraktivität des anderen beitragen? Empirische Untersuchungen bestätigen diese einfache Überlegung. Körperlich weniger attraktive Personen fühlen sich ebenso zu körperlich attraktiven Personen hingezogen wie körperlich attraktive (Walster et al. 1966, Byrne et al. 1970, Stroebe et al. 1971). Winch (1958) und Kerckhoff & Davis (1962) machen auf den offensichtlichen Umstand aufmerksam, daß man eine Person gerade deswegen attraktiv findet bzw. die Interaktion mit ihr sucht, weil sie Ressourcen und Fertigkeiten besitzt, über die man selbst nicht verfügt.

Daß in Experimenten, in denen nichts als die Einstellungsübereinstimmung variiert, diese Einstellungsübereinstimmung für das Attraktivitätsurteil entscheidend ist, muß schon deswegen plausibel erscheinen, weil die Vpn keinen anderen Anhaltspunkt haben, nachdem sie ihr Urteil hätten fällen können. Vielleicht würde schon der Hinweis genügen, der andere esse, wie die Vp selbst, gerne Sauerkraut bzw. er verabscheue es, um einen Unterschied in der emotionalen Tönung hervorzurufen, der in einer so isolierten Situation bereits eine Differenzierung im Attraktivitätsurteil bewirken kann. Wie Tajfel et al.

(1971) ermittelten, reicht schon die Unterscheidung in zwei Personengruppen — z.B. solche, die den Maler A und solche, die den Maler B bevorzugen — damit Mitglieder der Gruppe A andere anonyme Mitglieder der Gruppe A bei der Aufteilung von Geldbeträgen begünstigen. Die vorliegende empirische Information wurde zu isoliert gewonnen, um den Einstellungskonsens oder auch die Ähnlichkeit in anderen Punkten als eine das Attraktivitätsurteil bestimmende Größe ansehen zu können.

Die Annahme, Ähnlichkeit sei die dominierende Verstärkung, gehört nicht zum Kern der Konzeptionen von Byrne und Lott & Lott. Sie leitet lediglich die Fragestellungen der Untersuchungen Byrnes und seiner Mitarbeiter. Zentral ist vielmehr die Vermutung, daß Reize eine positive oder negative Reaktion im emotionalen Bereich hervorrufen und daß auf dieser Basis Konditionierungen möglich seien. Insofern wird der Grundgedanke Byrnes (anders als bei der Balancetheorie) durch die Zweifel an der Wirksamkeit des Ähnlichkeitsprinzips nicht tangiert.

Balance-, Dissonanz- und Austauschtheorie können auf empirischer Basis kaum verglichen werden. Experimentelle Befunde oder Daten aus Felduntersuchungen und Beobachtungen erlauben eine gegenseitige Abwägung der Theorien nicht. Man kann lediglich beobachten, daß viele Ergebnisse der dissonanztheoretischen Forschung — wenn auch manchmal etwas weit hergeholt — austauschtheoretisch erklärt werden können, während die Dissonanztheorie zu den meisten austauschtheoretischen Untersuchungen keinen Zugang gewährt. Schließlich liegen zur Dissonanztheorie viele widersprechende Ergebnisse vor, wie zu kaum einer anderen Theorie, während die Austauschtheorie, wie dies in den folgenden Kapiteln noch deutlich werden wird, durch einen beachtlichen Fundus unterstützender Ergebnisse belegt werden kann. Auf einige Punkte, die den behaupteten Erklärungswert der Austauschtheorie für die interpersonale Attraktion und die Tendenz zur Interaktion akzentuieren, haben Thibaut & Kelley (1959) und Secord & Backman (1974) hingewiesen: Die von den Balancetheoretikern hervorgehobene Beobachtung, daß die Einheitsbeziehung ›räumliche Nähe‹ Attraktion induziert, läßt sich aus den geringeren Kosten der Interaktion zwischen benachbarten Personen erklären. Aus dem gleichen Grund entwickeln sich häufiger stabile Beziehungen.

Wenn eine Beziehung über eine weitere Entfernung aufrecht erhalten wird, dann hat diese höheren Belohnungswert als Beziehungen zu benachbarten Personen. Denn die Belohnungen müssen die höheren Kosten der Interaktion aufwiegen. Ferner haben Personen, die sich physisch nahe sind, nicht selten einen vergleichbaren Bildungs- und Einkommensstand und ähnliche soziale und ethnische Herkunft. Diese Übereinstimmung erleichtert es, Belohnung auf dem Wege konsensueller Validierung zu erzielen.

Auch der Umstand, daß in Abhängigkeit vom angesprochenen Persönlichkeitsbereich und von der jeweiligen Situation einmal ähnliche Merkmale, das andere Mal ergänzende Merkmale beim Interaktionspartner geschätzt werden, wird durch die Kosten-Nutzen-Betrachtung erhellt.

Man muß sich jedoch vor Augen halten, daß die austauschtheoretische Analyse ein sehr grobes Raster über die subtilen Prozesse der Entwicklung interpersonaler Beziehungen legt. Man kann leicht Beispiele finden, die auch von der Austauschtheorie nicht zureichend erklärt werden. Man denke etwa daran, daß in einer engen persönlichen Beziehung das Lob des Partners nicht sehr viel zählt, während man sich gleichzeitig von Belohnungen Außenstehender stark beeindrucken läßt. Die Zuwendung des Partners weiß man erst richtig zu schätzen, wenn diese ausbleibt. — Die Austauschtheorie ist eher ein Bezugsrahmen als eine Theorie. Sie bedarf noch der spezifizierenden Aussagen, wie man sie sich z.B. von detaillierteren motivationspsychologischen und lerntheoretischen Untersuchungen versprechen kann.

In der Sozialpsychologie wird man weiterhin mit einer Theorienvielfalt rechnen müssen, schon deswegen, weil der Geltungsbereich der verschiedenen Ansätze häufig unterschiedlich weit und nur partiell überlappend ist. Es werden in rascher Folge neue Theorien entwickelt werden, von denen man hoffen möchte, daß sie nicht minder allgemeingültig, aber präziser sind als die vorliegenden. Zur ausführlicheren Information über sozialpsychologische Theorien sei auf Shaw & Costanzo (1970), Deutsch & Krauss (1965), Frey (1978), Irle (1975), Jones & Gerard (1967), Piontkowski (1976), Secord & Backman (1974) und Wrightsman (1973) verwiesen.

Kontrollfragen

1. Welche Arten von Beziehungen zwischen Personen und zwischen Personen und Objekten unterscheidet Heider? Nach welcher einfachen Regel unterscheidet man zwischen balancieren und unbalancierten Strukturen?
2. Was bedeuten die Begriffe Koorientierung, Symmetrie und Positivität in Newcombs System?
3. Berichten Sie die Ergebnisse des Experimentes von Sampson & Insko (1964). Wie beziehen sich die Ergebnisse auf die Balancetheorie? Welche Konsequenzen haben sie für das Positivitätsgesetz?
4. Welche Rolle spielt die Einstellungsähnlichkeit für die interpersonale Attraktion? Welche Einwände kann man gegen die Gültigkeit des Ähnlichkeits-Attraktionsprinzips erheben?
5. Wie ist die kognitive Dissonanz definiert?
6. Welche Beziehungen können zwischen zwei kognitiven Elementen bestehen?
7. Welche Konsequenzen hätte die selektive Zuwendung zu Informationen und Informationsquellen für die Auswahl des Interaktionspartners?
8. Was versteht Homans unter dem Begriff der distributiven Gerechtigkeit?
9. Skizzieren Sie die Bedeutung der Begriffe Vergleichsniveau und Vergleichsniveau für Alternativen (CL und CL_{alt}). Welche Funktion haben die Vergleichsniveaus für die Stabilität der Beziehungen und die Zufriedenheit der Beteiligten?
10. Was besagt die Verstärkertheorie der interpersonalen Attraktion?

Weiterführende Literatur

Festinger (1957): Darstellung der ursprünglichen Version der Dissonanztheorie.

Homans (1972): Übersetzung des Buches ›Social Behavior: its elementary forms‹ von 1961, in dem Homans seine austauschtheoretische Position darlegt und an Beispielen — vorwiegend aus dem Anwendungsfeld des Industriebetriebes — erläutert.

Irle (1975): In Kapitel 6 Darstellung der Balancetheorie, eine kritische Würdigung der Dissonanztheorie Festingers und eine Diskussion der Reformulierung dieser Theorie durch Irle. Außerdem in Kapitel 8 Darstellung der Austauschtheorie von Thibaut & Kelley.

Mikula & Stroebe (1977): Das Buch enthält ein Überblickskapitel zur Forschung auf dem Gebiet der interpersonalen Attraktion (Kap. 1) sowie eine Darstellung der Verstärkertheorien der Attraktion (Kap. 2).

Sampson & Insko (1964): Interessanter experimenteller Beleg für die Wirkung des Balancekonzepts in einem interpersonalen Zusammenhang.

Shaw & Constanzo (1970): Überblick über sozialpsychologische Theorien. Dargestellt werden auch die in diesem Kapitel behandelten Austausch- und Konsistenztheorien (Kap. 4 und 8).

Taylor (1970): Empirische Ergebnisse zur Balancetheorie. Vorschläge zu einer Verallgemeinerung der Theorie.

Deprivation = Mangel, Verlust, Entzug

3 Motivation interaktiven Handelns

Übersicht: Mit dem Bedürfnis nach Balance, Symmetrie, Konsistenz oder dem Bedürfnis nach Mehrung des eigenen Nutzens war bereits im letzten Kapitel auf einer übergeordneten Ebene von Motiven die Rede. Kapitel 3 versucht die Rolle der enger umrissenen Handlungsbereitschaften zu erfassen, die man den sozial relevanten Motiven zurechnet. — Die Auswahl der Motive *Gesellungsbedürfnis*, Bedürfnis des *sozialen Vergleichs*, *Aggressionsmotiv*, *Altruismusmotiv* und *Leistungsmotiv* ist mehr oder minder willkürlich, denn letzlich kann jedes Motiv unter bestimmten Anfangsbedingungen ein soziales Motiv sein. Daß diese Handlungstendenzen hier abschnittweise behandelt werden (Abschnitte 3.2 bis 3.6), verweist bereits darauf, daß eine übergreifende Theorie der Rolle von Motiven in interaktivem Handeln fehlt. Obwohl eine große Zahl sehr einfallsreicher Experimente zu berichten sind, mangelt es an Versuchen, die vielfältigen Beziehungen zwischen unterschiedlichen Verhaltenstendenzen und deren Wechselwirkung mit der Situation zu analysieren. Abschn. 3.1, der sich zunächst noch mit den unterschiedlichen Definitionen des Motivationsbegriffes auseinandersetzt, diskutiert mögliche Ursachen dieses theoretischen Defizits.

3.1 Zum Motivationsbegriff

Der Motivationsbegriff ist in der Allgemeinen Psychologie umstritten. Während einige Autoren Motivation für die zentrale Kategorie der Allgemeinen Psychologie halten, möchten andere diesen verwaschenen Begriff nur als Sammelname für eine schwer einzuordnende Restgruppe von Verhaltensweisen gelten lassen.

Tatsächlich wird der Motivationsbegriff sehr breit verwendet, wie sich etwa aus der von Graumann gewählten Umschreibung des Motivationsphänomens ablesen läßt: »Wie auch immer Motivation definiert werden mag, ihr Studium betrifft die Begründung unseres Verhaltens, meint inmer dasjenige in uns und um uns, was uns dazu bringt, treibt, bewegt, uns so und nicht anders zu verhalten.« (Graumann 1969, S. 1). An dem motivationalen Geschehen ›in uns‹ wird zwischen *einer energetischen und einer steuernden Komponente* unterschieden. Die Deprivation von Bedürfnissen (zeitweiser Entzug von Verstärkern) erzeugt bestimmte innere Zuständlichkeiten. So führt Flüssigkeitsentzug u.a. zu einem trockenen Mund, Nahrungsentzug zu Magenkontraktionen. Die im Gefolge der Deprivation auftretende Reizkonstellation ermöglicht es, das Verhalten auf die jeweils adäquaten Befriedigungsobjekte zu richten. Dies bedingt die steuernde, verhaltensselegierende Funktion der Motivation. Daneben erhöht sich bei jeder Art von Deprivation die Erregtheit bzw. Aktiviertheit des Organismus. Er reagiert häufiger, schneller und intensiver. Die drängende, beunruhigende Wirkung wird auf die Energiekomponente der Motivation zurückgeführt. Organismen zeigen in einem deprivierten Zustand auch dann gesteigerte Aktivität, wenn ersichtlich keine adäquaten Möglichkeiten der Antriebsreduktion verfügbar sind.

Das ›um uns‹ in Graumanns Beschreibung bezieht sich auf *Anreize* aus der Umwelt. Wenn man davon spricht, die interessante Aufgabe motivierte die Studenten zur Mitarbeit, die hohen Prämien motivierten die Arbeiter zur Leistung, oder das schöne Wetter motiviere zu einem Spaziergang, dann zielt dies auf Reizcharakteristiken von Umweltobjekten ab, die eine anziehende, anreizende Wirkung ausüben. Damit wird dem Verstärker die Funktion des motivierenden Agens zugeschrieben.

Im Sinne dieser drei Komponenten wird der Motivationsbegriff von verschiedenen Autoren, mit unterschiedlichen Schwerpunktsetzungen und mit wohlbegründet unterschiedlichen Begriffsapparaten, verwendet. Die kontroversen Auffassungen darüber, was Motivation letzten Endes sei, sollen hier nicht diskutiert werden. Wer daran interessiert ist, findet in Lehr- und Handbüchern zur Allgemeinen Psychologie (und spezieller zu Emotion und Motivation) zahlreiche Darstellungen verschiedener Begriffsauslegungen und Theorien. Für die sozialpsychologische, namentlich die interaktionistische Perspektive sind einige Aspekte motivationspsychologischer Betrachtungsweise hervorzuheben, die es ermöglichen, den Stellenwert der motivationalen Forschung abzuschätzen.

Begründet in gesellschaftlichen Konventionen oder in Forschungstraditionen werden bestimmte Verhaltensweisen zu Klassen zusammengefaßt. Man spricht in diesem Sinne von aggressivem, leistungsorientiertem, egoistischem, altruistischem, wettbewerbsorientiertem, ängstlichem Verhalten usw. Damit werden Verhaltensweisen aus sehr verschiedenen Lebensbereichen und von sehr unterschiedlicher Intensität unter wenige Kategorien subsumiert. Beispielsweise kann sich leistungsorientiertes Verhalten im Trainingseinsatz für die nächste Universitätsmeisterschaft oder auch in einer jahrelangen anstrengenden Arbeit an der eigenen Karriere ausdrücken, aggressives Verhalten reicht vom gehässigen Geschwätz und Verbalinjurien bis zu Totschlag und Mord. Ängstliches Verhalten kann sich vom Zögern bei der Kontaktaufnahme mit einer Autorität bis zu den ängstlichen Reaktionen des physisch Bedrohten erstrecken.

Obwohl man sich über die Sinnfälligkeit solcher Kategoriensysteme stets wird streiten können, und obwohl sich diese Systeme geradezu beliebig auffächern lassen, kann eine dem jeweiligen Erkenntnisstand angemessene Kategorisierung einer einheitlichen und ökonomischen Sprachregelung dienen. Häufig werden jedoch zu einer solchen Klassifikation die ›dazugehörigen‹ Motive gleich mitgeliefert. Der Aggression wird ein Aggressionstrieb, der Leistung eine Leistungsmotivation und dem Sich-verstecken-Wollen ein Versteckinstinkt zugeordnet. Die Neigung, für fast jede Verhaltensweise eine eigene innere Ursache zu postulieren, wird aus Arbeiten Bernards (1924, 1926) deutlich, der bei Durchsicht der Publikationen von ca. 400 Autoren 5684 verschiedene Instinkte und instinktive Verhaltensweisen fand, u. a. den Instinkt, mit den Fingern in Ritzen verborgene Kleintiere zu verscheuchen.

Es wird nicht bezweifelt, daß es enge Beziehungen zwischen bestimmten inneren Zuständen, Auslöserreizen in der Umwelt und bestimmten Verhaltensweisen des Organismus gibt. Hofstätter (1959) und Irle (1975) argumentieren jedoch völlig zu Recht, daß es angesichts unseres gegenwärtigen begrenzten biologisch-physiologischen Wissens spekulativ ist, bestimmte Verhaltensweisen starr bestimmten inneren Energien oder Mechanismen zuzuordnen. Das gleiche Bedürfnis kann sehr unterschiedliche Verhaltensweisen erklären, und ein und die gleiche Verhaltensweise kann unterschiedlichen Bedürfnissen zugeschrieben werden. So ist es einleuchtend, daß sich ein Bedürfnis nach sozialer Anerkennung je nach der Art der Gruppe, auf die es sich richtet, in aggressiven Akten, im Streben nach sportlichen oder geistigen Leistungen oder in freundlich, verständnisvollem Verhalten äußert. Ebenso weiß man, daß Essen nicht immer mit Hunger zu tun hat; man ißt aus Gewohnheit, weil man es als angenehm empfindet, in Gesellschaft zu speisen, weil man zuvor ein frustrierendes Erlebnis hatte, u. a. m.

Es kann dennoch — auch in einem interaktionspsychologischen Kontext — angebracht sein, von Leistungs-, Aggressions- oder Furchtmotiven als Kurzform für die bei einer Person festzustellenden Neigungen zu sprechen, in sehr vielen verschiedenen Situationen mit Verhaltensweisen zu reagieren, die wir gewohnt sind, unter eine Kategorie einzuordnen. Jemanden, der in sehr vielen Situationen bemüht ist, gute Leistungen zu erbringen, wird man dann als leistungsmotiviert oder geltungsmotiviert bezeichnen, auch wenn nicht zu übersehen ist, daß sich auch in Extremfällen der Leistungswille auf bestimmte Gebiete und Situationen beschränken wird. Der ehrgeizige Politiker wird bestrebt sein, sachliche, organisatorische oder propagandistische Leistungen für seine Partei zu erbringen, es wird ihn aber nicht notwendigerweise stören, wenn er die Mathematikaufgaben seines Sohnes nicht lösen kann oder beim Schwimmen hinter ihm zurückbleibt.

Aus sozialpsychologischer Sicht kann man sich nicht damit begnügen, Motive als innere Zustände oder Verhaltensbereitschaften aufzufassen, die eine Person hier und jetzt oder über einen längeren Zeitraum hinweg in mehr oder minder starkem Ausprägungsgrad aufweist. Vielmehr ist zu beachten, daß bestimmte situative Bedingungen einige Motive aktivieren, andere hemmen können. So wird bei den gleichen Personen der Ausscheidungswettbewerb vorwiegend kompetitive, das Mannschaftsspiel jedoch auch kooperative Tendenzen provozieren. Die beiden Faktoren Person und Situation wirken kombiniert, was sich darin äußert, daß in motivambivalenten Situationen diejenige Verhaltensbereitschaft mit größerer Wahrscheinlichkeit auftritt, welche die Person in stärkerem Maße besitzt (vgl. Mischel 1968, 1973).

Die angeführten Beispiele zeigten bereits, daß primäre und sekundäre Motive in vielfältiger Weise ineinander wirken. Daher erscheint auch eine Unterscheidung in soziale und nichtsoziale Motive nicht sinnvoll. Wie Irle (1975, S. 145) feststellt, »... kann jedes Motiv ein soziales Motiv sein, sobald spezifische Anfangsbedingungen hergestellt sind, die soziale Interaktion im Verein mit dieser Person-Eigenschaft hervorbringen.« In einem sozial-psychologischen Lehrbuch wird man solche Motive betrachten, die unter verschiedenen häufig vorkommenden Anfangsbedingungen zu Verhaltensweisen führen, welche auf die soziale Umwelt einwirken. Die motivationale Analyse interaktiver Vorgänge fragt nach der Bedeutung der unter einer motivationalen Kategorie erfaßten Verhaltensweisen 1) für die Kontaktaufnahme zwischen Personen, 2) für den Verlauf und das Ergebnis von Interaktionssequenzen und 3) für den Abbruch von Interaktionsbeziehungen. — Einige in diesem Kapitel nicht angesprochene motivationale Orientierungen wie das Wettbewerbsbedürfnis, das Gerechtigkeitsmotiv und das Machtstreben, werden in den folgenden Kapiteln 4 bis 9 behandelt.

Die im folgenden referierten Ergebnisse erfordern noch einen Kommentar. Secord & Backman (1974, S. 510-513) beklagen die ›gaps in knowledge of social motives‹. Diese Wissenslücke erklärt sich jedoch offenbar nicht aus mangelndem Interesse oder mangelnden Aktivitäten in diesem Bereich. Der Umfang der experimentellen sozialpsychologischen Literatur zu motivationalen Fragen ist beträchtlich. Das Wissen ist deswegen fragmentarisch, weil es sich auf eine beschränkte Zahl von Problemen konzentrierte. Einige Gebiete wurden eifrig ›beforscht‹, andere dagegen vernachlässigt. Man kann aber keineswegs behaupten, Elfenbeintürmler hätten an den gesellschaftlich relevanten Problemen vorbeigeforscht. Angst, Aggressivität, Leistungsverhalten und Hilfsbereitschaft, auf die sich das Gros der Untersuchungen bezieht, sind gesellschaftlich bedeutsam. Häufig werden Forschungsvorhaben mit dem Verweis auf konkrete Fälle gerechtfertigt, wie etwa dem Beispiel der Ermordung der Kitty Genovese. Der Überfall wurde von 38 Zeugen aus ihren Wohnungen beobachtet; niemand griff ein, niemand benachrichtigte die Polizei, obwohl die Hilfeschreie über eine halbe Stunde zu hören waren. Dieser Vorfall wird in Begründungen für Arbeiten zum Hilfeverhalten häufig erwähnt. Die Wissenslücke dokumentiert sich eher im Fehlen theoretischer Konzeptionen, die es ermöglichen würden, Beziehungen zwischen den auf bestimmten Gebieten gewonnenen Erkenntnissen herzustellen. Obwohl es in der Psychologie umfassende Verhaltenstheorien selten gibt, fällt gerade im motivationalen Bereich die Vielzahl von Minitheorien auf, die sich der Erklärung weniger Phänomene widmen. Die Wissenslücken liegen vor allem an den Nahtstellen zwischen den Verhaltenskategorien. Man stellt zwar z.B. fest, unter welchen Randbedingungen ängstliches, aggressives oder leistungsbezogenes Verhalten nicht aufkommt, es fehlt aber eine theoretische Konzeption, die vorhersagen würde, welche Verhaltensweisen statt dessen produziert werden. Dies läßt die Vermutung berechtigt erscheinen, daß gerade der nicht-theoriengeleitete, problemorientierte Ansatz für den Zustand motivationaler Forschung verantwortlich ist.

3.2 Das Gesellungsbedürfnis

Man nimmt gerne mit solchen Menschen Kontakt auf, die für das Erreichen der eigenen Zielsetzungen nützlich sein können. Nach der im letzten Kapitel behandelten Austauschtheorie steigt die Attraktion einer Person oder einer Gruppe in dem Maße, in dem diese für die Zielerreichung instrumentell sind. Auch eine noch nicht an einem bestimmten Ziel orientierte Explorationsneigung könnte der Motor für die Kontaktsuche sein. Schließlich wäre eine allgemeine Gesellungsneigung vorstellbar, für die Kontakt mit anderen Personen oder Gruppen selbst bereits das Ziel ist. Wenn es dies gäbe, dann müßten sozial isolierte Personen eine Tendenz zeigen, diese Isolation unter allen Umständen zu durchbrechen.
Für Schachter (1959) ist die Bezeichnung Gesellungsbedürfnis zunächst nur die Umschreibung für die Beobachtung, daß Menschen dazu tendieren, Kontakt miteinander aufzunehmen. Mit einer Reihe von Untersuchungen konnte er zeigen, daß die Annahme eines allgemeinen, unspezifischen Kontaktbedürfnisses nicht haltbar ist. Zunächst bemerkte er, daß insbesondere in Angst- und Spannungszuständen die Gesellschaft anderer gesucht wird. Wenn die Kontaktaufnahme erfolgt, um Spannung oder Angst zu reduzieren, dann müßten Personen folgerichtig besonders kontaktfreudig sein, wenn sie sich in einer angsterregenden Situation befinden. Diese Annahme konnte Schachter durch ein Experiment bestätigen (Schachter 1959).

Die Vpn sollten an einer Untersuchung teilnehmen, in der es angeblich darum ging, die Reaktionen des Körpers auf elektrische Schläge zu beobachten. Während die elektrischen Schläge einer Gruppe als äußerst schmerzhaft beschrieben wurden, wurde der anderen Gruppe gesagt, die Schläge würden ganz harmlos, also kaum spürbar sein. Damit sollten zwei Gruppen unterschiedlichen emotionalen Zustandes geschaffen werden, eine stark ängstliche und eine wenig ängstliche Gruppe. Da für das Experiment noch einige Vorbereitungen nötig seien, sollte zunächst ein Fragebogen ausgefüllt werden. Um zu prüfen, ob die Manipulation der Ängstlichkeit Erfolg hatte, wurde während dieser Phase der Grad der Ängstlichkeit der Vpn ermittelt. Tatsächlich unterschieden sich die beiden Gruppen deutlich; die experimentelle Variation hatte also gewirkt. Des weiteren beantworteten die Vpn die Frage, ob sie die Wartezeit vor dem eigentlichen Experiment lieber mit anderen Personen gemeinsam oder lieber allein verbringen wollten.

Wie erwartet, gaben die Vpn aus der Versuchsgruppe mit hoher Ängstlichkeit häufiger an, mit anderen Personen gemeinsam warten zu wollen. Das Gesellungsbedürfnis hing offenbar mit dem Grad der Ängstlichkeit zusammen. In Zuständen der ängstlichen Spannung sucht man den Kontakt mit anderen Personen.
Schachter (1959) gab sich jedoch damit nicht zufrieden, er wollte weiter wissen, auf welche Ursachen diese Tendenz zurückgehe. Der Kontaktsuchende könnte verschiedene Gründe haben. Er könnte Trost bei anderen suchen, gemeinsam überlegen wollen, wie man die unangenehme Situation aushält bzw. sich ihr entzieht, er könnte Informationen über die Situation austauschen wollen, er könnte sich durch Kommunikation ablenken, oder er könnte einfach testen wollen, ob seine Reaktion (Angst) der Situation angemessen ist, d.h. ob andere Personen ebenfalls ängstlich sind und wie ängstlich sie sind. Zunächst zeigt sich, daß das unspezifische ›sich-Trost-zusprechen‹ oder ›sich-gegenseitig-ablenken-

wollen‹ als Ursache für das Gesellungsbedürfnis wenig wahrscheinlich ist. Denn Schachter konnte zeigen, daß als Kontaktpersonen insbesondere solche Personen gesucht wurden, die sich in der *gleichen* Situation befanden. Es genügte nicht, daß die potentiellen Kontaktpartner ebenfalls ängstlich waren. Vielmehr mußten sie sich in der gleichen unangenehmen Lage befinden.
Um zu spezifizieren, was sich Vpn vom Zusammensein mit Personen des gleichen ›Schicksals‹ versprechen, wurde ein weiteres Experiment durchgeführt:

Die Vpn durften wiederum wählen, ob sie allein oder gemeinsam warten wollten, jedoch wurde klargestellt, daß während der Wartezeit entweder überhaupt nicht oder nur über Inhalte, die nicht mit dem Experiment selbst zusammenhingen, gesprochen werden dürfe.

Wenn die Vpn die Absicht haben, während des Zusammenseins ›Fluchtpläne‹ zu schmieden oder zu überlegen, wie sie die drohende Gefahr abwenden können bzw. wenn sie Informationen über die Situation sammeln wollen, dann sind beide Bedingungen ungeeignet. Denn dies setzt voraus, daß man über den Gegenstand des Experimentes sprechen kann. Wären dies die Motive der Vpn, dann hätten sie unter den gegebenen Bedingungen keinen Vorteil vom gemeinsamen Warten. Wenn das Bedürfnis nach Ablenkung von der Angst ausschlaggebend wäre, dann müßte die Gesellungstendenz nur in der zweiten Bedingung auftreten, da dies Kommunikation unter den Teilnehmern voraussetzt. Wollen die Vpn aber nur testen, wie angemessen ihre eigenen Angstreaktionen sind *(sozialer Vergleich)*, dann müßten sie in beiden Versuchsbedingungen das Zusammensein mit anderen bevorzugen, da man die Ängstlichkeit der Mitbetroffenen auch aus nicht-verbalen Reaktionen, wie Nervosität, Zittern, Seufzen und anderen Gesten der Ängstlichkeit entnehmen kann.
Die Vpn bevorzugten unter beiden Bedingungen das gemeinsame Warten, was einen gewissen Anhaltspunkt für die Annahme liefert, das Bedürfnis nach Vergleich mit anderen sei das ausschlaggebende Motiv. Für diese Interpretation spricht auch, daß während der Wartezeit eine gewisse Homogenisierung des Furchtniveaus eintritt; bei Vpn, die allein warten, variiert der Grad der Furcht stärker als bei Vpn der gemeinsam wartenden Gruppen. Die individuellen Unterschiede im Grad der Furcht sind bei gemeinsam wartenden Vpn zu Beginn der Wartezeit größer als gegen Ende, während isoliert wartende Personen keinen Unterschied im Grad der Furcht zu Beginn und zum Ende der Wartezeit aufweisen (Wrightsman 1960).
Eine indirekte Stützung der Vergleichshypothese läßt sich aus den Ergebnissen von Schachter (1959), Dember (1964) und McDonald (1970) über die Bedeutung der Stellung einer Person in der Geschwisterreihe ablesen. Erstgeborene und Einzelkinder weisen unter Furchtbedingungen größeres Bedürfnis zum Zusammensein mit anderen auf als Spätgeborene. Erklärt wird dieser Befund mit der These, daß Erstgeborene und Einzelkinder als Kinder und Jugendliche unter furchterregenden Bedingungen die Zuwendung der Eltern häufiger erfahren als Spätgeborene. Die mit der größeren Zahl von Kindern inzwischen überlasteten und weniger besorgten Eltern wenden sich ihren späteren Kindern seltener zu. Diese sind daher weniger auf Sozialkontakt angewiesen, da sie das Alleinsein trainiert haben.
Einen Beleg für seine Hypothese findet Schachter (1959) auch darin, daß er unter psychotherapeutisch behandelten Patienten mehr Erstgeborene und Einzelkinder feststellte, unter Alkoholikern jedoch mehr Spätgeborene. Die erste Gruppe verspricht sich vom sozialen Kontakt (Psychotherapie) eher eine Reduktion ihrer Ängste als die zweite Gruppe. Die Spätgeborenen präferieren aufgrund ihrer Sozialisationserfahrungen die Alkoholdroge als Mittel der Furchtreduktion.

Gewirtz (1961, 1969a, b) möchte solche Befunde jedoch eher durch die sozialisationsabhängige Bereitschaft erklären, Verstärkungen durch andere Personen zu suchen. Erstgeborene und Einzelkinder erfahren in der Kindheit häufiger Verstärkungen durch andere Personen (meist durch die Mutter) als später Geborene. Bezugspersonen gewinnen daher für diese Gruppe in stärkerem Maße die Qualität von generalisierten Verstärkern. Die Abhängigkeit von sozialen Verstärkern bleibt dann auch im späteren Leben erhalten. Im Zusammenhang mit dieser Interpretation sei auf die in Abschnitt 8.3.1 über manipulative Verstärkerkontrolle dargestellten Experimente von Gewirtz & Bär (1958a, b) hingewiesen, wonach eine ›Gesellungsdeprivation‹ zu einer verstärkten Empfänglichkeit für soziale Verstärker führt.
In der Linie der auf soziale Vergleichsprozesse abhebenden Argumentation Schachters liegt eine Untersuchung von Gerard & Rabbie (1961), die zeigt, daß Vergleichsprozesse auch ohne sozialen Kontakt durchgeführt werden können.

Wie in der zuerst berichteten Untersuchung von Schachter wurden den Vpn entweder harmlose oder schmerzhafte elektrische Schläge angekündigt. Die Vpn waren durch Trennwände voneinander isoliert. Sie waren an ein Hautwiderstandsmeßgerät (PGR) angeschlossen. Sowohl die Gruppe der schwach ängstlichen (harmlose Schläge) als auch die Gruppe der stark ängstlichen (schmerzhafte Schläge) wurden weiter in drei Versuchsgruppen unterteilt, von denen die eine keine Informationen über die Hautwiderstände erhielt, eine zweite erhielt Informationen über ihre eigenen Hautwiderstandsreaktionen, und die dritte erhielt Informationen über die eigenen Hautwiderstandsreaktionen und über die angeblichen Werte der gleichzeitig teilnehmenden Vpn. Tatsächlich waren den Vpn nur Scheinelektroden angelegt und der Vl spielte gegebenenfalls fingierte Werte in die Kabinen ein. Dies gewährleistete die Vergleichbarkeit der Informationen unter den Bedingungen.

Es zeigte sich, daß das Affiliationsbedürfnis unter der Bedingung mit Information über die Reaktionen der anderen geringer war als unter den beiden anderen Bedingungen. Die Interpretation hebt darauf ab, daß im ersten Fall bereits von Beginn an Vergleichsprozesse stattfinden können, während dies unter den beiden anderen Bedingungen nicht möglich ist. Diese Möglichkeit reduziert das Bedürfnis nach weiteren Vergleichen. In einem weiteren Versuch konnte Rabbie (1964) zeigen, daß das Affiliationsbedürfnis dann geringer war, wenn Gewißheit über die Schmerzhaftigkeit der Schläge bestand.
Einige Untersuchungen zeigen, daß nicht unbedingt Furcht- und Angstzustände die Anfangsbedingungen für Affiliation sein müssen. Denn schließlich wurde in den bisher referierten Experimenten der Grad der induzierten Ängstlichkeit als einziger affektiver Zustand variiert. Es bestand keine Chance, die Affiliationsneigung auch unter anderen affektiven Zuständlichkeiten zu zeigen. Es ist also nicht auszuschließen, daß auch Neugier, Aggressivität oder Ehrgeiz Gesellungstendenzen zur Folge haben können. Tatsächlich bewirkt auch die Unsicherheit über die relative Güte der eigenen Leistung, wie Singer & Shockley (1965) demonstrieren konnten, eine erhöhte Bereitschaft zur Gesellung. Vpn, denen die relative Stellung ihrer Testleistungen mitgeteilt wurde, zeigten dagegen keine Tendenz, mit anderen zusammenzutreffen. Für sie erübrigte sich der soziale Vergleich, da sie über die relative Position ihrer Leistung bereits informiert waren. Mills & Mintz (1972) konnten darüber hinaus zeigen, daß Gesellungstendenzen allgemein bei Zuständen hoher Aktiviertheit zu beobachten sind.

3.3 Das Bedürfnis nach sozialem Vergleich

Festinger (1954) hatte bereits vor Schachter eine Tendenz zum sozialen Vergleich hinsichtlich der eigenen Meinungen und Urteile über die eigenen Fähigkeiten postuliert. Nach

Festinger finden Vergleichsprozesse jedoch eher im kognitiven als im affektiven Bereich statt.

Er hat seine Vorstellungen zum sozialen Vergleich in der sog. Theorie der sozialen Vergleichsprozesse zusammengefaßt, die unten mit drei ihrer zentralen Annahmen aufgeführt wird.

1) Es existiert ein Motiv, seine eigenen Meinungen und Fähigkeiten zu bewerten.

2) In Ermangelung physikalischer Maßstäbe für die Bewertung von Meinungen und Fähigkeiten wird der Vergleich mit anderen Personen bzw. deren Meinungen und Fähigkeiten angestrebt. Wenn objektive, nicht-soziale Bewertungsmöglichkeiten vorliegen, werden die eigenen Meinungen oder Fähigkeiten nicht über den sozialen Vergleich bewertet. Ist weder ein physikalischer noch ein sozialer Vergleich möglich, dann ist die subjektive Evaluation der eigenen Meinungen und Fähigkeiten instabil.

3) Die Tendenz zum Vergleich mit einer anderen Person wird um so geringer, je größer die Differenz zwischen der eigenen Meinung und Fähigkeit und der Meinung oder Fähigkeit der anderen Person wahrgenommen wird. Mit Personen, deren Meinungen und Fähigkeiten kraß von den eigenen abweichen, vergleicht man sich nicht. Fehlt eine ›ähnliche Vergleichsperson‹, dann ist eine verläßliche Bewertung der eigenen Meinungen und Fähigkeiten nicht möglich.

Konzidiert man, daß Vergleichsprozesse auch hinsichtlich affektiver Vorgänge stattfinden, dann ist das Bedürfnis nach sozialem Vergleich als ein übergeordnetes Streben anzusehen, das unter Bedingungen, in denen die exakte Messung nicht möglich ist, sowohl das Gesellungsbedürfnis als auch andere soziale Sachverhalte zu erklären vermag. Das Gesellungsbedürfnis in den Untersuchungen von Schachter wäre darauf zurückzuführen, daß die Vpn keine physikalischen Anhaltspunkte für die Berechtigung ihrer Angst besitzen (sie haben die Situation noch nicht zuvor erfahren). Sie streben daher einen sozialen Vergleich mit ähnlichen Personen bzw. mit Personen in einer ähnlichen Situation an, und dies versuchen sie, durch Kontakt mit anderen zu erreichen.

Wie dies bereits die im letzten Abschnitt erwähnte Untersuchung von Singer & Shockley (1965) zeigte, muß das Bedürfnis nach sozialem Vergleich nicht notwendigerweise zur Gesellung führen, wenn dieser Vergleich auch ohne Kontakt mit anderen erreichbar ist, etwa über die Einholung von Informationen oder durch Beobachtung des anderen. Auch kann der in der Gesellungsphase stattfindende Vergleichprozeß sehr verschiedene Formen annehmen. Er kann zu einer Konvergenz der Meinungen führen, er kann Wettkämpfe und Aggressionen auslösen, deren Ziel es ist, Sicherheit über die eigenen Fähigkeiten zu erlangen.

3.4 Das Aggressionsmotiv

Wenn man *Aggression* der vorherrschenden Auffassung folgend als Verhalten definiert, das mit der Absicht produziert wird, eine oder mehrere andere Personen zu verletzen, dann ist Aggressivität in dem Sinne ein sozial bedeutsames Motiv, als es zu seiner Realisation anderer Personen bedarf.

Ob eine allgemeine Tendenz zur Aggression und individuelle Unterschiede in der Aggressivität angeboren sind, ist umstritten. Unabhängig davon ist man sich jedoch darüber einig, daß aggressive Verhaltensweisen durch Lernprozesse modifiziert werden können. Die Anlässe, zu denen Aggression produziert wird, und der Stil der Aggression sind, in Abhängigkeit von der Lerngeschichte des Individuums, unterschiedlich.

3.4.1 Das Dampfkesselmodell

Eine tiefenpsychologisch inspirierte Hypothese geht davon aus, daß die Individuen einen Aggressionstrieb besitzen, der sich in aggressiven Verhaltensweisen entladen muß. Der vorhandenen Triebenergie fließt aufgrund unbekannter biologischer Vorgänge ständig neue Energie zu. Diese auch als *Dampfkesselmodell* bezeichnete Vorstellung besagt, daß sich die Aggressivität von Zeit zu Zeit entladen muß, so wie der Dampf bei Überdruck das Ventil des Kessels durchbricht. Da der Kessel nach dem Ausströmen des Dampfes beständig wieder angefüllt wird, nutzt es nicht viel, den Finger auf das Ventil zu halten. Der Ausbruch wird dann etwas später, aber mit um so größerer Wucht erfolgen. Es wäre eher sinnvoll, das Ventil druckempfindlicher zu machen, so daß die Entladung in kleineren Abständen mit geringerer Heftigkeit erfolgt. Wenn Aggressivität nicht durch Strafandrohungen gehemmt, oder wenn sie sogar gefördert würde, dann überwögen diesem Modell zufolge die harmloseren Ausbrüche. Dies wäre insbesondere dann ratsam, wenn die Vermutung von der symbolischen Katharsis zutreffen würde, nach der bereits die Betrachtung aggressiver Handlungen oder aggressive Phantasien zu einer Reduktion des Triebniveaus führen. Beim Umgang mit der Aggressionsneigung käme es demnach auf die Portionierung an und bei Geltung der symbolischen Katharsisannahme auf die Auswahl möglichst ungefährlicher Entladungsmöglichkeiten.
Die empirische Evidenz spricht jedoch nicht für die einfache Dampfkesselvorstellung (Berkowitz 1962, 1964, 1965), wie auch die im folgenden Abschnitt aufgeführten Untersuchungen noch zeigen werden. Experimente zum Erlernen aggressiver Verhaltensweisen deuten eher darauf hin, daß mindestens die erfolgreiche Durchführung aggressiver Akte aggressionsstimulierend wirkt. Auch die bloße Beobachtung aggressiven Verhaltens kann einen Anstieg der Aggressivität des Beobachters hervorrufen. Ergebnisse von Feshbach (1955, 1961) unterstützen zwar die Annahme triebreduzierender Wirkungen symbolischer Akte (Phantasieverhalten), jedoch schließt die aufgezeigte kurzfristige Spannungsreduktion eine später auftretende aggressionssteigernde Wirkung nicht aus. Möglicherweise führt das Denken an bzw. die Beobachtung von aggressiven Vorgängen, wie Berkowitz & Rawlings (1963) vorschlagen, die aversiven Folgen für das Opfer vor Augen. Wenn die volle Wirkung der vorgestellten oder beobachteten Aggression sichtbar wird, treten Schuldgefühle auf, die aggressionshemmend wirken können. Das sollte insbesondere der Fall sein, wenn das Leiden des Opfers als unverdient gelten muß. Nach der Beobachtung einer aggressiven Szene, in der ein Bösewicht das Opfer war, produzierten die Vpn stärkere aggressive Tendenzen gegenüber einem dritten als bei der gleichen Szene mit einem als sympathisch dargestellten Opfer (Berkowitz & Rawlings 1963). Dies kann als Hinweis dafür interpretiert werden, daß die Identifikation mit dem Aggressor im zweiten Fall zu Schuldgefühlen und damit zu einer Reduktion aggressiver Tendenzen geführt hat. Ein Film, der in erster Linie die Schmerzen des Opfers zeigt, sollte nach der Hypothese von Berkowitz & Rawlings eher aggressionshemmend, ein solcher, der die Handlungen des Aggressors wiedergibt, eher aggressionssteigernd wirken. Diese Annahme konnte mehrfach empirisch bestätigt werden (Baron 1971 a, b; Geen 1970, Singer 1971). Bei sehr verärgerten Personen kann allerdings die Beobachtung eines leidenden Opfers eine Aggressionssteigerung hervorrufen (Baron 1974, Hartmann 1969).

3.4.2 Frustrations-Aggressionshypothese und gelernte Aggression

Ältere Untersuchungen zur Aggressivität konzentrierten sich auf die *Frustration* als Anlaß für Aggression. Zunächst schienen die Daten auf eine eindeutige Beziehung zwischen

Frustration und Aggression hinzuweisen (Vgl. Dollard et al. 1939): *Frustration ruft immer Aggression hervor und Aggression setzt immer Frustration voraus.* Frustration wird dabei als psychischer Zustand aufgefaßt, der eintritt, wenn ein Individuum am Erreichen eines als befriedigend empfundenen und möglicherweise antizipierten Zustandes gehindert wird. Die Frustrations-Aggressionshypothese erwies sich jedoch als zu weitreichend. Zunächst wurde deutlich, daß — zumindest beim Menschen — Frustration nicht immer von Aggression gefolgt wird. Wenn die Unterbrechung oder Behinderung einer Handlung vom Individuum nicht als willkürlich empfunden wird, führt sie nicht notwendigerweise zur Aggression, da mit dem Mißerfolg der Handlung gerechnet wurde. Wesentlich scheinen demnach die Erwartungen der Person zu sein; überraschende unerwartete Hindernisse lösen eher Aggression aus als vorweggenommene (Berkowitz 1969). Auch im interaktiven Kontext kann man daher keine starre Sequenz von Frustration — Aggression erwarten. Wird jemand durch eine andere Person an der Ausführung seiner Pläne gehindert, dann ist er u.U. in der Lage, mit einer konstruktiven, möglicherweise nicht einmal aggressiv getönten Reaktion zu antworten, und dies um so eher, je mehr er auf die Behinderung eingestellt ist.

Die umgekehrte Folgerung, nach der aggressivem Verhalten immer Frustration vorausgeht, ist ebenfalls nicht haltbar. Es gibt Anzeichen dafür, daß aggressive Verhaltensweisen auftreten ohne erkennbare Zeichen einer Frustration. So kann Aggression durchaus instrumentell eingesetzt werden. Davitz (1952) modellierte das Verhalten von Kindern durch gezielte Verstärkung entsprechender Verhaltensweisen zu einem kooperativen oder einem aggressiven Stil. Wie Davis & Dollard (1940) und Lesser (1952) zeigten, unterstützt die Ermutigung der Eltern das Auftreten aggressiven Verhaltens gegenüber Altersgenossen. Nach Bandura & Walters (1963) und Bandura (1965) werden aggressive Verhaltensweisen schon durch die Beobachtung von Modellpersonen gelernt, insbesondere, wenn diese für ihr aggressives Verhalten verstärkt werden. Sears et al. (1957) verwiesen auf den Umstand, daß Eltern, die ihr Kind selbst gern bestrafen, ein lebendes Beispiel für den instrumentellen Wert aggressiven Verhaltens geben.

Daß Erwartungen für die Reaktion auf Frustration eine zentrale Rolle spielen, wird, wie Berkowitz (1969) betont, durch die Beobachtung von Revolutionstheoretikern unterstrichen, nach der revolutionäre Entwicklungen durch eine vorangehende oder begleitende Liberalisierung begünstigt werden. Die Liberalisierung fängt die revolutionären Tendenzen nicht auf, sondern löst sie aus oder ermutigt sie doch wenigstens. Eine vergleichende Studie von Feierabend & Feierabend (1966) zeigt ferner, daß politische Instabilität im Gefolge eines ansteigenden Bildungsniveaus und eines höheren Lebensmittelkonsums wächst. Sich verbessernde Lebensverhältnisse erwecken Hoffnungen, da sie als Vorboten einer noch besseren Zukunft verstanden werden. Wenn die Entwicklung dann zu stagnieren scheint, die Erwartungen also frustriert werden, führt dies zu aggressiven Tendenzen. Diese wiederum veranlassen zu beschwichtigenden Zugeständnissen, die jedoch als Erfolg aggressiven Verhaltens gewertet werden, und daher zu weiteren Aktivitäten beflügeln. Man denke hier etwa an die ›Studentenrevolte‹ Ende der sechziger Jahre, die mit der Erwartung eines rasanten, unbegrenzten wirtschaftlichen Wachstums und einer extensiven Ausdehnung des Bildungswesens zusammenfiel.

Berkowitz (1965, 1970) hält Ärger für das auslösende Moment der Aggression. Der Ärger kann auf vielfältige Weise durch aversive Zustände oder feindselige Akte hervorgerufen werden, also durch Frustration im Sinne der Unterbrechung einer begonnenen Handlung ebenso wie durch Beleidigungen, Zufügen von Schmerz u.a. Wesentlich für das Auftreten von Aggression sind geeignete Hinweisreize, welche mit dem gegenwärtigen oder früheren Auslöser des Ärgers assoziiert sind.

Untersuchungen von Deutsch & Krauss (1960) u.a., die in den Kapiteln 5 und 8 dargestellt werden, deuten darauf hin, daß aggressives Verhalten in dyadischen Situationen zu aggressiven Gegenmaßnahmen führt, so daß sich die Interaktion in einer Aggressionsspirale entwickelt. Jedoch bestehen Zweifel, ob die beobachteten schädigenden Verhaltensweisen in der Absicht gezeigt werden, den anderen zu verletzen, oder ob sie anderen Zielen dienen (z.B. Signalfunktion haben, nicht-aggressiven bestrafenden Charakter haben oder ob sie dazu dienen, das Gesicht zu wahren). So zeigt z.B. eine Untersuchung von Brown (1968), daß die als aggressiv gewerteten Reaktionen auf vorangegangene Attacken vor allem dann auftreten, wenn Klassenkameraden diesem Vorgang zuschauen.

3.5 Das Altruismusmotiv

Es kommt nicht selten vor, daß ein Mensch auf der Straße zusammenbricht, während Dutzende von Passanten an ihm vorübergehen, ohne sich um ihn zu kümmern. Sie befürchten vielleicht, sich in eine zeitraubende Angelegenheit zu verwickeln, Kosten könnten entstehen, die dann niemand ersetzt. Es drängt sich die Frage auf, warum man nicht anderen, die am Ort sind, die Hilfe überlassen sollte. Selbst so wenig aufwendige Dienste, wie einen verlorenen Brief in den Postkasten zu werfen, einer schwerbeladenen Person die Tür aufzuhalten oder jemandem einen Groschen für die Parkuhr zu schenken, werden nicht immer spontan erbracht. — In den USA hat die Gleichgültigkeit der Bewohner am Schicksal ihrer Nachbarn, bzw. die häufige Klage über diesen Sachverhalt, viele Sozialpsychologen veranlaßt, sich dieser für das Zusammenleben so wichtigen Frage experimentell zu nähern. Leider ist dies, wie auch Irle (1975) betont, vorwiegend in einer theoriefreien Angehensweise erfolgt, gerade, als ob Theorie und praktische Probleme unvereinbar seien. Es ist daher kein Wunder, daß einige Forschungsergebnisse nur genau das demonstrieren, was in den Presseberichten, die den Anstoß gaben, zu lesen war. Handlungen die mit der Absicht durchgeführt werden, einer anderen Person zu nützen, ohne daß eine externe Belohnung erwartet wird, werden als altruistisch motiviert bezeichnet. Interne Belohnungen, die sich z.B. aus der Beruhigung eines ›schlechten Gewissens‹ ergeben würden, können dabei im Spiel sein. Allerdings ist das Kriterium des Fehlens externer Belohnungen — wie sich zeigen wird — fragwürdig, da man nicht sicher sein kann, ob sich der Helfende nicht doch irgendwelche externen Belohnungen erhofft bzw. Bestrafungen vermeiden will.

Ein Erklärungsmodell altruistischen Verhaltens besagt, daß gelegentlich (nichtbelohntes) Hilfeverhalten deswegen gezeigt wird, weil eine *Norm der sozialen Verantwortlichkeit* existiert, welche fordert, daß man Personen beisteht, die sich in Gefahr befinden oder Hilfe bedürfen. Da die Hilfeleistung Kosten verursacht, muß die mangelnde externe Belohnung durch interne Belohnungen kompensiert werden. Personen helfen in solchen Situationen anderen, weil sie sonst Schuldgefühle und Selbstwertprobleme hätten. Die austauschtheoretische Interpretation des altruistischen Verhaltens erfährt Unterstützung durch die Beobachtung, daß altruistisches Verhalten — sonstige Bedingungen gleich — um so seltener auftritt, je höher die erwarteten Kosten dieses Verhaltens sind (Midlarsky 1968). Auch Verbote und angedrohte aversive Konsequenzen können die Hilfsbereitschaft einschränken (vgl. Staub 1971). Wie Schwartz (1970) darlegt, müssen Personen davon überzeugt sein, daß ihr Eingreifen anderen hilft und daß sie in einer gegebenen Situation Verantwortung besitzen. Fehlt eine dieser Bedingungen, dann werden sie sich nicht normenkonform verhalten, auch wenn sie die Norm der sozialen Verantwortlichkeit grundsätzlich akzeptieren.

Nicht nur die Überzeugung, daß das eigene Eingreifen nützt, sondern auch die *Bedeutsamkeit der Hilfeleistung* für den Hilfesuchenden spielt für die Handlungsbereitschaft eine Rolle. In Untersuchungen von Berkowitz (1957), Berkowitz & Daniels (1963) und Berkowitz & Connor (1966) waren die Vpn um so eher bereit, für einen anderen ohne Entgelt viel zu arbeiten, je mehr dieser darauf angewiesen war. In einigen Experimenten wird demonstriert, daß Hilfeleistungen im Beisein mehrerer anderer Personen seltener auftreten, als wenn die Vp sich allein wähnt (Darley & Latané 1968, Latané & Darley 1968, Latané & Rodin 1969). Man kann annehmen, daß hier beide von Schwartz genannten Bedingungen nicht erfüllt sind: Wenn mehrere Personen anwesend sind, fühlt sich die Vp nicht in dem Maße verantwortlich, wie wenn sie sich allein glaubt (Verteilung der Verantwortlichkeit auf mehrere Personen), und sie sieht keine Gewähr dafür, daß ihr Eingreifen hilft (es könnte ja bereits jemand anderes den Entschluß gefaßt oder damit begonnen haben zu helfen). Tatsächlich machen Personen unmittelbar nachdem sie andere einschreiten sahen, Bewegungen auf das Opfer zu, die den Eindruck erwecken, als seien sie gerade im Begriff gewesen, selbst zu helfen. Entsprechend funktionieren die Abwehrmechanismen. Passive Vpn exkulpieren sich häufig mit der Feststellung, ihr Eingreifen sei nicht (oder nicht mehr) notwendig gewesen oder andere hätten hier bessere Möglichkeiten zur Hilfe gehabt.

Die Hypothese von Schwartz rekurriert auf eine Norm der sozialen Verantwortlichkeit als Grundlage altruistischen Verhaltens. Berkowitz & Macaulay (in Berkowitz 1972) konnten jedoch keinen Unterschied zwischen Personen, deren Aufmerksamkeit zuvor durch ein Interview auf Hilfeverhalten gelenkt wurde, und solchen Personen finden, die an einem Marktforschungsinterview teilnahmen. Vpn beider Gruppen halfen, als sie anschließend von einem Studenten um 40 cent für die Busfahrt angehalten wurden, gleich häufig. Ob dieses Ergebnis eine Belastung für die Vorstellung von der Norm der sozialen Verantwortlichkeit darstellt, mag man aus verschiedenen Gründen bezweifeln, zumal internalisierte Norm nicht unbedingt durch ein Interview ins Gedächtnis gerufen werden muß.

Die Beobachtung altruistischen Verhaltens veranlaßt zur Nachahmung. Kinder teilen die im Spiel gewonnenen Murmeln mit armen Kindern, wenn dies eine Modellperson vormacht (Grusec & Shubishi 1970). Wird das Verhalten der Modellpersonen belohnt (stellvertretende Verstärkung), dann erhöht sich die Hilfsbereitschaft der Testpersonen (Aderman & Berkowitz 1970). Ebenso plausibel erscheint es, daß ›altruistische‹ Verhaltensweisen durch direkte Verstärkung gelernt werden können.

Wenig ist wiederum bekannt über die Konsequenzen von Hilfeverhalten in Interaktionssequenzen. Wie verhält sich eine Person, die eine Hilfeleistung erhalten hat, gegenüber dem Helfenden, und was erwartet der Hilfeleistende. Nach Gouldners *Norm der Reziprozität* im Interaktionsverhalten fordert ein Entgegenkommen, eine Gefälligkeit oder eine Hilfeleistung zu späteren Gegenleistungen auf. Der Empfänger fühlt sich dazu verpflichtet, und der Geber erwartet dies (Gouldner 1960). Nach dieser austauschtheoretischen Betrachtungsweise müßte Hilfeverhalten besonders häufig auftreten, wenn man vermuten kann, daß sich der Hilfebedürftige später erkenntlich zeigt. Andererseits müßten Hilfeleistungen häufiger erbracht werden, wenn der Betreffende zuvor von dieser Person Hilfe erhielt. Diese Vermutung konnte experimentell belegt werden (Goranson & Berkowitz 1966, Berkowitz & Friedman 1967).

Insgesamt ist die empirische Basis für die Reziprozitätsvermutung nicht sehr breit. Zwar gibt es zahlreiche Untersuchungen, die zur Stützung dieser bzw. modifizierter Formen der Reziprozitätsannahme herangezogen werden können, jedoch beziehen sie sich nicht auf Hilfeverhalten. Diese Arbeiten werden im Zusammenhang mit der Equity-Theorie in Kapitel 6 behandelt. Streng genommen wäre ein Hilfeverhalten, das auf der Reziprozi-

tätserwartung aufbaut, nicht mehr als altruistisch motiviert zu bezeichnen, da es in Erwartung einer externen Belohnung produziert wird.
Die Verträglichkeit der Hilfeleistung mit dem Selbstbild des Hilfeempfängers ist bisher nicht untersucht worden. In China soll es die Redewendung geben: ›Er hat keinen Grund mir böse zu sein, denn ich habe ihm nie geholfen‹. Der Hilfe zu bedürfen, kann als peinlich erlebt werden. Voreilige Hilfsangebote können daher den Adressaten verstimmen. Dies mag ein weiterer Grund für die Zurückhaltung des Hilfefähigen sein.

3.6 Leistungsmotivation

In vielen interaktiven Kontexten — nicht nur im beruflichen Bereich — werden vom Interaktionspartner Leistungen erwartet, die Begabung, Fertigkeiten und Anstrengen voraussetzen. Obwohl das Leistungsmotiv in den letzten Jahrzehnten geradezu vehement untersucht worden ist, beziehen sich die Analysen und Experimente auf diesem Gebiet vorwiegend auf die Auswirkungen bestimmter Sozialisationsbedingungen (z. B. Schichtzugehörigkeit und Erziehungsstile) und die Folgen unterschiedlicher Grundhaltungen (z.B. Erfolgsmotivation — Mißerfolgsmotivation) auf das Leistungsverhalten (vgl. Schmalt & Meyer 1976).
Unter interaktionspsychologischen Gesichtspunkten interessieren vor allem drei Fragen:
1. Wie werden Leistungen in Interaktionen bewertet, d.h. welche Rolle spielen für die Bewertung der Leistung der Partner z.B. die Absicht und das Ergebnis (Wollen und Können)?
2. Wie reagieren Interaktionspartner auf erbrachte Leistungen? Werden Leistungen durch Gegenleistungen honoriert, und wie verhält sich der Geber einer Leistung, wenn Gegenleistungen ausbleiben?
3. Führt die Anwesenheit anderer zu einer Erhöhung der Leistungsmaßstäbe? Kann somit Wettbewerbs- oder Konkurrenzverhalten als Konsequenz der Leistungsorientierung der Mitglieder und der Art und Weise, in der Maßstäbe festgelegt werden, verstanden werden?

Heider (1958) vermutet, daß naive Beobachter die Ergebnisse wahrgenommener Handlungen zwei internalen Faktoren zuschreiben (attribuieren), nämlich der Motivation (sichtbares Korrelat ist die Anstrengung) und der Begabung. Letzteres kann auch als Befähigung verstanden werden, welche auf Talent und erlernten Fertigkeiten beruht. Daneben spielen noch zwei externale Faktoren, die Aufgabenschwierigkeit und der Zufall, eine Rolle. Die Begabung und die Aufgabenschwierigkeit werden als stabile, relativ unveränderliche Merkmale angesehen, während Anstrengung und Zufall (Glück und Pech) als instabile Merkmale betrachtet werden.
Weiner (1976) faßt diese Vorstellung in einem Schema der wahrgenommenen Determinanten leistungsbezogenen Verhaltens zusammen, das in Tab. 3.1 wiedergegeben ist.

Tab. 3.1: Wahrgenommene Determinanten leistungsbezogenen Verhaltens

Stabilität über die Zeit	Personenabhängigkeit internal	external
stabil	Begabung	Aufgabenschwierigkeit
instabil	Anstrengung	Zufall

Je nachdem, welche Faktoren als Ursache von Erfolg und Mißerfolg angenommen werden, erfährt die Leistung eine unterschiedliche Beurteilung. In einigen Untersuchungen (Fontaine 1974, McMahan 1973, Meyer 1970, 1973 b, Weiner et al. 1976, Rosenbaum 1972) konnte aufgezeigt werden, daß ein Zusammenhang zwischen der Stabilität der Faktoren und der Erfolgserwartung besteht.
Durch eine einfache Anordnung wurde die Einschätzung der Begabung als stabiles internes Merkmal von Jones et al. (1968) aufgezeigt.

Die zu beurteilenden Personen lösten jeweils 15 von 30 Aufgaben. In einem Fall befand sich die Anzahl der gelösten Aufgaben größtenteils am Anfang der Serie, danach verschlechterte sich die Leistung. Im zweiten Fall wurden die meisten Aufgaben erst gegen Ende gelöst. In der dritten Bedingung war die Lösungshäufigkeit über die Serie hinweg etwa gleich.

Die Person mit abfallender Leistung wurde als intelligenter eingeschätzt als die Person mit ansteigender oder konstanter Leistung. Der hohe Prozentsatz gelöster Aufgaben zu Beginn der Serie wird als Anzeichen für die Begabung interpretiert. Da Begabung als ein relativ stabiles Merkmal anzusehen ist, wird der Leistungsabfall als Folge eines Motivationsrückganges (geringere Anstrengung aufgrund von mangelndem Interesse) gewertet.
Im Hinblick auf die unter 1) angeführte Fragestellung interessiert uns, wie Leistungen in Abhängigkeit von dem wahrgenommenen Anteil des Wollens und Könnens bewertet werden. Weiner & Kukla (1970) demonstrierten, daß (fingierte) gute Leistungen stärker belohnt werden, wenn sie nicht auf Begabung, sondern auf Anstrengung zurückgeführt werden. Ähnlich konnten Leventhal & Michaels (1971) experimentell zeigen, daß Leistungen nicht absolut, sondern in Relation zu den Fähigkeiten bewertet werden. Die individuelle Fähigkeit als solche ist weniger wichtig als deren Nutzung.
Jones & De Charmes haben diesen Aspekt bereits 1957 eindringlich demonstriert:

Sie erklärten einer Gruppe ihrer Vpn, daß ein Versagen bei einer bestimmten Aufgabe nur auf mangelnde Anstrengung zurückgehen könne, während der anderen Gruppe bedeutet wurde, das Lösen der Aufgabe hinge von intellektuellen Fähigkeiten ab. Ferner wurde noch unterschieden zwischen Bedingungen, in denen das Versagen auch nur einer Person für die ganze Gruppe negative Konsequenzen hatte, und solchen, in denen jeder für sich arbeitete.

Wenn die ganze Gruppe davon betroffen war, wurde ein auf mangelnde Anstrengung zurückgeführtes Versagen einer Person als besonders negativ gewertet. Bei mangelnder Befähigung hing die Beurteilung nicht davon ab, ob sich Konsequenzen für die Gruppe ergaben oder nicht.
Zu der unter 2) gestellten Frage nach der Reaktion auf Vorleistungen des Interaktionspartners liegt keine systematische Information vor, die die Determinanten der Erfolgsbewertung berücksichtigt. In den folgenden Kapiteln werden zahlreiche Untersuchungen berichtet, die den Prozeß und das Ergebnis des sozialen Austauschs von Gütern und Leistungen betrachten, ohne daß dabei jedoch auf die wahrgenommenen Produktionsbedingungen abgehoben würde.
Fragmentarisch ist auch die Information zu dem unter Punkt 3) angesprochenen Prozeß der Veränderung der Leistungsmaßstäbe im Verlauf sozialer Interaktionen. Eine frühe Untersuchung von Allport (1920), deren Ergebnisse durch zahlreiche Nachfolgeexperimente bestätigt werden konnten, verweist auf den leistungssteigernden Effekt gemeinsamen Arbeitens: Die Vpn hatten die Aufgabe, Kettenassoziationen zu bilden oder Gegenargumente zu philosophischen Sentenzen zu finden. In der Gegenwart anderer assoziierten die Vpn schneller als unter isolierten Bedingungen. Auch produzierten sie unter der Gruppenbedingung mehr Ideen zu den philosophischen Sentenzen und verwendeten mehr Worte für die Niederschrift, jedoch war die Qualität der Argumente unter der

isolierten Bedingung höher, was Allport zu der Schlußfolgerung veranlaßt, daß sich soziale Einflüsse günstig auf die Quantität, nicht aber auf die Qualität geistiger Produktionen auswirke. Neben der Beschleunigung der motorischen Reaktionen durch die Wahrnehmung des Verhaltens anderer hält er die Rivalität unter den Anwesenden für den wichtigsten, die Produktion erhöhenden Faktor.

Die Ursachen für dieses als *soziale Erleichterung* oder *soziale Leistungsaktivierung* bezeichnete Phänomen sind bisher nicht befriedigend geklärt. Zajonc (1965) führt sie auf die höhere *Aktivierung* der Testpersonen im Beisein anderer zurück. Höhere Aktivierung bedingt rascheres Handeln. Bei einfachen Aufgaben und bei eingeübten Aufgaben, bei denen die richtige Lösung mit hoher Wahrscheinlichkeit produziert wird, wirkt sich höhere Aktivierung positiv aus. Da die Reaktionsbereitschaft durch die Aktivierung erhöht wird, kommt es aber bei schwierigen Aufgaben unter der Gruppenbedingung häufiger zu falschen Antworten als unter isolierten Bedingungen. Bei einer geringeren Reaktionsbereitschaft hat die Vp mehr Zeit zum Lernen bzw. Überlegen. Sie macht daher weniger Fehler. In die gleiche Richtung wirkt sich die Beobachtung von Yerkes & Dodson (1908) aus, nach der bei schwierigen Aufgaben die besten Leistungen bei mittlerer Motivation erbracht werden, während zu hohe oder zu niedrige Motivation die Leistung verringert. Das Motivationsoptimum liegt bei schwierigeren Aufgaben tiefer als bei einfachen (Yerkes-Dodson-Gesetz). Die *Aktivierungshypothese* von Zajonc, die als empirisch gut abgesichert gelten kann, schließt jedoch eine auf soziale Vergleichsprozesse und Anspruchsniveau abhebende Interpretation nicht aus. Denn die Anwesenheit von Personen mit verbundenen Augen oder die Anwesenheit inkompetenter Beobachter wirkt offenbar noch nicht aktivierend (Cottrell et al. 1968, Henchy & Glass 1968, Martens & Landers 1972, Sasfy & Okun 1974). Die Aktivierung beruht möglicherweise auf dem Umstand, daß die Vp sich in einer Situation fühlt, in der ihre Leistungsfähigkeit mit der anderer Personen verglichen wird. Sie möchte bei diesem Vergleich nicht schlecht abschneiden und versucht daher, mindestens mittelmäßige Leistungen zu erbringen. Sicherer fährt sie, wenn sie unter dieser Bedingung besonders angestrengt arbeitet. Möglicherweise antizipiert sie auch, daß andere Personen in derartigen Situationen ähnlich fühlen, und strebt schon deswegen ein höheres Leistungsniveau an. Eine höhere Aktivierung ist im Sinne dieser Zielsetzung (bis zu einem gewissen Grade) funktional.

Die Vpn befinden sich nach dieser Vorstellung in einem typischen Dilemma, das auch in anderen Zusammenhängen untersucht worden ist. Ohne Anspannung zu arbeiten wäre sicherlich angenehmer; die Vpn könnten unter dieser Voraussetzung mit einer gewissen Erfolgswahrscheinlichkeit rechnen. Erhöht die Vp aber ihre Anstrengungen, scheint die Wahrscheinlichkeit für eine bessere relative Position erhöht. Da aber auch die anderen so denken, verschieben sich die Vergleichsmaßstäbe, so daß der Vorteil der Anstrengung wieder reduziert wird. Die Technik des Herunterspielens des eigenen Einsatzes wäre in solchen Situationen erfolgreich. Der andere wird dadurch zu einer laxeren Haltung angeregt und hat das Nachsehen.

Eine Untersuchung aus dem universitären Bereich weist jedoch auf etwas differenziertere Verhältnisse hin. Offenbar hängt der Effekt des Leistungsvergleichs von der Art der Aufgabe bzw. deren Schwierigkeitsgrad und von der Dauer der Leistungsbelastung ab. Williams et al. (1975) untersuchten, welche Auswirkungen sachliche und statistische Bezugsnormen auf das Leistungsverhalten haben.

Einer Gruppe von Studenten wurde erklärt, daß ihre Zensuren nach den aus der Leistungsverteilung ermittelten Rangplätzen festgelegt würden (10% eine Eins (»A«), 25% eine Zwei (»B«) usw., bis zu den letzten 10%, die eine Fünf (»E«) erhalten sollten). Der anderen Gruppe wurde mitgeteilt, daß sich die Note — unabhängig von den Leistungen der anderen — nach ihrer

Kenntnis des Stoffes berechnen sollte. (Mehr als 90% richtig gelöster Aufgaben in dem begleitenden Test eine Eins, zwischen 80% und 90% eine Zwei usw.).

Im Durchschnitt waren die Leistungen beider Gruppen etwa gleich hoch. Die statistische Normsetzung hatte also keinen leistungssteigernden Effekt über alle Vpn hinweg. Jedoch zeigte sich, daß Vpn mit hohen Eingangsleistungen unter der statistischen Normgebung wesentlich besser arbeiteten als unter der sachlichen (Kriteriums-)Norm. Studenten mit niedrigen Eingangsleistungen konnten sich unter der sachlichen Bezugsnorm stärker steigern. Abb. 3.1 gibt diese Ergebnisse graphisch wieder. Die Autoren erklären die Diskrepanz in den Lernsteigerungen von Studenten mit niedrigen und hohen Eingangsleistungen damit, daß die ersteren irgendwann das Rennen aufgegeben hätten, da sie keine Möglichkeit mehr sahen, ihre ebenfalls angestrengt arbeitenden Kommilitonen mit dem besseren Start noch einzuholen, während die zweite Gruppe versuchte, ihren Vorsprung möglichst zu halten oder noch auszubauen.

Abb. 3.1: Beziehung zwischen Eingangs- und Endleistung von Kursteilnehmern, die unter verschiedenen Bezugsnormen beurteilt wurden (nach Williams et al. 1975)

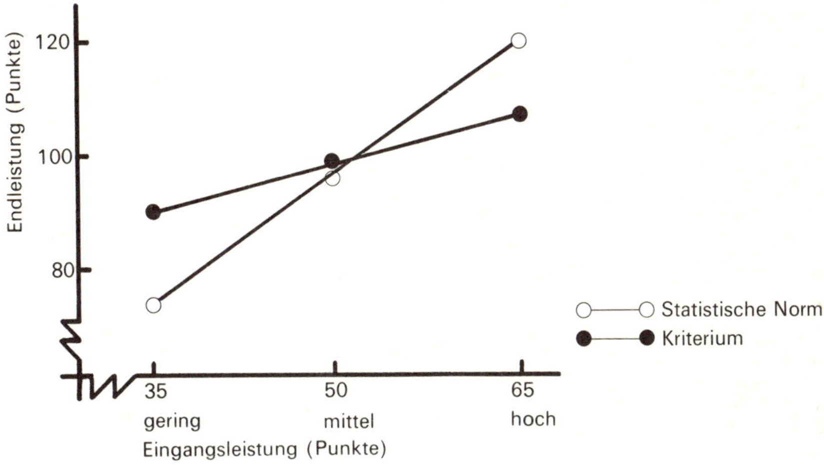

Diese Untersuchung gibt auch gewisse Hinweise über den durch die soziale Leistungsaktivierung ausgelösten Prozeß. Möglicherweise wird bei der statistischen Norm zunächst von allen Gruppen intensiver gelernt, die Rückmeldungen entmutigen jedoch die Schlechteren und beflügeln die Besseren. Da es sich bei diesem Problem — selbst wenn man von seiner pädagogischen Relevanz absieht — nicht um eine nebensächliche Frage handelt, bedarf es weiterer Untersuchung.

Kontrollfragen

1. Können gleichartige Verhaltensweisen unterschiedlich motiviert sein?
2. In welcher Beziehung stehen Gesellungsbereitschaft und Angst? Reduziert der Kontakt mit anderen Personen in jedem Fall die Angst?
3. Die Affiliationsneigung variiert mit der Position in der Geschwisterreihe. Wie läßt sich dies im Sinne Schachters interpretieren?

4. Was besagt die Theorie des sozialen Vergleichs von Festinger?
5. Wie könnte man die Katharsishypothese zur Aggression formulieren?
6. Welche Bedeutung könnte die Wahrnehmung der Leiden des Opfers für die Aggressionsbereitschaft haben?
7. Welche Voraussetzungen fördern nach Schwartz das Auftreten altruistischen Verhaltens?
8. Wie sieht Weiner die Beziehung der Faktoren Anstrengung, Begabung, Aufgabenschwierigkeit und Zufall bei der Bewertung von Leistungen?
9. Was besagt der Begriff der sozialen Erleichterung?
10. Wie wird das Phänomen der sozialen Erleichterung durch die Aktivierungshypothese erklärt?

Weiterführende Literatur

Allport (1920): Eine interessante frühe Untersuchung zum Effekt der sozialen Erleichterung.

Berkowitz (1972): Ein Sammelreferat über theoretische Konzepte und experimentelle Ergebnisse zur Rolle von sozialen Normen und Emotionen beim Hilfeverhalten.

Schachter (1959): Das Buch referiert Schachters Forschungen zur Beziehung zwischen Angst und Gesellungsneigung.

Schmalt & Meyer (1976): Lesebuch zur Leistungsmotivation. Von besonderem Interesse sind im gegebenen Zusammenhang die Kapitel 5 und 10 über die Funktion wahrgenommener Begabung und wahrgenommener Aufgabenschwierigkeit und über situative Determinanten der Beziehung zwischen Leistungsmotiv und Schul- und Studienleistung.

4 Kollektive Leistungen

Übersicht: Bei der Diskussion des Begriffes im ersten Kapitel wurde soziale Interaktion als interdependentes Handeln dargestellt. Entsprechend beschrieb das Schema von Jones & Gerard Interaktion als ein System von Reaktionen auf das Verhalten des anderen, von Plänen sowie von Zielen, auf welche diese Pläne gerichtet sind. Während in den Kapiteln 1 bis 3 der interaktive Prozeß, die Kommunikationsmittel und die Motive untersucht wurden, rücken die Kapitel 4 bis 6 die Ziele und Ergebnisse in den Vordergrund. Im vorliegenden Kapitel wird analysiert, wie mehrere Personen in ad hoc zusammengestellten Kollektiven, in Gruppen oder Gremien Aufgaben bewältigen, Probleme lösen und Entscheidungen fällen.
Nachdem im ersten Abschnitt echte von Pseudogruppenleistungen abgegrenzt werden, nimmt der zweite Abschnitt eine Klassifikation von kollektiven Aufgaben und Leistungen vor. Die dort eingeführte Unterscheidung zwischen konjunktiven Aufgaben, deren Struktur die Zusammenarbeit mehrerer Personen notwendig macht, und disjunktiven Aufgaben, die prinzipiell jeder für sich erledigen könnte, gliedert den folgenden Teil des Kapitels.

Vermutlich werden die wichtigeren Aufgaben in unserer Gesellschaft auf Gruppen übertragen. Sowohl im privaten als auch im beruflichen Bereich werden Leistungen von Gruppen erbracht. Man organisiert Arbeits-, Planungs- und Entscheidungsgruppen. Der überwiegende Teil der Güter und Dienstleistungen resultiert aus kollektiven Anstrengungen. Im Mittelpunkt des Interesses der empirischen Sozialpsychologie am Verlauf und Ergebnis kollektiver Bemühungen stehen zwei Fragenkomplexe: der eine betrifft die optimale Ausnutzung individueller Ressourcen, der andere bezieht sich auf die Zufriedenheit der Individuen und berührt damit auch Fragen der Motivation. Diese beiden Problembereiche werden als *Effektbereich* und als *sozialemotionaler Bereich* bezeichnet.

In der Fachliteratur hat sich die Konvention herausgebildet, von Gruppenleistungen, Gruppenproblemlösen und Gruppenentscheidungen zu sprechen, wenn nichts anderes gemeint ist, als daß mehrere Personen gemeinsam eine Aufgabe bearbeiten. Andererseits ist man durchaus nicht bereit, allen Formen des menschlichen Plurals den Status einer Gruppe im psychologischen Sinne zuzuschreiben (vgl. dazu Abschn. 9.1). Es wäre daher terminologisch richtiger, von dem Kollektiv zu sprechen und damit offen zu lassen, ob es sich um Gruppen handelt oder nicht. Im vorliegenden Kapitel soll dennoch, der üblichen Konvention folgend, auch von *Gruppen*leistungen, -lösungen und -entscheidungen gesprochen werden, da diese Formulierungen geläufiger und weniger umständlich sind.

Kollektive, die für längere Zeit angelegt sind, neigen dazu, die Freiheit individueller Verhaltensäußerungen durch die Festlegung von Normen einzuschränken. Obwohl praktische Erwägungen und die im jeweiligen sozio-kulturellen Milieu vorherrschenden Gepflogenheiten die Variationsbreite individuellen Verhaltens einengen, besteht doch noch ein gewisser Abweichungsspielraum, der im Zusammenleben von Gruppen als störend empfunden werden kann. Gruppen pflegen häufig bis ins Detail festzulegen, wie sich ihre Mitglieder zu kleiden haben, wie man sich grüßt, wie man sich bewegt, welche Interessen und Hobbies akzeptabel sind, mit wem man verkehrt, was man liest usw. Solche *Gruppenleistungen des Bestimmens* (Hofstätter 1957) gehören zu den unauffälligen, aber doch sehr nachhaltigen Gruppenleistungen. Die Bestimmensleistung wird den Mitgliedern häufig nicht bewußt, Abweichungen von der vereinbarten Norm werden jedoch nichtsdestoweniger sanktioniert.
Andere Gruppenleistungen resultieren aus der höheren Informationsdichte in Gruppen. Dazu gehören die von Hofstätter (1957) diskutierten Aufgaben des *Suchens* und *Findens.*

Soll eine Gruppe ein Problem lösen und setzt man voraus, daß jede Person dieses Problem mit einer gewissen, wenn auch geringen Wahrscheinlichkeit löst, dann steigert sich die Leistung des Kollektivs mit jedem weiteren Mitglied sichtlich. Nimmt man z.B. an, daß für alle Beteiligten die gleiche Lösungswahrscheinlichkeit von $p = 0{,}20$ gegeben ist, so haben zwei Personen bereits eine Lösungswahrscheinlichkeit von 0,36; drei Personen lösen die Aufgabe mit der Wahrscheinlichkeit von 0,49 usw. Bei acht Personen beträgt die Lösungswahrscheinlichkeit bereits 0,83. Allgemeiner formuliert, läßt sich der Gruppenvorteil in der Formel $p_n = 1 - \prod_{i=1}^{n} (1 - p_i)$ ausdrücken, wobei n die Anzahl der Mitglieder und p_i die Findewahrscheinlichkeit des Individuums i ist. Der Produktausdruck gibt die Wahrscheinlichkeit wieder, daß keines der n Mitglieder die Lösung findet. Die Differenz $1 - \prod_{i=1}^{n} (1 - p_i)$ ist dann die Restwahrscheinlichkeit dafür, daß 1, 2, ... oder alle n Mitglieder die Lösung finden. Ob die Lösung von einem oder von mehreren Mitgliedern entdeckt wird, spielt keine Rolle, in jedem Fall hat die Gruppe die Lösung. Man kann sich diesen Vorteil leicht illustrieren, wenn man sich vorstellt, daß drei Mathematikstudenten, deren Findewahrscheinlichkeit 0,10, 0,20 und 0,30 beträgt, ein Problem aus einer Hausaufgabe bearbeiten. Ihre kollektive Findewahrscheinlichkeit beträgt dann 0,496. Die Zusammenarbeit lohnt sich also, denn jeder einzelne, auch der ›Beste‹, profitiert davon.

Einen vergleichbaren Vorteil gewinnt das Kollektiv bei *Beurteilungs-* und *Schätzaufgaben*. Soll eine Gruppe einen Sachverhalt einschätzen, so ist sie schon dann gegenüber allen einzelnen Personen im Vorteil, wenn sie die Einschätzungen lediglich mittelt. Denn die Streuung der Mittelwerte ergibt sich als Division der Streuung der Einzelwerte durch die Wurzel von n: ($\sigma_{\bar{x}} = \sigma/\sqrt{n}$). Wenn die Schätzungen um den wahren Wert streuen, dann ist die Gruppenschätzung die genaueste Annäherung.

Analog ist der Effekt beim Mitteln von Schätzreihen oder Rangordnungen. Sofern die Korrelation zwischen den wahren Werten und den Schätzungen der einzelnen positiv ist, sofern also die Einzeleinschätzungen durchschnittlich eine auch nur geringe Validität besitzen, wird die mittlere Schätzreihe höher mit der Reihe der wahren Werte korrelieren. Die Korrelation der synthetisierten Schätzreihe mit den wahren Werten läßt sich aufgrund statistischer Schätzverfahren aus den Korrelationen der Einzelleistungen untereinander bzw. mit den wahren Werten relativ genau vorhersagen (vgl. Hofstätter 1957, Zajonc 1966).

Die Gruppenleistungen dieser Art werden durch zahlreiche Experimente demonstriert. So ließ beispielsweise Gordon (1924) seine Vpn 10 Gewichte in eine Rangordnung bringen. Die Korrelation mit der wahren Rangordnung betrug für einzelne Personen 0,41. Die durchschnittliche Rangreihe von 5 Personen korrelierte mit 0,68, die von zehn mit 0,79. Zu analogen Ergebnissen kamen Poffenberger (1932), der geometrische Figuren, und Herzog (1933), der in einem Radioexperiment das Alter der Sprecher über die Stimmen einschätzen ließ.

Der Gruppenvorteil ist in den beschriebenen Fällen auf statistische Effekte zurückzuführen. Derart synthetisierte Leistung ist jedoch nur dann mit dem statistischen Effekt identisch, wenn alle Mitglieder zunächst unabhängig voneinander arbeiten, wenn die Ergebnisse unbeschränkt kommuniziert werden dürfen und wenn jeder seine Lösung bzw. seine Schätzungen bereitwillig weitergibt. Dies wird in der Realität kaum zutreffen, da Gruppenmitglieder differentiell interagieren.

Als weiteres Beispiel für eine kollektive bzw. Gruppenleistung kann die Wohngemeinschaft dienen, die zusammen weniger Miete zahlt, als ihre Mitglieder einzeln aufbringen müßten. Dieser Vorteil kommt durch das *Zusammenlegen von Ressourcen* zustande. In ähnlicher

Weise können auch im sozial-emotionalen Bereich Vorteile errungen werden. Zur Befriedigung des Geselligkeits- oder Anerkennungsbedürfnisses sind mindestens zwei Personen nötig. Gruppeneffekte im sozial-emotionalen Bereich sind jedoch weniger gut meßbar und deshalb schwieriger zu demonstrieren.
Manche Leistungen können nur erbracht werden, wenn die Beteiligten unterschiedliche Ressourcen und Fertigkeiten in die Gruppe einbringen. Die Mitglieder ergänzen sich dann wechselseitig. Drei Personen, von denen der eine ein Klavier, der andere eine Trompete und der dritte ein Saxophon besitzt und spielt, können eine kleine Jazzgruppe aufmachen. Es ist auch nach dem uralten Prinzip von arbeitsteiliger Spezialisierung sinnvoll, wenn die Gruppenmitglieder die Instrumente nicht abwechselnd spielen, sondern sich jeweils auf ein oder zwei Instrumente konzentrieren. Untersuchungen zur Rollendifferenzierung, die in Abschnitt 9.4 behandelt werden, zeigen, daß Gruppen sowohl im sozial-emotionalen als auch im Leistungsbereich Rollen definieren, die dann von bestimmten Gruppenmitgliedern über längere Zeit ausgeübt werden, um sich so den Vorteil der arbeitsteiligen Spezialisierung zu sichern.

4.1 Echte vs. Pseudogruppenleistungen

Um den kollektiven Anteil an der Leistung zu ermitteln, muß man eine *Ausgangsbasis* besitzen, an der man die Gruppenleistung anlegt. Dieser Maßstab wird häufig salopp umschrieben als das, was die einzelnen allein arbeitend erreichen können: Nach Collins & Raven (1964, S. 58) wird der kollektive Anteil an der Leistung erklärt durch den *Gesellungseffekt:* »An assembly effect occurs when the group is able to achieve collectively something which could not have been achieved by any member working alone or by a combination of individual efforts.« Damit wären jedoch solche Gruppenleistungen keine *echten Gruppenleistungen*, die durch eine sachgerechte, arbeitsteilige Organisation innerhalb der Gruppe aus den individuellen Leistungen der Gruppenmitglieder hervorgehen, denn das Ergebnis soll sich nicht aus der Kombination individueller Anstrengungen ergeben. Tatsächlich werden die oben beschriebenen, auf dem statistischen Fehlerausgleich beruhenden Leistungen nicht als echte Gruppenleistungen angesehen. Dies ist eine vernünftige Definition, wenn die Synthetisierung der Leistung ohne Beteiligung der Gruppenmitglieder durch einen Außenstehenden geschieht. Erfolgt die Aggregation der individuellen Urteile durch die Gruppe selbst, so ist dies als eine organisatorische Anstrengung der Gruppe zu werten. Sie erfordert eine Entscheidung der Gruppe über die Arbeitstechniken, den Modus der Informationsweitergabe und über die Aggregationsregel.
Auch Schneider (1975, S. 209f.) folgt der gängigen Definition von Pseudogruppenleistungen, wenn er festhält: »Pseudogruppeneffekte ... liegen vor, wenn nur die Kombination individueller Leistungen zu einer höheren Gesamtleistung ohne zusätzliche Verbesserung des Endproduktes führt ... Pseudogruppeneffekte liegen auch bei *Schätz- oder Urteilsaufgaben* vor, bei denen einzelne Personen näherungsweise richtige Antworten liefern ...« Bei den Unterscheidungen zwischen echten und *Pseudogruppenleistungen* wird, wie in der obigen Beschreibung Schneiders, meist darauf abgehoben, daß die Gruppenleistung zu einer Verbesserung des Endproduktes führen sollte. Das würde bedeuten, daß eine echte Gruppenleistung besser sein müßte als synthetisierte Urteile. Die synthetisierten Leistungen scheinen jedoch die obere Leistungsgrenze zu markieren. Diese wird in realen Gruppen zwar gelegentlich erreicht, aber wie Kelley & Thibaut (1969) betonen, sind die Leistungen realer Gruppen, die nicht nach diesen statistischen Regeln verfahren, meist schlechter. Taylor (1954) und Lorge & Solomon (1955) vermuten daher, daß die potentielle Leistung der Gruppe so hoch sei, wie die ihres besten Mitgliedes. Wie

Kelley & Thibaut (1969, S. 71) feststellen, ist dies nicht durchgängig der Fall. Wenn dem so ist, dann stellt sich z. B. bei Aufgaben vom Typus des Suchens unabhängiges Arbeiten und sofortige Informationsweitergabe als eine gute Strategie heraus, wobei allerdings vorausgesetzt wird, daß die richtige Lösung zweifelsfrei identifizierbar ist. Es erscheint wenig sinnvoll, echte und Pseudogruppenleistungen danach zu unterscheiden, ob die Leistungen der Individuen in Gesellschaft (also im Beisein oder in Interaktion mit anderen) erbracht werden und ob das Ergebnis besser ist als eine Kombination der individuellen Leistungen. Von einer echten Gruppenleistung kann schon gesprochen werden, wenn die Gruppe von sich aus in irgendeiner Form die Aggregation individueller Beiträge zu einer kollektiven Leistung organisiert, gleichgültig, ob die Leistung als gut oder schlecht zu gelten hat, und gleichgültig, welche Aggregationsstrategie die Gruppe verfolgt. Eine Pseudogruppenleistung wäre eine solche, die aus der Kombination unabhängiger Leistungen einzelner, die nicht notwendigerweise einer Gruppe angehören müssen, nach einer nicht kollektiv bestimmten Aggregationsregel entsteht.

4.2 Arten von kollektiven Leistungen

Neben der bereits erwähnten Unterscheidung Hofstätters (1957, S. 33) in Aufgaben des *Tragens und Hebens*, des *Suchens*, des *Beurteilens* und des *Bestimmens* sind zahlreiche Versuche unternommen worden, Gruppenaufgaben sinnfällig zu klassifizieren. So unterschieden Cohen (1958) nach Aufgaben der Informationsaufnahme, der Informationstransformation und der Ausführung, Kelley & Thibaut (1969) nach externen, von außen an die Gruppe herangetragenen Aufgaben und internen Aufgaben, die sich aus dem Gruppenleben ergeben, sowie zwischen Aufgaben, deren Lösung kooperatives Verhalten, und solchen, die kompetitives Verhalten provozieren. Shaw (1963) nennt sechs faktorenanalytisch gewonnene Aufgabencharakteristiken: Schwierigkeit, Lösungsvielfalt, aufgabengebundenes Interesse, Kooperation, intellektuelle und motorische Anforderungen, Bekanntheit und Bedeutung. Collins & Guetzkow (1964) definieren Aufgaben des Fehlerausgleichs, des Informationsaustauschs und der Zusammenfassung und Organisation von Arbeit.

Solche Klassifikationen erfahren Bedeutung, wenn sie dazu beitragen, die gruppenspezifische Komponente einer Leistung von dem individuellen Anteil oder dem Pseudogruppeneffekt abzuheben. Die Diskussion um eine adäquate Gliederung von Gruppenaufgaben dürfte jedoch noch nicht abgeschlossen sein. Im Begriffssystem der empirischen Forschung, auf das wir uns im folgenden beziehen wollen, sind vier Termini zentral: *Problemlösen*, *Entscheiden*, *Beurteilen* und *Kreativität* (Brainstorming) — eine Unterteilung, die dem Klassifikationssystem von Hofstätter gleicht. Dabei ist der Unterschied zwischen Problemlösen und Entscheiden wiederum nicht übereinstimmend definiert. Für Davis (1973) ist Gruppenproblemlösen der Prozeß der *Informationsverarbeitung* zum Zwecke der Konstruktion von alternativen Lösungen für eine Aufgabe, von denen eine oder mehrere im Sinne der Problemstellung richtig sein können. Eine Gruppenentscheidung wäre dagegen der Vorgang der *Selektion* möglicher Lösungen aus einer Menge wechselseitig sich ausschließender und erschöpfender Alternativen. Mit dieser Definition werden jedoch auch interpersonale Konflikte und Machtkämpfe unter dem Begriff Gruppenentscheidung subsumiert, was durchaus nicht dem üblichen Gebrauch des Terminus entspricht. Auch der Vorgang der Auswahl einer richtigen Lösung aus einer Zahl vorgegebener Lösungen, der im allgemeinen als Problemlöseaufgabe verstanden wird, würde unter den Begriff der Gruppenentscheidung fallen.

Im folgenden soll von *Gruppenproblemlösen* die Rede sein, wenn sich Personen zum Ziel gesetzt haben, eine Aufgabe zu lösen, für die es eine oder mehrere faktisch oder logisch richtige Lösungen und eine oder mehrere falsche Lösungen gibt. Ob die Lösungen von der Gruppe entwickelt werden müssen oder ob sie bereits vorgegeben sind, soll dabei keine Rolle spielen. Dagegen soll eine *Gruppenentscheidungssituation* vorliegen, wenn mehrere Personen das Ziel haben, über einen Sachverhalt, für den keine richtige Lösung existiert, eine Entscheidung herbeizuführen. Sie beziehen sich demnach auf Entscheidungen über Konventionen, Geschmacks- und Wertfragen sowie auf den Ausgleich divergierender Interessen. Auch dieser Begriff der Gruppenentscheidung schließt also Interessenkonflikte mit ein. Sie sollen jedoch hier zunächst ausgeklammert und in den Kapiteln 5-8 behandelt werden. — Gruppenproblemlösen wäre in diesem Sinne mit Hofstätters Leistungen des Suchens, Gruppenentscheidungen mit Leistungen des Bestimmens zu vergleichen.

Leistungen des Beurteilens bzw. Schätzens machen eine weitere Kategorie auf. Gibt es eine Vielzahl von ›Lösungen‹, die mehr oder minder genau sind, lassen sich also die Lösungen nach ihrer Güte rangordnen, dann hat man es mit solchen Problemen des Beurteilens und Schätzens zu tun. Es sind Aufgaben der Art, wie sie bereits im einleitenden Abschnitt dieses Kapitels am Beispiel der Schätzung geometrischer Figuren oder des Alters eines Sprechers vorgestellt wurden.

Außer zum Problemlösen, zur Entscheidung und zur Beurteilung wird die Gruppe als Instanz der Ideenproduktion und der kreativen Bewältigung der Situation angesehen. Aufgaben des Typs ›Was kann man mit einem Besenstiel machen?‹ oder ›Wie kann man aus dem vorhandenen Gerümpel einen Ofen bauen?‹ lassen sich nach den obigen Beschreibungen nicht als Problemlöse- oder Gruppenentscheidungsaufgabe einordnen. Obwohl sie als Aufgaben des Suchens aufgefaßt werden können, gibt es hier zwar falsche, aber keine eindeutig richtigen Antworten. Vielmehr existieren viele nicht-falsche Antworten, die mehr oder minder brauchbar sind, ohne daß man die Brauchbarkeit der Ideen eindeutig messen könnte.

Unter dem Gesichtspunkt sozialer Interaktion erscheint noch eine weitere Unterscheidungsdimension wichtig, die Kelley & Thibaut (1969) anführen. Sie klassifizieren die möglichen Gruppenaufgaben danach, ob sie prinzipiell auch durch einzelne gelöst werden können (*disjunktive Aufgaben*) oder ob sie die Zusammenarbeit mehrerer Gruppenmitglieder erfordern (*konjunktive Aufgaben*). Genauer gesagt, strikt disjunktive Bedingungen liegen dann vor, wenn jedes Mitglied in der Lage ist, das Niveau der Gruppe durch sein Verhalten (z. B. durch Weitergabe seiner Erkenntnisse an die übrigen Gruppenmitglieder) auf den maximalen Stand zu bringen. Strikt konjunktiv wären die Bedingungen dann, wenn *Sachkenntnisse*, *Information* oder *Legitimation* in nicht überlappenden Teilmengen unter den Mitgliedern verteilt sind bzw. wenn eine strikte *Arbeitsteilung* vereinbart ist.

Daneben gibt es sogenannte schwach disjunktive und schwach konjunktive Bedingungen. Schwach disjunktiv sind Aufgabenerfordernisse dann, wenn nur ein (oder wenige) Experte(n) in der Gruppe die Aufgabe bewältigen können, wenn jedoch mit der Weitergabe der Ergebnisse die gesamte Gruppe in dieser Frage auf den Stand des Experten angehoben wird. Schwach konjunktive Erfordernisse liegen vor, wenn nur einige Gruppenmitglieder ihre möglicherweise überlappenden Kenntnisse und Legitimationen zusammenlegen müssen, um das angestrebte Ergebnis zu erzielen. — Steiner (1972) schlägt eine differenziertere Einteilung vor. Für die vorliegende Einführung mag jedoch die Klassifikation nach Kelley & Thibaut genügen.

Problemlöseaufgaben, wie sie im einleitenden Abschnitt geschildert wurden, sind disjunktiver Natur. In dem Beispiel der Mathematikstudenten, die eine Hausaufgabe bearbeiten, kann ein einzelner das Niveau der Gruppe anheben, indem er seine Einsichten weitergibt. Ob die Bedingungen strikt oder schwach disjunktiver Art sind, hängt von der Zusammensetzung der Gruppe ab. Erfordert die Aufgabe mathematische Hilfsmittel, die nur ein Gruppenmitglied bisher beherrscht, dann ist schwache Disjunktivität gegeben. Dies macht deutlich, daß der Grad der Disjunktivität und Konjunktivität keine allgemein gültigen Merkmale der Aufgabe sind, sondern von den übrigen situativen Bedingungen und von der Zusammensetzung der Gruppe abhängen.

4.3 Konjunktive Aufgaben: Effekte der Informationsaggregation in vorgegebenen Kommunikationsstrukturen

Bei konjunktiven Aufgaben geht es darum, die Beiträge der einzelnen Gruppenangehörigen zu einer gemeinsamen Leistung zu organisieren. Daß dies nur vermittels Kommunikation unter den Mitgliedern erfolgen kann, ist trivial. Offen ist die Frage, welche Kommunikationsstruktur die dem Problem angemessenste ist. In realen Gruppen existieren häufig Kontaktgepflogenheiten — ungeschriebene Gesetze oder organisatorische Vorschriften —, die den Kommunikationsfluß lenken. Nicht alle Mitglieder einer Gruppe kommunizieren miteinander über jeden Sachverhalt.
Um die Wirkung von Kommunikationsbedingungen auf die Effektivität und die Zufriedenheit der Gruppenmitglieder zu analysieren, haben Bavelas (1950), Leavitt (1951) u.a. das Paradigma des *Kommunikationsnetzes* eingesetzt:

Abb. 4.1: Beispiele für Kommunikationsnetze

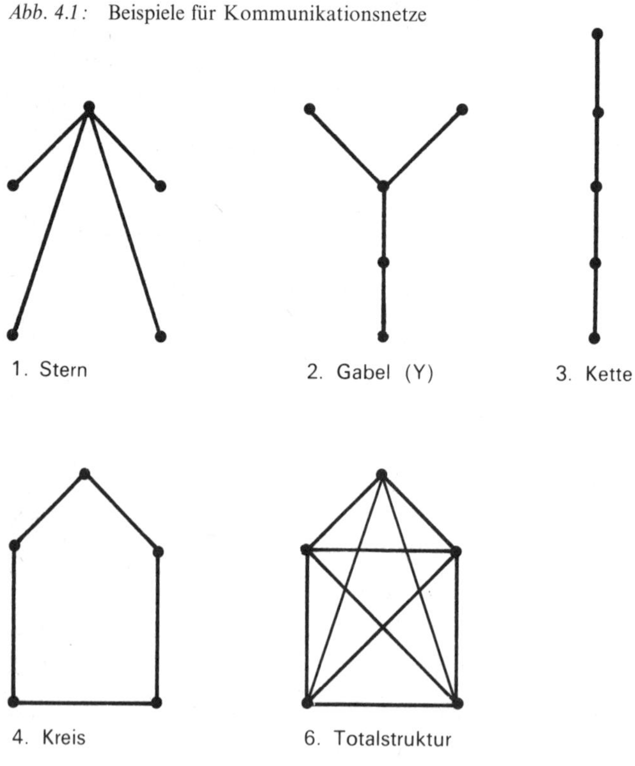

In der experimentellen Realisation des Kommunikationsnetzes sitzen die Vpn in abgetrennten Kabinen. Sie kommunizieren schriftlich durch Schlitze, welche die Kabinen miteinander verbinden. Die Kommunikation kann eingeschränkt werden, indem einige der Kommunikationsschlitze verschlossen werden. In Abb. 4.1 sind derartige Kommunikationsstrukturen wiedergegeben. Diese werden als a) *Stern*, b) *Gabel*, c) *Kette*, d) *Kreis* und e) *Totalstruktur* bezeichnet. Die Aufgabe der Vpn besteht darin, ein Problem zu lösen, für das Informationen von mehreren, meist allen, Gruppenmitgliedern erforderlich sind. Bei Leavitt (1951) erhielten die Vpn Karten mit sechs geometrischen Figuren. Sie sollten dann die Figur herausfinden, die sich auf allen Karten befand. In ähnlicher Weise ließen Heise & Miller (1951) die Vpn aus verstreuten Informationen Sätze und Anagramme zusammenstellen.

Kommunikationsnetze können auch durch ein Vieleck bzw. in Matrixform dargestellt werden. Die Charakteristiken der Matrix können wie bei einem Soziogramm (vgl. Abschn. 9.5) interpretiert werden. Z.B. sind Strukturen mit stark streuenden Randsummen als zentralisiert zu bezeichnen, solche mit homogenen Randsummen als dezentralisiert. Abb. 4.2 zeigt diese Darstellungsform am Beispiel der ›Gabel‹. Zur quantitativen Beschreibung

Abb. 4.2: Darstellung des Kommunikationsnetzes ›Gabel‹ als Vieleck und in Matrixform

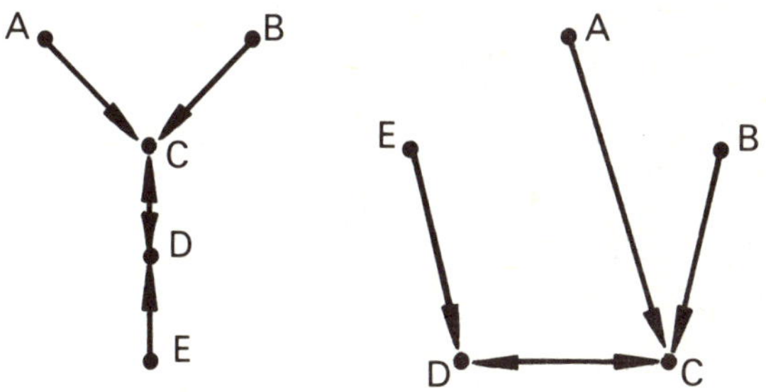

Sender

Empfänger	A	B	C	D	E	
A						0
B						0
C	X	X		X		3
D			X		X	2
E						0
	1	1	1	1	1	

von Kommunikationstrukturen sind zahlreiche Indizes vorgeschlagen worden, überwiegend solche, welche den Grad der Zentralität erfassen sollen. Darauf soll nicht näher eingegangen werden, da für die vorliegende Darstellung die Randsummen als Anhaltspunkt für den Grad der Zentralität genügen.

4.3.1 Empirische Ergebnisse

4.3.1.1 Die Wirkung der Zentralität der Struktur

Bei den von Leavitt (1951) untersuchten Fünf-Personennetzen, Gabel, Kette, Kreis und Stern, benötigten die Vpn in Kreis und Kette die meiste Zeit und die höchste Zahl kommunikativer Akte zur Lösung der Aufgabe. In diesen beiden Strukturen treten auch die meisten Fehler auf. Die Zufriedenheit war in der Kreisbedingung für alle Vpn etwa gleichartig und hoch, während in Kette, Gabel und Stern nur die Inhaber der zentralen Positionen zufrieden waren. In Stern und Gabel herrschte unter den Vpn die größere Einmütigkeit darüber, wer der ›Führer der Gruppe‹ war, als in Kette und Kreis.

Die Effektivität (Geschwindigkeit, Genauigkeit) ist demnach in zentralisierten Strukturen am höchsten. Denn der Stern ist die zentralste Struktur, dann folgen Gabel, Kette und Kreis. Die Zufriedenheit war nur in der Kreisstruktur gleichmäßig hoch. Shaw (1964), der eine größere Zahl von Experimenten sichtete, fand bei der überwiegenden Zahl der Arbeiten, daß die Zufriedenheit in dezentralisierten Strukturen homogener und durchschnittlich höher ist.

4.3.1.2 Die Wirkung der Erfahrung

Zentralisierte Strukturen wären nach den bisherigen Ergebnissen die effektivsten. Das Bild wird differenzierter, wenn man berücksichtigt, ob die Vpn mit der betreffenden Kommunikationsstruktur bereits Erfahrungen gesammelt haben oder nicht. Die Vpn müssen zunächst lernen, mit dem gestellten Problem umzugehen, d.h. ihre Aufgabe zu verstehen und die Arbeitsteilung adäquat vorzunehmen. In zentralisierten Strukturen wie ›Stern‹ und ›Gabel‹ fällt dies offenbar leichter. Guetzkow & Dill (1957) und Guetzkow (1968) konnten zeigen, daß die Interaktionspartner in der Totalstruktur in zwischengeschalteten Pausen stärker mit der Interaktionsplanung beschäftigt waren als in der Sternstruktur. Nach Burgess (1968) erreichen die Vpn in Kreis und Stern nach einer etwa 500 Versuche dauernden Phase, in der die Leistungen schwanken, ein etwa gleiches Leistungsniveau.

Mulder (1960) untersuchte die Erfahrungswirkung mit einer modifizierten Aufgabe. Die Vpn hatten ein Umzugsproblem zu lösen, das verglichen mit dem Zeichenproblem von Leavitt kompliziert war. Bei dieser Aufgabe kehrte sich die bisher beobachtete Wechselwirkung zwischen Zentralität, Effektivität und Praxis um. Die Vpn machten in den zentralisierten Strukturen zunächst mehr Fehler und brauchten mehr Zeit als die Vpn in der Kreisstruktur. Nach einiger Zeit verschwanden diese Unterschiede jedoch und wendeten sich dann sogar wieder zugunsten der zentralisierten Strukturen. Mulder führt sein Ergebnis darauf zurück, daß die zentrale Person in der Sternstruktur angesichts der schwierigen Aufgabe anfänglich überfordert war. Nach einer Einübungsperiode waren diese Schwierigkeiten bewältigt. Während nach Mulder bei zentralisierten Strukturen eine vorübergehende Überforderung der zentralen Person bei schwierigen Problemen am Anfang einer Serie zu Fehlern und Zeiteinbußen führt, liegt die Anfangsschwierigkeit bei dezentralisierten Strukturen offenbar in der Organisation einer optimalen Arbeitsteilung. Prinzipiell kann sich jede dezentralisierte Struktur zentral organisieren, indem sie z.B. bestimmte Kommunikationsmöglichkeiten unterbindet und/oder indem sie Entscheidungskompetenzen definiert. Lawson (1965) konnte zeigen, daß die Vpn in der Totalstruktur nach einem vorangegangenen Training mit dieser Struktur bessere Leistungen erbrachten.

Setzt man voraus, daß die Interaktionsteilnehmer einer dezentralisierten Struktur willens und fähig sind, eine effektive (zentralisierte) Entscheidungsstruktur zu entwickeln, dann müßte man auch mit offenen, weniger hierarchisch gegliederten Kommunikationsstrukturen zu effektiven Ergebnissen gelangen. Gewisse Zweifel an der Bereitschaft zur Entwicklung einer effektiven Kommunikations- und Entscheidungsstruktur lassen sich jedoch aus der Unzufriedenheit der peripheren Mitglieder in zentralisierten Strukturen ableiten. Es ist nicht unbedingt zu erwarten, daß Personen bemüht sind, sich von einem Zustand, mit dem sie zufrieden sind, in einen Zustand, mit dem sie unzufrieden sein werden, zu befördern. Andererseits ist offen, ob Unzufriedenheit auch resultieren würde, wenn eine zentralisierte Kommunikations- und Entscheidungsstruktur von den Mitgliedern selbst aus einer zentralisierten Struktur heraus entwickelt wurde. Nach Moore et al. (1972) sind Gruppen sowohl weniger effektiv als auch weniger zufrieden, wenn der Status der Mitglieder und ihre jeweilige Position in der Kommunikationsstruktur inkongruent sind. Es ist aber denkbar, daß echte Gruppen bei der Zentralisierung ihrer Struktur die Funktionen so verteilen, daß sie mit dem Status, den die Personen bei anderen Gelegenheiten innehaben, übereinstimmen.

4.4 Disjunktive Aufgaben

Einige Beispiele für disjunktive Aufgaben wurden bereits aufgeführt. Studenten, die gemeinsam eine statistische Hausaufgabe lösen oder ein Referat schreiben, Mitglieder eines Arbeitsteams, die mit gleicher Legitimation und gleichem Informationshintergrund ein Problem diskutieren, Vorstandsvorsitzende, die Investitionsentscheidungen zu treffen haben, und alle Gruppen, die gemeinsam eine Sache angehen, die im Prinzip auch jeder einzelne (wenn auch möglicherweise mit unterschiedlicher Kompetenz) allein erledigen könnte, arbeiten an einer disjunktiven Aufgabe. Auch viele divergierendes Denken erfordernde, kreative Aufgaben sind disjunktiver Natur.

Während bei konjunktiven Aufgaben schon definitionsgemäß die Zusammenarbeit mehrerer erforderlich ist, stellt sich bei disjunktiven Aufgaben die Frage, ob die Gruppe die geeignete Organisationsform zur Lösung der Aufgabe ist. Vorliegende Modelle und experimentelle Ergebnisse legen den Akzent auf den Vergleich der Effektivität von Gruppen und Individuen, d.h. sie untersuchen, ob die Gruppe disjunktive Aufgaben mit größerer Wahrscheinlichkeit, ob sie sie schneller und ob sie sie genauer löst. Die Frage nach der Zufriedenheit der Gruppenmitglieder ist weniger systematisch untersucht worden.

*4.4.1 Davis' Modell für disjunktive Aufgaben

*4.4.1.1 Die Rolle der Aggregationsregeln

Im Anschluß an eine bahnbrechende Arbeit von Lorge & Solomon (1955) sind zahlreiche Modelle zum Problemlösen in Gruppen entwickelt worden. In diesem Zusammenhang soll auf die Darstellung der Entwicklung dieser Richtung verzichtet und statt dessen ein allgemeines Modell vorgestellt werden, aus dem sich einige der älteren Modelle als Spezialfall ableiten lassen. Es handelt sich dabei um ein Gruppenproblemlösemodell von Davis (1973).

Die Darstellung des Modells macht eine weitere Unterscheidung innerhalb der disjunktiven Problemlöseaufgaben notwendig, nämlich die Unterscheidung zwischen *Aufgaben vom ›Heureka‹-Typ* und Aufgaben, deren Lösungen *nicht selbstevident* sind. Bei vielen Problemen kann man ohne große Mühe erkennen, ob eine Lösung richtig oder falsch ist. Dieser Typ soll zur Gruppe der Probleme mit selbstevidenten Lösungen gerechnet werden. Es gibt jedoch auch viele Probleme, deren Lösung nicht als richtig zu erkennen ist. Eine Jury, die über Schuld oder Unschuld zu befinden hat, muß häufig feststellen, ob der Angeklagte der Täter war oder nicht. Die ›Wahrheit‹ ist hier nicht selbstevident, so daß sich die richtige Lösung nicht unbedingt durchsetzt. — Davis (1973) führt den Begriff des *sozialen Entscheidungsschemas* ein. Er verweist damit darauf, daß neben der Kompetenz der Gruppenmitglieder, der Schwierigkeit der Aufgaben und der Organisation der Gruppe auch die Regel, nach der die Zusammenfassung der Meinungen erfolgt, die Qualität der Gruppenlösung beeinflußt. (Um eine ausschließliche Assoziation mit der Gruppenentscheidungsproblematik, im definierten Sinne, zu vermeiden, soll im folgenden statt vom Entscheidungsschema von der *Aggregationsregel* die Rede sein.) Bei selbstevidenten Aufgaben ist die Wahrheitsfindung einfach. Eine (oder die) richtige Lösung wird sofort von allen akzeptiert. Bei nicht selbstevidenten Problemen braucht man Aggregationsregeln, wie z. B. die Regeln ›der Vorsitzende entscheidet nach Anhörung der Gruppe‹ oder ›die einfache (absolute, Zweidrittel-)Mehrheit entscheidet‹.

Solche Aggregationsregeln können auch mehrstufig definiert sein, wie z.B. die Regel ›es entscheidet die einfache Mehrheit, bei Stimmengleichheit gibt das Votum des Vorsitzenden den Ausschlag‹. Unter den Problemlöseaufgaben gibt es demnach selbstevidente und nicht-selbstevidente, während reine Beurteilungs- und Entscheidungsaufgaben nicht selbstevident sind.

Obwohl viele Gruppen Entscheidungsschemata entwickelt haben, die — wenn sie auch nicht immer schriftlich fixiert sind — doch zur Gewohnheit geworden sind, und obwohl bei Fehlen einer solchen Konvention die Mehrheitsentscheidungsregel sehr häufig herangezogen wird, darf nicht übersehen werden, daß in anderen Gruppen keine expliziten Aggregationsregeln eingesetzt werden. Man kann aber beobachten, daß Gruppen die ohne formale Prozedur zu Ergebnissen gelangen, implizite Aggregationsregeln anwenden. Während der Diskussion des Problems verdeutlichen Meinungen, Vorschläge und Proteste die Auffassung der einzelnen Beteiligten und deren relative Position in der Gruppe. Gruppen, die zu einer Entscheidung gelangen, müssen irgendeine implizite Entscheidungsregel besitzen, es sei denn, alle Beteiligten wären von vornherein einer Meinung gewesen. Auch die Gruppe, die so lange diskutiert, bis sich eine Überzeugung durchgesetzt hat, verfolgt letzten Endes die Aggregationsregel der Einstimmigkeit. Aggregationsregeln werden häufig mit Bedacht nicht offengelegt. Wenn eine unausgesprochene Übereinstimmung über die Entscheidungsregel besteht, dann wird es der unterlegenen Partei erspart, sich zu ihrer abgelehnten Auffassung bekennen zu müssen. Implizite Aggregationsregeln sind für das Ergebnis der Gruppensitzung nicht weniger entscheidend, vielleicht sogar entscheidender als explizite (Johnson & Davis 1972).

Welche Bedeutung die Aggregationsregel besitzt, wird bei der folgenden Skizze des Modells deutlich werden.

*4.4.1.2 Das formale Modell

Das Modell von Davis (1973) geht davon aus, daß es für ein Problem n verschiedene, sich wechselseitig ausschließende und erschöpfende *Wahlmöglichkeiten* $A_1, A_2, A_3, \ldots, A_n$

gibt. (Obwohl dieses Modell auch auf den kontinuierlichen Fall unendlich vieler Alternativen erweitert werden kann, soll hier der einfachere diskontinuierliche Fall dargestellt werden, denn die Erweiterung auf eine unendliche Menge von Wahlmöglichkeiten ist intuitiv plausibel). Für eine Gruppe von r zufällig gezogenen Individuen soll die Verteilung der Präferenzen über die n Alternativen A_1 bis A_n durch die *Besetzungszahlen* r_1, r_2, ..., r_j, ... r_n ausgedrückt werden, wobei $\sum r_j = r$. Letzteres besagt, daß jedes der r Gruppenmitglieder sich für eine der Alternativen A_1 bis A_n entscheidet. Die Besetzungszahlen geben also für jede Alternative an, wie viele Gruppenmitglieder sich dafür entschieden haben. Da es n Alternativen gibt, entspricht die Zahl der unterscheidbaren Kombinationen von Besetzungszahlen:

$$m = \binom{n+r-1}{r}. \tag{1}$$

Die Wahrscheinlichkeit, daß aus den Präferenzen der Gruppenmitglieder die i-te Verteilung (i = 1, 2, ... , m) der Besetzungszahlen resultiert, wird durch den allgemeinen Terminus der Multinomialverteilung beschrieben:

$$\pi_i = \frac{r!}{r_1!\,r_2!\ldots r_n!}\, p_1^{r_1} p_2^{r_2} \ldots p_n^{r_n}. \tag{2}$$

Darin bedeutet p_j die Wahrscheinlichkeit, mit der die Personen die Alternative A_j präferieren. Davis geht in der einfachen Version davon aus, daß die Gruppe homogen ist, d.i. daß alle Personen die gleichen Präferenzwahrscheinlichkeiten haben. Das Modell kann aber auch auf den Fall unterschiedlicher Präferenzwahrscheinlichkeiten ausgedehnt werden (vgl. Davis 1973, S. 111-113).

Tab. 4.1: Präferenzen der Personen I bis III für die richtige (r) und die falsche (f) Alternative und resultierende Verteilungen der Besetzungszahlen

Präferenzen Gruppenmitglieder I	II	III	Besetzungszahlen richtig	falsch
r	r	r	3	0
r	r	f		
r	f	r	2	1
f	r	r		
r	f	f		
f	r	f	1	2
f	f	r		
f	f	f	0	3

Tabelle 4.1 illustriert das bisher Gesagte für den einfachen Fall einer Problemlöseaufgabe mit zwei Alternativen (r = richtig, f = falsch) und für drei Gruppenmitglieder. Es gibt vier mögliche Verteilungen von Besetzungszahlen, die jedoch unterschiedlich wahrscheinlich sind. Die Anzahl der logisch möglichen Verteilungen von Besetzungszahlen wächst sehr schnell mit der Größe von n und r.

Kennt man nun die Verteilung der Besetzungszahlen und die Aggregationsregel, dann kann man die Wahrscheinlichkeit angeben, mit der die Gruppe die jeweiligen Alternativen wählen wird. Diese Wahrscheinlichkeiten sollen mit d_{ij} bezeichnet werden: Gegeben

Tab. 4.2: Berechnung der Wahrscheinlichkeit, mit der die Gruppe die richtige Alternative A_1 wählt, für n=3, r=3 und für die Wahrscheinlichkeiten $p_1=0{,}50$, $p_2=0{,}20$ und $p_3=0{,}30$

Mögliche Verteilungen der Besetzungszahlen			Wahrscheinlichkeit π_i für das Auftreten dieser Verteilung	Wahrscheinlichkeit d_{ij} für die Wahl einer Alternative j in der Gruppe i bei Regel: »Wahrheit siegt« (für selbstevidente Lösungen)			»Mehrheitsregel« (für nicht selbstevidente Lösungen)			$\pi_i d_{i1}$ für »Wahrheit siegt«	$\pi_i d_{i1}$ für »Mehrheitsregel«
A_1	A_2	A_3	$\pi_i=\frac{3!}{r_1!\,r_2!\,r_3!}p_1^{r_1}p_2^{r_2}p_3^{r_3}$	A_1	A_2	A_3	A_1	A_2	A_3		
3	0	0	0,125	1,00	0,00	0,00	1,00	0,00	0,00	0,125	0,125
0	3	0	0,008	0,00	1,00	0,00	0,00	1,00	0,00	0,000	0,000
0	0	3	0,027	0,00	0,00	1,00	0,00	0,00	1,00	0,000	0,000
2	1	0	0,150	1,00	0,00	0,00	1,00	0,00	0,00	0,150	0,150
2	0	1	0,225	1,00	0,00	0,00	1,00	0,00	0,00	0,225	0,225
0	2	1	0,036	0,00	1,00	0,00	0,00	1,00	0,00	0,000	0,000
0	1	2	0,054	0,00	0,00	1,00	0,00	0,00	1,00	0,000	0,000
1	0	2	0,135	1,00	0,00	0,00	0,00	0,00	1,00	0,135	0,000
1	2	0	0,060	1,00	0,00	0,00	0,00	1,00	0,00	0,060	0,000
1	1	1	0,180	1,00	0,00	0,00	0,00	0,00	0,00	0,180	0,000
										$\sum_{i=1}^{m}\pi_i d_{ij}$: 0,875	0,500

die i-te Verteilung der Besetzungszahlen, dann wird sich die Gruppe mit der Wahrscheinlichkeit d_{ij} für die j-te Alternative entscheiden.
Um zu verdeutlichen, was damit gemeint ist, betrachte man Tabelle 4.2. Hier sind für den Fall von n = 3 Alternativen und r = 3 Gruppenmitgliedern zwei mögliche Aggregationsregeln aufgeführt. Als erstes die bereits erläuterte Regel ›*Die Wahrheit siegt*‹, die bei selbstevidenten Problemen angewendet werden kann. Die richtige Lösung sei im vorliegenden Fall A_1. Findet ein Teilnehmer die richtige Lösung, dann wird sie von allen anderen anerkannt. Was geschieht, wenn niemand die richtige Lösung hat, mag offen bleiben. Eine Möglichkeit, die Lücke zu schließen, bestünde in der Definition einer sekundären Regel: Z.B. ›Wird die richtige Lösung nicht gefunden, dann resultiert die Lösung, welche die Mehrheit präferiert‹ (wie in Tab. 4.2). Als zweites wird die *Mehrheitsentscheidung* beschrieben mit der sekundären Regel: ›Keine Entscheidung, wenn keine Mehrheit für eine Alternative zustandekommt‹ (s. Tab. 4.2, Zeile 10). — Für andere Regeln könnte man analoge Aufstellungen anfertigen. So wählt z.B. eine *Gleichwahrscheinlichkeitsregel* für nicht selbstevidente Probleme jede Alternative, die von mindestens einem Mitglied erwogen wird, mit gleicher Wahrscheinlichkeit. Wie viele Mitglieder sich für diese Lösung aussprechen ist dann gleichgültig; es genügt, wenn einer sie vertritt. Die *Proportionalitätsregel* bestimmt die Lösung proportional zu den Besetzungszahlen, d.h. die Alternative mit der höchsten Besetzungszahl wird mit der größten, der relativen Häufigkeit entsprechenden Wahrscheinlichkeit gewählt.
Die Wahrscheinlichkeitsverteilung der Gruppenwahlen $P=(P_1, P_2, \ldots, P_n)$ ergibt sich aus der Multiplikation des Wahrscheinlichkeitsvektors π mit der m x n Matrix D:

$$P=(P_1,P_2,\ldots,P_n)=\pi D=(\pi_1,\pi_2,\ldots,\pi_m) \times \begin{bmatrix} d_{11}\,d_{12}\ldots d_{1n} \\ d_{21}\,d_{22}\ldots d_{2n} \\ \\ \\ d_{m1}\,d_{m2}\ldots d_{mn} \end{bmatrix} \tag{3}$$

$$\text{wobei} \sum_{j=1}^{n} d_{ij}=1{,}00$$

Die Wahrscheinlichkeit P_j, daß sich eine Gruppe für die Alternative j entscheidet, ist also gleich der Summe der Produkte der Wahrscheinlichkeit π_i (mit der eine bestimmte Verteilung der Präferenzen auftritt) und der Wahrscheinlichkeit d_{ij} (mit der bei einer gegebenen Aggregationsregel und einer gegebenen Verteilung der Besetzungszahlen i die Alternative j gewählt wird). M.a.W. es ist:

$$P_j=\sum_{i=1}^{m} \pi_i d_{ij} \tag{4}$$

*4.4.1.3 Konsequenzen der Modellaussagen für das Problemlösen

Zur Veranschaulichung des Modells soll der Fall dreier Alternativen, von der eine (A_1) als richtig gelten soll, betrachtet werden. Die Frage lautet, wie wahrscheinlich entscheidet sich eine Gruppe von drei Personen, die der Regel der Mehrheitsentscheidung folgt, für die richtige Lösung, wenn jedes Individuum die richtige Lösung A_1 mit der

Wahrscheinlichkeit $p_1 = 0{,}50$ und die falschen Lösungen A_2 und A_3 mit den Wahrscheinlichkeiten $p_2 = 0{,}20$ und $p_3 = 0{,}30$ wählen würde. Die Berechnung dazu ist in Tabelle 4.2 aufgelistet.

Tabelle 4.2 zeigt, daß die Gruppe bei selbstevidenten Problemen einen erheblichen Leistungsvorteil haben kann, wenn sie nach dem Prinzip ›Die Wahrheit siegt‹ (sekundäre Regel ›Mehrheit‹) handelt. Sie findet die Lösung mit einer Wahrscheinlichkeit von 0.875. Für den Fall der selbstevidenten Lösungen entspricht das Modell von Davis dem Fall A des Modells von Lorge & Solomon (1955), das bereits im einleitenden Abschnitt dieses Kapitels skizziert wurde. Es läßt sich zeigen, daß der Leistungsvorteil der Gruppe bei selbstevidenten Problemen mit der Schwierigkeit der Aufgabe und der Größe der Gruppe wächst.

Dagegen wählt eine Gruppe von drei Personen, wie die Berechnung für die Mehrheitsentscheidung in Tab. 4.2 zeigt, unter drei Alternativen die richtige mit der Wahrscheinlichkeit von 0,50. Ein nicht sehr beeindruckendes Ergebnis, wenn man bedenkt, daß jede einzelne Person die richtige Lösung ebenfalls mit der Wahrscheinlichkeit 0,50 findet.

Es ist ersichtlich, daß man dieses Modell auch auf Fälle anwenden kann, in denen es mehrere richtige Lösungen gibt. Bei den folgenden Überlegungen soll der Einfachheit halber vorwiegend ein Spezialfall betrachtet werden, nämlich der Fall einer richtigen und einer falschen Alternative.

Der Leser mag sich selbst die Konsequenzen für andere Situationen vor Augen führen. Dieser Spezialfall einer richtigen und einer falschen Lösung kommt in der sozialen Realität sehr häufig vor. Viele Probleme werden durch Vordiskussionen oder andere Filterprozesse bzw. durch Verordnungen und gesetzliche Bestimmungen dichotomisiert. So entscheiden Juries und andere Gremien darüber, ob jemand schuldig ist, ob er förderungswürdig ist, ob er entlassen werden soll, ob die Firma in ein Projekt investieren soll oder nicht usw. Geht man zunächst davon aus, daß jedes Individuum, wie im vorangegangenen Fall die richtige, bzw. bessere Alternative (und infolgedessen auch die falsche, bzw. die schlechtere) mit der Wahrscheinlichkeit 0,50 wählt. Man kann sich leicht überzeugen, daß die Mehrheitsentscheidung bei einer Gruppe von drei Personen (wie im vorangegangenen Beispiel) zu einer Gruppenwahrscheinlichkeit von 0,50 führt. Die Gruppe ist dann nicht besser als jedes Individuum, sie entscheidet also nicht besser als im Durchschnitt jeder einzelne.

Nun könnte man vermuten, daß dies bei einfachen Problemen so sei. Einfache Probleme könnten die Individuen (mit einer Wahrscheinlichkeit von 0,50 oder größer) selber lösen, während man für die schwierigen Aufgaben die Gruppenlösung benötige. Außerdem könne man die Gruppenleistung vielleicht verbessern, indem man die Anzahl der Gruppenmitglieder vergrößert. Dies ist eine gängige Auffassung und auch gängige Praxis. Auch könnte man nach einer Aggregationsregel suchen, die besser ist als die der Mehrheitsentscheidung. Z.B. könnte man die Minderheiten irgendwie an der Entscheidung beteiligen, etwa indem man d_{ij} proportional zur Besetzungszahl definiert (Proportionalitätsregel). Es ist also zu überprüfen, wie sich die Güte von Gruppenproblemlösungen in Abhängigkeit von der Schwierigkeit der Aufgabe, der Anzahl der Gruppenmitglieder und der applizierten Aggregationsregel verändert. Die Abb. 4.3 gibt die nach dem Modell von Davis vorhergesagten Gruppenwahlwahrscheinlichkeiten bei einer sehr schwierigen Aufgabe mit $p = 0{,}10$ (Abb. 4.3a) und einer leichten Aufgabe mit $p = 0{,}75$ (Abb. 4.3b) für die Gruppengrößen 3,5 und 7 und für die Aggregationsregeln ›Mehrheitsentscheidung‹, ›Gleichwahrscheinlichkeit‹ und ›Proportionalität‹ wieder.

Jemanden, der an einen natürlichen Vorteil der Gruppe glaubt, der die Gruppe deswegen als Instanz zur Lösung von Problemen und für Entscheidungen schätzt, müssen die Ergebnisse aus Abb. 4.3 enttäuschen. Bei dem schwierigen Problem ist die Mehrheitsent-

Abb. 4.3: Wahrscheinlichkeit der Gruppe für die Wahl der richtigen Lösung in Abhängigkeit von der individuellen Findewahrscheinlichkeit, der Gruppengröße und der Aggregationsregel

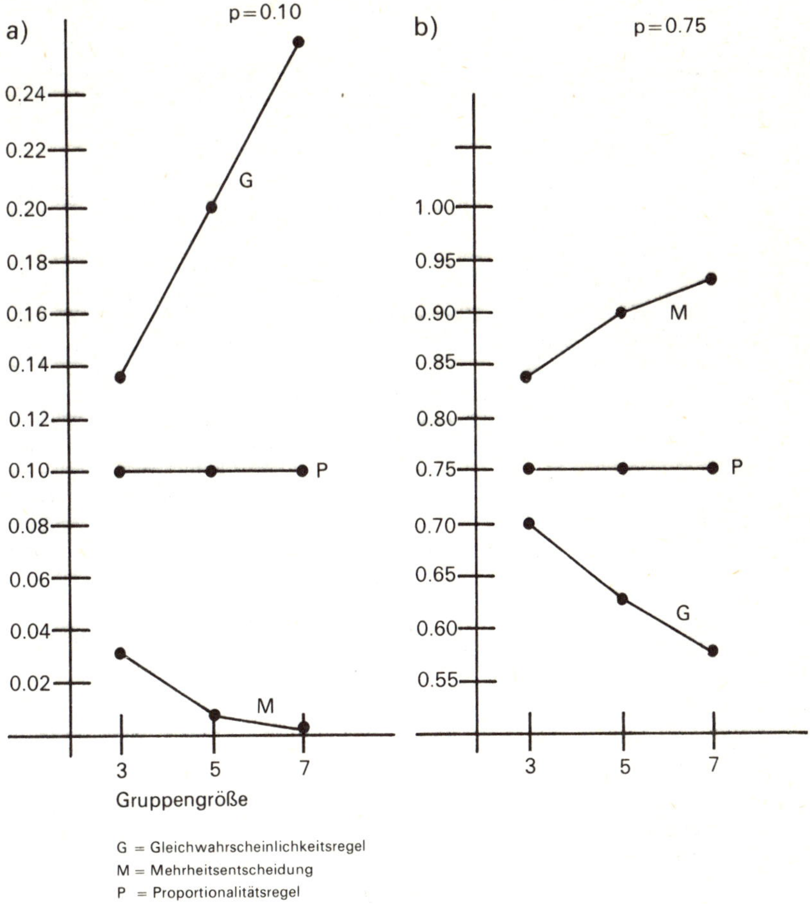

scheidung der Gruppe deutlich schlechter als die durchschnittliche Leistung eines einzelnen. Mehr noch, je größer die Gruppe, um so sicherer ist die Mehrheitsentscheidung falsch. Das beste Resultat würde man bei schwierigen Aufgaben tatsächlich dann erzielen, wenn man nicht die Mehrheit, sondern die Minderheit entscheiden ließe. Dies ist auch der Grund dafür, daß die Gleichverteilungsregel bei schwierigen Problemen besser funktioniert, denn darin hat die Meinung der Minderheit, anders als bei der Mehrheitsentscheidung, ein Gewicht. Die Proportionalitätsregel berücksichtigt die Meinung der Mehrheit und der Minderheit — wie der Name sagt — dem Verhältnis entsprechend, weswegen nach dieser Regel stets die durchschnittliche individuelle Findewahrscheinlichkeit resultiert. Bei dem mittelschwierigen Problem (p = 0,50) führen alle drei Regeln — unabhängig von der Größe der Gruppe — zu dem gleichen Ergebnis, d.h. die Findewahrscheinlichkeit der Gruppe ist so groß wie die durchschnittliche individuelle Findewahrscheinlichkeit. Nur bei dem leichten Problem bringt die Gruppenentscheidung nach der Mehrheitsregel einen Vorteil. Der Gruppenvorteil ist bereits bei drei Mitgliedern deutlich ausgeprägt. Der Zuwachs wird dann mit zunehmender Gruppengröße merklich geringer.

Allgemein kann man aus dem Modell folgende Erwartungen ableiten: Gruppenlösungen aufgrund von Mehrheitsregeln sind bei schwierigen, nicht selbst-evidenten Problemen eher schlechter als individuelle Lösungen. Genauer gesagt, Gruppen finden die richtige Lösung mit geringerer Wahrscheinlichkeit als im Durchschnitt die einzelnen. Bei schwierigen Problemen geht die Findewahrscheinlichkeit der Gruppe rasch gegen Null, wenn die Zahl der Gruppenmitglieder wächst. Bei einfachen Problemen sind Mehrheitsentscheidungen von Vorteil, wobei der Zuwachs in der Findewahrscheinlichkeit zunächst rasch und dann langsamer ansteigt.

Dies dürfte Grund genug sein, das Modell an der Realität zu messen. Es wäre aber denkbar, daß sich die Gruppenmitglieder gegenseitig motivieren und geistig anregen, so daß sich die Lösungswahrscheinlichkeit durch die Interaktion verbessert und daß sich die Argumente derjenigen Personen, die im Besitz der richtigen Lösung sind, eher durchsetzen als die der übrigen Personen. Die tatsächliche Findeleistung der Gruppe müßte dann höher ausfallen als die Pseudogruppenleistung, wie sie oben durch die Anwendung bestimmter Aggregationsregeln erstellt wurde. Die Pseudogruppenleistung und die Leistung des einzeln agierenden Gruppenmitgliedes wären dann eine Vergleichsbasis für die Güte einer Gruppenentscheidung.
Dieser empirische Vergleich soll aber bis zum Abschnitt 4.4.3 zurückgestellt werden. Vorderhand sollen noch einige Überlegungen zu Gruppenentscheidungs- und Beurteilungsaufgaben angestellt werden. Dies empfiehlt sich schon deswegen, weil die empirisch untersuchten Aufgaben häufig im Übergangsbereich zwischen Gruppenproblemlöse-, Gruppenbeurteilungs- oder Gruppenentscheidungsaufgaben liegen. Auch gibt es keinen Grund zu der Vermutung, daß die interaktiven Vorgänge bei Problemlöse-, Beurteilungs- und Entscheidungsaufgaben prinzipiell unterschiedlich sind, so daß auch von daher eine gemeinsame Darstellung der empirischen Ergebnisse naheliegt.

*4.4.1.4 Konsequenzen der Modellaussagen für Gruppenentscheidungen und -beurteilungen

Das Modell von Davis läßt sich ohne Schwierigkeiten auf Gruppenentscheidungen anwenden. Nach der für die vorliegende Darstellung bevorzugten Konvention sollen sich Gruppenentscheidungen von Problemlöseaufgaben dadurch unterscheiden, daß das Kriterium richtig oder falsch auf Gruppenentscheidungen nicht angewendet werden kann, während eine Problemlöseaufgabe eine (oder mehrere) richtige — wenn auch nicht notwendigerweise selbstevidente — Lösungen hat. Da das Modell strukturell gleich ist, muß man seine Konsequenzen lediglich für die Gruppenentscheidungssituation interpretieren.
Die Anwendung des Modells auf Gruppenentscheidungen veranlaßt zu ähnlich nachdenklich stimmenden Feststellungen wie beim Problemlösen. Wenn sich die Aggregationsregel positiv an den Besetzungszahlen orientiert (Mehrheitsregel), fallen Gruppenentscheidungen und -urteile radikaler aus als die einzelner. Alternativen, die von Individuen mit geringerer Wahrscheinlichkeit gewählt werden, haben eine geringere Chance, sich durchzusetzen. Lambert (1969, 1971) hat auf diesen Polarisierungseffekt der Gruppenentscheidungen nachdrücklich hingewiesen. Daraus folgt, daß die Mehrheit ihre Auffassung auf Kosten der Minderheit durchsetzt. Das Meinungsgefüge wird zugunsten der Mehrheit verzerrt. Dieser Vorgang beeinflußt neben anderen Faktoren auch die Wahl politischer Kandidaten. Die stärkste Partei stellt — auch wenn sie nur wenige Prozent Vorsprung vor der nachfolgenden besitzt — einen unproportional großen Anteil an Direktmandaten. Der Verzerrungseffekt ist um so ausgeprägter, je größer die Gruppe ist. Dieser Effekt potenziert sich noch bei mehrstufigen Entscheidungsprozessen.
Gibt es mehr als zwei Wahlmöglichkeiten, dann kommt häufig keine einfache oder absolute Mehrheit für eine der Alternativen zustande. Das Ergebnis hängt dann sehr stark von dem herangezogenen sekundären Entscheidungsschema ab.

Das gleiche gilt für Beurteilungsaufgaben, obwohl für diesen Bereich eine Modellversion mit einer unendlichen Menge von Wahlmöglichkeiten angemessener wäre. Denn bei Beurteilungsaufgaben hat das Gruppenmitglied in der Regel die Möglichkeit, sein Urteil auf einem beliebigen Punkt einer Beurteilungsskala zu fixieren.

*4.4.2 Das Unmöglichkeitstheorem von Arrow

Die von Davis beschriebene Situation kann man als Ausgangspunkt für die Darstellung einer zentralen Feststellung von Arrow (1951) wählen: Man lege wieder die Situation zugrunde, in der drei Personen über drei Wahlmöglichkeiten A_1, A_2 und A_3 zu entscheiden haben. Diese Wahlmöglichkeiten sollen im folgenden der Einfachheit halber mit x, y und z gekennzeichnet werden. Die Personen werden durch die Zahlen I, II und III bezeichnet. Resultiert die Verteilung der Besetzungszahlen als 1–1–1, dann kann man weder nach einer Mehrheitsregel noch nach einer anderen der bisher erwogenen Aggregationsregeln vorhersagen, welche Alternative von der Gruppe gewählt wird. Sekundäre Entscheidungsregeln, wie die der *Gleichwahrscheinlichkeit*, geben nur Wahrscheinlichkeiten <1.00 für die verschiedenen Alternativen an. Vielleicht könnte man aber genauere Vorhersagen machen, wenn man mehr Information über die Präferenzen der Individuen besäße als die bloße Angabe über die am meisten bevorzugte Alternative. Detailliertere Informationen würde man z.B. erhalten, wenn man alle drei Alternativen von jeder Person nach ihrer Beliebtheit rangordnen ließe. Dabei könnten die in Tab. 4.3a oder Tab. 4.3b wiedergegebenen Rangordnungen resultieren.

Tab. 4.3: Zwei Beispiele für Präferenzordnungen über drei Alternativen X, Y, Z

		a)			b)	
	I	II	III	I	II	III
meist bevorzugte Alternative	1) X	Y	Z	X	Y	Z
mittlere Alternative	2) Y	X	Y	Y	Z	X
am wenigsten bevorzugte Alternative	3) Z	Z	X	Z	X	Y

Geht man davon aus, daß die Gruppe die Mehrheitsregel praktiziert, dann würde sich aus der einfachen Angabe der Präferenzen keine Mehrheit für die eine oder andere Alternative ableiten lassen, denn je eine Person spricht sich für x, y oder z aus. Man könnte daher vorschlagen, wie dies in Entscheidungsgremien üblich ist, paarweise über die Alternativen abzustimmen. In dem in Tab. 4.3a wiedergegebenen Beispiel würde dann resultieren: $y>x$ (II und III gegen I), $x>z$ (I und II gegen III) und $y>z$ (I und II gegen III). Die Gruppe würde sich also für die Alternative y entscheiden, denn diese wird von einer Mehrheit gegenüber den beiden anderen Alternativen bevorzugt. Daraus ließe sich die Rangordnung $y>x>z$ für die drei Alternativen ableiten. Man wüßte also weiterhin, daß die Gruppe die Alternative x wählen würde, falls y aus irgendeinem Grund nicht realisierbar wäre. — Wendet man die gleiche Prozedur auf die Tabelle 4.3b an, dann kommt man zu $x>y$ (I und III gegen II), $y>z$ (I und II gegen III) und $z>x$ (II und III gegen I). Nach diesem Vorgang weiß man nicht, welche die am meisten bevorzugte Alternative ist; denn jede der drei wird einmal, keine aber zweimal gegenüber einer anderen vorgezogen. Das Urteil der Gruppe ist demnach intransitiv. Man nennt triadische Ordnungen, die zu derartigen Inkonsistenzen führen, *zirkuläre Triaden.* Das Beispiel zeigt, daß es bei drei Personen und drei Alternativen dann zu Intransivitäten kommen kann, wenn man die Mehrheitsabstimmung anwendet. Arrow konnte mathematisch nachweisen, daß es keine vernünftige Aggregationsregel geben kann, die intransitive Gruppenentscheidungen ausschließt: Wenn drei oder mehr Alternativen zu beurteilen sind, die die Mitglieder der Gruppe ohne Restriktionen nach ihren Präferenzen ordnen dürfen, dann kann eine *transitive soziale Wertordnung* nur erstellt werden, wenn diese von außen *aufgezwungen* oder *diktatorisch* ist. Diktatorisch bedeutet, daß nicht eine Mehrheit, sondern nur eine Subgruppe oder ein einzelnes Gruppenmitglied die soziale Ordnung festlegt (vgl. Arrow 1951, S. 59 und Luce & Raiffa 1957, S. 333-345).

Man könnte einwenden, daß solche Inkonsistenzen praktisch unbedeutend seien, da Gruppen selten eine Rangordnung von Alternativen erstellen, sondern meist nur eine Alternative auswählen müßten. Dies geschehe meist in der Weise, daß ein bestehender Zustand mit mehreren anderen möglichen Zuständen verglichen werde, so wie z.B. politische Ausschüsse oder Parlamente ein bestehendes Gesetz mit anderen alternativen Gesetzen vergleichen. Wenn x in dem in der Tab. 4.3b beschriebenen Fall der bestehende Zustand ist und x zunächst mit y und dann z mit dem ›Gewinner‹ verglichen wird, dann wird z gewählt werden. Vergleicht man zunächst x mit z und dann y mit dem ›Gewinner‹, dann resultiert y. Wie jeder weiß, der mit Abstimmungen zu tun hat, kann das Ergebnis von der Reihenfolge der Abstimmungen abhängen. Erfahrungen aus Vollversammlungen und Sitzungen in Gremien, aber auch die Beobachtung politischer Vorgänge belegen, daß niedergestimmte Anträge, wenn sie später wieder auftauchen, angenommen werden können. Man neigt dazu, zu vermuten, daß die Vorlage nun günstiger formuliert worden sei, daß einige Leute ihre Meinung geändert oder geschlafen hätten. Dies kann, muß aber nicht der Grund sein. Solche Pannen können auf versteckte Intransivitäten zurückgehen.

Wenn die Variabilität der individuellen Präferenzen nicht in irgendeiner Weise eingeschränkt ist, sind konsistente Gruppenentscheidungen unmöglich. Es können dann nicht nur willkürliche Ergebnisse resultieren, sondern bei einer Serie von Entscheidungen können sehr leicht Alternativen gewählt werden, die logisch nicht zueinander passen.

Daneben gibt es noch zahlreiche andere Gründe, die die logische Konsistenz von Gruppenentscheidungen beeinträchtigen können, von denen einige bereits erwähnt wurden. So kann der Meinungswandel eines einzelnen Abstimmungsergebnisse hervorrufen, welche das gesamte bisherige Entscheidungsgefüge ad absurdum führen. Ganz zu schweigen von dem Effekt schwankender Anwesenheitszahlen und wechselnder Mehrheiten, die durch Stellvertretungen hervorgerufen werden.

Personen, die in Entscheidungsgruppen vertreten sind bzw. sich zu Entscheidungsgruppen zusammenschließen, haben nicht das vorrangige Ziel, *irgendwelche* Entscheidungen zu treffen, die logisch stimmig sind, vielmehr streben sie Entscheidungen an, die die Präferenzen der Beteiligten so integrieren, daß zwischen den individuellen Bevorzugungen und den Gruppenentscheidungen eine positive Beziehung besteht. Wie diese Beziehung aussehen soll, wird durch die Aggregationsregel bestimmt. Andererseits ist diese positive Abbildung der individuellen Präferenzen nur möglich, wenn die Entscheidungen logisch konsistent sind. Der Nachweis Arrows, daß es keine vernünftige Regel gibt, welche die logische Konsistenz der Entscheidungen garantiert, läßt es ratsam erscheinen, Gruppenentscheidungen sorgfältig zu planen. Sie können sonst zu lästigen, ineffektiven Regelungen führen, die in niemandes Interesse liegen. Es gibt zunächst einmal keinen Grund für ein euphorisches Vertrauen in die Weisheit des Kollektivs.

*4.4.3 Empirische Ergebnisse

*4.4.3.1 Welche Aggregationsregel wird gewählt?

In einigen Gremien gibt es festgeschriebene Regeln über die Art, in der die Entscheidungsfindung vorzugehen hat, in anderen nicht. Aber auch wenn explizite Regeln existieren, kann der tatsächliche Entscheidungsvorgang davon abweichen. So können die Mitglieder einer Gruppe die Gepflogenheit haben, so lange über den Sachverhalt zu diskutieren, bis Einmütigkeit herrscht, obwohl Mehrheitsentscheidung vorgeschrieben und allgemein akzeptiert ist.

Tatsächlich scheinen explizite Aggregationsregeln wenig Einfluß auf die Gruppenentscheidung zu haben. Davis et al. (1975) forderten ihre Versuchsgruppen auf, ihre Entscheidungen a) auf der Basis von Einstimmigkeit oder b) auf der Basis einer Zweidrittelmehrheit zu fällen. Die explizite Aggregationsregel hatte offenbar keinen Einfluß auf die Verteilung der Gruppenentscheidungen. Sie war unter beiden Instruktionen nicht voneinander verschieden. Ähnlich fanden Johnson & Davis (1972), daß sich Versuchsgruppen, die eine mit erheblicher Unsicherheit belastete Risikowahlaufgabe zu bearbeiten hatten, um die vorgegebene Aggregationsregel (u. a. Einstimmigkeit und Diktatur) nur wenig kümmerten. Sie verfolgten unabhängig davon ihr eigenes Entscheidungsprinzip.

Die Frage, nach welcher Aggregationsregel die Gruppen ihre Probleme lösen bzw. ihre Entscheidungen fällen, ist nicht eindeutig zu beantworten. Bei selbstevidenten Problemen scheinen die Gruppen, zumindest wenn die richtige Lösung erkannt wird, die ›Die Wahrheit siegt‹-Regel zu befolgen. Dieses Ergebnis ist wenig verwunderlich, denn jedes andere Verhalten wäre in diesem Fall geradezu pathologisch. Allerdings gibt es Anzeichen dafür, daß Gruppen Schwierigkeiten haben, zu erkennen, wann einer der Beteiligten die richtige Lösung gefunden hat. Dies ist offenbar auf Probleme bei der Kommunikation und bei der Informationsverarbeitung zurückzuführen. Untersuchungen zur Konformität in Gruppen (vgl. Abschn. 9.3) lassen es zudem plausibel erscheinen, daß einzelne die richtige Lösung angesichts der mehrheitlichen Ignoranz nicht vorzubringen wagen.

Auch für nicht-selbstevidente Probleme und Gruppenentscheidungen ist die Frage nach der verwendeten Aggregationsregel mehrfach untersucht worden.

Simon (1967) arbeitete mit 12-Personen-Juries, deren Mitglieder aus dem Personenkreis zusammengestellt wurden, aus dem üblicherweise die Geschworenen rekrutiert werden. 30 Gruppen hörten vom Tonband die Beschreibung eines Einbruchfalles, 68 Gruppen die Beschreibung eines Inzestfalles. Die Geschworenen hatten die Wahl zwischen ›schuldig‹, ›unschuldig‹ und ›Freispruch mangels Beweisen‹. Vor den Sitzungen der Juries wurde jedes Mitglied einer Jury nach seiner Meinung befragt. Danach wurden die Entscheidungen der Gruppen mit den individuellen Präferenzen verglichen.

Nach der von Davis (1973) durchgeführten Analyse der Daten lassen sich die Entscheidungen der Vpn wie folgt beschreiben: Bei Mehrheiten von 11:1 für ›schuldig‹ bzw. für ›unschuldig‹ fällt die Entscheidung der Gruppe fast immer im Sinne der Mehrheit aus. Bei diesen Mehrheitsverhältnissen scheint der Konformitätsdruck so hoch zu sein, daß eine Abweichung im Sinne der Minderheit so gut wie nie vorkommt. Mehrheiten von 10:2 bis 6:6 entscheiden mit der Wahrscheinlichkeit r_M/r für die Meinung der Mehrheit (wobei r_M die Besetzungszahl der Mehrheit und r die Zahl der Juroren ist). Mit der Wahrscheinlichkeit $(1-r_M)/r$ wird die Position der Minderheit vertreten oder die Entscheidung ›Freispruch mangels Beweis‹ gefällt. Dieses Ergebnis entspricht ungefähr einer Proportionalitätsregel. Es handelt sich dabei, wie man sich erinnert, um die neutralste Entscheidungsregel, bei der die Verteilungen der Gruppenentscheidungen der Verteilung der individuellen Präferenzen entspricht.

Davis et al. (1970) und Johnson & Davis (1972) fanden dagegen eine Tendenz zur Gleichwahrscheinlichkeitsregel. Davis et al. führen dieses Ergebnis auf die vage experimentelle Aufgabenstellung, den Mangel an Feedback und das Fehlen logischer Richtlinien zurück. Unter solchen Bedingungen trete möglicherweise das Bedürfnis, gute Beziehungen zu allen Gruppenmitgliedern zu erhalten, in den Vordergrund, insbesondere dann, wenn das Engagement für die Sache, um die es geht, gering ist. Die Gleichwahrscheinlichkeitsregel bezieht auch die Minderheiten in die Entscheidung ein und ist daher ein geeignetes Instrument zur Erreichung dieses Zieles. Dagegen stellten Davis et al. (1974) fest, daß bei einer eindeutig kalkulierbaren Risikowahlaufgabe eine einfache Mehrheitsentscheidungsregel das Verhalten der Gruppen am besten beschrieb.
In einigen Experimenten haben Zaleska (1974, 1976, 1978) und Lambert (1978) ein Paradigma aus der Risikoforschung verwendet, das sich zur Untersuchung des Gruppenentscheidungseffektes eignet.

Den Vpn werden verschiedene ›Wetten‹ zur Auswahl gestellt, die den gleichen Erwartungswert haben, z.B. den folgenden:

1.	2.	3.	4.
0.50 (1,00 DM)	0.25 (2,00 DM)	0.125 (4,00 DM)	0.062 (8,00 DM)

Darin geben die Werte vor der Klammer die Wahrscheinlichkeiten an, mit denen der in der Klammer angegebene Betrag gewonnen wird. Die Vpn werden zunächst aufgefordert, die Wette zu wählen, die sie am liebsten spielen würden. Dann werden sie in Gruppen zu drei bis sechs Personen zusammengefaßt, mit der Aufgabenstellung, sich auf eine Alternative zu einigen. Nach dem Modell von Davis kann man bei dieser experimentellen Anordnung je nach Gruppenstärke eine begrenzte Zahl verschiedener Verteilungen von Besetzungszahlen unterscheiden.

Das Ergebnis der Gruppenentscheidung erweist sich in diesen Experimenten als Funktion des mittleren Wertes der individuellen Bevorzugung und der Verteilung dieser Ausgangswerte. D.h., die Gruppen trafen ihre Wahlen so, wie dies nach der Mehrheitsregel zu erwarten war (es wurde diejenige Alternative gewählt, welche von einer *einfachen* Mehrheit bevorzugt wurde). Wenngleich nicht die gesamte Varianz durch diese Einflußfaktoren erklärt werden kann, so bleibt für die Wirkung der ›eigentlich psychologischen Faktoren‹ nicht so viel Raum, wie man ursprünglich in der sehr umfangreichen Forschung zum Risikoschubphänomen angenommen hatte (vgl. den übernächsten Zwischenabschnitt).
Zur Illustration der Wirkung der vermuteten Mehrheitsentscheidungsregel sind in Abb. 4.4 die nach einem Mehrheitsmodell vorhergesagten und die tatsächlichen Ergebnisse von Gruppenentscheidungen aus zwei Experimenten (Zaleska 1978) in Abhängigkeit von den mittleren individuellen Schätzungen wiedergegeben. Die Abweichungen der Gruppenentscheidung von dem Mittelwert der individuellen Entscheidungen kovariiert mit den vom Modell vorhergesagten Abweichungen, die von den in den Gruppen jeweils herrschenden Mehrheitsverhältnissen abhängen.
Darüber hinaus ist fraglich, ob die Regel der einfachen Mehrheit für die Situationen, wie sie von Lambert und Zaleska untersucht werden, bereits optimal ist, d.h. ob es das gesamte Ausmaß an Variation erfaßt, das auf den Effekt der Aggregationsregel zurückgeht. Voraussetzung dafür wäre nämlich, daß die Vpn tatsächlich die Aggregationsregel der einfachen Mehrheit anwenden und nicht eine andere.
Für ein modifiziertes Mehrheitsmodell (vgl. Coombs 1954) spricht eine Untersuchung von Crott (1965). Drei- und Vier-Personengruppen erhielten die Aufgabe, eine gemeinsame Schätzung über die Anzahl der Punkte auf einer kurzfristig dargebotenen Vorlage abzugeben. Nach dem Modell von Coombs wäre hier der Median der individuellen Schätzungen als Ergebnis einer Gruppenentscheidung zu erwarten. Im Vergleich mit dem Mittelwert

Abb. 4.4: Beispiel für die Korrelation zwischen der nach der Mehrheitsregel vorhergesagten und dem tatsächlichen Risikoschub in zwei experimentellen Untersuchungen (nach Zaleska 1976b)

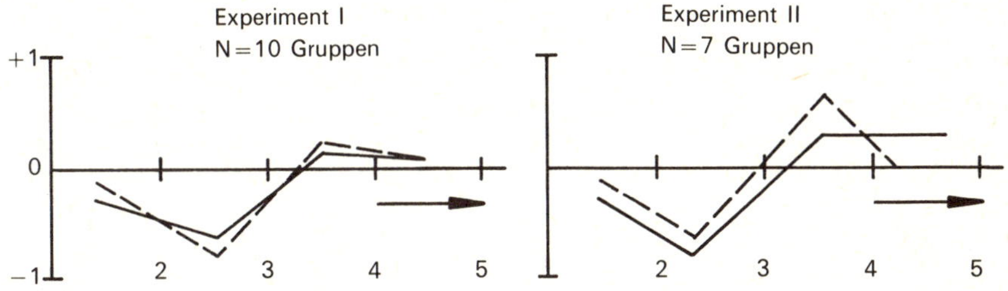

y-Achse: Veränderung der Risikobereitschaft der Gruppe im Vergleich zur mittleren Risikobereitschaft der Individuen
x-Achse: mittlere Risikobereitschaft der Individuen
——— beobachtete Änderung -------- erwartete Änderung

und dem geometrischen Mittel erwies sich der Median als die genaueste Vorhersage der von der Gruppe abgegebenen Schätzung. Bei Vier-Personengruppen, bei denen kein Median definiert ist, lagen die Gruppenschätzungen zwischen den Schätzungen der beiden mittleren Personen.

4.4.3.2 Veränderung der Meinungen durch Interaktion

Viele der erwähnten Aggregationsregeln (z. B. alle Mehrheitsregeln) gehen davon aus, daß zwischen den individuellen Präferenzen und der Gruppenlösung bzw. -entscheidung eine einfache Beziehung besteht. Damit wird implizit angenommen, daß Argumentation, Diskussion und andere interaktive Vorgänge während der Meinungsbildung der Gruppe keine nennenswerte Rolle spielen.
Dies ist eine sehr provozierende Annahme, denn nach der üblichen Auffassung hat das Argument und die Überredung einen großen Stellenwert. Schließlich sind Gruppensitzungen nicht zuletzt deswegen so langwierig, weil vor der Entscheidung heftige Debatten geführt werden. Sind solche Debatten dann sinnlos, wenn alle Mitglieder bereits eine dezidierte Meinung haben oder als Repräsentanten einer Gruppe deren Meinung zu vertreten haben? Wie bereits dargestellt wurde, verweist der enge Zusammenhang, der zwischen der individuellen Bevorzugung und dem Ergebnis der Gruppenlösung bzw. -entscheidung besteht, darauf, daß der Spielraum für Interaktionswirkungen in solchen Fällen gering ist (vgl. Zaleska 1974, 1976 a, b).
Brandstätter und Mitarbeiter fanden in einer Serie von Experimenten Meinungsänderungen im Verlaufe von Gruppendiskussionen (Brandstätter et al. 1971, Brandstätter 1976 a, b). Freundliche Argumentation des Partners und eine vor der Diskussion bestehende Sympathie gegenüber dem Partner können die Meinung in Richtung auf die Partnerauffassung beeinflussen. In Felduntersuchungen von Entscheidungsgremien konnte jedoch kein signifikanter Einfluß sozial-emotionaler Beziehungen auf die Konsensbildung nachgewiesen werden. Nach Thorndike (1938) gehen Diskrepanzen zwischen der ursprünglichen individuellen Präferenz und dem Abstimmungsverhalten in Richtung auf bereits bestehende Mehrheiten, seltener (bei relativ selbstevidenten Problemen) in Richtung auf die korrekte Antwort. Kalven & Zeisel (1966) kommen nach der Analyse einer großen Zahl von Beobachtungen und Forschungsarbeiten zum Verhalten von Juries zu dem

Schluß, daß sich die Juroren während oder unmittelbar nach der Präsentation des Falles eine Meinung bilden, und diese dann während der Debatte nicht mehr nennenswert ändern. Die Interaktion zwischen den Mitgliedern diene in erster Linie dazu, die Gruppenentscheidung vorzubereiten, die von den Juroren verlangt wird. Die Beobachtung (Simon 1967), nach der Juroren, die ursprünglich für ›unschuldig‹ plädierten, dann aber ›schuldig‹ abstimmten, den Angeklagten nach dieser Abstimmung unverändert für unschuldig hielten, zeigt an, daß eine Verschiebung der Mehrheitsverhältnisse nicht unbedingt mit Meinungsänderung zu tun haben muß. — Allerdings sind die Resultate zur Veränderung individueller Präferenzen während der Gruppensitzung noch keineswegs schlüssig.

4.4.3.3 Die Effektivität des Gruppenproblemlösens

Zur Bewertung einer Gruppenlösung benötigt man Bezugsgrößen, mit denen diese Leistungen verglichen werden können. Man bezieht sich dabei in der Regel auf drei Werte, die Leistungsfähigkeit des durchschnittlichen Individuums, die Leistungsfähigkeit des tüchtigsten Mitgliedes der Gruppe und die Leistungsfähigkeit der statistischen (auch nominalen) Gruppe, also auf die Pseudogruppenleistung. Letztere würde resultieren, wenn jeweils die besten Vorschläge, gleichgültig von welchem Mitglied sie kommen, von der Gruppe akzeptiert würden.
Im Vergleich mit dem durchschnittlichen Individuum lösen Gruppen Probleme im allgemeinen mit größerer Wahrscheinlichkeit — gleichgültig, ob die Probleme selbstevident sind oder nicht (Davis & Restle 1963, Lorge et al. 1955 a, b, Lorge & Solomon 1955). Für die erste Art von Problemen wird dies nach dem Modell von Davis erwartet, sofern die Wahrheitsregel angewendet wird. Für nicht selbstevidente Probleme würde eine Mehrheitsregel nach dem Davis-Modell nur bei einfachen Aufgaben bessere Ergebnisse für die Gruppe vorhersagen. Gelegentlich sind Gruppen jedoch auch schlechter als das durchschnittliche Individuum. Selten erreichen sie das Niveau ihrer statistischen Vergleichsgruppen. Dies deutet darauf hin, daß die Ressourcen der Situation nicht ausreichend genutzt werden. Meist entspricht die Gruppenleistung der Leistung ihres tüchtigsten Mitgliedes. Gurnee (1937) führte diesen Effekt darauf zurück, daß die Individuen, welche über die korrekte Antwort verfügen, im allgemeinen ihre Antworten der Gruppe schneller mitteilten, während die übrigen zögerten oder nichts sagten. Zu ähnlichen Ergebnissen kommt bereits Thorndike (1938) in einer klassischen Untersuchung:

Etwa 1200 College-Studenten nahmen an einer Untersuchung teil, in der Gruppen von vier, fünf oder sechs Personen verschiedene Problemaufgaben zu lösen bzw. Gruppenentscheidungen zu treffen hatten. Die Aufgaben bestanden z.B. darin, richtige Behauptungen zur Geographie, Ökonomie, Politik u.a. herauszufinden, die positivste Einstellung zu bestimmen und das beste Gedicht herauszusuchen. Die Vpn gaben zuerst ihre individuellen Meinungen ab, und diskutierten dann jeden Gegenstand bis zu zehn Minuten. Die Instruktion betonte, daß die Gruppe zu einer einmütigen Stellungnahme kommen solle. Wurde keine Einmütigkeit erreicht, wurde abgestimmt.

Personen, welche die richtige Antwort wußten, zeigten eine größere subjektive Sicherheit als Personen, welche die falsche Auffassung vertraten. Möglicherweise konzentriert sich die Aufmerksamkeit der Gruppe auf Personen, welche häufig die richtige Antwort besitzen, da diese rascher und sicherer argumentieren. Sie erlangen dann Expertenstatus und bestimmen so das Niveau der Gruppe in stärkerem Maße als andere Gruppenmitglieder. Verschiebungen, welche sich als Konsequenz der Diskussion zugunsten der Minderheitenmeinung ergeben, traten häufiger bei Fakten als bei Wertfragen auf. Weiterhin zeigte sich in den Daten Thorndikes der nach dem Davis-Modell zu erwartende Unterschied zwischen einfachen und schwierigen Aufgaben. Die Aufgaben waren insgesamt eher leicht; sie wurden von ca. 62% der Individuen gelöst. Im Durchschnitt lösten Gruppen die Aufgaben besser als Individuen. Dies zeigten bereits die Mehrheitsverhältnisse in den Gruppen vor jeder Diskussion. Durch die Diskussion wuchs der Vorteil der Gruppe noch an. Der Gruppenvorteil tritt aber vorwiegend bei leichten Aufgaben auf. Schwierige Aufgaben (weniger als 50% individueller Lösungen) bewältigen die Gruppen seltener. Auch dieser Effekt verstärkt sich durch die Diskussion. Generell vergrößern sich durch die Gruppendiskussion die bestehenden Mehrheiten, und zwar auch dann, wenn die Mehrheit (wie häufig bei schwierigen Problemen) die falsche Antwort präferiert. Daneben beobachtete Thorndike eine Tendenz zur Unterstützung der richtigen Antwort. Die Tendenz zur Mehrheit war allerdings beträchtlich stärker als die Tendenz zur richtigen Antwort.

> Kelley & Thibaut (1969) kommen nach der Darstellung einer Vielzahl von Untersuchungen zum Problemlöse- und Gruppenentscheidungsverhalten zu dem Schluß, daß Gruppen vorwiegend dann erfolgreich sind, wenn 1) die Lösung nur weniger Schritte bedarf (bei komplexen Problemen treten Koordinationsschwierigkeiten auf), 2) die Lösung für alle Beteiligten leicht zu verifizieren ist (z. B. bei selbstevidenten Problemen), 3) zu Beginn des Prozesses eine Mehrheit für die richtige Lösung stimmt (was bei einfachen Aufgaben wahrscheinlich ist) und wenn 4) Gruppenmitglieder mit hoher wahrgenommener Kompetenz die richtige Lösung vertreten.

4.4.3.4 Radikalität der Gruppenentscheidung: Risikoschub

Eine Untersuchung von Stoner (1961) zur Veränderung der Risikobereitschaft durch Gruppenentscheidungen hat sehr rasch Untersuchungen zum sog. Risikoschubphänomen angeregt. Das meist in diesen Arbeiten betrachtete Grundparadigma ist das einer Gruppenentscheidung. Die Vpn können zunächst zwischen verschiedenen Alternativen wählen, von denen keine als richtig oder falsch bezeichnet werden kann. Vielmehr können die Vpn riskante oder weniger riskante Alternativen bevorzugen. Stoner bat männliche Studenten der Ökonomie, die zu kleinen Gruppen zusammengefaßt waren, sie sollten zunächst ihre privaten Entscheidungen zu 12 riskanten Lebenssituationen mitteilen. Diese sog. *Wahldilemmas* (Choice Dilemma) wurden schriftlich dargelegt; sie waren von der Art des unten geschilderten Beispiels:

Herr A, ein Elektroingenieur, verheiratet und ein Kind, arbeitet seit seinem Examen vor fünf Jahren für eine große Elektrofirma. Er kann hier mit einer lebenslangen Anstellung rechnen, die ihm ein bescheidenes, aber doch angemessenes Gehalt und großzügige Pensionsleistung garantiert. Andererseits ist es sehr unwahrscheinlich, daß sein Gehalt bis zur Pensionierung noch nennenswert steigen wird. Während einer Tagung erhält Herr A ein Angebot von einer kleinen, neugegründeten Firma mit einer sehr unsicheren Zukunft. Der neue Arbeitgeber würde bereits zu Anfang ein höheres Gehalt bieten und böte die Möglichkeit, Anteilseigner an der Firma zu werden, sofern sie im Wettbewerb mit den größeren Firmen überlebt.
Stellen Sie sich nun vor, Sie sollten Herrn A beraten. Unten ist eine Liste von verschiedenen Wahrscheinlichkeiten bzw. Chancen dafür angegeben, daß sich die neue Firma als finanziell gesund erweisen wird.
Kreuzen Sie die niedrigste Wahrscheinlichkeit an, bei der Sie an Stelle von Herrn A es für erstrebenswert halten, die neue Arbeitsstelle anzunehmen.
— Die Chancen sind 1 zu 10, daß sich die Firma als finanziell gesund erweisen wird.
— Die Chancen sind 3 zu 10, daß sich die Firma als finanziell gesund erweisen wird.
usw.
— Die Chancen sind 9 zu 10, daß sich die Firma als finanziell gesund erweisen wird.

Die restlichen Items handelten von anderen Problemen beruflicher Zukunftsplanung, Risiken beim Schachspiel, beim Fußball u.a.
Nachdem die Individuen ihre Einschätzungen abgegeben hatten, diskutierten die Gruppen die Frage, bis ein Konsens erreicht war. In einer dritten Phase beantworteten die Vpn die Fragen wiederum individuell. — Als Risikoniveau jeder Vp wurden die von einer Vp bei der ersten Einschätzung genannten 12 Wahrscheinlichkeiten für die 12 Wahldilemmas definiert.

Der Vergleich der durchschnittlichen Wahrscheinlichkeiten der Mitglieder einer Gruppe mit der von der Gruppe gewählten Wahrscheinlichkeit offenbarte eine Tendenz der Gruppe zu riskanteren Entscheidungen. Die Individuen neigten darüber hinaus in der anschließenden Einzelbefragung (3. Phase) ebenfalls zu riskanteren Alternativen. Dieses Ergebnis konnte in vielen Untersuchungen wiederholt werden (vgl. dazu ein Sammelreferat von Pruitt (1971)). Lamm & Myers (1978) bringen in einer Darstellung neuerer Forschungsergebnisse den *Risikoschub* und den unter bestimmten Voraussetzungen ebenfalls zu beobachtenden Trend der Gruppe zu konservativeren Entscheidungen mit Auffälligkeiten im Verhalten realer Gruppen in Zusammenhang. Die *Polarisation* der Präferenzen, Einstellungen und Meinungen in Gruppen, wie sie im Vergleich zum Durchschnitt der individuellen Werte experimentell zu beobachten ist, wird verglichen mit den Veränderungen bei Geschworenenentscheidungen (Davis et al., im Druck, Myers & Kaplan 1976), der divergierenden Einstellungsentwicklung bei Studenten, die sich in verschiedenartige Colleges eingeschrieben haben (Chickering & McCormick 1973), der Radikalisierung der Auffassungen bei Gemeindekonflikten (Coleman 1957), der Tendenz zu riskanten militärischen Entscheidungen in Gruppen (Janis 1972), den extremeren Vorschlägen, welche Gruppen im Vergleich mit Individuen ratsuchenden Personen unterbreiten (Malamuth 1975) und schließlich der Entwicklung religiöser Sekten zu immer ausgefalleneren Lehrmeinungen.
Zur Erklärung des Risikoschubs sind unterschiedliche theoretische Ansätze herangezogen worden. Nach Wallach et al. (1964) verteilt sich durch die Gruppenentscheidung die *Verantwortlichkeit* für einen möglichen Fehlschlag auf alle Gruppenmitglieder. Wenn die Gruppenmitglieder nach der Gruppendiskussion nicht gemeinsam entscheiden, sondern nur ihre Meinung äußern sollen, zeigen sie in der Tat einen geringeren Anstieg der Risikobereitschaft gegenüber ihren ursprünglichen Auffassungen. Ansteigende Risikoneigung wird jedoch auch bei Personen beobachtet, welche einer Gruppendiskussion nur zuhören, ohne in eine Gruppenentscheidung involviert zu sein (Lamm 1967).
Als weitere Ursache für den Risikoschub kommt die wachsende *Vertrautheit* mit dem Material in Betracht (Bateson 1966). Ähnlich wie der Umgang mit neutralem Reizmaterial (sinnlose Silben, Schriftzeichen, Photos) zu einer günstigeren Beurteilung führt (Zajonc 1968), könnte auch das Vertrautwerden mit den Wahldilemmafragen Unsicherheit und Vorsicht reduzieren. In der Untersuchung von Bateson (1966) zeigten die Vpn die gleiche Tendenz zu höherem Risiko, wenn sie Wahldilemmafragen eine gewisse Zeit individuell reflektieren sollten, wie wenn sie als Gruppe diskutierten. Dagegen erfolgte bei Vpn, die sich zwischen der ersten und der zweiten Messung mit anderen Reizen beschäftigten, kein Risikoschub. Ähnliche Resultate erhielten Flanders & Thistlewaite (1967).
Die Situation in der Untersuchung von Bateson (1966) unterschied sich jedoch in einigen Punkten von den typischen Bedingungen, die in den Untersuchungen von Wallach et al. (1962, 1964) realisiert wurden. Spätere Arbeiten von Teger et al. (1970) und Gaskell et al. (1973) konnten diesen Effekt nicht durchweg bestätigen. Sie erhielten im Gegenteil nach dem Vertrautwerden mit dem Material auch Verschiebungen in eine konservative Richtung.
Eine andere plausible Erklärung für das Risikoschubphänomen wurde von Brown (1965) vorgeschlagen. Er argumentiert, daß eine mittlere Risikobereitschaft in der westlichen

Kultur *positiv bewertet* werde. Zaghaftigkeit gelte wenig. Dieser Effekt könnte sich aber bereits in den Eingangswahrscheinlichkeiten niederschlagen (erste individuelle Messung). Warum gerade das Gruppenerlebnis zu einer Erhöhung der Risikobereitschaft führt, bedarf einiger zusätzlicher Erklärungen.

Nach Brown (1965) erfährt man erst durch die Gruppendiskussion, ob man mit seiner Risikobereitschaft den Standard erfüllt. Da es zumindest bei Wahldilemmafragen keinen Maßstab für mittlere Risikobereitschaft gibt, kann man diese nur durch den sozialen Vergleich testen. Nach einer Untersuchung von Hinds (berichtet von Brown 1965), schätzten die einzelnen die Risikobereitschaft anderer niedriger ein als ihre eigene. Zu parallelen Ergebnissen kamen Levinger & Schneider (1969). Wenn dann die Gruppendiskussion die Einstellung der anderen erkennbar macht, wird die Vorstellung, bereits risikofreudiger zu sein als der Durchschnitt, erschüttert. Vielleicht, weil man risikofreudiger sein möchte — oder doch mindestens nicht weniger risikofreudig — als andere, plädiert man dann in der Gruppensitzung für die niedrigeren Wahrscheinlichkeiten. Diese Interpretation wird nach Pruitt (1971) als *soziale Vergleichsinterpretation* der Risiko-Werttheorie bezeichnet. Die Vergleichsinterpretation wurde in den letzten Jahren von Baron et al. (1975), Baron & Roper (1976) und Jellison & Arkin (1976) wieder aufgegriffen und präzisiert.

Rim (1963, 1964) vermutet, daß die einflußreicheren Gruppenmitglieder in der Gruppendiskussion riskanter urteilen. Er ermittelte, daß extravertierte und leistungsorientierte Personen zu riskanteren Urteilen tendieren. Nach Collins & Guetzkow (1964) wirken Vpn mit anfänglich riskanteren Urteilen durchweg überzeugender auf die Gruppe. Dagegen sprechen allerdings Befunde von Hoyt & Stoner (1968), die eine Neigung zu höherer Risikobereitschaft nur bei Gruppen fanden, die hinsichtlich der anfänglichen Risikoneigung homogen waren.

Marquis (1962) macht die Gruppenführer für den Risikoschub verantwortlich. Wallach et al. (1962) und Rabow et al. (1966) glauben, daß jene Individuen den stärksten Einfluß haben, welche der späteren Gruppenauffassung am nächsten kommen. In post-hoc-Befragungen schreiben die Gruppenmitglieder ihnen den größten Einfluß zu. Burnstein et al. (1974) sehen in dem überzeugenden Argument die ausschlaggebende Wirkung.

Gegen jede dieser Auffassungen lassen sich einleuchtende, experimentell fundierte Argumente anführen. Auf dem Gebiet der Risikoschubforschung hat nahezu jede Autorengruppe eine eigene Theorie postuliert. Wie Schneider (1975) betont, sind viele Theorien so formuliert, daß eine eindeutige Ablehnung nicht möglich ist oder daß sie empirisch kaum voneinander abgehoben werden können. Daß viele Arbeiten zum Risikoschub nicht gerade als Musterbeispiel für experimentelle Forschung gelten können, zeigt schon der erwähnte Umstand, daß der Aggregationsvorgang und dessen Auswirkungen selten in die Überlegungen miteinbezogen wurden. Es fehlt somit eine Basis, an der man nicht durch Aggregationsschemata verursachte Risikoschübe messen könnte. In der letzten Zeit mehren sich die Stimmen, nach denen Risikoschub — wenn auch nicht ausschließlich — eine Konsequenz der Aggregation von individuellen Präferenzen zu einem Gruppenurteil darstellt. Wie bereits die oben referierte Untersuchung von Zaleska (1976) zeigte, kann ein Risikoschub allein aufgrund der Anwendung des Mehrheitsprinzips bei der Bestimmung der Gruppenentscheidungen resultieren. Lamm & Myers (1978) führen zwar einige Belege dafür an, daß derartige Polarisationseffekte nicht restlos durch Aggregationswirkungen erklärt werden können, sie reichen jedoch nicht aus, den Aggregationsvorbehalt zu entkräften. — Ein weiteres Argument richtet sich gegen gemittelte Wahrscheinlichkeiten als Basis für einen Risikovergleich mit der Gruppenentscheidung. Da die Wahrscheinlichkeitsskala von 0 bis 1 begrenzt ist, kann es leicht zu einer Verschiebung des Risikos kommen, wenn die Vpn nicht über die Wahrscheinlichkeiten, sondern über den Nutzen der attraktiven, aber unsicheren zweiten Alternative einen Konsensus zu erreichen suchen. Daß Nutzenerwägungen angestellt werden, erscheint plausibel, wenn man bedenkt, daß eine vernünftige Aussage über die gerade noch akzeptierbare Wahrscheinlichkeit aus dem Vergleich des Nutzens der sicheren Alternative mit dem Erwartungswert (Wahrscheinlichkeit mal Nutzen) der unsicheren Alternative abgeleitet werden sollte.

4.4.3.5 Geschwindigkeit der Aufgabenbewältigung

Es wäre denkbar, daß sich der Gruppeneffekt nicht nur in einer erhöhten Findewahrscheinlichkeit und in radikaleren Entscheidungen ausdrückt, sondern auch in der Geschwindigkeit, mit der eine vorliegende Angelegenheit erledigt wird. Jedoch zeigen zahlreiche Experimente, die Gruppen und Individuen vergleichen, daß Gruppen entgegen der Vermutung *mehr* Zeit zur Lösung einer Aufgabe benötigen. Tests des rechnerischen Denkens (Klugman 1944), Labyrinthlernen (Gurnee 1937), Puzzles (Marquart 1955), komplexe Planungsaufgaben (Fox & Lorge 1962) und Brainstormingaufgaben (Taylor et al. 1958, Dunette et al. 1963) werden von Gruppen langsamer bewältigt als von einzelnen. Auch in den wenigen Fällen, in denen Gruppen schneller sind, schneiden sie meist schlechter ab als einzelne, wenn man die Mannminuten berechnet (Zahl der Personen mal Zeit). Der Grund für die Langsamkeit der Gruppen mag darin liegen, daß viel Zeit auf Einigungsprozesse verwandt wird. Gruppen müssen übereinkommen, wie sie das Problem angehen und in welcher Weise sie Entscheidungen treffen wollen. Sie müssen ferner die unterschiedlichen Präferenzen der Mitglieder diskutieren und u. U. im konkreten Fall eine Entscheidungsprozedur durchführen (z. B. Mehrheitsabstimmung). Alle diese Vorgänge sind zeitraubend — vermutlich um so mehr, je größer die Gruppe ist. (Hare 1952)
Einige Untersuchungen demonstrieren die Koordinationsprobleme von Gruppen. Wenn mehrere Personen ein Gewicht ziehen sollen, dann wird der Beitrag jeder hinzukommenden Person geringer. Zwei Personen üben weniger Zugkraft aus als die doppelte Kraft einer einzelnen Person usw. (Dashiell 1935). Eine manuelle Geschicklichkeitsaufgabe, die ein einzelner beidhändig gut durchführen kann, wird von Dyaden langsamer bearbeitet (Comrey 1953, Comrey & Deskin 1954 a, b). Je mehr Koordination erforderlich ist, um so weniger erfolgreich ist zunächst die Gruppe.

4.4.3.6 Der Effekt der Praxis und anderer modifizierender Variablen

Die Brainstormingmethode wurde nicht zuletzt deswegen entwickelt, weil man annahm, daß in der anregenden Atmosphäre von Gruppen mehr innovative Ideen entwickelt würden als unter isolierten Bedingungen. Jedoch zeigen hier Untersuchungen von Taylor et al. (1958) und Dunette et al. (1963) eher das Gegenteil.

An der Untersuchung von Dunette et al. nahmen 96 Wissenschaftler und Werbefachleute teil. Jede Vp war einmal an einem individuellen, ein anderes Mal an einem Gruppenbrainstorming beteiligt. Bei diesen beiden Gelegenheiten wurden verschiedene Probleme behandelt. Der Effekt der Reihenfolge von individueller und Gruppenbedingung wurde durch den Versuchsplan ausbalanciert. — Die Vpn wurden vor Beginn des Brainstormings über den Sinn dieser Methode unterrichtet und ausdrücklich aufgefordert, möglichst viele und möglichst unkonventionelle Ideen zu äußern, bereits vorgetragene Ideen zu verbessern oder zu kombinieren und nicht kritisch zu sein.

Unter der isolierten Bedingung wurden beträchtlich mehr und qualitativ bessere Ideen produziert als unter der Gruppenbedingung. Wie auch Taylor et al. 1958 vermuten, führen die Autoren den Nachteil der Gruppe darauf zurück, daß die Gruppen in viel stärkerem Maße dazu tendierten, eine bestimmte Gedankenlinie rigide zu verfolgen. Infolgedessen gelangten sie seltener zu neuen Aspekten, obwohl Originalität gefordert und Kritik ausdrücklich verpönt war. Kelley & Thibaut (1969) vermuten, daß sich ein gewisser Gruppendruck zur Uniformität auswirkt, der durch die Einschränkung der Kritik nicht kompensiert werden kann. Eine gewisse Scheu, ausgefallene Ideen im Beisein anderer zu äußern, und die Befriedigung, welche man aus der Übereinstimmung mit anderen empfindet, mögen die Gruppenmitglieder dazu bewegen, nur solche Vorstellungen zu äußern, die in der von der Gruppe eingeschlagenen Richtung liegen. Cohen et al. (1960) fand jedoch, daß Gruppen mit vorangegangenem Training sowie Personen, die sich gegenseitig als Partner gewählt hatten, und Gruppen mit starkem Zusammengehörigkeitsgefühl kreativer waren als die übliche unerfahrene, willkürlich zusammengeschlossene ad-hoc-Gruppe. In günstigen Fällen waren solche Gruppen sogar erfolgreicher als statistische Pseudogruppen.
Lorge et al. (1953) stellten fest, daß kleine Gruppen zu Beginn eines Trainingskurses sehr viele Ideen ihrer Mitglieder nicht nutzten. Gegen Ende des Kurses verbesserte sich jedoch die Gruppenleistung, obgleich die Leistungen der einzelnen Mitglieder nicht merklich besser wurden. In eine ähnliche Richtung geht das Ergebnis von Fox & Lorge (1962), nach dem Gruppen bei der Aufgabe, die Moral und Leistung eines Teams auf einer einsamen Wetterstation zu verbessern, weniger erfolgreich waren als einzelne, wenn sie 50 Minuten Zeit hatten. Wurde die Zeit auf 100 Minuten ausgedehnt, dann konnten sich die Gruppenleistungen mit denen einzelner messen. Anderson (1961) konnte feststellen, daß echte Gruppen die statistische Vergleichsgruppe bei der Lösung von Anagrammaufgaben nach 15 Minuten überflügelt hatten.

4.4.3.7 Zufriedenheit der Gruppenmitglieder

Zufriedenheit wird im allgemeinen als Folge der Erfüllung eines Bedürfnisses gewertet. Mit der Effektivität wurde eine Determinante der Gruppenzufriedenheit bereits angesprochen. Effektives Handeln kann befriedigend sein, und zwar weil die erbrachten Leistungen von Nutzen sind oder weil ein selbstgesetzter Leistungsanspruch erfüllt wurde. Häufig spielen beide Gesichtspunkte für die Zufriedenheit mit einer Leistung eine Rolle. Leistungsbedingte Zufriedenheit kann sowohl aus Einzelleistungen wie aus kollektiven Leistungen erwachsen. Die Zufriedenheit einer Person mit einer bestimmten Aufgabe wird jedoch nicht allein von der Höhe der eigenen Leistung oder der Gruppenleistung und deren Nützlichkeit (z. B. dem dafür erzielten Entgelt oder der erhaltenen Entlohnung) abhängen, sondern auch davon, in welchem Maße andere Bedürfnisse wie z. B. das Gesellungsbedürfnis, das Bedürfnis nach Freundschaft, Zärtlichkeit, Unterstützung, Solidarität, Geltung, Anerkennung, Einfluß, Status, Macht u. ä. befriedigt werden.
Bereits die in den Abschnitten 4.3.1 bis 4.3.1.2 dargestellten Untersuchungen mit Kommunikationsnetzen haben gezeigt, daß die Höhe der Zufriedenheit der Gruppenmitglieder und die Höhe der Gruppenleistung nicht notwendigerweise korrelieren. Bei einfachen Aufgaben waren die Leistungen der Gruppe hoch, die Zufriedenheit der Mitglieder jedoch gering, wenn die Kommunikation in einer zentralisierten Struktur stattfand. Unzufrieden waren die Personen in den Randpositionen (Leavitt 1951) und dies insbesondere dann, wenn ihr Status in der Gruppe nicht mit ihrer Funktion im Kommunikationsnetz übereinstimmte (Moore et al. 1972). Untersuchungen zur Partizipation zeigen, daß

die Zufriedenheit mit der wahrgenommenen und erwarteten — weniger übrigens mit der tatsächlichen — Beteiligung an Entscheidungen wächst (Marquis et al. 1951).
Bei kollektiven Problemlöse- und Entscheidungsaufgaben stellt sich die Frage, inwieweit die Güte der Leistung bzw. die Art der Aggregation der individuellen Bevorzugungen in einer kollektiven Entscheidung mit der Zufriedenheit der Mitglieder zusammenhängt. Ahrens (1976) berichtet über Untersuchungen, in denen er die Zufriedenheit der Gruppenmitglieder mit der Aggregation der individuellen Präferenzen in eine kollektive Wahl betrachtete. Das Grundmuster einer derartigen Untersuchung läßt sich wie folgt skizzieren:

Die Mitglieder einer größeren Gruppe (z.B. Schüler eines Internats) werden zu einer alle interessierenden Frage (z.B. der Organisation einer Essensversorgung für die Schüler) befragt. Ihnen werden verschiedene in Frage kommende Alternativen vorgegeben, die sie zunächst individuell bewerten sollen. Dies kann z.B. durch Rangordnung der Alternativen geschehen. Zu einem späteren Zeitpunkt erfolgt dann die Aggregation der individuellen Beurteilungen. Dabei wendet der Vl unterschiedliche Aggregationsstrategien an. Ahrens unterscheidet u.a. zwischen einer Aggregation, bei der durch schrittweise Majoritätsabstimmung zwischen zwei Alternativen entschieden wird, einer Aggregation, in der die individuellen Bevorzugungen mit den von den Vpn selbst geschätzten Bevorzugungsintensitäten eingehen, und einer diktatorischen Entscheidung. Nachdem das Ergebnis der Gruppenentscheidung bekannt ist, wird die Zufriedenheit mit der Gruppenentscheidung gemessen. Ahrens fragte u.a. nach der persönlichen Zufriedenheit mit der ermittelten Gruppenentscheidung und nach der Zufriedenheit mit der aggregierten Entscheidung unter explizitem Hinweis auf die Aggregationsregel, nach der diese Wahl getroffen wurde.

Die Entscheidung unter Berücksichtigung der Präferenzstärke wurde zwar unter beiden Zufriedenheitsmessungen im Durchschnitt am positivsten bewertet, jedoch rangiert bei der Frage nach der persönlichen Zufriedenheit die diktatorische Regel an zweiter und die Majoritätsregel an dritter Stelle. Wurde die Aggregationsregel explizit in das Zufriedenheitsurteil mit einbezogen, dann wurde die Majoritätsregel deutlich positiver bewertet als die diktatorische. Wie die verschiedenen Aggregationsregeln unter dem Aspekt der persönlichen Zufriedenstellung beurteilt werden, ist noch nicht sehr aufschlußreich, denn schließlich kann auch einmal eine diktatorische Bevorzugungsordnung die Präferenzen der Mitglieder der Gruppe gut abbilden. Interessant erscheint jedoch, daß die gleiche Entscheidung eine stark abweichende Einschätzung erfährt, wenn dazu die Aggregationsregel in die Beurteilung der Zufriedenheit eingeht.
Ein zweiter Aspekt, der Ahrens interessierte, war die Zufriedenheit mit komplexen und mit einfachen Entscheidungsregeln. Sind die Gruppenmitglieder zufriedener, wenn ein Gegenstand, den sie nach mehreren Dimensionen beurteilen, auch nach einer die Mehrdimensionalität berücksichtigenden Regel zur Entscheidung gebracht wird, oder bevorzugen sie einfache Aggregationsregeln?
Eine mehrdimensionale, komplexere Entscheidungsregel wurde bei der impliziten Zufriedenheit signifikant niedriger bewertet als eine eindimensionale. Demgegenüber wurde die mehrdimensionale Regel bei der expliziten Zufriedenheit deutlich gegenüber der eindimensionalen bevorzugt. Ahrens (1976, S. 42) kommentiert dies so: »Dieses diskrepante Ergebnis unserer Untersuchung läßt sich in pointierter Form dahingehend zusammenfassen, daß auf der Einstellungsebene der Entscheidungssubjekte ein hoher *Anspruch* auf möglichst viel Informationen und Rationalität besteht ... Wird diese Erwartungsstruktur jedoch — wie in unseren kleinen Gruppen — tatsächlich realisiert und somit *verhaltenswirksam*, dann kommen vermutlich relativ einstellungsunabhängige Aspekte ins Spiel, auf die man eher unzufrieden reagiert.« Sozusagen zur »Ehrenrettung der Gruppenmitglieder« vermerkt Ahrens, daß das Informationsangebot im Zusammenhang mit der mehrdimensionalen Entscheidungsbildung zu komplex und umfangreich ist und verweist auf Untersuchungen von De Soto (1961) und Osgood et al. (1957), nach denen

Vpn die Tendenz haben, mehrere Dimensionen zu einem einzigen Urteilsgesichtspunkt (gut vs schlecht) zu verringern.

Bei der Einordnung dieser Ergebnisse ist zu beachten, daß es sich nicht um Gruppenentscheidungen im eigentlichen Sinne, sondern um Pseudogruppenentscheidungen handelte. Die Gruppen entschieden nicht selbst über die Angelegenheit, vielmehr gaben alle Gruppenmitglieder ihre individuellen Bevorzugungen an, aus denen dann der Vl nach einer von ihm ausgewählten Regel die *Gruppenpräferenzordnung* amalgamierte. Ergebnisse von Bass & Leavitt (1963) zeigen jedoch, daß sowohl die Leistungen als auch die Einstellung der Gruppe zu ihrer Aufgabe besser waren, wenn sie die Aufgabe nach selbsterstellten Plänen ausführten, als wenn diese Pläne durch eine dritte Person von außen aufgezwungen wurden. Nach Bass & Leavitt könnte dies einerseits daran liegen, daß die von Dritten vorgeschlagenen Pläne nicht richtig verstanden wurden, andererseits auch daran, daß sie von den Gruppenmitgliedern boykottiert wurden. In eine ähnliche Richtung weisen Ergebnisse eines Feldexperimentes von Lawler & Hackmann (1969), wonach Gruppen mit aufgezwungenen Lohnanreizplänen weniger effizient arbeiten als mit selbstentwickelten Plänen.

Wenn diese Untersuchungen auch nur ausgewählte Aspekte der Zufriedenheit betrachten und darüber hinaus manche Frage offenlassen, dann ist doch damit ein wichtiger Schritt zur Analyse dieses neben der Effizienz für die Bewertung von Gruppenaktivitäten und -leistungen wesentlichen Gesichtspunktes der Zufriedenheit getan worden.

4.4.3.8 Zusammenfassung und Bewertung der Ergebnisse zu disjunktiven Problemlöseaufgaben und Gruppenentscheidungen

Die Ergebnisse der experimentellen Arbeiten zeigen, daß Kollektive bei disjunktiven Aufgaben keinesfalls immer einen Leistungsvorsprung erarbeiten:

Kollektive leisten zwar gelegentlich pro Zeiteinheit mehr als einzelne, sind aber in der Regel ineffektiver, wenn man die gesamte aufgewandte Arbeitszeit (Zeit mal Anzahl der Mitglieder) in Betracht zieht. Das gilt für komplexe Aufgaben in höherem Maße als für einfach strukturierte.

Es gibt Hinweise dafür, daß kollektive Entscheidungen in der Regel riskanter ausfallen als im Durchschnitt die Entscheidungen der einzelnen.

Die Auffassungen von Minderheiten werden bei kollektivem Problemlösen und Entscheiden häufig vernachlässigt. Die Ursache ist möglicherweise darin zu suchen, daß Kollektive implizit oder explizit nach Mehrheitsregeln abstimmen. Die Mehrheit strebt dann nicht nach einem Kompromiß mit der Minderheit, sondern überstimmt sie. Es ist auch denkbar, daß ein Druck zur Uniformität die Minderheit dazu bewegt, sich der Meinung der Mehrheit anzuschließen.

In Gruppen sind die Individuen weniger einfallsreich, sie produzieren weniger innovative Ideen. Auch dies wird auf die kontrollierende Funktion des Kollektivs zurückgeführt. Man scheut sich, ausgefallene Ideen mitzuteilen, da man die Mißfallensäußerungen der anderen fürchtet. Aus dem gleichen Grunde tendiert man dazu, eine einmal eingeschlagene Linie beizubehalten, weil diese sich als akzeptiert erwiesen hat. Diese Tendenz wird auch durch explizite Aufforderungen, mit Kritik zurückzuhalten und möglichst originell zu sein, nicht unterdrückt.

Einige Resultate und Überlegungen lassen kollektives Arbeiten und Entscheiden in einem positiveren Licht erscheinen:

Bereits die Untersuchung von Allport (1920) zur sozialen Erleichterung (vgl. Kap. 3, Absch. 3.6) zeigte, daß das Nebeneinanderarbeiten zu höheren Leistungen führen kann als isoliertes Arbeiten. Dieser Effekt wurde mehrfach bestätigt. Sofern also keine Interaktion zwischen den Teilnehmern stattfindet, wirkt die Anwesenheit anderer offenbar motivierend.

Wenn auch die Entscheidungen von Kollektiven im Vergleich zum Mittelwert der Entscheidungen einzelner radikaler ausfallen mögen (Risikoschub), so ist doch die Varianz der Gruppenentscheidungen geringer als die der Individuen. Gruppenentscheidungen tendieren zwar mutmaßlich nicht zum arithmetischen Mittel der Einzelentscheidungen, sondern eher zum modalen Wert oder zum Median bzw. mögen riskanter sein als das arithmetische Mittel, ihre Variation ist aber geringer als die der Einzelwerte. Will man Extreme mit Nachdruck vermeiden, dann empfiehlt es sich nicht, die Entscheidung einem einzelnen zu übertragen. Eine synthetisierte oder auch eine echte kollektive Entscheidung würde das Risiko eines extremen Ausgangs vermindern.

Nach Gurnee (1937) und Thorndike (1938) teilt das Mitglied, das die richtige Antwort besitzt, seine Auffassung rascher mit bzw. kann diese besser durchsetzen als Mitglieder, die eine falsche Antwort präferieren. Denn neben der Tendenz zur Veränderung der Gruppenmeinung in Richtung auf die Auffassung der Mehrheit gibt es auch eine Tendenz zur richtigen Antwort. Dies führt dann dazu, daß das Gruppenergebnis günstiger ausfällt, als z. B. nach einer reinen Mehrheitsabstimmungsregel zu erwarten wäre.

Ein stärkerer Gruppenzusammenhalt und längeres Training scheinen die Leistungsfähigkeit von Gruppen zu verbessern.

Die experimentellen Ergebnisse legen den Schluß nahe, daß es bei disjunktiven Problemlöseaufgaben und bei Entscheidungsaufgaben günstiger ist, die Lösungsvorschläge bzw. Meinungen der einzelnen zu erheben und dann zu aggregieren (synthetisierte bzw. Pseudogruppenlösung). Die in realen Gruppen stattfindende Interaktion scheint sich eher störend auszuwirken. Dieser Schluß ist aber insofern voreilig, als wichtige Gesichtspunkte in den Untersuchungen vernachlässigt wurden. So wird beispielsweise unter experimentellen Bedingungen auf die isoliert arbeitenden Vpn ein gewisser Druck zur Leistung ausgeübt, der sonst möglicherweise fehlt. Gutschriften von Vpn-Zeiten, Honorare, Gutpunkte für die Beurteilung der Studienleistung und nicht zuletzt die Autorität des Vl mögen die Vpn bewegen, auch unter isolierten Bedingungen angestrengt zu arbeiten. Es wäre denkbar, daß in realen Situationen die Bereitschaft, sich mit der Sache zu beschäftigen, durch die Gegenwart anderer nachdrücklich gefördert wird. Auch läßt sich zwar die Quantität von Leistungen noch einigermaßen plausibel messen, die Maße für die Qualität sind jedoch meist fragwürdig. Es wäre z. B. denkbar, daß der Gruppenprozeß beim Brainstorming manchmal originelle, deviante Ideen unterdrückt, sich die wirklich nützlichen, in die Realität umsetzbaren, aber dennoch durchsetzen.

Eine weitere Einschränkung ergibt sich aus dem Umstand, daß die Gruppenarbeit lediglich von ihrem Ergebnis her bewertet wurde. Wählt man die Gruppeninstanz tatsächlich deswegen, um im aktuellen Fall die Lösungswahrscheinlichkeit bzw. -geschwindigkeit zu vergrößern oder um die Entscheidung ausgewogener zu gestalten, oder verfolgt man noch andere Ziele? Neben dem erwähnten Effekt der höheren Motiviertheit lassen sich auf Anhieb eine Vielzahl anderer Wirkungen der Gruppe vorstellen, welche in den Experimenten nicht berücksichtigt wurden. Man sucht das Kollektiv auf, um Geselligkeit zu finden, um sich mit anderen zu vergleichen, mit anderen in Wettbewerb zu treten, andere zu leiten, zu dominieren, um von anderen zu lernen usw. Weiterhin hat das Kollektiv eine Schutzfunktion. Wenn mehrere Personen an der Entscheidung beteiligt waren, ist die Angst vor den Folgen der Entscheidung geringer. Die Redewendung von der Last der Verantwortung, die nicht auf einer Schulter ruhen dürfe, sagt dies anschaulich. Auch wird eine Gruppenentscheidung von vornherein weniger angegriffen werden, möglicherweise nicht zuletzt deswegen, weil der Kritiker mit der Gegenwehr mehrerer Personen rechnen muß. Eine Entscheidung — mag sie noch so angreifbar sein — wird nicht mehr als grob fahrlässig gewertet, wenn sie in einem Gremium gefällt wurde.

Schon aufgrund solcher Überlegungen kann man aus den experimentellen Ergebnissen keine generelle Ablehnung der Bearbeitung disjunktiver Aufgaben oder der Entscheidungen in Kollektiven rechtfertigen. Andererseits dürfte auch ein unreflektierter ›Gruppenenthusiasmus‹ fehl am Platze sein. Eine vertretbare praktische Konsequenz der experimentellen Ergebnisse wäre eine vorsichtige und beobachtende Einstellung gegenüber der Arbeit in Kollektiven, die überprüft, inwieweit die kollektive Arbeit die unmittelbaren und längerfristigen Zielsetzungen besser zu verwirklichen mag als unabhängiges Arbeiten.

Kontrollfragen

1. Wie unterscheiden sich echte und Pseudogruppenleistungen? Versuchen Sie eine Definition des Begriffs Pseudogruppenleistung.
2. Nennen Sie einige Aufgabentypen und überlegen Sie, unter welchen Voraussetzungen Kollektive bei deren Bewältigung Vorteile haben können.
3. Wie ist der Unterschied zwischen disjunktiven und konjunktiven Aufgaben definiert? Welche Bedeutung hat diese Unterscheidung für die Forschung?
4. Zeichnen Sie einige Kommunikationsnetze auf. Was versteht man unter der Zentralität von Kommunikationsnetzen?
5. Versuchen Sie die Ergebnisse der Kommunikationsnetzforschung kurz zusammenzufassen.

* 6. Angenommen, ein Kollektiv habe ein nicht selbst-evidentes Problem zu lösen, für das es nur eine richtige und eine falsche Antwort gibt: Bei welchen individuellen Findewahrscheinlichkeiten ist nach dem Modell von Davis eine Gleichwahrscheinlichkeitsregel besser als eine Mehrheitsregel?

* 7. Was besagt das Unmöglichkeitstheorem von Arrow? Was versteht man in diesem Zusammenhang unter zyklischen Triaden?

8. Fassen Sie die Ergebnisse des Experimentes von Thorndike (1938) über die Arbeit in Kollektiven zusammen.
9. Beschreiben Sie das Risikoschubphänomen.
10. Nennen Sie einige Erklärungsansätze für das Risikoschubphänomen.

Weiterführende Literatur

Davis (1973): Darstellung des formalen Modells von Davis sowie seiner Konsequenzen. Die Modellaussagen werden anhand empirischer Ergebnisse erläutert.

Kelley & Thibaut (1969)/Steiner (1972): Beide Arbeiten geben einen Überblick über verschiedene kollektive Problemlöse- und -entscheidungsaufgaben und klassifizieren sie. Außerdem werden zahlreiche empirische Untersuchungen referiert.

Pruitt (1971)/Vinokur (1971): Diese Arbeiten geben Zusammenfassungen von Experimenten zu Gruppenentscheidungen über riskante Alternativen.

Shaw (1964): Die Arbeit gibt u.a. eine Zusammenfassung der Forschung mit Kommunikationsnetzen.

5 Interpersonaler Konflikt: theoretischer Bezugsrahmen

Übersicht: Kollektive Entscheidungsprozesse haben nicht nur die Funktion, eine einheitliche, als Auffassung des Kollektivs zu betrachtende Meinung herauszubilden, es geht vielmehr häufig auch um den Ausgleich individueller Interessen in der kollektiven Lösung. Wenn widerstreitende Interessen mehrerer Individuen den Ablauf des Geschehens bestimmen, dann spricht man von interpersonalen Konfliktsituationen. Bei der Behandlung der kollektiven Entscheidungen im letzten Kapitel wurde der konfliktäre Gesichtspunkt etwas zurückgestellt. Im Mittelpunkt standen hier die Veränderung der Meinungen durch Interaktion, die Regeln, nach denen die gemeinsame Problemlösung bzw. Entscheidung zustandekommt, die Angemessenheit der Abbildung individueller Präferenzen in der kollektiven Entscheidung und ähnliche Gesichtspunkte. Die Kapitel 5 und 6 werden den Konflikt zwischen den Agenten betonen. Dabei wird im vorliegenden Kapitel 5 zunächst der allgemeine spieltheoretische Bezugsrahmen dargestellt.

Jeder weiß aus Erfahrung, daß es beim Kontakt mit anderen Personen zu ›Meinungsverschiedenheiten‹ kommen kann, die auf unterschiedliche Interessen der Beteiligten zurückgehen. Vermutlich ist dies viel häufiger der Fall, als man annimmt. Man hat sich lediglich angewöhnt, von ›Meinungsverschiedenheiten‹ erst dann zu sprechen, wenn sich ein Konflikt lange Zeit hinzieht. Da wir ständig mit anderen interagieren, verfügen wir über ein Repertoire an Techniken, um zu einer raschen, von allen Betroffenen akzeptierten (wenn auch nicht für alle gleich befriedigenden) Lösung eines Konfliktes zu gelangen. Die kleinen Auseinandersetzungen nehmen im alltäglichen Sozialverhalten mehr Raum ein als die dramatischen und zugespitzten Situationen. Das Alltagsgeschehen bestimmt die wechselseitige Attraktion der Interaktionspartner, ihre Einstellung zueinander und den vorherrschenden Interaktionsstil. Dies veranschaulichen beispielsweise Untersuchungen der Interaktionsgepflogenheiten verschiedener Berufsgruppen. In einem Berufsfeld, in dem Interessengegensätze an der Tagesordnung sind, kann man sozial akzeptable und partnerschaftliche Strategien der Konfliktaustragung eher lernen als in einem Berufsfeld, in dem die einseitige Kommunikation oder die Verkündigung vorherrscht. Johnson & Cohen (1967) und Siegel & Harnett (1961) konnten zeigen, daß Angehörige von Berufsgruppen, bei denen man vorexperimentelle Erfahrungen mit Konflikten annimmt, im Laborexperiment kooperativer handeln. So neigen z.B. Ökonomen eher dazu, die Interessen des Gegenspielers kooperativ zu berücksichtigen als Theologen (Siegel & Harnett, 1961).[1]

Einige Konflikte sind so strukturiert, daß es keinen Sinn hat zu kooperieren. Es ist dann zwecklos, mit der Gegenseite zu verhandeln, um einen besseren als den befürchteten Ausgang zu erreichen. Kommunikation kann dann möglicherweise das wechselseitige Verständnis vergrößern, ändert aber nichts an dem Verhalten der gegnerischen Parteien. Eine solche Situation wird z.B. durch das sogenannte Nullsummenspiel beschrieben, das in einem der folgenden Abschnitte behandelt wird. Die Ausweglosigkeit dieses Konfliktes hat nichts mit den sozialen Beziehungen zwischen den Personen zu tun, sie hängt auch nicht von der Bedeutung des Gegenstandes des Konfliktes ab, sondern wird ausschließlich von den *strukturellen* Merkmalen der Situation bestimmt. Gesellschaftsspiele, wie Schach, Skat, Mühle usw., haben z.B. Nullsummencharakter. Die persönlichen Beziehungen zwischen den Spielern können ausgezeichnet sein, dennoch wird letzten Endes eine Partei das gewinnen, was die andere verliert.

1 Nach der Darstellung der Untersuchung in Fouraker & Siegel (1963)

Aber derartige Situationen sind nicht unbedingt repräsentativ für das soziale Geschehen. Es gibt viele Situationen, in denen die Betroffenen trotz bestehender Interessengegensätze auf gemeinsames Handeln angewiesen sind. So existieren z.B. unter den Mitgliedern einer Wohngemeinschaft trotz der Meinungsverschiedenheiten über die Nutzung der Räume, über die Verteilung der anfallenden Arbeit, über die geduldete Musiklautstärke und generell darüber, was erlaubt und nicht erlaubt sein soll, dennoch gemeinsame Ziele und Vorteile, die sie zusammenhalten. Dazu gehören etwa die für jeden einzelnen vergleichsweise geringe Miete, die Möglichkeit, Geräte und Einrichtungsgegenstände gemeinsam zu nutzen, der Vorteil der Arbeitsteilung, die leichte Befriedigung des Kontaktbedürfnisses und vieles andere mehr. Man bezeichnet solche Situationen als mixed-motive-Konflikte, das sind Situationen, in denen sowohl gemeinsame als auch gegensätzliche Interessen vorliegen. Sie werden in den Abschnitten 5.1.4 bis 5.1.7 über kooperative Spiele beschrieben.

5.1 Spieltheoretische Modelle und Paradigmata

Der Ausdruck *Spiel*, der als Bezeichnung für soziale Situationen bereits mehrmals aufgetaucht ist, wurde der *Spieltheorie* entlehnt (Morgenstern, 1963; von Neumann, 1928 und von Neumann & Morgenstern, 1944, dtsch. 1961). Von Neumann und Morgenstern glaubten, in den einfachen sozialen Spielen die grundlegenden Strukturen interpersonaler Entscheidungssituationen zu erkennen. Diese überschaubaren Spielsituationen wurden als Modell für die komplexeren interpersonalen Entscheidungen angesehen. Aus der mathematischen Analyse solcher Spielsituationen entwickelten von Neumann & Morgenstern die Spieltheorie.
Nach einer Definition von Shubik (1965, S. 18) ist »... das Wesentliche eines ›Spiels‹... das Auftreten von Entscheidungssubjekten mit verschiedenen Zielsetzungen, deren Schicksale miteinander verwoben sind. Die Spieler finden sich in einer Situation, in der viele Ergebnisse möglich sind, die verschiedenen Wert für sie haben. Obgleich sie einige Kontrolle ausüben mögen, die das Ergebnis beeinflußt, haben sie keine vollkommene Kontrolle über andere Spieler.«
Die Spieltheorie nimmt dabei an, daß alle beteiligten Entscheidungseinheiten numerische Schätzungen des Wertes der möglichen Resultate einer Interaktion angeben können. Die Problematik dieser Annahme ist nicht zu übersehen. Die *Nutzentheorie* und die Messung des Nutzens gehören zu den schwierigsten Problemen der modernen Entscheidungstheorie. Wir wollen hier jedoch nicht darauf eingehen, da die Nutzenfrage in der experimentellen Interaktionsforschung keinen großen Stellenwert hat. Experimentelle Untersuchungen gehen im allgemeinen von *objektiven Beträgen* (Geld, Gütermengen) aus und untersuchen, welche Wirkung die Variation der Randbedingungen der Interaktionssituation auf die Zuweisung der aufzuteilenden Beträge durch die Beteiligten hat. Mit einigen Einschränkungen kann man das als eine akzeptable Strategie ansehen, um Fragen der Subjektivität des Nutzens und der interpersonalen Meßbarkeit auszuklammern. — Der interessierte Leser findet leicht verständliche Einführungen in die Theorie des Nutzens und der Nutzenmessung bei Luce & Raiffa (1953), Lee (1971) und Shubik (1964).
Die spieltheoretische und die austauschtheoretische Betrachtungsweise sind vereinbare Konzeptionen und ergänzen einander. Obwohl kaum eine Darstellung der Sozialpsychologie auf die Spieltheorie verzichtet (vgl. Graumann, 1972; Irle, 1975; Jones & Gerard, 1967 und Secord & Backmann, 1964), wird sie meist über die austauschtheoretische Darstellung von Homans und/oder Thibaut & Kelley vermittelt. Irle (1975, S. 403)

verweist darauf, daß die wesentliche Leistung der Austauschtheorien, namentlich der von Thibaut & Kelley (1959), darin besteht, die Perspektive der Spieltheorie und der Kleingruppenforschung koordiniert zu haben. Es ist ihr Verdienst, Probleme und Ergebnisse der Kleingruppenforschung aus spieltheoretischer Sicht diskutiert und die ursprünglich ökonomisch gefärbte Terminologie der Spieltheorie in die Sprache der Sozialwissenschaftler übersetzt zu haben.
Die Austauschtheorien haben jedoch die Bedeutung struktureller Merkmale von Interaktionssituationen etwas vernachlässigt. Zu einer erschöpfenden Analyse der sozialen Interaktion kann man nur gelangen, wenn man berücksichtigt, daß es ›Situationszwänge‹ gibt. Selbst wenn alle Beteiligten die besten Absichten haben, können sie diese unter bestimmten Voraussetzungen nicht realisieren, weil die Umstände, unter denen sie interagieren, die Realisierung dieser Absichten nicht zulassen. Für den Verlauf und das Ergebnis von Interaktionen ist es sehr bedeutsam, ob eine gegenseitige Abstimmung der Verhaltensweisen und Kommunikation möglich, sozial erwünscht oder erlaubt ist, ob eine Interaktion einmalig oder mehrmals stattfindet bzw. ob die Partner später (möglicherweise in anderen Situationen) miteinander zu tun haben, ob zwei oder mehr Individuen an der Interaktion beteiligt sind und ob im zweiten genannten Fall *Koalitionsbildungen* möglich sind. — Die spieltheoretische Situationsanalyse berücksichtigt diese und andere sozialpsychologische Gesichtspunkte. Sie eignete sich infolgedessen als Rahmenkonzept, an dem sich die Darstellung der Charakteristiken der sozialen Interaktion orientieren kann.

5.1.1 Die Nutzenmatrix

Bei der Darstellung der Charakteristiken der Nutzenmatrix soll die Terminologie von Thibaut & Kelley (1959) verwendet werden, die mit der spieltheoretischen kompatibel, jedoch leichter zugänglich ist als diese. Auch Thibaut & Kelley formulieren ihre Vorstellungen vom Interaktionsgeschehen in Form der *Matrixdarstellung*, wie sie die ökonomische Theorie der Spiele verwendet hat. Diese Matrix einer dyadischen Interaktion spiegelt die mögliche Fruchtbarkeit und die erwartete Stabilität einer sozialen Beziehung, die Zufriedenheit der Mitglieder, deren gegenseitige Abhängigkeit und die wechselseitigen Kontrollmöglichkeiten wider (vgl. Thibaut & Kelley, 1959, S. 24).
In der *Ergebnismatrix* (oder auch *Auszahlungsmatrix*) in Tabelle 5.1 sind die *Handlungsmöglichkeiten* von Teilnehmer A ($a_1, a_2, \ldots, a_j, \ldots, a_m$) und B ($b_1, b_2, \ldots, b_k, \ldots, b_n$), die Belohnungen, die für A und B bei jeder möglichen Kombination von Handlungen (a_j, b_k) resultieren (r_A (a_j, b_k) bzw. r_B (a_j, b_k)) und die Kosten, die mit dem entsprechenden Verhalten verbunden sind (c_A (a_j, b_k) bzw. c_B (a_j, b_k)) eingetragen. Die Zahlen über der Diagonale einer jeden Zelle a_jb_k repäsentieren die Belohnungen und die Kosten des Spielers A, während sich die Zahlen unter den Diagonalen auf die Belohnungen und Kosten des Spielers B beziehen. Der Gewinn der Beteiligten ist eine Funktion von Belohnungen und Kosten, d.h. im einfachsten Fall, der im allgemeinen angenommen wird, ergibt sich der Gewinn aus der Differenz zwischen Belohnungen und Kosten. In Tabelle 5.2a sind konkrete Zahlen in die Matrix eingegeben. Man mag sich eine solche Matrix durch ein einfaches Beispiel verdeutlichen, das als *Battle of sexes* bekannt ist.
Ein Ehepaar ist sich über die Gestaltung des Abends nicht einig. Es bieten sich zwei Möglichkeiten an: Zu einer Sportveranstaltung zu fahren oder zuhause zu bleiben und das Fernsehprogramm anzuschauen. Dem Geschlechtsstereotyp folgend, nehmen wir an, daß der Mann die Sportveranstaltung vorzieht, während die Frau gerne zu Hause bleiben möchte.

Tab. 5.1: Nutzenmatrix in der Terminologie von Thibaut & Kelley (1959)

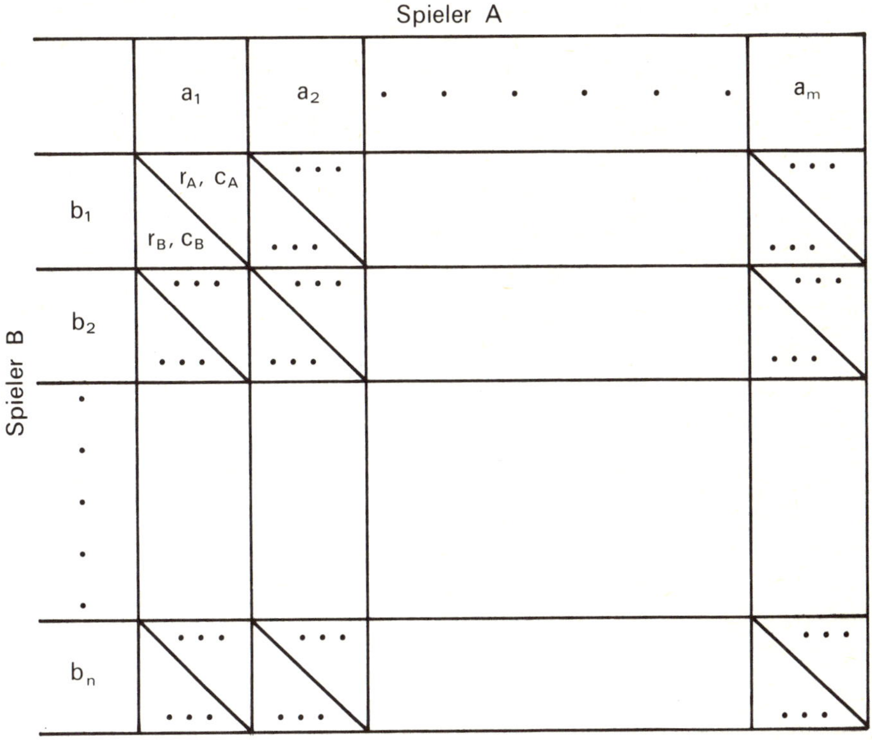

Man kann sich vorstellen, daß die Zahlen in Tab. 5.2a zustandegekommen sind, indem die Frau und der Mann die aus dem Fernseh- bzw. Sportvergnügen resultierenden Belohnungen jeweils mit +1 bewerten. Fernsehen soll für den Mann den Wert −1 haben; ebenso hat Sport für die Frau den Wert −1. Eines von beidem (Sport oder Fernsehen) gemeinsam zu tun, erhöht die Einschätzung der Frau um 4 und des Mannes um 3 Punkte. Da man zu der Sportveranstaltung hinfahren muß, entstehen hier Kosten, die beide mit 0,5 veranschlagen. Legt man diese Werte zugrunde, dann ergibt sich z.B. für die Kombination ›Beide besuchen die Sportveranstaltung‹ ein Nutzen von 1+3−0,5 für den Mann und −1+4−0,5 für die Frau usw., wie dies in Tabelle 5.2b angegeben ist.

Man muß beachten, daß der Konflikt auf verschiedene Weise ausgetragen werden kann. Wir kommen darauf zurück. Es soll zunächst nur eine der Möglichkeiten erörtert werden. So könnte einer der Beteiligten, z.B. der Mann, erklären: »Ich tue auf jeden Fall, was mir paßt, überleg Dir, was Du willst«. Er macht also deutlich, daß er die Sportveranstaltung besuchen wird, unabhängig davon, was seine Frau tut. Der Mann wird mit dieser Strategie Erfolg haben, wenn die Frau die Maximierung ihrer eigenen Interessen verfolgt. Sie wird dann doch lieber zu der Sportveranstaltung gehen, da die anderen Ausgänge für sie noch ungünstiger sind. Aber was sind die Interessen der Frau? Es gibt Frauen, die bei derartigen Erklärungen auf die Barrikaden gehen. Sie fühlen sich möglicherweise in ihrer Freiheit eingeengt, wittern eine typisch männliche Unterdrükkungsstrategie und fühlen ihre Geschlechtsehre auf dem Spiel stehen. Die ganze Nutzenma-

Tab. 5.2: Auszahlungsmatrizen für das Spiel ›Kampf der Geschlechter‹

a) Frau (A)

		Fernsehen	Sport
Mann (B)	Fernsehen	5 2	−1,5 −1
	Sport	1 0,5	2,5 3,5

b) Frau (A)

		Fernsehen	Sport
Mann (B)	Fernsehen	+1+4−0 =5 −1+3−0 =2	−1+0−0,5 =−1,5 −1+0−0 =−1
	Sport	+1+0−0 =1 +1+0−0,5 =0,5	−1+4−0,5 =2,5 +1+3−0,5 =3,5

trix könnte dadurch in Unordnung geraten. Die Spieltheorie geht davon aus, daß sich auch solche komplexen Sachverhalte in Zahlen ausdrücken lassen. Man könnte z.B. annehmen, die Frau bewerte eine solche Freiheitseinengung mit einer Nutzenminderung von 3 Einheiten, während der Mann eine analoge Strategie der Frau mit −1 Einheiten bewertet. Luce & Raiffa (1957) schlagen vor, derartige Strategien als weitere Handlungsmöglichkeiten in die Nutzenmatrix mit aufzunehmen. Für den vorliegenden Fall erhält man dann die Konfiguration in Tabelle 5.3.

Derartige Situationen können geometrisch dargestellt werden. Man gewinnt dadurch keine neuen Informationen, aber die Struktur des Konflikts wird übersichtlicher. Es wird ein Koordinatensystem aufgespannt, dessen Achsen als Nutzen der Spieler definiert werden. Bei dyadischem Konflikt kommt man demnach mit einer zweidimensionalen Darstellung aus. Das graphische Äquivalent der Nutzentabelle aus Tabelle 5.3 ist in Abbildung 5.1 wiedergegeben.

Um den Bereich des Konfliktes besser zu kennzeichnen, sind die *Randausgänge* durch Linien miteinander verbunden. Die geometrische Darstellung macht deutlich, daß es nur zwei ›vernünftige‹ Ausgänge gibt, die als mögliche *Lösungen* des Konfliktes ins

Tab. 5.3: Erweiterte Auszahlungsmatrix eines ›Kampf der Geschlechter‹-Spiels

		Frau (A)		
		Fernsehen	Sport	›Strategie‹ (Ferns.)
Mann (B)	Fernsehen	5 / 2	−1,5 / −1	5 / 1
	Sport	1 / 0,5	2,5 / 3,5	1 / −0,5
	›Strategie‹ (Sport)	−2 / 0,5	−0,5 / 3,5	−2 / −0,5

Auge gefaßt werden können. Das sind die durch Kreise gekennzeichneten Ausgänge, die in unserem Beispiel den Ausgängen ›beide sehen fern‹ und ›beide gehen zu der Sportveranstaltung‹ entsprechen. Alle anderen Ausgänge sind insofern unvernünftig, als mindestens ein Partner dabei schlechter fahren würde und der andere nicht besser. Ausgänge, die dieses Kriterium erfüllen, bezeichnet man als *pareto-optimal.* Pareto-optimal ist die Menge aller derjenigen Ausgänge, zu denen es keine Alternativen gibt, die für wenigstens einen der Beteiligten günstiger und für die anderen nicht schlechter sind. Die Menge der pareto-optimalen Lösungen besteht also im vorliegenden Beispiel aus den zwei genannten Handlungskombinationen, denn es gibt keine anderen Ausgänge, bei denen beide Beteiligten besser und der andere gleich gut abschneidet. Wenn die Kontrahenten vernünftig agieren, sollten sie eine dieser Lösungen wählen. Bei der Darstellung der verschiedenen Spieltypen im folgenden Abschnitt wird sich jedoch zeigen, daß eine solche vernünftige Vereinbarung nicht leicht zu treffen ist.

*5.1.2 Kompensationszahlungen und Wiederholung des gleichen Spiels

Wenn eine Konfliktsituation nur einmal auftritt, kann es schwerlich eine Lösung geben, die die Interessen beider Beteiligten irgendwie fair ausgleicht. In dem ›Battle of sexes‹-Beispiel würde entweder die Frau oder der Mann durch die Wahl einer der beiden vernünftigen Lösungen vergleichsweise benachteiligt werden. Es sei denn, es sind Kompensationszahlungen möglich. Die Frau könnte den Mann dafür entschädigen, daß er bei der Lösung ›beide sehen fern‹ vergleichsweise schlechter wegkommt, indem sie ihm einen Gefallen als Ausgleich anbietet. Wenn solche *Ausgleichszahlungen* (side payments) erlaubt sind, kann also ein Interessenausgleich ohne größeren Aufwand erfolgen.
Treten diese oder ähnliche Konfliktsituationen öfter auf, dann kann der Ausgleich auch durch einen Wechsel zwischen verschiedenen Möglichkeiten erfolgen. Die Ehepartner unseres Beispiels könnten sich darauf einigen, ein über das andere Mal zwischen den bevorzugten pareto-optimalen Lösungen abzuwechseln. Auch ein komplizierter Rhythmus wäre denkbar. Je nachdem, welche relativen Häufigkeiten gewählt werden, lassen sich die Nutzen dieser gemischten Lösung durch einen Punkt irgendwo auf der Geraden

Abb. 5.1: Graphische Darstellung der Auszahlungsmatrix in Tabelle 5.3

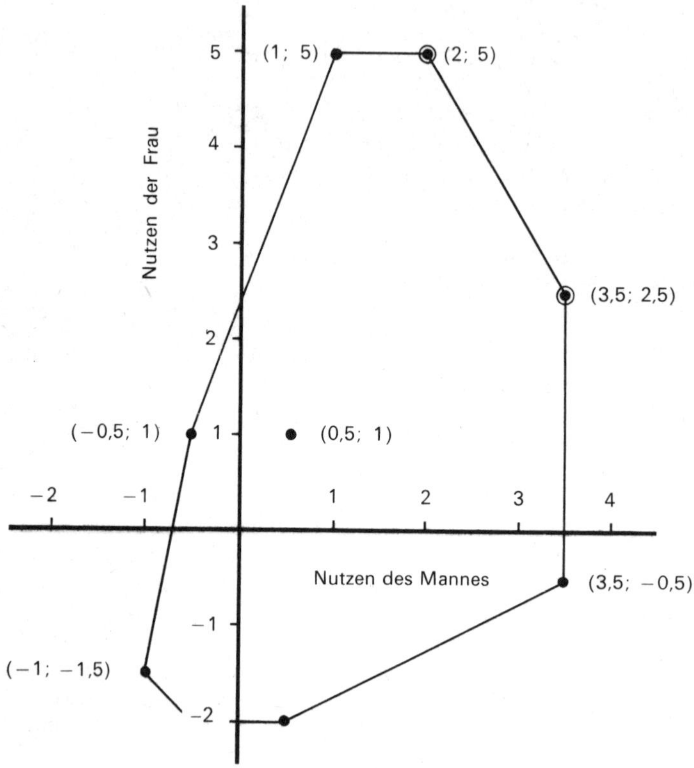

zwischen den beiden pareto-optimalen Ausgängen repräsentieren. D.h. alle Punkte auf dieser Geraden sind mögliche gemischte Lösungen.

*5.1.3 Das Null- oder Konstantsummenspiel

Die experimentelle Psychologie der Interaktion hat vor allem von der Klassifikation sozialer Situationen profitiert, die durch das analytische Instrument der Spieltheorie bereitgestellt wird. Danach sind grob zu unterscheiden:

1. *Gruppenentscheidungssituationen* und *Koordinationsspiele*, wie sie bereits in Kapitel 4 behandelt wurden,
2. *Null-* und *Konstantsummenspiele*, die bei zwei beteiligten Spielern immer zugleich nicht-kooperative Spiele sind, sowie
3. *Spiele mit gemischten Motiven* (Kooperation und Konflikt), die auch Spiele mit variabler Summe genannt werden.

In diesem Abschnitt soll zunächst das Null- und Konstantsummenspiel anhand eines Beispiels erläutert werden. In den Abschnitten 5.1.4 bis 5.1.7 folgen Beispiele für Spiele mit gemischten Motiven.

Null- bzw. Konstantsumme besagt, daß sich die Nutzen der beteiligten Spieler bei jedem möglichen Ausgang stets zu Null oder zu der gleichen konstanten Summe aufaddieren.

Das bedeutet, daß beim Übergang von einer Alternative zur anderen ein Zuwachs an Gewinn bei einer Partei stets mit einer gleichhohen Minderung des Gewinns für die andere Partei verbunden ist. Eine solche Situation soll anhand des Beispiels der Schlacht in der Bismarck-See veranschaulicht werden.

Die Japaner mußten im II. Weltkrieg ihre Truppen in der Stadt Lea in Neu-Britannien mit Nachschub versehen. Sie konnten dabei die Insel Neu-Guinea entweder südlich oder nördlich umfahren. Auf der Nordseite war eine schlechte Wetterlage und damit eine günstige Tarnung vor den amerikanischen Bombern zu erwarten, während das Wetter auf der Südseite klar und damit strategisch ungünstig sein würde. Die Amerikaner hatten Kenntnis von der beabsichtigten Aktion der Japaner, mußten sich aber entscheiden, welchen Stützpunkt sie für ihr Bombengeschwader wählten. Wählten sie den falschen Stützpunkt, dann konnten sie die Japaner nicht effektiv treffen, da der Anflugweg zu lang war. Der amerikanische General Kenney schätzte die möglichen Ergebnisse der geplanten Aktion wie in Tabelle 5.4 ein.

Tab. 5.4: Auszahlungsmatrix der Schlacht in der Bismarck-See

Japaner / Amerikaner	Nördliche Route	Südliche Route
Nördliche Route	2 / −2	2 / −2
Südliche Route	1 / −1	3 / −3

Die Zahlen in der Tabelle geben die Nettonutzen der Beteiligten wieder, d.h. die erwarteten Nutzen nach Abzug aller Kosten. Wie man sieht, addieren sich die Zahlen oberhalb und unterhalb der Diagonalen jeder Zelle zu Null.

Die Japaner wählten die nördliche Route. Sie erlitten eine Niederlage. Man erkennt aber leicht, daß sie gar keine andere Wahl hatten. Wenn sie schon fahren mußten, war es für die Japaner auf jeden Fall die bessere Strategie, die nördliche Route zu nehmen; denn im günstigsten Fall würden ihre Verluste auf der südlichen Seite gleich denen auf der nördlichen gewesen sein, möglicherweise aber größer. Vorausgesetzt, daß die Nutzenschätzungen stimmten, konnten sich die Amerikaner also darauf verlassen, daß die Japaner die nördliche Route wählen würden.

Zur Lösung solcher Konflikte, wie in dem oben geschilderten Beispiel, kann man eine Strategie anwenden, die als *Minimax-Strategie* bezeichnet wird. Wenn in der Matrix der Nutzen eine Kombination von Handlungsalternativen existiert, deren Ergebnis das Minimum einer Zeile und zugleich das Maximum einer Spalte ist (der sog. *Sattelpunkt*), dann ist dies stets eine gesuchte Lösung. Die Strategie, welche diese Zeile oder Spalte wählt, ist die Minimax-Strategie. Sie ist in diesem Fall die *optimale Strategie.* Dabei wird vorausgesetzt, daß der Kontrahent ein rationaler Spieler ist, d.h. ein Spieler, der an der Mehrung des eigenen Nutzens interessiert ist. Verhält er sich nicht rational, dann wird es um so schlimmer für ihn ausgehen.

Die Darstellung eines Spiels (mit endlicher Strategienmenge) in Form einer solchen Matrix ist die sog. Normalform des Spiels. In dem geschilderten Beispiel gab es für jeden Beteiligten nur zwei Handlungsmöglichkeiten (spieltheoretisch: *Züge*). Normalerwei-

se erschöpft sich ein dyadischer Konflikt aber nicht in zwei simultan erfolgten Handlungen der Kontrahenten, sondern besteht aus einer Abfolge von Zügen.
Die Abfolge der Züge und die resultierenden Konsequenzen lassen sich anschaulich durch den sogenannten *Spielbaum* darstellen, der als die *extensive Form* des Spiels bezeichnet wird. Dieser besteht in dem behandelten Beispiel aus sechs Elementen oder Zweigen (s. Abb. 5.2).
Das Zahlenbeispiel in Tabelle 5.4 illustriert, daß einige Strategien gegenüber anderen als dominant gelten dürfen. Allgemein sagt man, eine Strategie a_i dominiere eine andere Strategie a_j, wenn sie unabhängig von der Wahl des Gegners stets zu einem mindestens gleich guten Ergebnis führt. Eine Strategie, die alle anderen dominiert, heißt die *dominante Strategie*. Gleichgültig, was die Amerikaner tun, wird es für die Japaner empfehlenswert sein, die Strategie ›nördliche Route‹ zu wählen. Denn die Ausgänge, die sich aus der Wahl der südlichen Route ergeben könnten, sind mindestens genau so schlecht oder schlechter. Nach rationalen Kriterien müssen die Japaner also die nördliche Route wählen, und die Amerikaner können sich deswegen darauf verlassen, daß sie dies tun werden. Die Amerikaner selbst haben keine derart dominante Strategie, denn die Gewinne auf der nördlichen Route sind nicht für jeden der beiden Fälle günstiger als die auf der südlichen Route.
Im Abschnitt über das nicht-kooperative Zwei-Personen-Spiel wird sich zeigen, daß die Wahl einer dominanten Strategie nicht immer zu befriedigenden Ergebnissen führt. Für das Nullsummen-Spiel bleibt dem Spieler keine andere Wahl, als die dominante Strategie zu wählen, falls sie existiert.

Abb. 5.2: Spielbaum für die Schlacht in der Bismarck-See

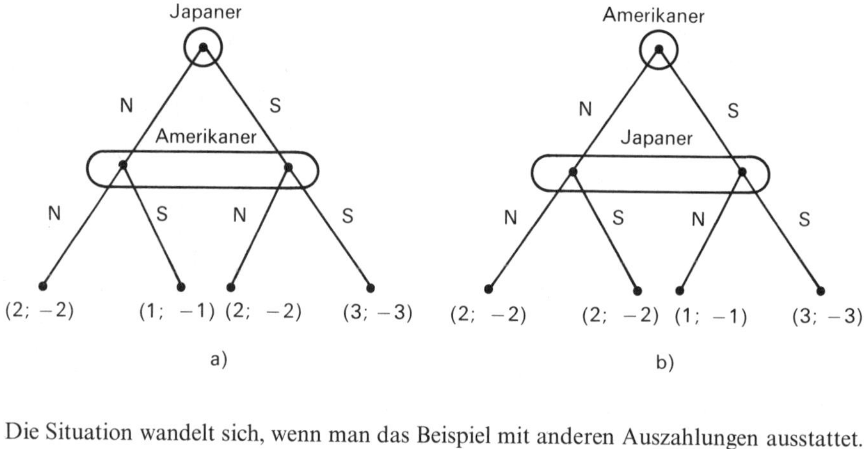

Die Situation wandelt sich, wenn man das Beispiel mit anderen Auszahlungen ausstattet. In Abbildung 5.3 ist die gleiche Situation nochmals dargestellt, jedoch mit anderen Zahlenwerten. In der Normalform hat dieses Spiel für keine Partei eine dominante Strategie und keinen Sattelpunkt. Es ist nicht gleichgültig, wer beginnt. Das Schicksal der Parteien hängt davon ab, wer den ersten Zug macht und wie wahrscheinlich es ist, daß dieser Zug von der Gegenpartei entdeckt wird.
Ob die Züge gleichzeitig bzw. ohne Kenntnis des Gegners erfolgen oder ob sie hintereinander und mit sicherer oder wahrscheinlicher Einsicht des Gegenspielers erfolgen, verändert die Konfliktsituation entscheidend.
Die meisten empirischen Untersuchungen gehen von der Normalform des Spiels aus, zumal man einige modifizierende Bedingungen der beschriebenen Art berücksichtigen

kann, indem man die Normalform des Spiels entsprechend abwandelt, wie dies z. B. bei der Beschreibung des ›Kampf der Geschlechter‹-Spiels geschehen ist.

Abb. 5.3: Auszahlungsmatrix und Spielbaum für ein Zwei-Personen-Nullsummenspiel

Amerikaner \ Japaner	N	S
N	−6 / 6	−5 / 5
S	−3 / 3	−7 / 7

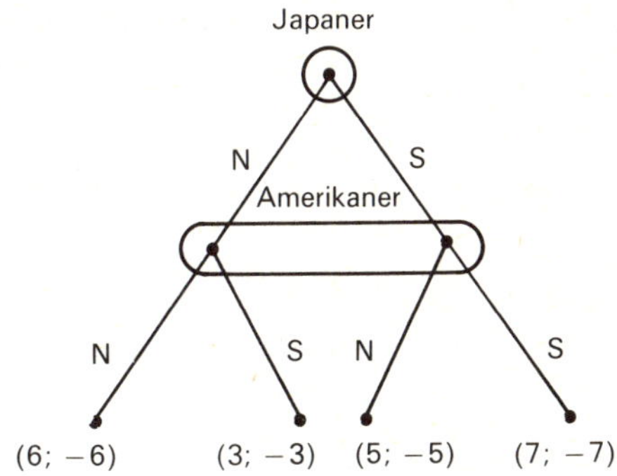

5.1.4 Das Gefangenen-Dilemma

Ein *kooperatives Zwei-Personen-Nicht-Nullsummenspiel*, dessen Formulierung A. W. Tukker zugeschrieben wird, ist wegen seiner inhärenten Spannung zwischen Kooperation und Konflikt häufig zum Gegenstand experimenteller Untersuchungen gewählt worden. Es wurde unter der Bezeichnung *Gefangenen-Dilemma* bekannt (Prisoner's Dilemma Game), die sich aus einer populären Illustration des Konflikts herleitet. Im folgenden wird es PDG abgekürzt.

Zwei Verdächtige werden von der Polizei aufgegriffen und getrennt voneinander eingesperrt. Es besteht der Verdacht, daß sie gemeinsam ein schweres Verbrechen begangen haben, aber die Beweise dazu können nicht beigebracht werden. Wenn sie beide leugnen, können sie nur zu einer kurzen Strafe wegen Landstreicherei bzw. illegalen Waffenbesitzes verurteilt werden. Der Vernehmungsrichter macht daher beiden den Vorschlag, sie als Kronzeuge einzusetzen. In diesem Falle würde derjenige, der gesteht, eine noch geringere Strafe zu erwarten haben, während der andere, der nicht gesteht, mit einer langen Haftstrafe rechnen muß. Wenn aber beide gestehen, dann braucht der Vernehmungsrichter keine Kronzeugen mehr, und er kann beide verurteilen.

In Matrixform läßt sich dieses Dilemma wie in Tabelle 5.5 darstellen.

Tab. 5.5: Gefangenen-Dilemma-Spiel

2. Gefangener \ 1. Gefangener	Nicht gestehen	Gestehen
Nicht gestehen	1 Jahr für jeden	3 Monate für Gefangenen 1 und 10 Jahre für Gefangenen 2
gestehen	10 Jahre für Gefangenen 1 und 3 Monate für Gefangenen 2	8 Jahre für beide

Man mag sich fragen, wie man sich in einer solchen Konfliktsituation verhalten würde. Zunächst erscheint es jedenfalls intuitiv plausibel, nicht zu gestehen. Man würde vielleicht

geneigt sein zu glauben, daß die Differenz zwischen drei Monaten und einem Jahr niemanden dazu verleiten könne, sich gegenüber seinem Schicksalsgenossen unkooperativ zu verhalten. Dies wäre tatsächlich eine akzeptable Argumentation. Zu den drei Monaten bzw. 8 Jahren wären dann für den Fall des Gestehens noch die negativen Nutzen der ›Gewissensbisse‹ hinzuzurechnen. Dies könnte die Struktur der Nutzenmatrix verändern. Möglicherweise derart, daß das Dilemma verschwindet. Dies reflektiert jedoch nur einen Mangel der gewählten Illustration. Es soll angenommen werden, daß bei der Bestimmung der Nutzen alle Vor- und Nachteile oder, wenn man will, Belohnungen und Kosten bereits berücksichtigt sind. Man muß sich nur vorstellen, daß statt der eingetragenen Strafmaße Nutzenwerte angegeben werden, die untereinander die gleiche Rangordnung haben wie die Strafzeiten in der oben angegebenen Matrix. Jemand der glaubt, der andere werde sich vermutlich unkooperativ verhalten, muß dies in jedem Fall auch tun (a_2 bzw. b_2 in Tab. 5.6), sonst ist er der Geschädigte. Glaubt er aber, der andere würde vermutlich kooperativ handeln, dann sollte er selbst dennoch unkooperativ wählen, denn er erzielt dann einen größeren Nutzen (der negative Effekt der Gewissensbisse ist ja bereits abgerechnet).
Rapoport & Chammah (1965a) hat für das PDG einige handliche Termini vorgeschlagen, die in Tabelle 5.7 wiedergegeben sind. Darin ist Re gleichbedeutend mit der Belohnung für kooperatives Verhalten (reward), T steht für die Versuchung, das Vertrauen des anderen auszunutzen (temptation), S für den Verlust des Partners, dessen Vertrauen betrogen wurde (sucker's payoff), und P für die Strafe für das unkooperative Verhalten (punishment). Eine Spielmatrix erfüllt dann die Bedingungen eines PDG, wenn $T > Re > P > S$ sind.[2] — Statt mit negativen Nutzenwerten (wie den Strafzumessungen) wird das PDG auch häufig (wie z. B. in Tab. 5.6) mit positiven Werten dargestellt. Experimente arbeiten i.d.R. mit positivwertigen Geldbeträgen, da man den Vpn Gewinnanreize bieten möchte.
Die Beliebtheit dieses Konflikttypes bei den experimentell arbeitenden Verhaltenswissenschaftlern (die Zahl der Untersuchungen zu diesem Paradigma geht in die hunderte) beruht vermutlich nicht zuletzt darauf, daß viele Lebenssituationen von einer ähnlichen Struktur sind. Die Situation des Gefangenen-Dilemmas liegt vor, wenn zwei oder mehrere Parteien (Personen oder Gruppen) durch eine stillschweigende oder explizite Vereinbarung gewinnen können, der Bruch einer solchen Vereinbarung aber jedem einzelnen von ihnen einen Vorteil bringt. Händler, die eine Absprache über Mindestpreise treffen,

Tab. 5.6: Beispiel einer PDG-Matrix mit positiven Nutzenwerten

		Spieler A	
		a_1	a_2
Spieler B	b_1	3 \ 3	1 \ 4
	b_2	4 \ 1	2 \ 2

2 Es gibt noch einige Unterformen des PDG. So z.B. das ›highly restricted PDG‹. Für dieses Spiel muß gelten: $2\,Re > S + T > 2\,P$; $T > Re$; $T > S$; $P > S$. Die hier wiedergegebenen Matrizen erfüllen diese Bedingungen.

Tab. 5.7: PDG-Matrix in der Terminologie von Rapoport

Spieler B \ Spieler A	L_A	R_A
L_B	Re / Re	S / T
R_B	T / S	P / P

Produzenten oder Bauern, die Mengenbeschränkungen verabreden, Streikende, die gemeinsam die Arbeit niederlegen, sie alle können sich in einem derartigen Dilemma befinden. Wenn jeder die Absprache einhält, dann wird dies mutmaßlich jedem Gewinn bringen, derjenige aber, der sie bricht, kann noch mehr profitieren. So zieht beispielweise der Preisbrecher die meisten Kunden auf sich, und er kann den geringeren Gewinn pro Stück durch höhere Umsätze mehr als kompensieren.

Man könnte sich vorstellen, daß dieses Dilemma deswegen recht akademisch ist, weil doch die meisten Interaktionen zwischen Personen stattfinden, die auch später wieder miteinander zu tun haben. Wenn z.B. der gleiche Konflikt mehrmals auftritt, dann müßte doch jeder im Hinblick auf die Maximierung seines auf lange Sicht zu erwartenden Gewinnes an Kooperation interessiert sein. Verhielte er sich unkooperativ, müßte er damit rechnen, daß der andere bei der nächsten Runde ebenso verfährt. Aber auch dieses Argument ist nicht schlagend. Man stelle sich vor, man wisse, eine solche Situation tritt genau fünfmal auf. Dann würde man vielleicht *zunächst* kooperativ handeln, um den anderen zu einem kooperativen Zug im nächsten Durchgang zu bewegen. Bei der fünften Wiederholung braucht man freilich an die Zukunft nicht mehr zu denken. Man kann sich dann getrost unkooperativ verhalten, denn es folgt ja kein weiteres Spiel mehr. Natürlich gilt dieses auch für den Gegenspieler. Dieser wird — sofern er rational handelt — beim fünften Spiel ebenfalls nicht mehr kooperativ wählen. Da aber beim fünften Spiel ohnehin keine kooperative Reaktion mehr zu erwarten ist, warum sollte man dann beim vierten Spiel kooperativ handeln. (Dies weiß auch der Gegenspieler usw.) Infolgedessen besteht nach den Prinzip der vollständigen Induktion kein Anlaß, beim ersten von endlich vielen Spielen kooperativ zu wählen. — Eine solche Argumentation für kooperatives Verhalten, die sich auf die Maximierung des auf lange Sicht zu erwartenden Gewinnes stützt, kann mit Einschränkungen allenfalls auf Interaktionen zutreffen, die sich unendlich oft wiederholen bzw. von denen man nicht weiß, wie oft sie sich noch wiederholen werden. Unter diesen Voraussetzungen gibt es genau besehen keine rationale Lösung (vgl. Luce & Raiffa, 1957, S. 102), und viele Überlegungen sprechen für ein kooperatives Verhalten. — Einige experimentelle Untersuchungen zur Entwicklung kooperativen Verhaltens bzw. von Vertrauensrelationen benutzen eine entsprechende Technik. Das Spiel wird mehrmals gespielt, und die Vpn erfahren nicht, wie oft es wiederholt wird.

In den meisten analytischen Darstellungen zum interpersonalen Konflikt wird übersehen, daß der Ausgang des einen Spiels die Struktur des nächsten beeinflussen kann. Rechnet man z.B. in einer derartigen Konfliktsituation damit, daß der andere kooperativ wählen wird, da er eine wiederholte Zusammenarbeit erwartet, dann dürfte es wiederum günstig sein, selbst unkooperativ zu wählen, wenn man den anderen mit diesem Zug in die

Position des Schwächeren befördern kann. Das nächste Spiel wäre dann kein symmetrisches Spiel mehr. Der Preisbrecher kann ökonomisch derart stark werden, daß er in der Lage ist, seine Konkurrenten zu ruinieren. Da es unter diesen Aspekt ratsam ist, unkooperativ zu handeln, muß dies auch der Partner tun, und somit landet man wieder bei der für beide Beteiligten ungünstigen Lösung.
Tatsächlich gibt es nur einen sicheren Ausweg aus diesem Dilemma. Derartige Situationen dürfen erst gar nicht auftreten. Die Gruppe oder eine dritte Partei müssen Sanktionen gegen den ›unkooperativen Zug‹ verhängen. In diesem Fall ändert sich dann die Nutzenmatrix, da ja der mit der Sanktion verbundene negative Nutzen von den bei unkooperativem Verhalten zu erwartenden Gewinnen abzuziehen ist. Wenn eine sanktionierende oder schiedsrichtende Partei nicht existiert, dann müssen mindestens effektive Beobachtungs- und Kontrollmöglichkeiten vorgesehen werden. Sofern der ›unkooperative Zug‹ nicht blitzartig geführt werden kann, sondern eine gewisse Zeit beansprucht, kann der beobachtende und kontrollierende Kontrahent noch rechtzeitig reagieren. Er kann damit drohen, ebenfalls ›unkooperativ zu ziehen‹ und so seinen Gegenspieler stoppen.

5.1.5 Verhandlungsspiele

Für die bisher dargestellten Spiele war es charakteristisch, daß die Vpn keine bindenden Abmachungen treffen konnten. Die unkooperativen und kooperativen Spiele erlaubten zwar u.U. implizite oder explizite *Absprachen* vor oder während des Spiels, letzten Endes sind diese Absprachen jedoch nicht verbindlich für die Wahl der Strategie. Diese Bedingung verursacht gerade die Entscheidungsschwierigkeiten in derartigen Spielen: Absprachen sind sinnlos (wie z.B. im Nullsummenspiel), nicht erlaubt oder mindestens nicht verbindlich. Es gibt keine Instanz, die über die Erfüllung einer Vereinbarung wacht.
Verhandlungsspiele unterscheiden sich von anderen mixed-motive-Spielen nicht notwendigerweise durch die Auszahlungsmatrizen. Sie zeichnen sich vielmehr dadurch aus, daß die Beteiligten eine Übereinkunft *aushandeln* müssen, die dann für alle verpflichtend ist.
Verhandlungsspiele haben daher stets auch kooperative Züge, denn wenn kooperative Versuche von vornherein aussichtslos wären, bestünde für die Beteiligten kein Anlaß, in eine Verhandlung mit den Partnern einzutreten. Andererseits wäre eine Verhandlung auch überflüssig, wenn die Interessen der Partner uneingeschränkt miteinander vereinbar wären. Es würde dann allenfalls eine wechselseitige Koordination der Strategien der Beteiligten erforderlich sein. Demnach ist ein Verhandlungsspiel (bargaining game) eine Situation, in der zwei oder mehrere Parteien, seien es Individuen oder Gruppen, durch Kooperation gewinnen können, in der aber bezüglich der konkreten Vereinbarung ein Interessenkonflikt besteht. Dieser Interessenkonflikt wird in der Verhandlung ausgetragen, deren Ergebnis ein von allen Partnern akzeptiertes Übereinkommen ist. Es handelt sich also auch beim Verhandlungsspiel in unserer Terminologie um eine sogenannte mixed-motive-Situation, in der gleichgerichtete und entgegengesetzte Interessen vorhanden sind.
In Anlehnung an Bishop (1963) unterscheiden wir zwischen Verhandlungssituationen mit *einer* und solchen *mit variablen Drohmöglichkeiten*. Während im zweiten Fall der Einsatz von Sanktionen (Belohnungen oder Bestrafungen) möglich ist, können die Beteiligten bei Verhandlungen mit einer Drohmöglichkeit nur mit dem Abbruch der Verhandlung drohen. Sowohl für Verhandlungssituationen mit einer Drohmöglichkeit wie für solche mit variablen Drohmöglichkeiten gilt, daß die Teilnehmer einer Verhandlung prinzipiell

eine Übereinkunft erzielen können, die für beide besser ist als der vertragslose Zustand und die Tatsache, daß bezüglich der Auswahl der Lösung (aus der Menge der pareto-optimalen Lösungen) gegenläufige Interessen bestehen. Dies sind zwei charakteristische Merkmale aller Verhandlungssituationen.

Typisches Beispiel für eine Verhandlungssituation mit einer Drohmöglichkeit ist das in Abschnitt 5.1.1 beschriebene Spiel ›Kampf der Geschlechter‹, vorausgesetzt natürlich, daß die Lösung des Konfliktes von den Beteiligten irgendwie ausgehandelt wird und daß die resultierende Einigung von beiden akzeptiert wird.

Charakteristisch an diesem Beispiel ist der Umstand, daß nur wenige Handlungsmöglichkeiten existieren. In den meisten Verhandlungspielen, namentlich den experimentell untersuchten, enthält die Spielmatrix bzw. der entsprechende Graph eine größere Zahl von Alternativen. Es stehen somit für die Lösung des Konfliktes mehrere Handlungsmöglichkeiten zur Verfügung. Wenn die Verteilung der Alternativen entsprechend dicht ist, kann man aus der von den Vpn gewählten Lösung deren Vorstellung von einer angemessenen Aufteilung besser ablesen.

Ferner wird unterschieden zwischen *vollständigen* und *unvollständigen Verhandlungssituationen.* Vollständig ist die Verhandlungssituation dann, wenn sie, wie im herangezogenen Beispiel des Kampfes der Geschlechter, auch die nicht pareto-optimalen Alternativen enthält. Bei vollständigen Verhandlungssituationen besteht ein Problem der verhandelnden Gruppen darin, zunächst einmal die Alternativen auszuscheiden, die für alle Beteiligten nicht optimal sind. Die Vpn haben also die Problemlöseaufgabe, die pareto-optimalen Möglichkeiten zu suchen. U. U. kann die Verhandlungsaufgabe so wenig strukturiert sein, daß die Beteiligten neue Alternativen entwickeln müssen. Jeder kennt dann zunächst nur die Möglichkeiten, die ihm als optimal gelten, er lernt die Vorstellungen der Gegenpartei kennen, und beide suchen dann gemeinsam nach Kompromissen.

In experimentellen Untersuchungen werden die möglichen Alternativen allerdings durchweg vorgegeben. — Das unvollständige Verhandlungsspiel besteht von vornherein nur aus den Alternativen, die pareto-optimal sind. Exemplarisch ist dafür der Kauf eines Gegenstandes, z.B. eines Gebrauchtwagens. Man geht davon aus, daß der Verkäufer (ein Privatmann) nur dieses eine Auto anzubieten hat und daß der Kunde grundsätzlich an diesem Fahrzeug interessiert ist. Es geht lediglich noch darum, ob der Kauf zustandekommt, und dies hängt wiederum davon ab, ob man sich auf einen gemeinsamen Preis einigen kann.

Die Struktur der Situation wird ferner durch den *Grad der Symmetrie* der Situation charakterisiert. Das Beispiel vom Kampf der Geschlechter ist asymmetrisch, denn einer der Beteiligten kann prinzipiell mehr gewinnen als der andere. Der maximale Nutzen der Frau beträgt hier 5, der des Mannes nur 3,5. Diese Ungleichheit läßt sich ausgleichen, wenn die Beteiligten wiederholt interagieren. Das Ehepaar kann sich dann z.B. etwas häufiger auf die vom Mann bevorzugte Alternative einigen. Eine Kompensation dieses Vorteils kann auch durch Ausgleichszahlungen erreicht werden. Wenn, anders als im herangezogenen Beispiel, mehr als nur zwei pareto-optimale Alternativen existieren, läßt sich eine größere Gleichheit durch die Wahl einer Lösung erreichen, bei der die Verteilung der Nutzen weniger diskrepant ist.

Bei der Diskussion über die Kompensation der Asymmetrie wurden implizit zwei Voraussetzungen gemacht, die nicht notwendigerweise gegeben sein müssen. Erstens wurde angenommen, daß die Zahlen interpersonal vergleichbare Nutzenvorstellungen reflektieren. Der Nutzen der Beteiligten muß also auf einer Skala mit gleichem Nullpunkt und gleichen Einheiten gemessen werden können. Nur dann hat es Sinn, von einem Ausgleich der Gewinne zu sprechen. Zweitens wurde vorausgesetzt, daß die Beteiligten eine Kompensation der Asymmetrie überhaupt für erstrebenswert halten. Man denke daran, daß die Asymmetrie nicht willkürlich, sondern aufgrund vorangegangener Verdienste zustandekommt. Darüber hinaus respektiert unsere Gesellschaft auch Ungleichheiten, die völlig zufällig zustandekommen. Vorteile, die man durch ererbtes Geld, Attraktivität oder Begabung erlangt, werden häufig nicht kompensiert, und ob dies getan werden sollte, ist zumindest strittig. Auf die *Gerechtigkeitsprinzipien*, die die Verteilung gemeinsam erarbeiteter Gewinne bestimmen, gehen wir bei der Diskussion der experimentellen Ergebnisse zur paradigmatischen Interaktionsforschung noch ein.

Das Konzept der Verhandlung ist auf einen breiten Bereich sozialer Tatbestände ausgeweitet worden. Man spricht nicht nur von *Kauf-*, *Verkaufs-*, *Tarif-* und *Vertragsverhandlungen*, sondern auch von *Rollenverhandlungen* (Goode, 1960; Pettigrew, 1968; Secord & Backman, 1964), *Machtverhandlungen* (Pruitt, 1974; Walton, 1968) und *Statusverhandlungen* (Shubik, 1971) und ganz allgemein von *Verhandlungen um die Festlegung von Gruppenzielen* (Thibaut & Kelley, 1959).

Forschungsergebnisse zum Verhandlungsverhalten sind, abgesehen von ihrer möglichen unmittelbaren Bedeutung im Hinblick auf spezifische Konfliktsituationen ökonomischer, politischer und sozialpolitischer Art, wie sie etwa im Marktgeschehen (Fouraker & Siegel, 1963; Kirsch, 1970; Schoch, 1969; Sauermann & Selten, 1951), in organisationalen Entscheidungsprozessen (Irle, 1971; Kirsch, 1971), in diplomatischen bzw. politischen Auseinandersetzungen (Bonham, 1971; Iklé & Leites, 1962; Sawyer & Guetzkow, 1965; Walton, 1969) oder in Tarifverhandlungen (Douglas, 1962; Prasow & Peters, 1970; Raupach, 1964; Walton & McKersie, 1965; Tietz, 1976) auftreten, deswegen von allgemeinerem Interesse, weil das Spannungsverhältnis von gleichlaufenden und entgegengesetzten Interessen, das sich in Verhandlungssituationen manifestiert, für sehr viele Gelegenheiten charakteristisch ist, in denen mehrere Personen interagieren. Wie Homans (1961), Kelley (1966), Swingle (1970b) und Thibaut & Kelley (1959) gezeigt haben, können sehr viele alltägliche Situationen als Verhandlungsprobleme aufgefaßt werden. Unter diesem Aspekt kann man sich von der theoretischen und experimentellen Analyse des Verhandlungsverhaltens Erkenntnisse über das Zusammenwirken der relevanten psychologischen Kräfte des sozialen Austausches versprechen. Die experimentelle und theoretische Analyse von Verhandlungssituationen soll dementsprechend dem besseren Verständnis expliziter und impliziter Verhandlungssituationen der genannten Art dienen.

5.1.6 Das Transportspiel

Neben den Matrixspielen, deren potentielle Ergebnisse sich durch Gewinn- und Verlusttabellen genau darstellen lassen, gibt es experimentell untersuchte Spiele, bei denen das Ergebnis einer oder mehrerer der möglichen Alternativkombinationen nicht vorhersagbar ist. Aus dieser Gruppe wurde das von Deutsch & Krauss (1960) entwickelte *Transportspiel* (Trucking Game) sehr häufig untersucht.

In diesem Spiel müssen zwei Vpn, die ACME und BOLT genannt werden, als Eigentümer von Transportunternehmen Produkte von einem Startpunkt zu einem Zielpunkt befördern. Jeder Teilnehmer kann zwischen zwei verschiedenen zum Ziel führenden Strecken wählen, einer kürzeren, aber stellenweise nur in einer Richtung befahrbaren Strecke und einer Umwegstrecke. Auf der kürzeren Strecke kann er also mit seinem Mitspieler zusammentreffen, einer von beiden muß dann umkehren. Die Umwegstrecke gehört ihm allein. Zu Beginn des Spiels erhält jeder Partner einen festen Geldbetrag, von dem er die Kosten der Fahrt zu bezahlen hat. Diese Kosten hängen linear von der Zeit ab, die der Teilnehmer für seine Fahrt vom Start zum Ziel benötigt. Daher ist der Gewinn, der nach Abzug der Kosten verbleibt, um so größer, je schneller die Vp vom Start zum Ziel gelangt. In der Abbildung 5.4 ist diese Situation graphisch wiedergegeben, so wie sie sich den Vpn von Deutsch & Krauss darstellte.

Abb. 5.4: Deutsch & Krauss Transportspiel mit dazugehöriger Auszahlungsmatrix

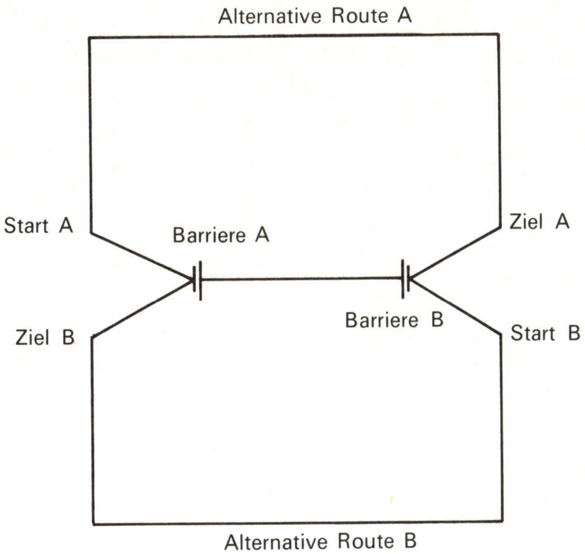

	a_1 innere Route bei Zusammenstoß äußere Route wählen	a_2 innere Route bei Zusammenstoß zurückgehen, anderen passieren lassen	a_3 innere Route bei Zusammenstoß warten bis der andere weicht	a_4 äußere Route
b_1	−8 / −8	? / −8	+24 / −8	+8 / +24
b_2	−8 / ?	? / ?	+24 / +16	+8 / +24
b_3	−8 / +24	+16 / +24	? / ?	+8 / +24
b_4	+24 / +8	+24 / +8	+24 / +8	+8 / +8

Nur die kürzere von beiden Strecken ist profitabel, wenn ein Teilnehmer die längere Strecke fährt, kann er nur wesentlich weniger gewinnen. Das Dilemma besteht aber darin, daß die Fahrer zusammentreffen, wenn beide die profitable Route wählen wollen.

Auch dieses Spiel läßt sich in Matrixform darstellen, allerdings ohne daß man für alle Fälle die resultierenden Auszahlungen angeben könnte. In den mit Fragezeichen versehenen Zellen hängt die Höhe des Verlustes davon ab, wie lange die Vpn einander gegenseitig den Weg blockieren bzw. von der Zeit, die sie mit Warten und Zögern verbringen.

Deutsch & Krauss haben diese Situation noch variiert, indem sie den Vpn die Möglichkeit gaben, am Anfang der kürzeren Strecke eine Straßensperre zu errichten, durch die der Gegenspieler an der Durchfahrt gehindert wird. Eine solche Sperre kann entweder nur einem Spieler *(unilaterale Drohbedingung)* oder beiden Spielern *(bilaterale Drohbedingung)* zur Verfügung stehen.

Experimente, die mit diesem Paradigma durchgeführt werden, beobachten im allgemeinen eine Serie (20 bis 50) solcher Versuche, so daß die Reaktionen der Betroffenen auf das Verhalten ihrer Gegenspieler in den vorangegangenen Durchgängen analysiert werden kann.

Es ist das charakteristische Merkmal dieses Spiels, daß die Personen explizite *Droh- bzw. Bestrafungsmöglichkeiten* besitzen, d.h. sie können ihrem Gegenspieler nicht nur durch die Wahl einer ihm nicht genehmen Alternative schaden, sondern sie können ausdrücklich Sanktionen verhängen.

5.1.7 Andere Spieltypen

Es gibt noch eine große Zahl anderer in Matrixform darstellbarer Spiele, deren Konfliktsituation prinzipiell für die Interaktionsforschung interessant ist, die jedoch bisher selten experimentell untersucht wurden. Wer weitere Spieltypen kennenlernen möchte, findet bei Junne (1972), Křivohlavý (1974), Luce & Raiffa (1957), Rapoport (1966, 1970), Shubik (1964) u.a. viele Beispiele. Sofern in den im folgenden Text referierten Untersuchungen noch andere als die bisher erwähnten Situationen vorkommen, werden sie an Ort und Stelle kurz dargestellt werden. Vielfach handelt es sich dabei um Variationen der bisher behandelten Spieltypen, so daß deren Erläuterung keines besonderen Abschnittes bedarf.

*5.2 Der Stellenwert der Spieltheorie in der sozialwissenschaftlichen Forschung

Soziale Spiele regten von Neumann & Morgenstern zu ihren spieltheoretischen Formulierungen an. Ihnen imponierte insbesondere die Analogie zwischen ökonomischen Situationen und Gesellschaftsspielen. Obwohl die oben skizzierten Spiele aus dieser Theorie abgeleitet wurden, sind Spieltheorie und paradigmatische Interaktionsforschung nicht gleichzusetzen. Die Spieltheorie kann zum einen als ein Zweig der Mathematik verstanden werden, in dem es darum geht, aus mehr oder minder willkürlich gesetzten Axiomen und Definitionen die mathematischen Konsequenzen abzuleiten, zum zweiten ist sie eine normative Theorie, die aussagt, wie sich eine Person oder Partei bei einer bestimmten Zielsetzung optimal verhält bzw. welche Grenzen die Entscheidungsoptimierung hat.

Die normative Seite der Spieltheorie ist, ebenso wie die formal-mathematische, für den Sozialwissenschaftler wenig ergiebig. Die Frage, wie sich eine Person verhalten s o l l, interessiert allenfalls als Kontrast zu ihrem tatsächlichen Verhalten. Sozialwissenschaftler bedienen sich jedoch auch dann der Spielparadigmata, wenn sie nicht das geringste Interesse an der formal-mathematischen oder der normativen Spieltheorie besitzen. Sie machen sich einen dritten Aspekt dieser Theorie, den deskriptiven Aspekt, zunutze. Die Spieltheorie beschreibt soziale Situationen durch Spieler, Alternativen, Strategien und Ergebnisse. Sie erlaubt somit eine Klassifikation von Sozialsituationen nach deren Unsicherheit, den inhärenten Kooperationsmöglichkeiten und der Konfliktträchtigkeit.

*5.3 Die Funktion paradigmatischer Interaktionsforschung

Die Sozialpsychologie der Interaktion ist bestrebt, theoretische Konzepte zu entwickeln, die beschreiben, erklären und vorhersagen, wie sich Individuen in definierten Interaktionssituationen verhalten. Solche Konzepte können durchaus auch mathematisch formuliert sein, sie können auch Anleihen bei der formal-mathematischen oder der normativen Spieltheorie machen, unterscheiden sich davon jedoch in ihrer Zielsetzung, eine Korrespondenz mit dem Verhalten herzustellen.

Die mißverstandene Einstufung, die die paradigmatische Interaktionsforschung auch durch Sozialwissenschaftler erfahren hat, beruht z.T. darauf, daß die Spieltheorie häufig in politischen und militärischen Zusammenhängen als Instrument zur Entscheidungsfindung eingesetzt wurde. Die Kritik hat gegen dieses Verfahren eingewandt, daß es nur zu kurzfristigen strategischen Ratschlägen führe, die sich längerfristig verheerend auswirken können, da sie übergeordnete ethische und politische Ziele und die aus den Konsequenzen einzelner Entscheidungen resultierende Dynamik nicht ausreichend berücksichtigen. In der Tat dürfte es den auf diesem Feld tätigen Spieltheoretikern schwer fallen, adäquate Nutzenschätzungen zu finden. — Ob es sinnvoll und vertretbar ist, die Spieltheorie mit dieser Zielsetzung einzusetzen, braucht hier nicht diskutiert zu werden. Wir haben es dabei mit einer Verwendung der Spieltheorie als normatives Instrument zu tun.

Eine weitere Ursache für die mißverständliche Einschätzung paradigmatischer Interaktionsforschung ist darin zu suchen, daß einige Experimentatoren eine Analogie zwischen der von ihnen untersuchten experimentellen Situation zu komplexen politischen, ökonomischen und militärischen Realitäten ziehen. Um dies zu rechtfertigen, wird die Spielsituation in ein Problem eingekleidet, das eine gewisse Ähnlichkeit zu realen Situationen aufweist. So haben z.B. Deutsch & Krauss (1960) experimentelle Ergebnisse mit dem Transportspiel auf internationale Beziehungen übertragen. Ob die Einkleidung der zugrundeliegenden Spielstruktur in das Transportspiel sehr realitätsnah ist, läßt sich bezweifeln. Aber selbst wenn eine solche Situation realitätsnah gestaltet wäre, also eine elaborierte Simulation einer Lebenssituation darstellen würde, gäbe es keinen Grund anzunehmen, daß zwischen einer lebensechten Transportsituation und der Vielfalt politischer Konflikte eine engere Beziehung besteht als zwischen einer abstrakten Version des Spiels und politischen Realitäten.

Wenn Experimente angelegt werden, um theoretische Aussagen zu überprüfen bzw. zu modifizierten theoretischen Aussagen zu gelangen, dann muß die experimentelle Anordnung mit dem sogenannten wirklichen Leben nicht übereinstimmen. Experimentelle Situationen, die sich zur Überprüfung einer Hypothese eignen, lassen sich nicht immer überzeugend mit einem Lebensausschnitt zur Deckung bringen. Zudem kann sich die Ähnlichkeit mit einer realen Situation störend auswirken. Die Vpn können den Eindruck gewinnen, sie sollten das Verhalten der natürlichen Rollenträger imitieren. Man kann sich leicht vorstellen, welche Verzerrungen auftreten, wenn man eine experimentelle Konfliktsituation um der Lebensnähe willen z.B. in eine Tarifverhandlung einkleidet.

Nicht nur Rollenvorstellungen der Vpn, sondern auch deren politisch ideologische Position können hier das Konfliktverhalten beeinflussen. Wie wird sich z.B. eine Vp verhalten, die mit den Gewerkschaften sympathisiert, im Spiel aber die Rolle des Unternehmers einnehmen soll?
Auch im Verständnis der Experimentalpsychologie werden theoretische Aussagen letztlich konzipiert, um ein besseres Verständnis und/oder eine bessere Vorhersage des Verhaltens in der Realität zu gewährleisten. Sorgfältig geplante *Simulationsexperimente* und *Felduntersuchungen* können als Mittel eingesetzt werden, die Korrespondenz zwischen Theorie und Lebenswirklichkeit zu überprüfen. Ebenso kann man mit gewissen Einschränkungen theoretische Aussagen durch die Anwendung in der Praxis auf ihre Brauchbarkeit untersuchen. Um dieses sinnvoll tun zu können, muß man jedoch zunächst ein geordnetes Gefüge von theoretischen Aussagen erstellen. Da komplexe Theorien nicht ohne Blick auf die Realität als Ergebnis eines einmaligen geistigen Kraftaktes entstehen, sondern auf einzelnen Beobachtungen aufbauend sich langsam entwickeln (vgl. Popper 1971, S. 137f), ist experimentelle Arbeit, die auf die Überprüfung von Theorien bezogen ist, unentbehrlich.

Kontrollfragen

1. Was versteht man unter einem Spiel im spieltheoretischen Sinne?
2. Wie ist die Auszahlungsmatrix eines Spiels aufgebaut?
3. Welche Eigenschaften haben pareto-optimale Lösungen?
* 4. Was bedeutet der Terminus ›Nullsummenspiel‹?
5. Woraus leitet sich der Name ›Gefangenen-Dilemma-Spiel‹ (PDG) ab? Beschreiben Sie die Struktureigenschaften eines PDG.
6. Worin besteht die besondere Konfliktlage im PDG?
7. Welches Verhalten legt die strikte Rationalität in einem PDG mit einer festgelegten Anzahl von Wiederholungen nahe?
8. Wie ist das Verhandlungsspiel definiert? Wie unterscheidet sich das Verhandlungsspiel vom PDG?
9. Worin liegt der Unterschied zwischen vollständigen und unvollständigen Verhandlungsspielen?
*10. Wie unterscheiden sich Konstantsummenspiele von Spielen mit variabler Summe?

Weiterführende Literatur

Luce & Raiffa (1957): Detaillierte, aber dennoch verhältnismäßig leicht lesbare Einführung in die Spiel- und Entscheidungstheorie, die insbesondere auch psychologische Aspekte hervorhebt.
Shubik (1965): Ein Lesebuch, das im ersten Kapitel eine leicht faßliche Einführung in die Spieltheorie bietet. Es folgen dann einige theoretische und empirische Arbeiten aus dem Gebiet der Konfliktforschung.

6 Interpersonaler Konflikt: Experimentelle Ergebnisse

Übersicht: Im letzten Kapitel wurden vorwiegend Elemente der spieltheoretischen Situationsanalyse dargestellt. Die elaborierte mathematische Spieltheorie, die dort ausgespart wurde, hat eher einen normativen Charakter. Denn sie beschreibt nicht, wie sich Personen wirklich verhalten, sondern wie sie sich unter Geltung bestimmter axiomatisch festgelegter Bedingungen verhalten sollten. Die Ergebnisse empirischer Untersuchungen weichen von den Vorhersagen der mathematischen Spieltheorie mehr oder minder deutlich ab. Außerdem liefert die Theorie in vielen Fällen keine exakten Lösungen, sondern lediglich Lösungsbereiche, die erst durch zusätzliche psychologische Annahmen eingeengt werden können. Das vorangegangene Kapitel faßte daher die Spieltheorie als einen allgemeinen, erweiterungsfähigen Bezugsrahmen auf, in dem Situationen definiert und klassifiziert sind, und der bei Geltung bestimmter Annahmen Vorschläge für die Einengung der Zahl der möglichen Lösungen auf eine beschränkte Menge (oder auf eine Lösung) enthält. Das folgende Kapitel betont die von der mathematischen Spieltheorie wenig beachteten motivationalen Aspekte des Handelns in Konfliktsituationen.

6.1 Gewinnmaximierung, Wettstreit und Kooperation

6.1.1 Das Verhältnis von kooperativen und kompetitiven Zügen

6.1.1.1 Ergebnisse klassischer Experimente

Die rational nicht auflösbare Spannung zwischen Kooperation und Wettstreit, oder wenn man will, zwischen Solidarität und Verrat, wie sie im PDG aktualisiert wird, hat viele Sozialpsychologen veranlaßt zu untersuchen, welchen der beiden in diesem Spiel möglichen Züge die Vpn bevorzugen. Ergebnisse auf diesem Gebiet haben dann dazu angeregt, die Frage nach dem Stellenwert motivationaler Tendenzen auch für Situationen anderer Struktur zu stellen. Zunächst sollen in diesem Abschnitt einige Ergebnisse zum PDG, dann solche zu anderen Paradigmata referiert werden. Es wird dann deutlich werden, daß bei Spielen unterschiedlicher Struktur unterschiedliche Verhaltenstendenzen vorherrschen.

Die beiden möglichen Züge des PDG werden in der Literatur der *kooperative* und der *kompetitive Zug* genannt. Die Ergebnisse einer Serie von Spielen faßt man im allgemeinen im Prozentsatz der kompetitiven Züge zusammen. Der Prozentsatz der kooperativen Züge ergibt sich als Komplement. Die Bezeichnungen kooperativer und kompetitiver Zug sind nur als Konventionen zu verstehen. Damit soll noch *nicht* ausgedrückt werden, daß der Wahl des jeweiligen Zuges auch eine entsprechende Motivation zugrundeliegt, und noch weniger, daß Kooperationsbereitschaft oder die Neigung zu wettbewerbsorientiertem Verhalten im PDG auf eine entsprechende Persönlichkeitseigenschaft zurückzuführen sei.

Bereits die ersten Untersuchungen des PDG zeigten, daß das Spiel offenbar keine eindeutigen Reaktionen provoziert. Scodel et al. (1959) ließen ihre Vpn 50mal das in Tabelle 6.1 wiedergegebene PDG spielen. Die Auszahlungen entsprachen cent-Beträgen, die unmittelbar nach jedem Spiel ausgezahlt wurden. Mehr als 90% der Vpn-Paare bevorzugten unter diesen Bedingungen die kompetitive Zugkombination (R_A, R_B in Tab. 5.7), wobei der Prozentsatz der kompetitiven Zugkombinationen in der zweiten Hälfte der Serie

Tab. 6.1: PDG-Matrix der Untersuchung von Scodel et al. (1959)

	a_1	a_2
b_1	3 \ 3	0 \ 5
b_2	5 \ 0	1 \ 1

deutlich wuchs. Ähnliche Resultate fanden Gumpert et al. (1967), Lutzker (1960), Oskamp & Kleinke (1968), Oskamp & Perlman (1965), Sampson & Kardusah (1968), Rapoport & Chammah (1965 a, b), Radlow (1965) u.a. Im weiteren Verlauf nimmt allerdings der Anteil der kompetitiven Züge wieder ab, wenn 50 oder mehr Durchgänge gespielt werden. Nach Rapoport (1964 b) findet man in länger dauernden Spielserien typischerweise zunächst einen Anstieg der kompetitiven Wahl (etwa bis zum 50. Versuch), dann folgt wieder eine Verringerung — etwa bis zum 250. Zug — die schließlich von einer Stabilisierungsphase abgelöst wird, in der sich das durchschnittliche Wahlverhalten nicht mehr nennenswert ändert.

6.1.1.2 Kooperative und kompetitive Züge in Differenzmaximierungsspielen

Minas et al. (1960) fragten, ob diese Bevorzugung des kompetitiven Zuges auch bei Spielen auftritt, die extrem günstige Voraussetzungen für Kooperation bieten. Die Vpn hatten unter anderem die Spiele aus Tabelle 6.2 dreißigmal zu spielen — die Zahlen stehen wiederum für cent-Beträge:

Tab. 6.2: MDG-Matrizen aus der Untersuchung von Minas et al. (1960)

	a_1	a_2
b_1	3 \ 3	1 \ 3
b_2	3 \ 1	0 \ 0

	a_1	a_2
b_1	4 \ 4	1 \ 3
b_2	3 \ 1	0 \ 0

Keines der beiden Spiele hat PDG-Charakter. Sie sind sozusagen das Gegenteil eines PDG. Der Ausgang a_1b_1 liefert stets die höchsten Auszahlungen, die das jeweilige Spiel zu bieten hat. Ein Entscheidungsdilemma im üblichen Sinne liegt also gar nicht vor, denn mit dem kooperativen Zug fahren beide Beteiligten am besten. Dessen ungeachtet wählten die Vpn in 52% bzw. 47% der Fälle kompetitive Züge, wobei wiederum die Anzahl der kompetitiven Wahlen mit der Zahl der Versuche wuchs.
Die Beobachtung, daß die Vpn auch dann kompetitiv wählen, wenn es sich eindeutig um ein kooperatives Zwei-Personenspiel handelt, legt die Vermutung nahe, daß die Vpn nicht an der Maximierung des eigenen Gewinnes, sondern an der *Maximierung der Gewinndifferenz* zum Gegenspieler interessiert sind. Das würde bedeuten, daß die

Vpn primär kompetitiv motiviert sind, wobei zunächst noch offen bleiben muß, ob diese kompetitive Motivierung von vornherein besteht oder ob sie sich (sehr rasch) aufgrund der speziellen Merkmale der Situation entwickelt. Wie man erkennt, hat ein auf Maximierung der Differenz gespieltes PDG Null-Summencharakter. Auch die beiden wiedergegebenen Spiele aus der Untersuchung von Minas et al. (1960), die nicht PDG-Charakter besitzen, hätten dann Null-Summenform (siehe Tabelle 6.3).

Tab. 6.3: Nullsummenform eines MDG

	a_1	a_2
b_1	0 / 0	−2 / +2
b_2	+2 / −2	0 / 0

Vpn, welche die kompetitive Strategie wählen, verhalten sich bei dieser Nutzendefinition adäquat, sofern sie bestrebt sind, die Differenz zum Gegenspieler zu maximieren. Dieser Spieltyp wurde daher als *Maximizing Difference Game* (MDG) bezeichnet.

6.1.1.3 Veränderung der Spielstruktur des PDG und der Höhe der Gewinnmöglichkeiten

Wenn die Vpn tatsächlich die auf Wettstreit gerichtete Motivation haben, die Differenz zum Gegenspieler zu maximieren, dann sollte diese Tendenz schwächer ausgeprägt sein, wenn hohe Geldbeträge auf dem Spiel stehen. Andererseits müßte die relative Bedeutung der Wettbewerbsorientierung zurücktreten, wenn der Gewinnanreiz erhöht wird. Radlow (1965) hat versucht, den *Geldanreiz* zu erhöhen. Seine Vpn spielten 98mal ein PDG, in dem die Auszahlungen zwischen 2 und 5 Dollar eingetragen wurden. Die Vpn bevorzugten auch noch unter diesen Voraussetzungen kompetitive Züge.

Weitere Untersuchungen ergaben ein ähnliches Bild (Oskamp & Kleinke, 1970; Oskamp & Perlman, 1965; Radlow et al., 1968 u. a.). Wenn Differenzen auftreten, dann ist die Kooperationsneigung bei höheren Gewinnbeträgen etwas stärker ausgeprägt. Im allgemeinen sind die Unterschiede jedoch gering. Beim MDG scheinen reale Belohnungen eher zu kooperativem Verhalten anzuregen als im PDG. Beim Spielen um echtes Geld bzw. höhere Geldbeträge, Kugelschreiber oder Credit points wählten die Vpn, wie Untersuchungen von Evans (1964), McClintock & McNeel (1966 a), Gallo et al. (1966), Gallo (1964) und Knox & Douglas (1968) zeigen, häufiger kooperative Züge.

Für das Transportspiel konnten Deutsch & Krauss (1960) und später Gallo (1963) zeigen, daß die Gruppen, die Drohmöglichkeiten besaßen, beim Spielen um imaginäres Geld wesentlich mehr Punkte verloren, als Gruppen, die nicht über Drohmöglichkeiten verfügten. Beim Spielen um echtes Geld reduziert sich dieser Unterschied, wie die Untersuchung von Gallo zeigte, beträchtlich, was ebenfalls darauf zurückgeführt werden kann, daß die Vpn weniger auf die Maximierung der Differenz zum Gegenspieler ausgingen.

Kelley et al. (1970) stellten fest, daß das Verhalten der Vpn in einem Verhandlungsspiel bei realen Gewinnmöglichkeiten sachorientierter und weniger auf Konflikt gerichtet war als beim Spiel um imaginäres Geld. Die Vpn erreichten die Vereinbarung schneller, die Verhandlungen wurden seltener abgebrochen, es wurde weniger geblufft, und es

wurden häufiger Regeln diskutiert, während unter der Punktebedingung der ›zwischenmenschliche‹ Aspekt im Vordergrund stand. Für ein Verhandlungsspiel mit variablen Sanktionsmöglichkeiten konnten Crott et al. (1976) zeigen, daß Bestrafungen bei niedriger Geldmotivierung sehr viel häufiger eingesetzt werden als bei hoher, sofern die Spielsituation symmetrisch ist.
Schließlich wird die Regel durch eine Ausnahme durchbrochen. Pate & Broughton (1970) fanden bei der Untersuchung eines Nullsummenspiels keine Unterschiede im Verhalten der Vpn bei imaginären und realen Gewinnmöglichkeiten (wobei allerdings anzumerken ist, daß die realen Gewinnbeträge in diesem Experiment verhältnismaßig niedrig waren.)

Alle bisher behandelten Situationen bieten die notwendigen Voraussetzungen sowohl für kooperatives als auch für kompetitives Verhalten. Es erwies sich jedoch als Trugschluß, unabhängig von der Spielstruktur und den Anreizbedingungen eine Kooperationsneigung zu erwarten. Wenn der Gewinnanreiz niedrig ist, bevorzugen die Vpn kompetitive Wahlen, und dies insbesondere dann, wenn das Spiel (PDG, Transportspiel) einen Wettstreit attraktiv macht. Aber auch bei hohem Gewinnanreiz sind die Möglichkeiten zur Kooperation im Sinne einer Zusammenarbeit zur Vergrößerung des Gewinnes der Gruppe bei den verschiedenen Spieltypen sehr unterschiedlich. Im Nullsummenspiel kann Kooperation nichts zur Vergrößerung des gemeinsamen Nutzen beitragen, im PDG setzt Kooperation ein hohes Vertrauen in den Gegenspieler voraus, während es im MDG, im Transportspiel und im Verhandlungsspiel realistischer ist, auf Kooperation zu setzen. Bei imaginären und sehr niedrigen Geldgewinnen zeigt sich demzufolge bei allen betrachteten Spielstrukturen, PDG, MDG, Transport- und Verhandlungsspiel, eine Tendenz zu kompetitivem Verhalten. Bei höheren Gewinnmöglichkeiten scheint jedoch eine sachliche, kooperative Tendenz die Überhand zu gewinnen, sofern das Spiel die Voraussetzungen dafür bietet. Diese Tendenz ist beim Nullsummenspiel eben wegen des Nullsummencharakters gar nicht realisierbar (Pate & Broughton 1970). Beim PDG ist kooperatives Verhalten auch unter hohem Geldanreiz selten, während es beim MDG, beim Transport- und beim Verhandlungsspiel unter dieser Voraussetzung häufiger auftritt.
Die experimentellen Daten legen nahe, daß eine Steigerung der — durch die Möglichkeit, Geld oder andere materielle oder immaterielle Güter zu gewinnen, stimulierten — individuellen Motivation das Verhalten der Vpn bei günstiger Spielstruktur insofern mittelbar beeinflußt, als sie die relative Bedeutung einer auf Wettstreit gerichteten Motivation verringert.
Diese Ergebnisse unterstreichen die Bedeutung der Situationsanalyse. Die Neigung kooperativ oder kompetitiv zu reagieren, hängt offenbar sehr von den strukturellen Gegebenheiten (Art des Spiels, Struktur der Auszahlungsmatrix, Höhe des Anreizes) und deren Wechselwirkung ab.

6.1.2 Informationsaustausch und Kommunikation

6.1.2.1 Die Wirkung erweiterter Kommunikationsmöglichkeiten

Wenn man von *one-shot*-Situationen (z.B. einmaliges Spielen von PDG oder MDG) absieht, ist jedes Interaktionsergebnis auch von dem vorangegangenen kommunikativen Prozeß abhängig. Mindestens muß jeder der Beteiligten ein Angebot an den anderen richten und dessen Forderung zur Kenntnis nehmen. Art und Umfang der Kommunikation sind jedoch sowohl in realen als auch in experimentellen Konfliktsituationen variabel.
Im letzten Abschnitt wurde deutlich, daß kooperatives Verhalten in einer so stark konfliktgeladenen Situation, wie sie das PDG darstellt, nur selten auftritt. Nemeth (1972) erklärt

diese Bevorzugung der kompetitiven Strategie im experimentellen PDG aus der isolierten Situation, in der sich Vpn in der üblichen Anordnung befinden:

»Wie sollte sich jemand für die Entwicklung einer Beziehung entscheiden können, wenn er keine Informationen über das andere Individuum besitzt. Eine Vp kennt das andere Individuum nicht, sie kann es nicht sehen und nicht hören und sie kann es auch nicht *kennenlernen*, da ihre Informationen auf die Wahl zwischen den zwei Alternativen des Spiels beschränkt ist ... Für die beiden Teilnehmer eines Gefangenendilemmaspiels gibt es keine Vergangenheit, keine wirkliche Gegenwart und keine Zukunft.» (Nemeth 1972, S. 215, Übers. d. Verf.)

Tatsächlich bietet die übliche experimentelle Anordnung keine günstigen Voraussetzungen für die Entwicklung sozialer Beziehungen zwischen den beteiligten Individuen. Man kann Nemeth insoweit folgen, als es nicht das ausschließliche Interesse der Psychologie des interpersonalen Konflikts ist, das Verhalten in derart unpersönlichen und versachlichten Bedingungen zu untersuchen. Aber diese Ausgangsbedingung liefert den Hintergrund, auf dem die Wirkung verschiedener *Informations-* und *Kommunikationsbedingungen* deutlich wird. Es ist daher gerechtfertigt, daß die Forschung zum PDG von dieser einfachen, leicht kontrollierbaren Situation ausgeht, um dann auf dieser Basis weitere sozialpsychologisch relevante Variablen hinzuzufügen.

Die Kommunikationsbedingungen können auf vielfältige Art variiert werden. Angefangen von der Wechselwirkung von Aktion und Reaktion über den Austausch von Angeboten, die man bereits als Kommunikation auffassen kann, bis zur völlig offenen verbalen Kommunikation von Angesicht zu Angesicht gibt es mannigfaltige Abstufungen. Die im folgenden berichteten Experimente versuchen, den Effekt expliziter Kommunikationsbedingungen auf das Verhalten zu analysieren.

Rapoport et al. (1962) ließen ihre Vpn zwischen 300 und 500 PDGs spielen. Danach hatten sie in einer etwa zweistündigen Pause Gelegenheit, sich kennenzulernen und sich über das Spiel zu unterhalten. Nach dieser Pause wählten die Vpn signifikant häufiger die kooperative Strategie. Zu einem ähnlichen Resultat über die kooperationsfördernde Wirkung einer zwischengeschalteten Unterredung kamen auch Bixenstine et al. (1966) und Scodel (1959).

Die Wirkung unterschiedlicher Kommunikationsbedingungen wurde von Wichman (1970) untersucht. Er unterschied vier Bedingungen, in denen sich die Vpn (1) sehen und hören, (2) nur sehen, (3) nur hören oder (4) weder sehen noch hören konnten. Am wenigsten kooperativ waren die Vpn unter der typischen PDG-Situation (4), die keinerlei Kommunikation zuließ, während sie unter der Bedingung der uneingeschränkten Kommunikation (1) die kooperative Strategie am häufigsten wählten. Es ist bemerkenswert, daß die Vpn nur unter dieser Voraussetzung in der Lage waren, einen stabilen, hohen Prozentsatz (87%) von kooperativen Zügen zu erreichen. Wenn die Vpn sich nur sehen konnten (3), war der Anteil kooperativer Wahlen gegenüber der kommunikationslosen Bedingung kaum erhöht (48 bzw. 41%). Wichman stellt dazu fest: »In einigen Fällen vermieden es die Vpn in der *nur-sehen*-Bedingung zu kommunizieren. Wenn eine Vp Kommunikation anstrebte, verhinderte die andere es, indem sie einfach nicht aufsah.« (vgl. Wichman, 1970, S. 118). Aus dieser Beobachtung könnte man eine Neigung der Vpn zur Kommunikationsverweigerung herauslesen.

Deutsch & Krauss (1962) untersuchten den Einfluß der verbalen Kommunikation in dem Transportproblem. Sie variierten die Bedingungen *keine Kommunikation*, *erlaubte (verbale) Kommunikation* und *erzwungene (verbale) Kommunikation*. Zunächst zeigte sich, daß die Möglichkeit, miteinander zu sprechen, den Konflikt der Partner nicht reduzieren konnte und daß die Vpn darüber hinaus kaum Gebrauch von der Kommunikationserlaubnis machten. Die Autoren führen dies darauf zurück, daß die experimentelle

Situation derart konfliktträchtig war, daß selbst die ausführliche Kommunikation den Konflikt nicht einzuschränken vermochte.

Tab. 6.4: Mittlere Auszahlung an beide Spieler in Abhängigkeit von Droh- und Kommunikationsbindungen nach Deutsch & Krauss (1962)

Drohmöglichkeiten / Kommunikationsbedingungen	keine Drohmöglichkeit	einseitige Drohmöglichkeit	beidseitige Drohmöglichkeit
keine Kommunikation	8,54	−34,58	−41,32
freiwillige Kommunikation	6,09	− 5,14	−41,73
erzwungene Kommunikation	10,41	−22,13	−47,44

Nur bei einseitigen Drohmöglichkeiten zeigte sich unter den beiden Kommunikationsbedingungen eine geringere Konfliktneigung (s. Tabelle 6.4). Man wäre versucht anzunehmen, daß unter dieser ungleichen Voraussetzung weder für den stärkeren Partner (mit Drohmöglichkeit) noch für den schwächeren (keine Drohmöglichkeit) ein Wettstreit reizvoll erscheint. Dies verweist darauf, daß die Richtung des Kooperationseffektes von den Zielen der Beteiligten abhängt. Sind diese eindeutig auf Wettstreit orientiert, dann kann offenbar auch intensive Kommunikation nichts daran ändern. In ambivalenten Situationen, wie dem PDG, in denen sowohl kooperative wie kompetitive Handlungsbereitschaften aufkommen, kann — darauf weist Wichmans Untersuchung hin — intensive Kommunikation (Sehen und Hören) die Kooperationstendenz steigern.
Auf direktem Wege demonstrierte Deutsch (1958), daß der Effekt der Kommunikation in einem PDG-Spiel von der *Zielorientierung* der Vp abhängt.

Er unterschied drei Instruktionsgruppen. Eine der Instruktionen legte den Vpn nahe, neben dem eigenen Wohl auch das des Gegenspielers zu berücksichtigen (kooperativ), eine andere betonte, es komme darauf an, mehr Geld zu gewinnen als der Gegenspieler (kompetitiv), und eine dritte drängte die Vpn, auf nichts anderes zu achten als auf die Maximierung des eigenen Gewinnes (individualistisch).

Es zeigte sich, daß Kommunikation nur bei der dritten Instruktion die Anzahl der kompetitiven zugunsten der kooperativen Wahlen merklich senkte, wie aus Tabelle 6.5 ersichtlich ist. Bei den übrigen beiden Instruktionen hatte die Kommunikation keine nennenswerte Wirkung. Vermutlich deswegen, weil unter den ersten beiden Instruktionen eine wechselseitige Koordination der Verhaltensweisen durch Kommunikation nicht erforderlich war. Die Anweisungen waren klar. Wenn die Vp willens war, sich daran zu halten, war es für sie nicht schwierig, die jeweils angemessene Wahl zu treffen. War sie dazu aber nicht bereit, dann konnte sie auch die Kommunikation mit dem Partner nicht dazu bewegen. — Wie auch Untersuchungen mit dem PDG von Deutsch (1960), Loomis (1959) und Tedeschi et al. (1969) zeigen, erhöht die Kommunikation den Prozentsatz der kooperativen Wahlen, vorausgesetzt, daß die Vpn an der Maximierung ihres Gewinnes interessiert sind. Kommunikation reduziert offenbar das gegenseitige

Mißtrauen und erleichtert wechselseitig kooperatives Wählen, das langfristig im Gewinnmaximierungsinteresse beider Beteiligten liegt.

Tab. 6.5: Prozentsatz der Individuen, die in einem PDG kompetitiv wählen, in Abhängigkeit von Instruktion und Kommunikationsbedingung (nach Deutsch, 1958)

Instruktion \ Kommunikationsbedingung	keine Kommunikation	Kommunikation
kooperativ	10,9%	3,1%
kompetitiv	87,5%	70,8%
individualistisch	64,1%	29,4%

6.1.2.2 Exkurs über die Bedeutung von Einstellungen und Erwartungen für das Verhalten in Konfliktsituationen

Bei einem Paradigma wie dem PDG reduziert die Kenntnis der Situation des Partners die bestehende Verhaltensunsicherheit noch nicht, wie dies die oben angeführten Untersuchungen vermuten lassen. Denn im PDG wird die Vp im allgemeinen mit der vollständigen Gewinnmatrix konfrontiert, aus der neben den eigenen Auszahlungen auch die Auszahlungen des Partners hervorgehen. Trotzdem verunsichert die experimentelle Situation des PDG die Vpn. Sie haben eine ambivalente, zwischen kooperativem und kompetitivem Wahlverhalten schwankende Haltung, da sie die Intentionen des Gegenspielers nicht kennen. Deshalb würde auch eine eindeutige Zielsetzung, wie die Absicht, den eigenen Gewinn zu maximieren, noch keine klare Verhaltensdevise an die Hand geben. Schließlich ist es ja das Charakteristikum der PDG-Situation, daß die Durchsetzung einer Absicht von dem Verhalten des Gegenspielers abhängt. Die Reaktionen der Vpn werden daher von dem erwarteten gegnerischen Verhalten beeinflußt sein.
Deutsch (1960) wies nach, daß die eigene, experimentell manipulierte Intention auf den Partner projiziert wird. Kooperativ motivierte Vpn erwarten häufiger, daß der Partner kooperativ handeln wird, als wettbewerbsmotivierte. Diese Erwartung wiederum bestimmt das eigene Verhalten. Vermutet man, der Partner werde kooperativ wählen, dann tendiert man dazu, dies auch zu tun. Vermutet man jedoch eine kompetitive Wahl des Partners, dann wählt man mit größerer Wahrscheinlichkeit selbst ebenfalls kompetitiv.

Tab. 6.6: Prozentsatz kompetitiver Züge in Abhängigkeit von der eigenen Motivierung und der erwarteten Wahl des Gegenspielers (nach Deutsch, 1960)

Motivierung \ Erwartung	Erwartung kooperativen Verhaltens	Erwartung kompetitiven Verhaltens
kooperativ motiviert	7,2%	50,0%
individualistisch motiviert	41,8%	87,6%
kompetitiv motiviert	80,0%	90,0%

Den Einfluß vorangegangenen Partnerverhaltens verdeutlicht auch eine Untersuchung von Rapoport & Chammah (1965). Die Tabelle 6.7 zeigt die Wahrscheinlichkeiten, mit denen der kompetitive Zug gewählt wurde, in Abhängigkeit von den unmittelbar vorangegangenen Ergebnissen. A reagiert demnach auf vorangegangenes kompetitives Verhalten des Partners mit großer Wahrscheinlichkeit mit der gleichen Waffe, insbesondere dann, wenn er selbst im vorangegangenen Durchgang kompetitiv gezogen hat (p = 0,82). Geringer ist die Wahrscheinlichkeit dann, wenn sowohl der Partner als auch er selbst im vorangegangenen Zug kooperativ gewählt haben (p = 0,20). Dies zeigt, daß die Vpn in der vieldeutigen Situation des PDG das Partnerverhalten beobachten, um eine Grundlage für ihre Entscheidung zu besitzen.

Tab. 6.7: Wahrscheinlichkeit für den kompetitiven Zug der Vp A in Abhängigkeit von den vorangegangenen Zügen von A und B (nach Rapoport & Chammah, 1965)

		A's vorangegangener Zug kooperativ	A's vorangegangener Zug kompetitiv
B's vorangegangener Zug	Kooperativ	0,20	0,68
	Kompetitiv	0,62	0,82

Dabei können neben der eigenen Motivation, mit der die Vp in die Situation eintritt, sowohl die unmittelbar vorangegangenen Ergebnisse als auch die wahrgenommene Einstellung des Partners eine Rolle spielen.

Eine Untersuchung von Apfelbaum (1967) demonstriert dies. Die Vpn wurden ähnlich wie bei Deutsch (1960) aufgrund einer vorangegangenen Befragung für das Experiment in drei Gruppen unterteilt: *kooperative*, *konkurrenzorientierte* und *reaktive* Vpn, wobei unter reaktiv die Einstellung verstanden wird, sich so zu verhalten wie der Partner im vorangegangenen Zug. Die drei experimentellen Gruppen wurden dann nochmals dreigeteilt, wobei einer Gruppe der Partner als kooperativ, der zweiten als kompetitiv und der dritten als reaktiv beschrieben wurde. Der Anteil der kompetitiven Züge während der zweiten Hälfte der Versuchsserie ist in Tabelle 6.8 wiedergegeben.

Tab. 6.8: Prozentsatz kompetitiver Züge in Abhängigkeit von der eigenen und der vermuteten Partnerorientierung (nach Apfelbaum, 1967)

eigene Orientierung \ angenommene Partnerorientierung	kooperativ	kompetitiv	reaktiv
kooperativ	34	64	29
kompetitiv	70	66	43
reaktiv	32	48	37

Wird der Partner als reaktiv wahrgenommen, ist der Anteil der kompetitiven Züge bei allen drei möglichen Orientierungen der Vpn relativ niedrig. Er ist relativ hoch, wenn der Partner als kompetitiv dargestellt wird. Eine ausgeprägte Differenzierung ergibt sich vor allem bei wahrgenommener kooperativer Orientierung des Partners (erste Spalte) und bei eigener kooperativer Orientierung (erste Zeile). Der kooperativ motivierte Spieler handelt weniger kompetitiv, wenn er ein entsprechendes Verhalten auch vom Partner erwarten kann (bei kooperativer bzw. reaktiver wahrgenommener Orientierung). Dagegen reagieren die kompetitiv eingestellten Spieler auch bei wahrgenommener kooperativer Partnerorientierung kompetitiv. Sie erkennen, daß sie eine kooperative Orientierung des Partners ausnutzen können. Denn wenn sie reaktives Partnerverhalten erwarten, können sie ihre kompetitive Neigung einschränken.

*6.1.2.3 Die Verquickung von Informationsaustausch und Kommunikation

Die meisten experimentellen Arbeiten konfundieren die informative und die *zwischenmenschliche Funktion der Kommunikation.* Als zwischenmenschlich werden solche Kommunikationsinhalte eingestuft, die, ohne direkt mit der Spielsituation zusammenzuhängen, zur Entwicklung von Sympathie und Antipathie unter den Parteien beitragen. Wenn Vpn kommunizieren dürfen, ist es ihnen möglich, Informationen über die Struktur der Auszahlungsmatrix und/oder ihre allgemeinen, auf die nächsten Züge bezogenen Absichten und Erwartungen auszutauschen. Inwieweit Kommunikation über diese informationstransportierende Funktion hinaus durch die etwas vage als zwischenmenschlich apostrophierte Eigenschaft zur Entstehung eines kooperativen Klimas beiträgt, kann man aus den bisher behandelten Untersuchungen nicht ableiten. Daß jedoch eine schriftliche Kommunikation, die standardisiert, kurzgefaßt und auschließlich auf die Aufgabe bezogen ist, bereits ein hohes Kooperationsniveau bewirkt, kann man einer Untersuchung von Loomis (1959) für das PDG entnehmen. Allein eine schriftliche Mitteilung an den Gegenspieler, man werde sich im nächsten Zug kooperativ verhalten bzw. man erwarte dies von ihm, erhöht die Anzahl der kooperativen Lösungen von 11% (Kontrollgruppe ohne Kommunikationsmöglichkeiten) auf 50 bzw. 53%. Werden sowohl die Absicht als auch die Erwartung übermittelt, dann erhöht sich dieser Prozentsatz auf 67%. Die Kooperationsneigung steigt weiter auf 78% an, wenn neben Absicht und Erwartung noch eine Drohung geliefert wird (wenn Du nicht kooperativ handelst, werde ich im nächsten Zug ebenfalls unkooperativ wählen). Die Ergebnisse von Loomis sprechen dafür, daß im PDG die auf schriftlichem Wege mitgeteilten Informationen über die Intentionen der Beteiligten ausreichen, ein hohes Kooperationsniveau auszulösen. Für einen zusätzlichen Effekt der zwischenmenschlichen, nicht aufgabenbezogenen Kommunikation bleibt wenig Raum.

Einen direkten Vergleich schriftlicher und uneingeschränkter verbaler Kommunikation hat Smith (1969) durchgeführt. Er fand in einer Verhandlungssituation, daß unbeschränkte verbale Kommunikation, verglichen mit einer auf schriftliche Angebote begrenzten Interaktion, weder die Verhandlungszeit verkürzt noch einen Einfluß auf die Zufriedenheit der Teilnehmer mit der erreichten Vereinbarung hat. Die uneingeschränkte Kommunikation fördert jedoch das Zustandekommen von Vereinbarungen, denn unter dieser Bedingung wurden die Verhandlungen seltener ohne eine Einigung abgeschlossen. Auch Crott et al. (1978) konnten für eine Verhandlungssituation mit unvollständiger Information zeigen, daß Kommunikationsmöglichkeiten, die über den schriftlichen Austausch von (richtigen) Informationen hinausgehen, keine zusätzliche ausgleichende Wirkung haben. Wenn verbale Kommunikation möglich war, wurden die vereinbarten Ergebnisse tendenziell eher diskrepanter. Allerdings schlug sich die Möglichkeit zur Unterhaltung mit dem Partner in der subjektiven Bewertung der Situation nieder. Wenn kommuniziert werden durfte, wurde die Verhandlung als weniger hart und der Partner als sympathischer empfunden.

Der Effekt der Kommunikation hängt, wie die Untersuchungen des Abschnitts 6.1.3.1 zeigen, weitgehend von den Intentionen der Beteiligten ab, die wiederum von der Struktur der Situation und den sich daraus ergebenden Möglichkeiten mitbestimmt werden. Wenn Kooperation ein Hilfsmittel zur Durchsetzung der eigenen Absichten ist, dann kann Kommunikation dazu genutzt werden, wechselseitig kooperatives Verhalten herbeizuführen (Daniels, 1967, Deutsch 1958). Sind die Vpn — sei es aufgrund der Struktur des Spiels oder aufgrund von explizit an sie herangetragenen Instruktionen — nicht an einer Kooperation interessiert, dann modifiziert auch die Kommunikation ihr Verhalten nicht (Deutsch, 1958, Deutsch & Krauss, 1962). Die Vorstellung, man brauche nur ins Gespräch zu kommen, dann würden sich alle Probleme lösen, bewahrheitet sich experimentell nicht. Zudem ist zu beachten, daß der größte Anteil des Kommunikationseffektes auf den Informationsaustausch zurückzuführen ist, der auch in schriftlicher Form erfolgen kann, zumindest dann, wenn die ausgetauschte Information als zutreffend bewertet wird. Das schließt nicht aus, daß verbale Kommunikation bei Konflikten, die weniger klar strukturiert sind als die experimentell realisierten, dazu beitragen mag, daß für alle Beteiligten günstigere (pareto-optimale) Lösungen gefunden bzw. generiert werden, daß Mißverständnisse über die Präferenzen der Beteiligten vermieden werden usw. Letzten Endes ist dies auf die informative Funktion der Kommunikation zurückzuführen. Die Experimente sagen ferner nichts über die Funktion der verbalen Kommunikation in längerexistierenden Sympathiebindungen aus. Dies war auch nicht beabsichtigt. Die Experimente sollen zur Analyse der sozialen Interaktion beitragen. Die besonderen Charakteristiken bestimmter sozialer Gebilde, wie Familie, Freundesgruppen, sind Thema des Kapitels über Gruppenprozesse.

*6.1.3 Interaktionsstrategien

Aus politischen, ökonomischen und militärischen Praxisfeldern ist der Begriff der *Strategie* jedermann bekannt. So gibt es z. B. in der Diplomatie Begriffe, die noch aus der jüngsten politischen Vergangenheit geläufig sind. Schlagworte wie ›Entspannung durch schrittweise Annäherung‹, die aus der neueren Außenpolitik stammen, und ›bis zum Rand der Klippe gehen‹, wie sie für die Politik der 50er Jahre kennzeichnend sind, paraphrasieren solche strategischen Prinzipien. Auch die Psychologie der sozialen Interaktion kennt diesen Begriff der Strategie, der bereits in Abschnitt 1.3 erörtert wurde. Wenn man nicht annehmen will, daß der Interaktionsprozeß zwischen zwei oder mehreren Personen völlig regellos verläuft, kommt man nicht umhin, nach Prinzipien zu suchen, die diesen Prozeß steuern. Ebenso wie man im Schachspiel seine Entscheidungen von Zug zu Zug oder nach einem komplizierten strategischen Plan treffen kann, so können die Strategien aus einfachen Reaktionsmustern bestehen, die man von Fall zu Fall — möglicherweise nicht einmal bewußt — anwendet, oder aus längerfristig angelegten Plänen. Dabei wollen wir die Frage, ob man beides sinnvoll unter dem Begriff der Strategie zusammenfaßt, nicht diskutieren, sondern der Einfachheit halber keine weitere Unterscheidung treffen. Wenn das PDG oder andere experimentelle Spiele mehrmals gespielt werden, können die Spieler auch in dieser Anordnung strategisch operieren. Es wird von den eigenen Zielsetzungen und von der Strategie des Gegenspielers abhängen, welche Strategie ein Spieler verfolgt. Diese Abhängigkeit vom Gegenspieler macht es plausibel, daß die Vpn ihre Strategie im Laufe der Interaktion an das gegnerische Verhalten anpassen. Wenn zwei naive Vpn miteinander verhandeln, ist daher ein ständiger Wandel der strategischen Konzeption zu erwarten, wodurch eine Analyse außerordentlich erschwert wird. Um die Wirkung von Strategien systematisch untersuchen zu können, bedient man sich daher im Experiment eines Strohmannes, der als Gegenspieler einer naiven Vp genau nach den Anweisungen des Vl handelt. Untersucht werden dann die Reaktionen der naiven Vpn auf unterschiedliche Strohmann-Strategien. Dabei werden die Strategien als a) konstante Abfolgen von kooperativen und unkooperativen Wahlen (unabhängig vom Verhalten der Vp), b) als Zufallsabfolgen (somit ebenfalls unabhängig vom Verhalten der Vp) oder c) als kontingente Strategien gewählt. Bei der Gruppe der kontingenten Strategien im Sinne von Jones & Gerard (vgl. Abschnitt 1.3) macht der Strohmann seine Wahl vom gegenwärtigen und/oder vorausgegangenen Verhalten der Vp abhängig.

*6.1.3.1 Die Wirkung strategischer Konzepte in einfachen Matrixspielen

In einer Untersuchung von Sermat (1964) wurden die Vpn mit einer Zufallstrategie konfrontiert, in der je nach der experimentellen Bedingung in den ersten 50 Durchgängen 20 bis 80% unkooperative Züge getätigt wurden. Danach wechselte der Strohmann zu einem 10%igen bzw. 90%igen Plan. Sermat benutzte dabei die Spielmatrix eines sogenannten *Feigling-Spiels* (chicken game), die anders als die klassische PDG-Matrix keinen dominanten Zug enthält (s. Tabelle 6.9).

Tab. 6.9: Matrix eines Feigling-Spiels aus der Untersuchung von Sermat (1964)

	a_1	a_2
b_1	8 / 8	3 / 10
b_2	10 / 3	1 / 1

Erstaunlicherweise konnte Sermat weder einen Effekt der Variation in der anfänglichen Kooperationsbereitschaft des Strohmanns noch einen Effekt des Wandels dieser Kooperationsbereitschaft feststellen, obwohl die naiven Vpn hinfort seltener bzw. häufiger kooperatives Verhalten ihres Gegenspielers vorhersagten. Nach den ersten Versuchen stabilisierte sich der Prozentsatz der kompetitiven Wahlen bei etwa 50 bis 60%, also etwa auf den Wert, der auch beim Spiel zweier naiver Vpn erwartet wird. Lediglich wenn der Strohmann 100% oder 0% kooperative Wahlen traf, reagierten die Vpn derart, daß sie gegen einen uneingeschränkt kompetitiven Partner nach einer kurzen Lernphase weniger kompetitiv reagierten (ca. 30%) als gegen einen uneingeschränkt kooperativen (ca. 60%). Wie in der klassischen Gefangenenspiel-Matrix wäre es in der von Sermat benutzten Situation günstig für die Vp, wenn sie auf eine 100%ige Kooperationsbereitschaft uneingeschränkt kompetitiv reagierte. Dagegen fährt sie, abweichend von der für das klassische PDG geltenden Devise, bei einer 0%igen Kooperationsbereitschaft des Gegenspielers mit uneingeschränkter Kooperation besser — vorausgesetzt, daß sie sich mit der Unbeeinflußbarkeit des gegnerischen Wahlverhaltens abgefunden hat.
Zu nahezu gleichlautenden Ergebnissen kamen Bixenstine et al. (1963, 1964) und McClintock et al. (1963) mit dem PDG und dem Feiglingspiel. Die Variation zwischen 17 und 83% bzw. zwischen 15, 50 und 85% kompetitiver Wahlen beeinflußte das Verhalten der Vpn kaum. Andere Untersuchungen ergaben leichte bis mittlere, jedoch häufig nicht signifikante Veränderungen der Wahlhäufigkeiten. Wenn allerdings der Strohmann im PDG 100% kompetitiv wählt, nimmt der Prozentsatz kooperativer Züge, wie oben bereits vermutet wurde, eher wieder ab (vgl. das Übersichtsreferat von Oskamp 1971).

Unter den kontingenten Strategien ist die *tit-for-tat-Strategie* (auch *reaktive Strategie* genannt) häufig untersucht worden. Darin trifft der Strohmann beim n-ten Durchgang die gleiche Wahl wie die Vp zuvor beim Durchgang n−1. Man sollte erwarten, daß diese Strategie die Vp zu Kooperation ermutigt. Denn wenn sie dieses Prinzip erkennt, kann sie im PDG die profitable a_1b_1-Lösung stets erreichen. Tatsächlich ist die Anzahl der kooperativen Züge bei dieser Strategie gelegentlich signifikant höher als beim Spiel zweier naiver Vpn, die numerischen Unterschiede sind jedoch nicht sehr imponierend. Auch hier wird in etwa 50% der Fälle kooperativ bzw. unkooperativ gewählt.
Da der Ausgang eines PDG immer erst dann feststeht, wenn beide Vpn ihre Wahl getroffen haben, kann man mit einer entsprechenden Schaltung der Versuchsanlage (oder auch über den Vl) den Strohmann über die Wahl der Vp informieren. Dieser kann dann seine Reaktion auf die Wahl der Vp einstellen. Minas et al. (1960) sind so verfahren. Der Strohmann traf immer die gleiche Wahl wie die Vp, so daß stets nur a_1b_1- oder a_2b_2-Lösungen resultierten. Auf diese Art und Weise wurde ihre kooperative Wahl immer belohnt. Dennoch wählten auch hier die Vpn nur in 36% der Fälle kooperativ.
Die Vpn verfolgen also im PDG, Feiglingspiel und MDG eine relativ starre, von experimentellen Bedingungsvariationen nur geringfügig beeinflußbare Mischstrategie von kooperativen und kompetitiven Zügen. Die einzig nennenswerten Reaktionsunterschiede zeigen die Vpn in der von Sermat gewählten Feiglingsituation (Tabelle 6.9) bei 100% kooperativer verglichen mit 100% kompetitiver Strategie des Strohmannes. Es ist bemerkenswert, daß sich die Vpn hier im Sinne der Gewinnmaximierung verhalten, d.h. sie wählen vorwiegend kooperativ, wenn der Gegner kompetitiv ist und umgekehrt.

*6.1.3.2 Strategien in komplexen Spielen: Anspruchsniveauanpassung oder schrittweise Annäherung?

Für Verhandlungssituationen gibt es Modelle, die das Ergebnis einer Verhandlung vorhersagen und zugleich Annahmen über die Form des Verhandlungsverlaufs implizieren. Da die Verhandlungssituation als Interaktionsprozeß aufgefaßt wird, enthalten solche Modelle auch Aussagen über die wechselseitige Beeinflussung des Verhandlungsverhaltens der Spieler. D.h. es wird vermutet, daß der jeweilige Spieler sein Konzessions-, Droh- und Kommunikationsverhalten am Verhalten des Gegenspielers orientiert. Die Modelle, in denen die *wechselseitige Anpassung* des Konzessionsverhaltens berücksichtigt werden, lassen sich auf der Basis ihrer Annahmen über die Natur des Anpassungsprozesses klassifizieren. In einer ersten Gruppe von Modellen wird postuliert, daß die Spieler versuchen, während des Verhandlungsverlaufes das Anspruchsniveau bzw. die Verhandlungszähigkeit des Gegenspielers zu erkunden.
Siegel & Fouraker entwickelten anhand experimenteller Untersuchungen des sogenannten bilateralen Monopols die *Theorie der Anspruchsniveau-Anpassung*. Danach haben die Verhandelnden vor der Verhandlung bestimmte Vorstellungen (Anspruchsniveau) von dem Gewinnbetrag, den sie realisieren möchten. Vpn mit einem hohen Anspruchsniveau verhandeln zäher, d.h. sie konzessionieren seltener als Vpn mit niedrigem Anspruchsniveau. Darüber hinaus schließen die Vpn von der Verhandlungszähigkeit des Gegenspielers auf dessen Anspruchsniveau. Je unnachgiebiger der Gegner verhandelt, um so mehr tendieren sie dazu, ihr eigenes Anspruchsniveau zu verringern (Anspruchsniveauanpassung). Sie konzessionieren dann rascher. — Ein ähnliches Modell hat Harsanyi (1962) in Anlehnung an Aumann entwickelt.
In seinem populärwissenschaftlichen Buch ›An alternative to war and surrender‹, das sich als Ratgeber für die Außenpolitik empfiehlt, entwickelte Osgood (1962) das sogenannte

Grit-Modell des Verhandelns (graduated reciprocation in tension reduction). Nach seiner Anschauung kann man durch entgegenkommendes Verhalten Bereitschaft zum Nachgeben induzieren. Wenn man sich selbst konziliant verhält, wird auch der Gegner von seinen Forderungen abrücken. Vorleistungen sind demnach geeignet, Konzessionen auszulösen.
Die Auffassung von Osgood und von Siegel & Fouraker sind jedoch nicht unvereinbar. Es ist möglich, zugleich reziprok und im Sinne der Anspruchsniveau-Anpassungshypothese zu verhandeln. Man kann z.B. als Reaktion auf die hohe gegnerische Konzessionsrate sein eigenes Anspruchsniveau heraufsetzen, selbst langsamer konzessionieren und zugleich die einzelnen Konzessionen des Gegners differentiell honorieren. Man muß dann lediglich darauf achten, daß die eigenen Zugeständnisse etwas niedriger ausfallen als die des Gegenspielers.

Experimentelle Untersuchungen strategischen Verhaltens mit der Strohmannmethode
Komorita & Brenner (1968) haben mit Hilfe der Strohmanntechnik, bei der ein als Vp getarnter instruierter Helfer nach den Anweisungen des Vl agiert, die Effektivität verschiedener Verhandlungsstrategien untersucht.

Sie konzipierten vier verschiedene Strategien in einer Verkäufer- und Käufer-Verhandlungssituation. Unter den ersten drei Bedingungen begann die instruierte Vp, die die Rolle des Verkäufers spielte, mit der höchstmöglichen Forderung. Unter der ersten Bedingung betrug die Höhe ihrer Konzession dann stets ein Zehntel der Höhe der Konzession ihres Partners, unter der zweiten Bedingung die Hälfte und unter der dritten Bedingung waren ihre Konzessionsschritte genauso groß wie die vorangegangenen Konzessionsschritte des Partners. Schließlich führten Komorita & Brenner noch eine 4. Bedingung ein, unter der die instruierte Vp von vornherein einen gemäßigten Betrag forderte — einen Preis, der genau in der Mitte zwischen der höchstmöglichen Forderung des Verkäufers und dem niedrigstmöglichen Angebot des Käufers lag — und diese Forderung über die auf 12 Durchgänge begrenzten Verhandlungen beibehielt. Diese vierte Strategie ist nicht kontingent.

Komorita & Brenner analysierten die Angebote des Käufers im 12. Durchgang. Offenbar sind die naiven Vpn bereit, auf eine unnachgiebige Strategie ihrer Partner einzugehen, so daß diese bereits nach kurzer Zeit mit einem relativ hohen Angebot rechnen können. Der erwartete Widerstand gegen ein derart exploitives Verhalten blieb aus. Man kann demnach sagen, daß es unter den gegebenen experimentellen Umständen günstiger war, eine geringe Konzessionsbereitschaft zu zeigen. Komorita & Brenner stellten fest, daß die Ergebnisse folgende Schlußfolgerungen nahelegen:
a) Die durchschnittliche Höhe der Konzessionen der naiven Vpn ist umgekehrt proportional zu der Höhe der Konzessionen des Strohmannes.
b) Eine zähe Verhandlungsstrategie kann zwar die Wahrscheinlichkeit, zu einem Übereinkommen zu gelangen, reduzieren, erhöht aber die Wahrscheinlichkeit, ein faires Übereinkommen zu erreichen (wobei unter fair eine Gleichaufteilung verstanden wird) und
c) eine Strategie, die darin besteht, gleich zu Beginn ein faires Angebot zu machen und darauf zu beharren, ist am wenigsten dazu geeignet, bei der naiven Vp Entgegenkommen hervorzurufen.
Zu ähnlichen Ergebnissen kamen die Autoren Chertkoff & Conley (1967) in einer Untersuchung, in der die Vpn ebenfalls, ohne es zu wissen, gegen den Versuchsleiter spielten. Die Verhandlung wurde um den Preis eines Gebrauchtwagens geführt, und der Versuchsleiter variierte entweder als Käufer oder Verkäufer a) seine *Eingangsforderung* (erste Gewinnforderung in der Verhandlung) und b) seine *Konzessionsgeschwindigkeit*. Im Hinblick auf die erhandelten Gewinne war es günstig, mit einer hohen Eingangsforderung und einer geringen Konzessionsrate zu operieren. Bei einer mittleren Eingangsforderung ergaben sich wesentlich ungünstigere Resultate für den Versuchsleiter, wobei in diesem

Fall gleichgültig war, ob der Vl eine mittlere oder eine geringe Konzessionsbereitschaft zeigte. — Auch Benton et al. (1972) und Rubin & DiMatteo (1972) fanden, daß die naiven Vpn nachgiebiger verhandeln, wenn das erste Angebot des instruierten Partners für sie ungünstig ist. Allerdings läßt sich aus Ergebnissen von Benton et al. auch ablesen, daß eine völlig intransigente Haltung wenig erfolgreich ist. Ein gewisses Maß an Konzessionsbereitschaft wird offenbar erwartet, auch dann, wenn die Eingangsforderung niedrig angesetzt ist.
Shure et al. (1965) arbeiteten ebenfalls mit instruierten Vpn, vertauschten aber im Vergleich mit den oben geschilderten Untersuchungen die Rollen der naiven Vp und des Strohmannes.

Der Helfer des Versuchsleiters war angewiesen, sich kooperativ und pazifistisch zu geben, während er den naiven Vpn Möglichkeiten in die Hand gab, diese pazifistische Strategie auszunutzen. Die naive Vp wurde mit zwei weiteren instruierten Vpn in einer Gruppe zusammengeschlossen, deren Gegenspieler der pazifistisch agierende Helfer des Vl war. Die naive Vp hatte mit dem pazifistisch instruierten Partner die Verhandlung über die Benutzung einer Kommunikationsvorrichtung zu führen. Das Experiment war so angelegt, daß diese Vorrichtung nicht gleichzeitig benutzt werden konnte und daß derjenige, der sie jeweils zuerst benutzte, einen finanziellen Vorteil hatte. Wenn beide Partner zur gleichen Zeit Informationen abrufen wollten, funktionierte die Anlage nicht. Für diesen Fall hatte die naive Vp die Möglichkeit, den instruierten Partner sozusagen aus der Leitung herauszuwerfen, und diese war angeblich mit einem Elektroschock für den instruierten, pazifistisch agierenden Partner verbunden. Der Versuch begann damit, daß der Pazifist im ersten Durchgang seinem Partner den Vortritt ließ und dies für den zweiten Durchgang für sich beanspruchte. Der ›pazifistische‹ Helfer des Vl war angewiesen, auf einer gleichhäufigen Erstbenutzung der Anlage zu bestehen und seinen Anspruch immer wieder geltend zu machen, indem er Daten in die Übertragungsanlage eingab, auch dann, wenn die naive Vp von der Möglichkeit des Herausschmeißens und Schockens Gebrauch machte.

Es zeigte sich, daß bereits vor Beginn des Spiels nur der geringere Teil der Vpn bereit war, sich mit ihrem Partner in der Benutzung des Informationskanals abzuwechseln. Nach den ersten vier von insgesamt 15 Durchgängen hatten erheblich mehr ursprünglich kooperativ eingestellte Vpn zu einer dominanten Strategie gewechselt als umgekehrt ursprünglich dominant eingestellte zu einer kooperativen. Nur relativ wenige Vpn weigerten sich, über den gesamten Verhandlungsverlauf hinweg den Elektroschock anzuwenden. In experimentellen Variationen wurden verschiedene Kommunikationsbedingungen eingeführt, unter denen die instruierte Vp ihre kooperative Strategie erläuterte bzw. ihre prinzipielle, religiös fundierte Ablehnung jeder Gewalt begründet wurde. Die naiven Vpn gewannen dadurch je nach Kommunikationsbedingung entweder den Eindruck, ihr Gegenspieler wolle ihnen Schuldgefühle einreden, oder sie erkannten dessen moralische Qualitäten an, hielten ihn aber für weltfremd. Ihr Verhalten unterschied sich in den folgenden Versuchen nicht nennenswert vom Verhalten derjenigen, die diese Informationen nicht erhalten hatten. Mit anderen Worten, die Vpn fuhren auch unter diesen Voraussetzungen fort, ihren pazifistisch orientierten Partner auszunutzen. — Dieses Ergebnis wird ergänzt durch eine Untersuchung von Swingle (1970a), der feststellte, daß Vpn ›ausbeuterisches‹ Verhalten zeigen, wenn der Gegenspieler seine Sanktionsmittel nicht nutzt, insbesondere dann, wenn er über einschneidende Bestrafungsmöglichkeiten verfügt.

Experimentelle Untersuchungen des strategischen Verhaltens zweier naiver Vpn
Obwohl der Einsatz eines programmierten Helfers des Vl für viele Fragestellungen optimal ist, sprechen einige Argumente gegen die Verwendung dieser Methode zur Untersuchung der Mechanismen, die die wechselseitige Anpassung der Kontrahenten beeinflussen sollen. Denn der Helfer des Versuchsleiters verhält sich, wie erwähnt wurde, insofern atypisch, als er das Verhalten der Vp nur in beschränktem Maße und nach einem

vorgeschriebenen Schema berücksichtigt. Wenn die Strategie des instruierten Partners günstig ist, kann die Vp die Situation ausnutzen, ohne auf Widerstand zu stoßen. Ist sie aber ungünstig, kann sie den Strohmann mit keinem Mittel dazu bewegen, seine Verhandlungsführung zu ändern. Im letztgenannten Fall bleibt der Vp nichts anderes übrig, als auf das Verhalten des instruierten Partners einzugehen oder die Verhandlung abzubrechen. Tatsächlich sind viele Vpn unter derartigen experimentellen Bedingungen bereit, einen Abbruch der Verhandlung zu riskieren (vgl. Benton et al. 1972).

Crott et al. (1974) untersuchten das Konzessionsverhalten zweier naiver Partner in einem Verhandlungsspiel unter der Bedingung unvollständiger Information; d. h. jeder Spieler kannte nur seine eigenen Gewinntabellen. Vpn, deren Anspruchsniveau experimentell hoch angesetzt und damit schwerer zu erreichen war, verhandelten zäher, und die Gegenspieler zeigten sich um so nachgiebiger, je höher das Anspruchsniveau des Partners war. Einschränkend muß erwähnt werden, daß diese dem Modell von Siegel & Fouraker entsprechende Anpassung an das gegnerische Anspruchsniveau nur auftrat, wenn die Vpn ihr eigenes Anspruchsniveau vor der Verhandlung angeben mußten. Wurde das eigene AN nicht erhoben, dann berücksichtigten die Vpn das gegnerische AN nicht. Die vorausgehende Befragung über das eigene AN hat die Vpn möglicherweise für die Situation sensibler gemacht und/oder eine Selbstverpflichtung gegenüber den genannten Vorstellungen bewirkt. Eine weitere Untersuchung von Crott & Müller (1976) zeigte, daß sich bei vollständiger Information (auch die gegnerische Gewinntabelle ist bekannt) die Anpassung der Forderungen eher im Sinne von Osgood vollzieht. D.h. die Vpn senken die eigenen Forderungen, wenn auch der Gegner dies tut. Sie sind bereit, Konzessionen zu machen, wenn der Gegner sich nachgiebig zeigt.

Yukl (1974) befragte die Vpn während der Verhandlung fortlaufend und analysierte die Veränderungen des verbal geäußerten Anspruchsniveaus. Auch hier paßte sich das Anspruchsniveau bei unvollständiger Information im Sinne von Siegel & Fouraker an, während bei vollständiger Information eher eine dem Reziprozitätsprinzip von Osgood entsprechende Annäherung der Anspruchsniveaus erfolgte.

Faßt man die Ergebnisse aus den Arbeiten von Komorita & Brenner, Chertkoff & Conley und die zuletzt referierten Ergebnisse zusammen, dann kann man etwas pointiert sagen, daß die Vpn bereit sind, überhöhte Forderungen ihres Verhandlungspartners und eine unnachgiebige Verhandlungsführung durch Konzessionen ihrerseits zu honorieren, andererseits tendieren sie ebenso dazu, eine solche Verhandlungsführung selbst anzuwenden, auch dann, wenn an ihre Fairneß explizit appelliert wird und noch darüber hinaus, wenn sie selbst glauben, daß ihr Partner tatsächlich ein fairer Verhandlungspartner ist.

Es muß jedoch erwähnt werden, daß die Vpn in dem Experiment von Shure et al. (1965) unter einem beträchtlichen Druck standen. Sie waren als naive Vpn Mitglieder eines Teams, und die experimentelle Situation war so angelegt, daß nach dem 4. Durchgang instruierte Teammitglieder die naiven Vpn, die die Rolle des Verhandelnden spielten, dazu aufforderten, auch in Zukunft nicht nachzugeben und von der Möglichkeit Gebrauch zu machen, ihren Partner aus der Kommunikationsverbindung herauszuwerfen und zu schocken. Offenbar hatten die Autoren die Absicht, die experimentellen Bedingungen realistisch zu gestalten, denn sie argumentieren, daß in Lebenssituationen in aller Regel ein derartiger Druck im Hintergrund stehe.

Da die meisten der hier besprochenen Untersuchungen mit Strohmännern durchgeführt wurden, können ihre Ergebnisse nur mit den erwähnten Einschränkungen dazu herangezogen werden, zwischen den beiden dargestellten theoretischen Konzeptionen abzuwägen. Unter diesem Vorbehalt läßt sich jedoch feststellen, daß die Anpassungstheorien von Siegel & Fouraker bzw. Aumann und Harsanyi die bessere Übereinstimmung mit den

Daten zeigen. Da die Anspruchsniveauanpassungstheorie und die Reziprozitätstheorie, wie dargelegt wurde, nicht unvereinbar sind, ist es nicht erstaunlich, daß Bartos (1965, 1967, 1970) aus der Analyse des Verhaltens zweier naiver Verhandlungspartner Belege sowohl für den einen wie für den anderen Ansatz finden konnte. Auch scheint das Anpassungsverhalten der Vpn von ihrem Informationsstand abzuhängen. Soll das Anpassungsverhalten erfolgreich sein, müssen extreme Verhaltensweisen vermieden werden. Die Anpassung an das Anspruchsniveau bzw. an die Verhandlungszähigkeit des Gegenspielers sollte vorsichtig geschehen. Weder ein sofortiges Einschwenken auf eine faire Lösung (Komorita & Brenner 1968) noch eine völlig unnachgiebige Haltung (Benton et al. 1972) sind sehr erfolgsversprechend.

*6.1.4 Spielerfahrung

Möntmann (1971) variierte den *Erfahrungsstand* der Vpn. Einige seiner Versuchsgruppen verhandelten nur einmal miteinander, andere dreimal. Er fand keine Effekte der Verhandlungserfahrung, ausgenommen eine Verlängerung der Verhandlungsdauer mit zunehmender Verhandlungserfahrung. Dies ist nicht erstaunlich, denn beide Vpn einer Versuchsgruppe waren gleich erfahren. Wenn die Erfahrung eine Wirkung hat, dann beeinflußt sie in diesem Fall das Verhalten beider Spieler. Die längere Verhandlungszeit in der zweiten und dritten Runde zeigt, daß beide Spieler zunehmend unnachgiebiger werden.
Es liegt nahe zu vermuten, daß die Vpn mit zunehmender Praxis ihre Strategien modifizieren bzw. im Hinblick auf irgendeine Zielsetzung zu effektivieren suchen. Mit anderen Worten, der Interaktionsstil wird mutmaßlich von der Quantität und der Qualität vorangegangener Erfahrungen abhängen. Um die Wirkung der Verhandlungserfahrung sowohl auf das Verhandlungsergebnis als auch auf die Verhandlungsstrategien ermitteln zu können, muß man Vpn mit unterschiedlichem Erfahrungsstand gegeneinander verhandeln lassen.
Systematisch variiert wurde die Erfahrungsdiskrepanz zwischen Verhandlungsteilnehmern von Crott & Müller (1976).

Die erfahrenen Spieler verhandelten innerhalb einer Woche viermal jeweils gegen einen unerfahrenen Gegner. Die Verhandlung fand unter vollständiger Information statt. Kommunikation zwischen den Spielern war nicht erlaubt. Dem erfahrenen und dem unerfahrenen Spieler wurde eine Prämie zugesagt, wenn es ihnen gelänge, einen bestimmten Preis oder einen für sie noch günstigeren mit ihrem Gegenspieler auszuhandeln.

Der erfahrene Spieler erzielte unter den meisten Bedingungen vorteilhaftere Ergebnisse (gewann mehr) als der unerfahrene. Mit zunehmender Erfahrung konzessionierte der erfahrene Spieler langsamer und wechselte von einer reziproken Strategie (Osgood) zu einer Strategie, die vom gegnerischen Konzessionsverhalten unabhängig war. Der Effekt der Verhandlungserfahrung ist bereits in der zweiten, spätestens mit der dritten Verhandlung voll realisiert.
Obwohl in dem Experiment von Crott & Müller (1976) die Bedingungen für eine Gleichaufteilungslösung günstig waren (vollständige Information), setzt sich beim erfahrenen Spieler die Gewinnmaximierungstendenz offenbar zunehmend durch. Die Autoren vermuten, daß die Sanktionsmöglichkeiten des unerfahrenen Gegenspielers (zähe Verhandlungsführung, Abbruch der Verhandlung) gegenüber dem versierten Verhandler zunehmend an Effektivität verlieren.
Den Erfahrungseffekt demonstriert auch eine Untersuchung von Crott et al. 1978.

Ein Spieler (erfahrener Spieler) spielte dreimal gegen einen noch unerfahrenen Partner. Der erfahrene Spieler hatte stets ein hohes AN (Preis 55), der unerfahrene entweder ein niedriges oder ein hohes. Beide Verhandlungsteilnehmer waren entweder unvollständig informiert (Kenntnis nur der eigenen Gewinntabelle und des Anspruchsniveaus) oder vollständig informiert (Kenntnis der eigenen und der gegnerischen Gewinntabelle und der Anspruchsniveaus).

Während sich der Informationseffekt nicht signifikant auswirkte, beeinflußte das AN und die Erfahrung das Verhandlungsergebnis. Personen mit hohem AN und erfahrene Spieler erzielten bessere Abschlüsse. Diese Resultate sind in Abbildung 6.1 wiedergegeben. Wie bereits die Untersuchung von Möntmann (1971) für zwei gleich erfahrene Spieler zeigte, verlängerte sich die Verhandlung mit zunehmender Erfahrung.

Abb. 6.1: Erfahrungswirkung in Abhängigkeit vom gegnerischen Anspruchsniveau (nach Crott et al. 1978)

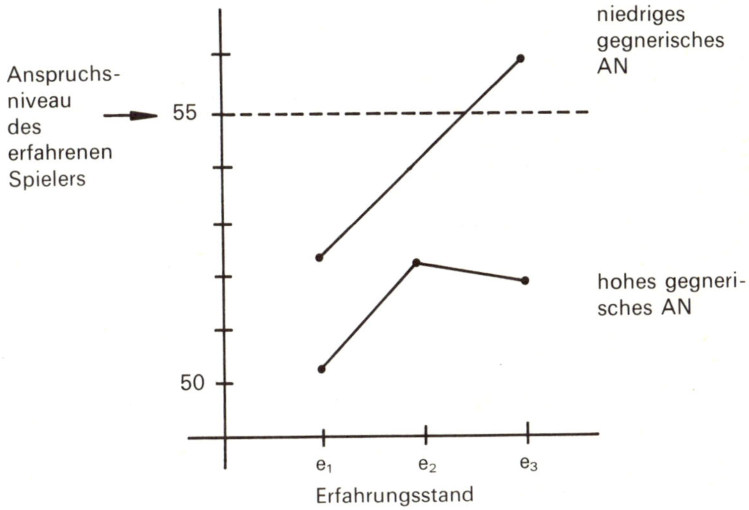

Vorangegangene Verhandlungserfahrung befähigt demnach den erfahrenen Spieler, die Situation zu seinen Gunsten auszunutzen. Die Tendenz geht von ausgewogenen zu ungleichen Gewinnaufteilungen. Das bedeutet aber nicht, daß Erfahrung notwendigerweise zu unkooperativem Verhalten führen muß.
Daß vorangehende Spielerfahrung und/oder längere Bedenkzeiten sachorientiertes, auf die Mehrung des eigenen Nutzens bedachtes (und daher u. U. auch kooperatives) Verhalten fördern, konnte für Gefangenendilemmaspiele und ähnliche Anordnungen von Conrath (1970), Harrison & McClintock (1965), McClintock & McNeel (1966a, 1966b, 1967), Müller & Crott (1978), Pilisuk et al. (1967) und Sermat (1967) demonstriert werden. Diese Feststellung wird indirekt unterstützt durch die bereits erwähnten Untersuchungen, in denen das Verhandlungsverhalten von Angehörigen verschiedener Berufsgruppen untersucht wird (Johnson & Cohen, 1967; Siegel & Harnett, 1961). Berufsgruppen, bei denen man vorexperimentelle Erfahrungen mit Verhandlungs- oder verwandten Situationen annimmt, weisen eine stärkere Tendenz auf, den Konflikt durch eine pareto-optimale Lösung zu beenden.

6.2 Motivationsmodelle

Im ersten Abschnitt war von kooperativem und wettbewerbsorientiertem Verhalten die Rede, ohne daß damit bereits unterstellt werden sollte, so operationalisiertem Verhalten lägen entsprechende Motive zugrunde. Es ist denkbar und angesichts der empirischen Ergebnisse auch wahrscheinlich, daß Kooperation und Wettbewerb multidimensional determiniert sind, d. h. daß diese Verhaltensweisen durch mehrere zugrundeliegende Motivationen gesteuert werden. So könnte z. B. kompetitives Verhalten in Abhängigkeit von den Charakteristiken der Situation sowohl von dem Bedürfnis, möglichst viel zu gewinnen, als auch von dem Bedürfnis, besser abzuschneiden als der Gegenspieler, geleitet sein. Operationalisiert man z. B. den Einsatz von Hindernissen (etwa Straßensperren im Transportspiel) als kompetitives Verhalten, dann hat man damit noch nicht festgelegt, daß dieses Mittel von allen Vpn und unter allen experimentellen Bedingungen mit der Intention eingesetzt wird, sich ungeachtet der Höhe des eigenen Gewinnes einen Gewinnvorsprung vor dem Mitspieler zu sichern. Die Hindernisse werden u. U. zweckrational mit dem Ziel benutzt, den Gegenspieler zum Nachgeben zu bewegen und so einen höheren Gewinn zu erzielen. Eine Intention, die in dem Sinne kompetitiv ist, als sie darauf abhebt, besser abzuschneiden als der Gegenspieler, muß dabei nicht im Spiel sein.
Im folgenden soll versucht werden, Motivationen zu analysieren, die den in experimentellen Spielen zu beobachtenden Verhaltensweisen zugrundeliegen. Dabei sprechen wir von Motivationen im Sinne von intervenierenden Variablen, denn wir können nicht direkt messen, was die beteiligten Individuen bewegt. Es geht vielmehr darum, Motivationen als Elemente eines theoretischen Konzeptes zu definieren, das möglichst viel Varianz aufklärt.
Ad hoc kann man sehr viele motivationale Komponenten aufzählen, die für das Verhalten in Konfliktsituationen bestimmend sein könnten. In der Literatur werden unter anderem Altruismus masochistischer Prägung (Opfer bringen wollen, für andere leiden wollen), uneingeschränkter Altruismus (dem anderen helfen wollen, unabhängig davon, was dies für Konsequenzen für die eigene Person hat), eingeschränkter Altruismus (dem anderen helfen wollen, vorausgesetzt, man schadet sich selbst dabei nicht), Egoismus (rücksichtslose Profitmaximierung), Leistungsmotivation (ein selbstgesetztes Anspruchsniveau erfüllen wollen), uneingeschränktes Kooperationsbedürfnis (mit anderen zusammenarbeiten, unabhängig von Zweckerwägungen), gruppenrationale Kooperation (zusammenarbeiten, damit die Gruppe als Ganzes möglichst viel gewinnt), Dominanzstreben (das Schicksal anderer bestimmen wollen), Wettstreittendenz (besser abschneiden wollen als der Gegenspieler, unabhängig vom eigenen Gewinn), Rivalität, Haß oder Aggressivität (dem anderen schaden wollen) und Gerechtigkeitsstreben (eine faire bzw. gerechte Lösung anstreben). Dies sind nur einige der ›Motivationen‹, von denen im Zusammenhang mit experimentellen Spielen gesprochen wird. Tatsächlich geben experimentelle Spielsituationen prinzipiell Raum für jede der genannten Verhaltensbereitschaften.

6.2.1 Der Motivkatalog von Deutsch

Deutsch (1958) hat versucht, aus dem Verhalten in experimentellen Spielen eine beschränkte Zahl von Motiven zu kondensieren. Nach Deutsch sind dies die individualistische, die kooperative und die kompetitive Motivation. Unter individualistischer Motivation faßte er die Absicht, die eigenen Interessen ohne Rücksicht auf andere zu verfolgen. Kooperativ motiviert sind die Spieler dann, wenn sie neben ihrem eigenen Wohl auch das Wohl des anderen im Auge haben. Kompetitive Motivation bedeutet, seine eigenen

kompetitiv = kompetent = zuständig fähig

Interessen zu verfolgen und versuchen, besser abzuschneiden als der Gegenspieler (vgl. Deutsch, 1958, S. 270; 1973, S. 182). Man erkennt, daß in dieser Definition die motivationalen Komponenten nicht unabhängig voneinander sind, denn die individualistische Tendenz ist in allen drei Motivationen enthalten. Dies würde bedeuten, daß kooperative und kompetitive Orientierung ohne den Gedanken an den eigenen Vorteil nicht möglich ist.

Später hat Deutsch (1973, S. 182) eine Liste möglicher Motive in Konfliktsituationen präsentiert. Er unterscheidet die folgenden Motivationen (max und min bedeuten darin, die Tendenz zu maximalisieren bzw. zu minimalisieren):

1. individualistisch = max (eigenen Nutzen)
2. masochistisch = min (eigenen Nutzen)
3. altruistisch = max (Nutzen des Partners)
4. aggressiv = min (Nutzen des Partners)
5. kooperativ (kollektivistisch) = max (eigener Nutzen plus Nutzen des Partners)
6. destruktiv (nihilistisch) = min (eigener Nutzen plus Nutzen des Partners)
7. rivalistisch = max (eigener Nutzen minus Nutzen des Partners)
8. egalitär = min (eigener Nutzen minus Nutzen des Partners)
9. selbst erniedrigend = max (Nutzen des Partners minus eigener Nutzen)
10. defensiv = min (Nutzen des Partners minus eigener Nutzen)

Die formelhafte Darstellung ist eher intuitiv als aus ihrem rechnerischen Ergebnis zu verstehen. So sind die Motivationen 8 und 10 vom Resultat her identisch, wenn man voraussetzt, daß Deutsch darin die erste Nutzenkomponente stets als die größere annimmt. Gemeint ist aber offenbar, daß bei der egalitären Einstellung darauf geachtet wird, daß der *eigene Nutzen* den des Partners nicht übersteigt, während der defensiv Eingestellte bei der angestrebten Angleichung den *Nutzen des Partners* im Auge behält. — Die Auflistung enthält die bisher angesprochenen Motivationen mit Ausnahme des Dominanzstrebens (das Schicksal anderer bestimmen wollen) und dem Bedürfnis nach Anspruchsniveauerfüllung (einen bestimmten Nutzen X oder einen höheren erzielen wollen), die sich in der Terminologie der Maximierungs- und Minimalisierungstendenzen nicht ausdrücken lassen. Einige der bisher erwähnten Motive resultieren als Kombinationen aus zwei oder mehreren der Motive dieser Liste. Z.B. wäre der eingeschränkte Altruismus eine Kombination von individualistischen und altruistischen Tendenzen. Die kooperative Orientierung im Sinne seiner ersten Taxonomie bezeichnet Deutsch (1973) als eine Mischung aus individualistischen, altruistischen, kollektivistischen und egalitären Orientierungen, die kompetitive als Mischung aus individualistischen, aggressiven, rivalistischen und defensiven Elementen.

So nützlich eine solche Aufstellung auch sein mag, sollte man sich doch die Frage stellen, ob alle genannten Verhaltensbereitschaften für Konfliktsituationen relevant sind bzw. welche relative Bedeutung die verschiedenen Verhaltensbereitschaften haben. Für einige der aufgezählten Tendenzen gibt es aus Experimenten zum sozialen Konflikt kaum Belege (z.B. masochistisch, selbsterniedrigend).

Neben der Frage, welche Motive in der Konfliktaustragung prominent sind, erscheint es notwendig zu beachten, in welcher Beziehung die Motive zueinander stehen. Manche Motive können unabhängig voneinander auftreten, andere sind schon von ihrer Definition her eindeutig korreliert. Denn man kann z.B. nicht gleichzeitig den gleichen Betrag maximieren und minimieren. Daher sind die oben angeführten Motive paarweise abhängig (1 und 2, 3 und 4 usw.). D.h. wenn eine Person gleichzeitig individualistisch und masochistisch motiviert ist oder wenn sie gleichzeitig altruistisch und aggressiv motiviert ist, dann heben sich ihre Verhaltenstendenzen gegenseitig auf. Man kann leicht weitere Unvereinbarkeiten unter den genannten Motiven aufführen. Wie weit verschiedene Motive gleichzeitig realisierbar sind, hängt auch von der jeweiligen Situation ab. So sind z. B. in der unvollständigen Verhandlungssituation (vgl. Abschnitt 5.1.6) die individualistische und die konkurrenzorientierte Motivation positiv korreliert, da die Vp in diesem Fall mit der Maximierung des eigenen Gewinns zugleich den Gewinn des Partners verringert. In der vollständigen Verhandlungssituation mit Bestrafungsmöglichkeiten kann sie prinzipiell ihre Konkurrenzorientierung auch verwirklichen, ohne zugleich den eigenen Gewinn zu maximieren. Man sollte anstreben, zu Motivationsmodellen zu gelangen, die die Beziehungen unter den Motivationen in Abhängigkeit von der jeweiligen Konfliktsituation aufzeigen und die ferner angeben, unter welchen strukturellen und situativen Bedingungen bestimmte motivationale Komponenten mutmaßlich prominent sind, während andere zurücktreten.

6.2.2 Das Motivationsmodell von McClintock

Nach McClintock (1972 a, b), Messick & McClintock (1968) und McClintock & McNeel (1966 a, b; 1967) bestimmen drei Motivationen das konfliktäre Geschehen: a) *Maximierung des eigenen Gewinnes*, b) *Maximierung des Gewinnes der Gruppe* und c) *Maximierung der Differenz* zwischen dem eigenen Gewinn und dem Gewinn des anderen, was den Motivationen 1, 5 und 7 des Motivkatalogs von Deutsch entspricht. Später fügen sie als vierte die altruistische Motivation d), *Maximierung des Gewinnes des anderen*, hinzu (McClintock, 1972, a, b).
Während die individualistische Motivation über den Geldanreiz sinnvoll operationalisiert und aufgezeigt werden konnte, gelang es nicht überzeugend, die Bedingungen für die Wirkung der kompetitiven und insbesondere der kooperativen Motivation im Sinne der Definition zu demonstrieren. Es wird allerdings vermutet, daß kooperatives Verhalten durch die Betonung des Team-Charakters der Gruppe und durch den Verweis auf eine außenstehende Person oder Gruppe, mit der die eigene Gruppe im Wettstreit steht, verstärkt werden könnte. Wie bereits das Experiment von Deutsch (1958) zeigte (s. Abschn. 6.1.2.1), kann man durch entsprechende Instruktionen erreichen, daß die Vpn häufiger die kooperativen Züge wählen; ob dies jedoch ein Nachweis für die Existenz einer kooperativen, auf die Maximierung des Gesamtgewinnes der Gruppe gerichteten Motivation ist, mag man bezweifeln. Es scheint plausibler anzunehmen, daß die Vpn in diesem Fall nur das tut, was der Vl von ihnen erwartet. Allein die Tatsache, daß kooperative Züge vorkommen, ist ebenfalls kein Beweis für die Existenz einer kooperativen Motivation. Im PDG und MDG läßt sich, wie wir wissen, kooperatives Verhalten im Sinne der eigenen Gewinnmaximierung einsetzen. Auf ähnliche Schwierigkeiten stößt er bei dem Versuch, altruistische Motivationen im Interaktionsexperiment zu identifizieren (McClintock, 1972 a, S. 472). Er führt diese Schwierigkeiten darauf zurück, daß Altruismus vermutlich nur auftritt, wenn der eigene Gewinnstatus sehr günstig und der des anderen unverhältnismäßg schlecht ist bzw. wenn die eigenen Kosten für altruistisches Verhalten sehr gering, der für den anderen resultierende Gewinn jedoch sehr hoch ist.
Wie bereits mehrfach betont wurde, muß man beachten, daß kooperative bzw. kompetitive Züge im PDG nicht unmittelbar auf kooperative und kompetitive Intentionen der Vpn schließen lassen. Die Konsequenzen kooperativer und kompetitiver Züge sind im PDG und MDG so weitgehend durch die Reaktion des anderen Mitspielers bestimmt, daß man allein aus den Zügen der Vpn deren Absichten nicht erschließen kann.
Messick & McClintock (1968) haben versucht, die Ambiguität der PDG-Situation aufzulösen, indem sie das Spiel dekomponierten. Die Vpn erhalten in *dekomponierten Spielen* die Informationen nicht in Matrixform, sondern als zwei Alternativen, die einen eigenen Gewinn und einen Gewinn des Gegenspielers angeben. In symmetrischen Situatio-

Tab. 6.10: Dekomponierung eines symmetrischen PDG (nach Messick & McClintock, 1968)

Dekomponiertes Gefangenen-Dilemma-Spiel (PDG)

	1	2
Eigener Gewinn	8	9
Gewinn des anderen	7	0

Entsprechendes Gefangenen-Dilemma-Spiel in Matrixform

		Spieler A a_1	Spieler A a_2
Spieler B	b_1	15 / 15	16 / 8
Spieler B	b_2	8 / 16	9 / 9

nen wie der in Tabelle 6.10 (rechts) angegebenen sind die Alternativen für beide Spieler gleich. Kombiniert man nun zwei Matrizen vom linken Typ, dann erhält man das PDG auf der rechten Seite der Tabelle 6.10.
Nach der eigenen Feststellung McClintocks beseitigt aber auch die Dekomponierung den Eindruck der wechselseitigen Abhängigkeit des Verhaltens nicht restlos. Tatsächlich ändert sich die Situation durch die Dekomponierung in ihrer Struktur nicht. McClintock et al. (1973) glauben jedoch, feststellen zu können, daß das dekomponierte Spiel gegenüber der ursprünglichen Version des PDG weniger die strategischen als die motivationalen Aspekte betont.

Kuhlmann & Marshello (1975) benutzten daher die dekomponierte Form verschiedener Spiele, um die Vpn zunächst in individualistisch, kooperativ und kompetitiv motiviert zu klassifizieren. Jeweils zwischen 21 und 28% der Vpn konnten einer der genannten Kategorien zugeordnet werden. Die restlichen 25% wählten inkonsistent. In einer zweiten Periode spielten die Vpn 30mal ein PDG in Matrixform. Ihr programmierter Gegenspieler wählte entweder 100% kooperativ oder 100% kompetitiv oder immer das gleiche wie die Vp im vorangegangenen Versuch (tit-for-tat-Strategie).

Kooperativ orientierte Vpn spielten kooperativ gegenüber dem kooperativen und dem tit-for-tat-Programm, aber kompetitiv gegenüber dem kompetitiven Programm. Kompetitiv orientierte Spieler spielten bei jedem Programm kompetitiv und individualistisch orientierte Spieler kooperierten nur mit dem tit-for-tat-Programm, bei dem kooperativen und dem kompetitiven Programm wählten sie kompetitiv. Diese Ergebnisse korrespondieren mit den oben berichteten Befunden der Untersuchung von Apfelbaum (1967). Die Autoren schließen aus diesen Daten, daß kooperative, kompetitive und individualistische Orientierungen existieren, und daß kooperative und kompetitive Züge im PDG je nach den experimentellen Umständen unterschiedliche motivationale Orientierungen reflektieren können. Man beachte, daß es für die individualistisch orientierten Spieler funktional ist, auf die tit-for-tat-Strategie des Gegenspielers kooperativ und auf die kooperative Strategie kompetitiv zu reagieren, denn so maximieren sie ihren Gewinn.

*6.2.2.1 Bewertung und Modifikation des Komponentenansatzes

Das Modell von McClintock und seinen Mitarbeitern ist ein typischer small range-Ansatz. Es wurde am Beispiel des klassischen restriktiven PDGs und des MDGs konzipiert und scheint für diese Paradigmata und möglicherweise auch für entsprechende Lebenssituationen Gültigkeit zu haben. Es wird jedoch, wie wir gesehen haben, bereits fragwürdig, wenn man es auf andere Formen des PDG auszudehnen versucht. Kritisch ist dabei offenbar die Annahme, die Individuen seien bereit, den gemeinsamen Gewinn zu maximieren. Es gibt bisher keine Anzeichen dafür, daß sie dies ohne Blick auf ihre eigenen Gewinne tun. Wie im folgenden dargestellt wird, ist die Maximierung des gemeinsamen Gewinnes im allgemeinen begleitet von Diskussionen über die Aufteilung dieses Gewinnes. In diesem Sinne ist die Maximierung des gemeinsamen Gewinnes ein Weg, das individualistische Bedürfnis nach Maximierung des eigenen Gewinnes zu befriedigen. Denn schließlich kann jeder einzelne in einer Interaktionssituation nicht viel erzielen, wenn die Summe der Gewinne gering ist.

In Anlehnung an Homans' Prinzip der *distributiven Gerechtigkeit* haben Crott & Möntmann (1973), Crott (1972 a, b, 1974) und Crott et al. (1976, 1977 a) postuliert, daß das Verhalten in experimentellen Spielsituationen neben den individualistischen und auf Wettstreit gerichteten Motiven durch eine *Norm* der gerechten Verteilung gesteuert wird.

Die Stärke der wirksamen *individualistischen* Tendenz soll von der Höhe der zu gewinnenden Beträge abhängen. D. h. je höher der Anreiz, desto stärker sollten individualistische Bestrebungen zur Geltung kommen.

Die Stärke der *kompetitiven*, auf Wettstreit gerichteten Tendenz ist eine Funktion des Grades der Asymmetrie der Situation (Crott et al. 1976). Diese Tendenz ist dann am stärksten ausgeprägt, wenn beide Beteiligten hinsichtlich der Gewinn- und Sanktionsmöglichkeiten in ähnlichen Positionen sind. Bei einer deutlich asymmetrischen Situation ist es für keinen der Beteiligten besonders reizvoll, einen Wettstreit zu entfachen. Außerdem kann die kompetitive Motivation nur zur Geltung kommen, wenn die Beträge, um die verhandelt wird, gering sind. Bei hohen Gewinnmöglichkeiten ist die kompetitive Tendenz zwar unvermindert stark ausgeprägt, sie verliert jedoch mit wachsenden Gewinnmöglichkeiten relativ an Bedeutung. Die Vpn verhalten sich bei hohen Gewinnbeträgen nur dann kompetitiv, wenn dies mit ihrem Gewinnmaximierungsinteresse vereinbar ist. Kompetitive Aktionen, die ihren eigenen Gewinn schmälern würden, treten mit höheren Gewinnmöglichkeiten immer seltener auf (vgl. Crott 1972 a, b; 1974).

Die Stärke der auf Realisierung der jeweiligen *Aufteilungsnorm* abzielenden *sozialen Tendenz* einer Person soll von der Höhe des Gewinnes abhängen, der bei einer pareto-optimalen Lösung resultieren würde, welche der akzeptierten Aufteilungsregel gerecht wird (Crott el al. 1976). Mit anderen Worten: Der Gesichtspunkt der gerechten Verteilung soll dann keine wichtige Rolle spielen, wenn es nicht viel zu verteilen gibt.

Dieser Aspekt ist noch nicht gründlich untersucht worden, jedoch sprechen vorliegende Daten eher gegen diese Vermutung. Die Bereitschaft, die Verteilungsgerechtigkeit zu kontrollieren und wenn nötig durch entsprechende Maßnahmen zu erzwingen, scheint von der Höhe des Gewinnbetrages eher unabhängig zu sein. Wie auf die Verletzung distributiver Gerechtigkeit reagiert wird, soll in Abschnitt 6.2.4.1 im Zusammenhang mit der Equitytheorie detaillierter behandelt werden.

6.2.3 Die Equity-Theorie

Zu einer ähnlichen Formulierung, die der Vorstellung der distributiven Gerechtigkeit einen zentralen Rang einräumt, kamen Walster et al. (1973). Der als *Equity-Theorie* bezeichnete Ansatz baut auf vier Grundannahmen auf, die nach Austin et al. (1976)

Ausgangspunkt für eine allgemeine Theorie des Sozialverhaltens sein sollen. In Anlehnung an Adams (1963, 1965) wird der Zustand der Equity definiert als der Zustand, in dem die Summe der *positiven Ergebnisse* (Belohnungen) und der *negativen Ergebnisse* (Kosten) im Verhältnis zu den *Einsätzen* bei den Beteiligten gleich sind. Als Einsätze werden die Beiträge des Akteurs zum sozialen Austausch bezeichnet. Diese Einsätze können wiederum positiv (z.B. persönliche Attraktivität, Geschicklichkeit, Ausbildung, Kapital) oder negativ sein (Häßlichkeit, Ungeschick, Unkenntnis, Schulden). Was als positiver oder negativer Einsatz gewählt wird, hängt von der jeweiligen Situation ab, in der die Akteure sich befinden. In vielen wirtschaftlichen Zusammenhängen wird z.B. Schönheit wenig zählen, dafür aber um so mehr das Kapital, das jemand einbringt. Walster et al. (1973) schlagen vor, den Zustand der distributiven Gerechtigkeit durch die folgende Relation zu beschreiben:[1]

$$\frac{O_A - I_A}{|I_A|} = \frac{O_B - I_B}{|I_B|}$$

Darin bedeuten O_A und O_B die Ergebnisse des Spielers A bzw. B; I_A und I_B die Einsätze des Spielers A bzw. B.
Die vier Postulate der Equity-theory lauten nach Walster et al.:

1) Individuen werden versuchen, ihre Ergebnisse (Belohnungen minus Kosten) zu maximieren (individualistische Motivation).
2a) Gruppen können ihren gemeinsamen Gewinn maximieren, indem sie ein allgemein akzeptiertes System für die equitable Zuteilung von Belohnungen und Kosten entwickeln. Die Mitglieder werden daher solche Equitysysteme entwickeln und werden andere Mitglieder dazu bewegen, diese Systeme zu akzeptieren und sich danach zu richten.
2b) Gruppen werden im allgemeinen diejenigen Gruppenmitglieder belohnen, die andere equitabel behandeln, und im allgemeinen diejenigen bestrafen (d.h. ihre Kosten erhöhen), die andere Mitglieder nicht equitabel behandeln.
3) Wenn Individuen in nicht-equitablen Beziehungen zu anderen stehen, fühlen sie sich unbehaglich (distressed), und zwar um so mehr, je ungerechter die Beziehung ist.
4) Individuen, die feststellen, daß ihre Beziehungen zu einer anderen Person nicht-equitabel sind, versuchen ihr Unbehagen zu beseitigen, in dem sie Equity wiederherstellen, und zwar um so nachdrücklicher, je weniger equitabel die Beziehung ist.

Das erste Postulat definiert wie üblich die individualistische Motivation. Satz 3 entspricht dem Postulat von Homans, wonach ein Verstoß gegen die Gerechtigkeitsnorm bei den Betroffenen Emotionen hervorruft. Wie Homans spezifizieren Walster et al., daß das ›Opfer‹ Ärger und der ›Peiniger‹ Schuld empfinde. Auch die Tendenz zur Wiederherstellung von Equity, wie sie im vierten Postulat beschrieben wird, ist bereits von Homans bei der Diskussion des Begriffes der distributiven Gerechtigkeit angesprochen worden. Keines der vier Postulate bezieht sich auf eine *kompetitive Motivation.* Postulat 2a wird damit begründet, daß alle leiden würden, wenn alle uneingeschränkt ihren eigenen Vorteil suchen. Denn in diesem Fall würde ein ständiger Krieg zwischen den Individuen herrschen. Niemand würde seines Besitzes sicher sein. Um — wie Satz 2a besagt — andere Mitglieder dazu zu bewegen, das Equity-System zu akzeptieren, muß die Gruppe gerechtes (equitables) Verhalten lohnenswerter machen. Sie tut dies, wie in Postulat 2b ausgedrückt, indem sie gerechtes Verhalten belohnt und ungerechtes bestraft. Sich gerecht zu verhalten, kann somit im Interesse der individuellen Gewinnmaximierung (Postulat 1) liegen.

---

1 Walster und Mitarbeiter haben diese Formel revidieren müssen (Walster et al. 1976). Aber auch die revidierte Fassung ist nicht akzeptabel, da sie nicht invariant gegenüber linearen Transformationen der Maßstäbe für Einsätze und Ergebnisse ist (s. dazu Harris 1976).

*6.2.3.1 Experimentelle Untersuchungen zur distributiven Gerechtigkeit

Untersuchungen zum Einfluß sozialer Normen wurden vorwiegend mit dem Paradigma der *Verhandlungssituation* und der *Aufteilungssituation* durchgeführt. Bei der Aufteilungssituation erhält eine Vp einen bestimmten Geldbetrag, den sie dann mit einem fiktiven oder realen Partner teilen soll. Das Geld wird im allgemeinen als gemeinsame Belohnung für die von beiden Vpn erbrachten Leistungen vergeben. Es wäre zwar prinzipiell möglich, diese Fragestellung auch mit dem PDG, MDG oder anderen one-shot-Spielen anzugehen. Die Spiele bieten aber nicht sehr günstige Voraussetzungen für die Untersuchung des Einflusses sozialer Normen. Denn da die Beteiligten die Lösungen nicht aushandeln können bzw. weil sie die gewünschte Lösung nicht unabhängig vom Partner bestimmen können, sind die Verhaltensweisen in diesem Spiel sehr stark überlagert von der Unsicherheit über das Verhalten des Gegenspielers und den Konsequenzen, die aus dem gegenseitigen Mißtrauen erwachsen.
Wir gliedern die folgenden Darstellungen der experimentellen Ergebnisse nach den beiden interessierenden Paradigmata, wobei zunächst die Untersuchungen zur Aufteilungssituation, dann die Untersuchungen zur Verhandlungssituation dargestellt werden. Diese Gliederung empfiehlt sich, weil damit zugleich eine Unterscheidung nach den relevanten Variablen getroffen wird. Untersuchungen zum Aufteilungsverhalten wurden primär unter dem Gesichtspunkt der Genese sozialer Normen im Sozialisationsprozeß durchgeführt. Sie betrachten das Verhalten vorwiegend in Abhängigkeit von Geschlecht und Alter der Interaktionspartner sowie deren sozialen Beziehungen. Die Fragestellung der Untersuchungen zum Verhandlungsverhalten entwickelten sich aus der Psychologie des interpersonalen Konflikts. Dementsprechend standen hier die Variablen Informationsstand, Geldanreiz, Kommunikationsbedingungen und Sanktionsmöglichkeiten im Vordergrund. Lediglich die Variable Leistung wurde sowohl mit dem einen wie mit dem anderen Paradigma untersucht. Da die ›Equity-Theorie‹ derzeit eine gewisse Forschungsmode geworden ist, gibt es sehr viele Untersuchungen, die sich mit dem Equity-Prinzip und somit implizit auch mit dem Einfluß sozialer Normen auf das Verhalten von Individuen befassen. Wir können hier nur einen gerafften Überblick vermitteln. Eine ausführliche Darstellung der Untersuchungen zu dieser Thematik bis etwa 1974 gibt ein Sammelreferat von Crott et al. (1976) und ein Lesebuch von Berkowitz & Walster (1976), auf die sich dieser Abschnitt stützt.
Nach Walster hat die Equity-Norm die Funktion, die beim Menschen vorherrschende Tendenz zur Maximierung des eigenen Gewinnes einzuschränken. Eine Aufgabe des Erziehungsprozesses ist es, den Kindern Normenverständnis zu vermitteln. Mit zunehmendem Alter müßte daher — bei gelungener Sozialisation — eine Verschiebung der Präferenzen im Aufteilungsverhalten aufzuzeigen sein. D. h. die zunächst vorherrschende egoistische Aufteilungstendenz müßte ihre Attraktivität zugunsten einer sozialen Aufteilungsnorm einbüßen.

Die Entwicklung des distributiven Verhaltens
Die Gleichaufteilung der Gewinne kann als Spezialfall der Equity-Lösung verstanden werden. Um eine Differenzierung zwischen einer *Gleichaufteilung* (Equality-Prinzip) und einer *einsatzproportionalen Aufteilung* (Equity-Prinzip) zu gewährleisten, müssen die Einsätze der Interaktionspartner variiert werden. Dies ist in verschiedenen Untersuchungen getan worden. Als gut quantifizierbare Variable bieten sich dafür die Leistungen der Beteiligten an. In Experimenten wird die Leistung im allgemeinen manipuliert, d.h. man macht die Vpn glauben, ihre Leistung sei als niedrig bzw. hoch einzustufen. — Mikula (1972a) postulierte im Anschluß an Untersuchungen von Ugurel-Semin (1952),

Handlon & Gross (1959), Morgan & Sawyer (1967) und Lane & Messé (1971) sowie den Überlegungen Piagets (1954) zum moralischen Urteil des Kindes einen entwicklungspsychologischen Trend im Aufteilungsverhalten, der die Stufen ›egoistisch‹, ›Equality‹ und zuletzt ›Equity‹ als höchste Stufe durchlaufen soll. Die experimentelle Überprüfung zeigt bei Fünfjährigen eine starke Tendenz zu egoistischem Verhalten. Die leistungsstärkeren Fünfjährigen nehmen sich einen größeren Anteil als ihnen leistungsmäßig zusteht. Demgegenüber bevorzugen die leistungsschwächeren fünfjährigen Kinder eine Gleichaufteilung der Belohnung. Sie beanspruchen demnach ebenfalls mehr als ihre Leistung rechtfertigt. Mikula schließt aus den Ergebnissen, daß den Kindern dieses Alters das Leistungskriterium durchaus geläufig ist, daß sie aber offenbar zwischen dem Bedürfnis nach Gewinnmaximierung (egoistisches Prinzip) und der Forderung nach Berücksichtigung des Leistungsunterschiedes einen Kompromiß eingehen. — Die Gruppe der Siebenjährigen teilt eher nach dem Equality-Prinzip auf, d.h. bevorzugt unabhängig von der Leistung eine Gleichaufteilung. — Bei den Neunjährigen ist (besonders bei der leistungsschwächeren Gruppe) eine Differenzierung der Gewinnaufteilung nach den Leistungspositionen zu beobachten, die dann bei den Elfjährigen deutlich ausgebildet ist. Die Elfjährigen neigen demnach zu einem leistungsorientierten Aufteilungsverhalten, wie es Messé (1971) bei erwachsenen Vpn feststellt. Diese Resultate sind in Abbildung 6.2 wiedergegeben.

Die Untersuchung von Mikula steht demnach im Einklang mit dem von Piaget postulierten Entwicklungsschema. Zunächst dominiert das egoistische Prinzip, wobei dieses Prinzip nach Mikula allerdings mit dem Leistungsgesichtspunkt konkurriert. Danach folgt eine Phase, in der das Gleichaufteilungsprinzip im Vordergrund steht (Equality), das dann von der Regel der Aufteilung nach Leistungsunterschieden abgelöst wird (Equity).

Die Entwicklungsabhängigkeit des Aufteilungsverhaltens wurde durch eine Untersuchung von Crott et al. (1977) unterstrichen.

Kindern im Alter zwischen 9 und 10 Jahren (3. Klasse der Hauptschule) wurde ein Film vorgeführt, der ein Modell in einer Leistungssituation zeigte (Bearbeitung eines Durchstreichtests). Im Film waren die Leistungen des Modells geringer als die eines fiktiven Mitspielers. Nach Abschluß der Aufgabe erhielt das Modell für sich und seinen Partner eine Belohnung, die es aufteilen sollte. In der ersten Filmvariante, die einer Gruppe von Vpn gezeigt wurde, teilte das Modell egoistisch auf, d.h. es nahm sich einen größeren Anteil von der Belohnung. In der zweiten Variante des Films nahm sich das Modell einen leistungsproportionalen Anteil. Es teilte sich also weniger zu als dem fiktiven Partner. Eine Kontrollgruppe erhielt keinen Film vorgeführt. — Nach einer Pause hatten die Kinder selbst den Durchstreichtest und die Aufteilungsaufgabe durchzuführen.

Die Kontrollgruppe (kein Modell) teilte die Belohnung gleich auf. Die Kinder nahmen sich hier im Durchschnitt 11,99 von 24 Geldeinheiten. Obwohl der erhaltene Betrag bei der egoistischen Aufteilung höher ausfiel, imitierten die Kinder das egoistisch agierende Modell nicht. Dagegen ahmten sie das leistungsproportional aufteilende Equity-Modell nach. ›Modelling down‹ auf eine frühere Entwicklungsstufe war demnach nicht erfolgreich, während ›Modelling up‹ vom Gleichaufteilungsverhalten zum entwicklungspsychologisch späteren leistungsproportionalen Aufteilen möglich war.

Abweichungen vom Equity-Prinzip

Die Beziehung zwischen dem Alter der Vpn und der Präferenz für bestimmte Aufteilungsdevisen ist jedoch nicht eindeutig. Augenfällig zeigte sich dies an dem Ergebnis einer Untersuchung von Mikula & Bauer (1972). Sie stellten fest, daß sich 13jährige Jungen nicht altersgemäß verhielten. Sie neigten in einer Situation, die den Teamcharakter betonte, stärker als erwartet zu einer Gleichaufteilung des gemeinsamen Gewinnes. Lerner

Abb. 6.2: Mittlerer beanspruchter Gewinnanteil in drei Leistungspositionen (nach Mikula 1972a)

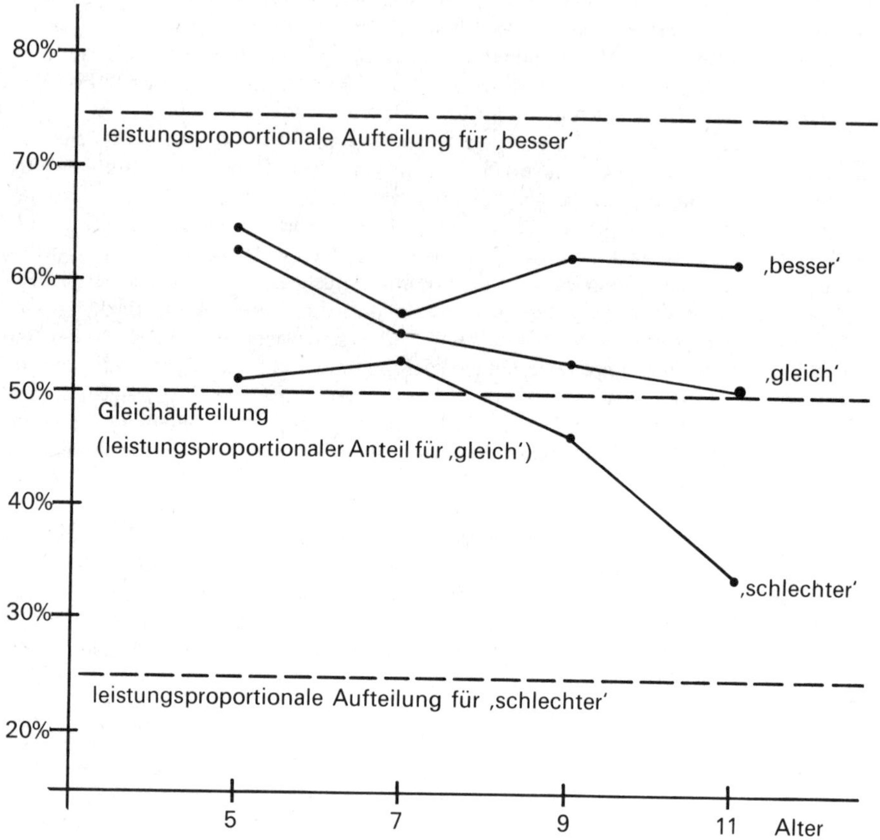

(1974) überprüfte diese Team-Hypothese experimentell und fand starke Hinweise für deren Richtigkeit. Daß unter Team-Bedingungen die Equality-Norm als verbindlicher interpersonaler Standard gilt, unterstreicht die Situationsabhängigkeit der normativen Orientierung. Lerner (1974) postuliert, daß es verschiedene Formen der Gerechtigkeit gebe, die *marxistische Form der Gerechtigkeit* (jedem nach seinen Bedürfnissen) in einigen emotional getönten Beziehungen, wie sie etwa in der Familie entwickelt werden, die *Equity-Gerechtigkeit*, die in versachlichten Beziehungen vorherrsche, die *Parity-Gerechtigkeit* (Equality-Gleichheit), die im Team vorherrsche, und die *juristische Gerechtigkeit*, die der offiziellen Regelung konfligierender Interessen zugrundeliege.
Arbeiten von Bond & Vinacke (1961), Leventhal & Anderson (1970), Leventhal & Lane (1970) u.a. zeigen, daß *Geschlechtsunterschiede* im Aufteilungsverhalten eine Rolle spielen. Weibliche Vpn teilen die Belohnungen (auch in der leistungsstärkeren Position) in der Regel gleichmäßiger auf als männliche. Solche Strategien könnten nach Bond & Vinacke (1961) darauf zurückzuführen sein, daß beim Sozialisationsprozeß von Mädchen mehr Gewicht auf die Berücksichtigung harmonischer personeller Beziehungen innerhalb der Bezugsgruppe gelegt wird. Dies wäre ein Zeichen für die Abhängigkeit der Gerechtigkeitsbegriffe von Sozialisationserfahrungen.

Die Rolle verschiedener Leistungsaspekte
Leventhal & Michaels (1969) manipulierten das *Leistungsverhältnis*, indem sie nach Zeit und Menge der von der Vp zu leistenden Arbeit trennten. Sie wollten feststellen, ob die wahrgenommenen Einsätze eine Funktion dieser Größen sind. Vpn, die die gleiche Arbeitsmenge zustandebrachten wie ihr Partner, aber mehr Zeit dazu benötigten, beurteilten ihren Einsatz vergleichsweise geringer und nahmen sich weniger Belohnung als die Vpn, die kürzere Zeit arbeiteten. Die Belohnung wurde immer gleich aufgeteilt, wenn die geleistete Arbeit der zur Verfügung stehenden Zeit proportional war.
In einer weiteren Untersuchung beschäftigten sich Leventhal & Michaels (1971) näher mit den Determinanten des Wahrnehmungsprozesses, durch den die Vpn die Einsätze der Teilnehmer (z. B. im sportlichen Wettbewerb) bestimmen und vergleichen. Sie versuchten, Randbedingungen (constraints) zu definieren, die von der Vp bei der Bewertung der Einsätze des Partners berücksichtigt werden können und unterschieden interne und externe Randbedingungen. Als interne Randbedingungen gelten persönliche Eigenschaften (z.B. Körpergröße), als externe Randbedingung situative Bedingungen (z.B. geringe Trainingsmöglichkeiten). Die Randbedingungen sind demzufolge Bedingungen, über die der Betreffende keine Kontrolle ausübt, die aber seine Leistungsmöglichkeit begrenzen. — Es zeigte sich, daß die Leistung nicht absolut, sondern in Relation zu den Fähigkeiten bewertet wird. Nicht die Fähigkeit ist wichtig, sondern die Nutzung dieser Fähigkeit. Anstrengung wird als kontrollierbare, von dem Agierenden selbst steuerbare Größe höher bewertet als nicht kontrollierbare Eigenschaften und situative Bedingungen (z.B. physische Kraft, gute Trainingsvoraussetzungen).
Faßt man die Ergebnisse zusammen, so ergibt sich folgendes: Die Vpn berücksichtigen das Verhältnis von Zeit und geleisteter Arbeit bei der Beurteilung der Einsätze. Desgleichen differenzieren sie zwischen kontrollierbaren und nicht kontrollierbaren Eigenschaften, die einer Leistung zugrundeliegen. Doch muß auch gesehen werden, daß ein großer Teil der Vpn — insbesondere in den Experimenten von Mikula und Mitarbeitern — nicht nach dem Leistungsprinzip (Equity) aufteilt, sondern Gleichaufteilungen (Equality) bevorzugt, obgleich sie der leistungsstärkeren Gruppe angehörten. Dies mag, wie Mikula (1973) feststellen konnte, daran liegen, daß die Vpn in der leistungsstärkeren Gruppe mit den Vorstellungen Gerechtigkeit und Zufriedenheit unterschiedliche Aufteilungsformen verbanden. Wenn sie eine gerechte Aufteilung im Auge hatten, orientierten sie sich größtenteils nach dem Equity-Prinzip; wenn es um beiderseitige Zufriedenheit ging, wählten sie dem Partner entgegenkommende gleichanteilige oder vermindert leistungsproportionale Aufteilungen. Die leistungsschwächeren Vpn tendierten dagegen stärker zu leistungsproportionalen Aufteilungen.

Die Wirkung von Kommunikation und Information im Distributionsprozeß
Die Aufteilungssituation ist ein spezieller Fall eines Interessenkonfliktes innerhalb einer Gruppe, in dem der (oder die) Interaktionspartner keine direkte Kontrolle über das Verhalten der gewinnaufteilenden Person ausüben. Wie zu Beginn des Abschnitts 6.2.4.1 dargestellt wurde, nimmt in Experimenten zum Aufteilungsverhalten ein vom Vl willkürlich ausgewähltes Mitglied die Aufteilung der Belohnung vor. Der jeweilige Spielpartner kann das Verhalten der auftretenden Person nicht unmittelbar beeinflussen. Zwar können auch unter solchen Umständen situative Gegebenheiten wie etwa die Präsenz des Mitspielers oder des Vls kontrollierend wirken, der Spielpartner hat jedoch keine Möglichkeiten, seine Aufteilungsvorstellungen darzulegen, gegen den gewählten Aufteilungsmodus zu protestieren bzw. mit dem Abbruch der Beziehungen oder mit Sanktionen zu drohen. Viele soziale Situationen sind aber dadurch charakterisiert, daß der Modus der Gewinnaufteilung von allen Beteiligten (oder mindestens einer Mehrheit) bestimmt werden muß,

wie dies bei der Verhandlungssituation der Fall ist. Verhandlungssituationen sind daher besonders geeignet, die Wirkungen von Informationsaustausch und Kommunikation zu untersuchen.
Damit Normen in Verhandlungssituationen wirksam werden können, muß der Sachverhalt, für den eine entsprechende Verhaltensregel gelten soll, hinreichend transparent sein. Bei mangelnder Information über die Merkmale der Situation können keine klaren Verhaltensrichtlinien erstellt bzw. bestehende Verhaltensrichtlinien nicht sinngemäß angewendet werden.
Schließlich ist es denkbar, daß die Wirksamkeit der Kontrolle von dem verfügbaren und benutzten Sanktionsrepertoire abhängt. Wenn ein Spieler keine Sanktionsmöglichkeiten besitzt (bzw. vorhandene Sanktionsmöglichkeiten nicht einsetzt), wird er nach dem eingangs dargestellten Konzept normabweichendes Verhalten seines Partners nicht verhindern können. Die Auswirkungen mangelnden Widerstandes gegen exploitives Verhalten wurden bereits in Abschnitt 6.1.4.1 aufgezeigt (vgl. dazu das Experiment von Shure et al. 1965).
Siegel & Fouraker (1960) konnten zeigen, daß die Vpn in symmetrischen Verhandlungssituationen (in denen beide Teilnehmer die gleichen Gewinnmöglichkeiten besitzen) den Gewinn gleichmäßiger aufteilen, wenn sie über die Gewinnmöglichkeiten des Gegenspielers aufgeklärt sind. Dies gilt auch für unsymmetrische Situationen, in denen einer der Beteiligten über höhere maximale Gewinnmöglichkeiten verfügt. Denn nach Crott (1972b) und Crott & Möntmann (1973) wirkt sich die Asymmetrie des Spiels nur dann in dem ausgehandelten Ergebnis aus, wenn die Beteiligten die Gewinntabelle des Gegenspielers nicht kennen: anderenfalls wählen sie eine Lösung, in der beide Partner die gleichen Gewinne erhalten. Information schadet somit in unsymmetrischen Situationen den Maximierungsinteressen des bevorteilten Spielers. Ähnlich wie bei Unkenntnis der gegnerischen Gewinntabelle erzielen die Vpn dann ungleiche Aufteilungen, wenn die Information als unzuverlässig dargestellt wird (Lamm & Rosch 1972; Crott et al. 1978). Ungleiche Gewinnzuteilungen resultieren demnach bei fehlender und unzuverlässiger Information, während die Kenntnis der Gewinnmöglichkeiten des Gegenspielers sowohl in symmetrischen als auch in unsymmetrischen Situationen zur Gleichaufteilung der Gewinne führt. Diese Ergebnisse werden ergänzt durch eine Untersuchung von Hamner & Harnett (1975), die feststellten, daß Information über die Gewinnmöglichkeiten des Gegenspielers Personen mit geringem Anspruchsniveau (weniger als die Gleichaufteilung) veranlaßt, mehr zu fordern, während sie Personen mit hohem Anspruchsniveau (mehr als die Gleichaufteilung) veranlaßt, weniger zu fordern.

Reaktionen auf die Verletztung distributiver Gerechtigkeit
Nach dem eingangs entwickelten Normen-Konzept fördert die soziale Kontrolle die Wirkung normativer Verhaltensvorschriften. Anders als die Aufteilungssituationen bietet die dyadische Verhandlung beiden Beteiligten Möglichkeiten der Kontrolle. Sie können auf die Erfüllung der Normvorschriften drängen und auf Verstöße gegen das von der Norm geforderte Verhalten reagieren. Wenn ein Verhandlungsteilnehmer auf das unnachgiebige Verhalten seines Partners nicht wenigstens mit einer zähen Verhandlungsführung oder — wenn diese Mittel zu Gebote stehen — mit Drohungen und Sanktionen antwortet, tendiert sein Gegner dazu, seine Maximalforderungen nur wenig zu reduzieren (Benton et al., 1972; Chertkoff & Conley, 1967; Komorita & Brenner, 1968; Rubin & DiMatteo, 1972). Appelle an die Fairness des Partners haben in solchen Fällen keinen Erfolg (Shure et al., 1965). Dem unnachgiebigen Partner erscheinen dann die Lösungen, die ihm einen hohen Geldbetrag zuweisen, attraktiver als Vereinbarungen, die im Sinne eines Interessenausgleichs als ›fair‹ oder ›gerecht‹ angesehen werden. Wenn der Verhand-

lungspartner (z.B. ein instruierter Helfer des Vls) einen ungerechtfertigten Vorteil der naiven Vp offensichtlich hinnimmt, sich also nicht gegen eine ungleiche Aufteilung wehrt, ist die Vp nicht zu Kompensationsleistungen bereit. Dagegen setzt die Vp, wenn sie selbst in der nachteiligen Rolle ist, Bestrafungen als Mittel der Verhandlungsführung ein, um den Gewinnvorsprung des vermeintlichen Gegners zu reduzieren (Crott et al. 1976).

Aus der postexperimentellen Befragung zu dieser Untersuchung resultieren direkte Informationen über die Bewertung verschiedener Konfliktlösungen. Die Vpn sollten angeben, wie zufrieden sie mit verschiedenen möglichen Gewinnverteilungen gewesen wären.

Wenn die Vpn im Vorteil waren (größere Gewinnmöglichkeiten hatten), hielten sie eine Lösung, die ihnen den größeren Gewinn zuweist, für die beste. Waren sie im Nachteil, dann bevorzugten sie die Gleichaufteilungslösung. Demnach ist die Gleichaufteilung vor allem für die benachteiligten Partner attraktiv. Bemerkenswerterweise wären sie unter keinen experimentellen Bedingungen mit der Lösung zufrieden gewesen, die ihnen den Gesamtgewinn und den Gegnern nichts zuweist. Man kann also annehmen, daß die Zufriedenheit nicht ausschließlich von der Höhe der in den jeweiligen Aufteilungen zugewiesenen Geldbeträgen abhängt.

In den bisher referierten Experimenten erfolgte die Zuweisung der verschiedenen Rollen des unsymmetrischen Spiels zufällig. Die Vpn, die die ›vorteilige Rolle‹ spielen durften, hatten keine größeren Leistungen zu erbringen als die ›benachteiligten Vpn‹. Die Equity-Theorie berücksichtigt diese Form der Asymmetrie nicht. Da die Einsätze gleich sind, müßten, unabhängig vom Grad der Asymmetrie, Gleichaufteilungen als Lösungen resultieren. Dies war in den diskutierten Untersuchungen unter der Bedingung der vollständigen Information der Fall, sofern der Spieler den Maximierungsbestrebungen des Partners Widerstand bot. — Demgegenüber resultieren ungleiche Aufteilungen, wenn die von den Beteiligten eingebrachten Leistungen unterschiedlich sind. Dies geht aus einem Experiment von Messé (1971) hervor, in dem die Vpn vor der Verhandlung unterschiedlich lang für den Vl arbeiten mußten. In der von Messé (1971) realisierten Situation (unsymmetrisches Spiel, vollständige Information) bevorzugten die Vpn solche Lösungen, die die Gewinne im Verhältnis zur abgeleisteten Arbeitszeit aufteilten. (Vgl. dazu auch Messé 1969 und die oben erwähnten Untersuchungen von Benton, 1971 und Morgan & Sawyer 1967).

Zusammenfassung der experimentellen Ergebnisse

Bei lohnenden Gewinnaussichten neigen die Vpn — den dargestellten Verhandlungsexperimenten zufolge — dazu, Lösungen anzustreben, die ihnen einen möglichst hohen Gewinn bringen. Die Attraktivität der Lösungen wird offenbar zunächst nach individualistischen Gesichtspunkten beurteilt. Wenn der Gegenspieler keinen Widerstand leistet, realisieren sie diese Gewinnmaximierungsabsichten. Er wird sich jedoch im allgemeinen diesem Versuch widersetzen, da er ebenfalls an Gewinnmaximierung interessiert ist. Dadurch entsteht ein Konflikt, bei dem bei sonst gleichen Leistungen der Beteiligten der Gleichaufteilungsforderung eine Schlichtungsfunktion zukommt. Die Verhandelnden einigen sich dann bei wechselseitiger Information über die Gewinnmöglichkeiten auf eine Lösung, die beiden Beteiligten die gleichen Gewinne zuweist. Eine solche Lösung resultiert auch dann, wenn einer der Teilnehmer höhere potentielle Gewinnmöglichkeiten besitzt (unsymmetrische Situation). Unter dem Druck des Konfliktes werden offenbar normgerechte ›soziale‹ Lösungen attraktiver. Wenn sich ein Gegenspieler (z.B. ein entsprechend instruierter Helfer des Vl) weigert, eine solche Lösung zu akzeptieren, neigen die Vpn dazu, Sanktionen einzusetzen. Wird die vorteilige oder nachteilige Rolle nicht willkürlich, sondern in Abhängigkeit von den Leistungen zugeteilt, dann resultiert eine Aufteilung, die die Leistungsunterschiede widerspiegelt.

Entscheidungen, die in einer Gruppe bzw. in einem Gruppenkontext getroffen werden, sind im Gegensatz zu Einzelentscheidungen dadurch gekennzeichnet, daß sie die Interessen der Gruppe oder einzelner Gruppenmitglieder mit einbeziehen. Diese Einbeziehung der Interessen oder Absichten anderer in die eigene Entscheidung hat zur Folge, daß die Attraktivität bestimmter Entscheidungsalternativen nicht nur vom Eigeninteresse sondern auch von den miteinbezogenen Fremdinteressen beeinflußt wird. Reglementiert und kontrolliert wird der hierdurch entstehende Interessenkonflikt durch soziale Normen und die Sanktionsmittel, über die eine Gruppe verfügt. Mit Hilfe dieser Sanktionsmittel hat eine Gruppe die Möglichkeit, die Attraktivitätsbeurteilung ihrer Mitglieder direkt zu beeinflussen, indem sie für normenkonforme Entscheidungsalternativen soziale Belohnungen und für normenabweichende Entscheidungsalternativen soziale Bestrafungen in Aussicht stellt.

6.2.3.2 Die Bewertung des Equity-Ansatzes von Walster

Insgesamt leistet der Equity-Ansatz einen Beitrag zur theoretischen Analyse des Verhaltens in derartigen Konfliktsituationen. Allerdings werden bestimmte Ergebnisse nicht ausreichend erklärt. So spezifizieren die Postulate der Equity-Theorie in ihrer Formulierung durch Walster und Mitarbeiter nicht, wann die Equality- und wann die Equity-Norm die Verteilung der Gewinne bestimmen. Da Belohnungen für equitables und Bestrafungen für nicht-equitables Verhalten in den vorliegenden Untersuchungen von den unmittelbar Beteiligten vorgenommen werden, bleibt noch ungeklärt, ob eine unbeteiligte Restgruppe über die Einhaltung der Equity-Norm wachen würde. Es ist zweifelhaft, ob man von einer einzigen, alle Austauschbeziehungen beherrschenden Norm ausgehen kann. Eine flexiblere Formulierung, die von den in der jeweiligen Gesellschaft oder Subgruppe geltenden Normen spricht bzw. den situativen Kontext berücksichtigend verschiedene ›Gerechtigkeitsprinzipien‹ postuliert (Lerner 1974), läßt sich mit den empirischen Ergebnissen von Mikula (1972 a-d) u.a. eher vereinbaren. Ferner liefert die Equity-Theorie keine Erklärungsgrundlage für konkurrierendes und rivalisierendes Verhalten, womit ein bedeutender Aspekt der sozialen Interaktion ausgeklammert wird. Schließlich wird vorwiegend der Vorgang der Inequityreduktion betrachtet. Über die strukturellen und situationalen Merkmale, welche inequitables Verhalten fördern, wird wenig ausgesagt.
Homans (1976) bezweifelt entschieden, daß die Equity-Theorie zu einer allgemeinen Theorie des Sozialverhaltens ausgebaut werden könne, wie dies Walster et al. (1973) annehmen. Seine Kritik läßt sich an einer zentralen Frage entwickeln: Wer bestimmt, welche Einsätze zu Belohnungen berechtigen und mit welchem Gewicht diese Einsätze in die Berechnung des equitablen Anteils eingehen? Diese Frage wird im übernächsten Abschnitt über soziale Macht ausführlicher diskutiert werden.

Kontrollfragen

1. Wird mit der Bezeichnung kompetitive und kooperative Züge im PDG bereits etwas über die der jeweiligen Wahl zugrundeliegenden Motive ausgesagt?
2. Inwieweit sind die auf Wettstreit und Gewinnmaximierung gerichteten Tendenzen in den in Kap. 5 dargestellten Spielsituationen partiell inkompatibel?
3. Wie wirken sich Informationsaustausch und Kommunikationsmöglichkeiten auf das Konfliktverhalten aus?
* 4. Wie unterscheiden sich die Verhandlungsmodelle der Anspruchsniveauanpassung und der schrittweisen Annäherung? Hängt das strategische Verhalten der Konfliktparteien vom Informationsstand ab?

5. Welche Motive oder Motivbündel können das Verhalten von Individuen in konfliktären Situationen steuern?
6. Wie wird ein PDG dekomponiert? Welche Funktion hat die Dekomponierung?
7. Ist die Annahme eines einheitlichen kooperativen Motivs gerechtfertigt?
8. Nennen Sie die Grundannahmen der Equitytheorie.
* 9. Wie entwickelt sich das Aufteilungsverhalten in Abhängigkeit vom Alter?
*10. Welche Einwände führt Lerner gegen eine universelle Gerechtigkeitsnorm an? Welche Alternative schlägt er vor?

Weiterführende Literatur

Crott, Kutschker & Lamm (1977a): Das Buch gibt einen Überblick über sozialpsychologische Ergebnisse der Verhandlungsforschung.

Dornette & Pulkowski (1974): nach einer Einführung in die Problematik des interpersonalen Konfliktes werden spieltheoretische Grundlagen dargestellt (auch als Lektüre zu Kap. 5 geeignet). Dann folgt ein nach unabhängigen Variablen gegliedertes Sammelreferat empirischer Arbeiten und im letzten Kapitel eine ausführliche Darstellung einiger wichtiger Experimente.

McClintock (1972b)/McGrimmon & Messick (1976): Beide Arbeiten geben eine formalisierte und erweiterte Version des ursprünglichen motivationalen Ansatzes von McClintock und Mitarbeitern.

Müller & Crott (1978): Darstellung verschiedener Ansätze der Equity-Theorie sowie ein Überblick über die gegenwärtig vorliegende Literatur.

7 Macht und Einfluß: Theoretischer Bezugsrahmen

Übersicht: In den vorangegangenen Kapiteln, die sich mit der Kommunikation, dem Informationsaustausch, dem Entscheidungs-, Problemlöse- und Konfliktverhalten in der sozialen Interaktion befaßten, haben wir den Aspekt der *sozialen Macht* ausgeklammert. Das liegt nicht daran, daß soziale Macht ein isoliert zu betrachtendes Phänomen wäre, das mit Entscheidungs-, Problemlöse- und Konfliktverhalten nichts zu tun hat. Das Gegenteil ist der Fall. Fast alle sozialen Beziehungen finden in einem Machtfeld statt. Die folgenden Überlegungen zur sozialen Macht knüpfen daher unmittelbar an die Probleme des Entscheidungs- und Konfliktverhaltens an.

Im vorliegenden Kapitel werden theoretische Konzepte der sozialen Macht dargestellt sowie empirische Ergebnisse berichtet, die diese Konzepte illustrieren. Nach der Diskussion des Machtbegriffes (in Abschn. 7.1) werden entsprechend dem Ansatz von French & Raven die Mittel der Machtausübung (Belohnung, Bestrafung, Information u.a.) behandelt. In Abschn. 7.3 werden neben den Machtmitteln weitere Dimensionen der Macht diskutiert. Thibaut & Kelleys Systematik der Abhängigkeiten wird in Abschn. 7.4 vorgestellt. Der letzte Abschnitt greift auf die im vorangegangenen Kapitel behandelte Equity-Theorie zurück und stellt ihr die machttheoretische Position von Homans gegenüber.

7.1 Definition des Begriffes ›Soziale Macht‹

Macht ist stets eine mindestens zweiseitige Beziehung. Daher ist es nicht sinnvoll, von der Macht einer Person schlechthin zu sprechen. Wenn man von einer Person sagt, sie sei sehr mächtig, dann meint diese Beschreibung so etwas wie mächtig im Vergleich zu den meisten übrigen Personen. Wird diese mit einer anderen, ebenfalls mächtigen Person konfrontiert, dann bestimmt nicht nur die absolute Machtfülle, sondern ihre relative, am Gegenspieler gemessene Macht ihre Möglichkeiten. Eine gleiche (bzw. nicht nennenswert verschiedene) *Machtverteilung* dürfte eher seltener sein als divergierende Machtverteilungen. Man denke an die vielen Beziehungen, die durch Abhängigkeiten charakterisiert sind: z.B. Eltern-Kind, Lehrer-Schüler, Chef-Untergebener, Arzt-Patient usw. Andere, insbesondere nichtinstitutionalisierte Abhängigkeiten sind weniger offensichtlich, aber nichtsdestoweniger nachhaltig. So kann z.B. von einem Machtgefälle innerhalb einer Bande ebenso gesprochen werden wie von einem Machtgefälle in einer Freundesgruppe. — Nicht nur Interaktionen zwischen Machtgleichen, sondern auch Interaktionen zwischen einem Mächtigen und einem absolut Ohnmächtigen sind selten. Auch das ›hilflose‹ Kind kann seine Eltern terrorisieren, und es weiß dieses Machtmittel geschickt einzusetzen. Lehrer klagen nicht selten darüber, wie machtlos sie ihren Schülern ausgesetzt sind. Meist verfügen alle Beteiligten über bestimmte Machtquellen, die die Gegenseitigkeit — wenn auch nicht die Balanciertheit — der Machtbeziehungen sichern.

Obwohl es keinen zweiten Begriff gibt, zu dem Philosophen, Soziologen, Politologen, Psychologen und Ökonomen soviel geschrieben haben, hat man sich nicht über eine einigermaßen einheitliche Definition des Phänomens der sozialen Macht einigen können. Alle Definitionen beziehen sich in irgendeiner Form auf konfligierende Interessen von Personen oder Parteien und den Versuch eines (oder beider) Beteiligten, seine Interessen auch gegen Widerstand durchzusetzen. Tedeschi et al. (1973, S. 236), die in ihrem Buch »Conflict, Power and Games« verschiedene Machtkonzeptionen diskutieren, kommen

zu der pragmatisch operational orientierten Definition, wonach *soziale Macht durch das Ausmaß beschrieben wird, in dem eine Person die Befolgung ihrer Wünsche, Bitten oder Forderungen durch eine andere Person (oder eine Gruppe von anderen Personen) mit Hilfe verschiedener Mittel der Einflußnahme (z.B. Drohungen, Versprechungen, Überredungen) und die gleichzeitige Bereitstellung von entsprechenden belohnenden oder bestrafenden Konsequenzen erlangen kann.* — Diese Definition wird jedoch sofort fragwürdig, wenn man daran denkt, daß sehr mächtige Personen selten drohen, bestrafen und überreden müssen, da die Betroffenen ihre Macht und deren Folgen antizipieren.
Die *effektive Macht* einer Person A über eine Person B bemißt sich nicht allein nach dem Umfang der Belohnungs- und Bestrafungspotentiale der Person A. Sie hängt (wie dies auch durch die Definition von Tedeschi nicht ausgeschlossen wird) von der Wahrnehmung dieser Macht durch die Person B ab und von der Gegenmacht, die sie aufzubringen glaubt. Es ist also das wahrgenommene *Machtgefälle*, welches das Verhalten der Person B bestimmt. Die effektive soziale Macht von A über B manifestiert sich in dem Grad der Einwilligungsbereitschaft bzw. des für notwendig befundenen Widerstandes gegen die Forderung von A. Die Bereitschaft zur Einwilligung wird ferner von dem Machtfeld abhängen, in dem sich eine Person befindet. Es erscheint plausibel, daß Personen im Konfliktfall in die Forderung der jeweils stärksten Machtquelle einwilligen. Den gleichzeitig an sie herangetragenen Forderungen der schwächeren Machtquelle werden sie sich widersetzen müssen, wenn diese mit den Forderungen der stärksten Partei unvereinbar sind. Die objektivierte — im Gegensatz zur potentiellen — Macht wird häufig als *sozialer Einfluß* bezeichnet. Einfluß hat stattgefunden, wenn die Zielperson ihr Verhalten in der von der Quelle angestrebten Richtung verändert hat. Sozialer Einfluß wäre demnach sichtbar gewordene, erfolgreiche Machtausübung.

7.2 Mittel der Machtausübung

French & Raven (1959), Raven (1965), Collins & Raven (1969), Raven & Kruglanski (1970) haben versucht, soziale Macht nach den Machtmitteln zu klassifizieren. Sie unterscheiden neben der bereits erwähnten *Macht durch Belohnung* und *Macht durch Zwang* die Macht, welche auf *Legitimation*, auf *Identifikation*, auf *Sachkenntnis* und auf *Information* basiert.

7.2.1 Belohnungs- und Bestrafungsmacht

Macht durch Belohnung beruht auf der Fähigkeit der Person A, eine andere Person B zu belohnen oder unangenehme Dinge von ihr fernzuhalten. Macht durch Bestrafung auf der Fähigkeit zu bestrafen bzw. Belohnungen fernzuhalten. Damit die Macht wirksam sein kann, müssen *Belohnungen* und *Bestrafungen* differentiell, d.i. in Abhängigkeit vom Verhalten der Zielperson, eingesetzt werden. Die Wirksamkeit von Belohnungen und Bestrafungen als Mittel zur Verhaltenssteuerung ist durch die experimentelle Lernforschung vielfältig belegt. Nach den Austauschtheorien richtet das Individuum auch im sozialen Kontext sein Verhalten nach Belohnungen und Bestrafungen aus.
Durch die Belohnung des gewünschten (in diesem Fall kooperativen) Verhaltens und durch Bestrafung des unerwünschten Verhaltens durch den Interaktionspartner kann das Verhalten beeinflußt werden. Bestrafungsmacht führt, wie Thibaut & Kelley (1959) vermuten, eher dazu, daß unerwünschtes Verhalten unterdrückt als daß gewünschtes Verhalten produziert wird. Setzt man die Strafandrohung aus, dann kann ihre Wirkung

rasch verschwinden (Zipf, 1960). Solomon (1964) kommt zu dem Schluß, daß die Bestrafung trotz ihres unmittelbaren Effektes so viele unerwünschte Nebeneffekte habe, daß deren Anwendung nicht empfehlenswert sei. Zu einer ähnlichen Einschätzung gelangen Tausch & Tausch (1971) bei der Beurteilung der Bestrafungstechnik im pädagogischen Feld. Jedoch zeigen bereits die bisher referierten Arbeiten zur sozialen Interaktion, daß summarische Feststellungen zugunsten des einen oder anderen Machtausübungsmodus in diesem Kontext nicht angemessen sind. Die Wirkung von Belohnung und Bestrafung hängt ganz offensichtlich, wie auch die Lektüre lerntheoretischer Ergebnisse (vgl. Foppa, 1965) zeigt, von der Art der eingesetzten Verstärker, der Lernsituation und der Lernaufgabe ab. Darüber hinaus dürften die Zielsetzungen und die korrespondierenden Motive der Vpn bedeutsam sein. Insbesondere kann Belohnung erwünschtes Verhalten beim Interaktionspartner nur auslösen, wenn er sich nicht durch anderes Verhalten wertvollere Belohnungen erschließen kann. Welche Mittel eingesetzt werden, um ihn daran zu hindern — Drohungen oder Versprechungen, Belohnungen oder Bestrafungen —, wird im interaktiven Kontext von den Beteiligten vermutlich auch nach Kostengesichtspunkten entschieden, indem die Beteiligten die Effizienz des eingesetzten Mittels und dessen Kosten gegeneinander abwägen.

7.2.2 Legitime Macht

Die Macht durch Legitimation beruht auf der Anerkennung der Funktionen des Machtausübenden. Der legitimierte Machtinhaber muß seinen Einfluß in der Regel nicht überwachen, weil seine Macht auf der Anerkennung sozialer Normen, internalisierter Werte und gegebener Notwendigkeiten beruht. — Wie die Macht durch Legitimation funktioniert, erfährt der experimentell arbeitende Psychologe, wenn seine Vpn bereitwillig seinen Instruktionen folgen. Sofern er nicht außerdem über Sanktionsmöglichkeiten verfügt, bezieht er diese Macht aus seiner institutionalisierten Stellung. Ein ebenso einfacher wie wirksamer Interviewertrick, sich Zugang zu einer Wohnung zu verschaffen, besteht darin, wie eine Amtsperson aufzutreten. Experimente von Milgram (1963, 1964, 1965 a, b, 1974) u.a. demonstrieren die Autorität des Versuchsleiters. Die Vpn waren bereit, einer zweiten Vp auf Drängen des Versuchsleiters Schocks bis zu einer gefährlichen Höhe zu erteilen, auch dann, wenn das Opfer — ein Helfer des Vls — den Eindruck erweckte, als habe er schwere Schmerzen auszuhalten.

7.2.3 Identifikationsmacht

Die Macht durch Identifikation folgt aus dem Bedürfnis, sich so zu verhalten wie eine Person, die man schätzt. Wie French & Raven selbst feststellen, entwickelt sich diese Macht häufig aus der Belohnungsmacht der Bezugsperson. Die positiven Verstärkungen, die einer Zielperson durch ihr Vorbild vermittelt wurden, lassen den Wunsch entstehen, so zu werden wie die mächtige Person selbst. Wie die legitime Macht, muß Identifikationsmacht nicht kontrolliert werden. Identifikationsmacht manifestiert sich z. B. in Versuchen zum Konformitätsverhalten. Vpn nähern die Einschätzung eines objektiv schwer bestimmbaren Sachverhaltes dem Urteil von Personen, mit deren Einstellung sie sich identifizieren können, eher an als dem von Personen mit abweichenden Einstellungen, wie dies die erwähnte Untersuchung von Sampson & Insko (1964) zeigt (s. Abschn. 2.1.2.2). Eine Art Abgrenzungstendenz, die sie als negative Identifikation bezeichnen, glauben auch

Collins & Raven (1969) experimentell nachgewiesen zu haben. Die Vpn tun das Gegenteil von dem, was ein als unattraktiv eingeschätzter Partner tut.

7.2.4 Expertenmacht

Macht, die auf Sachkenntnis beruht, wird vermittelt durch die besonderen Kenntnisse eines Experten, wobei wiederum weniger die tatsächlichen als die wahrgenommenen Kenntnisse für die effektive Macht des Experten ausschlaggebend sind. Die Macht des Experten hängt von der Bedeutung ab, die seine Kenntnisse für die Zielperson haben. Wenn Expertenmacht einmal etabliert ist, bedarf sie keiner Kontrolle. Unter bestimmten Voraussetzungen ist die Expertenmacht jedoch durch die Übertragung von Kenntnissen oder Fertigkeiten gefährdet. — Die Macht des Experten ist somit meist an bestimmte Situationen gebunden und zeitlich beschränkt, obwohl eine Übertragung auf sachfremde Gebiete vorkommt (Allen & Crutchfield 1963). Man denke an den Vertrauenskredit, den Wissenschaftler und Ärzte auch auf Gebieten erhalten, die mit ihrem Fach nichts zu tun haben.

7.2.5 Informationsmacht

Macht durch Information resultiert aus dem Zugang zu Informationsmitteln und der Verfügung über die Kommunikationskanäle. Wer so Macht ausübt, muß selbst nicht Experte sein, er muß lediglich die Schalthebel des Informationsapparates im Griff haben. Durch gezielte Streuung der Information (oder auch durch Zurückhalten oder Verfälschen von Informationen) kann er das Verhalten anderer Personen beeinflussen. Macht durch Information ist nach Collins & Raven (1969) insofern sehr effektiv, weil die Information relativ unabhängig von der Quelle wirkt. Wie bereits Kelman & Hovland (1953) zeigen konnten, hängt die Wirkung der Kommunikation auf die Einstellung des Empfängers zunächst von der *Glaubwürdigkeit* der Quelle ab. Nach einiger Zeit ist jedoch die Quelle vergessen, so daß der Inhalt der Information allein wirkt (sleeper effect).

7.2.6 Weitere Machtmittel

Neben den 6 Machtquellen, die French & Raven aufzählen, führen Secord & Backman (1974) die *Statusmacht* auf. Nach den Autoren beruht diese Macht, im Gegensatz zu den übrigen Machtquellen, nicht auf einer Eigenschaft von A, die mit der Befriedigung eines Bedürfnisses von B zu tun hat. Ressourcen, die A in einer Situation mächtig machen, können dazu beitragen, daß er Macht auch in Situationen besitzt, in denen diese Ressourcen irrelevant sind. Filmstars, Politiker und Künstler werden von ihren Mitmenschen auch in Situationen respektvoll und dienstbereit behandelt, die nicht mit ihrem Geschäft zusammenhängen. Ebenso können ältere, würdevolle oder attraktive Personen ohne weitere Grundlage Macht über ihre Mitmenschen ausüben.
Ferner wird gelegentlich von *ökologischer Macht* gesprochen, d.i. Macht, die durch Umweltmerkmale gesetzt wird. Gemeint sind damit mehr oder weniger zufällige Standortvorteile (z.B. durch die Nähe zum Mikrophon oder durch einen günstigen Platz in einer Sitzordnung).

7.2.7 Struktur der Machtmittel

In Untersuchungen von Katz & Danet (1966) und Marwell & Schmitt (1967) sollten die Vpn verschiedene Beeinflussungsstrategien in hypothetischen Situationen erproben. Nach Katz & Danet kann man die Beeinflussungsversuche in die Kategorien Versprechen, Drohung, Aktivierung der Reziprozitätsnorm, Appell an die Hilfsbereitschaft, Hinweis auf die eigene, besondere Situation, Hinweis auf erworbene Rechte und Hinweis auf die Aufgaben bzw. Verpflichtungen der Zielperson einordnen. Die faktorenanalytische Auswertung der auf breiterer Basis angelegten Erhebung von Marwell & Schmitt ergab fünf interpretierbare Faktoren, von denen drei relativ gut mit *Belohnungsmacht*, *Bestrafungsmacht* und *Expertenmacht* beschrieben werden konnten, während sich die anderen beiden als *Aktivierung unpersönlicher* und *Aktivierung persönlicher Verpflichtungen* weniger eindeutig auf Legitimations- und Identifikationsmacht bezogen.
Wie bereits die Schilderung der verschiedenen Machtmittel zeigte, sind die Elemente des Klassifikationssystems von French & Raven nicht unabhängig voneinander. Die Klassifikation kann also nicht beanspruchen, scharf voneinander trennbare Machtmittel herausgearbeitet zu haben. Beispielsweise geht Belohnungsmacht leicht in Identifikationsmacht über, legitime Macht kann auf Bestrafungsmacht zurückgehen, und die Expertenmacht und die Informationsmacht können auf belohnenden oder bestrafenden Konsequenzen dieser Machtausübung beruhen. So haben denn auch Marwell & Schmitt (1968) in einer Faktorenanalyse 2. Ordnung die fünf Machtfaktoren auf die zwei sekundären Faktoren ›sozial akzeptierte Techniken‹ (Faktoren I, III und IV) und ›sozial nicht akzeptierte Techniken› (Faktoren II und V) reduzieren können. Diese Aufteilung ähnelt der Dichotomisierung Blaus (1964) in *Macht durch Belohnung* und *Macht durch Zwang.*

7.3 Dimensionen der Macht

Die Macht einer Person bemißt sich nach Dahl (1957) und Harsanyi (1962) nicht nur nach 1. den verfügbaren Machtmitteln, sondern nach 2. der Zahl und der Bedeutung der Personen, auf die sie sich erstreckt, 3. dem Lebensausschnitt, der davon tangiert wird, 4. der Wahrscheinlichkeit, mit der die Einwilligung erfolgt, 5. den Techniken, die ihr zur Verfügung stehen, um die Machtmittel zu aktivieren (z.B. Verwarnungen, Drohungen, Strafen), und 6. den Kosten, die ihr die Aktivierung der Mittel verursachen. Diese Dimensionen der Macht werden von Dahl und Harsanyi in der Reihenfolge der obigen Aufzählung als 1. *Grundlagen*, 2. *Ausdehnung*, 3. *Bereich*, 4. *Fülle*, 5. *Techniken* und 6. *Kosten* der Macht bezeichnet.
Diese Dimensionen können wiederum nicht als unabhängige Faktoren aufgefaßt werden, denn Ausdehnung, Bereich und Fülle der Macht werden sowohl von den verfügbaren Grundlagen der Macht als auch von den Techniken und den Kosten abhängen.

7.4 Abhängigkeiten und Kontrolle

Eine Voraussetzung für die Macht einer Person A über eine Person B ist ihre Fähigkeit, Zustände, die B angenehm oder unangenehm sind, herbeizuführen oder zu verhindern. Damit A Macht über B haben kann, muß er über gewisse Ressourcen verfügen, die wir bisher als Mittel der Machtausübung bezeichnet haben (Belohnungen, Bestrafungen, Legitimation, Expertentum usw.). Es genügt aber nicht, daß das Individuum A über

die Machtmittel verfügt, B muß auch in der Weise von A abhängig sein, daß er sich nur schwer oder gar nicht dessen Machtausübung entziehen kann.
Wie abhängig jemand in einer Beziehung ist, wird von den alternativen Beziehungen bestimmt, die sich anbieten. Auch ein Arbeitnehmer ist nur dann stark von seinem Chef abhängig, wenn er keine bessere alternative Beziehung kennt. Hat er solche Alternativen, dann wird er leichten Herzens kündigen, wenn der Chef die Gehaltserhöhung verweigert. Bei der Bewertung der alternativen Beziehungen sind, wie schon mehrfach dargestellt, natürlich nicht ausschließlich finanzielle Gesichtspunkte wichtig. Die Zufriedenheit mit der gegenwärtigen Tätigkeit, die Vorstellungen von der Tätigkeit in einem alternativen Arbeitsverhältnis, das Betriebsklima, die Kosten einer Umstellung auf einen neuen Arbeitsplatz und vieles andere wird die Entscheidung des Angestellten beeinflussen. Man muß auch nicht annehmen, daß er sich dieses alles genau ausrechnen kann, es genügt, daß er die verschiedenen Möglichkeiten nach ihren Vor- und Nachteilen abwägt und sich ein subjektives Urteil darüber bildet.
Thibaut & Kelley (1959) und Jones & Gerard (1967) haben versucht, die Arten der Abhängigkeiten zwischen zwei Personen oder Parteien zu klassifizieren. Jones & Gerard unterscheiden zwischen *Kontaktabhängigkeit*, *Schicksalsabhängigkeit*, *Verhaltensabhängigkeit*, *Informationsabhängigkeit* und *Reizabhängigkeit*. Tabelle 7.1 gibt die drei erstgenannten Beziehungen (Kontakt-, Schicksals- und Verhaltensabhängigkeit) wieder. Darin wird nicht berücksichtigt, daß Abhängigkeiten wechselseitig sein können. Die Tabelle 7.1 zeigt nur die Abhängigkeit des Spielers B vom Spieler A. Wie weit A auch von B abhängig ist, bleibt offen. Außerdem sollten die eingetragenen Zahlenwerte um die Erwartungen bereinigt sein, die B hinsichtlich alternativer Beziehungen hat. Sie geben also an, was B mehr erzielen kann, als ihn in der bestmöglichen alternativen Beziehung erwartet.
Wenn B von A abhängig ist, dann kann A Kontrolle über B ausüben. Thibaut & Kelley und Jones & Gerard sprechen in diesem Zusammenhang von Kontakt-, Schicksals-, Verhaltenskontrolle. A hat *Kontaktkontrolle* über B, wenn B von der Anwesenheit von A abhängig ist (siehe Tabelle 7.1a). Zur Illustration dieser Art von Kontrolle führt Irle (1975) das Kleinkind an, das nur spielen kann, wenn die Mutter oder eine andere Bezugsperson in der Nähe ist. Es kann verschiedene Spielstrategien haben (z.B. b_1 oder b_2), die von unterschiedlichem Erfolg gekrönt sein werden. Voraussetzung ist jedoch in jedem Fall, daß die Bezugsperson anwesend ist, da es sonst nicht spielen kann. Das Kind ist somit auf die Beziehung zu der anderen Person angewiesen, unabhängig davon, welchen Geschäften sie nachgeht. Das Kind ist kontaktabhängig, die Bezugsperson besitzt Kontaktkontrolle. — Kontaktkontrolle ist jedoch kaum als eine Voraussetzung für Macht zu bezeichnen. A kann das Verhalten von B über die Kontaktkontrolle nicht beeinflussen. Wenn das Verhalten b_1 für A unerwünscht ist, würde B immer dann dieses für A unerwünschte Verhalten zeigen, wenn A anwesend ist. A hat keine Möglichkeit, B daran zu hindern.
In Tabelle 7.1b ist eine Situation wiedergegeben, in der A *Schicksalskontrolle* über B besitzt. B kann nichts tun, um A auszuweichen. Wenn A die Alternative a_1 wählt, schneidet B gut ab, unabhängig davon, wie er reagiert. Wählt A jedoch a_2, schneidet er schlecht ab. In der in Tabelle 7.1c dargestellten Situation muß B sein Verhalten nach dem Verhalten von A ausrichten. A hat *Verhaltenskontrolle* über B. Wählt A die Möglichkeit a_1, dann muß B die Möglichkeit b_1 wählen, wählt A jedoch a_2, dann muß sein Partner b_2 wählen.
Was A tun wird, hängt letztlich von seiner eigenen Nutzenmatrix ab, die bisher offengelassen wurde. Es erscheint daher fraglich, ob die Konzepte Kontakt-, Schicksals- und Verhaltenskontrolle glücklich gewählt sind. Ob man Kontrolle über den anderen hat,

Tab. 7.1: Formen der Abhängigkeit (nach Jones & Gerard, 1967)

a) Kontaktabhängigkeit: B ist vom Kontakt mit A abhängig, was A tut, ist gleichgültig.

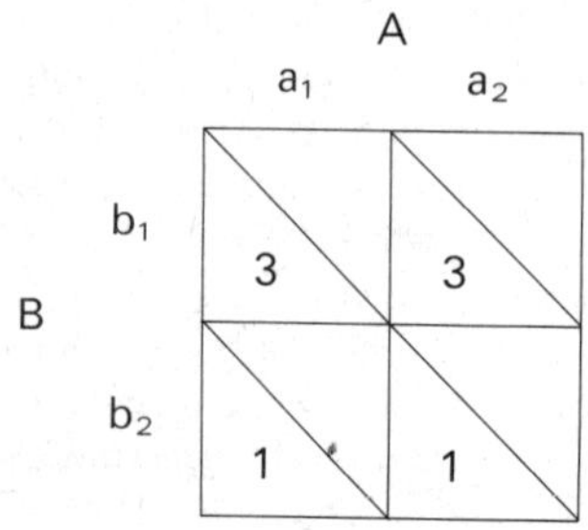

b) Schicksalsabhängigkeit: B's Schicksal hängt von A's Entscheidung ab

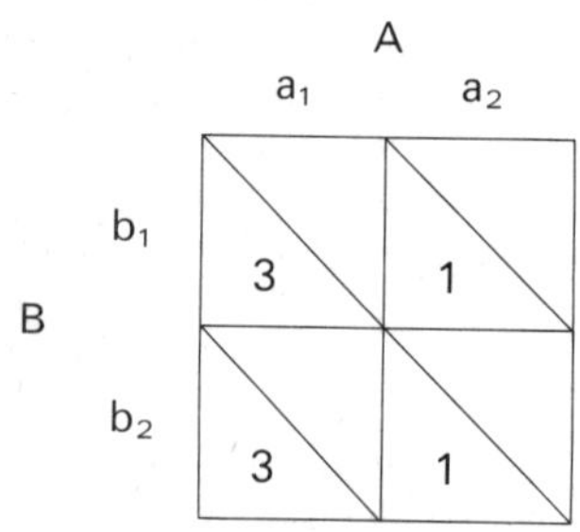

c) Verhaltensabhängigkeit: B muß seine Wahl von der Wahl A's abhängig machen

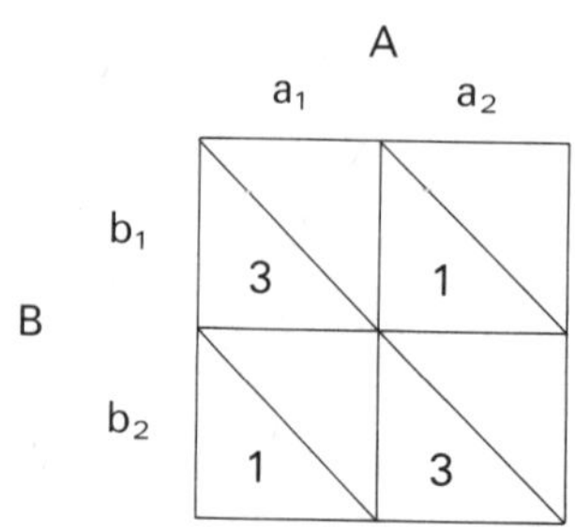

hängt offenbar von der Wechselwirkung zwischen der eigenen und der fremden Nutzenmatrix ab. Die Struktur der gegnerischen Nutzenmatrix allein gibt darüber noch keine Auskunft. Dies gilt zumindest dann, wenn man soziale Kontrolle mit Tedeschi et al. (1973) als Beobachtung und planvolle, am eigenen Interesse orientierte Steuerung des Verhaltens einer anderen Person definiert, die mindestens partiell den Interessen der anderen Person zuwiderläuft, und damit als aktive willentliche Machtausübung spezifiziert. — Dessen ungeachtet kann man allgemein von Abhängigkeiten sprechen, solange die eigene Auszahlung nicht völlig unbeeinflußt von der Präsenz und/oder dem Verhalten des anderen ist.

Abhängigkeit der Zielperson wäre demnach eine notwendige, aber nicht hinreichende Bedingung für Kontrolle im Sinne von Tedeschi. Hinzukommen muß die Möglichkeit der Steuerung des Verhaltens des Partners. Des weiteren muß die Abhängigkeit wechselseitig sein, denn wenn A gegenüber B.s Verhalten indifferent ist, dann hat er zwar die Möglichkeit, nicht aber die Motivation zur Kontrolle. Schließlich müssen die Interessen konfligierend sein, denn andernfalls ist höchstens Koordination, nicht jedoch Kontrolle notwendig.

Zu Beginn des Abschnitts war neben Kontakt-, Schicksals- und Verhaltensabhängigkeit, deren Grundlage Belohnungs- und Bestrafungsmittel sind, von *Informations*-und *Reizabhängigkeit* die Rede. *Informationskontrolle* bedeutet im Sinne der Charakterisierung von Informationsmacht die Möglichkeit, die Informationsabhängigkeit anderer Personen zu nutzen, um sie durch die selektive und verzerrte Weitergabe von Informationen zu beeinflussen. Nach Kelley & Thibaut (1969) sind die Individuen in besonderem Maße auf Informationen angewiesen, wenn sie mit bestehenden sozialen Beziehungen unzufrieden sind. Sie suchen dann Informationen, die ihre Situation verbessern könnten. Das können Informationen über neue Handlungsmöglichkeiten in der gleichen sozialen Beziehung oder aber Informationen über andere soziale Beziehungen sein. Wer über solche Informationen verfügt, hat Informationskontrolle. Information wird demnach vorwiegend wegen ihres instrumentellen Wertes gesucht; sie kann potentiell die Auszahlung verbessern.

Wie Jones & Gerard (1967) betonen, bedarf das Konzept der Informationsabhängigkeit einer Erweiterung durch den Umstand der Reizabhängigkeit. Wenn B durch einen von A gesetzten Reiz dazu veranlaßt werden kann, ein bestimmtes Verhalten (oder eine Sequenz von Verhaltensweisen) zu zeigen, dann wird dies als Reizabhängigkeit bezeichnet. Das Individuum trifft auf diesen Reiz und verhält sich dann in dieser oder jener vorhersagbaren Weise. Ein Lernpsychologe muß lediglich die entsprechenden Signale setzen, um eine Ratte zu einer vorausbestimmten Verhaltenssequenz zu bewegen. Diese Verhaltenskette ist zuvor planvoll durch Verstärkung aufgebaut worden, sie wird jedoch auch dann produziert, wenn die Verstärkung nicht sicher oder zweifelsfrei folgt. Sie wird darüber hinaus noch gezeigt, wenn mehrmals keine Verstärkung erfolgt ist. Reizabhängigkeit beschreibt also den aus der Lerntheorie bekannten Umstand, daß bestimmte Reize, die häufig mit Bekräftigungen gekoppelt waren, Verhaltensweisen auslösen, welche früher zur Erlangung dieser Bekräftigung geführt haben. Die Nutzung der Reizabhängigkeit einer Person *(Reizkontrolle)* wäre demnach eine abgeleitete Macht durch Belohnung und Bestrafung. — Reizkontrolle kann auch ausgeübt werden, indem Reize, die eine bestimmte Verhaltenskette auslösen, vorenthalten werden.

In Abgrenzung zur Informationskontrolle nach Thibaut & Kelley kann Reizkontrolle eher als die Nutzung eingeübter, verfestigter Verhaltensmuster verstanden werden, während Informationskontrolle die kognitive Strukturierung einer Situation durch die Zielperson beeinflussen soll. Es hat sich jedoch weitgehend eingebürgert, Kontrolle durch Belohnungen und Bestrafungen unter *Ergebniskontrolle* und Kontrolle durch Information und Reize unter *Informationskontrolle* zu subsumieren (vgl. Tedeschi et al. 1973, Irle, 1975).

Auf der Basis eines Berichtes von Schein (1958) bringen Jones & Gerard (1967) die chinesische Methode der ›Gehirnwäsche‹ mit der Reizkontrolle in Verbindung: Die Chinesen studierten nach dieser Darstellung die individuelle Geschichte aller Soldaten, um ihre Reaktionen auf bestimmte Beeinflussungsmodi besser kalkulieren zu können. Als weiteres Beispiel für die Reizkontrolle beschreiben Jones & Gerard die Technik, mit der gewitzte, aber auf dem Sachgebiet wenig bewanderte Studenten in Klausuren ihre Beurteiler täuschen können. Der Student müsse die wenigen Fakten, über die er verfügt, geschickt in einem Wust von vieldeutig wissenschaftlich klingenden Phrasen verpacken. Dann habe er die Chance, daß der Beurteiler seine eigenen Vorstellungen aus diesen Verbalisierungen herausliest. Die mehrdeutigen Formulierungen stellten irgendwo die Verbindung zur eigenen Vorstellung her, diese Vorstellung laufe beim Beurteiler ab, und er gewinne den Eindruck, als ob der Kandidat diese Vorstellung dargelegt habe. — Auch Werbung für Produkte kann nicht selten in diesem Sinn interpretiert werden. Sie setzt Reize, die geeignet sind, Kaufverhalten auszulösen.

*7.5 Macht versus Equity

Nach der *Equity-Theorie* bestimmt die soziale Norm der equitablen Aufteilung (vgl. Abschn. 6.2.4) den Verlauf der sozialen Interaktion. Von sozialer Macht ist nicht die Rede. Da jeder gemäß dem ersten Postulat von Walster et al. (1973) nach der Maximierung seines Nutzens trachtet, wird es immer wieder Versuche geben, diese Regel zu durchbrechen, denn sie begrenzt die Gewinnmöglichkeiten eines jeden. Die Postulate 3 und 4 sorgen jedoch dafür, daß solche Verstöße erfolglos bleiben müssen; der *Peiniger* (harmdoer), d.i. derjenige, der sich mehr nimmt, als ihm zusteht, empfindet *Schuld*, und das *Opfer* (victim), das ist derjenige, auf dessen Kosten der ungerechtfertigte Gewinn des anderen geht, empfindet *Ärger*. Schuld und Ärger werden beseitigt, indem die Equity hergestellt wird. Die Equity kann wieder hergestellt werden, indem die Einsätze und Auszahlungen entsprechend verändert werden oder indem die Wahrnehmung von Einsätzen und Auszahlungen verzerrt wird. Dieses illustrieren Walster et al. am Beispiel der unterbezahlten und überarbeiteten Sekretärin.

Ihr Chef kann ihr weniger zu arbeiten geben, ihre Bezahlung erhöhen oder ihre Arbeit bagatellisieren, ihre Auszahlungen übertrieben hoch darstellen und schließlich seine eigenen Einsätze übertreiben und seine eigenen Auszahlungen zu gering darstellen. Wenn er weder die Arbeitsmenge reduzieren noch mehr bezahlen will oder kann, dann wird er z.B. argumentieren, daß sie dumm sei und daß die subalterne und einfache Arbeit nicht höher bezahlt werden könne, daß Überstunden ihr wenigstens die Möglichkeit zum Kontakt mit anderen gäben, daß andererseits der Betrieb ohne seine Leistung nicht existenzfähig wäre, daß er die Verantwortung trage und die Magengeschwüre bekomme. Solche Argumentationsfolgen klingen jedem im Ohr, der die Berufspraxis kennt. Dennoch bleibt die Frage, was schützt den Chef vor dem Ärger der Sekretärin oder deren Versuchen, die verletzte Equity herzustellen? Oder braucht der Chef keinen Schutz, und wenn dies so ist, warum nicht?

Nach der Lektüre einiger Arbeiten zur Equity-Theorie faßt Homans (1976) einige ihrer grundlegenden Annahmen in der Sentenz zusammen: ›Für die, die Gott lieben, werden sich alle Dinge zum Guten wenden‹. Diese Art der Sozialpsychologie sei typisch amerikanisch, liberal und moralisch. Die eigene Konzeption, die er an der gleichen Stelle skizziert, hat die weniger freundliche Perspektive der Macht. Soziale Macht sei das übergeordnete Phänomen und Equity nur eine Konsequenz von Machtverhältnissen:

»Ich glaube, daß Macht das ursprüngliche Phänomen ist, das sich hinter der distributiven Gerechtigkeit verbirgt (und ebenso hinter der Status-Kongruenz). Aber das bedeutet nicht, daß Macht mit Gerechtigkeit identisch ist. Macht mag Recht schaffen, aber das bedeutet nicht, daß sie Recht ist. Wie kommen wir nun von dem einen zum anderen? so wie einer der vornehmen Römer in Plutarchs Leben ... die Bewohner einer eroberten Stadt fragte ›Warum faselt ihr von Gerechtigkeit, da wir die Schwerter tragen?‹. — Die Reaktion der Leute auf Ungerechtigkeiten folgt als spezieller Fall der Frustrations-Aggressions-Hypothese: sie reagieren mit Ärger, weil sie nicht das bekommen haben, was sie erwarteten. Was sie erwartet haben, ist das, was üblicherweise in der Vergangenheit geschah. Und was durchweg in der Vergangenheit geschehen ist, läßt sich mit der Feststellung beschreiben, daß Machtunterschiede eine direkte Beziehung zwischen der Fähigkeit eines Individuums herstellen, knappe Güter bereitzustellen und dem Wert der Belohnungen, die es erhält ... Wenn man von der Ansicht absieht, die vielleicht von einigen Philosophen geteilt wird, ist eine equitable Aufteilung der Belohnungen einfach nur eine Aufteilung nach dem Verhältnis der Macht — vorausgesetzt nur, daß das Verhältnis der Macht der Parteien, Macht und Gegenmacht, für einige Zeit gleich und konstant geblieben sind. Eine nicht-equitable Verteilung mag nicht mehr als eine Verteilung sein, die nicht der gegenwärtigen Verteilung der Macht entspricht.« (Homans, 1976, S. 243-244, Übers. d. Verf.)

Man muß nicht voll mit Homans Position übereinstimmen, um zu akzeptieren, daß der Mächtige in der Lage ist, sich die Verfügungsgewalt über begehrte und knappe Güter zu beschaffen, und er begehrte Güter sogar künstlich verknappen kann und daß er so als Verteiler dieser Güter Personen mit begehrten Eigenschaften und Fähigkeiten in seinen Dienst stellen kann. Wie großzügig der Mächtige die begehrten Belohnungen verteilt, wird unter anderem von der Machtstruktur abhängen, in die er selbst verwoben ist: der Konkurrenz mit anderen Machtinhabern und, was partiell darauf beruht, der Gegenmacht der weniger Mächtigen. Ein equitabler Zustand wäre demnach ein labiler sozialer Frieden, der so lange bestehen bleibt, solange die Machtrelationen bestehen bleiben.

Das Bedürfnis aller nach einem größeren Anteil an den zu verteilenden Gütern wird nach der Equity-Theorie durch die konfliktschlichtende Equity-Norm eingeschränkt. Diese Norm wird von allen Beteiligten akzeptiert, und zwar entweder, weil sie im Laufe der Sozialisation internalisiert wurde, oder weil Rache als Folge der verletzten Equity-Norm befürchtet wird (oder beides). Wenn man davon ausgeht, daß auch die Sozialisierung des Individuums ein Lernprozeß ist und wenn man sich vor Augen hält, daß das Individuum aus der sozialen Interaktion Belohnungen bezieht, sofern es das erwünschte Verhalten zeigt, dann ist von der Equity-Theorie zur Theorie der sozialen Macht nur ein Schritt. Das Individuum lernt im Verlauf der Sozialisation, wie verschiedene Einsätze bewertet werden, und richtet seine Erwartungen danach aus. Dies entspricht dem Konzept, das Thibaut & Kelley (1959) als Vergleichsniveau (CL = comparison level) bezeichnet haben (vgl. Abschnitt 2.2.2). Aufgrund seiner Erfahrungen bildet sich das Individuum ein Anspruchsniveau hinsichtlich der aus sozialen Beziehungen zu erwartenden Belohnungen. Man braucht nicht einmal wie Homans anzunehmen, daß das Individuum auf das Ausbleiben eines Gewinnes in gewohnter Höhe mit Ärger reagiert. Es wird u. U. nüchtern konstatieren, daß dieser oder jener seiner Einsätze nicht mehr gefragt sei, und sich darum bemühen, Einsätze in die soziale Interaktion einzubringen, die begehrter sind.

Die Dynamik der Gesellschaft, Erfindungen, Weiterentwicklungen und Moden schaffen neue Arbeitsfelder, und die Konsequenzen dieser Dynamik schaffen Folgeprobleme. Somit ändert sich auch der Ausschnitt, in dem das Individuum interagiert. Zudem ist nach dem Prinzip der Sättigung zu erwarten, daß selbst in einem sozialen Kontext, der relativ unabhängig von der gesamtgesellschaftlichen Lage ist, über längere Zeit produzierte Verhaltensweisen für eine Weile nicht mehr gebraucht werden. Diese sich wandelnden Verhältnisse verlangen eine ständige Anpassung der Fähigkeiten, Fertigkeiten und Verhaltensweisen.

Das Vergleichsniveau und damit die Erwartungen der Vpn an soziale Beziehungen orientieren sich demnach an den bestehenden Verhältnissen, die auch durch die bestehenden Machtverhältnisse charakterisiert sind. Angebot und Nachfrage sowie soziale Macht bestimmen, wie die Einsätze der interagierenden Personen zu bewerten sind. Zwischen beiden besteht, wie bereits dargestellt wurde, eine Wechselwirkung.

Kontrollfragen

1. Welche Machtmittel kann man unterscheiden?
2. Welche Dimensionen der Macht werden von Harsanyi und Dahl genannt?
3. Wie könnte man legitime Macht von Expertenmacht abgrenzen?
4. Wie unterscheiden sich Expertenmacht und Informationsmacht?
5. Welche empirische Evidenz spricht für die Klassifikation der Machtmittel von French & Raven?
6. Was ist unter Kontakt-, Schicksals- und Verhaltensabhängigkeit zu verstehen?
7. Wie definieren Tedeschi et al. den Begriff der sozialen Kontrolle?
8. Was versteht man unter Reizkontrolle?
9. Wie sind Ergebnis- und Informationskontrolle definiert?
10. Wie sieht Homans die Beziehung zwischen Macht und Gerechtigkeit?

Weiterführende Literatur

Homans (1976): Kritik an der Equity-Theorie mit der Betonung des Machtaspektes.
Marwell & Schmitt (1967), Katz & Danet (1966): Zwei empirische Arbeiten zur Struktur der Machtmittel.
Thibaut & Kelley (1959): In diesem Buch wird das Konzept von Kontakt-, Schicksals- und Verhaltensabhängigkeit entwickelt.

8 Macht und Einfluß: Experimentelle Untersuchungen

Übersicht: Wenn sich dieses Kapitel auch vorwiegend empirischen Untersuchungen zur sozialen Macht widmet, so soll doch zunächst in Abschn. 8.1 der Versuch unternommen werden, ein Klassifikationsschema zu entwickeln, das eine sinnvolle Organisation des empirischen Materials erlaubt. Es muß sich damit in etwa nach den Gesichtspunkten richten, die die empirischen Arbeiten leiten. Die empirischen Forscher zeigten sich insbesondere an den Wirkungen verschiedener Techniken der Machtausübung (direkte Verstärkung, Drohung, Versprechen, Überredung, etc.) interessiert. Die Abschnitte 8.2 und 8.3 referieren die Befunde entlang diesem Klassifikationsschema. Abschnitt 8.4 befaßt sich mit der Verteilung der Macht auf mehrere Personen und den daraus resultierenden Koalitionsbemühungen. In diesem Zusammenhang wird in den Sternchenabschnitten 8.4.1 bis 8.4.2.4 die spieltheoretische Analyse von Machtbeziehungen skizziert. Abschn. 8.4.3 behandelt empirische Ergebnisse zur Wirkung der Machtverteilung. Schließlich beziehen sich die in den Sternchenabschnitten 8.4.5.1 und 8.4.5.2 referierten Resultate direkt auf die spieltheoretische Konzeption; sie wurden in Anlehnung an die Situationsbeschreibung durch die Theorie der n-Personen-Spiele gewonnen.

8.1 Klassifikation von Einfluß

Die experimentelle Erforschung des Phänomens Macht in der sozialen Interaktion ist — gemessen an dessen Relevanz für das Verhalten von Individuen — unterentwickelt. Den Untersuchungen, die im folgenden dargestellt werden, liegt meist kein wissenschaftlich fundiertes Machtkonzept zugrunde. Beispiele für systematisches Arbeiten wie die neueren Ansätze zur Koalitionsforschung (Abschnitt 8.5.4) und Fiedlers Untersuchungen zum Führungsverhalten (die in Kapitel 9 behandelt werden) sind selten. Häufig werden die Machtverhältnisse, die durch die Versuchsanordnung angelegt sind, nicht explizit hervorgehoben. Die Implikationen für unseren Untersuchungsgegenstand ›soziale Macht‹ ergeben sich sozusagen beiläufig.

Zur Organisation des Materials der folgenden Abschnitte sollen Bestimmungsstücke des von Thibaut & Kelley und Tedeschi entwickelten Bezugsrahmens herangezogen werden. Die Gliederung erfolgt danach, ob Ergebnis- oder Informationskontrolle (einschließlich Reizkontrolle) vorherrschen und ob die Beeinflussung *offen* oder *verdeckt (manipulativ)* erfolgt. Das Schema in Tabelle 8.1 ist aus der Perspektive des Machtausübenden erstellt. Es ordnet also die verschiedenen Techniken der Machtausübung danach ein, in welchem Maße sich die Machtquelle des Mittels der Verstärkung bzw. der Ankündigung von Verstärkungen bedient und ob die Beeinflussungsversuche offen oder manipulativ sind. Offen sind sie dann, wenn sich der Akteur keine Mühe gibt, seine Beeinflussungsabsichten zu verbergen. Dies bedeutet nicht, daß er seine Beeinflussungsabsicht explizit machen muß. Er unternimmt lediglich keine Versuche, sie zu verbergen. Verdeckt ist die Beeinflussung dann, wenn er dies tut. *Ergebniskontrolle* im engeren Sinne liegt vor, wenn die Quelle der Macht das Verhalten der Zielperson ausschließlich über Belohnungen oder Bestrafungen steuert, *Informationskontrolle*, wenn die Quelle ohne Bezug auf Sanktionen allein durch gerichtete Information Einfluß zu verwirklichen sucht. Drohungen, Versprechen und Überredung liegen im Überschneidungsbereich zwischen Ergebnis- und Informationskontrolle (doppelt schraffierter Bereich in Tabelle 8.1), denn bei diesen Techniken wird die Verstärkung durch Informationen bzw. Signale angekündigt.

Verstärkerkontrolle
Die direkteste Form der Einflußnahme ist die offene Beeinflussung durch Belohnungen und Bestrafungen. Erwünschtes und unerwünschtes Verhalten werden mit Belohnungen bzw. Bestrafungen quittiert, und es wird nicht geleugnet, daß diese als Reaktion auf vorangegangenes Verhalten gegeben werden. Man kann diesen Einfluß auch verdeckt ausüben, indem man zu verhindern sucht, daß der Zielperson der Zusammenhang zwischen ihrem Verhalten und den Verstärkungen bewußt wird (manipulative Beeinflussung durch Belohnungen und Bestrafungen). Schmeicheleien sowie andere Formen der verbalen Verstärkung demonstrieren diese Techniken im interpersonalen Kontext. Dieses Vorgehen hat wie andere Techniken der verdeckten Beeinflussung den Vorteil, daß es etwaige kognitive Widerstände gegen eine Beeinflussung unterläuft.

Drohungen und Versprechungen
Anstatt nur auf das Verhalten der Zielperson zu reagieren, kann man Belohnungen und/oder Bestrafungen durch *Versprechen bzw. Drohungen* ankündigen. Wenn die Zielperson diese Ankündigungen ernstnimmt und wenn die antizipierten Verstärkungen für sie bedeutsam sind, wird sie sich von vornherein an den Wünschen der Machtquelle orientieren. Die Zielperson zeigt dann bereits vor jeder Verstärkung das gewünschte Verhalten bzw. unterläßt das unerwünschte. Versprechen und Drohungen können wiederum offen oder verdeckt gegeben werden. Eine verdeckte Beeinflussung über Versprechen und Drohungen kann man z. B. ausüben, indem man vorgibt, den anderen über die eigenen Pläne lediglich informieren zu wollen. Man hofft, daß dieser die Konsequenzen vorwegnimmt und sein Verhalten danach ausrichtet. Als Illustration für eine in der Grenzzone zwischen offener und verdeckter Beeinflussung durch Versprechen und Drohungen liegende Technik kann aus dem politischen Bereich die ›Ping-Pong-‹ oder die ›Kanonenbootpolitik‹ angesehen werden. Die Quelle unternimmt in diesem Fall Annäherungsversuche, wie etwa freundliche Aufnahme von Künstlern, Sportlern etc., schmeichelhafte Artikel in halboffiziellen Zeitungen, oder sie macht Drohgebärden, wie Manöver, Waffenparaden, demonstrative Staatsbesuche bei potentiellen Verbündeten und dergleichen mehr. Sie tut dies, um klarzustellen, daß etwas geschehen sollte. Dennoch sind diese Gesten nicht explizit auf das Ziel gerichtet. Das Ziel kann sich den Wünschen der Quelle annähern, ohne ›das Gesicht zu verlieren‹.

Überredung
Während bei den bisherigen Techniken die Einwilligung durch Verstärkungen bzw. den Hinweis auf Verstärkungen (Ergebniskontrolle) erreicht werden soll, steht bei den folgenden Techniken der informative Aspekt im Vordergrund. Die Beeinflussung erfolgt in erster Linie über die korrekte, selektive oder verzerrte Weitergabe von Information bzw. durch Reizkontrolle.
Die Technik der Überredung gehört noch zum Überschneidungsbereich von Ergebnis- und Informationskontrolle. Je nachdem, ob die Quelle ihr Interesse leugnet oder nicht, handelt es sich um verdeckte oder offene Überredung. Bei der Überredung braucht der Beeinflussende nicht vorzugeben, selbst über Belohnungs- oder Bestrafungsmöglichkeiten zu verfügen, weil diese tatsächlich oder angeblich von dritter Seite zu erwarten sind. Wenn sich z.B. zwei Personen darüber streiten, welches Fernsehprogramm sie ansehen sollen, dann kann einer der Beteiligten vorschlagen, seinem Wunsch nachzukommen, er werde dann beim nächsten Mal oder in einer anderen Sache zurückstehen (offenes Versprechen). Dieses Verhalten wird noch der Kategorie der Ergebniskontrolle zugeordnet. Alternativ kann er auch versuchen, den anderen zu überreden, indem er ihm die Vorzüge des Programms der eigenen Wahl so eindringlich schildert, daß dieser

Tab. 8.1: Techniken der Einflußnahme

Modus der Kontrolle	Verstärkungsbedingungen	Offene Beeinflussung	Manipulation (versteckte Beeinflussung)
Ergebniskontrolle	Quelle gibt Verstärkungen	Verstärkungskontrolle	
	Quelle stellt Verstärkungen in Aussicht	Versprechungen und Drohungen	
	Quelle stellt Verstärkungen durch Dritte in Aussicht	Überredung	
Informationskontrolle	Quelle nimmt keinen Bezug auf Verstärkungen	Appell, Bitte	Reiz- bzw. Signalkontrolle, selektive Information

schließlich überzeugt ist, das Programm selbst sei belohnend (offene Überredung). In der manipulativen Überredung wird die Beeinflussungsabsicht verheimlicht. Der Beeinflussende kommuniziert ein Bild der Situation, das der Zielperson ein bestimmtes Verhalten nahelegt.

Appell, Bitte und Reizkontrolle
Appell und *Bitte* sind schließlich Techniken der offenen Beeinflussung, bei denen kein direkter Bezug auf Belohnungen genommen wird. Sie richten sich i. a. auf die Bereitschaft der Zielperson, bestimmte allgemein akzeptierte Spielregeln des Zusammenlebens zu beachten. Manchmal beziehen sie sich auf die Reziprozitätserwartung der Zielperson. Denn wenn die Zielperson einer Bitte nachgibt, dann rechnet sie möglicherweise damit, der andere werde diesen Gefallen irgendwann einmal erwidern. Insofern sind die Techniken des Appells und der Bitte nicht klar zu trennen von der manipulativen Beeinflussung durch Versprechen und von der Reizkontrolle.

8.2 Offene Beeinflussung

Die explizite Anwendung der Belohnungs- oder Bestrafungsmacht, die sich in offener Verstärkungskontrolle, offenen Versprechen und Drohungen und teilweise auch noch

in der offenen Überredung ausdrückt, ist wohl die selbstverständlichste Form der Beeinflussung.
Die experimentelle Forschung hat sich, angeregt durch die erwähnten Arbeiten von Deutsch & Krauss (1960, 1962), besonders für die Wirkung von Drohpotentialen interessiert. Der offenen Verstärkerkontrolle wurde in Arbeiten zur sozialen Macht wenig Beachtung geschenkt — möglicherweise deswegen, weil man davon ausgeht, daß im Machtkontext Verstärkungen im allgemeinen mehr oder minder explizit durch Drohungen und Versprechungen angekündigt werden.

8.2.1 Explizite Drohungen und Bestrafungen

Sanktionsmöglichkeiten, die nicht bereits durch die Spielmatrix vorgegeben sind, wurden in den Experimenten von Deutsch & Krauss realisiert:

Wie in Abschnitt 5.1.7 geschildert wurde, hatten die Vpn in dem Transportspiel von Deutsch & Krauss die Möglichkeit, Barrieren einzusetzen, um dem Partner die Durchfahrt durch die profitable kürzere Wegstrecke zu verwehren. In der ersten Untersuchung mit diesem Paradigma (Deutsch & Krauss 1960) wurde unterschieden zwischen Dyaden, in denen keiner der Spieler eine Barriere hatte (keine Drohmöglichkeiten), Dyaden, in denen ein Spieler über *eine* Barriere verfügte (unilaterale Drohmöglichkeit), und Dyaden, in denen beide Spieler Barrieren besaßen (bilaterale Drohmöglichkeit).

Wenn keine Barrieren vorhanden waren, erzielten beide Vpn hohe Auszahlungen. Konnte nur einer die Barriere einsetzen, dann machten beide Vpn zunächst Verluste, es gelang ihnen jedoch, sich im Verlauf der Spielserie zu verbessern. Die Gruppen, in denen beide über eine Barriere verfügten, tätigten die höchsten Verluste. Die Auszahlungen beider Vpn verbesserte sich auch über die Spielserie hinweg nicht. Deutsch & Krauss ziehen daraus den Schluß, daß 1. vorhandene Drohmöglichkeiten stets ausprobiert werden und daß dies 2. Gegenmaßnahmen, Feindseligkeit und Wettstreit provoziert.
Zu den Ergebnissen und der Interpretation von Deutsch & Krauss sind jedoch einige kritische Anmerkungen angebracht (vgl. auch Kelley 1965). Vor allem ist hervorzuheben, daß die Vpn in dem Experiment von Deutsch & Krauss nicht um Geld, sondern um Punkte verhandelten. Möglicherweise wird der Einsatz von Barrieren in einer solchen Situation nicht als Drohung bzw. als Bestrafung angesehen, da jeder der Beteiligten weiß, daß er dem anderen nicht ernsthaft schadet. Die Barrieren sind vielleicht das Spielzeug, mit dem man die sonst eintönige Aufgabe durch Tricks, Täuschungen usw. interessanter gestaltet. Des weiteren ist festzuhalten, daß Deutsch & Krauss nicht zwischen Drohungen und Bestrafungen differenzieren. Der Einsatz der Barriere wird als Drohung bezeichnet, ist jedoch tatsächlich zugleich eine Bestrafung, da er den Partner daran hindert, die profitablere Strecke zu fahren. Wie Borah (1963) bemängelt, sind die hohen Kosten der Vpn nicht ausschließlich durch den Einsatz der Barrieren bedingt. Da die ›Drohungen‹ in der Versuchsanordnung von Deutsch & Krauss unmittelbar in das Spielgeschehen eingreifen, haben sie schwer kontrollierbare Neben- und Folgewirkungen. Ein Teil der Kosten der Vpn wird z.B. durch das Zögern vor der Umkehr an einer Barriere verursacht. Manche Vpn erzielen möglicherweise deswegen niedrige Gewinne, weil sie einem Konflikt von vornherein aus dem Wege gehen und die längere Strecke wählen.

8.2.1.1 Anreizbedingungen und Motivation

Einen Vergleich von fiktiven und echten Geldgewinnen hat Gallo (1963) unternommen. Gallo benutzte eine modifizierte Form des Deutsch & Krauss-Spiels, unterschied zwischen einer *no-gate* und einer *two-gate-Bedingung* und ließ beide Versionen mit *imaginärem* und *echtem Geld* spielen. Obwohl sich Gallos experimentelle Durchführung in einigen Punkten von der von Deutsch & Krauss (1960) unterschied, stimmten seine Ergebnisse, soweit es sich um Gruppen handelt, die mit imaginären Geldgewinnen spielten, bemerkenswert gut mit den Befunden von Deutsch & Krauss überein. Unter anderem wurde ein deutlicher Unterschied zwischen den Gruppen ohne Drohmöglichkeiten und solchen mit Drohmöglichkeiten aufgewiesen. Wenn mit imaginärem Geld gespielt wurde, verloren die ersteren 19 und die letzteren 59 $ pro Spielserie. Beim Spielen mit echtem Geld wurde dieser Unterschied reduziert (+ 13,28 $ und + 6,55 $). — Der Autor schließt daraus, daß es die Vpn unter gegebenen experimentellen Bedingungen spannender finden, anstatt in einer langen Serie von Durchgängen langsam einen imaginären Geldbetrag zu vermehren, ein neues Spiel zu spielen, in dem sie versuchen, den Unterschied zwischen dem eigenen Gewinn und dem des Partners — unabhängig von der absoluten Höhe des Gewinns — möglichst groß zu halten. Zu einem ähnlichen Schluß kommen Smith & Emmons (1969) aufgrund der Analyse einer anders gearteten experimentellen Anordnung.
Eine Untersuchung von Borah (1963) befaßte sich ebenfalls mit der dem Spielverhalten zugrundeliegenden *Motivation*.

Borah rekrutierte seine Vpn aus einer Population, die in der Universität ein niederes Ansehen genoß, und unterschied zwischen den Bedingungen ›eigene Gruppe‹ und ›überlegene Gruppe‹. Unter der Bedingung ›eigene Gruppe‹ instruierte er die Vpn, daß sie gegen einen Partner aus der eigenen universitären Gruppe zu spielen hätten. Unter der Bedingung ›überlegene Gruppe‹ wurde jeweils jedem der Partner gesagt, ihr Mitspieler gehöre einer anderen Population an. Er suggerierte der Vp, ihr Partner im Spiel fühle sich ihr überlegen. Borah baute verschiedene Möglichkeiten zur Anwendung von Sanktionen in das Experiment ein (Anwendung von Elektroschocks).

Zwischen den experimentellen Bedingungen mit und ohne Drohmöglichkeiten traten keine Unterschiede auf. Differenzen gab es lediglich zwischen unterschiedlich instruierten Gruppen: Wurde der jeweilige Partner als überlegen charakterisiert, dann ergaben sich wesentlich geringere Gesamtauszahlungen für die Gruppe als in einer entsprechenden Kontrollgruppe, was auf den Einsatz von gewinnreduzierenden Sanktionen zurückgeführt wurde. In diesem Fall wird das Verhalten offenbar von Prestigegesichtspunkten geleitet (vgl. Deutsch et al. 1971 und Krauss 1966).
Die Untersuchungen von Gallo (1963) und Borah (1963) zeigten, daß sich der Besitz von Sanktionsmöglichkeiten nachteilig auswirkt, wenn andere als die *sachorientierte*, auf Gewinnmaximierung gerichtete Motivationen dominieren. In diesem Sinne sind auch experimentelle Ergebnisse von Brown (1968) zu werten.

In Browns Untersuchung spielten die Vpn in einem Transportspiel gegen ein Programm. Brown gab seinen Vpn zu verstehen, sie würden über den gesamten Versuch hinweg durch eine Einwegscheibe von Klassenkameraden beobachtet. Das Programm hatte in der ersten Hälfte des Experimentes die Verfügungsgewalt über die Barrieren, während die Vpn die Barrieren im zweiten Teil benutzen durften. Im ersten Teil beutete der vermeintliche Mitspieler (das Programm) die Vpn rücksichtslos aus, d.h. es setzte die Barrieren häufig ein und ließ sich für die Passage hohe Zollgebühren zahlen. Sein Gewinn war nach Beendigung des ersten Versuchsabschnittes folgerichtig erheblich höher als der der Vp.

Nach der ersten Hälfte des Versuchs wurden den Vpn Beurteilungen der angeblich zuschauenden Klassenkameraden zugespielt, die sie entweder als schlechte Verhandler darstellten oder als gute Verhandler, die hart gekämpft und ihr Bestes getan hätten. In diesem zweiten Abschnitt hatten nun die Vpn selbst die Möglichkeit, Barrieren zu errichten und Zoll zu erheben. Allerdings waren hohe Zölle mit hohen Kosten verbunden.

Diejenigen Vpn, die eine schlechte Beurteilung erfahren hatten, nutzten diese Möglichkeit, sich zu rächen, vergleichsweise häufiger, auch wenn dadurch ihr eigener Gewinn geschmälert wurde. Sie taten dies insbesondere dann, wenn ihnen versichert wurde, ihr Mitspieler kenne die Kosten nicht, die ihnen durch ihr Verhalten entstünden.

Die Ergebnisse dieser Untersuchungen bestätigen den eingangs formulierten Vorbehalt gegenüber der Generalisierbarkeit der Deutsch & Krauss-Ergebnisse. Bestrafungen werden offenbar vorwiegend dann eingesetzt, wenn keine nennenswerten Geldbeträge auf dem Spiel stehen und wenn das Prestige der Vp tangiert ist. Nicht das Gewinnmaximierungsbestreben, sondern der Wettstreit steht unter diesen Bedingungen im Vordergrund. Die Vpn wollen entweder von sich aus einen Wettstreit initiieren oder sie fühlen sich von ihrem Partner dazu herausgefordert. Die Wettstreitorientierung zielt darauf ab, sich mit dem Partner zu vergleichen, besser abzuschneiden als er oder doch zumindest nicht schlechter. Wenn es um höhere Geldbeträge geht, ist die Tendenz zum Wettstreit zwar möglicherweise immer noch vorhanden, sie wird jedoch überlagert von dem Bedürfnis nach Gewinnmaximierung. Aktionen, die der Maximierung des Gewinnes abträglich sind, werden unter diesen Bedingungen seltener durchgeführt.

*8.2.1.2 Die Wirkung der Erfahrung

Neben dem Effekt des Geldanreizes untersucht ein Experiment von Müller & Crott (1978) die Rolle der *Erfahrung* der Teilnehmer. Die erfahrenen Vpn hatten ein Semester zuvor an einem ähnlichen Experiment teilgenommen. Aufgrund der Untersuchung von Gallo (1963) wäre zu erwarten, daß die Vpn die Bestrafung bei niedriger Geldmotivierung häufiger einsetzen als bei hoher. Ferner konnte aufgrund einer vorangegangenen Untersuchung von Crott & Müller (1976) postuliert werden, daß bei erfahrenen Spielern eine sachliche, auf Gewinnmaximierung gerichtete Tendenz die Oberhand gewinnt. Tatsächlich erklärten beide Faktoren — die Höhe des Geldanreizes und der Erfahrungsstand — einen Teil der Variation der Daten. Bei geringer Geldmotivierung wird mehr bestraft als bei hoher, erfahrene Spieler verhängen geringere Strafen als unerfahrene. Bei Machtgleichheit (wie sie hier gegeben war) sind Drohungen und Bestrafungen offenbar die bevorzugten Beeinflussungsmittel der Unerfahrenen. Diese Beobachtung beruht allerdings auf dem Vergleich zwischen homogenen Gruppen (beide Spieler unerfahren bzw. beide Spieler erfahren). Gemischt erfahrene Gruppen (ein Spieler erfahren, ein Spieler unerfahren) verhalten sich wie unerfahrene Gruppen (Müller & Crott 1977). Der Tendenz nach neigen sie sogar häufiger zum Einsatz von Bestrafungen als die Gruppen mit zwei unerfahrenen Teilnehmern. Offenbar kann der erfahrene Spieler seinen unerfahrenen Mitspieler nicht am Einsatz der Sanktionsmittel hindern. Dies führt wie die weitere Analyse zeigt, dazu, daß sich auch der erfahrene Spieler der Sanktionsmittel bedient. Die Beobachtung unterstreicht die Feststellung von Deutsch & Krauss, wonach die Bestrafungsmöglichkeiten zum Einsatz reizen und dieser Einsatz eine anheizende Wirkung hat. Dies wird des weiteren unterstützt durch die Korrelation zwischen den ausgesprochenen Bestrafungen der beiden Partner einer Dyade ($\tau = 0{,}59$). D.h., wenn in einer Dyade häufig bestraft wird, dann sind beide Spieler daran beteiligt.

*8.2.1.3 Effekte der Abstufung des Bestrafungspotentials und des Machtgefälles

In den Untersuchungen von Deutsch & Krauss wurde nicht zwischen Drohungen und Bestrafungen unterschieden. Anknüpfend an Arbeiten von Hornstein (1965) und Smith (1968), berücksichtigten Smith & Leginski (1970), daß in Konfliktfällen im allgemeinen die Möglichkeit besteht, eine Bestrafung durch eine entsprechende Drohung anzukündigen.

Die Vpn konnten in diesem Experiment mit Geldstrafen zwischen 10 Cent und 1,40 Dollar drohen und diese Strafen auch verhängen. Sie spielten gegen einen imaginären Partner, der sie unabhängig von ihrem Verhalten mit einer Standardserie von Angeboten, Drohungen und Bestrafungen konfrontierte. Eine Gruppe von Vpn verfügte über ein niedriges, die andere über hohes Drohpotential. Smith & Leginski unterschieden weiterhin zwischen *abgestuftem* und *nicht abgestuftem Drohpotential*, d.h. eine Gruppe von Vpn hatte die Möglichkeit, diese Drohungen bzw. Bestrafungen von 10 Cent bis zum Maximum zu staffeln (abgestufte Drohmöglichkeit), während die andere Gruppe lediglich das Maximum als Drohung oder Bestrafung einsetzen konnte.

Vpn mit hohen Drohmöglichkeiten — gleichgültig, ob abgestuft oder nicht — konzessionierten weniger häufig als solche mit niedrigen Drohmöglichkeiten. Sie drohten und bestraften häufiger, wenn ihnen ein abgestuftes Potential zur Verfügung stand. Schließlich erzielten die Vpn mit hohem Drohpotential — als Konsequenz ihrer geringeren Konzessionsbereitschaft — die günstigeren Abschlüsse.
Smith & Leginskis Ergebnisse konnten von Michener & Cohen (1973) bestätigt werden. Personen mit hohem Drohpotential erzielten bessere Verhandlungsergebnisse als Personen mit niedrigem. Auch hier führte der Einsatz von Bestrafungen zur wechselseitigen Beeinträchtigung der Gewinne. Wie auch die Untersuchung von Müller & Crott (1978) zeigte, schaukelten sich die drohenden bzw. bestrafenden Parteien gegenseitig auf. Bestrafungsverhalten ruft Gegenreaktionen auch bei unterlegenen Partnern hervor.
Nach Beobachtungen von Guyer & Rapoport (1970) scheint sich zwischen Spielpartnern mit ungleichen Drohmöglichkeiten im Laufe einer längeren Verhandlung eine sogenannte *threat-appeasement-*, *punishment-capitulation*-Wechselwirkung zu entwickeln. D. h., daß der schwächere Partner angesichts des überlegenen Drohpotentials des anderen — eine Bestrafung antizipierend — zum Nachgeben tendiert.
Drohungen und Bestrafungen können mit unterschiedlichen *Intentionen* eingesetzt werden. Der Drohende kann beabsichtigen, die andere Person zu einer beiderseitig profitablen Kooperation zu bewegen oder aber sie auszubeuten. Er kann auch einen Mittelweg anstreben, der ihn bevorteilt, den Gegenspieler jedoch nicht leer ausgehen läßt. Von diesen Intentionen, aber auch von dem Geschick, mit dem sie umgesetzt oder vorgetäuscht werden, werden die Konsequenzen des Einsatzes von Drohungen und Bestrafungen abhängen. Bonoma & Tedeschi (1973) beobachteten in einem modifizierten PDG, daß eine kooperative Intention über den Einsatz von Drohungen eher durchgesetzt werden konnte als eine ausbeuterische. Die Vpn konnten also dazu bewegt werden, im PDG die kooperative Wahl zu treffen, wenn der mächtige Gegenspieler ebenfalls kooperativ agierte.
Man könnte die Frage stellen, ob es dem Besitzer eines höheren Droh- und Bestrafungspotentials in einer machtdisparaten Gruppe gelingt, mehr zu erzielen als im Durchschnitt die Mitglieder einer Gruppe, in der keiner der Beteiligten über Machtmittel verfügt. Nach Deutsch & Krauss müßte man diese Frage verneinen, denn der Mächtige schneidet zwar besser als sein weniger mächtiger Mitspieler ab, aber immer noch schlechter als jedes der Mitglieder unter der Bedingung ›keine Drohmöglichkeiten‹. Danach müßte ein genereller Verzicht auf den Einsatz der Droh- und Bestrafungsmöglichkeiten bzw.

eine beiderseitige ›Abrüstung‹ auch im Interesse des Mächtigeren liegen. Die Befunde von Smith & Leginski (1970) und Guyer & Rapoport (1970) sprechen allerdings eher gegen diese Annahme. Auch wenn in der Phase der Auseinandersetzung nicht nur der schwächere, sondern auch der stärkere Partner beträchtliche Verluste hinnehmen muß, so kann sich der Kampf auf längere Sicht für den Mächtigeren dennoch auszahlen. Eine Firma, der es mit hohem Einsatz gelungen ist, einen Konkurrenten vom Markt zu drängen, wird die Früchte dieses Erfolges in der nachfolgenden Periode ernten. Akzeptiert man die Annahme, daß Macht potentiell nützlich ist, dann bleibt die Frage, wie kann der Mächtige seine Macht optimal (mit möglichst geringen eigenen Kosten) einsetzen, um weniger Mächtige auszubeuten, und wie können schwächere Partner Machtunterschiede kompensieren?
Nach den Ergebnissen von Anderson & Smith (1970), Borah (1963) und Nardin (1968) sollte man mit dem eigenen Drohpotential behutsam umgehen, um dem Gegenspieler keine Prestigeprobleme zu verursachen. Das Bedürfnis, das Gesicht zu wahren, kann die ursprüngliche Nutzenmatrix der Betroffenen verändern und somit die Einwilligungsbereitschaft vermindern. Ein höheres Droh- und Bestrafungspotential sollte demnach nicht demonstrativ oder provozierend herausgestellt werden. Es ist auch für den Mächtigeren weniger kostspielig, wenn er die Einwilligung in seine Forderungen durch andere Kommunikationsformen als durch Drohungen und Bestrafungen erreicht.

*8.2.1.4 Die subjektive Interpretation von Drohungen

Die Interpretation des Drohverhaltens durch den Bedrohten hängt offenbar stark von Kontextvariablen ab. So konnten z.B. Anderson & Smith (1970), Nardin (1968) und Shomer et al. (1966) demonstrieren, daß Vpn Drohsignale zu einem Mittel zur Koordination ihrer Handlungen umfunktionierten, wenn sie über keine anderen Kommunikationsmöglichkeiten verfügten. War schriftliche oder mündliche Kommunikation erlaubt, dann wurde die Drohung eher als feindlicher Akt verstanden.
Lindskold et al. (1969), Horai & Tedeschi (1969), Horai (1969), Horai et al. (1969) und Tedeschi et al. (1969, 1970) haben versucht, die Umstände zu beschreiben, unter denen bedrohte Personen auf eine Drohung eingehen. Nach ihrer Auffassung kommt der *Glaubwürdigkeit der Drohung* eine Schlüsselfunktion zu. Je glaubwürdiger eine Drohung ist, um so eher sind die Individuen bereit, ihr nachzugeben. Die Glaubwürdigkeit hängt wiederum von der Art ab, in der der Bedrohte den Drohenden wahrnimmt. Der wahrgenommene Status des Drohenden sowie die Höhe des angedrohten Schadens korrelieren positiv mit der Glaubwürdigkeit und der Bereitschaft, auf die Drohung einzugehen, während Anziehungskraft und Wertschätzung negativ korrelieren. Des weiteren wird angenommen, daß in diesem Zusammenhang auch der Status des Bedrohten eine Rolle spielt.
Sawyer & Guetzkow (1965) berichten über eine Replikation des Deutsch & Krauss-Experimentes durch Meeker et al. (1964). Danach erzielten unter der two-gate-Bedingung solche Gruppen die besseren Ergebnisse, in denen beide Teilnehmer die Drohmöglichkeit nicht nutzten. Bei den übrigen Paaren waren diejenigen erfolgreicher, bei denen beide Partner die Drohmöglichkeiten anwenden. Möglicherweise wird es vom Gegenspieler als Schwäche ausgelegt, wenn er die Drohmöglichkeiten nicht einsetzt. Dies läßt das bereits in Abschnitt 6.1.3.2 erwähnte Experiment von Shure et al. (1965) vermuten. Die naiven Vpn erkennen die moralischen Qualitäten des Pazifisten an, fassen diese aber als Schwäche auf, wie aus den Verbalprotokollen hervorgeht, und fahren fort, die Elektroschocks anzuwenden.

8.2.1.5 Zusammenfassung der experimentellen Ergebnisse zur Wirkung von Drohungen und Bestrafungen

Nach Deutsch & Krauss (1960) und Deutsch et al. (1971) erweist sich die Existenz unilateraler oder bilateraler Drohmöglichkeiten für die Gruppe als nachteilig. Dies wird darauf zurückgeführt, daß die Vpn dazu neigen, das Mittel der Drohmöglichkeiten bzw. der Bestrafungen auszuprobieren, und daß dies Abwehrreaktionen auf der Gegenseite hervorruft. Aufgrund dessen setzten sich kompetitive Tendenzen durch, so daß eine sachliche Behandlung des Problems nicht mehr möglich sei. Verschiedene Autoren führen dieses Ergebnis auf besondere Charakteristiken des von Deutsch & Krauss untersuchten Transportspiels bzw. auf die Operationalisierung der Drohmöglichkeiten zurück, die kompetitives bzw. spielerisches Verhalten fördere. Wenn man die Situation entsprechend modifiziert und zwischen Drohungen und Bestrafungen differenziert bzw. wenn man das Verhandlungsergebnis anders mißt, verschwindet der Unterschied zwischen Bedingungen mit und ohne Droh- oder Bestrafungsmöglichkeiten mit zunehmender Erfahrung. Es konnte gezeigt werden, daß sich die gemeinsamen Auszahlungen unter Bedingungen mit und ohne Droh- bzw. Bestrafungsmöglichkeiten kaum unterschieden, wenn statt um imaginäre Beträge um echtes Geld gespielt wird und wenn das Prestige der Vpn nicht tangiert wird. Solange der Partner keine Bestrafungen einsetzt, ist es besser, bei symmetrischen Droh- bzw. Bestrafungsmöglichkeiten diese Mittel ebenfalls nicht zu verwenden. Nach Shure et al. (1965) empfiehlt es sich jedoch nicht, bei gleichem Droh- und Bestrafungspotential prinzipiell auf deren Einsatz zu verzichten, da der Partner dazu neigt, solches Verhalten als Schwäche auszulegen. Wenn man auf die Bestrafungen des Partners nicht reagiert, tendiert er dazu, seine Möglichkeiten zu seinem Vorteil zu nutzen. Schließlich stellten Smith & Leginski (1970) und Guyer & Rapoport (1970) fest, daß Spieler mit überlegenem Drohpotential besser abschneiden als ihre Gegner. — Ob der Einsatz von Drohungen erfolgreich ist, hängt, wie Tedeschi et al. (1968, 1969, 1970) zeigen konnten, von der Glaubwürdigkeit der Drohung ab, die ihrerseits mit dem wahrgenommenen Status und dem Prestige des Drohenden und der Höhe des angedrohten Schadens korreliert.
Da die vorliegenden experimentellen Arbeiten nur ad-hoc-Gruppen untersucht haben, und da die Gewinne, um die verhandelt wurde, relativ gering waren, muß offenbleiben, wie weit diese Befunde auf etablierte Gruppen und auf Verhandlungsprobleme von essentieller Bedeutung verallgemeinert werden können.

8.2.2 Andere Formen der offenen Beeinflussung

In der Nachfolge von Deutsch & Krauss haben sich die Experimentatoren hauptsächlich für den Effekt von Drohungen und Bestrafungen interessiert. Der Bereitschaft der Vpn, Versprechungen zu machen und Belohnungen zu erteilen, wurde wenig Aufmerksamkeit geschenkt. Die vorliegenden Ergebnisse sind widersprüchlich. In einem Transportspielexperiment von Cheney et al. (1972) hatten die Vpn die Wahl, drohende oder versprechende Mitteilungen zu machen. Die Vpn bevorzugten hier überwiegend das Mittel der Versprechung (84%). — Müller & Crott (1978) konnten zeigen, daß Belohnungen vorwiegend bei niedriger Geldmotivierung verwendet werden, also dann, wenn deren Kosten keine große Rolle spielen.
Gegenüber der Drohung bzw. dem Versprechen hat die offene Überredung einige Vorteile. Für die Zielperson ist es vergleichsweise schwieriger auszumachen, ob die Aussage der Überredung zutrifft oder nicht, denn der Inhalt der überredenden Kommunikation verweist im allgemeinen in die ferne Zukunft. Da die Quelle bei Drohungen und Versprechungen vorgibt, direkte Kontrolle über die Sanktionsmittel zu besitzen, ist deren Glaubwürdigkeit überprüfbar. Es ist leichter festzustellen, ob die Quelle über die Machtmittel verfügt bzw. ob sie bereit ist, sie einzusetzen. Demgegenüber kann sich die Quelle überredender

Kommunikation darauf berufen, daß sie den Lauf der Welt nicht bestimmt. Sie findet leicht Gründe, warum ihre Vorhersage nicht zutreffen konnte, und wird infolgedessen eher entschuldigt, wenn die vorhergesagten Konsequenzen nicht eingetroffen sind — zumal dann, wenn es den Anschein hat, als sei auch sie von dem Gang der Dinge beeinträchtigt worden.
Bei der Diskussion des Effektes von Drohungen und Bestrafungen wurde bereits festgestellt, daß es nicht sehr sinnvoll ist, das eigene Machtpotential demonstrativ herauszustellen, weil dies Prestigeprobleme bei der Zielperson verursachen könnte. Da sie nicht unmittelbar auf Belohnungs- und Bestrafungsmacht beruht, hat die Überredung weiterhin den Vorteil, daß sie der Zielperson die Demütigung erspart, die mit der Einsicht in die Abhängigkeit von den Machtmitteln des anderen verbunden ist.
Die Wirkung des Appells bzw. der Bitte war bereits im Zusammenhang mit dem Experiment von Shure et al. (1965) diskutiert worden. Zwischen einander fremden und machtgleichen Personen hat der Appell an die Kooperationsbereitschaft bzw. die Fairness des Partners offenbar eher den gegenteiligen Effekt.
Die Häufigkeit des Einsatzes von Versprechen, Überredung und Appellen und deren Wirkung ist vergleichsweise wenig untersucht worden. Die Untersuchung der Effektivität verschiedener Techniken der Beeinflussung in Abhängigkeit von den gegebenen Machtverhältnissen wird mutmaßlich zu den Gebieten der Interaktionspsychologie gehören, auf die sich die Forschung der nächsten Jahre konzentriert.

8.3 Manipulative Beeinflussung

8.3.1 Manipulative Verstärkungskontrolle

Die *manipulative Verstärkungskontrolle* unterscheidet sich von der offenen dadurch, daß die Quelle weder das Verhalten anzeigt, das sie wünscht, noch ihr Verstärkungsverhalten offenkundig macht. Die Wirksamkeit dieser Art von Kontrolle ist nach Arbeiten zur verbalen Konditionierung von Greenspoon (1955) und Taffel (1955) durch mehrere Experimentatoren demonstriert worden. Diese Wirkung beruht möglicherweise darauf, daß Widerstände gegen eine Beeinflussung unterlaufen werden. Hildum & Brown (1956) verstärkten in einer Telephonumfrage die Einstellung zu bestimmten Sachverhalten mit dem Wort ›gut‹. Die folgenden Statements wurden dann häufiger im Sinne dieser Einstellungen beantwortet. Wie eine anschließende Befragung ergab, hatten die Vpn nicht den Eindruck, durch das Verhalten des Interviewers beeinflußt worden zu sein. Zu einem ähnlichen Resultat gelangte Verplanck (1955).

Um zu vermeiden, daß die Vpn durch die Laborsituation Hypothesen über die Absichten des Vls bildeten, ließ er sie in einer natürlichen Umgebung durch einen Freund beobachten. Der Freund verstärkte nach einer nicht-experimentellen Phase (*Kontrollphase* — keine Beeinflussung) in der *Konditionierungsphase* jede Meinungsäußerung der Art ›ich glaube, daß ...‹, ›ich denke, daß ...‹ usw., indem er der jeweils geäußerten Meinung zustimmte.

Die Vpn benutzten derartige Wendungen in der Konditionierungsphase signifikant häufiger als in der Kontrollphase und der anschließenden Extinktionsphase, in der die Verstärkung nicht gegeben wurde.
Centers (1963) konnte Bedenken, die Azrin et al. (1961) aufgrund einer Paralleluntersuchung gegen dieses Ergebnis erhoben haben, durch eine besser kontrollierte Versuchssituation ausräumen.

Er bestellte die Vpn zu einem Experiment ein, das nichts mit seiner Fragestellung des verbalen Konditionierens zu tun hatte. Um eine durch eine angeblich technische Panne entstandene

Wartezeit zu überbrücken, unterhielt sich der Vl beiläufig mit der Vp. Die Unterhaltung dauerte eine halbe Stunde und war wie in Verplancks Untersuchung in eine Kontrollphase, eine Konditionierungsphase und eine Extinktionsphase eingeteilt. Die gesamte Sitzung wurde von einer dritten Person hinter einer Einwegscheibe beobachtet und in Bild und Ton mitgeschnitten.

Wiederum neigten die Vpn dazu, bestimmte Wendungen häufiger zu gebrauchen; keine der Vpn hatte den Eindruck, beeinflußt worden zu sein. — Außerhalb des Labors ist die Methode der manipulativen Verstärkungskontrolle in psychotherapeutischen Sitzungen erfolgreich (vgl. Murray 1956) erprobt worden. Das gewünschte Verbalverhalten kann auf diese Weise unmerklich aufgebaut werden. Diese Methode sichert auch dem Therapeuten Erfolgserlebnisse, da die Vpn das sagen, was der Therapeut gerne hören möchte. Quay (1959) demonstrierte, daß Vpn dann viel über ihre frühen Kindheitserlebnisse sprechen, wenn entsprechende Bemerkungen durch zustimmendes ›mh, mh‹ bekräftigt werden. Andere Inhalte werden ebenfalls bevorzugt geäußert, wenn sie in dieser Weise verstärkt werden.

Die Ergebnisse sprechen insgesamt für die Wirkung manipulativer Verstärkungskontrolle. Dieser Eindruck beruht jedoch weitgehend auf der durch die Befragung der Vpn gestützten Annahme, die Vpn hätten die Beeinflussung nicht bemerkt. Es ist aber durchaus denkbar, daß die verbalen Kommentare des Vl nicht als Beeinflussung, sondern als Hinweise fungieren. Wenn die Vpn im Lauf der Sitzung den Ehrgeiz entwickeln, herauszufinden, was der Vl von ihnen erwartet, wenn sie also ein Problem lösen wollen, dann haben die verbalen Stellungnahmen *Hinweisfunktion.* Sie brauchen nicht als Belohnungen aufgefaßt zu werden. Die Belohnung liegt dann allerdings in der Bewältigung der Aufgabe, nicht jedoch in den verbalen Kommentaren des Vls. Diese wären lediglich ein Wegweiser zur richtigen Lösung.

Um diesem Einwand Rechnung zu tragen, haben Gewirtz & Bär (1958a) ein Experiment durchgeführt, das den Verstärkungscharakter der verbalen Stellungnahmen demonstrieren sollte.

Gemäß dem lerntheoretischen Prinzip, wonach der Wert einer Verstärkung vom Deprivationszustand des Individuums abhängt, versetzten sie ihre Vpn (Vorschulkinder) einmal in einen Zustand der sozialen Deprivation, ein anderes Mal ließen sie sie undepriviert. Die Spielaufgabe bestand darin, Murmeln in Löcher hineinzuwerfen. Die deprivierten Kinder wurden 20 Minuten allein gelassen und durften erst dann mit dem Experimentator spielen. Die nicht-deprivierte Gruppe begann sogleich mit dem Spiel. Beide Gruppen wurden nach einem vorgefaßten Plan partiell mit Bemerkungen wie gut, schön usw. verstärkt.

Die deprivierte Gruppe war während des Spiels erfolgreicher als die nicht-deprivierte. — In einer etwas besser kontrollierten experimentellen Anordnung konnten die gleichen Autoren (Gewirtz & Bär 1958b) ein analoges Ergebnis erzielen. Darüber hinaus erwies sich *soziale Sättigung* (vorangegangene wiederholte Verstärkung) als noch schlechtere Vorbedingung für gute Spielleistungen als mangelnde Deprivation. Beide Untersuchungen legen den Schluß nahe, daß derartige verbale Kommentare als Verstärkungen fungieren.

In einer abweichenden Interpretation dieser Befunde vermuteten Walters & Parke (1964), daß soziale Deprivation lediglich die emotionale Erregung steigert und daß dies die Aufmerksamkeit erhöht. Die erhöhte Aufmerksamkeit macht die Vpn sensibler für die als Hinweise gewerteten Kommentare des Experimentators, in dieser Weise in der Aufgabenbearbeitung fortzufahren. Die Kommentare des Vl haben dann nicht verstärkende Wirkung, sondern lediglich eine wegweisende Funktion, die die Lösung eines Problems erleichtert.

Eine Unterstützung der ersten Interpretation ergibt sich jedoch aus den Arbeiten von Sapolsky (1960) und Helm et al. (1972). Sie gehen davon aus, daß verbale Zustimmung von attraktiven Versuchsleitern als belohnender empfunden werden sollte als solche von weniger attraktiven. Tatsächlich konnte dies in beiden Untersuchungen nachgewiesen werden. Matthews & Dixon (1968) demonstrierten eine ähnliche Wirkung für bevorzugte Stimmen. Nach der Studie von Helm et al. erhöht auch die wahrgenommene Kompetenz des Vls die Wirkung seiner verbalen Verstärkungen. Die experimentelle Evidenz spricht demnach für die Annahme einer unmittelbar verstärkenden Wirkung der verbalen Kommentare, wenngleich auch andere theoretische Interpretationen möglich sind.

8.3.2 Andere Formen der manipulativen Beeinflussung

Neben der manipulativen Kontrolle durch verbale Verstärkung hat die manipulative Überredung das Interesse der Experimentatoren erregt. Brock & Becker (1965) und Walster & Festinger (1962) wiesen deutliche Einstellungsänderungen nach, wenn die Vpn nicht annahmen, die Kommunikation richte sich an sie. Demgegenüber waren gerichtete Versuche der Einstellungsänderung weniger erfolgreich, obgleich die Kommunikation in beiden Fällen die gleiche war. Besonders wirksam sind Beeinflussungsversuche dann, wenn es der Quelle gelingt, nachzuweisen, daß sie ihre eigenen Interessen nicht berücksichtigt bzw. gegen sie argumentiert (Mills & Jellison 1967, Powell & Miller 1967, Walster et al. 1966).
Nach Jones & Gerard (1967) ist die *Reiz-* oder *Signalkontrolle* die vernachlässigste Form interpersonaler Macht. Vernachlässigt in der experimentellen Forschung, nicht in der Lebenswirklichkeit. Sie bezeichnen sie als die subtilste Art der Ausbeutung, die, weil sie billiger und mutmaßlich auch effizienter ist als andere Techniken der Machtausübung, häufig angewandt wird. Jedoch liegt bisher kaum experimentelles Material vor, das geeignet wäre, den Mechanismus der Wirkung dieser Form sozialer Kontrolle zu erhellen.

8.4 Machtverteilung

Die bisherige Darstellung konzentrierte sich auf die Wirkung der Macht einer Person auf andere Personen (oder Gruppen). Dabei wurde nicht berücksichtigt, daß sich mehrere Personen zusammenschließen können, um so ihre Machtmittel vereint zu nutzen. Der Unterschied zwischen Dyaden und größeren Gruppen erschöpft sich nicht im Quantitativen. Durch die Möglichkeit der Untergruppenbildung verändert sich auch die Struktur der Beziehungen zwischen den Gruppenmitgliedern, ein Aspekt, den bereits Simmel (1908) als zentral für die Kleingruppenanalyse ansah. *Koalitionsbildung* ist eine der Möglichkeiten der Schwachen, sich gegen die Mächtigen zu verschwören oder sich an deren Macht zu beteiligen. Solche zweckrationalen Zusammenschlüsse von Personen, die mit der Absicht gebildet werden, Ergebnisse zu erzielen, die einzelne allein gar nicht bzw. nicht so leicht oder nicht so sicher erreichen können, werden nach Caplow (1956), Gamson (1964) und Stryker (1972) Koalitionen genannt. Damit grenzen sich *Koalitionen* von anderen *Untergruppenbildungen* ab, z. B. solchen, die auf der persönlichen Attraktion der Beteiligten beruhen. Koalitionen können sämtliche Mitglieder einer betrachteten Personengruppe umfassen oder auch unter Ausschluß anderer Personen gebildet werden.
Die folgenden Sternchenabschnitte 8.4.1 bis 8.4.2.5 behandeln Probleme der Machtverteilung bzw. Koalitionsbildung aus spieltheoretischer Sicht. Nach der Logik der Gliederung wären sie Kapitel 7 zuzuordnen. Da jedoch beim Koalitionsverhalten der Bezug zwischen

theoretischer Konzeption und experimenteller Realisation (Abschnitte 8.4.5.1 und 8.4.5.2) sehr direkt ist, erschien es günstiger, beides gemeinsam zu behandeln.

*8.4.1 Strukturanalyse der n-Personen-Situation

*8.4.1.1 Definition des n-Personenspiels

Eine theoretische Behandlung erfuhr das Koalitionsproblem durch die Spieltheorie. Die allgemeine *Theorie des n-Personenspiels* geht davon aus, daß die beteiligten Individuen in der Lage und bereit sind, ihre Handlungsweisen zu koordinieren und Absprachen zu treffen. Damit ein koordiniertes Vorgehen optimale Ergebnisse bringt, muß es auch möglich sein, die Handlungen in der Weise abzustimmen, daß die Summe der Gewinne für die zusammenarbeitenden Mitglieder maximal ist. Dies kann gelegentlich zu Lösungen führen, bei denen nach der ursprünglichen Matrixform des Spiels ein oder mehrere Spieler sehr schlecht abschneiden. Diese Spieler müssen dann dafür entschädigt werden, daß sie im Interesse der Koalition niedrigere Gewinne in Kauf genommen haben (Ausgleichszahlungen). Solche Entschädigungen sind erforderlich, denn würden die benachteiligten Spieler keine Ausgleichszahlungen erhalten, dann würden sie sich vermutlich nicht an der Koordination der Handlungsweisen beteiligen, sondern sich lieber auf sich selbst verlassen.
Üblicherweise definiert man den Wert (value) v(S) einer Koalition S als den Mindestgewinn, den sich diese Koalition durch geeignete Strategien sichern kann. Es gilt dann für alle disjunkten Teilmengen R, S von Spielern, daß $v(R \cup S) \geq v(R) + v(S)$. Diese Eigenschaft wird als Überadditivität (auch Superadditivität) der Spiele bezeichnet. Daher resultiert für jede Koalition S die ungünstigste strategische Situation, wenn sich alle restlichen Personen gegen diese Koalition zusammenschließen.
Spiele, bei denen es angeraten ist, die Handlungsweisen zu koordinieren, werden *essentiell* oder wesentlich genannt. Spiele sind *inessentiell*, wenn für alle disjunkten Teilmengen R und S aus der Gesamtmenge von Spielern gilt:

$$v(R \cup S) = v(R) + v(S)\,. \qquad (1)$$

In einem solchen Fall lohnt sich die Zusammenarbeit nicht, denn es gibt keine Konstellationen, in denen Zusammenschluß von Personen bzw. Personengruppen für die Beteiligten zu einer Erhöhung des Gewinnes führt. Demgegenüber muß es bei essentiellen Spielen mindestens einen Fall geben, für den $v(R \cup S) > v(R) + v(S)$ ist. Mit inessentiellen Spielen wollen wir uns daher zunächst nicht beschäftigen, weil diese nicht zu Koalitionsbildungen führen, zumindest nicht, wenn alle Beteiligten individualistisch motiviert sind.
Innerhalb der Gruppe der essentiellen Spiele gibt es *Konstantsummenspiele* (einschließlich Nullsummenspiel) und *Spiele mit variabler Summe* (s. Abschn. 5.1.4). Diese unterscheiden sich dadurch, daß sich im ersten Fall die Gewinne einer Koalition und ihres Komplementes (der Koalition aus allen verbliebenen Mitgliedern) stets zu einer konstanten Summe aufaddieren, während die Summe im zweiten Fall davon abhängt, welche beiden Koalitionen sich gebildet haben.

*8.4.1.2 Strategische Äquivalenz, charakteristische Funktion und normalisierte Form

Es sollte die strategischen Erwägungen der Spieler nicht verändern, wenn man von ihnen vor dem Spiel Zahlungen in individueller Höhe fordert bzw. solche Zahlungen an sie leistet. Dies läuft auf die Forderung hinaus, daß der gegenwärtige ›Wohlstand‹ eines Spielers dessen Strategie nicht beeinflussen soll; eine Annahme, die empirisch fragwürdig ist. Ebensowenig sollte die Strategie davon beeinflußt werden, wenn sämtliche Werte für die Einzelspieler und für die Koalitionen mit einer positiven Konstante multipliziert werden. Dies würde nur zur Veränderung der Einheit des Nutzenmaßstabes führen. Daher werden Spiele als *strategisch äquivalent* angesehen, für die für sämtliche Untermengen S aus der Gesamtmenge der Spieler gilt:

$$v'(S) = c\,v(S) + \sum_{i \text{ in } S} a_i \qquad (2)$$

Ein Spiel kann übersichtlich in der sogenannten *charakteristischen Funktionsform* aufgeschrieben werden. Diese führt die Werte aller Einzelspieler und aller Koalitionen an[1]. Besonders hervorzuheben ist die 0,1-*normalisierte Form*, die man berechnet, indem man den Wert der charakteristischen Funktion jedes einzelnen Spielers gleich Null und den Wert der größtmöglichen Koalition (die alle Teilnehmer enthält) gleich 1 setzt. Mit dieser Festsetzung ergeben sich dann die Werte für die Teilkoalitionen. Die normalisierte Form wird hier erwähnt, weil häufig Spiele in Normalform experimentell untersucht werden. Die 0,1-normalisierte Form eines Drei-Personenkonstantsummenspiels hat unabhängig von den jeweiligen Ausgangswerten die Form

$$\begin{aligned} &v(A) = v(B) = v(C) = 0 \\ &v(AB) = v(AC) = v(BC) = 1 \\ &v(ABC) = 1 \end{aligned} \qquad (3)$$

Wie man sieht, kann sich in diesem Spiel jede Koalition (von mindestens zwei Spielern) den Gesamtgewinn sichern.

*8.4.1.3 Das einfache und gewichtete Majoritätsspiel

Konstantsummenspiele mit vier oder mehr Personen können unterschiedliche normalisierte Formen besitzen, jedoch gibt es für alle n-Personenspiele, auch für vier- und mehr-Personenspiele eine charakteristische Funktion, die der unter 3 wiedergegebenen Form ähnlich ist. Dies sind die sogenannten *einfachen Majoritätsspiele*. Darin gewinnt jede Koalition aus einer Mehrheit von Mitgliedern, alle kleineren Koalitionen gewinnen nicht. Analogien haben solche Spiele in Abstimmungen, in denen die Mehrheit über eine strittige Frage entscheidet. Die charakteristische Funktion für Majoritätsspiele kann man für jede beliebige Menge S von Spielern mit $v(S)=0$ darstellen, wenn die Anzahl der Mitglieder von $S \leq n/2$ ist und mit $v(S)=1$, wenn die Anzahl der Mitglieder von $S > n/2$ ist. Eine Variante dieser Situation wird als gewichtetes Majoritätsspiel bezeichnet. Hier haben die einzelnen Spieler unterschiedliche Ressourcen. Man kann sich die Spieler z. B. als Vertreter anderer Personen vorstellen, die ihre Stimme an sie abgetreten haben. Die einzelnen Spieler

---

1 Genauer ausgedrückt lauten die drei Rationalitätskriterien:

1 $x_i > v(I)$ für jeden Spieler i. Dabei ist x_i die Nutzenzurechnung die der Spieler i in irgendeiner Koalition erhält, v(I) der Gewinn, den er sich als unabhängig agierender Spieler sichern kann.

2 $\sum_{i=1}^{n} x_i = v(N)$, d. h. die Summe der Zurechnungen aller Spieler in irgendeiner Koalition sollte gleich dem Wert der großen Koalition sein, die alle n Spieler umfaßt.

3 $v(S) \leq \sum_{i \in S} x_i$, für alle Teilmengen S von Spielern. D. h. der Auszahlungsvorschlag soll so beschaffen sein, daß es sich für keine Teilmenge S von Spielern lohnt, eine eigene Koalition aufzumachen.

erhalten dann Gewichte entsprechend der Anzahl der Stimmen, welche sie repräsentieren. Gewinnentscheidend ist nicht die Anzahl der Spieler, sondern die Anzahl der durch eine Koalition vertretenen Stimmen. Werden aber die Gewichte so gewählt, daß jede Spielermehrheit auch über mehr als die Hälfte der Gewichtssumme verfügt (z.B. 5, 4, 2), dann sind diese Spiele strukturell identisch mit den einfachen Majoritätsspielen. Viele der experimentell untersuchten Koalitionssituationen können als einfache Majoritätsspiele gedeutet werden.

*8.4.2 Lösungsvorschläge für das n-Personenspiel

Unter Voraussetzungen, wie sie durch die normalisierte Form des Drei-Personenkonstantsummenspiels gegeben sind (vgl. Abschnitt 8.4.1.3), können zwei Spieler versuchen, den gesamten Gewinn für sich zu requirieren. Es gibt keine Kriterien dafür, wer sich mit wem verbünden wird. Nehmen wir an, A hätte sich mit B verbündet und beide hätten sich auf Auszahlungen von 1/2 für A, 1/2 für B und 0 für C geeinigt, dann könnte der ausgeschlossene C z.B. den Vorschlag 3/4 für A, 0 für B und 1/4 für C machen. Dies könnte A bewegen, aus der bisherigen Koalition AB auszutreten und mit C zu koalieren. Nun könnte sich B aber durch einen entsprechenden Vorschlag rächen, etwa durch den Vorschlag 0 für A, 1/3 für B und 2/3 für C. Dies würde wiederum C in Versuchung führen, mit B die Koalition BC zu bilden usw. Es gibt also kein unmittelbares Kriterium dafür, welche Koalitionen sich bilden werden, ja es fällt schwer, sich vorzustellen, daß bestehende Koalitionen stabil bleiben. Ähnliche Argumente lassen sich auf andere Spielstrukturen anwenden.
Die theoretische Beschäftigung mit dem Koalitionsproblem hat zu zahlreichen Modellen geführt, die angeben, welche Koalition sich bildet bzw. bestehen bleiben wird, und wie die Beteiligten den Gewinn untereinander aufteilen werden bzw. aufteilen sollten. Setzt man dabei nur die individualistische Motivation der Spieler voraus (Maximierung des eigenen Gewinns), dann kann man die Zahl der möglichen Lösungen kaum einschränken. Um genauere Vorhersagen zu treffen, muß man weitere Annahmen über die Psychologie der Spieler machen. Hier können nur einige der zahlreichen Vorschläge kurz dargestellt werden. Eine ausführliche Darstellung einiger Lösungskonzepte findet man bei Rapoport (1970) und Kaufmann & Tack (1975).

*8.4.2.1 Der Kern als Menge möglicher Lösungen

Zunächst könnte man fordern, daß ein Auszahlungsvorschlag, der angibt, wieviel jeder Spieler nach Beendigung des Spiels erhalten soll, jedem einzelnen Spieler mindestens den Gewinn zuweist, den er sich gegen eine Koalition aus allen anderen Personen sichern kann. Ferner sollte dieser Auszahlungsvorschlag die Möglichkeiten des Spiels ausschöpfen. Die Summe der Auszahlungen sollte gleich dem Gewinn der großen Koalition sein. Schließlich sollte auch jede beliebige Teilmenge von Spielern in diesem Auszahlungsvorschlag nicht weniger erhalten als sie erzielen könnte, falls sie eine Koalition bildet. Man nennt Auszahlungsvorschläge, die diesen Bedingungen genügen, den *Kern* des Spiels. Die drei Bedingungen werden *individuelle Rationalität*, *Pareto-Optimalität (Gruppenrationalität)* und *Teilgruppenrationalität* genannt[2]. Selbst wenn man diese Forderungen

2 In spieltheoretischer Terminologie umfaßt die Menge aller Koalitionen nicht nur die Zusammenschlüsse von mehreren Personen, sondern auch die leere Menge und die Einzelspieler (Ein-Personenkoalitionen)

als vernünftig ansieht, kann der Kern keine gute Vorhersage des Ergebnisses in solchen Spielen sein. Denn vielfach ist der Kern eines Spiels leer (es gibt keinen Auszahlungsvorschlag, der allen drei Bedingungen gerecht wird) oder er enthält viele Auszahlungsvorschläge. So hat z. B. das in Abschnitt 8.4.1.2 in normalisierter Form wiedergegebene Drei-Personenspiel einen leeren Kern, denn v(AB) = v(ABC) = 1. Das Prinzip der Teilgruppenrationalität fordert aber, daß sich jede beliebige Teilmenge aus zwei Spielern in einer Drei-Personenkoalition den Betrag sichern kann, den ihre Zweier-Koalition wert ist. Dies ist unter den gegebenen Voraussetzungen nicht der Fall. Damit das Spiel einen Kern hat, müßte der durchschnittliche Gewinn jeder Person in einer großen Koalition mindestens so hoch sein wie ihr durchschnittlicher Gewinn in den Paarkoalitionen. Die Drei-Personenkoalition müßte also mindestens den Wert 3/2 haben. Dann wäre es freilich kein Konstantsummenspiel mehr. Es läßt sich zeigen, daß alle n-Personenkonstantsummenspiele einen leeren Kern haben (Rapoport 1970).
Tack (1974) hat für das Drei-Personenspiel gezeigt, daß der Kern eines Spiels genau dann nicht leer ist, wenn $v(ABC) \geq 1/2(v(AB) + v(AC) + v(BC))$. Er hat *ein* Element, wenn das Gleichheitszeichen gilt, und *mehrere* Elemente, wenn das Ungleichzeichen zutrifft. Ist aber v(ABC) kleiner als der Ausdruck auf der rechten Seite, dann ist der Kern *leer.*
Man könnte also vermuten, daß in Drei-Personenspielen keine große Koalition zustandekommt, wenn diese nicht mindestens soviel einbringt wie die höchstwertige Paarkoalition und die triviale Koalition des ausgeschlossenen dritten Spielers (nicht-überadditives Spiel). Ferner dürfte sie auch bei überadditiven Spielen dann unattraktiv sein, wenn die Spieler in Paarkoalitionen im Durchschnitt mehr erzielen können (Spiele mit leerem Kern). Dagegen sollten große Koalitionen vorkommen, wenn ihr Wert gleich oder größer ist als der im Durchschnitt in Paarkoalitionen zu erwartende Gewinn (Spiele mit einelementigem bzw. mehrelementigem Kern).
Auch andere Versuche, die Menge der möglichen Lösungen mit unterschiedlichen Annahmen über die Psychologie der Spieler einzuschränken, haben meist nur geringen deskriptiven Wert (z. B. Milnor 1951, Vickrey 1953, von Neumann & Morgenstern 1944). Denn die in der jeweils anvisierten Menge enthaltenen Lösungen sind zu zahlreich und zu divergierend, als daß sie die Grundlage für die Beschreibung oder die Vorhersage von Verhalten abgeben könnten. Einige Ausnahmen sollen kurz dargestellt werden.

*8.4.2.2 Der Shapley-Wert

Zu diesen Ausnahmen zählt der *Shapley-Wert (im folgenden S-Wert)*, der allerdings nur für überadditive Spiele gilt. Shapley (1953) schlägt vor, ein Spieler solle den Betrag erhalten, den Koalitionen, die sich in irgendeiner Reihenfolge gebildet haben, im Durchschnitt hinzugewinnen, falls dieser Spieler beitritt. Der S-Wert reflektiert so etwas wie die durchschnittliche Fähigkeit einer Person, zum Gewinn von Koalitionen beizutragen. Da er individuelle und Gruppenrationalität impliziert, geht der S-Wert stets von der großen Koalition aus. Er gibt eindeutig an, was jeder Spieler in dieser großen Koalition gewinnen sollte.
Ein Beispiel soll das Rationale des S-Wertes verdeutlichen. Gegeben sei die folgende Spielsituation:

$$v(A) = v(B) = v(C) = 0$$
$$v(AB) = 0{,}5; \quad v(AC) = 0{,}5; \quad v(BC) = 0$$
$$v(ABC) = 1$$

Die Spieler erwarten, daß sich die große Koalition bilden wird, und sie überlegen, in welchen Schritten sie sich aufbauen könnte. Da sie nicht wissen, in welcher Reihenfolge sich die Spieler anschließen werden, nehmen sie an, daß alle möglichen Fälle eintreten können. Die große Koalition kann sich in sechs verschiedenen Abfolgen bilden:

(A–B–C) mit der Wahrscheinlichkeit 1/6
(A–C–B) mit der Wahrscheinlichkeit 1/6
(B–A–C) mit der Wahrscheinlichkeit 1/6
(B–C–A) mit der Wahrscheinlichkeit 1/6
(C–A–B) mit der Wahrscheinlichkeit 1/6
(C–B–A) mit der Wahrscheinlichkeit 1/6.

Der Spieler A errechnet nun seinen S-Wert wie folgt: In zwei der sechs Fälle beginnt er mit dem Aufbau der großen Koalition. Er bildet die triviale Koalition mit sich selbst, was jedoch im vorliegenden Beispiel nichts einbringt. Sein Betrag ist also in 2/6 der Fälle gleich Null. In einem Fall schließt er sich dem Spieler B an, gründet also die Koalition AB. Durch sein Hinzutreten erhöht sich der Wert um 0,5. In einem zweiten Fall schließt er sich dem Spieler C an, wodurch der Wert wiederum um 0,5 erhöht wird. Schließlich gibt es noch zwei Fälle, in denen sein Beitritt von einer Paarkoalition BC zu einer großen Koalition ABC führt. Er erhöht den Wert dann jeweils um eins. A trägt also in zwei (von insgesamt sechs) Fällen 0, in zwei Fällen 0,5 und in zwei Fällen 1 zum Gewinn der Koalition bei, der er sich jeweils anschließt. Sein S-Wert errechnet sich als $2/6 \times 0 + 2/6 \times 0{,}5 + 2/6 \times 1 = 1/2$. — Analog kann man die S-Werte für die Spieler B und C mit jeweils 0,25 ermitteln. Im Shapley-Wert bemißt sozusagen jeder einzelne Spieler seine Verhandlungsstärke danach, was er auf dem Weg zur großen Koalition zu anderen Koalitionen beiträgt.

*8.4.2.3 Der Verhandlungsbereich

Der Shapley-Wert ist als Vorhersage des Verhaltens nicht unbedingt überzeugend. Man kann sich z.B. leicht vorstellen, daß alle Beteiligten einer Koalition angehören wollen, die die Situation möglichst optimal ausschöpft; sie werden sich aber nicht unbedingt darum kümmern, was dann mit der nicht der Koalition angehörigen Restgruppe geschieht. Man denke z.B. an das folgende Spiel mit variabler Summe und leerem Kern:

$$v(A) = v(B) = v(C) = 0$$
$$v(AB) = v(AC) = v(BC) = 1$$
$$v(ABC) = 1{,}2\,.$$

Wenn sich irgendeine Zwei-Personenkoalition gebildet hat, z.B. die Koalition AB, dann ist es für sie wenig verlockend, eine große Koalition anzustreben. Würde der Gewinn in der großen Koalition gleich aufgeteilt, was wegen der Symmetrie des Spiels naheläge, dann würden A und B zusammen weniger erzielen als zuvor. Es wäre also für jeden Beteiligten erstrebenswert, zu einer Paarkoalition zurückzukehren. Bestehen A und B aber auch in der großen Koalition auf dem Gewinn, den sie in der Koalition AB erhielten, dann erzielt der neuhinzugekommene Spieler C relativ wenig (nämlich 0,2). Er ist daher versucht, eine Paarkoalition AC oder BC vorzuschlagen, die ihn und seinen prospektiven Partner besser stellt als in der großen Koalition, z.B. die Koalition AC, in der C 0,4 und A 0,6 erhält. Es ist daher plausibel, daß sich die große Koalition seltener bildet, weil sie instabil ist.

Aumann & Maschler (1964) haben vorgeschlagen, das Prinzip der Gruppenrationalität fallen zu lassen und einen *Verhandlungsbereich* zu definieren, der aus einem Auszahlungsvorschlag und der Koalitionsstruktur besteht, auf der er basiert. Wenn sich z.B. in einem Drei-Personenspiel die Koalition AB gegen den Spieler C gebildet hat, dann könnte man diese Auszahlungskonfiguration als (x_A, x_B, x_C; AB, C) schreiben. Darin geben dann x_A, x_B und x_C an, welchen Gewinn die Spieler A, B und C in dieser Koalitionsstruktur erzielen. Man nehme an, Spieler A versuche nun, mit C die Koalition AC zu bilden, die jedem Mitglied mehr garantiert als es gegenwärtig erhält. Dies soll als *Einwand* von A gegen B bezeichnet werden. Nun könnte aber B eine Koalition BC vorschlagen (der er also selbst angehört, die den Spieler A jedoch ausschließt) und in der jedes Mitglied mindestens soviel erzielt wie in der Koalition AC, falls es Mitglied der Koalition AC ist, und mindestens soviel wie unter den Ausgangsbedingungen. Wenn Spieler B einen solchen *Gegeneinwand* machen kann, dann ist der Einwand von A nicht gerechtfertigt. Der Verhandlungsbereich umfaßt entsprechend diejenige Menge von Auszahlungsvorschlägen, für die zu jedem realisierbaren Einwand ein realisierbarer Gegeneinwand existiert.
Die Beteiligten vergleichen also ihren Profit in der gegenwärtigen sozialen Beziehung mit dem Profit, den sie in einer anderen sozialen Beziehung erzielen können. Diese Vorstellung ist vergleichbar mit Thibaut & Kelleys Konzept des Vergleichsniveaus für Alternativen (CL_{Alt}). Die *Stabilität* einer Beziehung beruht auf der Balance zwischen Drohung und Gegendrohung. Eine realisierbare Drohung wird nur dann als sinnvoll angesehen, wenn sie nicht durch eine realisierbare Gegendrohung in ihrer Wirkung aufgehoben werden kann.
Der Verhandlungsbereich ist nicht notwendigerweise einelementig. Er enthält u. U. selbst zu einer gegebenen Koalitionsstruktur mehrere mögliche Auszahlungsvorschläge.
Der Verhandlungsbereich gibt nicht an, welche Koalition sich bilden wird bzw. sich bilden sollte. Die Spieler kleben also an einer einmal eingegangenen Allianz, sofern sie sich dort angemessen behandelt fühlen. Dies spricht jedoch nicht notwendigerweise gegen diese Konzepte, da man davon unabhängig untersuchen kann, welche Koalitionen sich vorwiegend bilden.
Daneben wurden noch einige weitere Lösungskonzepte entwickelt, wie etwa der Kernel, der Nucleolus und der kompetitive Verhandlungsbereich, auf die hier nur verwiesen werden soll. Für die experimentelle Forschung interessant erscheinen zwei neuere Ansätze von Selten (vgl. Selten 1972, 1978), die an sozialpsychologische Ergebnisse der Konfliktforschung anknüpfen. Die als Gleichaufteilungskern und als Gleichaufteilungsschranken bezeichneten Konzepte gehen von der Attraktivität der Gleichaufteilung als Schlichtungskriterium aus und berücksichtigen diese als möglichen Einwand gegen einen Verteilungsvorschlag bzw. als Komponenten der Auszahlungserwartungen der Beteiligten. Das Ergebnis der Koalititonsverhandlungen ist hier jedoch nicht notwendig eine Gleichaufteilung der Gewinne, wie man vielleicht nach der Bezeichnung der Lösungsvorschläge erwarten würde. Die Zuteilungen reflektieren die strategischen Positionen der Spieler; die Gleichaufteilung geht lediglich als ein möglicher Lösungsvorschlag in die Überlegungen der Beteiligten ein.

*8.4.2.5 Einfache Lösungsvorschläge

Andere, weniger komplexe Devisen bestünden darin, daß jedes Mitglied einer Koalition (gleichgültig welcher Koalition) den gleichen Anteil am Gewinn erhält *(Gleichaufteilung)* oder daß die Anteile am Gesamtgewinn der Koalition den Verhältnissen zwischen den

in der charakteristischen Funktion für die Einzelspieler angegebenen Werten entsprechen *(Proportionalaufteilung)*. Schließlich könnte man fordern, daß jeder in einer Koalition mindestens den Wert erhält, den ihm die charakteristische Funktion als Einzelspieler zuweist, und daß der verbleibende Rest unter den Koalitionsmitgliedern gleich aufgeteilt wird *(Gleichaufteilung des Restes)*.
Es gibt zwar einige spezielle Situationen, in denen diese Aufteilungsdevisen die gleichen Vorhersagen machen wie elaborierte Systeme, aber ohne weitere Spezifizierung dürften diese Lösungen vermutlich zu simpel sein.

8.4.3 Die Bildung von Koalitionen

Kalish et al. (1954) untersuchten das Koalitionsverhalten in verschiedenen n-Personenspielen (Vier- bis Sieben-Personenspiele), von denen Tabelle 8.2 ein Beispiel gibt.

Tab. 8.2: Vier-Personenspiel aus einer Untersuchung von Kalish et al. (1954)

Mitglieder der Koalition:	A	B	C	D	AB	AC	AD	BC	BD	CD	ABC	ABD	ACD	BCD
Gewinne der Koalitionen	−20	−40	−40	−20	30	0	−10	10	0	−30	20	40	40	20

Die Vpn neigten offenbar nicht dazu, optimale Koalitionen zu bilden. Vielmehr gründeten sie zunächst Basiskoalitionen von zwei Personen. Solchen Koalitionen wurden dann gelegentlich weitere Mitglieder assoziiert, doch schien die Bildung größerer Koalitionen — insbesondere bei den Fünf- und Sieben-Personenspielen — auf Schwierigkeiten zu stoßen. Unter den endgültigen Koalitionen, die das Spiel machten, waren Zweier-Koalitionen am häufigsten. Dies reflektiert möglicherweise die Absicht der Vpn, kein Mitglied der experimentellen Gruppe in eine verlustreiche Außenseiterposition zu drängen. Die Experimentatoren beobachteten, daß die Vpn im allgemeinen darauf bedacht waren, fair und kooperativ zu handeln, was damit zusammenhängen mag, daß die Gruppe wiederholt miteinander spielen mußte und niemand sich die Chancen für spätere Interaktionen verderben wollte. — Die Tendenz zur Bildung von Zweier-Koalitionen konnte in späteren Untersuchungen von Gamson (1961 b, 1964), Willis (1962) und Komorita (1974) bestätigt werden.
Vinacke & Arkoff (1957) und Vinacke (1964) untersuchten mit dem Pachisi, einem indischen Brettspiel, das Koalitionsverhalten in Drei-Personengruppen.

Die Spieler erhielten zu Beginn des Spiels Gewichtszahlen, die häufig so gewählt waren, daß die Summe von je zwei Zahlen größer war als die dritte. Jede beliebige Koalition von zwei Personen verfügte dann über eine höhere Gewichtszahlensumme als der ausgeschlossene Dritte. Wenn sich eine Koalition gebildet hatte, erhielt sie stets den gesamten Gewinn; der nicht der Koalition Angehörige erhielt nichts. Es handelte sich also um ein gewichtetes Majoritätsspiel mit der Struktur eines einfachen Majoritätsspiels. Die Vpn spielten die Spiele dreimal, wobei die Gewichtszahlen ausgelost wurden.

Es zeigte sich, daß die beiden ›schwächsten‹ Teilnehmer am häufigsten zusammenarbeiteten. Bei der Gewinnaufteilung innerhalb dieser Koalition wurde das Verhältnis der Gewichtszahlen berücksichtigt.

Tabelle 8.3 gibt einige Ergebnisse des Experimentes von Vinacke & Arkoff (1957) wieder.

Tab. 8.3: Bevorzugungshäufigkeit von Koalitionen in dem Experiment von Vinacke & Arkoff (1957) und die vorhergesagte Bevorzugung

Triade Nr.	Gewichtszahlen für			Beobachtete Bevorzugungen (N=90)				Caplows Vorhersage	Gamsons Vorhersage
	A	B	C	AB	AC	BC	keine Koalition		
1	1	1	1	33	17	30	10	jede	jede
2	3	2	2	13	12	64	1	BC	BC
3	1	2	2	24	40	15	11	AB oder AC	AB oder AC
4	4	3	2	9	20	59	2	AC oder BC	BC

*8.4.3.1 Theorie der minimalen Macht

Das von Vinacke & Arkoff beobachtete Koalitionsverhalten tritt in Experimenten, die mit ähnlichen Versuchssituationen arbeiten, auch dann — allerdings weniger häufig — auf, wenn man den Vpn explizit erklärt, daß jede Koalition unabhängig von der Höhe der Gesamtgewichtszahl den Gewinn für sich requirieren kann (Kelley & Arrowood 1960; Vinacke et al. 1966). Dies mag damit erklärt werden, daß der ›schwächste‹ Teilnehmer befürchtet, der ›starke‹ Partner könne aus seiner Gewichtszahl Ansprüche auf einen höheren Gewinnbetrag ableiten. Er zieht daher eine Koalition mit dem mittleren Spieler vor, der selbst aus dem gleichen Grunde eine Koalition mit dem weniger starken anstrebt.
Ohne Kenntnisse der Ergebnisse von Vinacke & Arkoff könnte man daran denken, die Macht der Spieler in derartigen Situationen entsprechend der Methode von Shapley danach zu messen, welchen Beitrag sie jeweils zum Erfolg einer Koalition leisten. Die Gewichtszahlenverteilung kann drei in diesem Zusammenhang interessante Konstellationen aufweisen. Wenn a die niedrigste, b die mittlere und c die höchste Gewichtszahl wiedergibt, dann gibt es die drei Fälle $a+b>c$, $a+b=c$ und $a+b<c$. Dies könnten z.B. die Zahlen $a=2$, $b=3$ und $c=4$ oder 5 oder 6 sein. Da der Gewinn für jede Koalition gleich ist, ergeben sich für die drei Fälle folgende charakteristische Funktionen in Tabelle 8.4.

Tab. 8.4: (s. Erläuterung im Text)

Gewichte	v(A)	v(B)	v(C)	v(AB)	v(AC)	v(BC)	v(ABC)
a=2, b=3, c=4	0	0	0	1	1	1	1
a=2, b=3, c=5	0	0	0	0	1	1	1
a=2, b=3, c=6	0	0	1	0	1	1	1

Der erste Fall ist die typische Situation, von der bisher gesprochen wurde, und um die es auch in den folgenden Experimenten vorwiegend geht. Dies nämlich ist derjenige

Fall, in dem die Gewichtssumme zweier Beteiligter stets größer ist als das Gewicht des dritten. Die Situation ist vollkommen symmetrisch, und der S-Wert beträgt für jeden Spieler 1/3. Im zweiten Fall kann nur eine Koalition mit C Erfolg haben. Der S-Wert für die Spieler A und B errechnet sich jeweils als 1/6, der von C als 2/3. Das dritte Spiel ist inessentiell, Spieler C hat die gesamte Macht. Da alle Spieler in der ersten Situation die gleiche Macht haben, sollten hier alle Paarkoalitionen gleich häufig vorkommen. In der zweiten Situation ist das Machtverhältnis von A und B gegenüber C entsprechend 1:2. Es werden also gleichwahrscheinlich die Koalitionen AC und BC resultieren. Das dritte Spiel kann C allein bestreiten. Gamson (1964) hält es für möglich, daß sich stets die Koalition bildet, die gerade das notwendige Machtübergewicht über die anderen Personen besitzt. Die Vorstellung bezeichnet er als *Theorie der minimalen Macht*. Sie trifft für die von Vinacke & Arkoff kreierte Experimentalsituation offenbar nicht zu, denn sie beschreibt für die Situation $c<a+b$ alle Paarkoalitionen als gleichwahrscheinlich.

8.4.3.2 Caplows Theorie der Beherrschung

Caplow (1956, 1959), dessen Vorstellungen Vinacke & Arkoff zu ihrer Untersuchung anregten, sieht in dem Bedürfnis, andere zu beherrschen und selbst nicht beherrscht zu werden, ein Kriterium für die Koalitionsbildung. Treffen zwei gleichstarke Personen mit einem Schwächeren zusammen, dann werden beide versuchen, die schwächere Person auf ihre Seite zu ziehen. Anders wenn zwei gleich Schwache mit einem Starken zu tun haben. In diesem Fall werden sie sich gegenüber dem Stärkeren zusammenschließen, um einer Beherrschung zu entgehen. Drückt man z.B. die Stärke von drei Personen A, B und C respektive in den Zahlen 4, 3 und 2 aus, dann würde vor der Koalitionsbildung A die Teilnehmer B und C beherrschen können. B würde C und C würde niemanden beherrschen können. Jeder Beteiligte strebt nach Caplow durch die Koalition eine Verbesserung der bestehenden Kontrollverhältnisse an. A möchte die maximale Kontrolle, die er vor der Koalitionsbildung besitzt, erhalten. Er strebt daher ebenfalls danach, in eine Koalition einzutreten, um die Koalition der beiden Schwächeren zu verhindern. Dabei ist er indifferent gegenüber den Koalitionen AB und AC, denn in beiden Fällen beherrscht er eine Person innerhalb und eine Person außerhalb der Koalition. B bevorzugt die Koalition BC, da diese seinen Zustand verbessert. Er dominiert dann über C innerhalb und über A außerhalb der Koalition. C wiederum ist indifferent gegenüber der Koalition mit A oder mit B. In beiden Fällen wird er innerhalb der Koalition beherrscht, und in beiden Fällen herrscht er über die Person außerhalb der Koalition. Infolgedessen müßte entweder die Koalition AC oder die Koalition BC geformt werden, nicht aber die Koalition AB oder ABC. Die Vorhersagen für einige andere Gewichtsverteilungen sind in der Tabelle 8.3 wiedergegeben. Die Vorhersage Caplows stimmt recht gut mit den Daten überein. Abweichungen ergeben sich bei Triade 4, deren Gewichtsverteilung oben benutzt wurde, um Caplows Theorie zu erläutern (s. Tabelle 8.3).

8.4.3.3 Theorie der minimalen Ressourcen

Gamson (1961a, b, 1964) formulierte auf der Basis experimenteller Beobachtungen die *Theorie der minimalen Ressourcen*. Da jeder Beteiligte voraussetzt, sein potentieller Partner werde einen Anteil entsprechend seiner Gewichtszahl verlangen, wird stets derjenige Partner bevorzugt, dessen Gewichtszahl so klein wie möglich, aber gerade noch ausreichend groß ist, um zusammen mit der eigenen Gewichtszahl ein Machtübergewicht herzustellen. Die Ergebnisse von Vinacke & Arkoff (1957) unterstützen eher Gamsons als Caplows Vermutung. Wie gezeigt wurde, müßte man nach Caplow annehmen, daß bei einer Gewichtsverteilung 4–3–2 für die Spieler A, B und C gleichwahrscheinlich die Koalition AC oder BC resultiert. Tatsächlich wird jedoch überwiegend die Koalition BC gebildet, wie dies nach der Hypothese von Gamson zu erwarten ist. Denn A bevorzugt C, weil dieser gegenüber B die geringeren Ressourcen einbringt, die aber dennoch für ein Machtgewicht ausreichen. Aus dem gleichen Grund bevorzugt B den Spieler C und C den Spieler B. Da sich B und C wechselseitig bevorzugen, muß die Koalition BC resultieren. In dem Experiment von Vinacke & Arkoff wird bei der Gewichtsverteilung 4–3–2 die Koalition AC nur in 22% der Fälle, die Koalition BC jedoch in 66% der Fälle gebildet.

8.4.3.4 Verhandlungstheorie

Schließlich hat Chertkoff (1967) in seiner *Verhandlungstheorie* der Koalitionsbildung darauf verwiesen, daß die endgültige Koalitionsbildung ein Resultat der vorangegangenen Kontaktnahme zwischen den Spielern sei. Er akzeptiert die These von Caplow und leitet daraus für die bereits mehrfach erwähnte Triade mit der Gewichtsverteilung 4–3–2 ab, daß A mit gleicher Wahrscheinlichkeit ($p=0{,}5$) an B oder C herantreten wird. Ebenso wird C mit gleicher Wahrscheinlichkeit ($p=0{,}5$) mit A oder B Kontakt aufnehmen. Hingegen wird sich B mit der Wahrscheinlichkeit 1,00 an C wenden. Damit ergeben sich für das Auftreten der Koalitionen AB die Wahrscheinlichkeit $0{,}5 \times 0{,}0 = 0{,}0$; für AC $0{,}5 \times 0{,}5 = 0{,}25$ und für BC $1{,}0 \times 0{,}5 = 0{,}5$. Mit der Wahrscheinlichkeit von 0,25 kommt keine Koalition zustande, weil jeder an jemanden herantritt, der mit ihm keine Koalition eingehen will, d.h. B wählt C, C wählt A und A wählt B. — Die Vorhersage von Chertkoff ist für die betrachtete Gewichtsverteilung wiederum etwas besser als die von Gamson, jedoch ebenfalls nicht perfekt, denn die Koalition BC kommt vergleichsweise zu häufig und der Fall ›keine Koalition‹ zu selten vor. Außerdem gewährleistet Chertkoffs Verhandlungstheorie keine Aussagen über die Gewinnverteilung innerhalb einer Koalition, die von der ›Theorie der minimalen Ressourcen‹ Gamsons relativ gut vorhergesagt wird.

8.4.3.5 Bewertung der experimentellen Ergebnisse

Die referierten Experimente sind insofern merkwürdig, als die Vpn ihre Entscheidung, mit dieser oder jener Person zu koalieren, an Kriterien orientieren müssen, die mit der Stärke der Koalition nichts zu tun haben. Denn schließlich kann jede Koalition, deren Gewichtszahlensumme größer ist als die Gewichtszahl des ausgeschlossenen Dritten, den Gewinn für sich requirieren, unabhängig, wie hoch die Gewichtszahlensumme der Koalition ist. Caldwell (1971) konzipierte eine experimentelle Anordnung, bei der der Höhe der Gewichtszahlensumme einer Koalition Ergebnisrelevanz zukam. Er benutzte eine ähnliche Versuchsanordnung wie Vinacke & Arkoff. Während aber bei Vinacke & Arkoff die Koalition stets den gesamten Gewinn für sich beanspruchen konnte, war die Koalitionsbildung in der Untersuchung von Caldwell nicht mit einer Gewinngarantie verbunden. Lediglich die *Gewinnwahrscheinlichkeit* hing von der Höhe der Gewichtszahl bzw. der Gewichtszahlensumme ab. Die Koalition hatte insofern gegenüber dem verbleibenden Dritten stets höhere Gewinnwahrscheinlichkeiten, da ihre Gewichtszahlensumme höher war als die Gewichtszahl des einzeln agierenden Spielers. Dementsprechend erhöht sich die Gewinnwahrscheinlichkeit einer Koalition mit der Höhe ihrer Gewichtssumme.

Aus der Beziehung zwischen den Gewichtszahlen und den Gewinnwahrscheinlichkeiten kann man die erwarteten Werte für jeden einzelnen Spieler und für jede Koalition berechnen und diese Werte dann anstelle der Werte der charakteristischen Funktion einsetzen. Ein solches Spiel hätte dann nicht mehr den Charakter eines einfachen Majoritätsspiels, weil auch Koalitionen mit weniger als n/2 Mitgliedern gewinnen können und weil die Werte für die Koalitionen nicht mehr gleich sind. — Unter diesen Voraussetzungen versucht der Teilnehmer häufig einen Alleingang; seine Chancen, in eine Koalition aufgenommen zu werden, sind größer. Auch Chertkoff (1966) fand, daß Personen, die die Gewinnwahrscheinlichkeit für eine Koalition stark erhöhen, bevorzugt in die Koalition aufgenommen werden.

Die bisher referierten Konzepte basieren durchweg auf der Versuchsanordnung von Vinacke & Arkoff (1957). Die vorwiegend betrachtete 4–3–2-Situation hat die Struktur eines gewichteten Majoritätsspiels. Unter rationalen Gesichtspunkten sind die Gewichtszahlen irrelevant, wenn die Gewichtszahlensumme jeder beliebigen Mehrheit von Mitspielern größer ist als die Gewichtszahlensumme der Restgruppe. Die Untersuchung von Caldwell zeigte, wie eng die Perspektive der Forschung zur Koalitionsbildung zuvor war. Die Gewichtszahlen hatten nichts mit dem Beitrag einer Person zum Erfolg einer Koalition zu tun. Dieser dürfte aber vermutlich ein Gesichtspunkt sein, der bei Koalitionsbildungen in Gruppen eine Rolle spielt. Es ist denkbar, daß die Berücksichtigung der Gewichtszahlen nur die mangelnde Einsicht der Vpn in die Struktur der Situation widerspiegelt. Chertkoff & Braden (1974), Kelley & Arrowood (1960) und Komorita & Chertkoff (1973) konnten zeigen, daß die Abhängigkeit der Koalitionsentscheidung von der Gewichtszahlenverteilung mit der Spielerfahrung abnimmt. Zudem konnten Anderson (1967), Bond & Vinacke (1961), Willis (1962) und Ofshe & Ofshe (1969, 1970a, b) nachweisen, daß das Koalitionsverhalten vom Status, vom Geschlecht, von der Handlungsbereitschaft und von der individuellen Erfahrung während einer längeren Interaktionsphase abhängt. Gamson (1961b, 1964), Willis (1962), Kalish et al. (1954) und Komorita (1974) bemerkten außerdem eine Tendenz zur Bildung von kleinen Koalitionen. Wenn dies zutrifft, dann sind alle bisherigen Erklärungsansätze für Spiele mit mehr als drei Personen unzureichend.

8.4.4 Aufteilung des Gewinnes in Koalitionen

Nach den Ergebnissen der bereits erwähnten Untersuchung von Kalish et al. mit Vier-, Fünf- und Sieben-Personenkonstantsummenspielen ist der Shapley-Wert eine gute Beschreibung der durchschnittlichen Gewinnzuweisungen. Allerdings beobachteten die Autoren, daß in den Koalitionen von zwei Personen, die sich zunächst bildeten, der Gewinn unter den Partnern gleichmäßig aufgeteilt wurde. Eine solche Neigung wurde auch von Liebermann (1960) und Kaufmann & Tack (1975) beobachtet.

Für einige Spielstrukturen (z.B. Apex-Spiel) trifft der Shapley-Wert offensichtlich nicht zu (Albers 1978). Ein wesentlicher Nachteil dieses Indexes ist die implizite Annahme, jeder Koalitionsschritt sei gleich wahrscheinlich.

Die *Theorie der minimalen Ressourcen*, die auch vorhersagt, welche Koalitionen sich bilden werden, nimmt an, daß die Beteiligten den Gewinn entsprechend den zugeordneten Gewichtszahlen aufteilen. Die experimentellen Ergebnisse sind jedoch widersprüchlich. Vielmehr konnte festgestellt werden, daß die Vpn — insbesondere die weiblichen Vpn

— in erster Linie daran interessiert sind, gute Beziehungen zu den Mitspielern herzustellen. Sie spielten nicht im Sinne der Gewinnmaximierung, sondern sie beteiligten auch solche Personen an der Koalition, die zum Gewinn nichts beitrugen, und sie tendierten dazu, den Gewinn gleichmäßig aufzuteilen. (Amidjaja & Vinacke 1965, Bond & Vinacke 1961, Uesugi & Vinacke 1963, Vinacke 1959, 1962). Diese Beobachtung hat Gamson (1964) zu der vielleicht etwas voreiligen Formulierung ›*Antiwettbewerbstheorie*‹ veranlaßt.
Wie bereits Hoffman, Festinger & Lawrence (1954) festgestellt haben, bilden Vpn bevorzugt Koalitionen gegen solche Mitglieder, die einen gewissen Gewinnvorsprung vor den übrigen Mitgliedern besitzen.

Den Versuchspersonen wurde in diesem Experiment suggeriert, das Abschneiden in dieser Aufgabe habe etwas mit Intelligenz zu tun. Die Tendenz zur Angleichung hing davon ab, ob den Vpn zuvor versichert wurde, sie seien etwa gleich begabt, oder ob sie darauf aufmerksam gemacht wurden, daß erhebliche Begabungsunterschiede zwischen den Mitgliedern bestünden.

Homogene Gruppen zeigten eine stärkere Neigung, den Gewinn des Ausreißers durch entsprechende Koalitionsbildungen zu reduzieren. Dies korrespondiert mit der Beobachtung von Crott et al. (1976), wonach die Vpn in Verhandlungssituationen nicht bereit sind, einen ungerechtfertigten Vorteil eines Partners zu akzeptieren und mit Bestrafungen reagieren, falls dieser nicht bereit ist, darauf zu verzichten. Man kann dieses Verhalten als Wiederherstellung der Equity interpretieren. Im Bereich der Koalitionsforschung avancierte diese Beobachtung zu einer *Statustheorie.*
Der Versuch, gute Beziehungen zu anderen Mitgliedern herzustellen, muß jedoch nicht entgegen oder unabhängig von Maximierungsbestrebungen unternommen werden. Liebermann (1962, 1964) hat beobachtet, daß bestehende Koalitionen erstaunlich stabil sind. Personen, die um kurzfristiger Vorteile willen wechseln, werden leicht als unzuverlässig deklariert und in spätere Koalitionen nicht mehr aufgenommen. Je nach der Versuchssituation kann es eine erfolgreiche, langfristig angelegte Gewinnmaximierungsstrategie sein, immer wieder mit den gleichen Personen zu koalieren. Unter diesem Gesichtspunkt ist es auch nicht angeraten, innerhalb der Koalition auf mehr oder minder geringfügigen Auszahlungsdifferenzen zu beharren.
Nach Komorita & Chertkoff (1973) sind die Ergebnisse der Experimente zur Koalitionsbildung und die daraus abgeleiteten theoretischen Vorstellungen jeweils Konsequenzen sehr spezieller experimenteller Situationen (Zahl der Parteien, Gewichtszahlenverteilung, Bedeutung der Gewichtszahlen usw.). Sie glauben, daß die Beteiligten zunächst Koalitionen anstreben, die ihnen den höchsten Gewinn versprechen. Ihre Gewinnerwartung bewegt sich dabei zwischen einer Gleichaufteilung und einer Proportionalaufteilung entsprechend den Gewichtszahlen. Die ausgehandelten Auszahlungen lägen dann etwa in der Mitte zwischen diesen Grenzwerten. Wenn eine Serie von Koalitionsspielen durchgeführt wird, tendieren die Vpn dazu, stabile Koalitionen anzustreben. Sie erreichen dies u.a., indem sie die Auszahlungen an die Mitglieder so gestalten, daß möglichst niemand in die Versuchung gerät, aus der Koalition auszuscheren. Dieses Konzept sehen Komorita & Chertkoff durch einige ihrer Untersuchungen bestätigt (vgl. Chertkoff 1970, Chertkoff 1971, Komorita 1974, Komorita & Meek 1972, Komorita & Moore 1976).
Gamson (1964), dem insgesamt vier Theorien zugeschrieben werden, kommt nach kritischer Sichtung des vorliegenden experimentellen Materials zu dem Schluß, daß das Verhalten der Vpn unter bestimmten Voraussetzungen als rein zufällig interpretiert werden kann, eine Beobachtung, die als *Theorie der äußersten Konfusion* eingeordnet wurde (Tedeschi et al. 1973).
Die Untersuchungen zur Koalitionsbildung verdeutlichen, daß bereits etwa fünfzig experimentelle Untersuchungen ein hohes Maß an theoretischer Verwirrung stiften können. Es gibt kaum eine prominente Variable und kaum ein experimentelles Paradigma, die

nicht in den Mittelpunkt einer ›Koalitionstheorie‹ gestellt worden wären. Dies ist nach Auffassung des Verfassers u. a. eine Konsequenz der mangelnden theoretischen Ausstattung der Sozialpsychologie. Es fehlen übergeordnete Theorien, nach denen man die Bedeutung einzelner, die Versuchssituation charakterisierender Variablen einstufen könnte, insbesondere Motivationstheorien, aus denen sich ableiten ließe, welche Motive das Verhalten in derartigen Situationen leiten könnten. Allerdings ist festzustellen, daß auch die vorliegenden Versuche der *motivationalen Analyse* von Gruppensituationen von Deutsch (1958, 1960, 1973), McClintock et al. (1966), McClintock (1972a, b) und Walster et al. (1973) kaum berücksichtigt wurden.

Es erscheint angebracht, an dieser Stelle einige Schwächen der Experimente zu kennzeichnen, da sich diese Mängel nicht ausschließlich bei Versuchen über das Koalitionsverhalten manifestieren, sondern auch für andere Forschungsgebiete typisch sind. — Zunächst ist zu erwähnen, daß die *Situationsanalyse* nicht sorgfältig durchgeführt wird. Es wird ein experimentelles Paradigma geschaffen, dessen spezifische Charakteristiken dann nicht weiter hervorgehoben werden. So haben z. B. die meisten Arbeiten mit dem Gewichtszahlenparadigma nicht deutlich gemacht, daß es sich dabei um die sehr spezielle Koalitionssituation des einfachen Majoritätsspiels handelt. Es besteht eher die Tendenz, solche sehr speziellen Situationen als repräsentativ für andere Situationen zu deklarieren. Dies dürfte auch der Grund für die Bereitschaft sein, aus der Arbeit mit jedem experimentellen Paradigma allgemeinere Theorien abzuleiten. Ferner besteht eine starke Tendenz, Experimente möglichst ökonomisch zu gestalten. Es wird meist nur eine einzelne Situation untersucht, die dann durch ein oder zwei unabhängige Variable etwas modifiziert wird. In vielen Untersuchungen wird nur um Punkte gespielt. Die gewünschte individualistische Motivation versucht man dann, den Vpn durch eine Instruktion zu implantieren, die ihnen nahelegt, ihren Gewinn zu maximieren. Häufig werden sämtliche Varianten mit den gleichen Vpn mehrmals durchgespielt. Die Gewichtszahlen werden dann über die Vpn permutiert oder ausgelost, so daß alle Beteiligten in günstigen und weniger günstigen Rollen agieren müssen. Man könnte vermuten, daß die Vpn die Gewichtszahlen deswegen berücksichtigt haben, weil sie das einzige waren, was in diesem Experiment variierte. Sie konnten also sowohl gute Vpn sein und dem Versuchsleiter zum Gefallen die Gewichtszahlen berücksichtigen als auch gute Kumpel, da bei dieser Strategie auf lange Sicht jeder gleich viel erhielt. Die Berücksichtigung der Gewichtszahlen sorgte dann außerdem für etwas Abwechslung in der sonst nicht gerade abwechslungsreichen Situation.

*8.4.5 Spieltheoretisch orientierte Koalitionsforschung

*8.4.5.1 Überprüfung von Zurechnungsvorhersagen

Neuere Arbeiten knüpfen überwiegend an die spieltheoretische Konzeption an, die auch die Grundlage für die erwähnte Untersuchung von Kalish et al. (1954) bildete. Maschler untersuchte bereits 1962 nach spieltheoretischen Gesichtspunkten eine größere Zahl von Drei-Personenspielen mit variabler Summe, die nicht immer überadditiv waren.

In strikt überadditiven Spielen, in denen der Wert der großen Koalition höher war als der Wert irgendeiner der Paarkoalitionen, wurden vorwiegend große Koalitionen gebildet. In Spielen, in denen der Gewinn der großen Koalition gleich oder kleiner als der höchste Gewinn einer kleinen Koalition war, kamen große Koalitionen kaum vor. Die Vpn verhielten sich somit im Sinne einer kollektiven Rationalität. Personen werden in eine Koalition nur aufgenommen, wenn sie etwas zum Gewinn der Gruppe beitragen können. Es hat keinen Sinn, eine Koalition mit Spielern zu belasten, die nichts oder weniger als nichts zum Gesamtgewinn der Gruppe hinzufügen.

Die Aufteilung der Gewinne unter den Beteiligten stimmte bemerkenswert gut mit den Lösungen des von Aumann & Maschler (1964) definierten *Verhandlungsbereiches* überein. Wenn Abweichungen vom Verhandlungsbereich auftraten, dann fielen diese (meist geringfügigen Abweichungen) überwiegend gegen den stärkeren und mittleren Spieler und für den schwächeren Spieler aus.
Kaufmann & Tack (1975) analysierten drei überadditive Drei-Personenspiele mit variabler Summe.

Die drei Grundspiele unterschieden sich in der Höhe des Zugewinns, den die Bildung der großen Koalition im günstigsten Fall gegenüber der Kombination aus einer Paarkoalition und einem einzelnen Spieler brachte. Dieser Zugewinn betrug entweder 0,0 oder 0,5 oder 4,0. Bei den gegebenen charakteristischen Funktionen entsprach dies einem Spiel mit einem leeren Kern, einem Spiel mit einem einelementigen Kern und einem Spiel mit einem mehrelementigen Kern. D.h. also, daß sich bei einem Zugewinn von 0,0 die Bildung einer großen Koalition insofern nicht lohnte, als in diesem Fall auch eine Paarkoalition und ein einzelner Spieler die gleiche Summe erzielen konnten. Bei einem Zugewinn von 0,5 Einheiten entsprach der durchschnittliche Gewinn der Spieler in der großen Koalition dem durchschnittlichen Gewinn, der sie in Paarkoalitionen erwartete (d.i. v(ABC) = 1/26v(AB) + v(AC) + v(BC)). Betrug der Zugewinn 4,0, dann war der durchschnittliche Gewinn in der großen Koalition größer als in den Paarkoalitionen. Diesen drei Grundspielen wurden durch entsprechende Transformationen sechs strategisch äquivalente Spiele hinzugefügt.

Die Ergebnisse zeigen eine deutliche Präferenz der Vpn für die große Koalition, die allerdings abnimmt, wenn der Zugewinn schrumpft. Aber auch wenn der Zugewinn 0,0 betrug, war die große Koalition noch attraktiv. Kaufmann & Tack halten es für möglich, daß die Attraktivität der großen Koalition nicht zuletzt dadurch bedingt ist, daß einige Vpn in möglichst kurzer Zeit möglichst viel Geld gewinnen wollten. Das Verhältnis zwischen Gewinn und Zeit- und Energieaufwand ist vermutlich am leichtesten zu optimalisieren, wenn man möglichst sofort eine große Koalition mit Gleichaufteilung der Gewinne vorschlägt. Im übrigen zeigten die Vpn eine Tendenz, den Gewinn so aufzuteilen, daß jeder Spieler mindestens das erzielte, was er auch im Alleingang erhalten hätte. Der verbleibende Rest wurde dann häufig gleich aufgeteilt (Gleichaufteilung des Restes). Diese Aufteilungsform ist den nach spieltheoretischen Konzepten (S-Wert, Verhandlungsbereich, Kernel) zu erwartenden Aufteilungen sehr ähnlich. Jedoch ist zu beachten, daß die Ähnlichkeit dieser Vorhersagewerte spezifisch für die gewählten Spielstrukturen ist. Würde man die Spielstrukturen nur leicht verändern, dann würde die Gleichaufteilung des Restes die strategische Potenz der Spieler ebensowenig berücksichtigen wie etwa die Gleichaufteilung.
Das Verhalten der Vpn war in strategisch äquivalenten Spielen relativ invariant, wenn diese sich nur durch die multiplikative Konstante unterschieden. Wurde jedoch eine additive Konstante zur Modifikation eines Spiels gewählt, dann verhielten sich die Vpn in den beiden Spielvarianten unterschiedlich. Die Auszahlungen fielen insbesondere zu Ungunsten desjenigen Spielers aus, der zunächst von einer solchen Transformation profitierte. Die finanzielle Ausgangslage der Spieler wird mithin berücksichtigt. Wer bereits viel hat, bekommt nicht mehr viel hinzu.

Medlin (1976) untersuchte 20 verschiedene Spiele, die sich u.a. hinsichtlich der strategischen Stärke der einzelnen Spieler, ausgedrückt durch die Variation in deren Quoten, und des Zugewinns bei Gründung der großen Koalition unterschieden. Der Zugewinn variierte von Spiel zu Spiel, jedoch konnte man, wie bei Kaufmann & Tack, zwischen drei Gruppen unterscheiden; solchen, in denen der durchschnittliche Gewinn jedes Spielers in der großen Koalition unter dem in den Paarkoalitionen lag (Spiele mit leerem Kern), solchen, in denen der durchschnittliche Gewinn in der großen Koalition genau dem durchschnittlichen Gewinn in den Paarkoalitionen entsprach (einelementiger Kern), und solchen, in denen der durchschnittliche Gewinn in der großen Koalition denjenigen der Paarkoalitionen überschritt (mehrelementiger Kern).

Die endgültige Verteilung der Gewinne unter den Spielern stimmte am besten mit dem oben erwähnten Kernelmodell überein, das in vielen Fällen zu den gleichen Vorhersagen führt wie der Verhandlungsbereich, in einigen Fällen jedoch präzisere Angaben macht. Der Shapley-Wert erwies sich als geringfügig schlechter als der Kernel. Die Überlegenheit des Kernelmodells zeigt sich vor allem darin, daß die Abweichungen von der Kernel-Vorhersage von dem ersten unverbindlichen Verteilungsvorschlag über vier Stufen bis zur endgültigen verbindlichen Vereinbarung deutlich geringer werden, während dies für die Abweichungen vom Shapley-Wert nicht zutrifft. Abweichungen vom Kernel-Wert konnten z.T. darauf zurückgeführt werden, daß der stärkste Spieler eine etwas geringere Auszahlung erhielt, als nach der Vorhersage zu erwarten war, eine Beobachtung, die auch bereits Kaufmann & Tack machten.
Andere Aufteilungsdevisen, wie die Gleichaufteilung, die Proportionalaufteilung oder die Gleichaufteilung des Restes, wurden von Medlin nicht überprüft. Alle drei Vorhersagen würden bei den von Medlin untersuchten Spielen in der Gleichaufteilung resultieren, was aber — wie bereits die bloße Inspektion der Daten zeigt — sicherlich unzutreffend ist. Zu ähnlichen Ergebnissen kamen Kahan & Rapoport (1974) mit Quotenspielen, in denen die große Koalition erlaubt war.

*8.4.5.2 Überprüfung von Koalitionsvorhersagen

Faßt man die Ergebnisse von Maschler (1962), Kaufmann & Tack (1975) und Medlin (1976) zusammen, dann kann man die im vorletzten Abschnitt berichtete Hypothese prüfen, nach der große Koalitionen in nicht-überadditiven Spielen und Spielen mit leerem Kern selten, in Spielen mit einelementigem und mehrelementigem Kern dagegen häufig gebildet werden. Tabelle 8.5 gibt die Ergebnisse wieder. In der Tabelle ist über jeder Kategorie jeweils ein Beispiel, das in einer der drei Untersuchungen verwendet wurde und die Situation stellvertretend verdeutlichen soll.

Tab. 8.5: Prozentsatz großer Koalitionen in den drei Untersuchungen von Maschler (1962), Kaufmann & Tack (1975) und Medlin (1976)

	I nicht über-additiv	II leerer Kern	III einele-mentiger Kern	IV mehrele-mentiger Kern
Beispiele: v'(A) v(B) v(C) v(AB) v(AC) v(BC) v(ABC)	 0 0 0 20 30 60 40	 0 0 0 65 90 95 95	 20 20 30 50 70 70 95	 0 0 0 81 88 95 150
Anzahl der Beobachtungen (n)	13	117	75	85
Anzahl und Prozentsatz der Fälle, in denen große Koalitionen gebildet wurden	0 0%	31 26%	51 68%	72 85%

Die Vpn verhalten sich also durchaus in dem Sinne kollektiv rational, als sie selten große Koalitionen bilden, deren Bestand gefährdet ist, weil jedes beliebige Paar in einer Zwei-Personenkoalition mehr erzielen kann (Kategorie I und II). Wenn man die Koalitionsbildung als einen Prozeß auffaßt, der von kleineren zu größeren Koalitionen fortschreitet, dann heißt dies auch, daß Paarkoalitionen unter diesen Bedingungen nicht bereit sind, Mitglieder aufzunehmen, die nichts oder weniger als nichts zum Gewinn beitragen. Wenn der Kern ein Element enthält, spricht zwar nichts dafür, aber auch nichts dagegen, den dritten Spieler zu akzeptieren (Kategorie III). Dieses dritte Mitglied wird jedoch danach streben, assoziiert zu werden. Da die beiden anderen nichts dagegen haben, ist die Summe der Kräfte, die auf eine große Koalition gerichtet sind, positiv, so daß deren Bildung zu erwarten ist. Wenn der Kern groß ist (Kategorie IV), können alle Beteiligten von einer großen Koalition profitieren. Sie bildet sich daher fast immer.
Die Ergebnisse der drei Untersuchungen erlauben es auch, die aus den im letzten Abschnitt referierten Befunde zum Pachisi-Brettspiel abgeleitete Hypothese von Caplow, Gamson u.a. (s. ›Theorie der minimalen Ressourcen‹) zu prüfen, wonach sich vorwiegend die beiden schwächeren Partner gegen den starken verbünden. Der stärkste Teilnehmer dürfte demnach also nicht in Koalitionen aufgenommen werden. Die drei Untersuchungen enthalten 136 Paarkoalitionen. Würde die Koalitionsbildung unabhängig von der Stärke der Partner geschehen, so würde man die Beteiligung des stärkeren Partners wie die jedes anderen Partners mit der Wahrscheinlichkeit 0,66 erwarten. Er müßte dann an 91 Koalitionen beteiligt sein. Tatsächlich ist der stärkere Teilnehmer jedoch in 114 Fällen Mitglied der entstandenen Paarkoalition. Die Hypothese von Caplow & Gamson kann daher nicht bestätigt werden, vielmehr zeigen die Ergebnisse dieser Untersuchungen einen deutlich gegenläufigen Trend. Der stärkere Partner wird häufiger in die Koalition aufgenommen. Auch Selten & Schuster (1968) fanden für eine spezielle Anordnung (Apex-Spiel), in der ein starker gegen vier schwache Spieler agieren mußte, daß der starke Spieler am häufigsten in die Koalition aufgenommen wurde.
Aus den Ergebnissen Maschlers läßt sich ferner ablesen, daß der schwächere Spieler besonders selten aufgenommen wurde, wenn sein rechnerischer Beitrag zu den Paarkoalitionen (Quote) negativ war, was nicht verwunderlich ist, da dieser Spieler für eine Koalition nur interessant wäre, wenn er hinzuzahlen würde. Wenn die Quote des schwachen Spielers positiv war, fiel die Verteilung von schwachen, mittleren und starken Spielern in den Koalitionen ausgeglichener aus.
Für diesen Widerspruch zu Caplows und Gamsons These gibt es eine plausible Erklärung. In den einfachen Majoritätsspielen vom Typ des Pachisi-Brettspiels, die zusätzlich durch strategisch irrelevante Gewichtszahlen angereichert wurden, können die Vermutungen Caplows und Gamsons durchaus zutreffen. Die Vpn vermeiden die Zusammenarbeit mit einem Partner mit sehr hoher Gewichtszahl, weil sie glauben, dieser könne daraus einen Anspruch auf einen entsprechend hohen Gewinn ableiten. Es bleibt jedoch die Frage, warum sie dies annehmen. Dies kann daran liegen, daß sie nicht sofort durchschauen, daß den Gewichtszahlen keine strategische Bedeutung zukommt, daran, daß sie annehmen, der VI erwarte von ihnen die Berücksichtigung dieser Zahlen bei der Koalitionsbildung und der Gewinnverteilung bzw. der Partner nehme dies an, oder schließlich auch daran, daß die Vpn irgendeinen Anhaltspunkt dafür haben müssen, mit wem sie eine Koalition eingehen sollen, und sei es ein völlig irrelevanter. Im letzteren Fall hätten die Gewichtszahlen eine schlichtende und die bestehende Unsicherheit reduzierende Funktion, vergleichbar der Entscheidungshilfe durch einen Münzwurf.
Wenn die Spieler wie in den zuletzt referierten Experimenten unterschiedliche Beiträge zum Erfolg der Koalition leisten, dann wird dies berücksichtigt. Die Auszahlungen erfolgen entsprechend den Beiträgen der Spieler zum Koalitionserfolg. Die Bevorzugung

des stärkeren Spielers als Koalitionspartner könnte aus der Hoffnung resultieren, von seiner Macht zu profitieren. Da er die höchste Auszahlung zu erwarten hat, kann man von seinem Anteil am ehesten etwas abhandeln. Beim schwächsten Spieler ist dagegen nichts zu holen, da sein zu erwartender Profit ohnehin karg sein würde. Außerdem hat der stärkste Spieler den größten Verlust hinzunehmen, wenn er nicht in die Koalition aufgenommen wird. Er wird daher bestrebt sein, durch ein großzügiges Angebot einen Koalitionspartner zu gewinnen, und er ist potent genug, ein solches Angebot zu machen. Dies könnte die Ursache dafür sein, daß der Gewinn des stärksten Partners etwas unter demjenigen liegt, der ihm rechnerisch zustünde.

8.4.6 Zusammenfassung der Ergebnisse experimenteller Forschungen zur Machtverteilung

Die Forschung zur Wirkung der Machtverteilung hat sich vorwiegend an dem Koalitionsbildungsproblem entwickelt. Es bedarf keiner ausführlichen Erörterungen, um zu erkennen, daß das Problem der Machtverteilung mit der Koalitionsforschung nur berührt wird. Zahlreiche Aspekte blieben unberücksichtigt. Die experimentellen Spiele betrachten die Machtstruktur nur in ihrer aktuellen, in der Auszahlungsmatrix bzw. der charakteristischen Funktion manifestierten Form.
Nicht in den Auszahlungen repräsentierte Machtverhältnisse — insbesondere länger andauernde Machtbeziehungen, die die gegebene Situation überlagern — werden aus der Analyse ausgeklammert. Selbst Probleme, die sich mit den bevorzugten Versuchsanordnungen beantworten ließen, wie etwa die Frage, welche Größe Koalitionen annehmen und welche Mitglieder sich zu einer Koalition zusammenfinden, sind noch weitgehend offen.
Durch die Arbeiten von Vinacke & Arkoff (1957) angeregt, hat die Koalitionsforschung zunächst das Pachisibrettspiel zum zentralen Paradigma gewählt. Es handelt sich dabei um ein gewichtetes Majoritätsspiel, das häufig die Struktur eines einfachen Majoritätsspiels annimmt (jede beliebige Kombination von Spielern kann den Gewinn für sich requirieren). Es zeigte sich dabei eine Tendenz, auch rational irrelevante Gewichtszahlen zu berücksichtigen: der Spieler mit der höchsten Gewichtszahl wurde seltener in eine Koalition aufgenommen, und die Verteilung der Gewinne orientierte sich an der Höhe der Gewichtszahlen. Es wurden zahlreiche Theorien entwickelt, die das Koalitionsverhalten und die Gewinnverteilung mehr oder minder gut vorhersagten.
Kritische Analysen und experimentelle Befunde stellten jedoch die Eignung des Pachisispiels als Paradigma der Koalitionsforschung in Frage. So wird beispielsweise der ›stärkere‹ Spieler dann häufiger in die Koalition aufgenommen, wenn seine Gewichtszahl zur Erhöhung der Gewinnwahrscheinlichkeit beiträgt (Caldwell 1971). Auch die experimentellen Untersuchungen, die auf der breiteren spieltheoretischen Basis durchgeführt wurden, zeigten, daß sich die Koalitionschancen der Spieler an deren strategischen Positionen orientieren. Allerdings bleibt auch bei diesen Untersuchungen noch offen, welches Modell die Koalitionsbildung und die Gewinnaufteilung am besten vorhersagt.

Kontrollfragen

1. Grenzen Sie die Techniken der Verstärkerkontrolle, der Versprechungen und Drohungen, der Überredung, des Appells und der Bitte, der Reiz- bzw. Signalkontrolle voneinander ab.
2. Welchen Effekt hat der Einsatz von Drohungen im interaktiven Geschehen?
3. Wie wirken sich Unterschiede im Drohpotential der Beteiligten aus?
4. Welche alternative Erklärung gibt es neben der Verstärkungsinterpretation für die Wirksamkeit ›manipulativer Verstärkerkontrolle‹?

* 5. Versuchen Sie einige andere Lösungskonzepte für das n-Personenspiel zu charakterisieren.

6. Was versteht man unter Caplows Theorie der Beherrschung?
7. Beschreiben Sie die Versuchsanordnung von Vinacke & Arkoff (1957). Wie teilen die Vpn die Gewinne innerhalb der Koalitionen auf? Welche Koalitionen werden vorwiegend gebildet? Welche Rolle hat der ›starke Spieler‹?
8. Nennen Sie die Annahmen der Theorie der minimalen Ressourcen.
9. Suchen Sie kritische Einwände gegen die Untersuchungen mit dem Pachisibrettspiel.

*10. Welche Position hat der ›starke Spieler‹ nach den Ergebnissen der spieltheoretischen Untersuchungen zum Koalitionsverhalten?

Weiterführende Literatur

Gamson (1964): Ansätze zur Erklärung des Verhaltens in Koalitionsspielen (vorwiegend vom Pachisibrettyp) auf der Grundlage experimenteller Ergebnisse.

Rapoport (1970): Spieltheorie der n-Personenspiele. Verständliche Darstellung mit einigen empirischen Beispielen.

Tedeschi et al. (1973): Umfassende Darstellung von Untersuchungen und theoretischen Konzepten zur sozialen Macht.

9 Gruppenprozesse

Übersicht: Bisher wurden Phänomene und Gesetzmäßigkeiten der sozialen Interaktion behandelt, ohne daß die Merkmale des sozialen Gebildes, innerhalb dessen die Interaktion stattfindet, näher betrachtet wurden. Gelegentlich wurde auch das Wort *Gruppe* verwandt, obwohl dieser Begriff nicht näher erläutert wurde. In Kap. 9 sollen die Bedingungen der Entstehung solcher sozialer Gebilde betrachtet werden, welche man der Kleingruppe zuordnet.
Abschn. 9.1 diskutiert den Gruppenbegriff. In Abschn. 9.2 wird der Entwicklungsprozeß von Gruppen ins Auge gefaßt. Anschließend werden typische Gruppenphänomene, wie Konformität, Gruppengefühl, Rollendifferenzierung und Status, diskutiert (Abschnitte 9.3 und 9.4). Der Messung der Strukturierung der Gruppe (Abschn. 9.5) folgt die Darstellung des Führungsverhaltens und einiger theoretischer Konzepte der Führungspsychologie.

9.1 Definition des Gruppenbegriffs

In der Umgangssprache findet der Begriff *Gruppe* vielfältige Verwendung. Man spricht von den vor dem Schaufenster zusammenstehenden Personen ebenso als Gruppe, wie von dem durch gemeinsame sozial relevante Merkmale gekennzeichneten Personenkreis der Rentenempfänger. Jede abgehobene Menge von Personen wird umgangssprachlich als Gruppe bezeichnet. Wenn Sozialpsychologen von der *psychologischen*, der *sozialen* oder der *Kleingruppe* sprechen, dann hat dies eine speziellere Bedeutung, wenngleich unter den Fachvertretern keine Einigkeit darüber besteht, wie sie die psychologischen oder sozialen Gruppen von anderen sozialen Gebilden abgrenzen sollen.
Im folgenden sollen psychische und soziale Prozesse beschrieben werden, welche zur Bildung einer Gruppe führen, und Prozesse, die innerhalb von Gruppen stattfinden.

9.1.1 Kriterien der Gruppenhaftigkeit

Der naheliegendste Gesichtspunkt zur Definition der Gruppe im psychologischen Sinne ist die *Zahl der Mitglieder.* Einigkeit herrscht in der Literatur lediglich darüber, daß eine Person allein noch keine Gruppe konstituiert. Eine Gruppe sind also zwei oder mehrere Personen.
Da kleinere interagierende Einheiten andere Charakteristiken haben als große Gebilde, wie etwa Betriebe, Kommunen oder Nationen, erscheint es wenig sinnvoll, diese Gebilde unter den gleichen Begriff zu fassen. Der Ausdruck Kleingruppe legt nahe, die Mitgliederzahl von Gruppen nach oben zu begrenzen, jedoch kann man sich leicht vorstellen, daß über die obere Grenze kaum ein Konsens zu erreichen sein wird. Die Angaben für die höchste Mitgliederzahl schwanken zwischen acht (McDavid & Harari 1968) und dreißig (Eiserman 1969).
Um die Kleingruppe gegen Ansammlungen von Personen der entsprechenden Größenordnung abzugrenzen, könnte man wie Hare (1962), Mills (1967) u.a. die Intensität der zwischen ihren Mitgliedern stattfindenden Interaktionen heranziehen. Jedoch ist auch dies nicht sehr überzeugend, da es kein Maß für die Intensität von Interaktionen gibt. Homans (1960) schlägt vor, als ein Kriterium für die Gruppenhaftigkeit die *relative Häufigkeit der Interaktionen* mit anderen zur gleichen Zeit, am gleichen Ort be-

findlichen Personen anzusehen. »Eine Gruppe ist also definiert durch die Interaktion ihrer Teilnehmer. Wenn wir sagen, die Individuen A, B, C, D, E ... bilden eine Gruppe, so bedeutet das, daß zumindest die folgenden Umstände herrschen: Innerhalb eines gegebenen Zeitraums steht A häufiger mit B, C, D, E, ... in Interaktion als mit M, N, L, O, P, ..., welche nach unserer Wahl Außenstehende oder Mitglieder anderer Gruppen darstellen sollen. Auch B steht häufiger mit A, C, D, E, ... als mit den Außenstehenden in Interaktion, und dasselbe gilt entsprechend auch für die anderen Gruppenmitglieder« (Homans 1960, S. 102f.). Doch bestünde in diesem Fall eine Gruppe nur, wenn man die Interaktionsdichte registrieren und zudem mit der Interaktionsdichte zwischen anderen Personen vergleichen könnte.
Als weiteres Kriterium wird der *Kontakt der Gruppenmitglieder von Angesicht zu Angesicht* genannt; ein Kriterium, das zumindest viele Forschungsergebnisse ausschließen würde, da Gruppenmitglieder unter experimentellen Bedingungen sehr häufig in nur schriftlichem oder verbalem Kontakt stehen. Auch scheint es nicht sinnvoll, intensive Beziehungen von Personen, welche räumlich getrennt sind, nicht als Gruppenbeziehungen anzusehen.
Gruppen entwickeln häufig ein Zusammengehörigkeitsgefühl, das auch als Gruppenidentität, *›Wir‹-Gefühl* oder *Gruppenbewußtsein* paraphrasiert wird. Dies kann aber deswegen nicht als entscheidendes Kriterium für die Gruppenhaftigkeit angesehen werden, weil in Gruppen, die erzwungenermaßen zusammengefügt wurden, nicht immer ein solches Gruppenbewußtsein aufkommt.
Als Unterscheidungsmerkmale werden des weiteren gemeinsame Ziele, gruppenspezifische Normen, die Strukturierung und Rollendifferenzierung, einheitliches Verhalten gegenüber der Umgebung, Gruppenzugehörigkeit nach dem Urteil Außenstehender u.a. genannt. Jedoch kann man bei jedem dieser Merkmale berechtigte Zweifel hegen, ob es als notwendiges Kriterium für die Gruppenhaftigkeit angesehen werden muß (vgl. Kruse 1972).
Legt man bei der Aufzählung der definierenden Merkmale, wie dies Cartwright & Zander (1968) tun, mit mehr als zehn Merkmalen einen rigorosen Maßstab an, dann muß man viele kleine soziale Einheiten, die von der Forschung im allgemeinen als Gruppen bezeichnet werden, ausklammern. Bei einer zu geringen Zahl von Merkmalen läuft man Gefahr, jede interagierende Einheit als Gruppe aufzufassen. Mit dieser Unsicherheit wird man sich abfinden und Caplow (1971, S. 17) zustimmen müssen: »... the ›groupness‹ of a group is a matter of degree.«

9.1.2 Abgrenzung der Gruppe von anderen sozialen Gebilden

Eine negative Bestimmung der Gruppe ergibt sich aus der Gegenüberstellung mit anderen Formen der menschlichen Vergesellschaftung. Abbildung 9.1 gibt einen solchen Ordnungsversuch in Anlehnung an Hofstätter (1957, S. 24) wieder.

Abb. 9.1: Formen der Vergesellschaftung (nach Hofstätter 1957)

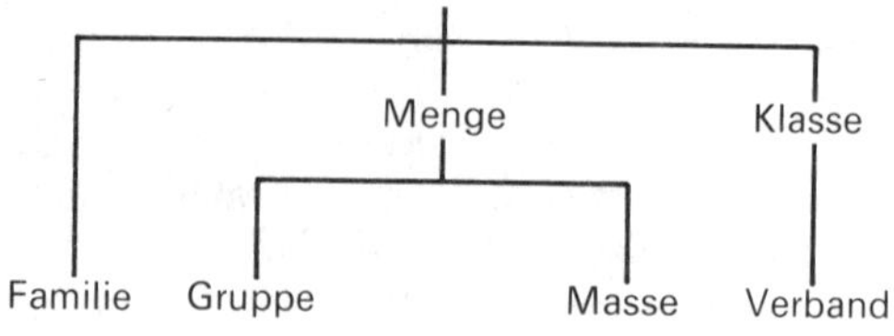

Hofstätter unterscheidet auf der zweiten Ebene des Schemas innerhalb der Mehrzahl zwischen *Familie* (die er aus der Gruppenforschung ausklammert), der *Menge* und der *Klasse*. Die Familie würde man vielleicht eher in der dritten Ebene ansiedeln, wie dies in Abb. 9.1 geschehen ist, da sie mit den dort aufgeführten Gebilden *(Verband, Masse, Gruppe)* das Kriterium der Aktivitäten gemein hat. Die Klasse versteht er als abstrakte Gemeinschaft, die nur auf der Ebene der Definitionsmerkmale existiert. Eine Klasse umfaßt alle Träger der zum Merkmal erhobenen Eigenschaftskombination. Die ›Klasse‹ der Rentenempfänger, der Aktienbesitzer oder auch der Rothaarigen oder der Katholiken gehören in diese Kategorie. Der Klasse stellt Hofstätter die konkrete Gemeinschaft der Menge entgegen, einer Gemeinschaft von Personen, welche sich zur gleichen Zeit am gleichen Ort aufhalten, die jedoch in einem ›reinen Nebeneinander, nicht in einem Miteinander oder Zueinander stehen‹ (a. a. O., S. 23). Beide Gemeinschaften, die Klasse und die Menge, können unter bestimmten Voraussetzungen dynamisch werden. Eine Klasse kann sich zu einem Verband zusammenschließen, etwa wie die Klasse der Kriegsopfer zum Verband der Kriegsopfer. Der *Verband* ist die aktivierte Klasse, eine Klasse, deren Definitionsmerkmale handlungsrelevant geworden sind. Die Menge kann sich zur Masse oder zur *Gruppe* entwickeln. Ein Feuerausbruch in einem Kinosaal kann zu einer panikartigen Massenreaktion oder aber auch zu einer raschen Strukturierung einer Gruppe führen, die einen geordneten Rückzug organisiert. Ob massenhaftes Verhalten oder Gruppenverhalten auftritt, hängt von den situativen Bedingungen ab. Ein plötzlicher einschneidender Situationswandel begünstigt eher das für die Masse typische unkoordinierte Verhalten, da die Gruppenbildung einen Zeitbedarf hat. — In ähnlicher Weise definiert Kroner die *Masse:* »Unter der aktuellen Masse wird verstanden, daß sich (a) viele (b) unterschiedliche Menschen, die sich (c) untereinander nicht kennen, (d) an einem Ort (e) dicht gedrängt (f) ohne feste, vorgegebene Sozialstruktur (g) auf ein gemeinsames Objekt konzentrieren« (Kroner 1972, S. 1458). Unter weniger dramatischen Umständen, wenn beispielsweise zur Bewältigung einer aktuellen Gefahr ausreichend Zeit gegeben ist, entwickelt sich nach Hofstätter (1957) aus der Menge — zunächst vielleicht noch auf der primitiven Ebene von Führer und Geführten, bald aber auch in differenzierterer Form — eine Gruppe. Merkmal der Gruppe ist gegenseitige Steuerung des Verhaltens, arbeitsteilige Spezialisierung und Rollendifferenzierung.
Die Soziologie kennt, wie auch Hofstätter einräumt, zahlreiche differenziertere Kategorisierungen sozialer Gebilde, jedoch mag dieses einfache Schema im Zusammenhang der Kleingruppenforschung als grobes Einordnungsschema genügen.

9.1.3 Forschungsrelevanz der Gruppenkriterien

Die empirische Forschung, die unter dem Rubrum ›Kleingruppenforschung‹ subsumiert wird, hat sich durchweg wenig darum gekümmert, ob ihre Untersuchungsgruppen den Charakter von ›echten Gruppen‹ besitzen. Dies ist teilweise durch die leichtere Verfügbarkeit von auf's Geratewohl zusammengestellten und nur für die Dauer des Experimentes existenten Gruppen zurückzuführen. Ein weiterer Grund ist die Tatsache, daß es keine klare Definition für die Gruppenhaftigkeit gibt. Gruppen, die alle Kriterien erfüllen, welche von Handbuchautoren an sie gestellt werden, sind in der Realität eher die Ausnahme als die Regel. Schließlich ist die Gruppenforschung nicht ausschließlich an den Eigenschaften etablierter Gruppen interessiert, sondern an den Prozessen, die in der Bildungs-, Ausdifferenzierungs-, Stabilisierungs- und Auflösungsphase der Gruppe zu beobachten sind.

Die Absicht, Gruppenphänomene zu beobachten, setzt dennoch einen Minimalkatalog von Kriterien voraus, die die Kleingruppe von anderen sozialen Gebilden abgrenzt. Dies ist einmal die Mitgliederzahl (zwischen 2 und 20 bis 30 Personen), zum anderen die Möglichkeit zur Interaktion. Damit man Prozesse beobachten kann, muß die Gruppe dauerhafter angelegt sein, als dies bei der Analyse kurzfristiger dyadischer Interaktionen erforderlich ist. Es ist im Grunde eine müßige Frage, mit welchem Lebensalter ein soziales Gebilde eine Gruppe ist, denn sie ist praktisch nicht forschungsrelevant. Vielmehr wird es von der Fragestellung und dem situationalen Kontext abhängen, wie lange die Gruppe existieren soll. Will man Gruppenprozesse untersuchen, die für die Entstehungsphase charakteristisch sind, wird eine nur kurzfristig existierende Gruppe ausreichen. Dagegen erfordert das Studium der Vorgänge aus der Entwicklungsphase einer Gruppe, wie der Prozeß der Rollendifferenzierung und die Entwicklung von Machtstrukturen, u. U. länger existierende Gruppen. Schließlich wird man z.B. das typische Führerverhalten nicht ausschließlich an kurzlebigen Gruppen untersuchen wollen.

9.1.4 Arten von Gruppen

Um die Vielfalt von Kleingruppen zu ordnen, sind zahlreiche, meist dichotom formulierte Kriterien aufgeführt worden. Einige dieser Gesichtspunkte haben sich in der Folgezeit für die Forschung als brauchbar erwiesen, da sich das Verhalten der Mitglieder solcher Gruppen in wesentlichen Merkmalen unterscheidet. Jennings (1950) unterschied zwischen *Sozio-* und *Psychogruppen.* Mit dieser Differenzierung stellte er die von persönlichen Bedürfnissen geleiteten, intimeren Gruppen den mehr aufgabenorientierten Gruppen gegenüber. Freundesgruppen und andere durch Sympathie geprägte Gruppen gehören zu den Psycho-, während Unterrichts- und Arbeitsgruppen den Soziogruppen zuzurechnen sind.

Mit dem Begriffspaar *Primär-* und *Sekundärgruppen* (Cooley 1902, 1909) wird zwischen solchen Gruppen unterschieden, in die Individuen mehr oder minder unfreiwillig hineinwachsen, und die die Persönlichkeit, insbesondere die sozialen Eigenschaften prägen. Die Familie, die Spielgruppe in der Nachbarschaft, der Klassenverband in der Schule, die Gemeinde sind Beispiele für Primärgruppen. Primärgruppen sind in diesem Verständnis mit den Sozialisierungsinstanzen identisch. Weniger restriktiv bezeichnet man heute mit Newcomb (1959) alle länger bestehenden Gruppen mit unmittelbarem Kontakt und engen persönlichen Bindungen als Primärgruppen. Als differentielles Kriterium wird das erhöhte Zusammengehörigkeitsgefühl angesehen.

Die dritte Unterscheidungsdimension leitet sich aus einer Beobachtung ab, die Roethlisberger & Dickson (1939) bei ihrer als Hawthorne-Studie bekannten Untersuchung machten. In Organisationen kann man neben den aus der Betriebsorganisation erwachsenen *formellen Gruppen* noch andere Gruppenbildungen beobachten, die als *informelle Gruppen* bezeichnet werden. Diese können im Vergleich mit den formellen Gruppen, deren Zielsetzungen durch den Produktionsprozeß vorgegeben sind, ein weiteres Spektrum an Aktivitäten aufweisen, die teilweise im Sinne dieser Ziele, teilweise unabhängig davon und teilweise im Widerspruch dazu ablaufen. Häufig wird der Gegensatz zwischen formellen und informellen Gruppen auch weiter gefaßt. Formelle Gruppen sind dann solche Gruppen, welche durch ein übergeordnetes Organisationsstatut oder durch eine Art Satzung, die nicht notwendigerweise in ihrer Struktur schriftlich fixiert sein muß, und in ihrer Zielsetzung festgelegt sind, während als informell solche Gruppen gelten, deren Struktur nicht organisiert ist.

Für die Einstellung der Mitglieder gegenüber der Gruppe dürfte es auch wesentlich sein, wie weit die Gruppe *fremdbestimmt* wird. Ziele, Struktur und Rollenzuweisung können von außen (z. B. von der Organisation) diktiert werden oder von den Gruppenmitgliedern *selbstbestimmt* werden. So könnte die Leistungsfähigkeit einer formellen Gruppe, deren Ziel und deren Struktur durch eine Organisation vorgegeben sind, davon beeinflußt werden, ob die Rollenzuweisung aus der Gruppe, z. B. durch eine Wahl, festgelegt wird oder ob diese ebenfalls von außen aufgezwungen wird.
Ziller (1965) und Irle (1975) betonen den Unterschied zwischen *offenen* und *geschlossenen* Gruppen. Geschlossene Gruppen, in die man nicht jederzeit ohne Schwierigkeiten ein- bzw. aus denen man nicht jederzeit austreten kann, haben für ihre Mitglieder eine existentiellere Bedeutung als offene. Ihre Zukunftsperspektive ist meist langfristiger angelegt, und ihre Strukturen sind stabiler, da die Statuszuweisung nicht so leicht durch Außenstehende in Frage gestellt werden kann.
Schließlich ist noch die häufig diskutierte Unterscheidung zwischen *Laborgruppen* bzw. *artifiziellen Gruppen* und *›echten‹ Gruppen* zu erwähnen. Die Laborgruppe hat viel Ähnlichkeit mit der formellen Gruppe, denn ihre Zielsetzung wird vom Experimentator bestimmt. Der Experimentator kann in dem von ihm gewünschten Ausmaß vorschreiben, was die Gruppe tun soll. Obwohl die Laborgruppe selten langlebig und für ihre Mitglieder existentiell wichtig ist, ist sie doch, wie Irle (1975) feststellt, eine geschlossene Gruppe, denn sie weist kaum Fluktuation auf. Häufig ist die Laborgruppe fremdbestimmt, weil der Experimentator die Rollenzuweisung vornimmt. Als ›echte‹ Gruppen werden dann alle übrigen Gruppen bezeichnet. Eindeutig unterscheiden sich die Laborgruppen von echten Gruppen jedoch nur in dem Umstand, daß die Laborgruppen zum Zweck des Experimentes zusammengestellt werden, während sich echte Gruppen spontan oder von Außenstehenden angeordnet zu irgendwelchen anderen Zwecken bilden.

9.2 Die Entwicklung von Gruppen

9.2.1 Gruppenziele

Wenn man auch die konstituierenden Merkmale einer Gruppe nicht exakt festlegen kann, sondern einen kontinuierlichen Übergang zwischen einer beziehungslosen Menge von Personen und einer Gruppe annehmen muß, so ist man sich doch darin einig, daß die Entstehung von Gruppen durch gemeinsame Ziele gefördert wird. Sie bewirken auch, daß aus sozialen Gebilden Gruppen hervorgehen, die mit Kontaktmöglichkeiten (wie sie insbesondere durch die räumliche Nähe gegeben sind) eine Grundlage für die Gruppenbildung besitzen. In den Kapiteln 2 und 3 wurde bereits das Bedürfnis nach konsensuellem bzw. sozialem Vergleich von Einstellungen und Emotionen als eine Ursache für die Kontaktnahme zwischen Personen genannt. Wollte man versuchen, die Zielsetzungen, die zu Gruppenbildungen führen, zu klassifizieren, dann könnte man zwischen solchen unterscheiden, die den *sozial-emotionalen*, und solchen, die den *Effektivitätsbereich* betreffen. Das Bedürfnis nach Geselligkeit oder spezieller nach Abwechslung, Zuneigung, Anerkennung, konsensueller Validierung, Dominanz, Macht und Führerschaft fallen eher in die erste Kategorie, das Bedürfnis nach Information und Beteiligung an den ›Gewinnen‹ der Gruppe, nach sachgerechter Lösung usw. eher in die zweite.
Anhaltspunkte für diese Aufteilung ergeben sich aus dem Studium des Gruppenverhaltens. Bales (1958) und Bales & Slater (1955) differenzieren in kleinen Entscheidungsgruppen

die Rollen des sozial-emotionalen und des aufgabenorientierten Führers. Kiesler & Goldberg (1968) fanden faktorenanalytisch, daß die allgemeine Personenbeurteilung nach diesen Dimensionen — sozial-emotional und aufgabenorientiert — erfolgt.
In realen Gruppen verquicken sich jedoch Ziele aus beiden Kategorien untrennbar miteinander. So kann die Anerkennung in der Gruppe oder die Führerschaft instrumentell im Sinne eines besseren Zugriffs zu den Gruppenleistungen genutzt werden, während ein entsprechender Anteil am Gruppengewinn als Zeichen für Anerkennung und Macht verstanden wird.
Gruppen schließen, wenn sie sich konstituieren, keinen Gesellschaftsvertrag, in dem die Gruppenziele definiert werden. Aber selbst ein solcher Gesellschaftsvertrag würde es nicht verhindern, daß die Individuen aus unterschiedlichen Motiven einer Gruppe angehören. Das Verständnis von Gruppenzielen — als einheitliche Ziele der Gruppe — rückt dieses Konzept, wie Irle (1975, S. 408 f.) betont, in die Nähe des aus der älteren Psychologie stammenden Begriffs der Gruppenseele. Gruppen können sich zeitweilig in einem Zustand befinden, der den Eindruck einer geschlossenen, von allen Mitgliedern getragenen Gruppenintention hervorruft. Das ändert nichts an der Beobachtung, daß Gruppenmitglieder mit variierenden individuellen Zielsetzungen in die Gruppe eintreten und daß diese auch nach längerem noch bestehen. Daß Individuen sich völlig willenlos unter die Gruppenforderungen unterordnen, mag wohl als Randphänomen vorkommen, dürfte jedoch nicht der Normalfall sein. Wenn Gruppen in Auseinandersetzung mit der Natur, mit mächtigen Personen, mit anderen Gruppen oder mit Institutionen mit einheitlicher Stoßrichtung operieren, dann deswegen, weil sie sich auf ein gemeinsames Ziel einigen konnten, welches im Interesse aller Beteiligten liegt.
Zweifellos gibt es auch Gruppen, die Scheinziele verfolgen, die also unter irgendeinem Vorwand gegründet werden oder weiterbestehen, der mit den individuellen Zielsetzungen der Mitglieder nichts zu tun hat. So kann sich z.B. eine Gruppe von Auswanderern in einem entlegenen Teil der Welt das offizielle Ziel setzen, dem Gastvolk die deutsche Sprache und Kultur nahezubringen, ohne daß irgendeines der Mitglieder ernsthaft daran interessiert wäre. Solche hehren Ziele haben häufig den Zweck, Geldmittel zu erlangen, um damit ein besseres finanzielles Polster für Geselligkeiten, Unterhaltung und andere gemeinsame Aktivitäten der Gruppe zu schaffen. Vielleicht reflektieren sie auch das Bedürfnis, etwas Nützliches zu tun. Zusätzlich geben sie den Mitgliedern die Möglichkeit, Anerkennung und Status durch die Gruppe und durch Außenstehende zu erlangen. Derartige Gruppenziele sind instrumentell für die individuellen Bedürfnisse.

Die Qualität der in der Gruppe verfolgten individuellen Ziele kann sehr unterschiedlich sein, ohne daß dies notwendigerweise dem Gruppenzusammenhalt abträglich wäre. Einige Personen mögen in der Gruppe eher sozial-emotionale Bedürfnisse befriedigen wollen, für andere steht die Effektivität im Vordergrund. Unabhängig von der Art der Bedürfnisse können die Individuen jedoch abwägen, ob die Gruppe zur Erreichung ihrer Ziele geeignet ist, ob sie in dieser Beziehung angemessene Belohnungen erzielen können und ob es alternative Beziehungen gibt, die zu besseren Ergebnissen führen. M.a.W., die Individuen können im Sinne der Konzeption von Thibaut & Kelley (1959) eine Kosten-Nutzen-Analyse betreiben.

Nach der austauschtheoretischen Konzeption bewerten Individuen die Gruppe danach, wie weit sie ihre Bedürfnisse befriedigt. Sie werden ihr beitreten bzw. weiterhin angehören wollen, solange ihre Auszahlung über dem Vergleichsniveau für Alternativen liegt, und sich separieren, wenn sie dieses Niveau nicht erreicht. Sie werden unzufrieden sein, wenn ihr Vergleichsniveau nicht erreicht wird, und werden sich nach anderen Möglichkeiten umschauen.

9.2.2 Phasen der Gruppenbildung

Der Prozeßcharakter der Gruppenbildung fordert geradezu den Versuch heraus, die Gruppenbildung nach Phasen zu unterteilen. Bei diesem Untersuchungsgegenstand stellt sich die mangelnde Zugänglichkeit von spontanen Gruppenbildungsprozessen als ein kaum zu kompensierender Nachteil heraus. Da es keine Meldepflicht für Gruppenbildung gibt, ist selten ein Sozialpsychologe mit einem angemessenen Untersuchungsinstrumentarium zugegen, wenn es zur Konstituierung einer Gruppe kommt. Daher nimmt es nicht wunder, daß die meisten Aussagen zum Phasenablauf des Gruppenprozesses an persönlichen Erfahrungen, Einzelfallbetrachtungen, an Laborgruppen und an organisierten Gruppen gewonnen wurden. Weil jedoch verschiedene Arten von Gruppen auf unterschiedliche Weise entstehen und sich mutmaßlich auch unterschiedlich entwickeln, ist die Einschränkung einschneidend. Sympathie-, Freizeit- und Interessengruppen werden andere Gründungsmodi und einen unterschiedlichen Phasenablauf haben als Arbeits-, Unterrichts- und andere Zweckgruppen.
Sherif (1968) verzichtet daher auf die zeitliche Anordnung und beschränkt sich auf die Nennung einiger wesentlicher Prozesse, die in irgendeiner Reihenfolge durchlaufen werden müssen, ehe eine Gruppe funktionstüchtig ist:

1. Die Gruppengründung auf der Basis individueller Motivationen: Wie Thibaut & Kelley (oder allgemeiner wie jede spiel- und austauschtheoretische Konzeption zur Gruppenpsychologie) geht er davon aus, daß sich die Gruppe nur dann konstituiert, wenn mehrere Individuen die Chance sehen, in der Gruppe Ziele zu verwirklichen, die sie allein nicht realisieren können.
2. Die Gruppenstrukturierung: In diesem Prozeß werden Rolle und Status verteilt, wodurch eine Rangordnung innerhalb der Gruppe entsteht. Zunächst werden die extremen Ränge zugewiesen (Führer — Außenseiter), dann erst die mittleren.
3. Die Bildung von Gruppennormen: Die Gruppe entwickelt in Fragen, bezüglich derer a priori keine Übereinstimmung besteht, Verhaltensrichtlinien, die für alle Gruppenmitglieder verbindlich sind.
4. Aufgabendefinition und Bewältigung: Es werden (nicht notwendigerweise explizit) Aufgaben formuliert, die dann durch Organisationsleistungen und andere Wirkungen der Gruppe in Angriff genommen werden.

Echte Phasenmodelle, welche die Gruppenbildung in zeitlicher Abfolge beschreiben, sind von Bales & Strodtbeck (1951), Bennis & Shephard (1956) und Tuckman (1965) aufgestellt worden. Die beiden zuletzt genannten Modelle wurden u.a. durch Beobachtungen an sogenannten T-Gruppen (Training Groups) gewonnen, die die Teilnehmer gegenüber den Prozessen in ihrer Umwelt sensitiver machen sollen. Die Formulierung von Bennis & Shephard ist noch sehr stark an den Merkmalen der T-Gruppe orientiert. In der ersten Phase, die in drei Unterphasen zerfällt, ist die Autoritätsproblematik zu bewältigen. Die Einstellung zum Trainer wird zunächst durch Abhängigkeit, dann durch Rebellion und schließlich durch eine Lösung gekennzeichnet (1. bis 3. Unterphase). Die zweite Phase, die sich wieder in drei Unterphasen (4. bis 6. Unterphase) gliedert, wird als persönliche Phase bezeichnet. In der vierten Unterphase herrscht zunächst unter den Gruppenmitgliedern der Eindruck eitler Harmonie, das Bild einer großen Familie wird beschworen, jedoch folgt dann eine fünfte Unterphase, die durch die Besorgnis um die persönliche Identität charakterisiert ist. Die Gruppenmitglieder fürchten, in der Gruppe unterzugehen. Es kommt typischerweise zu einer Aufspaltung in zwei Subgruppen, eine, welche die in der vierten Unterphase erlebte Harmonie wieder herstellen will, und eine andere, die auf stärkere Unabhängigkeit und Individualität drängt. Schließlich

erfolgt in der sechsten Unterphase die Integration beider Bestrebungen, die durch Verbalisierung der Probleme und größere Toleranz gegenüber der Individualität aller Gruppenmitglieder gekennzeichnet ist.
An dieser Theorie wird deutlich, wie stark Phasenabläufe von der jeweiligen Aufgabenstellung und der jeweiligen Struktur der Gruppe abhängig sind. Die Unterphasen 1 bis 3 dürften, wenn überhaupt, nur für Gruppen gelten, die von Anfang an über eine Strukturierung nach (nicht gewähltem) Führer und Gruppe verfügen. Darüber hinaus scheinen die Reaktionen auf die Führerschaft durch bewußte nondirektive Einstellung des Führers provoziert zu werden.
Ebenfalls aus der Analyse von Erfahrungsberichten aus Therapie- und T-Gruppen kommt Tuckman (1965) zu dem Schema, das der Übersicht halber tabellarisch wiedergegeben wird (siehe Tabelle 9.1). Auch hier scheint die Struktur der nichtdirektiv geführten Gruppe mit therapeutischer Zielsetzung in der Kategorienbildung durch.

Tab. 9.1: Phasen der Gruppenentwicklung nach Tuckman (1965)

	Gruppenstruktur	Aufgabenaktivität
1. Formierung (forming)	Angst und Unsicherheit gegenüber der Situation, Suche nach dem situationsadäquaten Verhalten, enge Anlehnung an einen Führer	Formulierung von Gruppenzielen, Definition von Regeln und Leistungsmethoden
2. Sturm und Drang (storming)	Furcht vor Freiheitseinengung, Konflikte zwischen den Gruppenmitgliedern und zwischen Untergruppen, Rebellion gegen den Führer	Emotional getönte Ablehnung der Aufgabenforderungen
3. Normierung (norming)	Bildung von Gruppennormen, Toleranz gegenüber den Gruppenmitgliedern, Lösung der interpersonalen Probleme, Entwicklung des Wir-Gefühls	Offener Informationsaustausch, Bereitstellung von Ressourcen und Leistung, Kooperation
4. Aufgabenorientierung (performing)	Rollenbeziehungen werden akzeptiert und instrumentell im Sinne der Aufgabe genutzt	Bewertung von Lösungsmöglichkeiten, Konzentrierte Arbeit an der Aufgabe

An Diskussionsgruppen, die meist über kontroverse, aber nicht exakt entscheidbare Sachverhalte Lösungen finden sollten, haben Bales & Strodtbeck (1951) den Gruppenprozeß mit Hilfe des Bales-Interaktionsschemas untersucht. Sie unterteilten den Gruppenprozeß in eine erste, eine mittlere und eine Endphase. In der ersten Phase werden überwiegend Informationen über den Sachverhalt ausgetauscht *(Orientierung)*, in der zweiten dominiert die Bewertung dieser Informationen *(Bewertung)*. Die dritte Phase ist durch einen Anstieg der Zahl der Lösungsvorschläge sowie durch diese Vorschläge betreffende positive und negative Äußerungen *(Kontrolle und Entscheidung)* gekennzeichnet. Diese Ergebnisse spiegeln bei näherem Hinsehen nur die sachimmanente Entfaltungslogik einer solchen Gruppenentscheidungssituation wieder. Bevor die Informationen nicht ausgetauscht sind, können sie nicht bewertet werden. Auch ist es von vernünftig agierenden Personen nicht zu erwarten, daß sie Entscheidungen treffen, bevor sie die Informationen auf ihre Bedeutung für das Problem geprüft haben. Es wäre eher verwunderlich, wenn der Prozeß anders verlaufen würde.

9.3 Konformes Verhalten

9.3.1 Operationalisierung konformen Verhaltens

Das Phänomen konformen Verhaltens wird eindrucksvoll illustriert durch das klassische Experiment, das Sherif (1935) mit der bis heute noch nicht befriedigend theoretisch geklärten Bewegungstäuschung des autokinetischen Phänomens (vgl. Levy 1972) durchführte:

In einem abgedunkelten Raum erweckt ein fixer schwacher Lichtpunkt den Eindruck einer Bewegung. Die Vpn werden aufgefordert, diese (Schein)bewegung einzuschätzen, ohne darüber informiert zu sein, daß es sich um eine Täuschung handelt. In der Regel geben die Vpn sehr divergierende Schätzungen ab. In Sherifs Experiment wurden die Vpn zunächst einzeln, dann in Gruppen von zwei oder drei Personen gemeinsam in den verdunkelten Raum geführt. Unter beiden Bedingungen wurden sie aufgefordert, die Strecke zu nennen, die der Punkt zurückgelegt hatte. Die Schätzprozedur wurde mehrmals wiederholt.

Abb. 9.2: Beispiel für die Annäherung der Schätzungen in einer Sherif-Versuchsanordnung

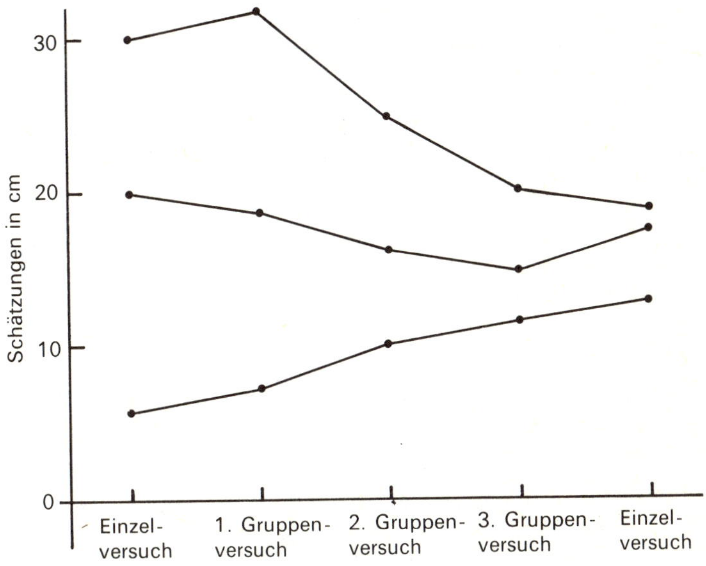

In den Individualversuchen bleibt die Variation der Urteile, wie Abb. 9.2 zeigt, relativ konstant, während in den anschließenden Gruppenversuchen eine rasche Annäherung der Schätzung erfolgt. In einer zweiten Serie von Individualversuchen, die sich den Gruppenversuchen anschließt, behalten die Vpn den einmal erarbeiteten Gruppenstandard bei. Rohrer et al. (1954) berichten, daß diese Angleichung der Längenschätzung, die ohne erkennbaren Druck erfolgt, noch nach einem Jahr zu beobachten ist. Die Tendenz zur Angleichung des Urteils ist, wie man aus einem Sammelreferat von Whittacker (1964) ersieht, in zahlreichen Experimenten bestätigt worden. Sie demonstriert, daß Personen, die in eine neuartige, mehrdeutige Situation versetzt werden, die es nicht erlaubt, auf frühere Erfahrungen zurückzugreifen, eine Gruppennorm entwickeln, welche den Sachverhalt bestimmt. Es handelt sich hier im Sinne von Hofstätter (1957) um eine Gruppenleistung des Bestimmens. Die Einigung auf einen Standard bedarf nicht einmal der Diskussion, die Vpn sind sich in der Regel nicht bewußt, beeinflußt worden zu sein, und der vereinbarte Standard wird über einen langen Zeitraum beibehalten. Sherifs Versuchsanordnung ist zugleich eine augenfällige Demonstration des Prinzips des *sozialen Vergleichs.* Angesichts der Unsicherheit der Situation, in Ermangelung physikalischer Maßstäbe tendieren die Individuen dazu, einen Sachverhalt, der einer Bestimmung bedarf, durch die gemeinsame Wahrnehmung festzulegen. Die Vpn bauen sich eine soziale Realität auf. Die Tendenz zu konformen Urteilen wird auch durch eine Untersuchung von Clark (1916) demonstriert, die von Hofstätter (1957) berichtet wird:

Clark ließ seine Vpn unter dem Vorwand, er wolle die Ausbreitungsgeschwindigkeit eines Gases veranschaulichen, angeben, wann der Geruch einer auf dem Podium des Hörsaals befindlichen Flüssigkeit wahrnehmbar sei. Obwohl die Flüssigkeit tatsächlich geruchlos war, verbreitete sich der angebliche Geruch zunächst über die ersten Reihen des Hörsaals, um dann später auch in den hinteren Reihen wahrgenommen zu werden. Die Sinnestäuschung, der etwa 20% der anwesenden Personen unterlagen, verbreitete sich etwa mit der nach dem Diffusionsgesetz zu erwartenden Geschwindigkeit.

Auch in diesem Fall war der objektive Sachverhalt unbestimmt. Zwar war die Flüssigkeit objektiv geruchlos, doch kann man die Geruchsempfindung der Bereitschaft der Vpn zuschreiben, ihre Aufmerksamkeit auf Gerüche zu konzentrieren, an denen es in einem vollbesetzten Hörsaal nicht mangelt.

Daß die *soziale Realität* im Urteil der Individuen auch angesichts einer unzweideutigen physikalischen Realität durchschlägt, verdeutlichen Experimente von Asch (1951, 1952, 1955, 1956), die ebenfalls zu vielen weiteren Untersuchungen des Phänomens Anlaß gegeben haben (vgl. Brandt & Köhler 1972).

Mit der Begründung, man wolle die Diskriminationsfähigkeit untersuchen, wurde eine naive Vp zusammen mit 6 bis 8 instruierten Helfern des Vl, die die Vp bereits aus früheren Kontakten kannte, vor die Aufgabe gestellt, drei verschiedene Linien mit einer Standardlinie zu vergleichen. Unter den drei Linien war eine, welche in der Länge der Standardlinie genau entsprach. Die Anwesenden waren aufgefordert, laut anzugeben, welche Linie der Standardlinie glich, wobei die naive Vp ihr Urteil stets zuletzt abgeben mußte. Die Aufgabe war so einfach, daß jede normalsichtige Vp sie lösen konnte. Der Versuch wurde 18mal wiederholt. In den ersten Versuchen gaben die Helfer des Vl richtige Urteile ab. In 12 der 18 Versuche nannten die eingeweihten Vpn eine Linie, die eindeutig von der Standardlinie abwich. — Eine Kontrollgruppe schätzte die Linien unbeeinflußt von anderen Personen ein.

Etwa ein Drittel der Personen gab in ein bis vier Fällen den Täuschungsversuchen der instruierten Mehrheit nach, ein weiteres Drittel sogar in fünf oder mehr Fällen. Die restlichen Vpn paßten sich jedoch in keinem Fall an. In der Kontrollgruppe kamen so gut wie keine Fehlurteile vor.

Eine Variation der klassischen Asch-Anordnung, die eine rationellere Versuchsdurchführung erlaubt, wurde von Crutchfield (1955) und Gerard (vgl. Deutsch & Gerard 1955 und Gerard & Conolley 1972) entwickelt.

Die Vpn sitzen durch halbhohe Trennwände separiert vor einem Schalt- und Anzeigepult, auf dem sie ihre Urteile einstellen können und auf dem Anzeigevorrichtungen für die Urteile anderer

Vpn angebracht sind. Die zu beurteilende Reizsituation wird für alle Vpn sichtbar auf eine gegenüberliegende Fläche projiziert. Die Schalt- und Anzeigetafeln der Vpn sind jedoch nicht tatsächlich miteinander verbunden, sondern nur mit dem Kontroll- und Steuerpult des Vl. Dieser kann dann jeder Vp beliebig viele Daten zuspielen. Auf diese Weise können gleichzeitig mehrere Vpn auf ihre Beeinflußbarkeit untersucht werden.

Die Versuche, die Crutchfield (1955, 1958, 1959, 1962) mit dieser Anordnung durchgeführt hat, liefern neben anderen Ergebnissen eine Bestätigung der Ergebnisse von Asch, jedoch ist der Konformitätseffekt, wie auch Arbeiten von Deutsch & Gerard (1959) und Levy (1960) zeigen, in Versuchen mit der Asch-Anordnung deutlicher ausgeprägt. Diesen Unterschied erklären Deutsch & Gerard, deren Untersuchung im folgenden ausführlicher dargestellt wird, durch den vergleichsweise höheren Gruppendruck, der durch die unmittelbare face-to-face-Bedingung der Asch-Situation erzeugt wird.
Zahlreiche Untersuchungen zeigen, daß die Konformitätsbereitschaft, in Abhängigkeit von der Aufgabe etwas schwankend, mit der Zahl der instruierten, einheitlich reagierenden Partner anwächst. Das Niveau der Konformität der naiven Vp steigt zunächst rasch an und stabilisiert sich bei vier bis acht Konföderaten auf einem Niveau von ca. 30 bis 40% (Asch 1956, Gerard et al. 1968, Rosenberg 1961). Interessant ist, daß die Konformitätsbereitschaft im Asch-Versuch rapide zusammenbricht, wenn die Vp einen Mitstreiter erhält, der die richtige Antwort gibt (vgl. Asch 1952).

9.3.2 Die Abhängigkeit der Konformitätstendenz vom Beurteilungsgegenstand

Die Vermutung, daß bei Urteilen über genau prüfbare Sachverhalte weniger Konformitätsneigung zu beobachten sein würde als bei mehrdeutigen, unbestimmten Sachverhalten, ist häufig mit Festingers (1954) Polarität von *physikalischer* und *sozialer Realität* in Verbindung gebracht worden. Physikalische Sachverhalte, wie die Länge einer Linie oder das Gewicht, die Farbe, die Oberflächenstruktur eines Gegenstandes, kann man mit den Sinnen einigermaßen sicher erfassen, man kann solche Qualitäten messen und gegebenenfalls die eigenen Sinneseindrücke und Messungen den Aussagen anderer Personen gegenüberstellen. Sachverhalte aus der sozialen Realität, wie Einstellungen, religiöse Auffassungen, Meinungen über sich und andere Personen usw., können letzten Endes nur im interpersonalen Vergleich validiert werden. Die Konformitätsneigung sollte demnach um so größer sein, je näher ein Beurteilungsgegenstand auf dem hypothetischen Kontinuum zwischen physikalischer und sozialer Realität am Pol der sozialen Realität angesiedelt ist. Denn um so mehr bedarf er der interpersonalen, konsensuellen Validierung. Wenn diese eindimensionale Vorstellung auch etwas vereinfacht, so ist doch deutlich, was damit gemeint ist. Meßbare, berechenbare Sachverhalte werden leichter unabhängig von anderen Personen ermittelt und für wahr befunden als Wertentscheidungen. Zusätzlich wäre noch die Dimension der Komplexität des Sachverhaltes zu erwähnen, die nicht notwendigerweise orthogonal zu Festingers Polarität ist. Viele Aufgaben können prinzipiell gemessen oder berechnet werden, sie überfordern jedoch das Individuum, so daß es sich bereitwillig auf das Urteil anderer verläßt.

Blake, Helson & Mouton (1956) haben verschiedene Beurteilungsgegenstände in ihre Untersuchung einbezogen: (1) Reagieren auf das Ticken eines Metronoms, (2) Einstellung zu Krieg und Frieden, (3) arithmetische Aufgaben unterschiedlichen Schwierigkeitsgrades. Die fingierten Reaktionen der Gruppe auf die Metronomschläge und deren Lösungen der Rechenaufgaben waren häufig falsch. Die Einstellungsäußerungen der angeblichen Mitspieler waren gemessen an einem zuvor ermittelten Standard unpopulär.

Die Vpn urteilten bei der Metronomaufgabe und den Rechenproblemen etwa dreimal so häufig unabhängig von den Reaktionen der simulierten anderen als bei den Einstellungsfragen. Bei einfacheren arithmetischen Problemen erfolgt seltener eine Anpassung als bei schwierigen.
Schließlich spielt auch die Unschärfe des dargebotenen Reizmaterials eine Rolle. Je vager die Reizvorlage, um so wahrscheinlicher erfolgt eine Anpassung an das Urteil der Gruppe (Allen 1965, Crutchfield 1959, Hare 1963, Zajonc 1968).
Die Abhängigkeit der Anpassungsbereitschaft von den Merkmalen der Aufgabe, konnte mit verschiedenen Aufgaben von mehreren Autoren sinngemäß bestätigt werden (Blake et al. 1956, Coleman et al. 1958, Crutchfield 1955, London & Lim 1964, Patel & Gordon 1960, u. a.).

9.3.3 Informationsbedürfnis und Normorientierung als Determinanten der Konformität

Deutsch & Gerard (1955) haben bereits sehr früh darauf hingewiesen, daß in Experimenten Konformitätsneigung aus zwei Quellen gespeist werden kann, einer *normorientierten Haltung* und einem *Informationsinteresse*. Eine Person nähert sich demnach dem Urteil anderer entweder, weil sie die Übereinstimmung mit der Gruppe als befriedigend erlebt bzw. weil sie die Konfrontation mit der Gruppe vermeiden will, oder weil sie die Meinung der Gruppe als Information über die Realität ansieht. Der informative Effekt wird um so größer sein, je weniger sich die Aufgabe durch Rekurs auf die physikalische Realität lösen läßt. In Sherifs Aufgabe werden daher sowohl informative wie normorientierte Haltungen eine Rolle spielen, das Asch-Paradigma ist dagegen eher geeignet, normorientierte Konformität zu erzeugen. Während Rohrer et al. (1954) beim autokinetischen Phänomen noch nach einem Jahr Wirkungen der Gruppensitzungen feststellen konnten, führen nach Luchins & Luchins (1955) einfache Aufgaben wie Linienvergleiche kaum je zu anhaltenden Meinungsänderungen.
Deutsch & Gerard (1955) untersuchten den Effekt der normorientierten Haltung mit modifizierten Versionen des Asch- und des Crutchfield-Paradigmas.
Einige ihrer Hypothesen lauteten: Normorientierte Konformität ist größer, (1) wenn die Vpn als Gruppe arbeiten (verglichen mit einer Situation, in der kein Gruppenbezug hergestellt wird), (2) wenn die Vpn in Gegenwart anderer schätzen müssen (face-to-face-Bedingung), (3) wenn sich die Vpn ihren ursprünglichen Urteilen nicht verpflichten müssen (kein commitment), (4) wenn sich die Vpn über ihr Urteil unsicher sind (in diesem vierten Fall sollte daneben auch der informative Effekt wirksam sein).

Sie verwerteten die sozialen Beziehungen der Vpn zu den (drei) Helfern des Versuchsleiters in drei Bedingungen. In der ersten *face-to-face*-Bedingung saß die Vp mit den drei Helfern in einem Raum, und die Schätzungen mußten laut abgegeben werden. Die Vp kannte die Helfer jedoch nicht (modifiziertes Asch-Paradigma). In der zweiten *anonymen* Bedingung saß jede Vp in einer Kabine und gab ihre Schätzungen über einen Druckknopf ab. Die angeblichen Schätzungen der anderen Vpn wurden ihr vom Vl auf eine Anzeigetafel zugespielt (Crutchfield-Paradigma). Die dritte *Gruppen*bedingung war identisch mit der zweiten, unterschied sich jedoch in der Instruktion. Diese hob darauf ab, daß die Gruppe mit anderen Gruppen in Konkurrenz stünde und daß die Gruppe mit der geringsten Fehlerzahl eine Belohnung erhielte.
Als zweite UV variierten Deutsch & Gerard das Ausmaß der Verpflichtung (commitment) gegenüber dem ursprünglichen Urteil. Sie unterschieden folgende Bedingungen: (1) keine Verpflichtung, (2) Verpflichtung durch Aufschreiben des eigenen Urteils auf ein Stück Papier, bevor die Urteile der anderen bekannt waren, (3) Verpflichtung durch Aufschreiben auf eine magische Tafel, die nach jedem Durchgang gelöscht wurde, (4) öffentliche Verpflichtung durch Aufschreiben

des Urteils auf ein Stück Papier, von dem sie wußten, daß es nach Ende des Versuchs dem Vl ausgehändigt wurde.
Schließlich wurde jede Serie von 18 Schätzungen zweimal durchgeführt, einmal so, daß die Reize während der Schätzungen dargeboten wurden, ein zweites Mal so, daß sie kurz vor der Abgabe der Schätzungen der anderen Mitglieder entfernt wurden. Die Reihenfolge dieser beiden Serien wurde gewechselt, so daß etwa die Hälfte der Vpn zunächst unter der Bedingung ›Stimuli präsent‹ und dann unter der Bedingung ›Stimuli nicht-präsent‹, die andere Hälfte in umgekehrter Reihenfolge arbeitete.
Der Übersicht halber soll der Versuchsplan von Deutsch & Gerard, in dem einige Zellen nicht besetzt waren, schematisch wie in Tabelle 9.2 dargestellt werden. In der Tabelle ist die mittlere Fehlerzahl für die verschiedenen Bedingungen angegeben.

Tab. 9.2: Versuchsplan des Experimentes von Deutsch & Gerard (1955) mit Angaben der mittleren Fehlerzahl pro Zelle (ausgestrichene Zellen waren nicht besetzt)

Beziehung zu den Helfern	face to face (Asch-Paradigma)		anonym (Crutchfield-Paradigma)		Gruppe (Crutchfield-Paradigma)	
Reize	präsent	nicht präsent	präsent	nicht präsent	präsent	nicht präsent
keine Verpflichtung	3,00	4,08	2,77	3,15	5,60	6,87
Selbst-Verpflichtung	0,92	0,75	0,64	0,73		
Magische Tafel			1,63	2,27		
öffentliche Verpflichtung	1,13	1,39	0,92	0,46		

Aus der ersten Zeile der Tabelle ersieht man, daß die Fehlerzahl höher liegt, wenn die Vpn in dem Crutchfield-Paradigma unter der Gruppeninstruktion schätzen (Hypothese 1). Ferner ist die Fehlerzahl unter der face-to-face-Bedingung größer als unter der anonymen Crutchfield-Situation. Dies erkennt man schon aus dem paarweisen Vergleich der mittleren Werte unter der face-to-face- mit denen der Crutchfield-Situation (Hypothese 2). Unter Verpflichtungsbedingungen (gleich welcher Art) ist die Fehlerzahl geringer als unter der Bedingung keine Verpflichtung (Hypothese 3). Schließlich ist die Zahl der falschen Urteile bei Reizpräsenz geringer (Hypothese 4). Dies gilt insbesondere dann, wenn die Reizpräsenzbedingung zuerst appliziert wird (was aus der Tabelle nicht ersichtlich wird). — Die zu den Hypothesen angeführten Mittelwertsunterschiede konnten durch zahlreiche statistische Vergleiche gesichert werden.
Die Untersuchung zeigt, daß bestimmte situative Faktoren, welche die Wahrnehmungsleistung der Vpn mutmaßlich nicht beeinträchtigen (face to face vs anonym, Gruppensituation vs anonym, Verpflichtung vs keine Verpflichtung), die Konformitätsbereitschaft beeinflussen. Dies spricht für eine normorientierte Anpassungsbereitschaft der Vpn. Nimmt man die Bedingung anonym/keine Verpflichtung als Basis, dann wirkt sich der Gruppeneinfluß direkt und indirekt in der face-to-face-Situation und in der Gruppeninstruktionsbedingung konformitätssteigernd aus (mehr falsche Urteile). Dem durch die Gruppe induzierten Einfluß steht die verminderte Anpassungsbereitschaft nach einer vorangegangenen persönlichen oder öffentlichen Festlegung gegenüber. Im Vergleich zu den Basiswerten ›face to face/keine Verpflichtung‹ und ›anonym/keine Verpflichtung‹ ist die Anpassungstendenz unter allen Verpflichtungsbedingungen geringer, gleichgültig, ob die Vpn das Urteil nach jedem Versuch wieder löschten (magische Tafel), ob sie es nur für sich selbst

notierten (Selbstverpflichtung) oder ob sie es nach Beendigung der Serie dem Vl mitteilen mußten (öffentliche Verpflichtung). Die normorientierte, auf stärkere Anpassung gerichtete Haltung gerät dabei in Konflikt mit dem Selbstverständnis der Vp als unabhängige, nicht beliebig manipulierbare Person. So konnten auch Vaughan & Mangan (1963) feststellen, daß die Vpn Einstellungen, welche in ihrem Wertsystem zentral verankert sind, weniger bereitwillig anpaßten. Die Anpassung darf das Selbstbild der Person nicht erschüttern. Außerdem zeigt der Vergleich der beiden Präsenzbedingungen, daß die Vpn unter der Voraussetzung zuerst nicht-präsent, dann präsent, mehr Fehler machten als bei umgekehrter Reihenfolge. Dies werten Deutsch & Gerard als Zeichen für die Informationsabhängigkeit der Vpn. Wenn die Stimulussituation zunächst weniger eindeutig ist, versuchen sie ihr Urteil am Gruppenurteil zu validieren. Diese Neigung wird dann auch in der zweiten Hälfte des Versuches beibehalten. Zugleich hat die Unsicherheit der Reizsituation Alibifunktion: Die Vpn haben darin eine Ausrede, die es ihnen erlaubt, sich bereitwilliger dem normativen Druck zu unterwerfen. Informationsorientierter und normorientierter Effekt sind demnach unter dieser Bedingung nicht scharf getrennt.
Die normorientierte Haltung kann, wie Schulman (1967) aufzeigte, nicht nur von der Gruppe induziert werden, sondern auch durch den Vl ausgelöst werden. Diese beiden Tendenzen interferieren: Während die Vp der Gruppe eine Konformitätserwartung attribuiert, glaubt sie, der Vl erwarte korrekte Wahrnehmungsleistungen.

Über eine Sichtstation konnten die Vpn in einer Crutchfield-Anordnung die vom Vl fingierten Urteile ›anderer Gruppenmitglieder‹ ablesen. Die experimentelle Anordnung war so aufgebaut, daß die Vpn glauben gemacht wurden, ihre Schätzungen würden (1) weder der Gruppe noch dem Vl bekannt werden, (2) nur der Gruppe bekannt werden, (3) nur dem Vl bekannt werden und (4) der Gruppe und dem Vl bekannt werden. Auf diese Weise operationalisierte Schulman (1) informativen Einfluß, (2) den informativen Einfluß und den Gruppeneinfluß, (3) den informativen Einfluß und den Versuchsleitereinfluß und (4) alle drei Einflußquellen.
In einer Kontrollgruppe erfolgte der Vergleich auf individueller Basis (ohne Kenntnis der angeblichen Urteile anderer Personen).

Die Annäherung erfolgte differentiell entsprechend der Zahl und der erwarteten Richtung der drei Einflüsse. Insbesondere konnte Schulman deutlich zwischen den inkompatiblen Einflüssen der Gruppe und des Versuchsleiters unterscheiden. Beiläufig ergibt sich damit eine Illustration des seit Orne (1962, 1969) vieldiskutierten Sachverhaltes, nachdem Vpn in experimentellen Untersuchungen Vorstellungen über die an sie gerichteten Erwartungen ausbilden, welche sie zu erfüllen trachten.
Dittes & Kelley (1956) vermuten, daß der *Status* einer Person ihr Anpassungsverhalten mitbestimmt. Vpn, die den Eindruck hatten, von den übrigen Mitgliedern der Gruppe in einem mittleren Maß anerkannt zu sein und die Chance zu besitzen, ganz akzeptiert zu werden, zeigten die deutlichsten Konformitätstendenzen, während die am meisten akzeptierten und die vom Ausschluß aus der Gruppe bedrohten wenig akzeptierten geringere Konvergenz erkennen ließen. Die wenig akzeptierten zeigten nur in öffentlichen Stellungnahmen Anpassungsbereitschaft, wenn sie dies vor dem Ausschluß aus der Gruppe bewahren konnte. Die beliebtesten Personen waren demzufolge unabhängiger vom Gruppenkonsens. Eifrig auf Anpassung bedacht waren vorwiegend die aussichtsreichen Aufsteiger.
Anpassung an die anderen wird instrumentell eingesetzt und besonders intensiv betrieben, wenn dies vielversprechend ist. Die Etablierten brauchen die Kosten der Anpassung nicht in dem Maße auf sich zu nehmen, die Randständigen scheuen sie, weil die erreichbaren Ziele nicht attraktiv sind. Zunächst widersprechend, zeigen zahlreiche andere Untersuchungen, daß die Konformitätsbereitschaft um so ausgeprägter ist, je höher der Status der Gruppenmitglieder ist. Die beliebten und erfolgreichen Mitglieder einer Gruppe

zeigen eine höhere Tendenz, die Gruppennormen zu übernehmen. Der erfolgreiche Anführer in einer Gruppe Kindergartenkinder (Merei 1949) ebenso wie der erfolgreiche Arbeiter (Roethlisberger & Dickson 1939) oder der erfolgreiche Politiker (Fromm 1941). Dieses Phänomen wird im Zusammenhang mit der Rollendifferenzierung in Gruppen noch diskutiert werden. Offenbar sind ranghohe Personen, deren Status gesichert erscheint, unabhängiger, während Statusunsicherheit zu einem besonders hohen Maß von Anpassung veranlaßt. (Croner & Willis 1961, Endler & Hoy 1967, Short 1961), was wiederum im Sinne von Dittes & Kelleys Ergebnissen den Versuch des noch nicht völlig etablierten oder zeitweise gefährdeten Aufsteigers reflektiert, eine erstrebenswerte Position auszuüben bzw. zurückzuerobern.

Wenn auch Dittes & Kelley (1956) und Nakamura (1958) nachweisen konnten, daß die Konformitätstendenz einer Person von Aufgabe zu Aufgabe unterschiedlich ist (Wahrnehmungs- vs Einstellungsurteile), so verweisen doch einige Untersuchungen auf den Zusammenhang zwischen Skalenwerten für Autoritarismus und soziale Erwünschtheit und der Neigung zu konformem Verhalten. Personen, die sich gerne nach dem richten, was andere tun, passen sich in Versuchsituationen vom Asch-Typus bereitwilliger an (Crowne & Marlowe 1964). Hinsichtlich des Zusammenhangs zwischen Autoritarismus und Konformität fanden andere Autoren keine oder keine eindeutige Beziehung (Hirsig 1973, Weiner & McGuinnies 1961). Auch dies verweist auf eine normorientierte Haltung als Quelle für konformes Verhalten.

Konformität und Unabhängigkeit sind jedoch nicht die einzigen Verhaltenstendenzen, die man in derartigen Situationen beobachten kann. Vielmehr gibt es auch dezidiert antikonformes Verhalten, wie Willis & Hollander (1964) hervorheben. Möglicherweise wird der Gruppendruck von Antikonformisten als eine Freiheitseinengung aufgefaßt und löst damit die für solche einschränkenden Situationen typische *Reaktanzreaktion* aus (Brehm 1972, Grabitz-Gniech & Grabitz 1973), welche nicht selten genau der Erwartung entgegengesetzt ist, die die Vp als an sich gerichtet wahrnimmt.

Eine häufig übersehene Ursache für Divergenz und mangelnde Anpassungsbereitschaft gegenüber dem Gruppenurteil in realen Situationen ist die Mehrfachmitgliedschaft der Personen. Personen gehören in der Regel sehr vielen Gruppen an, deren Interessenbereiche und Diskussionsgegenstände sich partiell überschneiden. Paßt sich die Person vorwiegend der Meinung einer Gruppe an, kann sie mit der Auffassung einer anderen Gruppe in Konflikt geraten. Dies sorgt für Dynamik in der Gruppe, die möglicherweise sogar erwünscht ist.

9.3.4 Theoretische Interpretation der Konformitätstendenz

Zur Erklärung des Konformitätsverhaltens wird, wie dies bereits die Unterscheidung von Deutsch & Gerard zwischen *normativem* und *informativem* Einfluß zeigt, häufig die *Theorie der sozialen Vergleichsprozesse* herangezogen (Festinger 1954; vgl. Abschnitt 3.2).

Da Individuen nicht danach streben, die vorhandene Unsicherheit noch zu vergrößern, wählen sie für den Vergleich vornehmlich ähnliche Personen und Bezugsgruppen. Denn dort ist am ehesten eine Übereinstimmung mit der mit Unsicherheit belasteten Meinung zu erwarten.

Gegen die These, daß ähnliche Personen zum Vergleich herangezogen werden, spricht die Untersuchung von Goethals & Nelson (1973). Bei nicht wertbezogenen Sachverhalten erhöht die Übereinstimmung mit unähnlichen Personen die subjektive Sicherheit stärker

als die Übereinstimmung mit ähnlichen Personen. Bei wertbezogenen Meinungen gilt allerdings das Urteil ähnlicher Personen mehr.
Secord & Backman (1974) und Nord (1969) sehen den Konformitätsprozeß austauschtheoretisch, wobei die in der *Austauschtheorie* eingebaute lerntheoretische Komponente mitberücksichtigt wird. Das Individuum bietet Konformität an und erhält dafür soziale Zustimmung von den Empfängern. Der Belohnungswert der sozialen Zustimmung hängt davon ab, ob die Gruppe für den Sender emotional oder instrumentell wichtig ist. Ein starker Raucher, den der gesundheitsschädigende Aspekt des Rauchens nicht mehr stört, wird sich nur dann mit der Konvention des Nichtrauchens in einer Bezugsgruppe abfinden, wenn diese soziale Beziehung wichtig für ihn ist. Die Gruppenzugehörigkeit muß hohen emotionalen oder instrumentellen Wert für ihn besitzen, damit er auf den Rauchgenuß verzichtet. — Normen und Konventionen sind in austauschtheoretischem Sinne auch deswegen funktional, weil sie die Kosten der Interaktion mit anderen Personen der Gruppe verringern (Secord & Backman 1974, S. 311 ff.). Hat man sich auf bestimmte Verhaltensweisen geeinigt, dann wird das Verhalten des Partners vorhersagbarer. Dies wiederum führt dazu, daß man den für einen bestimmten Austauschakt angemessenen Aufwand leistet. Außerdem schränkt die Normenbildung die Konkurrenz zwischen den Individuen einer Gruppe ein. Homans (1968, S. 98) verweist in diesem Zusammenhang darauf, daß Mitglieder von Arbeitsgruppen stillschweigend bestimmte Höchstleistungsnormen vereinbaren, die weder kraß unterschritten noch überschritten werden dürfen. Die Festsetzung einer Leistungsnorm verhindert, daß jeder ständig unter höchstem Einsatz arbeiten muß. Dies mindert die aktuellen Kosten der Beteiligten und schützt sie längerfristig vor einer Heraufsetzung der Akkordnorm durch die Unternehmensleitung.
Die austauschtheoretische Betrachtungsweise wird des weiteren von einigen Untersuchungen unterstützt, bei denen der Grad der Konformität offenbar von intrinsischen Belohnungsmöglichkeiten abhing. Personen mit einem starken Bedürfnis nach sozialer Bestätigung zeigen eine stärkere Annäherungstendenz als Personen mit geringem Bedürfnis nach sozialer Bestätigung (Moeller & Applezweig 1957). Personen mit geringem Selbstwertgefühl und geringem Selbstbewußtsein, denen bedeutet wurde, daß sie von einer Gruppe akzeptiert werden, fühlen sich zu der Gruppe stärker hingezogen und zeigen höhere Konformität als selbstbewußte Personen (Dittes 1959, Hochbaum 1954, Smith 1961).
Die bereits erwähnte Untersuchung (s. Abschn. 2.1.2.2) von Sampson & Insko (1964) belegt ebenfalls die austauschtheoretische Betrachtungsweise. Man kann ihre Ergebnisse so interpretieren, daß die Vp, da sie sich in einer nicht gesteuerten Zwei-Personeninteraktion glaubt, das vorangegangene ablehnende bis aggressive Verhalten ihres vermeintlichen Partners nicht noch durch Übereinstimmung mit seinem Urteil belohnen will.
Der Befund von Sampson & Insko erklärt sich allerdings ebensogut aus der *Balancetheorie* Heiders. Die beiden Zustände, (1) ›sympathischer Partner/ähnliches Urteil‹ und (2) ›unsympathischer Partner/abweichendes Urteil‹, sind balanciert. Eine Änderung der Einschätzung ist demnach nicht zu erwarten. Die Zustände (3) ›sympathischer Partner/abweichendes Urteil‹ und (4) ›unsympathischer Partner/ähnliches Urteil‹ sind unbalanciert und provozieren daher Verhaltensänderungen.
Schließlich könnte man das Ergebnis von Sampson & Insko auch *dissonanztheoretisch* erklären. Die Kognitionen sympathisch und abweichend sowie unsympathisch und übereinstimmend sind inkonsistent und infolgedessen wird ein Dissonanzreduktionsprozeß einsetzen. Allerdings muß man hier wieder implizit voraussetzen, daß Sympathie und Übereinstimmung konsistente Kognitionen sind. — Die Dissonanztheorie erklärt besonders einleuchtend das Phänomen der geringen Anpassungsbereitschaft nach vorangegangener privater oder öffentlicher *Verpflichtung*, wie es in der Untersuchung von Deutsch & Gerard (1955) zu beobachten war, und das von Gerard (1965) und Kiesler

& Sakamura (1966) u.a. weiter analysiert wurde. Die Selbstverpflichtung als schwer widerrufbare Entscheidung schafft normalerweise eine Situation, die eine modifizierte, zu der Entscheidung passende Interpretation der Umwelt auslöst (vgl. Abschn. 2.1.3). Unter solchen Bedingungen ist die Dissonanzreduktion durch Anpassung des eigenen Urteils an die Gruppe erschwert. Dies führt zu geringerer Konformität. Andererseits kann man argumentieren, daß die Kosten für die Anpassung durch die vorangegangene Festlegung steigen, was wiederum eine austauschtheoretische Interpretation nahelegt.

9.4 Gruppenzusammenhalt, Rollendifferenzierung und Status

9.4.1 Gruppenzusammenhalt (Kohäsion)

Der Zusammenhalt einer Gruppe wird in der Fachterminologie als *Kohäsion* oder *Kohärenz* bezeichnet. Wie viele solcher weiten Begriffe wird er von den mit Gruppenpsychologie befaßten Autoren unterschiedlich verstanden. In allgemeiner Form beschreibt Festinger (1950) die Gruppenkohäsion als die Resultierende aller Kräfte, die auf alle Mitglieder der Gruppe einwirken, in der Gruppe zu bleiben. Unter diesen Kräften sind nach McDavid & Harari (1974) die gegenseitige Attraktion der Mitglieder, das Interesse an den Aktivitäten der Gruppe und die Befriedigung individueller Bedürfnisse durch die Gruppe zu subsumieren. Thibaut (1950) hält die Komplementarität der Bedürfnisse und die Ähnlichkeit der Interessen und Einstellungen innerhalb der Gruppe, die Attraktivität der Gruppenaktivitäten (z.B. Spielen, Hobbies pflegen, Wandern etc.) und die mögliche Instrumentalität für andere (gruppenfremde) Zwecke für die Basis der Kohäsion. Letzteres bezieht sich darauf, daß manche Gruppenmitgliedschaft durch das Renommee der Gruppe oder mit den aus der Gruppenzugehörigkeit resultierenden guten Beziehungen begründet ist. Golembiewski (1962) glaubt, Kohäsion durch Attraktion der Gruppe für ihre Mitglieder, durch das Ausmaß der Koordination der Anstrengungen in der Gruppe (einheitliche Stoßrichtung) und durch die Motivierbarkeit der Gruppenmitglieder bei der Durchführung einer gemeinsamen Aufgabe operationalisieren zu können.
Cartwright (1968) und Secord & Backman (1974) fügen als weitere Determinante das Vergleichsniveau für Alternativen an (vgl. Abschn. 2.2.2). Eine Gruppe sollte um so kohäsiver sein, je weniger die Gruppenmitglieder von Beziehungen außerhalb der Gruppe erwarten können.
Wenn Kohäsion als uneinheitliches Konstrukt zu definieren ist, so erscheint es unter pragmatischem Gesichtspunkt doch wichtig, diesen Sachverhalt als Sammelbegriff für eine Gruppe von Phänomenen in die Überlegungen über Gruppen miteinzubeziehen. Als Indikator und als globales Maß schlagen McDavid & Harari (1974) die Ausprägung des *›Wir‹-Gefühls* in Gruppen vor. Gruppen haben die Tendenz, sich von anderen abzugrenzen. Wer auch immer ›Wir‹ sind, wir bestärken uns in der Auffassung, die Vereinigung der besten, der interessantesten, der fairsten Personen im weiten Umkreis zu sein, während die Mitglieder anderer Gruppen im Durchschnitt mit einer gewissen Distanz, wenn nicht sogar Feindseligkeit betrachtet werden. Besonders deutlich scheint diese Neigung bei Kindern und Jugendlichen zu sein, während Erwachsene mit ihrer Erfahrung aus wechselnder Zugehörigkeit zu verschiedenen Gruppen toleranter werden. Je stärker das Wir-Gefühl einer Gruppe, um so deutlicher wird zwischen Mitgliedern und Außenstehenden unterschieden, und um so schwieriger wird es, die Gruppe zu verlassen oder ihr beizutreten. — Sherif & Sherif (1953) und Sherif et al. (1961) haben den Effekt der Ausbildung eines Wir-Gefühls in den berühmten Ferienlagerexperimenten eindrucksvoll dargestellt.

Nach einer Eingewöhnungsphase, in der sich die Teilnehmer an dem Ferienlager (etwa 12jährige Jungen) kennenlernen und Freundschaften schließen konnten, wurden sie entgegen den spontanen Sympathiebeziehungen in zwei Untergruppen gespalten. Diese Manipulation war notwendig, um den Effekt des Gruppenkontaktes von anderen sympathiestiftenden Wirkungen trennen zu können.

Obwohl die Zuordnung den Jungen zunächst als unangebracht erschien, entwickelten die Gruppen sehr rasch ein Gruppenbewußtsein. Sie gaben sich Gruppennamen, belegten die Mitglieder der anderen Gruppe (wie eine Befragung zeigte) mit negativen, sich selbst aber mit positiven Attributen, und sie beschimpften und verprügelten die Mitglieder der jeweils anderen Gruppe.
Wie leicht man ein solches Wir-Gefühl etablieren kann, demonstriert eine Untersuchung von Tajfel et al. (1971). Sie konnten zeigen, daß die Vpn (14-, 15jährige Jungen) die Eigengruppe bei der Verteilung von Belohnungen und Bestrafungen begünstigte, obwohl nur relativ unbedeutende Klassifikationen die Eigengruppe und die Fremdgruppe unterschieden (die angebliche Präferenz für bestimmte abstrakte Bilder).

9.4.1.1 Gruppenkohäsion und das Verhalten gegenüber Gruppenmitgliedern

Back (1951) untersuchte die Wirkung unterschiedlicher Kohäsion auf die Verhaltensweisen im Kontakt mit Gruppenmitgliedern:

Vpn, die zu Fotografien Geschichten erfinden sollten, sollten sich anschließend zu Zweiergruppen zusammenfinden, um die Geschichten durchzusprechen und zu verbessern. Anschließend schrieben sie dann wieder alleine eine zweite Version der Geschichte, welche besser als die erste sein sollte. Back variierte den Grad der Kohäsion nach den drei Merkmalen: persönliche Attraktion zwischen den Mitgliedern der Zweiergruppen, Wettbewerb (Preise für gute Leistungen) und Gruppenprestige (gegenüber anderen Gruppen als vorbildlich gelten).

In Gruppen mit hoher Kohäsion waren die Vpn in der Gruppenarbeit unter allen drei Bedingungen eifriger als die Gruppen mit niedriger Kohäsion. Insbesondere versuchten sie, andere stärker zu beeinflussen, und waren gegenüber den Einflußnahmen anderer aufgeschlossener. Dagegen arbeiteten die Vpn unter den Bedingungen niedriger Kohäsion weitgehend unabhängig voneinander und gingen auf die Vorschläge der anderen weniger ein. Je nachdem, ob persönliche Attraktion oder Wettbewerb die Kohäsion konstituierten, waren die Vpn eher an persönlichen Kontakten oder eher an der Sache interessiert. In der Prestigegruppe überwog eine vorsichtige Haltung. Die einzelnen wollten sich nicht so recht engagieren, um das Prestige der Gruppe nicht zu gefährden. In der Regel wurde die Verantwortung in der Zweiergruppe einer Person übertragen, während sich die andere zurückhielt.

Gruppenkohäsion und Gruppenleistung
Kohäsion ist jedoch keineswegs ein Garant für gute Gruppenleistungen. McGrath (1962) konnte zeigen, daß die Leistungen kohäsiver Gruppen bei einem Schießwettbewerb von Offiziersanwärtern geringer waren als die nicht-kohäsiver Gruppen. Die kohäsiven Gruppen bestanden aus Personen, die sich gegenseitig günstig beurteilten, die nicht-kohäsiven aus Personen mit wechselseitig ungünstiger Beurteilung. Offenbar waren die ersten eher an guten persönlichen Beziehungen interessiert und wollten diese vielleicht nicht durch einen Wettbewerb unter sich aufs Spiel setzen. Die Mitglieder der nicht-kohäsiven Gruppen erzielten nicht nur die besseren Leistungen, sondern steigerten diese im Verlauf des Wettbewerbs, was den Schluß nahelegt, daß sie die Ergebnisse der anderen zu immer höheren Leistungen anspornten. Diese Interpretation wird durch die umgekehrte

Wirkungsrichtung unterstützt. In Gruppen, die experimentell zum Wettbewerb angereizt werden, verringert sich die Kohäsion (Deutsch 1949a, b). Ferner zeigen Untersuchungen von Schachter et al. (1951) und Berkowitz (1954), daß die aus der Gruppe vorgetragene Aufforderung zu einer solidarischen Produktionssenkung von Mitgliedern stark kohärenter eher befolgt wird als von Mitgliedern schwach kohärenter Gruppen.
Die Beziehung zwischen *Kohärenz und Leistung* ist jedoch nicht eindeutig negativ, wie dies nach diesen Ergebnissen erscheinen mag. Die Wirkung der Gruppenkohärenz wird u.a. vom Aufgabentyp abhängen. Wenn ein ungünstiges zwischenmenschliches Klima eher zu Wettstreitverhalten anreizt, so wird sich dies bei disjunktiven Aufgaben vermutlich positiv auf die Leistung auswirken. Bei konjunktiven Aufgaben, welche die Zusammenarbeit der Mitglieder erfordern, wird Rivalität eher störend wirken. Auch scheint die Beziehung zwischen Kohäsion und Leistung bei ein und derselben Aufgabe nicht linear zu sein. Selbst wenn sich eine Erhöhung der Kohäsion zunächst positiv auf die Leistung auswirkt, kann eine weitere Steigerung wieder leistungsmindernd wirken. Die Gruppenmitglieder werden vertraut miteinander und finden sich so nett, daß sie sich über persönliche Probleme unterhalten und gemeinsame Aktivitäten planen und durchführen, die mit dem sachlichen Gruppenziel nichts mehr zu tun haben. M.a.W., der Schwerpunkt der Zielsetzung einer ursprünglich sachorientierten Gruppe kann sich zu einer sozial-emotionalen Zielsetzung verschieben. Dies wird schön demonstriert durch eine Untersuchung von Shaw & Shaw (1962):

Dreiergruppen von Schulkindern waren nach ihren gegenseitigen Bevorzugungen zu stark und schwach kohärenten Gruppen zusammengestellt worden. Die Gruppen hatten Rechtschreibeaufgaben zu bearbeiten.

In der ersten Aufgabenperiode korrelierte Gruppenkohäsion mit der Leistung um 0,47. In der zweiten Periode verschwand dieser Zusammenhang jedoch völlig ($r = 0{,}01$). Die Beobachtung des Interaktionsverhaltens der Schulkinder ließ vermuten, daß in den kohärenten Gruppen die anfänglich konzentrierte Aufgabenbearbeitung in der zweiten Periode durch die Pflege persönlicher Kontakte verdrängt wurde.
Bei Gruppen, die von ihren Mitgliedern als instrumentell zur Erreichung eines bestimmten Zieles angesehen werden, kann die Kohäsion durch Mißerfolge leicht erschüttert werden (Wolman 1960). Die Mitglieder tendieren dann dazu, sich für den Fehlschlag gegenseitig verantwortlich zu machen. Bei erfolgreichen kohäsiven (aufgabenorientierten) Gruppen führt die Überhöhung der ›Wir‹-Gruppe offenbar so weit, daß die Selbsteinschätzung und Zuversicht der Beteiligten wächst, während sie bei erfolglosen Gruppen sinkt. Bei schwach kohäsiven Gruppen spielt das Abschneiden der Gruppe eine geringe Rolle (Zander et al. 1960).

9.4.1.2 Gruppenkohäsion und Konformität

Es ist nicht abwegig zu vermuten, daß die Geborgenheit, welche die Einbindung in eine Gruppe mit sich bringt, mit einem Verlust an Freiheit und Individualität erkauft wird, auch wenn dies subjektiv nicht so empfunden werden muß. Untersuchungen von Back (1951), Berkowitz (1954), Festinger et al. (1950), Kiesler & Corbin (1965), Schachter (1951) und Thibaut & Strickland (1956) machen auf die Beziehung zwischen Kohäsion und Konformität aufmerksam. In einer Felduntersuchung fanden Festinger et al. (1950), daß in Wohnblocks und Häusergruppen, deren Bewohner sich überwiegend gut kennen, weniger Abweichungen von den akzeptierten Gruppenvorschriften vorkommen. Es handelt sich dabei um das berühmte Dorf- und Kleinstadtphänomen. ›Jeder kennt jeden‹, die Bewohner kontrollieren sich gegenseitig. Nonkonformisten werden in stark kohäsiven Gruppen heftiger beeinflußt und bei erfolglosem Einfluß stärker abgelehnt als in schwach kohärenten Gruppen (Schachter 1951).

9.4.2 Gruppenstruktur, Status und Rolle

Länger existierende soziale Gebilde zeichnen sich gegenüber der nur vorübergehend zusammengetretenen Menge oder Masse sowie gegenüber der nur statistisch definierten Klasse durch eine innere Strukturierung aus. Nahezu alle sozialen Organisationsformen besitzen eine Funktions- und Arbeitsteilung, die es erlaubt, ihre Leistungen in die Beiträge der einzelnen Mitglieder sowie deren Wechselwirkung zu zerlegen. Dies gilt für die andauernde dynamische Beziehung ebenso wie für den Großbetrieb. In den Sozialwissenschaften wird diese Funktionsteilung und Funktionsträgerschaft als Strukturierung und *Rolle* bezeichnet. Diese beiden Konzepte verbinden Sozialpsychologie und Soziologie. In Anlehnung an Dürkheim (1893), der die Bedeutung effektiver Arbeitsteilung in Klein- und Großgruppen betonte, ist der Rollenbegriff zur ›zentralen Kategorie‹ der Soziologie geworden. Man denke z.B. an den Stellenwert, den G. H. Mead im Symbolischen Interaktionismus der Rolle zuschrieb (vgl. Abschn. 1.6).

Da die Funktionstüchtigkeit einer sozialen Organisation weitgehend von abgestimmtem Verhalten unter den Mitgliedern abhängt, tendiert sie dazu, relativ stabile Strukturen zu etablieren, in denen die Rollenpositionen längerfristig bestimmten Individuen zugewiesen werden. Dies garantiert, daß die Frage der Arbeitsteilung nicht bei jeder Handlungsanforderung wieder neu aufgeworfen werden muß. Auch die kleine Gruppe definiert Rollen und weist Rollen zu. Unter Rolle soll dabei das Muster an Verhaltensweisen verstanden werden, das von einer Person aufgrund ihrer Stellung in der Gruppe erwartet wird: »A social role consists of a category of persons and the expectations for their behavior.« (Secord & Backman 1974, S. 564). Nach Linton (1936) und McDavid & Harari (1974) sollte zwischen *Position* und *Rolle* unterschieden werden. Die Position ist eine Funktionsstelle in der Gruppe, »ein Ort in einem Gefüge sozialer Beziehungen« (Sader 1976), welche durch eine Menge von allerseits gehegten Erwartungen definiert ist. Damit wäre die Position die innerhalb einer Struktur von einem Individuum eingenommene Nische. Sie schließt die Erwartungskonfigurationen, welche sein Verhalten beeinflussen, ein. Demgegenüber bezöge sich der Terminus Rolle auf das Muster von Verhaltensweisen, welches von jemandem produziert wird, der eine Position bekleidet. Rolle wäre demnach als Produkt der Interaktion zwischen der Persönlichkeit des Individuums und der situativ bedingten Position, die es innehat, aufzufassen. Um den als ungenau und vage charakterisierten Rollenbegriff weiter zu präzisieren, schlagen McDavid & Harari (1974) ferner vor, zwischen *vorgeführter*, *wahrgenommener* und *erwarteter Rolle* zu unterscheiden. Die vorgeführte Rolle bezieht sich auf das Verhalten, das von dem Inhaber einer Position innerhalb einer sozialen Organisation tatsächlich produziert wird. Die Wahrnehmung des Rollenhandelns einer Person kann unterschiedlich sein. Jede Person in einer Gruppe nimmt die Verhaltensweisen des anderen in einzigartig individueller Weise wahr. Daher besteht keine eindeutige Übereinstimmung zwischen Rollenvorführung und Rollenwahrnehmung. So sehen z.B. die Mitglieder einer Familie ihre Rolle wechselseitig unterschiedlich. Die erwartete Rolle schließlich bezeichnet die Menge von Erwartungen, welche an den Inhaber einer bestimmten Position herangetragen werden.

Im Verlauf der Entwicklung einer Gruppe stabilisieren sich die vorgeführten Rollen. Vorgeführte, erwartete und wahrgenommene Rollen nähern sich an, wenn sich die Gruppe organisiert (Whyte 1943, Smith 1957). Als Voraussetzung für die Rollendefinition und

Rollenzuweisung scheint die Entwicklung gemeinsamer Normen und Gruppenstandards notwendig zu sein (Berkowitz & Daniels 1963, 1964, Whyte 1943, 1955).
Rollen beschreiben zunächst ohne Bewertung die spezifischen Aktivitäten der Inhaber einzelner Positionen in der Gruppe. Gruppen tendieren jedoch dazu, Rollenaktivitäten an deren Nutzen für die Gruppe zu messen. Ähnlich wie in der Gesellschaft die verschiedenen Berufe unterschiedliches Prestige besitzen, bestimmt die Gruppe den *Status* ihrer Mitglieder nach ihrer Rolle in der Gruppe. Der Führer der Gruppe, der ihre Aktivitäten koordiniert und die Gruppe gegebenenfalls vertritt, genießt ein höheres Ansehen als die Person, welche bevorzugt seine Anweisungen weitergibt oder durchführt.
Personen verhalten sich in Abhängigkeit von ihrem Status unterschiedlich und werden entsprechend von den anderen Gruppenmitgliedern behandelt. Die statushöheren Personen werden öfter angesprochen, man möchte gerne etwas mit ihnen unternehmen, sie selbst sind mit ihren Funktionen zufriedener als andere, und sie genießen gelegentlich mehr Freiheiten als die statusniederen.

Tab. 9.3: Kommunikationsintentionen in Abhängigkeit vom Status des Senders und des Empfängers (nach Riley et al. 1954)

		Status des Empfängers					
		niedrig					hoch
		1	2	3	4	5	6
niedrig	1	0,07	0,26	0,22	0,26	0,41	0,49
	2	0,11	0,26	0,26	0,26	0,47	0,60
Status des	3	0,07	0,20	0,38	0,42	0,54	0,69
Senders	4	0,07	0,18	0,36	0,62	0,76	0,81
	5	0,05	0,19	0,33	0,52	0,81	0,88
hoch	6	0,04	0,16	0,25	0,39	0,66	1,36

Wie das Kommunikationsverhalten in Abhängigkeit vom Status des Partners variiert, sieht man an den Ergebnissen einer Untersuchung von Riley et al. (1954). Seine Vpn, High School-Schülerinnen, sollten angeben, mit welcher ihrer Kolleginnen sie am liebsten über bestimmte Themen sprechen wollten. Zunächst wurde der Status der Person erhoben (mit Hilfe der im nächsten Abschnitt behandelten Methode der Soziometrie). Tabelle 9.3 enthält die Maße für die gewünschte Kommunikationshäufigkeit. Je höher dieser Wert ist, um so höher ist das Kommunikationsinteresse. Die Personen aus jeder Statusgruppe bevorzugten Personen mit höherem Status als Gesprächspartner. Man erkennt dies daran, daß das Kommunikationsmaß in jeder Zeile von niedrigem zu hohem Empfängerstatus ansteigt. D.h. sowohl Sender mit niedrigem als auch mit hohem Status möchten lieber mit Empfängern mit hohem Status sprechen. Zusätzlich ist jedoch noch eine Tendenz erkennbar, mit Personen ähnlichen Status' zu kommunizieren. Denn die Werte in der Diagonalen repräsentieren in der Regel den höchsten Wert einer Spalte.
Das fragmentarische experimentelle Wissen über die Rollendifferenzierung wird durch einige Feldstudien in natürlichen Gruppen erweitert. Da Rollendifferenzierung nur durch längere Beobachtung von entstehenden oder bereits existierenden Gruppen beschrieben werden kann, ist sie mit der Methode des Laborexperimentes kaum zu erfassen. Eine Fallstudie des Soziologen Whyte (1943) zeigt den Zusammenhang von Rollenzuweisung und Status. Whyte sammelte als ›teilnehmender Beobachter‹ Material über die Aktivitäten einer 13köpfigen Straßenbande. Die nach dem Führerprinzip organisierte Gruppe hatte eine klare Rangordnung entwickelt, die offenbar mit den Rollen der Mitglieder korrelierte.

Es wurde darauf geachtet, daß sich die Statushierarchie in vielen verschiedenen Situationen rechtfertigte. So wurde z.B. ein Außenseiter bei einem zwischen den Gruppenmitgliedern veranstalteten Kegelturnier gestört, gehänselt und gestichelt, um seine Kegelleistung mit seinem niedrigen Status zur Deckung zu bringen.
Das Interesse an der Rollendifferenzierung hat sich, wohl auch bestimmt durch die unmittelbare praktische Relevanz des Gegenstandes für viele Anwendungsfelder, überwiegend auf die Funktion, den Arbeitsstil und die Persönlichkeit des Führers gerichtet. Vielleicht geht das in vielen Punkten unbefriedigende Ergebnis der Führungsforschung auf das Konto dieser hastigen Zuwendung zu den ›wichtigen Problemen‹ zurück, die mit ihrer starren Blickrichtung Führung nicht in Wechselwirkung mit der Gruppenstruktur sehen konnte.

9.5 Messung der Strukturierung der Gruppe

Soziometrie ist eine einfache Methode, die Struktur einer Gruppe zu erheben und anschaulich sichtbar zu machen. Dieses Verfahren, das nach ersten Ansätzen von Bernfeld (1922), Hetzer (1926) u.a. von Moreno (1943, 1954) ausgebaut wurde, basiert auf der Befragung von Gruppenmitgliedern über ihre Beziehung zu den anderen Gruppenmitgliedern. Soziometrie ist eine Anwendung von Befragungsmethoden auf die Kleingruppe. Da sich die gestellten Fragen in den meisten Untersuchungen, die mit soziometrischen Mitteln arbeiten, auf Sympathie oder Ablehnung beziehen, bezeichnet man die Soziometrie auch als Methode zur Messung der Affektstruktur (Schneider 1975, Secord & Backman 1974 u.a.). Dabei werden Fragen gestellt, wie ›wen magst du am liebsten?‹, ›wen magst du am wenigsten gerne?‹, ›neben wem möchtest du gerne auf der Schulbank sitzen?‹ usw. Prinzipiell können jedoch auch andere Aspekte des Gruppengefüges durch Befragung oder durch direkte Beobachtung soziometrisch dargestellt werden. Z.B. könnte man fragen ›mit wem hast du am häufigsten Kontakt?‹, ›mit wem arbeitest du vorwiegend zusammen?‹, ›wer hat von euch die besten Ideen?‹. Ebenso kann man die Zahl der kommunikativen Akte oder die Kontaktdichte zwischen Personen veranschaulichen, wie dies Bernfeld (1922) bereits getan hat. Je nach Fragestellung bzw. Beobachtungsverfahren werden unterschiedliche Strukturen resultieren. Bei einigen Fragen werden die resultierenden Gruppenstrukturen einander ähneln, bei anderen voneinander abweichen.
Die soziometrische Darstellungsweise schlechthin gibt es nicht. Man kann die Befragungsdaten mit dem üblichen statistischen Instrumentarium auswerten. Welches Verfahren man einsetzt, wird von der Zielsetzung der Untersuchung abhängen. Jedoch erfreuen sich zwei Darstellungsformen besonderer Beliebtheit, die *Matrixdarstellung* und die *graphische Darstellung (Soziogramm)*.
Aus der Matrix läßt sich leicht ablesen, wer von wem gewählt wurde (z.B. bei der Frage ›neben wem möchtest du gerne sitzen?‹). Im gegebenen Beispiel (Abb. 9.3) durfte jeder beliebig viele Wahlen abgeben, so daß von den insgesamt fünf Mitgliedern zehn Angaben vorliegen. Die Spaltensumme zeigt an, wie viele Wahlen eine Person abgegeben hat, die Zeilensumme, wie oft ein Mitglied gewählt wurde. Die Zeilensumme vermittelt einen Eindruck von der *Zentralität* der Gruppe. Werden alle Gruppenmitglieder gleichhäufig gewählt, so ist die Gruppe (hinsichtlich des durch die Frage angesprochenen Bereichs) wenig zentralisiert. Ist die Streuung in der Zeilensumme groß, dann konzentrieren sich die Wahlen auf wenige Personen. Im *Zielscheibensoziogramm* (Abb. 9.4) von Northway (1940) werden die Gruppenmitglieder nach der Zahl der erhaltenen positiven Wahlen auf konzentrischen Kreisen angeordnet. Der innerste Kreis trägt die Personen mit den meisten erzielten Wahlen, der nächste die Personen mit einer Stimme weniger usw.

Abb. 9.3: Darstellung einer Wahlstruktur in Matrixform und in Form eines Netzsoziogramms

Gewählte \ Wähler	A	B	C	D	E	Σ
A		X			X	2
B	X		X	X		3
C		X			X	2
D	X	X				2
E			X			1
Σ	2	3	2	1	2	

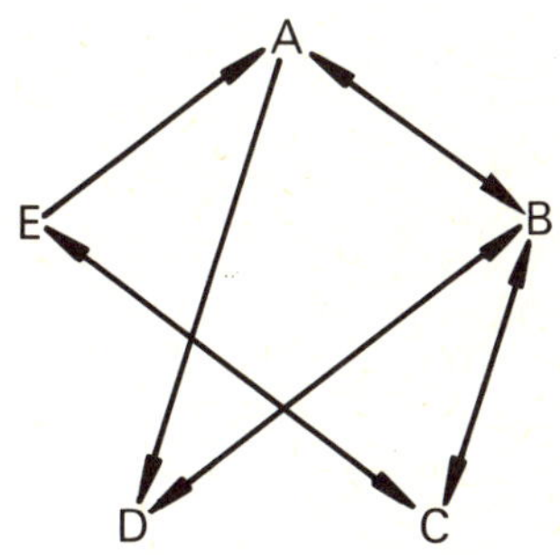

Man kann die Kreise auch als Grenzen für die Zufallswahrscheinlichkeiten, genau X oder mehr Wahlen zu erhalten, definieren. Einseitige Wahlen werden durch einen Pfeil, gegenseitige Wahlen durch einen Doppelpfeil dargestellt, positive Wahlen durch ausgezogene Linien und die (im Beispiel nicht erhobenen) negativen Wahlen durch gestrichelte Linien. Das Zielscheibensoziogramm wird ebenso wie die andere graphische Variante, das *Netzsoziogramm*, bei einer größeren Zahl von Beobachtungen sehr bald unübersichtlich. Zudem kann man für das gleiche Datenmaterial mehrere graphische Lösungen finden, was die Vergleichbarkeit von Ergebnissen nicht eben erhöht.
Immerhin läßt sich das Netzsoziogramm in sinnvoller Weise standardisieren, z. B. indem man die Personen in einem regelmäßigen Vieleck anordnet, im gegebenen Beispiel also in einem Fünfeck, und dann alle Beziehungen zwischen den beteiligten Personen einträgt

Abb. 9.4: Zielscheibensoziogramm (nach Northway 1940)*

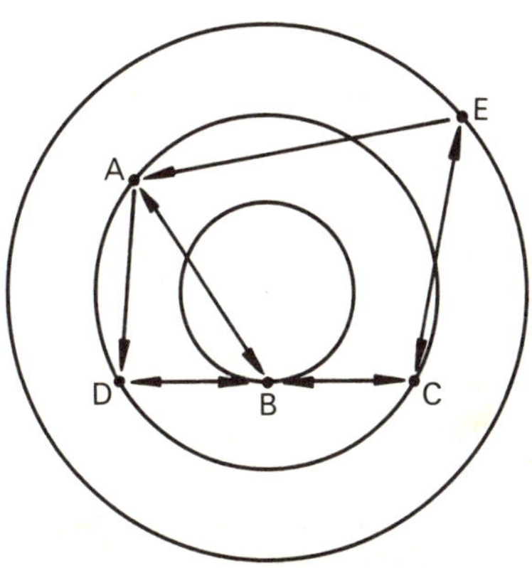

* innerer Kreis = drei Wahlen,
mittlerer Kreis = zwei Wahlen,
äußerer Kreis = eine Wahl

(s. Abb. 9.3). Allerdings wird auch diese Darstellung bei einer großen Vpn-Zahl unübersichtlich.
Um soziometrische Daten statistisch besser auswerten zu können, sind Standardisierungen des Erhebungsvorganges vorgeschlagen worden. Man kann z.B. dazu auffordern, alle Gruppenmitglieder hinsichtlich des Befragungsgegenstandes zu rangordnen oder die Zahl der Wahlen, die eine einzelne Person abgeben darf, festlegen. Beide Verfahren haben leicht ersichtliche Nachteile. Bei der Rangordnungsmethode wird das Urteilsvermögen der Vpn überfordert, insbesondere, wenn größere Gruppen zu rangordnen sind. Außerdem wird bei der Festlegung der Zahl der Wahlen das *›emotionale Ausdehnungsvermögen‹* einer Person nicht erfaßt. Man verliert Information, denn es kann instruktiv sein zu wissen, wie viele Personen jemand positiv und wie viele er negativ einstuft. Weniger restriktiv ist dagegen die Methode von Wright & Evitts (1961), bei der jede Person jede andere auf einer Sieben-Punkte-Skala einordnet. Die Vpn haben dann die Freiheit, mehr positive oder mehr negative Einschätzungen abzugeben.

9.5.1 Auswertung soziometrischer Daten

Ein naheliegendes Verfahren, soziometrische Daten übersichtlicher zu gestalten, ist die sogenannte *Indexauswertung.* Zur Charakterisierung der Stellung einer Person in der Gruppe und zur Beschreibung von Gruppeneigenschaften wurden zahlreiche Indizes vorgeschlagen (Nehnevajsa 1955, Dollase 1973). Für die meisten Sachverhalte liegen mehrere Indizes vor, auf ein einheitliches Indexsystem hat man sich unter Soziometrikern noch nicht geeinigt. Vier häufig verwandte Indizes sind in Tab. 9.4 wiedergegeben.

Tab. 9.4: Soziometrische Indizes

1. Wahlstatus einer Person	$= \dfrac{\text{Anzahl der erhaltenen positiven Wahlen}}{n-1}$
2. Zurückweisungsstatus einer Person	$= \dfrac{\text{Anzahl der erhaltenen Zurückweisungen}}{n-1}$
3. Relativer Wahlstatus einer Person (auch: Wahlzurückweisungsstatus)	$= \dfrac{\text{Anzahl der erhaltenen positiven Wahlen minus Anzahl der erhaltenen Zurückweisungen}}{n-1}$
4. Kohäsion der Gruppe	$= \dfrac{\text{Anzahl der gegenseit. posit. Wahlen}}{n(n-1)/2}$

Für einige soziometrische Größen, wie die Anzahl der gegenseitigen Wahlen und die Anzahl der isolierten Personen, lassen sich Erwartungswerte und Wahrscheinlichkeitsverteilungen bestimmen, so daß man feststellen kann, ob eine gegebene Struktur von einer zufälligen Verteilung abweicht (vgl. Edwards 1948, McRae 1960, Wright & Evitts 1961).

9.5.2 Reliabilität und Validität von soziometrischen Daten

Einige Verfahren der Reliabilitätsbestimmung sind bei soziometrischen Daten naturgemäß nicht am Platze. So wird man z.B. die Zuverlässigkeit nicht ohne weiteres über die Beurteilerübereinstimmung oder über die Testhalbierung messen können, da die Probanden verschiedene Einstellung zu den Gruppenmitgliedern haben dürfen und da die Einschätzung der Partner vom Befragungsgegenstand abhängt. Auch die Wiederholungsreliabilität wird nur zögernd angewendet, denn soziale Beziehungen zwischen Personen sind definitionsgemäß keine zeitlich stabilen Merkmale. So zeigen soziometrische Wahlen nach einer Woche noch eine Stabilität von 0,90, nach ein bis zwei Monaten sinkt der Stabilitätskoeffizient bis zu 0,45 ab (vgl. Lindzey & Byrne 1968). Die Koeffizienten schwanken auch in Abhängigkeit von der verwendeten Erhebungstechnik. Das klassische Wahlverfahren, in dem die Vpn die meist bevorzugten und die am wenigsten bevorzugten Personen nennen müssen, führt zu geringeren Stabilitätskoeffizienten als Einschätzungstechniken wie z.B. die von Wright & Evitts (1961) praktizierte Technik. — Nach Davids & Parenti (1958) geben emotional gestörte Kinder weniger stabile Wahlen ab als emotional gesunde Kinder. Die Stabilität der Wahlen steigt mit dem Alter der Befragten. Möglicherweise werden jüngere Kinder durch die soziometrische Prozedur überfordert, und/oder ihre sozialen Beziehungen sind tatsächlich instabilier als die älterer Kinder, Jugendlicher und Erwachsener. Die zunehmende Wahlstabilität könnte auch mit der besseren Gedächtnisleistung älterer Probanden zusammenhängen.
Nach Mouton, Blake & Fruchter (1960a) gibt es Anzeichen dafür, daß sich verschiedene Fragen zu homogenen Tests zusammenfassen lassen. Die Wahlreaktionen bei sehr verschiedenen Fragen werden offenbar durch einen starken gemeinsamen Faktor bestimmt, so daß hohe Korrelationen zwischen den Wahlreaktionen resultieren.
Mouton, Blake & Fruchter (1960b) berichten auch über Untersuchungen zur Gültigkeit von soziometrischen Wahlen. Trotz einiger widersprechender Ergebnisse, scheint es einen deutlichen Zusammenhang zwischen dem Wahlverhalten und objektiven Kriterien, wie der Häufigkeit der Interaktionen, Sitzordnung u.a., zu geben.
In zahlreichen Untersuchungen wurde das Wahlverhalten der Probanden mit Persönlichkeits- und Umweltmerkmalen in Zusammenhang gebracht. Bei Kindern bestimmen adrettes Aussehen, sozioökonomische Herkunft, Geschwisterzahl und Rasse den Wahlstatus einer Person (Bonney 1944, Thorpe 1955, Haiker 1949/1950, Mann 1958). Bei älteren Kindern, Jugendlichen und Erwachsenen treten Leistungsgesichtspunkte hinzu (vgl. Lindzey & Byrne 1968). Nach einem Sammelreferat von Nehnevajsa (1962) wählen sich bei soziometrischen Erhebungen Personen in räumlicher Nachbarschaft, mit ähnlicher Bildung und ähnlichen Persönlichkeitsmerkmalen. Zurückweisungen reflektieren sozioökonomische und rassische Unterschiede. Den bevorzugt gewählten Gruppenmitgliedern werden überwiegend positive Eigenschaften zugeschrieben. Personen mit hohem Wahlstatus (s. Tab. 9.4) werden als freundlicher, hilfsbereiter und mutiger beschrieben als Personen mit niedrigem Wahlstatus. Zusammenhänge mit objektiven Verhaltensbeobachtungen und Testergebnissen wurden ebenfalls gefunden. Die ranghöheren Personen sind ausgeglichener und angepaßter, haben eine bessere Einsicht in das Beziehungsgefüge der Gruppe, sind intelligenter, weniger neurotisch und arbeiten effizienter (Davids & Parenti 1958, Nehnevajsa 1962, Thorpe 1955).

9.5.3 Subjektive und objektive soziometrische Einschätzung

Da er soziometrische Daten als therapeutische Hilfsmittel verwendete, war Moreno daran interessiert, die Selbsteinschätzung der Probanden mit den objektiven, von der

Gruppe abgegebenen Wahlen zu vergleichen. Neben den eigenen Bevorzugungen müssen die Probanden angeben, von welchen Gruppenmitgliedern sie vermutlich gewählt werden und von welchen sie abgelehnt werden. Die soziometrische Wahrnehmung der Personen läßt sich noch detaillierter untersuchen, wenn man den Probanden außerdem für jedes Gruppenmitglied angeben läßt, von wem es wohl gewählt und von wem es abgelehnt werde. Aus diesen Daten erstellt man für jede Vp ein subjektives Soziogramm, das die Gruppenstruktur aus der Sicht der Vp wiedergibt. Untersuchungen, die Gegenüberstellungen von tatsächlichen und wahrgenommenen Wahlen durchführen, zeigen, daß rangniedrige Personen ihren Status überschätzen und ihre Einschätzung durch andere Personen falsch wahrnehmen (Backman & Secord 1962, Exline 1960, Goslin 1962 und Gronlund 1955), ein Umstand, der vielleicht gerade zur Unbeliebtheit der rangniedrigeren Person beiträgt.
Beim Vergleich subjektiver Gruppenräume verschiedener Personen bereitet die Bestimmung der Ähnlichkeit bzw. der Verschiedenheit solcher subjektiver Räume sowie die Beschreibung ihres Wandels im Laufe einer Zeitperiode methodische Schwierigkeiten. Feger (1974, 1976) hat sich bemüht, subjektive Gruppenräume multidimensional zu skalieren.

9.6 Führungsverhalten in Gruppen

Die *Rolle* des Führers, die sich als Konsequenz der Rollendifferenzierung in der Gruppe herausbildet, hat nicht zuletzt wegen ihrer auf der Hand liegenden Praxisrelevanz das Interesse zahlreicher Auftraggeber und Forscher angeregt. Gäbe es so etwas wie die Zauberformel, nach der man Gruppenführer auswählen und trainieren könnte, würden sich viele Probleme der organisationalen, der pädagogischen und der klinischen Psychologie leichter lösen lassen. Sowohl für die östliche wie westliche Organisationspsychologie stellt sich das Problem der Selektion und Schulung von Vorarbeitern, mittlerem Management und ›Leitern‹ der Wirtschaft (vgl. z.B. Bass 1960, DiVesta 1954, Gibb 1969, Halpin 1955a, b, Fleishman 1953a, b, Schlesinger et al. 1960, Vorwerg 1970). In der pädagogischen Psychologie taucht die Führungsproblematik u.a. im Rahmen der Lehrer-Schüler-Interaktion und der informellen Struktur innerhalb des Klassenverbandes auf (vgl. Birth & Prellwitz 1959, Tausch 1960, Tausch & Tausch 1971, Ward 1956). In der Psychotherapie wurde die Führerproblematik, die schon in der dyadischen Beziehung zwischen Therapeut und Patient in der klassischen Therapie aufscheint (Übertragung), mit der Zuwendung zur Gruppentherapie aktuell (vgl. Bovard 1952, Gordon 1950, 1955, Sheldon & Landsman 1950, Zimet & Fine 1955).
Die Entwicklung der Psychologie des Führungsverhaltens folgte den vier Aspekten des Führungsphänomens, die Lukasczyk (1960) bereits 1960 als Elemente einer Interaktionstheorie der Führung herausstellte:
a) Persönlichkeitseigenschaften des Führers (angeborene Begabung, erworbene Fähigkeiten, Fertigkeiten, Einstellungen etc. und individuelle Erfahrungen),
b) Persönlichkeitseigenschaften der Geführten (einschließlich der auf den Führer und die Situation gerichteten Einstellungen und Erwartungen),
c) Struktur und Funktion der Gruppe (das für die Gruppe charakteristische System von gemeinsamen Normen, Status- und Rollenbeziehungen),
d) die spezifische Situation der Gruppe (die Art der aktuell zu bewältigenden Aufgabe, die Ziele der Gruppe u.a. äußere Bedingungen).

9.6.1 Führereigenschaften

Verschiedene Führungskonzeptionen betonten jeweils den einen oder den anderen der von Lukasczyk genannten Gesichtspunkte, wobei sich eine gewisse Polarisierung zwischen persönlichkeitszentrierten Theorien herausbildete (Seifert 1969). In der frühen Führungspsychologie standen die Eigenschaften des Führers im Mittelpunkt des Interesses. Was läge näher, als zu vermuten, daß derjenige, der sich als Führer qualifiziert, über besondere Eigenschaften verfügt, welche ihn vor den anderen Gruppenmitgliedern auszeichnen. Ähnlich wie man in der Organisationspsychologie das Persönlichkeitsprofil bestimmter Berufsgruppen zu bestimmen trachtete, hat man nach Persönlichkeitseigenschaften gesucht, die Führer von Gruppen in besonders ausgeprägtem oder in besonders geringem Maße besitzen. Nach solchen relativ leicht meßbaren Eigenschaften könnte man dann Führer auswählen und ausbilden. Wie so häufig stellte sich der aus praktischen Erfordernissen erschlossene ›direkte Weg‹ als ein Irrweg heraus. Dies verwundert angesichts der Komplexität des Interaktionsgeschehens in Gruppen nicht. Zwar gibt es korrelative Zusammenhänge zwischen Führereignung und Intelligenz, Kooperationsbereitschaft, Selbstbewußtsein, Dominanz, Risikofreudigkeit und Extraversion, jedoch sind die Zusammenhänge gering und eignen sich somit nicht als Diagnostikum. Nach umfassenden Darstellungen (Bass, 1960, Jenkins 1947, Mann 1959, Stogdill 1948) sind die Ergebnisse der Eigenschaftsforschung wenig ermutigend.
Ein nächster folgerichtiger Schritt zu einer stärker situationsorientierten Führertheorie ist die Annahme, daß *Führereigenschaften* in Abhängigkeit von den Eigenschaften der Gruppenmitglieder differentiell wichtig sind. Je nach Zusammensetzung werden diese oder jene Persönlichkeitsmerkmale für die Führung relevant sein. Diese Sichtweise schlägt sich bereits in dem älteren psychoanalytischen Ansatz Freuds nieder (vgl. Freud 1921, Hofstätter 1971). Bei kompliziert erscheinenden und anstrengenden Problemen, denen man sich selbst nicht gewachsen glaubt, vertraut man gern auf eine Person, die mächtig und potent erscheint. Der Führer ist das Idol der Masse, ein Meister und Held, der die verfahrene Situation leicht in den Griff bekommt. Er ist zugleich Identifikations- und Projektionsobjekt. Für Freud verkörpert er das Ich-Ideal der Massen. Die Massen projizieren ihre Hoffnungen und Wünsche in den Führer, was nebenbei den Effekt der Vereinheitlichung des Fühlens und Wollens hat: »Eine solche primäre Masse ist eine Anzahl von Individuen, die ein und dasselbe Objekt an die Stelle ihres Ich-Ideal gesetzt und sich infolgedessen in ihrem Ich miteinander identifiziert haben.« (Freud 1921, S. 128). Damit diese Projektion gelingt, muß der Führer zugleich ähnlich und verschieden sein. Prädestiniert für die Führerschaft sind daher Personen, die im Habitus und in den grundlegenden Wertvorstellungen ähnlich sind, die jedoch über Merkmale verfügen, welche sie aus der Masse herausheben. Dies können lächerlich unbedeutende Einzelheiten sein, wie z.B. die Körpergröße, der Akzent, die Barttracht etc. Als Belege für diese Vermutung werden häufig die großen Führer der Weltgeschichte beschrieben. Napoleon war Korse und ungewöhnlich klein von Statur, jedoch ein Sohn des Volkes, Stalin als Georgier für die Russen so fremdländisch wie etwa für uns die Südeuropäer, andererseits aber der Vertreter allgemein akzeptierter kleinbürgerlicher Wertvorstellungen. Als Paradebeispiel fungiert Hitler, der als Repräsentant des Kleinbürgertums in seinen geäußerten Wertvorstellungen den im damaligen Deutschland verbreiteten Vorstellungen vom Stellenwert von Ordnung, Sauberkeit und Disziplin entgegenkam, andererseits durch sein eher südländisches Aussehen, seine ungewöhnliche Barttracht, seine landsmannschaftliche Herkunft und seinen harten Akzent auch Gegenstand der Projektion werden konnte.

So interessant diese Führertheorie sein mag, sie entzieht sich der kontrollierten Untersuchung. Denn welche Eigenschaften jeweils das Charisma des Führers ausmachen (er darf nicht zu ähnlich, aber auch nicht zu verschieden sein), läßt sich nicht erfassen. Zudem ist diese Führertheorie weniger an Kleingruppen als an großen sozialen Einheiten orientiert. Der Gegensatz zwischen Führer und Masse wird darin beschworen. Die Theorie hat daher auch nicht zu experimenteller Forschung angeregt.

9.6.2 Ähnlichkeit von Führern und Gruppenmitgliedern

Eine ähnliche, eigenschaftspsychologische Konzeption hebt darauf ab, daß die Führerpersönlichkeit Merkmale aufweisen müsse, die die Gruppenmitglieder in besonderem Maße besitzen, wobei Merkmale sowohl im Sinne von Persönlichkeitseigenschaften als auch im Sinne von Einstellungen und akzeptierten Gruppennormen verstanden werden sollen. Einige Untersuchungen konnten nachweisen, daß Führer ähnliche Merkmale aufweisen wie die Gruppenmitglieder (Martin et al. 1952, Stogdill & Jaynes 1953).
Da sich Individuen in der Regel nach dem Ähnlichkeitsprinzip zusammenfinden, besagt dies, daß auch der Führer den anderen Gruppenmitgliedern ähnlich ist. Hervorgehoben wird, daß der Führer nicht intellektuell unterlegen sein darf. Er sollte ein wenig, jedoch nicht ausgeprägt intelligenter sein als die übrigen Gruppenmitglieder (Hollingworth 1942). Nach Krech et al. (1962) fassen die übrigen Mitglieder intellektuell überlegene Personen als nicht zu ihrer Gruppe gehörig auf, sie haben häufig Verständigungsprobleme, sind zu stark auf Veränderung bedacht und verfolgen nicht die gleichen Interessen wie die übrigen Gruppenangehörigen.
Eine eindrucksvolle Bestätigung des Ähnlichkeitsprinzips, die sich nicht auf Persönlichkeitseigenschaften, sondern auf die in der Gruppe etablierten Normen, Regeln und Verhaltensweisen bezieht, bietet die bereits zitierte Untersuchung von Merei (1949). Ältere Kinder, welche sich in anderen Gruppen als dominant erwiesen hatten, konnten in Kindergartengruppen mit bereits etablierten Gruppentraditionen die Führung übernehmen, wenn sie sich die von der Gruppe aufgestellten Regeln zu eigen machten. Sie übernahmen die Gruppennormen, befahlen den Kindern, was diese ohnehin getan hätten, und verschafften sich die Verfügungsgewalt über Gegenstände, die die Gruppe als wertvoll ansah. Rosen (1959) führt den Erfolg des ähnlichen oder angepaßten Individuums darauf zurück, daß dieses von den Gruppenmitgliedern als einflußreich angesehen wird. Der Einflußreiche wird bevorzugt als Führer gewählt, denn er garantiert die Funktionstüchtigkeit der Gruppe.
Wenngleich die Ähnlichkeit der Gruppenführer mit den Gruppenmitgliedern hinsichtlich der Persönlichkeitseigenschaften, der Einstellung und den akzeptierten Normen und Wertvorstellungen sowie die Anpassungsbereitschaft der zunächst noch nicht ähnlichen Führer in einigen Untersuchungen herausgearbeitet wurde, so gibt es doch auch widersprechende Befunde (Blau 1960, Bell & French 1950, Borgotta et al. 1954). Insbesondere konnte die größere Konformitätsbereitschaft des Führers nicht immer bestätigt werden. Dittes & Kelley (1956) und Hollander (1958) fanden keinen bzw. einen negativen Zusammenhang zwischen Status und Anpassungsbereitschaft. Hollander (1958) erklärt die widersprüchlichen Ergebnisse aus dem Entwicklungsstand der Gruppe. In der Bildungsphase verhilft Konformität zu hohem Status. Hat sich die Gruppe etabliert, dann erhält der Führer einen Ideosynkrasiekredit, der ihm größere Freiheiten einräumt als anderen Gruppenmitgliedern.
Da rangniedrigere Mitglieder ebenso wie der etablierte Führer geringere Anpassungsbereitschaft zeigen (vgl. auch die im Abschnitt über Konformität dargestellte Untersuchung

von Dittes & Kelley 1956), postuliert Wilson (1960) eine umgekehrt u-förmige Beziehung zwischen Konformität und Status.

9.6.3 Divergenz der Führerrollen

Bisher war die Rede vom Führer einerseits und Gruppenmitgliedern andererseits, ohne daß zwischen verschiedenen Führungspositionen innerhalb der Gruppe differenziert worden wäre. Wenn auch nicht jeder bereit sein wird, den Begriff des Führers auf mehrere Personen innerhalb einer Gruppe anzuwenden, so erscheint es doch plausibel, daß die Rangordnung innerhalb der Gruppe nicht erschöpfend durch die Dichotomie von Führer und Geführten gekennzeichnet werden kann. Bales & Slater (1955) und Slater (1955) konnten demonstrieren, daß sich innerhalb von vier aufeinanderfolgenden Gruppenentscheidungssitzungen eine *Rollendifferenzierung* zwischen einem *sozial-emotionalen* und einem *aufgabenorientierten Führer* herausbildete. Die Vpn wurden nach jeder Sitzung u.a. gefragt, wie sympathisch ihnen die verschiedenen Teilnehmer gewesen seien und wer die besten Einfälle gehabt habe. Während in der ersten Sitzung in etwas mehr als 50% der Fälle die Beliebtheits- und Tüchtigkeitsrolle der gleichen Person zufielen, differenzierte sich dieses Bild bis zur vierten Sitzung merklich. Zwischen den Rollen des sozial-emotionalen und des aufgabenorientierten Führers bestand in der 2. bis 4. Sitzung nurmehr in ca. 10-15% der Fälle Personalunion, was unter dem nach Zufall zu erwartenden Niveau lag. Den ›großen Mann‹, der beide Rollen in sich vereinigt (Borgotta et al. 1954), scheint es in derartigen Situationen selten zu geben. Während die Gruppe den Aufgabenspezialisten nicht besonders schätzt, haben die beiden Führerpersonen untereinander gute Beziehungen. Die Interaktionsanalyse zeigt, daß der aufgabenorientierte Führer mehr orientierende und kontrollierende Funktion hat, während der sozial-emotionale Führer für belohnende, entspannende und integrative Bemerkungen zuständig ist.

Eine ähnliche *Divergenz der Rollen* (Hofstätter 1971) beschreiben Halpin & Winer (1952, 1957) mit den Faktoren ›Besorgtheit um die Gruppenmitglieder‹ und ›Strukturierung der Gruppe‹ (zielorientiertes, leistungszentriertes, strukturierendes Verhalten). Carter (1953, 1954) und Carter et al. (1951) fanden drei Faktoren des Führungsverhaltens, welche mit ›individueller Prominenz‹ (Einflußnahmen, Aggressivität und Ergreifen der Initiative), ›Zielerleichterung‹ (Tüchtigkeit, Einsichtigkeit und Kooperationsbereitschaft) und ›Gruppensoziabilität‹ (Streben nach Annahme durch die Gruppe, Kooperation und Anpassungsfähigkeit) bezeichnet wurden. Die ersten beiden Faktoren lassen sich wiederum mit der Dimension der Aufgabenorientierung, der dritte Faktor mit der sozial-emotionalen Dimension in Beziehung bringen. Borgotta et al. (1954) konnten zeigen, daß Personen, welche auf diesen drei Dimensionen hohe Werte erreichten, in verschiedenen Gruppensituationen die Führung innehatten. Die von diesen Personen geführten Gruppen waren produktiver, solidarischer und zufriedener als Vergleichsgruppen.

Zahlreiche Nachfolgeuntersuchungen konnten die Rollendivergenz in verschiedenen Gruppen (auch außerhalb des Labors) bestätigen (Bales 1958, Davie & Hare 1956, Grusky 1957, Kiesler & Goldberg 1968, Parker 1958). Allerdings sind auch hier differenzierende Gesichtspunkte zu berücksichtigen. Nach Burke (1967) konzentriert sich die Gruppe bei weniger wichtigen Aufgaben eher auf sozial-emotionale Probleme, während bei wichtigen Angelegenheiten die Divergenz der Rollen erst gar nicht auftritt. Unter bedrohlich anmutenden Bedingungen gewinnt nach Marcus (1960) der sozial-emotionale Führertyp an Bedeutung. In organisierten Gruppen scheint die Aufteilung in die beiden Rollen des beliebten (informellen) Führers und aufgabenorientierten (nicht notwendigerweise

als tüchtig eingeschätzten) formellen Führers sachimmanent vorgegeben zu sein (vgl. Uhlmann & Fiedler 1958).
Die *Divergenztheorie der Führerschaft* verweist auf die naheliegende Vermutung, Gruppen würden ihren Führer nach ihren Zielen und Aufgaben wählen. Ist die Geselligkeit und der soziale Kontakt das vornehmliche Ziel der Gruppe, dann werden bevorzugt solche Personen als Führer betrachtet, welche sich um die Sorgen und Nöte der einzelnen kümmern und ein harmonisches Zusammenleben der Gruppenmitglieder fördern. Gruppen, die an sachlichen Problemen orientiert sind, d.h. Entscheidungen zu treffen, Probleme zu lösen haben, werden eher den besonders Tüchtigen an ihre Spitze stellen. Im ersten Fall werden dann aufgabenirrelevante, soziale Eigenschaften und Einstellungen des Führers bedeutsam sein, während im zweiten Fall aufgabenbezogene Eigenschaften und Fertigkeiten gefragt sind.

9.6.4 Führungsstile

Kritisch wird die Situation des Führers, wenn in der Gruppe gemischte Zielsetzungen existieren. Dies ist durchweg in organisationalen Gruppen der Fall. Hier können die privaten Bedürfnisse der Mitglieder mit den von der Organisation gesetzten Zielen in Widerspruch geraten. Letztere werden begreiflicherweise von den Gruppenmitgliedern nicht immer mit dem von der Organisation gewünschten Nachdruck angestrebt. Der von der Organisation bestimmte *Leiter der Gruppe (designierter Führer)* muß als Vorgesetzter — anders als in nicht organisationalen Gruppen — nicht unbedingt die Normen der Gruppe akzeptieren und deren Ziele verfolgen. Als verlängerter Arm der Organisation vertritt er auch gruppenfremde Interessen. Wenn auch die Gruppen- und die Organisationsinteressen nicht notwendigerweise inkompatibel sind, so wird der Vorgesetzte nicht umhin kommen, im Konfliktfall gelegentlich die Partei der Organisation zu ergreifen. White (1950) und Gibb (1949) sehen es daher auch als sinnvoll an, zwischen formellen Leitern und informellen Führern zu unterscheiden. Leiter sind häufig — wenn auch nicht notwendigerweise — fremdbestimmt, während der informelle Führer aus der Gruppe selbst hervorgeht. Ähnlich haben Carter (1953) u.a. dem spontan auftretenden oder dem aus der Gruppe gewählten Führer den designierten Führer, der durch Außenstehende bestimmt wird, gegenübergestellt.
Leiter oder designierte Führer können angewiesen werden, bestimmtes Führungsverhalten zu praktizieren. Organisationen werden daran interessiert sein, daß die Leiter ein angemessenes Führungsverhalten zeigen, wobei das Kriterium für den Erfolg eines Führungsstils freilich nicht immer nur in der Produktivitätsrate definiert wird. — Erste Untersuchungen zur Wirkung von Führungsstilen wurden von Lewin, Lippitt und White durchgeführt (Lewin & Lippitt 1938, Lewin et al. 1939, Lippitt 1939, Lippitt & White 1943, 1958). Besonders aufschlußreich sind die Ergebnisse der Untersuchung von 1943:

20 Jungen im Alter von 10 bis 12 Jahren wurden nach einer Reihe von Persönlichkeitscharakteristiken und nach biographischen Daten zu vier untereinander vergleichbaren Gruppen von fünf Kindern zusammengefaßt. Diese Gruppen (Clubs) sollten sich mit verschiedenen Bastelarbeiten befassen. Vier Erwachsene übernahmen abwechselnd die Führung der Gruppen. Sie verfolgten dabei einen ›*demokratischen*‹, einen ›*autoritären*‹ oder einen ›*laissez-faire*‹-*Führungsstil*. Jeder Erwachsene praktizierte jeden Führungsstil, was verhindern sollte, daß die Wirkungen des Führungsstils mit den Persönlichkeitsmerkmalen der Führer konfundiert wurden. — Der demokratische Führer war bestrebt, alle wichtigen Fragen einschließlich der Aufgabenverteilung mit den Kindern zu diskutieren und diese selbst entscheiden zu lassen. Bei Schwierigkeiten gab er Hilfen, wobei er nach Möglichkeit mehrere Handlungsalternativen vorschlug, über die die Gruppe dann wieder-

um selbst entschied. Lob und Tadel sollte er sachlich aussprechen und nicht so sehr auf eine bestimmte Person zuschneiden. Der Leiter sollte sich freundlich verhalten und sich eher als normales Gruppenmitglied denn als Leiter verstehen. — Bei dem autoritären Führungsstil bestimmte der Leiter die Gruppenaktivitäten bis ins einzelne, verteilte die Arbeit und lobte und tadelte die Gruppenmitglieder auf persönliche Art und Weise. Insgesamt sollte er eher freundlich oder unpersönlich als feindselig wirken. — Unter der laissez-faire-Führung war der Leiter passiv freundlich, gab Hilfestellungen nur auf Anfrage und nahm an den Entscheidungen der Gruppe nicht teil. — Das Verhalten der Gruppenleiter wurde durch Beobachter kontrolliert.

Die *Leistungsmenge* war unter diesen Voraussetzungen bei autoritärer Führung am höchsten, jedoch hing die Leistungsbereitschaft stark von der kontrollierenden Beaufsichtigung durch den Leiter ab. Die *Qualität* der Produkte war unter demokratischer Führung am höchsten. Hier waren die Leistungen relativ unabhängig von der Kontrolle des Leiters. Bei laissez-faire-Führung fielen sowohl Leistungsmenge als auch Qualität niedrig aus. Am zufriedensten waren die Gruppenmitglieder unter der demokratischen Führung, autoritäre Leitung rief apathische Einwilligung oder Aggressivität hervor. Aggressives Verhalten war auch unter der laissez-faire-Bedingung an der Tagesordnung, die Zufriedenheit der Gruppe war hier gering.
Spätere Untersuchungen zum Effekt von Führungsstilen ergeben uneinheitliche Resultate. Einige Untersuchungen bestätigen die Befunde (Katz & Kahn 1952, Tausch & Tausch 1965), andere schränken ihre Generalisierbarkeit ein. Die Leistungen sind in Abhängigkeit von der Gruppenzusammensetzung und der Aufgabe bisweilen unter demokratischer, bisweilen unter autoritärer Führung besser (Bovard 1952, Maier 1953, Maier & Maier 1957, Ryans 1961, Stogdill 1965). In verschiedenen Entscheidungsgruppen der Verwaltung und Industrie rief ein partizipatorischer Führungsstil Unzufriedenheit hervor (Berkowitz 1953). Nach French et al. (1960) ist ein demokratischer Führungsstil nur dann effektiver, wenn die Gruppenmitglieder den Entscheidungsgegenstand für bedeutsam erachten. Offenbar hängt die Einstellung zum demokratischen Stil vom Bildungsgrad, vom Alter und von den bisherigen Erfahrungen der Beteiligten ab (Selvin 1960). Fleishman & Harris (1962) unterscheiden im Sinne der sozial-emotionalen und der aufgabenorientierten Haltung zwischen *mitarbeiterorientiertem* und *organisationsorientiertem Verhalten des Leiters.* Er ließ Werkmeister durch ihre Mitarbeiter danach einstufen, wie sehr sie sich um die Belange ihrer Mitarbeiter kümmerten und wie sehr sie auf die Arbeitsorganisation achteten. Die Anzahl der Beschwerden und andere Anzeichen der Unzufriedenheit stiegen mit der Betonung der organisationalen Gesichtspunkte durch den Werkmeister zunächst langsam, dann aber rapide an. Eine umgekehrte, abfallende und negativ beschleunigte Beziehung fanden die Autoren zwischen dem Grad der Mitarbeiterorientierung und diesen Indikatoren. Werkmeister, die es schafften, sowohl stark mitarbeiterorientiert als auch organisationsbetont zu wirken, rufen vergleichsweise geringen Widerstand bei den Untergebenen hervor. — In dieser Untersuchung wurde die Orientierung des Werkmeisters aus der Sicht der Betroffenen von Mitgliedern bestehender Gruppen geschildert. Die Urteile können also bereits durch die Stimmung der Gruppe gefärbt gewesen sein. Demgegenüber konnten Misumi & Shirakashi (1966) experimentell zeigen, daß sich eine Kombination von mitarbeiter- und leistungsorientiertem Führungsstil auf die Produktivität und die Gruppenmoral am günstigsten auswirkt.
Korman (1966) und Kunczik (1972) referieren eine Reihe von Arbeiten, in denen der Einfluß von mitarbeiterorientiertem und aufgabenorientiertem Führungsstil (bzw. ähnlich deklarierten Führungsverhaltens) auf das Verhalten der Beteiligten untersucht wird. Die Ergebnisse der meist korrelativen Feldstudien sind verwirrend und widersprüchlich. Korman (1966) und Irle (1972), die dieses hohe Maß an Konfusion in einem allgemeineren organisationspsychologischen Rahmen feststellten, führen dies darauf zurück, daß die

Vielfalt von variiert vorliegenden Variablen, die die betrachteten abhängigen Variablen (Produktivität, Zufriedenheit usw.) beeinflussen, durch Korrelationsanalysen nicht auszuschalten sind. Insbesondere fehlen Theorien, die eine planvolle multivariate Analyse ermöglichen würden. Beide Autoren machen darauf aufmerksam, daß experimentelle Studien, in denen die UV willkürlich manipuliert und die Vpn den Bedingungen zufällig zugeteilt werden können, notwendig sind, um die fatale Verschränkung der UV mit gleichzeitig variierenden Situations- und Persönlichkeitsvariablen zu verhindern.

9.6.5 Fiedlers Kontingenzmodell der Führereffektivität

9.6.5.1 Modellaussagen und empirische Überprüfung

Bei der Suche nach den Persönlichkeitseigenschaften des effektiven Führers stieß Fiedler auf einen anderen naheliegenden Zusammenhang zwischen Führerverhalten und Führungs- bzw. Gruppeneffektivität: Die Effektivität von Führungsverhalten hängt weitgehend von den Situationscharakteristiken ab. Ein autoritärer Führungsstil kann sich unter manchen Voraussetzungen günstig, unter anderen aber verheerend auswirken, eine Beobachtung, die im Zusammenhang mit dem Aufgabentyp bereits in den Kommunikationsexperimenten aufschien.
Nach Fiedler (1954, 1955, 1958, 1962, 1964, 1965, 1967) wird die Effektivität eines Führers durch drei Dimensionen bestimmt, der *affektiven Beziehung Führer–Gruppe*, der *Strukturiertheit der Aufgabe* und *der Positionsmacht des Führers.* Dichotomisiert man die drei Dimensionen nach gut–schlecht, strukturiert–unstrukturiert und hoch–niedrig, dann kann man acht mögliche Fälle unterscheiden.
Mit dieser Dichotomisierung wird bereits eine einschneidende Vereinfachung vorgenommen, denn tatsächlich gibt es graduelle Unterschiede auf den Dimensionen und damit unendlich viele Fälle. Die acht möglichen Kombinationen bei dichotomisierten Dimensionen sind in Abb. 9.5 wiedergegeben und mit den römischen Ziffern I bis VII bezeichnet.
Die Dimension ›Beziehung Führer–Gruppe‹ kann durch Befragung von Gruppenmitgliedern ermittelt werden. Es wird angenommen, daß der Führer, der von der Gruppe respektiert und geliebt wird, mit dem Rückhalt der Gruppe entschiedener und selbstsicherer handeln kann als ein unbeliebter Führer. Die Situation ist also für den Führer um so günstiger, je beliebter er ist. — Die Messung der Strukturiertheit der Aufgabe ist schwieriger. Sie kann letzten Endes wegen der Mannigfaltigkeit von Aufgabentypen nur durch Ratings bestimmt werden. Shaw (1963) hat vorgeschlagen, das Rating der Strukturiertheit der Aufgabe nach vier Dimensionen vorzunehmen: (1) Verifizierbarkeit der Entscheidung, (2) Zieltransparenz (Grad der Kenntnis des Ziels der Gruppe), (3) Vielfalt der Lösungswege und (4) Vielfalt der ›richtigen‹ Lösungen. Je strukturierter die Aufgabe, um so günstiger ist die Situation des Führers. — Die dritte Dimension, die Positionsmacht des Führers, hängt von der Belohnungs- und Bestrafungsmacht, der Statusmacht und der legitimen Macht des Führers ab. Auch diese Dimension muß durch ratings quantifiziert werden. — Je höher die Positionsmacht, um so leichter ist die Führungsaufgabe.
Als Effektivitätsmaße dienen Fiedler in Abhängigkeit von der Aufgabe der Gruppe sehr unterschiedliche Indikatoren, wie z.B. die Zahl der in der Saison gewonnenen Korbballspiele, Beurteilungen von Meßleistungen durch dritte Personen, Zielgenauigkeit beim Schießen und beim Bombenwurf, die Kreativität beim Erfinden von Geschichten, das Einkommen und die Zeit bis zur Lösung von Aufgaben.

Abb. 9.5: Die Korrelation zwischen dem LPC-Wert des Führers und der Gruppenleistung in Abhängigkeit von der Situation (nach Fiedler 1967)

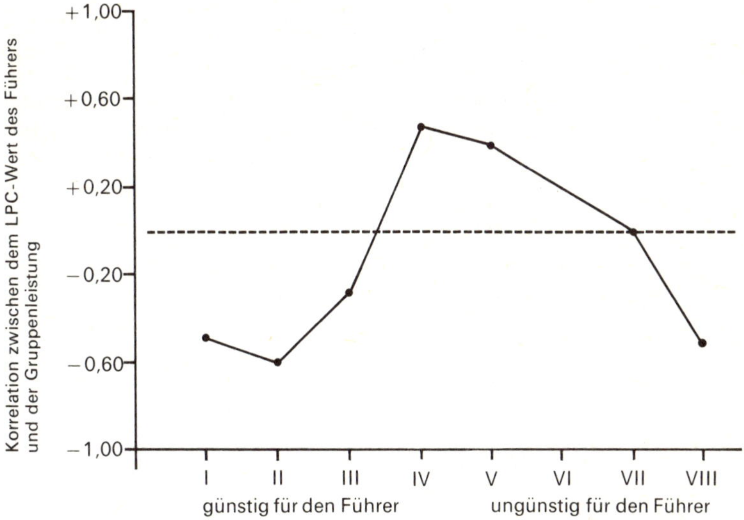

	I	II	III	IV	V	VI	VII	VIII
Führer-Gruppe Beziehung	+	+	+	+	−	−	−	−
Aufgabenstrukturiertheit	+	+	−	−	+	+	−	−
Positionsmacht	+	−	+	−	+	−	+	−

Fiedler nimmt weiterhin an, daß die Beliebtheit des Führers die wichtigste, die Aufgabenstrukturiertheit die zweitwichtigste und die Positionsmacht die am wenigsten bedeutsame Dimension darstellt. Unter dieser Voraussetzung lassen sich die acht Kombinationen nach der Vorteilhaftigkeit für den Führer ordnen, und zwar so, wie sie in Abb. 9.5 mit den römischen Ziffern I bis VIII aufeinanderfolgen.

Aufgabenstrukturiertheit und Positionsmacht korrelieren nach empirischen Beobachtungen hoch miteinander (0,75), während die affektive Beziehung Führer–Gruppe zu diesen beiden Dimensionen Korrelationen um Null aufweist. Damit zeigt sich auch im System von Fiedler eine Beziehung zu der Dichotomisierung in den sozial-emotionalen und den Aufgabenbereich.

Aber nicht nur die Vorteilhaftigkeit der Situation, sondern auch die Einstellung des Führers zu den anderen Personen spielen für die Effektivität der Gruppe eine Rolle. Als Maß für die differentielle Personenwahrnehmung des Führers konstruierte Fiedler den *ASO-Wert (assumed similarity between opposites)*, der Ähnlichkeit der Beurteilungen des am meisten und des am wenigsten geschätzten Mitarbeiters, den der Führer je hatte, widerspiegelt. Der ASO-Wert wird berechnet aus der Beurteilung, die der Führer diesen beiden erinnerten Personen auf einem semantischen Differential mit den Polaritäten freundlich–unfreundlich, akzeptierend–zurückweisend, entfernt–nahe usw. erteilt. Die Polaritäten sind jeweils die Achsen einer acht-Punkte-Skala. Der ASO-Wert wird dann als Wurzel aus der Summe der quadrierten Differenzen von LPC-Wert (least preferred coworker) und MPC-Wert (most preferred coworker) ermittelt. Fiedler stellte empirisch fest, daß der ASO-Wert mit dem LPC-Wert hoch korreliert (zwischen 0,80 und 0,90)

und verwendete für seine weiteren Analysen nurmehr den einfacher zu erhebenden und zu berechnenden LPC-Wert (s. Fiedler 1964).
Eine hohe Ähnlichkeit zwischen den meist bevorzugten und den wenigst bevorzugten Personen deutet an, daß der Führer dazu tendiert, alle Mitarbeiter als mehr oder minder gleichwertig anzusehen. Führer mit hohem LPC sind daher eher nondirektiv, akzeptierend und tolerant, während Führer mit niedrigem LPC-Wert eher kontrollierend und fordernd sind. Diese Gegenüberstellung erinnert an die Polarität von demokratischem und autoritärem Führungsstil.
Nach der ursprünglichen Vermutung Fiedlers sollten die nondirektiven Führer effektiver sein als die direktiven, kontrollierenden. Jedoch zeigten empirische Untersuchungen zunächst eher eine gegenteilige Beziehung. Teams von Interviewern und Korbballmannschaften wiesen eine Korrelation von −0,51 und −0,69 zwischen der Effektivität und dem LPC-Wert auf (Fiedler 1954). In einer späteren Untersuchung von Bomberteams resultierten sowohl positive wie negative Korrelationen (Fiedler 1955). Gerard (1957) und Anderson & Fiedler (1964) fanden, daß sich Führer mit hoher Positionsmacht anders verhielten als Führer mit geringer Positionsmacht.
Diese komplexen Beziehungen veranlaßten Fiedler (1964, 1965) zu einer Umstrukturierung seiner Vorstellungen, die sich zunächst auf empirischer Basis vollzog. Aus mehr als 50 Untersuchungen ermittelte er die korrelative Beziehung zwischen Effektivität und LPC-Wert und fand die im oberen Teil der Abb. 9.5 wiedergegebene Durchschnittskurve. Danach ist ein direktiver Führungsstil vor allem dann wirksam, wenn die Situation für den Führer sehr günstig oder sehr ungünstig ist. Der nondirektive Stil erweist sich im mittleren Bereich als wirksam. Wenn die Beziehung von Führer und Gruppe gut ist, die Aufgabe strukturiert und die Positionsmacht hoch, dann bildet sich in der Gruppe wenig Widerspruch gegen die Direktiven des Führers. Ebenso können nur noch unmißverständliche Anordnungen die Situation retten, wenn die Führer–Gruppe-Beziehung schlecht, die Aufgabe unstrukturiert und die Positionsmacht gering ist. Unklare Anweisungen würden hier Desintegration und Verwirrung auslösen. Im mittleren Bereich empfiehlt es sich nicht, die Führerschaft allzusehr herauszustellen, da dies den Widerspruch der Beteiligten herausfordern könnte. Andererseits vermag eine nondirektive Attitüde bestehende Spannungen zu reduzieren, Konflikte zu schlichten und soziale Ängste zu reduzieren.

9.8.5.2 Bewertung des Kontingenzmodells

Da der LPC-Wert keine experimentell variierbare Größe ist, sondern bereits variiert vorliegt, könnte dieser Zusammenhang auch mit anderen mitvariierenden Merkmalen der Führerpersönlichkeit zu tun haben. Shaw & Blum (1966) konnten jedoch zeigen, daß Führer, die instruiert wurden, sich direktiv zu verhalten, bei strukturierten Aufgaben erfolgreicher waren, während Führer, welche sich nondirektiv verhalten sollten, eher bei unstrukturierten Aufgaben effektiv leiteten. Allerdings konnten Shaw & Blum den von Fiedler postulierten kurvilinearen Zusammenhang nicht bestätigen. Der direktive Stil erwies sich nur in den extrem günstigen Kombinationen von Führer–Gruppen-Beziehung und Aufgabenstrukturiertheit als durchschlagend. Eine neuere Untersuchung von Chemers & Skrzypek (1972) bestätigt dagegen eher Fiedlers Konzeption.
Da auch andere Laboruntersuchungen zu abweichenden Ergebnissen gelangten, möchte Fiedler (1971) den Anwendungsbereich seines Modells auf natürliche, aufgabenorientierte Gruppen beschränkt wissen. Da die Entwicklung einer Gruppenstruktur und einer Rollen-

differenzierung und der damit verbundenen Führer–Gruppen-Beziehung einen Zeitbedarf habe, seien Laborexperimente nicht zur Untersuchung des typischen Führerverhaltens und seiner Beziehungen zur Effektivität geeignet.

Bastine (1972, S. 1683) weist darauf hin, daß ASO- und LPC-Wert mit keiner Persönlichkeitseigenschaft konsistent korrelieren (s. Fiedler 1964) und »daher nicht interpretativ in einem Eigenschaftsraum einzuordnen sind«. Er sieht darin einen Vorbehalt gegen die Interpretation von hohem ASO/LPC-Wert als nondirektiv-permissiv und niedrigem als beaufsichtigend-kontrollierend, wie sie von Fiedler vorgenommen wird. Der geringe Zusammenhang mit Persönlichkeitseigenschaften nimmt allerdings nicht wunder angesichts der Tatsache, daß der Versuch, Eigenschaften des guten Führers zu ermitteln, generell fehlgeschlagen ist, wie die Diskussion in den vorangegangenen Abschnitten zeigte.

Einschneidender erscheint, daß Neuberger & Roth (1974) entgegen früheren Befunden von Fiedler et al. (1961), Hawkins (1962) und Meuwese (1964) keinen eindeutigen Zusammenhang zwischen ASO/LPC-Werten und entspanntem vs kontrollierendem Führerverhalten feststellen konnten.

Zwar entspricht die von Fiedler empirisch ermittelte Durchschnittskurve mäßig gut der postulierten umgekehrt u-förmigen Beziehung, andererseits streuen die Ergebnisse sehr stark um diese Mittelwerte (was aus Abb. 9.5 nicht ersichtlich ist). Dies verweist darauf, daß entweder die Maße zur Ermittlung der Effektivität der Gruppe bzw. das ASO/LPC-Maß unzulänglich sind, oder aber, daß der Zusammenhang zwischen ASO/LPC-Wert und Gruppeneffektivität noch durch andere Faktoren als die Führer–Gruppe-Beziehung, die Strukturiertheit der Aufgabe und der Positionsmacht des Führers determiniert werden. So zeigen z.B. Kunczik (1972) und Neuberger & Roth (1974) auf, daß die Effektivität des Führers von den Motiven und den Fähigkeiten der Gruppenmitglieder sowie der Kommunikations- und Organisationsstruktur der Gruppe abhängen. — Kritische Diskussionen des Kontingenzmodells findet der Leser bei Ashour (1973a, b).

Damit endet die Einführung in die Psychologie der sozialen Interaktion und der Gruppenprozesse. Sie sollte sowohl relevantes empirisches Material darstellen als auch einen Überblick über theoretische Konzepte geben, die in den letzten Jahrzehnten entwickelt wurden. Die Zahl der Erklärungsansätze und der empirischen Arbeiten zum interaktiven Verhalten von Menschen ist groß. Trotzdem wird der Leser den Eindruck gewinnen, daß eindeutige Antworten auf viele zentrale Fragen und elaborierte, klare Theorien fehlen. Zu den bevorzugt behandelten Gegenständen existieren zahlreiche konkurrierende Konzepte. Die empirische Grundlage reicht für Entscheidungen zwischen Theorien noch nicht aus. Vielfach sind die Theorien vereinfachend, vage und wenig spezifisch und gehen über unverbindliche Rahmenvorstellungen kaum hinaus. — Dies mag zum Teil daran liegen, daß die Forschung auf dem Gebiet der sozialen Interaktion noch jung ist. Die vorliegenden Ergebnisse markieren nur den Anfang einer raschen Entwicklung. Dennoch wird auch in Zukunft nicht zu erwarten sein, daß das Ineinanderwirken der Motive, Strategien und Aktivitäten verschiedener Individuen durch einige wenige situative, von Randbedingungen kaum beeinflußte Faktoren erklärt werden kann. Auch ist nicht anzunehmen, daß sich in naher Zukunft *die* Theorie der sozialen Interaktion herauskristallisiert. Vermutlich werden vorläufig eine Vielzahl von small-range-Ansätzen nebeneinander existieren. Die bisherige Entwicklung berechtigt aber zu der Hoffnung, daß Bemühungen, verschiedene Ansätze zu präzisieren und zu integrieren, erfolgreich sein werden.

Kontrollfragen

1. Wie sind der sozial-emotionale und der Effektbereich abzugrenzen?
2. Welche Phasen kennt das System von Bales & Strodtbeck?
3. Welcher Art von Gruppenleistungen ist nach Hofstätter die Anpassung der Auffassungen im autokinetischen Experiment zuzurechnen?
4. Schildern Sie die typische Asch-Versuchsanordnung sowie deren Variation durch Crutchfield.
5. Was bedeuten der normative und der informative Aspekt in der Konformitätsforschung?
6. Welche Beziehung besteht zwischen Konformitätsbereitschaft und Status in der Gruppe?
7. Erklären Sie die Konformitätstendenz mit der Theorie des sozialen Vergleichs, der Austauschtheorie und der Balancetheorie.
8. Nennen Sie einige soziometrische Indizes und deren Interpretation.
9. Welche Führungsstile kennen Sie? Wie ist die Beziehung zwischen Führungsstil, Leistung und Zufriedenheit?
10. Skizzieren Sie das Führungsmodell von Fiedler.

Weiterführende Literatur

Deutsch & Gerard (1955): Beispiel für eine sorgfältige Untersuchung des Konformitätsphänomens.
Dollase (1973): Darstellung soziometrischer Techniken, methodischer Probleme der Soziometrie sowie empirischer Ergebnisse.
Fiedler (1967): Fiedlers Kontingenzmodell des Führungsverhaltens sowie empirische Belege dazu.
Neuberger (1975/1976): Führung in Gruppen: in Überblickartige Darstellungen.

Literatur

Abelson, R. P., 1968, Psychological implication. In: Abelson, R. P., et al. (Eds.), Theories of cognitive consistency: A sourcebook, 112-139. Chicago, Rand McNally.

Abelson, R. P. & Rosenberg, M. J., 1958, Symbolic psycho-logic: A model of attitudinal cognition. Behavioral Science, 3, 1-13.

Abelson, R. P., Aronson, E., McGuire, W. J., Newcomb, Th. M., Rosenberg, M. J. & Tannenbaum, P. H. (Eds.), 1968, Theories of cognitive consistency: A sourcebook. Chicago, Rand McNally.

Adams, J. S., 1961, Reduction of cognitive dissonance by seeking consonant information. Journal of Abnormal and Social Psychology, 62, 74-78.

Adams, J. S., 1963, Toward an understanding of inequity. Journal of Abnormal and Social Psychology, 67, 5, 422-436.

Adams, J. S., 1965, Inequity in social exchange. In: Berkowitz, L. (Ed.), Advances in experimental social psychology, Vol. II, 267-299. New York, Academic Press.

Aderman, D. & Berkowitz, L., 1970, Observational set, empathy, and helping. Journal of Personality and Social Psychology, 14, 141-148.

Ahrens, H. J., 1966, Der Effekt der Gruppenentscheidungsstrategie auf die Optimalität von Gruppenentscheidungen. Psychologische Forschung, 29, 183-210.

Ahrens, H. J., 1976, Urteilsdiskrepanzen bei der Optimalitätseinschätzung von Gruppenentscheidungen. In: Brandstätter, H. & Schuler, H. (Eds.), Zeitschrift für Sozialpsychologie, Beiheft 2, Entscheidungsprozesse in Gruppen, 147-165. Bern, Huber.

Albers, W., 1978, Bloc forming tendencies as characteristics of the bargaining behavior in different versions of the apex game. In: Sauermann, H., (Ed.), Coalition forming behavior. Tübingen: Mohr.

Allen, V. L., 1965, Situational factors in conformity. In: Berkowitz, L. (Ed.), Advances in experimental social psychology, Vol. 11, 133-175. New York, Academic Press.

Allen, V. L. & Crutchfield, R. S., 1963, Generalization of experimentally reinforced conformity. Journal of Abnormal and Social Psychology, 67, 326-333.

Allport, F. H., 1920, The influence of the group upon association and thought. Journal of Experimental Psychology, 3, 159-182.

Allport, G. W., 1968, The person in psychology (selected essays). Boston, Beacon Press.

Amidjaja, I. R. & Vinacke, W. E., 1965, Achievement, nurturance, and competition in male and female triads. Journal of Personality and Social Psychology, 2, 447-450.

Anderson, N. H., 1961, Group performance in an anagram task. Journal of Social Psychology, 55, 67-75.

Anderson, A. J. & Smith, W. J., 1970, Threat, communication, and bargaining. Paper presented at the Eastern Psychological Association Meeting, Atlantic City, New Jersey.

Anderson, L. R. & Fiedler, F. E., 1964, The effects of participation and supervisory leadership on group creativity. Journal of Applied Psychology, 48, 227-236.

Anderson, R. E., 1967, Status structures in coalition bargaining games. Sociometry, 30, 393-403.

Apfelbaum, E., 1967, Representations du partenaire et interactions a propos d'un dilemme du prisonnier. Psychologie Francaise, 12, 287-295.

Argyle, M., 1967, The psychology of interpersonal behavior. Harmondsworth, Penguin Books.

Argyle, M., 1969, Social interaction. London, Methuen, deutsch: Soziale Interaktion. Köln, Kiepenheuer & Witsch, 1972.

Argyle, M. & Dean, J., 1965, Eye-contact, distance, and affiliation. Sociometry, 28, 289-304.

Argyle, M. & Kendon, A., 1967, The experimental analysis of social performance. In: Berkowitz, L. (Ed.), Advances in experimental social Psychology. Vol. III, 55-98. New York, Academic Press.

Arrow, K. J., 1951, Social choice and individual values. New York, Wiley.

Asch, S. E., 1951, Effects of group pressure upon the modification and distortion of judgment. In: Guetzkow, H. (Ed.), Groups, leadership, and men, 177-190. Pittsburgh, Carnegie Press.

Asch, S. E., 1952, Social psychology. Englewood Cliffs, New Jersey; Prentice Hall.

Asch, S. E., 1955, Opinions and social pressure. Scientific American, 193, 5, 31-35.

Asch, S. E., 1956, Studies of independence and conformity: A minority of one against a unanimous majority. Psychological Monographs, 70, 9, 177-190.

Ashour, A. S., 1973a, The contingency model of leadership effectiveness: An evaluation. Organizational Behavior and Human Performance, 9, 339-355.

Ashour, A. S., 1973b, Further discussion of Fiedler's contingency model of leadership effectiveness. Organizational Behavior and Human Performance, 9, 369-376.

Aumann, R. J. & Maschler, M., 1964, The bargaining set for cooperative games. Annales of Mathematical Studies, 11, 52.

Austin, W., Walster, E. & Utne, M. K., 1976, Equity and the law: The effect of a harmdoer's »suffering in the act« on liking and assigned punishment. In: Berkowitz, L. & Walster, E. (Eds.), Advances in experimental social psychology, Vol. IX, 163-191. New York, Academic Press.

Azrin, W. M., Holz, W., Ulrich, R. & Goldiamont, I., 1961, The control of the content of conversation through reinforcement. Journal of Experimental and Analytical Behavior, 4, 25-30.

Back, K., 1951, The exertion of influence through social communication. Journal of Abnormal and Social Psychology, 46, 9-23.

Backman, C. W. & Secord, P. F., 1962, Liking, selective interaction, and misperception in congruent interpersonal relations. Sociometry, 25, 321-335.

Backman, C. W. & Secord, P. F., 1972, Sozialpsychologie der Schule. Weinheim, Beltz.

Bales, R. F., 1950A, A set of categories for the analysis of small group interaction. American Sociological Review, 15, 146-159.

Bales, R. F., 1950B, Interaction process analysis: A method for the study of small groups. Reading, Massachusetts; Addison-Wesley.

Bales, R. F., 1958, Task roles and social roles in problem solving groups. In: Maccobby, E., Newcomb, T. M. & Hartley, E. L. (Eds.), Readings in social psychology, 437-447. New York, Holt, Rinehart & Winston (3. Edition).

Bales, R. F., 1970, Personality and interpersonal behavior. New York, Holt, Rinehart & Winston.

Bales, R. F. & Slater, P. E., 1955, Role differentiation in small decision-making groups. In: Parsons, T. & Bales, R. F. (Eds.), Family, socialization, and interaction process, 259-306. London, Collier-McMillan. New York, Free Press.

Bales, R. F. & Strodtbeck, F. L., 1951, Phases in group problem solving. Journal of Abnormal and Social Psychology, 46, 485-495.

Bandura, A., 1965, Influence of model's reinforcement contingencies on the acquisition of imitative responses. Journal of Personality and Social Psychology, 1, 589-595.

Bandura, A. & Walters, R. H., 1963, Social learning and personality development. New York, Holt, Rinehart & Winston.

Baron, R. A., 1971a, Aggressions as a function of magnitude of victim's pain cues, level of prior anger arousal, and aggressor-victim similarity. Journal of Personality and Social Psychology, 18, 48-54.

Baron, R. A., 1971b, Magnitude of victim's pain cues and level of prior anger arousal as determinants of adult aggressive behavior. Journal of Personality and Social Psychology, 17, 236-242.

Baron, R. A., 1974, Aggression as a function of victim's pain cues, level of prior anger arousal, and exposure to an aggressive model. Journal of Personality and Social Psychology, 29, 117-124.

Baron, R. S. & Roper, G., 1976, Affecting the salience of social desirability norms. Berkowitz, L. & Daniels, L. R., 1964, Journal of Personality and Social Psychology, 33, 521-530.

Baron, R. S., Sanders, G. S. & Baron, P. H., 1975, Social comparison reconceptualized: Implications for choice shifts, averaging effects, and social facilitation. Unpublished manuscript, University of Iowa.

Bartos, O. J., 1966, Concession making in experimental negotiations. In: Berger, J., Zelditch, M. & Anderson, B. (Eds.), Sociological theories in progress, Vol. I, 3-28. Boston, Houghton-Mifflin.

Bartos, O. J., 1967, How predictable are negotiations. Journal of Conflict Resolution, 11, 482-496.

Bartos, O. J., 1970, Determinants and consequences of toughness. In: Swingle, P. (Ed.), The structure of conflict, 45-68. New York, Academic Press.

Bass, B. M., 1960, Leadership, psychology, and organisational behavior. New York, Harper.

Bass, B. M. & Leavitt, H. J., 1963, Some experiments in planning and operating. Management Science, 9, 574-585.

Bastine, R., 1972, Gruppenführung. In: Graumann, C. F. (Ed.), Handbuch der Psychologie, Bd. 7, Sozialpsychologie, 2. Halbband: Forschungsbereiche. Göttingen: Hogrefe.

Bateson, G., 1935, Culture contact and schismogenesis. Man, 35, 178.

Bateson, N., 1966, Familiarization, group discussion, and risk taking. Journal of Experimental and Social Psychology, 2, 119-129.

Bavelas, A., 1950, Communication patterns in task-oriented groups, Journal of the Acoustical Society of America, 22, 725-730.

Bell, G. B. & French, R. L., 1950, Consistency of individual leadership position in small groups of varying membership. Journal of Abnormal and Social Psychology, 45, 764-767.

Bennis, W. G. & Shephard, M. A., 1956, A theory of group development. Human relations, 9, 415-437.
Benton, A. A., 1971, Productivity, distributive justice, and bargaining among children. Journal of Personality and Social Psychology, 24, 73-83.
Benton, A. A., Kelley, H. H. & Liebling, B., 1972, The effects of extremity of offers and concession rate on the outcomes of bargaining. Journal of Personality and Social Psychology, 24, 73-83.
Berkowitz, L., 1953, Sharing leadership in small decision-making groups. Journal of Abnormal and Social Psychology, 48, 231-238.
Berkowitz, L., 1954, Group standards, cohesiveness, and productivity. Human Relations, 7, 509-519.
Berkowitz, L., 1957, Liking for the group and the perceived merit of the group's behavior. Journal of Abnormal and Social Psychology, 54, 353-357.
Berkowitz, L., 1962, Aggression: A social psychological analysis. New York, McGraw-Hill.
Berkowitz, L., 1964, Aggressive cues in aggression behavior and hostility catharsis. Psychological Review, 71, 104-122.
Berkowitz, L., 1965, The concept of aggressive drive: Some additional considerations. In: Berkowitz, L. (Ed.), Advances in experimental social psychology, Vol. 11, 301-329. New York, Academic Press.
Berkowitz, L., 1969, The frustration-aggression hypothesis revisited. In: Berkowitz, L. (Ed.), Roots of aggression, 1-28. New York, Atherton Press.
Berkowitz, L., 1970, The contagion of violence: A S-R mediational analysis of some effects of observed aggression. In: Arnold, W. J. & Page, M. M. (Eds.), Nebraska symposium on motivation. Lincoln, University of Nebraska Press.
Berkowitz, L., 1972, Social norms, feelings, and other factors affecting helping and altruism. In: Berkowitz, L. (Ed.), Advances in experimental social psychology, Vol. VI, 63-108. New York, Academic Press.
Berkowitz, L. & Connor, W. H., 1966, Success, failure, and social responsibility. Journal of Personality and Social Psychology, 4, 664-669.
Berkowitz, L. & Daniels, L. R., 1963, Responsibility and dependency. Journal of Abnormal and Social Psychology, 66, 429-437.
Berkowitz, L. & Daniels, L. R., 1964, Affecting the salience of social desirability norms. Journal of Abnormal Psychology, 68, 275-281.
Berkowitz, L. & Friedman, P., 1967, Some social class differences in helping behavior. Journal of Personality and Social Psychology, 5, 217-225.
Berkowitz, L. & Rawlings, E., 1963, Effects of film violence on inhibitions against subsequent aggression. Journal of Abnormal and Social Psychology, 66, 405-412.
Berkowitz, L. & Walster, E. (Eds.), 1976, Advances in experimental social psychology, Vol. IX. New York, Academic Press.
Berlyne, D. E., 1968, The motivational significance of collative variables and conflict. In: Abelson, R. P., Aronson, E., McGuire, W. J., Newcomb, T. M, Rosenberg, M. J. & Tannenbaum, P. H. (Eds.), Theories of cognitive consistency: A sourcebook, 257-266. Chicago, Rand McNally.
Bernard, L. L., 1924, Instinct: A study in social psychology. New York.
Bernard, L. L., 1926, An introduction to social psychology. New York.
Bernfeld, S., 1922, Vom Gemeinschaftsleben der Jugend. Leipzig.
Birdwhistell, R. L., 1952, Introduction to kinetics. Louisville.
Birth, K. & Prillwitz, G., 1959, Führungsstile und Gruppenverhalten von Kindern. Zeitschrift für Psychologie, 163, 230-231.
Bishop, R. D., 1963, Game-theoretic analyses of bargaining. Quarterly Journal of Economics, 77, 595-602.
Bixenstine, V. E., Chambers, N. & Wilson, K. V., 1964, Effect of asymmetry in payoff on behavior in a two-person non-zero-sum game. Journal of Conflict Resolution, 8, 151-159.
Bixenstine, V. E., Levitt, C. A. & Wilson, K. V., 1966, Collaboration among six persons in a PDG. Journal of Conflict Resolution, 10, 4, 488-496.
Bixenstine, V. E., Potash, H. M. & Wilson, K. V., 1963, Effects of level of cooperative choice by the other player on choices in a prisoner's dilemma game. Journal of Abnormal and Social Psychology, 66, 308-313.
Bjerstedt, A., 1956, Interpretations of sociometric choice status. Copenhagen, Lund.
Black, D., 1948, On the rationale of group decision making. Journal of Political Economy, 56, 23-24.
Blake, R. R., Helson, H. & Mouton, J. S., 1956, The generality of conformity behavior as a function of factual anchorage, difficulty of task, and amount of social pressure. Journal of Personality, 25, 294-305.

Blau, P., 1953, Orientation of college students toward international relations. American Journal of Sociology, 59, 205-214.
Blau, P., 1960, Patterns of deviation in work groups. Sociometry, 23, 245-261.
Blau, P., 1964, Exchange and power in social life. New York, Wiley.
Bond, J. R. & Vinacke, W. E., 1961, Coalitions in mixed-sex triads. Sociometry, 24, 61-75.
Bonham, G. M., 1971, Simulating international disarmament negotiations. Journal of Conflict Resolution, 15, 299-315.
Bonney, M. E., 1944, Relationship between social success, family size, socioeconomic home background, and intelligence among school children in grades III to V. Sociometry, 7, 26-39.
Bonoma, T. W. & Tedeschi, J. T., 1973, Some effects of source behavior on target's compliance to threats. Behavioral Science, 18, 34-41.
Borah, L. A., Jr., 1963, The effects of threat in bargaining: Critical and experimental analysis. Journal of Abnormal and Social Psychology, 66, 37-44.
Borgotta, E. F., Bales, R. F. & Couch, A. S., 1954, Some findings relevant to the great man theory of leadership. American Sociological Review, 19, 755-759.
Bornewasser, M., Hesse, F. W., Mielke, R. & Schmidt, H. D., 1976, Einführung in die Sozialpsychologie. Heidelberg, Quelle & Meyer.
Bovard, E. W., Jr., 1952, Clinical insight as a function of group process. Journal of Abnormal and Social Psychology, 47, 534-539.
Bramel, D., 1968, Dissonance, expectation, and the self. In: Abelson, R. P. et al. (Eds.), Theories of cognitive consistency: A sourcebook, 355-365. Chicago, Rand McNally.
Brandstätter, H., 1976, Das Augsburger Forschungsprojekt »Gruppenentscheidung« — eine Zwischenbilanz. In: Brandstätter, H. (Ed.), Probleme und Entscheidung, Heft 18, 1-22.
Brandstätter, H., 1978, Social emotions in persuasive argumentations: A review of the Augsburg research project on discussion. In: Brandstätter, H., Davis, J. H., Schuler, H. (Eds.), Social decision schemes. Beverly Hills, Sage. In press.
Brandstätter, H., Mott, W., Rosenstiel, L., Rüttinger, B., Schuler, H. & Stocker-Kreichgauer, G., 1971, Der Einfluß in Entscheidungsgruppen als Funktion der Sympathie und des Unterschieds in den Handlungspräferenzen. In: Brandstätter, H. (Ed.), Problem und Entscheidung, Heft 6, 2-71.
Brandt, U. & Köhler, B., 1972, Norm und Konformität. In: Graumann, C. F. (Ed.), Handbuch der Psychologie, Bd. 7, Sozialpsychologie, 2. Halbband: Forschungsberichte, 1710-1789. Göttingen, Hogrefe.
Brehm, J. W., 1956, Post-decision changes in the desirability of alternatives. Journal of Abnormal and Social Psychology, 52, 384-389.
Brehm, J. W., 1972, Responses to loss of freedom: A theory of psychological reactance. Morriston, New Jersey: General Learning Press.
Brehm, J. W. & Cohen, A. R., 1962, Explorations in cognitive dissonance. New York, Wiley.
Brock, T. C., 1965, Commitment to exposure as a determinant of information receptivity. Journal of Personality and Social Psychology, 2, 10-19.
Brock, T. C. & Becker, L. A., 1965, Ineffectiveness of ›overheard‹ counterpropaganda. Journal of Personality and Social Psychology, 2, 654-660.
Brodbeck, M., 1956, The role of small groups in mediating the effects of propaganda. Journal of Abnormal and Social Psychology, 52, 166-170.
Brown, R., 1965, Social psychology. New York, Free Press.
Brown, B. R., 1968, The effects of need to maintain face in interpersonal bargaining. Journal of Experimental Social Psychology, 4, 102-122.
Brunswik, E., 1945, Social perception of traits from photographs. Psychological Bulletin, 42, 535-536.
Burgess, R. L., 1968, Communication networks: An experimental reevaluation. Journal of Experimental Social Psychology, 4, 324- 337.
Burke, P. J., 1967, The development of task and social emotional role differentiation. Sociometry, 30, 379-392.
Burnstein, E., Vinokur, A. & Pichevin, M. F., 1974, What do differences between own, admired, and attributed choices have to do with group induced shifts in choice. Journal of Experimental Social Psychology, 10, 428- 443.
Byrne, D., 1961, Interpersonal attraction and attitude similarity. Journal of Abnormal and Social Psychology, 62, 713-715.
Byrne, D., 1962, Response to attitude similarity-dissimilarity as a function of affiliation need. Journal of Personality, 30, 164-177.
Byrne, D., 1969, Attitudes and attraction. In: Berkowitz, L. (Ed.), Advances in experimental social Psychology, Vol. IV, 36-89. New York, Academic Press.

Byrne, D. & Blaylock, B., 1963, Similarity and assumed similarity of attitudes between husbands and wives. Journal of Abnormal and Social Psychology, 67, 636-640.
Byrne, D. & Clore, G. L., Jr., 1966, Predicting interpersonal attraction toward strangers presented in three different stimulus modes. Psychonomic Science, 4, 239-240.
Byrne, D. & Griffitt, W., 1966, Similarity versus liking: A clarification. Psychonomic Science, 6, 295-296.
Byrne, D. & Nelson, D., 1965, Attraction as a linear-function of proportion of positive reinforcements. Journal of Personality and Social Psychology, 1, 659-663.
Byrne, D. & Rhamey, R., 1965, Magnitude of positive and negative reinforcements as determinant of attraction. Journal of Personality and Social Psychology, 2, 884-889.
Byrne, D., Clore, G. L., Jr. & Worchel, P., 1966, Effect of economic similarity-dissimilarity on interpersonal attraction. Journal of Personality and Social Psychology, 4, 220-224.
Byrne, D., Ervin, C. R. & Lamberth, J., 1970, Continuity between the experimental study of attraction and real-life computer dating. Journal of Personality and Social Psychology, 16, 157-165.
Byrne, D., Griffitt, W. & Stefaniak, D., 1967, Attraction and similarity of personality characteristics. Journal of Personality and Social Psychology, 5, 89-90.
Caldwell, M., 1971, Coalitions in the triad. Introducing the element of change into the game structure. Journal of Personality and Social Psychology, 20, 271-280.
Caplow, T., 1956, A theory of coalitions in the triad. American Sociological Review, 21, 489-493.
Caplow, T., 1959, Further development of a theory of coalitions in the triad. American Journal of Sociology, 64, 488-493.
Caplow, T., 1971, Elementary sociology. Englewood Cliffs, New Jersey; Prentice Hall.
Carter, L. F., 1953, Leadership and small group behavior. In: Sherif, M. & Wilson, M. O. (Eds.), Group relations at the crossroads. New York, Harper.
Carter, L. F., 1954, Recording and evaluating the performance of individuals as members of small groups. Personnel Psychology, 7, 477-484.
Carter, L. F., Haythorn, W., Shriver, B. & Lanzetta, J., 1951, The behavior of leaders and other group members. Journal of Abnormal and Social Psychology, 46, 589-595.
Cartwright, D., 1968, The nature of group cohesiveness. In: Cartwright, D. & Zander, A. (Eds.), Group dynamics. Research and theory, 91-109. London, Tavistock Publications.
Cartwright, D. & Harary, F., 1956, Structural balance: A generalization of Heider's theory. Psychological Review, 63, 277-293.
Centers, R., 1963, A laboratory adaption of the conversational procedure for the conditioning of verbal operants. Journal of Abnormal and Social Psychology, 67, 334-339.
Chapanis, N. P. & Chapanis, A., 1964, Cognitive dissonance: Five years later. Psychological Bulletin, 61, 1-22.
Chapple, E. D. & Arensberg, C. M., 1940, Measuring human relations: An introduction to the study of interaction of individuals. Genetic Psychological Monograph, 22, 3-147.
Chemers, M. M. & Skrzypek, G. J., 1972, Experimental test of the contingency model of leadership effectiveness. Journal of Personality and Social Psychology, 24, 172-177.
Cheney, J., Harford, T. & Solomon, L., 1972, The effects of communicating threats and promisses upon bargaining processes. Journal of Conflict Resolution, 15, 99-107.
Chertkoff, J. M., 1966, The effects of probability of future success on coalition formation. Journal of Experimental Social Psychology, 2, 165-277.
Chertkoff, J. M., 1967, A revision of Caplow's coalition theory. Journal of Experimental Social Psychology, 3, 172-177.
Chertkoff, J. M., 1970, Sociopsychological theories and research on coalition formation. In: Grönnings, S., Kelley, E. W. & Leiserson, M. (Eds.), The study of coalition behavior, 297-322. New York, Holt, Rinehart & Winston.
Chertkoff, J. M., 1971, Coalition formation as a function of differences in resources. Journal of Conflict Resolution, 15, 371-384.
Chertkoff, J. M. & Braden, J. L., 1971, Effects of experience and bargaining restrictions on coalition formation. Journal of Personality and Social Psychology, 30, 1, 169-177.
Chertkoff, J. M. & Conley, M., 1967, Opening offer and frequency of concession as bargaining strategies. Journal of Personality and Social Psychology, 7, 181-185.
Chickering, A. W. & McCormick, J., 1973, Personality development and the college experience. Research in Higher Education, 1, 62-64.
Clark, H., 1916, The crowd. Psychol. Congr., 21, 26-30.
Clore, L. & Byrne, D., 1974, Reinforcement-affect model of attraction. In: Huston, I. L. (Ed.), Foundations of interpersonal attraction, 143-170. New York, Academic Press.
Cohen, A. R., 1958, Upward communication in experimentally created hierarchies. Human Relations, 11, 41-53.

Cohen, D., Whitmyre, J. W. & Funk, W. H., 1960, Effect of group cohesiveness and training upon creative thinking. Journal of Applied Psychology, 44, 319-322.

Coleman, J. S., 1957, Community conflict. New York, Free Press.

Coleman, J. F., Blake, R. R. & Mouton, J. S., 1958, Task difficulty and conformity pressures. Journal of Abnormal and Social Psychology, 57, 120-122.

Collins, B. E. & Gützkow, H., 1964, A social psychology of group processes for decision-making. New York, Wiley.

Collins, B. E. & Raven, B. H., 1969, Group structure: attraction, coalitions, communication, and power. In: Lindzey, G. & Aronson, E. (Eds.), The handbook of social psychology, second edition, Vol. IV: Group psychology and phenomena of interaction, 102-204. Reading, Massachusetts; Adison-Wesley.

Comrey, A. L., 1953, Group performance in a manual dexterity task. Journal of Applied Psychology, 37, 207-210.

Comrey, A. L. & Deskin, G., 1954A, Further results on group manual dexterity in men. Journal of Applied Psychology, 38, 116-118.

Comrey, A. L. & Deskin, G., 1954B, Group manual dexterity in women. Journal of Applied Psychology, 38, 178-180.

Conrath, D. W., 1970, Experience as a factor in experimental gaming behavior. Journal of Conflict Resolution, 14, 195-202.

Cooley, C. H., 1902, Human nature and the social order. New York, Schocken Books.

Cooley, C. H., 1909, Social organisation: A study of the larger mind. New York, Schocken Books.

Cooley, C. H., 1966, The significance of communication. In: Berelson, B. & Janowitz, B. (Eds.), Reader in public opinion and communication, 147-155. New York, Free Press.

Coombs, C. H., 1954, Social choice and strength of preference. In: Thrall, R. N., Coombs, C. H. & Davis, R. L. (Eds.), Decision processes, 69-86. New York.

Cottrell, N. B., Wack, D. L., Sekerak, G. J. & Rittle, R. H., 1968, Social facilitation of dominant responses by the presence of an audience and the mere presence of others. Journal of Personality and Social Psychology, 9, 245-250.

Crano, W. D. & Cooper, R. E., 1973, Examination of Newcomb's extension of structural balance theory. Journal of Personality and Social Psychology, 27, 344-353.

Croner, M. D. & Willis, R. H., 1961, Perceived differences in task competency and asymmetry of dyadic influence. Journal of Abnormal and Social Psychology, 62, 705-708.

Crott, H. W., 1965, Gruppenentscheidungen unter verschiedenen Motivationsbedingungen. Archiv für die gesamte Psychologie, 117, 113-130.

Crott, H. W., 1972A, Der Einfluß struktureller und situativer Merkmale auf das Verhalten in Verhandlungssituationen, Teil 1. Zeitschrift für Sozialpsychologie, 3, 134-158.

Crott, H. W., 1972B, Der Einfluß struktureller und situativer Merkmale auf das Verhalten in Verhandlungssituationen, Teil II. Zeitschrift für Sozialpsychologie, 3, 227-244.

Crott, H. W., 1974, Verhandlungen als soziale Austauschprozesse: Untersuchungen zum Einfluß von strukturellen und situativen Variablen auf den Verlauf und das Ergebnis von Verhandlungen. Habilitationsschrift, vorgelegt zur Erlangung der Venia Legendi für das Fach Psychologie der Fakultät für Philosophie, Psychologie und Erziehungswissenschaft der Universität Mannheim.

Crott, H. W. & Möntmann, V., 1973, Der Effekt der Information über die Verhandlungsmöglichkeiten des Gegners auf das Verhandlungsergebnis. Zeitschrift für Sozialpsychologie, 4, 209-219.

Crott, H. W. & Müller, G. F., 1976, Der Einfluß des Anspruchsniveaus und der Erfahrung auf Ergebnis und Verlauf dyadischer Verhandlungen bei vollständiger Information über die Gewinnmöglichkeiten. Zeitschrift für experimentelle und angewandte Psychologie, 4, 548-568.

Crott, H. W., Kayser, E. & Lamm, H., 1978, The effects of information exchange and communication in an asymmetrical negotiation situation. In Vorbereitung.

Crott, H. W., Kutschker, M. & Lamm, H., 1977A, Verhandlungen I. Stuttgart, Kohlhammer.

Crott, H. W., Kutschker, M. & Lamm, H., 1977B, Verhandlungen II. Stuttgart, Kohlhammer.

Crott, H. W., Lump, R. R. & Wildermuth, R., 1976, Der Einsatz von Bestrafungen und Belohnungen in einer Verhandlungssituation. In: Brandstätter, H. & Schuler, H. (Eds.), Zeitschrift für Sozialpsychologie, Beiheft 2, Entscheidungsprozesse in Gruppen, 147-165. Bern, Huber.

Crott, H. W., Möntmann, V. & Wender, I., 1976, Der Einfluß sozialer Normen auf die Attraktivität von Entscheidungsalternativen in Gruppenentscheidungssituationen. Bericht aus dem Sonderforschungsbereich 24, Universität Mannheim (WH). 1978 in: Irle, M. (Ed.), Attraktivität von Entscheidungsalternativen und Urteilssicherheit. Bern, Huber.

Crott, H. W., Müller, G. F. & Hamel, P. L., 1978, The influence of the aspiration level, of the level of information and bargaining experience on the process and outcome in a bargaining situation. In: Sauermann (Ed.), Bergaining behavior. Tübingen: Mohr.

Crott, H. W., Oldigs, J., Reihl, D. & Wender, I., 1977, Beobachtungslernen von Aufteilungsverhalten bei Jungen im Alter von 8—9 Jahren. In: Tack, W. H. (Ed.), Bericht über den 30. Kongress der Deutschen Gesellschaft für Psychologie in Regensburg 1976. Göttingen, Hogrefe.

Crott, H. W., Simon, K. & Yelin, M., 1974, Der Einfluß des Anspruchsniveaus auf den Verlauf und das Ergebnis von Verhandlungen. Zeitschrift für Sozialpsychologie, 4, 300-314.

Crowne, D. P. & Marlowe, D., 1964, The approval motive. New York, Wiley.

Crutchfield, R. S., 1955, Conformity and character. American Psychologist, 10, 191-198.

Crutchfield, R. S., 1958, Conformity and creative thinking. Paper delivered at symposium on Creative Thinking. University of Colorado.

Crutchfield, R. S., 1959, Personal and situational factors in conformity to group pressures. Acta Psychologica, 15, 386-388.

Crutchfield, R. S., 1962, Detrimental effects of conformity pressures on creative thinking. Psychologische Beiträge, 6, 463-471.

Curry, T. J. & Emerson, R. M., 1970, Balance theory: A theory of interpersonal attraction. Sociometry, 33, 216-238.

Däumling, A. & Fengler, J., 1974, Angewandte Gruppendynamik. Stuttgart, Klett.

Dahl, R. A., 1957, The concept of power. Behavioral Science, 2, 201-215.

Daniels, V., 1967, Communication, incentive, and structural variables in interpersonal exchange and negotiation. Journal of Experimental Social Psychology, 3, 47-74.

Darley, J. M. & Latane, B., 1968, Bystander intervention in emergencies: Diffusion of responsibility. Journal of Personality and Social Psychology, 8, 377-383.

Dashiell, J. F., 1935, Experimental studies of the influence of social situations on the behavior of individual human adults. In: Murchison, C. (Ed.), Handbook of social psychology, 1097-1158. Worcester, Massachusetts; Clark University Press.

Davids, A. & Parenti, A. N., 1958, Personality, social choice, and adults' perception of these factors in groups of disturbed and normal children. Sociometry, 21, 212-224.

Davidson, J. R. & Kiesler, S. B., 1964, Cognitive behavior before and after decisions. In: Festinger, L. (Ed.), Conflict, decision, and dissonance, 10-19. Stanford, Calif.; Stanford University Press.

Davie, J. S. & Hare, A. P., 1056, Button-down collar culture: A study of undergraduate life at a men's college. Human Organization, 14, 13-20.

Davis, A. & Dollard, J., 1940, Children of Bondage. Washington, American Council on Education.

Davis, J. A., 1966, Structural balance, mechanical solidarity, and interpersonal relations. In: Berger, J., Zelditsch, M. & Anderson, B. (Eds.), Sociological theories in progress, Vol. I, 74-101. New York, Houghton.

Davis, J. A., 1968, Social structures and cognitive structures. In: Abelson, R. P., Aronson, E., McGuire, W. J., Newcomb, I. M., Rosenberg, M. J. & Tannenbaum, P. H. (Eds.), Theories of cognitive consistency: A sourcebook, 544-550. Chicago, Rand McNally.

Davis, J. H., 1973, Group decision and social interaction. A theory of social decision schemes. Psychological Review, 80, 97-125.

Davis, J. H. & Restle, F., 1963, The analysis of problems and a prediction of group problem solving. Journal of Abnormal and Social Psychology, 66, 103-116.

Davis, J. H., Hornik, J. A. & Hornseth, J. P., 1970, Group decision schemes and strategy preferences in a sequential response task. Journal of Personality and Social Psychology, 15, 397-408.

Davis, J. H., Kerr, N. L., Atkin, R. S., Holt, R. & Meek, D., 1975, The decision process of 6- and 12-person mock juries assigned unanimous and two-thirds majority rules. Journal of Personality and Social Psychology, 32, 1-14.

Davis, J. H., Kerr, N. L., Stasser, G., Meek, D. & Holt, R., 1976, Victim consequences, sentence severity, and decision processes in mock juries. Unpublished manuscript, University of Illinois.

Davis, J. H., Kerr, N. L., Sussman, M. & Rissman, A. K., 1974, Social decision schemes under risk. Journal of Personality and Social Psychology, 30, 248-271.

Davitz, J. R., 1952, The effects of previous training on postfrustration behavior. Journal of Abnormal and Social Psychology, 47, 309-315.

De Soto, C. B., 1961, The prediction for single orderings. Journal of Abnormal and Social Psychology, 62, 16-23.

Dember, W. N., 1964, Birth order and need of affiliation. Journal of Abnormal and Social Psychology, 68, 555-557.

Deutsch, M., 1949 A, A theory of cooperation and competition. Human Relations, 2, 129, 151.
Deutsch, M., 1949 B, Experimental studies of the effects of cooperation and competition. Human Relations, 2, 199-231.
Deutsch, M., 1958, Trust and suspicion. Journal of Conflict Resolution, II, 4, 265-279.
Deutsch, M., 1960, The effect of motivational orientation upon trust and suspicion. Human Relations, 13, 122-139.
Deutsch, M., 1973, The resolution of conflict. New Haven, Connecticut; Yale University Press.
Deutsch, M. & Gerard, H. B., 1955, A study of normative and informational social influences upon individual judgment. Journal of Abnormal and Social Psychology, 51, 619-636.
Deutsch, M. & Krauss, R. M., 1960, The effect of threat upon interpersonal bargaining. Journal of Abnormal and Social Psychology, 61, 181-189.
Deutsch, M. & Krauss, R. M., 1962, Studies of interpersonal bargaining. Journal of Conflict Resolution, 6, 52-76.
Deutsch, M. & Krauss, R. M., 1965, Theories in social psychology. New York, Basic Books.
Deutsch, M. & Solomon, L., 1959, Reactions to evaluations by others as influenced by selfevaluation. Sociometry, 22, 93-112.
Deutsch, M., Canavan, D. & Rubin, J., 1971, The effects of size of conflict and sex of experiments upon interpersonal bargaining. Journal of Experimental and Social Psychology, 7, 258-267.
Deutsch, W. & Herrmann, T., 1977, Vor- und Schlußbemerkung zum Symposium über situationsspezifische Sprechvariation. In: Tack, W. H. (Ed.), Bericht über den 30. Kongreß der Deutschen Gesellschaft für Psychologie in Regensburg 1976, Band 1, 173-174, 187-190. Göttingen, Hogrefe.
Di Vesta, F. J., 1954, Instructor-centered and student-centered approaches in teaching a human relations course. Journal of Applied Psychology, 38, 329-335.
Dittes, J. E., 1959, Attractiveness of group as a function of self-esteem and acceptance by group. Journal of Abnormal and Social Psychology, 59, 77-82.
Dittes, J. E. & Kelley, H. H., 1956, Effects of different conditions of acceptance upon conformity to group norms. Journal of Abnormal and Social Psychology, 53, 100-107.
Dollard, J., Doob, L., Miller, N., Mowrer, O. & Sears, R., 1939, Frustration and aggression. New Haven, Connecticut; Yale University Press.
Dollase, R., 1973, Soziometrische Techniken. Weinheim, Beltz.
Dornette, W. & Pulkowski, H. B., 1974, Konfliktspiele: Experimentelle Spiele in der Psychologie. München, UTB.
Douglas, A., 1962, The industrial peacemaking. New York, Columbia University Press.
Dreikurs, R., 1976, Schülern gerecht werden. München, Urban & Schwarzenberg.
Dunette, M. C., Campbell, J. & Jaastad, K., 1963, The effect of group participation on brainstorming effectiveness for two industrial samples. Journal of Applied Psychology, 47, 30-37.
Durkheim, E., 1893, De la division du travail social. Paris, Alcan.
Edwards, D. S., 1948, The constant frame of reference problem in sociometry. Sociometry, 11, 372-379.
Eisermann, G., 1969, Allgemeine Soziologie. In: Eisermann, G. (Ed.), Die Lehre von der Gesellschaft, 55-146. Stuttgart, Enke.
Ellsworth, P. C. & Carlsmith, J. M., 1968, Effect of eye contact and verbal content on affective response to a dyadic interaction. Journal of Personality and Social Psychology, 10, 15-20.
Endler, N. S. & Hoy, E., 1967, Conformity as related to reinforcement and social pressure. Journal of Personality and Social Psychology, 7, 197-202.
Esch, J., 1950, A study of judgments of social situations. Unpublished term paper, University of Kansas (zitiert nach Heider 1958).
Evans, G. W., 1964, Effect of unilateral promise and value of reward upon cooperation and trust. Journal of Personality and Social Psychology, 69, 5, 587-590.
Exline, R. V., 1960, Effects of sex, norms, and affiliation motivation upon accuracy of interpersonal preferences. Journal of Personality, 28, 397-412.
Feather, N. T., 1966, The prediction of interpersonal attraction: Effects of sign and strength of relations in different structures. Human Relations, 19, 213-237.
Feather, N. T., 1967, A structural balance approach to the analysis of communication effects. In: Berkowitz, L. (Ed.), Advances in experimental social psychology, Vol. III. New York, Academic Press.
Feather, N. T. & Armstrong, D. J., 1967, Effects of variation in source attitude, receiver attitude, and communication stand on reactions to source and content of communications. Journal of Personality, 35, 435-455.
Feather, N. T. & Jeffries, D. G., 1967, Balancing and extremity effects in relations of receiver to source and content of communication. Journal of Personality, 35, 194-213.

Feger, H., 1974, Die Erfassung individueller Einstellungsstrukturen. Zeitschrift für Sozialpsychologie, 5, 242-254.
Feger, H., 1976, Probleme einer quantitativen Soziometrie. In: Brandstätter, H. & Schuler, H. (Eds.), Entscheidungsprozesse in Gruppen, 167-180. Bern, Huber. Zeitschrift für Sozialpsychologie, Beiheft 2.
Feierabend, I. K. & Feierabend, R. L., 1966, Aggressive behaviors within politics, 1948-1962: A cross-national study. Journal of Conflict Resolution, 10, 249-271.
Feldman, S., 1966, Cognitive consistency: Motivational antecedents and behavioral consequences. New York, Academic Press.
Feshbach, S., 1955, The drive-reducing function of fantasy-behavior. Journal of Abnormal and Social Psychology, 50, 3-11.
Feshbach, S., 1961, The stimulating versus cathartic effects of a vicarious aggressive activity. Journal of Abnormal and Social Psychology, 63, 381-385.
Festinger, L., 1950, Informal social communication. Psychological Review, 57, 271-282.
Festinger, L., 1954, A theory of social comparison processes. Human Relations, 7, 117-140.
Festinger, L., 1957, A theory of cognitive dissonance. Stanford, Stanford University Press.
Festinger, L., 1964, Conflict, decision, and dissonance. Stanford, Stanford University Press.
Festinger, L. & Thibaut, J., 1951, Interpersonal communication in small groups. Journal of Abnormal and Social Psychology, 46, 92-99.
Festinger, L., Riecken, H. & Schachter, S., 1956, When prophecy fails. Minneapolis, University of Minnesota Press.
Festinger, L., Schachter, S. & Back, K., 1950, Social pressures in informal groups. New York, Harper.
Fiedler, F. E., 1954, Good leadership: Nature or nurture? Contact, Penscola, 12, 22-24.
Fiedler, F. E., 1955, The influence of leader-keyman relation on combat crew effectiveness. Journal of Abnormal and Social Psychology, 51, 227-235.
Fiedler, F. E., 1958, Leader attitudes and group effectiveness. Urbana, University of Illinois Press.
Fiedler, F. E., 1962, Leader attitudes, group climate, and group creativity. Journal of Abnormal and Social Psychology, 65, 308-318.
Fiedler, F. E., 1964, A contingency model of leadership effectiveness. In: Berkowitz, L. (Ed.), Advances in experimental social psychology, Vol. I, 150-191. New York, Academic Press.
Fiedler, F. E., 1965, The contingency model: A theory of leadership effectiveness. In: Prohansky, H. & Seidenberg, B. (Eds.), Basic studies in social psychology, 538-551. New York, Holt, Rinehart & Winston.
Fiedler, F. E., 1967, A theory of leadership effectiveness. New York, McGraw-Hill.
Fiedler, F. E., 1971, Validation and extension of the contingency model of leadership effectiveness: A review of empirical findings. Psychological Bulletin, 76, 126-148.
Fiedler, F. E., Bass, A. R. & Fiedler, J., 1961, Hypnotically induced leader attitudes and group creativity. Technical Report No. 11, Group Effectiveness Res. Lab., University of Illinois.
Flament, C., 1963, Applications of graph theory to group structure. Englewood Cliffs, New Jersey; Prentice Hall.
Flanders, N. A., 1951, Personal-social anxiety as a factor in experimental learning. Journal of Educational Research, 45, 100-110.
Flanders, J. P. & Thistlethwaite, D. L., 1967, Effects of familiarization and group discussion upon risk taking. Journal of Personality and Social Psychology, 5, 91-97.
Fleishman, E. A., 1953 A, The measurement of leadership attitudes in industry. Journal of Applied Psychology, 37, 153-158.
Fleishman, E. A., 1953 B, The description of supervisory behavior. Journal of Applied Psychology, 37, 1-6.
Fleishman, E. A. & Harris. E. F., 1962, Patterns of leadership behavior related to employee grievances and turnover. Personnel Psychology, 15, 43-56.
Fontaine, G., 1974, Social comparison and some determinants of expected personal control and expected performance in a novel task situation. Journal of Personality and Social Psychology, 29, 487-496.
Foppa, K., 1965, Lernen. Gedächtnis, Verhalten. Köln, Kiepenheuer & Witsch.
Fouraker, L. E. & Siegel, S., 1963, Bargaining behavior. New York, McGraw-Hill.
Fox, D. J. & Lorge, I., 1962, The relative quality of decisions written by individuals and by groups as the available time for problem solving is increased. Journal of Social Psychology, 57, 227-242.
French, J. P., Morrison, H. P. & Levinger, G., 1960, Coercive power and forces affecting conformity. Journal of Abnormal and Social Psychology, 61, 93-101.

French, J. R. P. & Raven, B. H., 1959, The bases of social power. In: Cartwright, D. (Ed.), Studies in social power, 607-623. Ann Arbor, Michigan.
Frenckel-Brunswick, E., 1949, Intolerance of ambiguity as an emotional and perceptional personality variable. Journal of Personality, 18.
Freud, S., 1921, Massenpsychologie und Ich-Analyse. Leipzig, Internationaler Psychoanalytischer Verlag.
Frey, D., 1971, Der augenblickliche Stand der »forced compliance« Forschung. Zeitschrift für Sozialpsychologie, 2, 323-342.
Frey, D. (Ed.), 1978, Kognitive Theorien der Sozialpsychologie. Bern, Huber.
Fromm, E., 1941, Escape from freedom. New York, Holt, Rinehart & Winston.
Gallo, P. S., 1963, The effect of different motivation orientation in a mixed-motive game. Unpublished doctoral dissertation, University of California, Los Angeles.
Gallo, P. S., 1966, Effects of increased incentives upon the use of threat in bargaining. Journal of Personality and Social Psychology, 4, 14-20.
Gallo, P. S., 1967, The effect of the strategy of the other player on personality impression formation and cooperative behavior in a MDG. Research Report, 1-11.
Gallo, P. S., 1969, Personality impression formation in a maximizing difference game. Journal of Conflict Resolution, 13, 118-122.
Gallo, P. S., Irwin, R. & Avery, G., 1966, The effect of score feedback and strategy of the other on cooperative behavior in MDG. Psychonomic Science, 5, 401-402.
Gamson, W. A., 1961 A, A theory of coalition formation. American Sociological Review, 26, 373-382.
Gamson, W. A., 1961 B, An experimental test of a theory of coalition formation. American Sociological Review, 26, 565-573.
Gamson, W. A., 1964, Experimental studies of coalition formation. In: Berkowitz, L. (Ed.), Advances in experimental social psychology, Vol. I, 82-110. New York, Academic Press.
Gaskell, G. D., Thomas, E. A. C. & Farr, R. M., 1973, Effects of pretesting on measures of individual risk preferences. Journal of Personality and Social Psychology, 25, 192-198.
Geen, R. G., 1970, Perceived suffering of the victim as an inhibitor of attack-induced aggression. Journal of Social Psychology, 81, 209-215.
Gerard, H. B., 1954, The anchorage of opinions in face-to-face groups. Human Relations, 7, 313-326.
Gerard, H. B., 1957, Some effects of status, role clarity, and group goal clarity upon the individual's relations to group process. Journal of Personality, 25, 475-488.
Gerard, H. B., 1965, Deviation, conformity, and commitment. In: Steiner, I. D. & Fishbein, M. (Eds.), Current studies in social psychology, 263-277. New York, Holt, Rinehart & Winston.
Gerard, H. B. & Conolley, E. S., 1972, Conformity. In: McClintock, C. G. (Ed.), Experimental social psychology, 237-263. New York, Holt, Rinehart & Winston.
Gerard, H. B. & Rabbie, J. M., 1961, Fear and social comparison. Journal of Abnormal and Social Psychology, 62, 586-592.
Gerard, H. B., Blevans, S. A. & Malcolm, T., 1964, Self-evaluation and the evaluation of choice alternatives. Journal of Personality, 32, 395-410.
Gerard, H. B., Wilhelmy, R. A. & Conolley, E. S., 1968, Conformity and group size. Journal of Personality and Social Psychology, 8, 79-82.
Gewirtz, J. L., 1961, A learning analysis of the effects of normal stimulation, privation, and deprivation on the acquisition of social motivation and attachment. In: Foss, B. M. (Ed.), Determinants of infant behavior, Vol. I, 213-299. London, Methuen.
Gewirtz, J. L., 1969 A, Mechanisms of social learning: Some roles of stimulation and behavior in early development. In: Goslin, D. A. (Ed.), Handbook of socialization and research, 57-212. Chicago.
Gewirtz, J. L., 1969 B, Potency of a social reinforcement as a function of satiation and recovery. Developmental Psychology, 1, 2-13.
Gewirtz, J. L. & Bär, D. M., 1958 A, The effect of brief social deprivation on behavior for a social reinforcer. Journal of Abnormal and Social Psychology, 56, 49-56.
Gewirtz, J. L. & Bär, D. M., 1958 B, Deprivation and satiation of social reinforcers as drive conditions. Journal of Abnormal and Social Psychology, 57, 165-172.
Gibb, C. A., 1949, The emergence of leadership in small temporary groups of men. Unpublished doctoral dissertation, University of Illinois.
Gibb, C. A., 1969, Leadership. In: Lindzey, G. & Aronson, E. (Eds.), The handbook of social psychology, Vol. IV, 205-282. Reading, Massachusetts; Addison-Wesley.
Gibson, J. J. (Ed.), 1947, Motion picture testing and research. Rep. 7, AAF Aviation Psychology Research Reports. Washington, D. C.

Goethals, G. R. & Nelson, R. E., 1973, Similarity in the influence process: The belief-value distinction. Journal of Personality and Social Psychology, 25, 117-122.

Golembiewski, R. I., 1962, The small group. An analysis of research concepts and operations. Chicago, University Press.

Goode, W. J., 1960, A theory of role strain. American Sociological Review, 25, 483-496.

Goranson, R. E. & Berkowitz, L., 1966, Reciprocity and responsibility reactions to prior help. Journal of Personality and Social Psychology, 3, 227-232.

Gordon, K. D., 1924, Group judgments in the field of lifted weights. Journal of Experimental Psychology, 3, 398-400.

Gordon, T., 1951, Group-centered leadership and administration. In: Rogers, C. R. (Ed.), Client-centered therapy, 320-383. Boston.

Gordon, T., 1955A, Group-centered leadership: A way of releasing the creative power of groups. Boston.

Gordon, T., 1955B, The challenge of a new conception of leadership. Pastoral Psychology, 6, 15-24.

Goslin, D. A., 1962, Accuracy of self perception and social acceptance. Sociometry, 25, 283-296.

Gouldner, A. W., 1960, The norm of reciprocity: A preliminary statement. American Sociological Review, 25, 161-178.

Grabitz-Gniech, G. & Grabitz, H.-J., 1973, Psychologische Reaktanz: Theoretisches Konzept und experimentelle Untersuchungen. Zeitschrift für Sozialpsychologie, 4, 19-35.

Grabitz, H.-J. & Grabitz-Gniech, G., 1973, Der kognitive Prozeß von Entscheidungen: Theoretische Ansätze und experimentelle Untersuchungen.

Graumann, C. F., 1969, Motivation. Einführung in die Psychologie, Bd. 1. Frankfurt, Akademische Verlagsgesellschaft.

Graumann, C. F., 1972, Interaktion und Kommunikation. In: Graumann, C. F. (Ed.), Handbuch der Psychologie, Bd. 7, Sozialpsychologie, 2. Halbband: Forschungsbereiche, 1109-1262. Göttingen, Hogrefe.

Greenspoon, J., 1955, The reinforcing effect of two spoken sounds on the frequency of two responses. American Journal of Psychology, 68, 409-416.

Grimm, H., 1977, Bedingungszusammenhang zwischen Intention, Sprachstruktur und Einflußnahme. In: Tack, W. H. (Ed.), Bericht über den 30. Kongreß der Deutschen Gesellschaft für Psychologie in Regensburg 1976, Band 1, 183-184. Göttingen, Hogrefe.

Gronlund, N. E., 1955A, The relative stability of classroom social status with unweighted sociometric choices. Journal of Educational Psychology, 46, 345-354.

Gronlund, N. E., 1955B, Acquaintance span and sociometric status. Sociometry, 18, 62-68.

Gronlund, N. E., 1955C, Sociometric status and sociometric perceptions. Sociometry, 18, 122-128.

Grusec, J. & Shubishi, F. L., 1970, Model nurturance, demanded characteristics of the modeling experiment, and altruism. Journal of Personality and Social Psychology, 14, 352-359.

Grusky, O., 1957, A case for the theory of familial role differentiation in small groups. Social Forces, 35, 209-217.

Gützkow, H., 1968, Differentiation of roles in task oriented groups. In: Cartwright, D. & Zander, A. (Eds.), Group dynamics. Research and theory, 512-526. New York, Harper.

Gützkow, H. & Dill, W. R., 1957, Factors in the organizational development of task-oriented groups. Sociometry, 20, 175-204.

Gumpert, P., Deutsch, M. & Epstein, Y., 1967, The effect of incentive magnitude on cooperation in the PDG. Research Report, 1-11.

Gurnee, H., 1937, Maze learning in the collective situation. Journal of Psychology, 3, 437-443.

Guyer, M. & Rapoport, A., 1970, Threat in a two-person game. Journal of Experimental Social Psychology, 6, 11-25.

Haber, R. N., 1958, Discrepancy from adaption level as a source of affect. Journal of Experimental Psychology, 56, 370-375.

Haiker, F., 1949/50, Aussehen und Beliebtheitsgrad in der Volksschule. Psychologische Rundschau, 1, 285-290.

Hall, E. T., 1966, The hidden dimension. Garden City, New York; Doubleday.

Halpin, A. W., 1955A, The leader behavior and leadership ideology of educational administrators and aircraft commanders. Harvard Educational Review, 25, 18-22.

Halpin, A. W., 1955B, The leadership ideology of aircraft commanders. Journal of Applied Psychology, 39, 82-84.

Halpin, A. W. & Winer, B. J., 1952, The leadership behavior of the airplane commander. Columbus, Ohio State University Research Foundation.

Halpin, A. W. & Winer, B. J., 1957, A factorial study of the leader behavior descriptions. In: Stogdill, R. M. & Coons, A. E. (Eds.), Leader behavior: Its description and measurement. Research Monograph No. 88, Bureau auf Business Research, The Ohio State University, Columbus, Ohio.
Hamner, C. W. & Harnett, D. L., 1975, The effects of information and aspiration on bargaining behavior. Journal of Experimental and Social Psychology, 11, 329-342.
Handlon, B. J. & Gross, P., 1959, The development of sharing behavior. Journal of Abnormal and Social Psychology, 59, 425-428.
Harary, F., Norman, R. Z. & Cartwright, D., 1965, Structural models: An introduction to theory of directed graphs. New York, Wiley.
Hardyck, J. A. & Braden, M., 1962, Prophecy fails again. Journal of Abnormal and Social Psychology, 65, 136-141.
Hare, A. P., 1952, A study of interaction and consensus in different sized groups. American Sociological Review, 17, 267-267.
Hare, A. P., 1962, Handbook of small group research. Glencoe, Illinois; Free Press.
Hare, A. P., 1963, Handbook of small group research. New York, Free Press.
Harris, R. J., 1976, Handling negative inputs: On the plausible equity formulae. Journal of Experimental Social Psychology, 12, 194-209.
Harrison, A. A. & McClintock, C. G., 1965, Previous experience within the dyad and cooperative game behavior. Journal of Personality and Social Psychology, 1, 671-675.
Harsanyi, J. C., 1962, Bargaining in the ignorance of the opponent's utility function. Journal of Conflict Resolution, 6, 29-38.
Hartmann, D. P., 1969, Influence of symbolically modeled instrumental aggression and pain cues on aggressive behavior. Journal of Personality and Social Psychology, 11, 280-288.
Hawkins, L., 1962, A study of factors mediating a relationship between leader rating behavior and group productivity. Phd. diss., University of Minnesota.
Heider, F., 1946, Attitudes and cognitive organization. Journal of Psychology, 21, 107-112.
Heider, F., 1958, The psychology of interpersonal relations. New York, Wiley.
Heise, G. A. & Miller, G. A., 1951, Problem solving by small groups using various communication nets. Journal of Abnormal and Social Psychology, 46, 327-335.
Heller, O. & Krüger, H. P., 1974, Direkte Skalierung in der Soziometrie. Psychologische Beiträge, 16, 203-226.
Helm, B., Nacci, P. & Tedeschi, J. T., 1972, Attraction, esteem, and coalition behavior. Mimeographed manuscript. State University of New York at Albany.
Henchy, T. & Glass, D. C., 1968, Evaluation apprehension and the social facilitation of dominant and subordinate responses. Journal of Personality and Social Psychology. 10, 446-454.
Herkner, W., 1975, Einführung in die Sozialpsychologie. Bern, Huber.
Herzog, H., 1933, Stimme und Persönlichkeit. Zeitschrift für Psychologie, 130.
Hetzer, H., 1926, Der Einfluß der negativen Phase auf soziales Verhalten und literarische Produktion pubertierender Mädchen. Quellen und Studien zur Jugendkunde, 4. Jena.
Hildum, D. C. & Brown, R. W., 1956, Verbal reinforcement and interviewer bias. Journal of Abnormal and Social Psychology, 53, 108-111.
Hirsig, R., 1973, Darstellung und Untersuchung des Konformitätsverhaltens als zeitdiskreter, dynamischer Prozeß. Dissertation, Zürich.
Hochbaum, G., 1954, The relation between group members' selfconfidence and their reactions to group pressures to conformity. American Sociological Review, 19, 678-687.
Hofman, L. R. & Maier, N. R. F., 1961, Quality and acceptance of problem solutions by members of homogeneous and heterogeneous groups. Journal of Abnormal and Social Psychology, 62, 401-407.
Hoffman, P. J., Festinger, L. & Lawrence, D. R., 1954, Tendencies toward group comparability in competitive game behavior. Human Relations, 7, 141-159.
Hofstätter, P. R., 1957, Gruppendynamik, Hamburg, Rowohlt.
Hofstätter, P. R., 1959, Einführung in die Sozialpsychologie, 2. Auflage. Stuttgart, Kröner.
Hollander, E. P., 1958, Conformity, status, and idiosyncrasy credit. Psychological Review, 65, 117-127.
Hollander, E. P., 1960, Competence and conformity in the acceptance of influence. Journal of Abnormal and Social Psychology, 61, 365-369.
Hollingworth, L. S., 1942, Children above 180 IQ Stanford-Binet: Origin and development. Yonkers-On-Hudson.
Homans, G. C., 1950, The human group. New York, Harcourt, Brace & World.
Homans, G. C., 1953, Status among clerical workers. Human Organization, 12, 5-10.
Homans, G. C., 1958, Human behavior as exchange. American Journal of Sociology, 63, 597-606.
Homans, G. C., 1960, Theorie der sozialen Gruppe. Köln, Westdeutscher Verlag.

Homans, G. C., 1961, Social behavior — its elementary forms. New York, Harcourt, Brace & World.
Homans, G. C., 1967, The nature of social science. New York, Harcourt, Brace & World.
Homans, G. C., 1968, Elementarformen sozialen Verhaltens. Köln, Westdeutscher Verlag.
Homans, G. C., 1976, Commentary. In: Berkowitz, L. & Walster, E. (Eds.), Advances in experimental social psychology, Vol. IX, 231-244. New York, Academic Press.
Horai, J., 1969, The effects of conflict intensity and promisor credibility on a targets behavior. Psychonomic Science, 14, 73-74.
Horai, J. & Tedeschi, J. T., 1969, Effects of credibility and of punishment on compliance to threats. Journal of Personality and Social Psychology, 12, 164-169.
Horai, J., Tedeschi, J. T., Gahagan, J. & Lesnick, S., 1969, The effects of threats upon target's behavior. Journal of Social Psychology, 78, 293-294.
Hornstein, H. A., 1965, The effects of different magnitudes of threat upon interpersonal bargaining. Journal of Experimental and Social Psychology, 1, 282-293.
Hoyt, G. C. & Stoner, J. A. F., 1968, Leadership and group decisions involving risk. Journal of Experimental Social Psychology, 4, 275-285.
Iklé, F. C. & Leites, N., 1962, Political negotiations as a process of modifying utilities. Journal of Conflict Resolution, 6, 19-28.
Irle, M., 1970, Führungsverhalten in organisierten Gruppen. In: Mayer, A. & Herwig, B. (Eds.), Handbuch der Psychologie, Bd. 9 (2. Auflage), Betriebspsychologie. Göttingen, Hogrefe.
Irle, M., 1971, Macht und Entscheidungen in Organisationen. Frankfurt/M., Akademische Verlagsanstalt.
Irle, M., 1972, Verhalten in organisierten Gruppen. In: Graumann, C. F. (Ed.), Handbuch der Psychologie, Bd. 7, Sozialpsychologie, 2. Halbband, Forschungsbereiche, 1865-1890. Göttingen, Hogrefe.
Irle, M., 1975, Lehrbuch der Sozialpsychologie. Göttingen, Hogrefe.
Irle, M. (Ed.), 1978, Attraktivität von Entscheidungsalternativen und Urteilssicherheit. Bern, Huber.
Janis, I. L., 1972, Victims of groupthink. Boston, Houghton Mifflin.
Jellison, J. M. & Arkin, R. M., 1976, Social comparison of abilities: A self presentational interpretation of decision making in groups. Unpublished manuscript, University of Southern California.
Jenkins, H. M., 1971, Sequential organization in schedules of reinforcement. In: Schoenfeld, W. N. (Ed.), The theory of reinforcement schedules. New York, Appleton-Century-Crofts.
Jenkins, W. O., 1947, A review of leadership studies with particular reference to military problems. Psychological Bulletin, 44, 54-87.
Jennings, H. H., 1950, Leadership and isolation. New York, Longmans, Green & Corporation.
Jennings, H. H., 1965, Leadership and sociometric choice. In: Prohansky, H. M. & Seidenberg, B. (Eds.), Basic studies in social psychology, 511-519. New York, Holt, Rinehart & Winston.
Johnson, C. D. & Davis, J. H., 1972, An equiprobability model of risk taking. Organizational Behavior and Human Performance, 8, 159-175.
Johnson, H. L. & Cohen, A. M., 1967, Experiments in behavioral economics: Siegel and Fouraker revisited. Behavioral Science, 12, 353-372.
Jones, E. E. & de Charms, R., 1957, Changes in social perception as a function of the personal relevance of behavior. Sociometry, 20, 75-85.
Jones, E. E. & Gerard, H. B., 1967, Foundations of social psychology. New York, Wiley.
Jones, E. E., Rock, L., Shaver, K. G., Goethals, G. R. & Ward, L. M., 1968, Pattern performance and ability attribution: An unexpected primacy effect. Journal of Personality and Social Psychology, 10, 317-341.
Jordan, N., 1953, Behavioral forces that are a function of attitudes and of cognitive Organization. Human Relations, 6, 273-287.
Jourard, S. M., 1966, An exploratory study of body-accessibility. British Journal of Clinical and Social Psychology, 5, 221-231.
Junne, G., 1972, Spieltheorie in der internationalen Politik. Düsseldorf, Bertelsmann.
Kahan, J. P., 1968, Effects of level of aspiration in an experimental bargaining situation. Journal of Personality and Social Psychology, 8, 154-159.
Kahan, J. P. & Rapoport, A., 1974, Test of the bargaining set and kernel models in three-person games. In: Rapoport, A. (Ed.), Game theory as a theory of conflict resolution, 119-160. Doortrecht, Holland; Reidel.
Kalish, G., Milnor, J. W., Nash, J. & Nering, E. D., 1954, Some experimental n-person games. In: Thrall, R. M., Coombs, C. H. & Davis, R. L. (Eds.), Decision processes, 301-327. New York, Wiley.
Kalven, H., Jr. & Zeisel, H., 1966, The american jury. Boston, Little, Brown.

Katz, E. & Danxet, B., 1966, Petitions and persuasive appeals: A study of official client relations. American Sociological Review, 31, 811-822.
Katz, D. & Kahn, R. L., 1952, Some recent findings in human relations research in industry. In: Swanson, G. E., Newcomb, T. M. & Hartley, E. L. (Eds.), Readings in social psychology, 650-665. New York, Holt, Rinehart & Winston (2. Edition). Katz, E. & Danet, B., 1966, Petitions and persuasive appeals: A study of official-client relations. American Sociological Review, 31, 811-822.
Kaufmann, M. & Tack, W. H., 1975, Koalitionsbildung und Gewinnaufteilung bei strategisch-äquivalenten 3-Personen-Spielen. Zeitschrift für Sozialpsychologie, 6, 227-245.
Keil, W., 1977, Psychologie des Unterrichts. München, Juventa.
Keil, W. & Sader, M., 1976, Vorwort des Herausgebers zu: Piontowski, U.: Psychologie der Interaktion. München, Juventa.
Keller, M., 1976, Kognitive Entwicklung und soziale Kompetenz. Stuttgart, Klett.
Kelley, H. H., 1965, Experimental studies of threats in interpersonal negotiations. Journal of Conflict Resolution, 9, 79-105.
Kelley, H. H., 1966, A classroomstudy of the dilemmas in interpersonal negotiations. In: Archibald, K. (Ed.), Strategic interaction and conflict, 49-73. Berkley, University of California, Institute of International Studies.
Kelley, H. H. & Arrowood, A. J., 1960, Coalitions in the triad: Critique and experiment. Sociometry, 23, 231-244.
Kelley, H. H. & Thibaut, J. W., 1969, Group problem solving. In: Lindzey, G. & Aronson, E. (Eds.), The handbook of social psychology, second edition, Vol. IV: Group psychology and phenomena of interaction, 1-101. Reading, Massachusetts; Addison-Wesley.
Kelley, H. H., Beckman, L. L. & Fisher, S. C., 1967, Negotiating the division of a reward under incomplete information. Journal of Experimental Social Psychology, 3, 361-398.
Kelley, H. H., Deutsch, M., Lanzetta, J. T., Nuttin, J. M., Jr., Shure, G. H., Faucheux, C., Moscovici, S., Rabbie, J. M. & Thibaut, J. W., 1970, A comparative experimental study of negotiation behavior. Journal of Personality and Social Psychology, 16, 411-438.
Kelman, H. C. & Hovland, C. I., 1953, »Reinstatement« of the communicator in delayed measurement of opinion change. Journal of Abnormal and Social Psychology, 48, 327-335.
Kendon, A., 1967, Some functions of gaze direction in social interaction. Acta Psychologica, 26, 1-47.
Kendon, A. & Cook, M., 1969, The consistency of gaze patterns in social interaction. British Journal of Psychology, 60, 481-494.
Kerkhoff, A. & Davis, K. A., 1962, Value consensus and need complementarity in mate selection. American Sociological Review, 27, 295-303.
Kiesler, S. B., 1966, The effect of perceived role requirements on reactions to favor-doing. Journal of Experimental Social Psychology, 2, 198-210.
Kiesler, C. A. & Corbin, L. H., 1965, Commitment, Attraction, and Conformity. Journal of Personality and Social Psychology, 2, 890-895.
Kiesler, C. A. & Goldberg, G. N., 1968, Multi-dimensional approach to the experimental study of interpersonal attraction: Effect of blunder on the attractiveness of a competent other. Psychological Reports, 22, 693-705.
Kiesler, C. A. & Sakamura, J., 1966, A test of a model for commitment. Journal of Personality and Social Psychology, 3, 349-353.
Kind, B., 1965, Attitude toward gifts as a reflection of balance pressures. Unpublished manuscript, University of Pennsylvania (zitiert nach Pepitone 1966).
Kipnis, D. & Vanderveer, R., 1971, Integration and the use of power. Journal of Personality and Social Psychology, 17, 280-286.
Kirchhoff, R. (Ed.), 1965, Handbuch der Psychologie, Bd. 5, Ausdruckspsychologie. Göttingen, Hogrefe.
Kirsch, W., 1970, Entscheidungsprozesse, Band I. Verhaltenswissenschaftliche Ansätze der Entscheidungstheorie. Wiesbaden, Gabler.
Kirsch, W., 1917 B, Entscheidungsprozesse, Band III. Entscheidungen in Organisationen. Wiesbaden, Gabler.
Klausmeier, H. J. & Ripple, R. E., 1974, Moderne Unterrichtspsychologie II. Stuttgart, UTB.
Klugman, S. F., 1944, Cooperative vs. individual efficiency in problem solving. Journal of Educational Psychology, 35, 91-100.
Knox, R. E. & Douglas, R., 1968, Low pay-offs and marginal comprehension: Two possible constraints upon behavior in the PDG. Report to the W. P. A. Meeting, San Diego, California.
Komorita, S. S., 1974, A weighted probability model of coalition formation. Psychological Review, 81, 3, 242-256.

Komorita, S. S. & Brenner, A. R., 1968, Bargaining and concession making under bilateral monopoly. Journal of Personality and Social Psychology, 9, 15-20.
Komorita, S. S. & Chertkoff, J. M., 1973, A bargaining theory of coalition formation. Psychological Review, 80, 149-162.
Komorita, S. S. & Meek, D., 1972, A test of bargaining theory of coalition formation. Unpublished manuscript, Indiana University.
Komorita, S. S. & Moore, D., 1976, Theories and processes of coalition formation. Journal of Personality and Social Psychology, 33, 4, 371-381.
Korman, A. K., 1966, »Considerations«, »Initiating structure«, and organizational criteria — a review. Personnel Psychology, 19, 349-361.
Krauss, R. M., 1966, Structural and attitudinal factors in interpersonal bargaining. Journal of Experimental Social Psychology, 2, 42-55.
Krauss, R. M. & Deutsch, M., 1966, Communication in interpersonal bargaining. Journal of Personality and Social Psychology, 4, 572-577.
Krech, D., Crutchfield, R. S. & Balachey, E. L., 1962, Individual in Society. New York, McGraw-Hill.
Krivohlavy, J., 1974, Zwischenmenschliche Konflikte und experimentelle Spiele. Bern, Huber.
Kroner, B., 1972, Massenpsychologie und kollektives Verhalten. In: Graumann, C. F. (Ed.), Handbuch der Psychologie, Bd. 7, Sozialpsychologie, 2. Halbband: Forschungsbereich, 1433-1510. Göttingen, Hogrefe.
Kruse, L., 1972, Gruppen und Gruppenzugehörigkeit. In: Graumann, C. F. (Ed.), Handbuch der Psychologie, Bd. 7, Sozialpsychologie, 2. Halbband: Forschungsbereiche, 1539-1593. Göttingen, Hogrefe.
Kuhlmann, D. M. & Marshello, A. F., Jr., 1975, Individual differences in game motivation as moderators of preprogrammed strategy effects in prisoner's dilemma. Journal of Experimental Social Psychology, 32, 922-931.
Kunczik, M. (Ed.), 1972, Führung. Theorien und Ergebnisse. Düsseldorf, Econ.
Kunczik, M., 1972, Der Stand der Führungsforschung. In: Kunczik, M. (Ed.), Führung. Theorien und Ergebnisse, 260-291. Düsseldorf, Econ.
Lambert, R., 1969, Extremisation du comportement de prise de risque en groupe et modele majoritaire. Psychologie Francaise, 14, 113-125.
Lambert, R., 1971, Extremisation du risque en groupe. Journal de la Societe de Statistique de Paris, 112, 11-22.
Lambert, R., 1978, Social influence and decision process in situations of uncertainty. In: Brandstätter, H., Davis, J. H., Schuler, H. (Eds.), Social decision schemes. Beverly Hills, Sage (in press).
Lamm, H., 1967, Will an observer advise high risk taking after hearing a discussion of the decision problem. Journal of Personality and Social Psychology, 6, 467-471.
Lamm, H. & Myers, D. G., 1978, Group-induced polarization of attitudes and behavior. In: Berkowitz, L. (Ed.), Advances in experimental social psychology, Vol. XI. New York, Academic Press (in press).
Lamm, H. & Rosch, E., 1972, Information and competitiveness of incentive structure as factors in two-person negotiation. European Journal of Social Psychology, 2, 103-106.
Lane, I. & Messé, L. A., 1971, Equity and the distribution of rewards. Journal of Personality and Social Psychology, 20, 1-17.
Lane, I. & Messé, L. A., 1972, A distribution of insufficient, sufficient, and oversufficient rewards: Journal of Personality and Social Psychology, 21, 228-333.
Latane, B. & Darley, J. M., 1968, Group inhibition of bystander intervention in emergencies. Journal of Personality and Social Psychology, 10, 215-221.
Latane, B. & Rodin, J., 1969, A lady in distress: The effects of friends and strangers on bystander intervention. Journal of Experimental Social Psychology, 5, 189-202.
Lauer, R. S. & Handel, W. H., 1977, Social psychology: The theory and application of symbolic interaction. Boston, Houghton Mifflin.
Lawler, E. E. & Hackman, J. R., 1969, Impact of employee participation in the development of pay incentive plans: A field experiment. Journal of Applied Psychology, 53, 467-471.
Lawson, E. D., 1965, Change in communication nets, performance and morale. Human Relations, 18, 139-147.
Leavitt, H. J., 1951, Some effects of certain communication patterns on group performance. Journal of Abnormal and Social Psychology, 46, 38-50.
Lee, W., 1971, Decision theory and human behavior. New York, Wiley.
Lerner, M. J., 1974, The justice motive: »Equity« and »Parity« among children. Journal of Personality and Social Psychology, 29, 539-550.
Lesser, G. S., 1952, Maternal attitudes and practices and the aggressive behavior of children. Unpublished doctoral dissertation, Yale University.

Lester, J. T., 1965, Acquaintance and compatibility. Technical Report No. 2. Berkeley Institute of Psychological Research.
Leventhal, G. S. & Anderson, D., 1970, Self interest and the maintenance of equity. Journal of Personality and Social Psychology, 15, 57-62.
Leventhal, G. S. & Lane D. W., Sex, age, and equity behavior. Journal of Personality and Social Psychology, 15, 312-316.
Leventhal, G. S. & Michaels, J. W., 1969, Extending the equity model: Perception of inputs and allocation of reward as a function of duration and quantity of performance. Journal of Personality and Social Psychology, 12, 303-309.
Leventhal, G. S. & Michaels, J. W., 1971, Locus of cause and equity motivation as determinants of reward allocation. Journal of Personality and Social Psychology, 17, 229-235.
Levinger, G., 1972, Little sand box and big quarry: Comment on Byrne's paradigmatic spade for research on interpersonal attraction. Representative Research in Social Psychology, 3, 3-19.
Levinger, G. & Schneider, D. J., 1969, Test of the »risk is a value« hypothesis. Journal of Personality and Social Psychology, 11, 165-170.
Levy, L., 1960, Studies in comformity behavior: A methodological note. Journal of Psychology, 50, 39-41.
Levy, J. 1972, Autokinetic illusion: A systematic review of theories, measures, and independent variables. Psychological Bulletin, 78, 6, 457-474.
Lewin, K. & Lippitt, R. A., 1938, An experimental approach to the study of autocracy and democracy: A preliminary note. Sociometry, 1, 292-300.
Lewin, K., Lippitt, R. A. & White, R. K., 1939, Patterns of aggressive behavior in experimentally created »social climates«. Journal of Social Psychology, 10, 271-299.
Liebermann, B., 1960, Human behavior in a strictly determined 3 × 3 matrix game. Behavioral Science, 5, 317-322.
Liebermann, B., 1962, Experimental studies of conflict in some two-persons and three-persons games. In: Criswell, J., Solomon, H. & Suppe, P. (Eds.), Mathematical methods in small group processes, 203-220. Stanford, California; University Press.
Liebermann, B., 1964, I-trust: A notion of trust in three-person games and international affairs. Journal of Conflict Resolution, 8, 271-280.
Lifton, W. M., 1972, Groups: Facilitating individual growth and social change. New York, Wiley.
Lindskold, S., Bonoma, Th. & Tedeschi, J. T., 1969, Relative costs and reactions to threats. Psychonomic Science, 15, 205-207.
Lindzey, G. & Aronson, E. (Eds.), 1968, Handbook of social psychology. Cambridge, Addison-Wesley (2. Edition).
Lindzey, G. & Byrne, D., 1968, Measurement of social choice and interpersonal attractiveness. In: Lindzey, G. & Aronson, E. (Eds.), The handbook of social psychology, Vol. II, 452-525. Reading, Massachusetts; Addison-Wesley (2. Edition).
Linton, R. A., 1936, The study of man. New York, Appleton-Century-Crofts.
Lipinski, D. & Nelson, R., 1974, Problems in the use of naturistic observations as a mean of behavioral assessment. Behavior Therapy, 5, 341-351.
Lippitt, R., 1939, Field theory and experiment in social psychology: Autocratic and democratic group atmospheres. American Journal of Sociology, 45, 26-49.
Lippitt, R. & White, R., 1943, The »social climate« of children groups. In: Baker, R., Kounin, J. & Wright, H. (Eds.), Child behavior and development. New York, McGraw-Hill.
Lippitt, R. A. & White, R. K., 1958, An experimental study of leadership and group life. In: Maccoby, E. E., Newcomb, T. M. & Hartley, E. L. (Eds.), Readings in social psychology, 496-511. New York, Holt, Rinehart & Winston (3. Edition).
Lipset, S. M., Lazarsfeld, P. Barton, A. & Linz, J., 1954, The psychology of voting. In: Lindzey, G. (Ed.), Handbook of social psychology, Vol. II, 1124-1175. Reading, Massachusetts; Addison-Wesley.
Little, K. B., 1965, Personal space. Journal of Experimental Social Psychology, 1, 237-247.
London, P. & Lim, H., 1964, Yielding reason to social-pressure: Task complexity and expectation in conformity. Journal of Personality, 32, 75-89.
Loomis, J. L., 1959, Communication, the development of trust, and cooperative behavior. Human Relations, 12, 305-315.
Lorge, I. & Solomon, H., 1955, Two models of group behavior in the solution of eureka-type problems. Psychometrika, 20, 139-148.
Lorge, I. & Solomon, H., 1959, Individual performance and group performance in problem solving related to group size and previous exposure to the problem. Journal of Psychology, 48, 107-114.

Lorge, I., Davitz, D., Fox, D. & Herrold, K., 1953, Evaluation of instruction in staff action and decision making. Human Resources Institute, Maxwell Air Force Base, Alabama; Air Research and Development Command; Technological Report No. 16.

Lorge, I., Tuckman, J., Aikman, L., Spiegel, J. & Moss, G., 1955A, Problem solving by teams and by individual in a field setting. Journal of Educational Psychology, 46, 160-166.

Lorge, I., Tuckman, J., Aikman, L., Spiegel, J. & Moss, G., 1955B, Solutions by teams and by individuals to a field problem at different levels of reality. Journal of Educational Psychology, 46, 17-24.

Lott, A. J. & Lott, B. E., 1960, The formation of positive attitudes towards group members. Journal of Abnormal and Social Psychology, 61, 297-300.

Lott, A. J. & Lott, B. E., 1968, A learning theory approach to interpersonal attitudes. In: Greenwald, A. G., Brock, T. C. & Ostrom, T. M. (Eds.), Psychological foundations of attitudes, 67-88. New York, Academic Press.

Lott, A. J., Lott, B. E. & Matthews, F. M., 1969, Interpersonal attraction among children as a function of vicarious reward. Journal od Educational Psychology, 60, 274-283.

Lott, D. F. & Sommers, R., 1967, Seating arrangements and status. Journal of Personality and Social Psychology, 7, 90-94.

Luce, R. D., 1959, Individual choice behavior. New York, Wiley.

Luce, R. D. & Raiffa, H., 1953, 1957, Games and decisions. New York, Wiley.

Luchins, A. S., 1957A, Primacy-recency in impression formation. In: Hovland, C. I. (Ed.), The order of presentation in persuasion, 33-61. New Haven, Yale University Press.

Luchins, A. S., 1957B, Experimental attempts to minimize the impact of first impressions. In: Hovland, C. I. (Ed.), The order of presentation in persuasion, 62-75. New Haven, Yale University Press.

Luchins, A. S. & Luchins, E. H., 1955, On conformity with true and false communication. Journal of Social Psychology, 42, 283-303.

Lukasczyk, K., 1960, Zur Theorie der Führerrolle. Psychologische Rundschau, 11, 179-188.

Lutzker, D. R., 1960, Internationalism as a predictor of cooperative game behavior. Journal of Conflict Resolution, 4, 426-435.

Lyman, S. N. & Scott, N. B., 1970, Territoriality: A neglected sociological dimension. In: Lyman, S. N. & Scott, N. B. (Eds.), A sociology of the absurd, 89-109. In: Gützkow, M. (Ed.), Groups, leadership, and man: Research in human relations.

MacDonald, A. P., 1970, Anciety, affilitation, and social isolation. Developmental Psychology, 3, 242-254.

MacGrimmon, K. R. & Messick, D. M., 1976, A framework for social motives. Behavioral Science, 21, 86-100.

Maier, N., R. F., 1953, An experimental test of the effect of training on discussion leadership. Human Relations, 6, 161-173.

Maier, N. R. F. & Maier, R. A., 1957, An experimental test of the effects of »developmental« vs. »free« discussions on the quality of group decisions. Journal of Applied Psychology, 41, 320-323.

Malamuth, N. M., 1975, A systematic analysis of the relationship between group shifts and characteristics of the choice dilemmas questionnaire. Unpublished doctoral dissertation, UC-LA.

Malewski, A., 1967, Verhalten und Integration — die Theorie des Verhaltens und das Problem der sozialwissenschaftlichen Integration. Tübingen, Mohr.

Mann, J. W., 1958, Group relations and the marginal personality. Human Relations, 11, 77-92.

Mann, R. D., 1959, A review of the relationships between personality and performance in small groups. Psychological Bulletin, 56, 241-270.

Marcus, P. M., 1960, Expressive and instrumental groups: Toward a theory of group structure. American Journal of Sociology, 66, 54-59.

Marquart, D. I., 1955, Group problem solving. Journal of Social Psychology, 41, 103-113.

Marquis, D. G. et al., 1951, A social psychological study of the decision-making conference. In: Gützkow, H. (Ed.), Groups, leadership, and man: Research in human relations, 55-67. Pittsburgh.

Marquis, D. G., 1962, Individual responsibility and decisions involving risk. Industrial Management Review, 3, 8-23.

Martens, R. & Landers, D. M., 1972, Evaluation potential as a determinant of coalition effects. Journal of Experimental Social Psychology, 8, 347-359.

Martin, W. E., Darley, J. G. & Gross, N., 1952A, Studies of group behavior: II. Methodological problems in the study of interrelationsships of group members. Educational and Psychological Measurement, 12, 533-553.

Martin, W. E., Gross, N. & Darley, J. G., 1952B, Studies of group behavior: Leaders, followers, and isolates in small organized groups. Journal of Abnormal Social Psychology, 47, 838-842.
Marwell, G. & Schmitt, D. R., 1967, Dimensions of compliancegaining behavior: An empirical analysis. Sociometry, 30, 350-364.
Maschler, M., 1962, An experiment on n-person games. Recent advances of game theory, Princeton University Conference.
Matthews, G. & Dixon, T. R., 1968, Differential reinforcement in verbal conditioning as a function of preference for the experimenter's voice. Journal of Experimental Psychology, 76, 84-88.
McCall, G. & Simmons, J. L., 1974, Identität und Interaktion. Düsseldorf.
McClelland, D. C., Atkinson, L. W., Clark, R. A. & Lowell, E. L., 1953, The achievement motive. New York, Appleton-Century-Crofts.
McClintock, C. G., 1972A, Game behavior and social motivation in interpersonal settings. In: McClintock, C. G. (Ed.), Experimental social psychology, 271-297. New York, Holt, Rinehart & Winston.
McClintock, C. G., 1972B, Social motivation — a set of propositions. Behavioral Science, 17, 438-454.
McClintock, C. G. & McNeel, S. P., 1966A, Reward and score feedback as determinants of cooperative and competitive behavior. Journal of Personality and Social Psychology, 4, 606-615.
McClintock, C. G. & McNeel, S. P., 1966B, Reward level and game playing behavior. Journal of Conflict Resolution, 10, 98-102.
McClintock, C. G. & McNeel, S. P., 1967, Prior dyadic experience and monetary reward as determinants of cooperative and competitive behavior. Journal of Personality and Social Psychology, 5, 282-294.
McClintock, C. G., Harrison, A., Strands, S. & Gallo, P. S., 1963, Internationalism, Strategy of the other player and two-person game behavior. Journal of Abnormal and Social Psychology, 67, 631-636.
McClintock, C. G., Messick, D. M., Kuhlman, D. M. & Campos, F. T., 1973, Motivational bases of choice in three-choice decomposed games. Journal of Experimental Social Psychology, 9, 572-590.
McCroskey, J. C., 1968, An introduction to rhetorical communication. Englewood Cliffs, New Jersey; Prentice-Hall.
McDavid, J. W. & Harari, H., 1968, Social psychology. Individuals, groups, society. New York, Harper.
McDavid, J. W. & Harari, H., 1974, Psychology and social behavior. New York, Harper.
McGrath, J. E., 1962, The influence of positive interpersonal relations on adjustment and effectiveness in rifle teams. Journal of Abnormal and Social Psychology, 65, 365-375.
McGuire, W. J., 1960, A syllogistic analysis of cognitive relationships. In: Rosenberg, M. J., Hovland, C. J., McGuire, W. J., Abelson, R. P. & Brehm, J. W. (Eds.), Attitude organization and Change, 65-111. New Haven, University Press.
McGuire, W. J., 1968, Selective exposure: A summing up. In: Abelson, R. P., Aronson, E., McGuire, W. J., Newcomb, T. M., Rosenberg, M. J. & Tannenbaum, P. H. (Eds.), Theories of cognitive consistency: A sourcebook, 797-800. Chicago, Rand McNally.
McLeod, J. M., Harburg, E. & Price, K. O., 1966, Socialization, liking and yielding of opinions in imbalanced situations. Sociometry, 29, 197-212.
McMahan, I. D., 1973, Relationships between causal attribution and expectancy of success. Journal of Personality and Social Psychology, 28, 108-114.
McRae, D., 1960, Direct factor analysis of sociometric data. Sociometry, 23, 360-371.
Mead, G. H., 1956, Social psychology. Chicago.
Mead, G. H., 1969, Sozialpsychologie. Darmstadt, Wissenschaftliche Buchgemeinschaft.
Mead, G. H., 1934, Mind, self, and society. From the standpoint of a social behaviorist. Chicago, University of Chicago Press.
Mead, G. H., 1968, Geist, Identität und Gesellschaft aus der Sicht des Sozialbehaviorismus. Frankfurt, Suhrkamp.
Medlin, S. M., 1976, Effects of grand coalition payoffs on coalition formation in three-person games. Behavioral Science, 21, 48-61.
Meeker, R. K., Shure, G. H. & Moore, W. H., Jr., 1964, Real-time computer studies of bargaining behavior: The effects of threat upon bargaining. American Federation of Information Processing Societies Conference Proceedings, 25, 115-123.
Mehrabian, A., 1968, The inference of attitudes from the posture, orientation, and distance of a communication. Journal of Consulting Psychology, 32, 296-308.
Mehrabian, A. & Ferris, S. R., 1967, Inference of attitudes from non-verbal communication in two channels. Journal of Consulting Psychology, 31, 248-252.

Mehrabian, A. & Wiener, M., 1967, Decoding of inconsistent communication. Journal of Personality and Social Psychology, 6, 109-114.
Merei, F., 1949, Group leadership and institutionalization. Human Relations, 2, 23-29.
Messe, L. A., 1969, The concept of equity in bargaining. Paper presented at the Meeting of the Peace Research Society (International). Ann Arbor, Michigan.
Messe, L. A., 1971, Equity in bilateral bargaining. Journal of Personality and Social Psychology, 17, 287-291.
Messick, D. M. & McClintock, C. G., 1968, Motivational bases of choice in experimental games. Journal of Experimental Social Psychology, 4, 1-25.
Meuwese, W. A. T., 1964, The effect of the leader's ability and interpersonal attitudes on group creativity under varying conditions of stress. Unpublished dissertation, Amsterdam (zitiert nach Fiedler 1964).
Meyer, W. U., 1970, Selbstverantwortlichkeit und Leistungsmotivation. Dissertation, Ruhr-Universität, Bochum.
Meyer, W. U., 1973 A, Leistungsmotiv und Ursachenklärung von Erfolg und Mißerfolg. Stuttgart, Klett.
Meyer, W. U., 1973 B, Anstrengungsintention in Abhängigkeit von Begabungseinschätzung und Aufgabenschwierigkeit. Archiv für Psychologie, 125, 245-262.
Michener, H. A. & Cohen, E. D., 1973, Effects of punishment magnitude in the bilateral threat situation: Evidence for the deterrence hypothesis. Journal of Personality and Social Psychology, 26, 427-438.
Midlarsky, E., 1968, Some antecedents of aiding under stress. Proceedings of the 76th Annual Convention of the American Psychological Association.
Mikula, G., 1972 A, Die Entwicklung des Gewinnaufteilungsverhaltens bei Kindern und Jugendlichen: Eine Untersuchung an 5, 7, 9 und 11jährigen. Zeitschrift für Entwicklungspsychologie und pädagogische Psychologie, 4, 151-164.
Mikula, G., 1972 B, Die Berücksichtigung der Leistungskompetenz bei der Gewinnaufteilung: Eine Untersuchung an geschlechtsheterogenen Dyaden. Psychologische Beiträge, 14, 283-291.
Mikula, G., 1972 C, Gewinnaufteilungsverhalten in gleichgeschlechtlichen Dyaden: Eine Vergleichsstudie österreichischer und amerikanischer Studenten. Psychologie und Praxis, 16, 97-106.
Mikula, G., 1972 D, Gewinnaufteilungsverhalten in Dyaden bei variiertem Leistungsverhältnis. Zeitschrift für Sozialpsychologie, 3, 126-133.
Mikula, G., 1973, »Gerechtigkeit« und »Zufriedenheit beider Partner« als Zielsetzung der Aufteilung eines von zwei Personen gemeinsam erzielten Gewinns. Bericht aus dem Institut für Psychologie der Universität Graz.
Mikula, G., 1974 A, Nationality, Performance, and sex as determinants of reward allocation. Journal of Personality and Social Psychology, 29, 435-444.
Mikula, G., 1974 B, Individuelle Entscheidung und Gruppenentscheidung über die Aufteilung gemeinsam erzielter Gewinne: Eine Untersuchung zum Einfluß der sozialen Verantwortung. Psychologische Beiträge, 16, 338-364.
Mikula, G., 1977, Interpersonale Attraktion: Ein Überblick über den Forschungsgegenstand. In: Mikula, G. & Ströbe, W. V. (Eds.), Sympathie, Freundschaft und Ehe, 13-40, Bern, Huber.
Mikula, G. & Bauer, W., 1972, Der Einfluß der emotionalen Beziehungen zum Partner auf die Aufteilung gemeinsam erzielter Gewinne durch 13jährige. Bericht aus dem Institut für Psychologie der Universität Graz.
Mikula, G. & Schwinger, T., 1973, Sympathie zum Partner und Bedürfnis nach sozialer Anerkennung als Determinanten der Aufteilung gemeinsam erzielter Gewinne. Psychologische Beiträge, 15, 396-402.
Mikula, G. & Ströbe, W. V. (Eds.), 1977, Sympathie, Freundschaft und Ehe. Bern, Huber.
Mikula, G. & Uray, H., 1973, Die Vernachlässigung individueller Leistungen bei der Lohnaufteilung in Sozialsituationen. Zeitschrift für Sozialpsychologie, 4, 136-144.
Milgram, S., 1963, Behavioral study of obedience. Journal of Abnormal and Social Psychology, 67, 371-378.
Milgram, S., 1964, Group pressure and action against a person. Journal of Abnormal and Social Psychology, 69, 137-143.
Milgram, S., 1965 A, Some conditions of obedience and disobedience to authority. Human Relations, 18, 57-76.
Milgram, S., 1965 B, Liberating effects of group pressure. Journal of Personality and Social Psychology, 1, 127-134.
Milgram, S., 1974, Obedience to authority. New York, Harper.

Miller, M., 1977, Zur sprachlichen Einführung und Kontrolle von Wahrnehmungssituationen im Falle von Objektbenennungen. In: Tack, W. H. (Ed.), Bericht über den 30. Kongreß der Deutschen Gesellschaft für Psychologie in Regensburg 1976, Band 1, 182-183. Göttingen, Hogrefe.
Mills, J., 1968, Interest in supporting and discrepant information. In: Abelson, R. P., Aronson, E., McGuire, W. J., Newcomb, T. M., Rosenberg, M. J. & Tannenbaum, P. H. (Eds.), Theories of cognitive consistency: A sourcebook, 771-776. Chicago, Rand McNally.
Mills, J. & Jellison, J. M., 1967, Effect on opinion change of how desirable the communication is to the audience the communicator addressed. Journal of Personality and Social Psychology, 6, 98-101.
Mills, J. & Mintz, P. M., 1972, Effect of unexplained arousal on affiliation. Journal of Porsonality and Social Psychology, 24, 11-13.
Mills, J., Aronson, E. & Robinson, H., 1959, Selectivity in exposure to information. Journal of Abnormal and Social Psychology, 59, 250-253.
Mills, T. M., 1967, The sociology of small groups. Englewood Cliffs, New Jersey; Prentice-Hall.
Milnor, J. W., 1951, Games against nature. Research Memorandum RM-679. Santa Monica, Rand Corporation.
Minas, J. S., Scodel, A., Marlowe, D. & Rawson, H., 1960, Some descriptive aspects of two-person non-zero games, II. Journal of Conflict Resolution, 4, 193-197.
Mischel, W., 1968, Personality and Assessment. New York, Wiley.
Mischel, W., 1973, Toward a cognitive social learning reconceptualization of personality. Psychological Review, 80, 252-283.
Misumi, J. & Shirakashi, S., 1966, An experimental study of the effects of supervisory behavior on productivity and morale in a hierarchical organization. Human Relations, 19, 297-307.
Mitscherlich, A. & Muck, M., 1972, Der psychoanalytische Ansatz in der Sozialpsychologie. In: Graumann, C. F. (Ed.), Handbuch der Psychologie, Bd. 7, Sozialpsychologie, 1. Halbband: Theorien und Methoden, 108-132. Göttingen, Hogrefe.
Möller, G. & Applezweig, M. H., 1957, A motivational factor in conformity. Journal of Abnormal and Social Psychology, 55, 114-120.
Möntmann, V., 1971, Experimentelle Untersuchungen von Verhandlungssequenzen unter unterschiedlichen motivationalen Bedingungen. Diplomarbeit am Sozialwissenschaftlichen Institut der Universität Mannheim.
Moore, J. C., Johnson, E. B. & Arnold, M. S. C., 1972, Status congruence and equity in restricted communication networks. Sociometry, 5, 519-537.
Moreno, J. L., 1943, Sociometry and the cultural order. Sociometry, 6, 299-344.
Moreno, J. L., 1954, Die Grundlagen der Soziometrie. Köln, Westdeutscher Verlag.
Morgan, W. R. & Sawyer, J., 1967, Bargaining, expectations, and the preference for equality over equity. Journal of Personality and Social Psychology, 6, 139-149.
Morgenstern, O., 1963, Spieltheorie und Wirtschaftswissenschaft. Wien, Oldenbourg.
Moscovici, S., 1967, Communication process and the properties of language. In: Berkowitz, L. (Ed.), Advances in experimental social psychology, Vol. II, 226-270. New York, Academic Press.
Mouton, J. S., Blake, R. R. & Fruchter, B., 1955A, The reliability of sociometric measures. Sociometry, 18, 7-48.
Mouton, J. S., Blake, R. R. & Fruchter, B., 1955B, The validity of sociometric measures. Sociometry, 18, 181-206.
Mouton, J. S., Blake, R. R. & Fruchter, B., 1960A, The reliability of sociometric measures. In: Moreno, J. L. et al. (Eds.), The sociometry reader, 320-361. Glencoe, Illinois; Free Press.
Mouton, J. S., Blake, R. R. & Fruchter, B., 1960B, The validity of sociometric responses. In: Moreno, J. L. et al. (Eds.), The sociometry reader, 363-387. Glencoe, Illinois; Free press.
Müller, G. F. & Crott, H. W., 1978A, Dynamics of behavior orientation in bargaining dyads. In: Brandstätter, H., Davis, J. H., Schuler, H. (Eds.), Social decision schemes. Beverly Hills; Sage. In Press.
Müller, G. F. & Crott, H. W., 1978B, Der Einfluß der Verhandlungspraxis in gemischt erfahrenen Gruppen. In: Bamberger, G. (Ed.), Entscheidungen in kleinen Gruppen. In Vorbereitung.
Müller, G. F. & Crott, H. W., 1978C, Gerechtigkeit in sozialen Beziehungen: Die Equity Theorie. In: Frey, D. (Ed.), Kognitive Theorien der Sozialpsychologie. Bern, Huber.
Mulder, M., 1960, Communication structure, decision structure, and group performance. Sociometry, 23, 1-14.
Murray, E. J., 1956, A content-analysis method for studying psychotherapy. Psychological Monographs, 70, No. 13 (Whole No. 420).
Myers, D. G. & Kaplan, M. F., 1976, Group-induced polarization in simulated juries. Personality and Social Psychology Bulletin, 2, 63-66.

Nakamura, C. Y., 1958, Conformity and problem solving. Journal of Abnormal and Social Psychology, 56, 315-320.
Nardin, T., 1968, Communication and the effects of threats in strategic interaction. Peace Research Society Papers, IX, Cambridge Conference.
Nehnevajsa, J., 1955, Soziometrische Analyse von Gruppen. Kölner Zeitschrift für Sozialpsychologie, 7, 119-157 und 187-302.
Nehnevajsa, J., 1962, Soziometrie. In: König, R. (Ed.), Handbuch der empirischen Sozialforschung, Band 1, 226-240. Stuttgart.
Nemeth, C., 1972, A critical analysis of research utilizing the prisoner's dilemma paradigm for the study of bargaining. In: Berkowitz, L. (Ed.), Advances in experimental social psychology, Vol. VI, 203-234. New York, Academic Press.
Neuberger, O., 1976, Führungsverhalten und Führungserfolg. Berlin, Duncker & Humbolt.
Neuberger, O. & Roth, B., 1974, Führungsstil und Gruppenleistung. Eine Überprüfung von Kontingenz-Modell und LPC-Konzept. Zeitschrift für Sozialpsychologie, 5, 133-144.
Newcomb, T. M., 1943, Personality and social change: Attitude formation in a student community. New York, Dryden Press.
Newcomb, T. M., 1953, An approach to the study of communicative acts. Psychological Review, 60, 393-404.
Newcomb, T. M., 1956, The prediction of interpersonal attraction. American Psychologist, 11, 575-586.
Newcomb, T. M., 1959, Individual systems of orientation. In: Koch, S. (Ed.), Psychology: A study of science, Vol. III, 384-422. New York, McGraw-Hill.
Newcomb, T. M., 1961, The acquaintance process. New York, Holt, Rinehart & Winston.
Newcomb, T. M., 1968, Interpersonal balance. In: Abelson, R. P. et al. (Eds.), Theories of cognitive consistency, 28-51. Chicago, Rand McNally.
Newcomb, T. M., Turner, R. H. & Converse, P. E., 1965, Social Psychology: The study of human interaction. New York, Holt, Rinehart & Winston.
Nord, W. R., 1969, Social exchange theory: An integrative approach to social conformity. Psychological Bulletin, 71, 174-208.
Northway, M. L., 1940, A method for depicting social relationships obtained by sociometric testing. Sociometry, 3, 144-150.
Nuttin, J. M., Jr., 1975, The illusion of attitude change. London, Academic Press.
Örter, R., 1970, Struktur und Wandlung von Werthaltungen. München, Oldenbourg.
Ofshe, R. & Ofshe, L., 1969, Social choice and utility in coalition formation. Sociometry, 32, 330-347.
Ofshe, R. & Ofshe, S. L., 1970A, Choice behavior in coalition games. Behavioral Science, 15, 337-349.
Ofshe, S. L. & Ofshe, R. 1970B, Utility and choice in social interaction. Englewood Cliffs, New Jersey; Prentice-Hall.
Orne, M. T., 1962, On the social psychology of the psychological experiment: With particular reference to demand characteristics and their implications. American Psychologist, 17, 776-783.
Orne, M. T., 1969, Demand characteristics and the concept of quasi-controls. In: Rosenthal, R. & Rosnow, R. L. (Eds.), Artifact in behavioral research, 147-179. New York, Academic Press.
Osgood, C. E., 1962, An alternative to war or surrender. Urbana, Illinois; University of Illinois Press.
Osgood, C. E., 1963, Psycholinguistics. In: Koch, S. (Ed.), Psychology: A study of science, Vol. VI, 244-316. New York, McGraw-Hill.
Osgood, C. E. & Sebeok, T. A. (Eds.), 1965, Psycholinguistics. Bloomington, Indiana; Indiana University Press.
Osgood, C. E. & Tannenbaum, P. H., 1955, The principle of congruity in the prediction of attitude change. Psychological Review, 62, 42-55.
Osgood, C. E., Suci, G. J. & Tannenbaum, P. H., 1957, The measurement of meaning. Urbana, Illinois; University of Illinois Press.
Oskamp, S., 1971, Effects of programmed cooperation in the prisoner's dilemma and other mixed-motive games. Journal of Conflict Resolution, 15, 225-259.
Oskamp, S. & Kleinke, C., 1968, Amount of reward as a variable in the PDG. Paper presented to the California State Psychological Association Meeting, Santa Barbara, 1-22.
Oskamp, S. & Kleinke, C., 1970, Amount of reward as a variable in the PDG. Journal of Personality and Social Psychology, 16, 133-140.
Oskamp, S. & Perlman, D., 1965, Factors effecting cooperation in a PDG. Journal of Conflict Resolution, 9, 359-374.

Oskamp, S. & Perlman, D., 1966, Effects of friendship and disliking on cooperation in mixed-motive games. Journal of Conflict Resolution, 10, 2, 221-226.
Parker, S., 1958, Leadership patterns in a psychiatric ward. Human Relations, 11, 287-301.
Parsons, T., 1963, On the concept of influence. Public opinion Quarterly, 27, 37-62.
Pate, J. L. & Broughton, E., 1970, Game-playing behavior as a function of incentive. Psychological Reports, 27, 36.
Patel, A. S. & Gordon, J. E., 1960, Some personal and situational determinants of yielding to influence. Journal of Abnormal and Social Psychology, 61, 411-418.
Pepitone, A., 1958, Attributions to causality, social attitudes, and cognitive matching processes. In: Tagiuri, R. & Petrullo, L. (Eds.), Person perception and interpersonal behavior, 258-276. Stanford, California; Stanford University Press.
Pepitone, A., 1966, Some conceptual and empirical problems of consistency models. In: Feldman, S. (Ed.), Cognitive consistency: Motivational antecedents and behavioral consequences, 258-297. New York, Academic Press.
Perkins, H. V., Jr., 1950, The effects of climate and curriculum on group learning. Journal of Educational Research, 44, 269-286.
Pettigrew, A., 1968, Intergroup conflict and role strain. Journal of Management Studies, 5, 205-218.
Piaget, J., 1954, Das moralische Urteil beim Kind. Zürich, Roscher.
Pilisuk, M., Winter, A. J., Chapman, R. & Haas, N., 1967, Honesty, deceit, and timing in the display of intentions. Behavioral Science, 12, 205-215.
Piontkowski, U., 1973, Interaktion und Wahrnehmung in Unterrichtsgruppen. Münster, Aschendorff.
Piontkowski, U., 1976A, Psychologie der Interaktion. München, Juventa.
Piontkowski, U., 1976B, Anwendungsbereiche der Sozialpsychologie. In: Berkowitz, L. (Ed.), Grundriß der Sozialpsychologie, 197-237. München, Juventa.
Poffenberger, A. T., 1932, Psychology of advertising. New York, Appleton-Century-Crofts.
Popper, K. R., 1971, Objektive Erkenntnis. Hamburg, Hoffmann & Campe.
Powell, F. A. & Miller, G. R., 1967, Social approval and disapproval cues in anxiety-arousing communications. Speech Monographs, 34, 152-159.
Prasow, P. & Peters, E., 1970, Arbitration and collective bargaining: Conflict resolution in labor relations. New York, McGraw-Hill.
Price, K. O., Harburg, E. & Newcomb, T., 1966, Psychological balance in situations of negative interpersonal attitudes. Journal of Personality and Social Psychology, 267-270.
Pruitt, D. G., 1971, Choice shifts in group discussion: An introductory review. Journal of Personality and Social Psychology, 20, 339-360.
Pruitt, D. G., 1974, Power and bargaining. In: Seidenberg, B. & Snadkowsky, A. (Eds.), Social psychology. New York, Free Press.
Quay, M., 1959, The effect of verbal reinforcement on the recall of early memories. Journal of Abnormal and Social Psychology, 59, 245-257.
Rabbie, J. M., 1964, Differential preference for companionship under threat. Journal of Abnormal and Social Psychology, 67, 643-648.
Rabow, J., Fowler, F. J., Bradford, D. L., Hofeller, M. A. & Shibuya, J., 1966, The role of social norms and leadership risk taking. Sociometry, 29, 16-27.
Radlow, R., 1965, An experimental study of ›cooperation‹ in the prisoner's dilemma game. Journal of Conflict Resolution, 9, 221-227.
Radlow, R., Weidner, M. F. & Hurst, P. M., 1968, The effect of incentive magnitude and motivational orientation upon choice in the two-person non-zero-sum game. Journal of Social Psychology, 74, 199-208.
Rapoport, A., 1964A, A stochastic model for the PDG. In: Gurland, J. (Ed.), Stochastic models in biology and medicine, 301-322.
Rapoport, A., 1964B, Tacit communication in experiments in conflict and cooperation. International Psychiatry Clinic, 1, 225-244.
Rapoport, A., 1966, Two-person game theory. Ann Arbor, University of Michigan Press.
Rapoport, A., 1970, N-person game theory. Concept and applications. Ann Arbor, Univerity of Michigan Press.
Rapoport, A. & Chammah, A. M., 1965A, Prisoner's dilemma. A study in conflict and cooperation. Ann Arbor, University of Michigan Press.
Rapoport, A. & Chammah, A. M., 1965B, Sex differences in factors contributing to the level of cooperation in the prisoner's dilemma game. Journal of Personality and Social Psychology, 2, 831-838.

Rapoport, A. & Kahan, J. P., 1976, When three is not always two against one: Coalitions in experimental three-person cooperative games. Journal of Experimental Social Psychology, 12, 253-273.
Rapoport, A., Chammah, A., Dwyer, J. & Gyr, J., 1962, Three-person non-zero-sum nonnegotiable games. Behavioral Science, 7, 38-58.
Raupach, H., 1964, Die Schlichtung von kollektiven Arbeitsstreitigkeiten und ihre Probleme unter besonderer Berücksichtigung der deutschen Entwicklung. Berlin, Duncker & Humblot.
Raven, B. H., 1965, Social influence and power. In: Steiner, I. D. & Fishbein, M. (Eds.), Current studies in social psychology, 371-382. New York, Holt, Rinehart & Winston.
Raven, B. H. & Kruglanski, A. W., 1970, Conflict and power. In: Swingle, P. (Ed.), The structure of conflict, 69-109. New York, Academic Press.
Razran, G. H. S., 1938, Conditioning away social bias by the luncheon technique. Psychological Bulletin, 35, 693.
Reimann, H., 1966, Kommunikations-Systeme: Umrisse einer Soziologie der Vermittlung und Mitteilungsprozesse. Tübingen, Mohr.
Reiss, M., Fiedler, P., Krause, R. & Zimmer, D., 1976, Verhaltenstherapie in der Praxis. Stuttgart, Kohlhammer.
Rhine, R. J., 1967A, The 1964 presidential election and curves of information seeking and avoiding. Journal of Personality and Social Psychology, 5, 416-423.
Rhine, R. J., 1967B, Some problems in dissonance theory research on information selectivity. Psychological Bulletin, 68, 21-28.
Riley, M. W., Cohn, R., Toby, J. & Riley, J. W., Jr., 1954, Interpersonal orientations in small groups: A consideration of the questionnaire approach. American Sociological Review, 19, 715-724.
Rim, Y., 1963, Risk-taking and need for achievement. Acta Psychologica, 21, 108-115.
Rim, Y., 1964, Personality and group decisions involving risk. Psychological Record, 14, 37-45.
Rodrigues, A., 1967, Effects of balance, positivity, and agreement in triadic social relations. Journal of Personality and Social Psychology, 5, 472-476.
Roethlisberger, E. J. & Dickson, W. J., 1939, Management and the worker. Cambridge, Massachusetts; Harvard University Press.
Rohrer, J. H., Baron, S. H., Hoffman, E. L. & Swander, D. V., 1954, The stability of autokinetic judgments. Journal of Abnormal and Social Psychology, 49, 595-597.
Rose, A. M., 1967, Systematische Zusammenfassung der Theorie der symbolischen Interaktion. In: Hartmann, H. (Ed.), Moderne amerikanische Soziologie: Neuere Beiträge zur soziologischen Theorie, 264-283. Stuttgart, Enke.
Rosen, S., 1959, Effects of adjustment on the perception and exertion of social power. In: Cartwright, D. (Ed.), Studies in social power. University of Michigan, Ann Arbor.
Rosenbaum, R. M., 1972, A dimensional analysis of perceived causes of success and failure. Dissertation; University of California, Los Angeles.
Rosenberg, L. A., 1961, Group size, prior experience, and conformity. Journal of Abnormal and Social Psychology, 63, 436-437.
Rosenberg, M. J. & Abelson, R. P., 1960, An analysis of cognitive balancing. In: Hovland, C. I. & Rosenberg, M. J. (Eds.), Attitude organization and change, 112-163. New Haven, Yale University Press.
Rosenberg, S., Nelson, C. & Vivekananthan, P. S., 1968, A multidimensional approach to the structure of personality impressions. Journal of Personality and Social Psychology, 9, 283-294.
Rubin, J. Z. & Dimatteo, R., 1972, Factors affecting the magnitude of subjective utility parameters in a tacit bargaining game. Journal of Experimental Social Psychology, 8, 412-426.
Ryans, D., 1961, Some relationships between pupil behavior and certain teacher characteristics. Journal of Educational Psychology, 52, 82-90.
Sader, M., 1976, Psychologie der Gruppe. München, Juventa.
Sampson, E. E. & Insko, C. I., 1964, Cognitive consistency and performance in the autokinetic situation. Journal of Abnormal and Social Psychology, 68, 184-192.
Sampson, E. E. & Kardush, M., 1965, Age, sex, class, and race differences in response to a two-person non-zero-sum game. Journal of Conflict Resolution, 9, 212-220.
Sapolsky, A., 1960, Effect of interpersonal relationships upon verbal conditioning. Journal of Abnormal and Social Psychology, 60, 241-246.
Sarnoff, I., 1968, Psychoanalytic theory and cognitive dissonance. In: Abelson, R. P., Aronson, E., McGuire, W. J., Newcomb, T. M., Rosenberg, M. J. & Tannenbaum, P. H. (Eds.), Theories of cognitive consistency: A sourcebook, 192-200. Chicago, Rand McNally.

Sasfy, J. & Okun, M., 1974, Form of evaluation and audience expertness as joint determinants of audience effects. Journal of Experimental Social Psychology, 10, 461-467.
Sauermann, H. & Selten, R., 1951, Ein Oligopolexperiment. Zeitschrift für die gesamte Staatswissenschaft, 115, 427-471.
Sawyer, J. & Gützkow, H., 1965, Bargaining and negotiation in international relations. In: Kelman, H. C. (Ed.), International behavior, 464-520. New York, Holt, Rinehart & Winston.
Schachter, S.,1951, Deviation, rejection, and communication. Journal of Abnormal and Social Psychology, 46, 190-207.
Schachter, S., 1959, The psychology of affiliation. Stanford, Stanford University Press.
Schachter, S., Ellertson, N., McBride, D. & Gregory, D., 1951, An experimental study of cohesiveness and productivity. Human Relations, 4, 229-238.
Scharmann, T., 1972, Teamarbeit in der Unternehmung. Stuttgart, UTB.
Schein, E. H., 1958, The chinese indoctrination program for prisoners of war: A study of attempted »brainwashing«. In: Maccoby, E. E., Newcomb, T. M. & Hartley, E. L. (Eds.), Readings in social psychology, 311-334. New York, Holt, Rinehart & Winston.
Schellenberg, J. H., 1964, Distributive justice and collaboration in a non-zero-sum game. Journal of Conflict Resolution, 8,147-150.
Scherer, K. R., 1970, Non-verbale Kommunikation: Ansätze zur Beobachtung und Analyse der außersprachlichen Aspekte von Interaktionsverhalten. Hamburg.
Scherwitz, L. & Helmreich, R., 1973, Interactive effects of eye contact and verbal content on interpersonal attraction in dyads. Journal of Personality and Social Psychology, 25, 6-14.
Schlesinger, J., Jackson, J. M. & Butman, J., 1960, Leader-member interaction in management committees. Journal of Abnormal and Social Psychology, 61, 360-364.
Schmalt, H. D. & Meyer, W. U., 1976, Leistungsmotivation und Verhalten. Stuttgart, Klett.
Schneider, H. D., 1975, Kleingruppenforschung. Stuttgart, Teubner.
Schoch, R., 1969, Der Verkaufsvorgang als sozialer Interaktionsprozeß. Winterthur, Schellenberg.
Schönbach, P., 1966, Dissonanz und Interaktionssequenz. Kölner Zeitschrift für Soziologie und Sozialpsychologie, 18, 253-270.
Schönfeld, W. N. (Ed.), 1971, The theory of reinforcement schedules. New York, Appleton-Century-Crofts.
Schröder, H. E., 1973, The risky shift as a general choice shift. Journal of Personality and Social Psychology, 27, 297-300.
Schulman, G. I., 1967, Asch conformity studies: Conformity to the experimenter or to the group? Sociometry, 30, 26-40.
Schulte, D. & Kemmler, L., 1974, Systematische Beobachtung in der Verhaltenstherapie. In: Schulte, D. (Ed.), Diagnostik in der Verhaltenstherapie, 152-195. München, Urban & Schwarzenberg.
Schulz, R. & Barefoot, J., 1974, Non-verbal responses and affiliative conflict theory. British Journal of Social and Clinical Psychology, 13, 237-243.
Schulz, W., Teschner, W. P. & Voigt, J., 1970, Verhalten im Unterricht. Seine Erfassung durch Beobachtungsverfahren. In: Ingenkamp, K. & Parey, E. (Eds.), Handbuch der Unterrichtsforschung, Teil I, 637-852. Weinheim, Beltz.
Schwartz, S. H., 1970, Moral decision making and behavior. In: McCaulay, J. R. & Berkowitz, L. (Eds.), Altruism and helping behavior, 127-141. New York, Academic Press.
Scodel, A., Minas, J. S., Ratoosh, P. & Lipetz, M., 1959, Some descriptive aspects of two-person non-zero-sum games. Journal of Conflict Resolution, 3, 114-119.
Scott, W. A., 1963, Cognitive complexity and cognitive balance. Sociometry, 26, 66-70.
Sears, R. R., Maccoby, E. E. & Levin, H., 1957, Patterns of child rearing. New York, Harper.
Secord, P. F. & Backman, C. W., 1964, Social psychology. New York, McGraw-Hill.
Secord, P. F. & Backman, C. W., 1974, Social psychology (2. Edition). New York, McGraw-Hill.
Seiffert, K. H., 1969, Untersuchungen zur Frage der Führungseffektivität. Psychologie und Praxis, 13, 49-64.
Selten, R., 1972, Equal share analysis of characteristic function experiments. In: Sauermann, H. (Ed.), Beiträge zur experimentellen Wirtschaftsforschung, Vol. III, 130-165. Tübingen.
Selten, R., 1978, Vergleich der Vorhersagegüte verschiedener Theorien für kooperative 3-Personen Spiele. Im Druck.
Selten, R. & Schuster, K. G., 1968, Psychological variables and coalition-forming behavior. In: Borch, K. & Mossin, J. (Eds.), Risk and uncertainty. London.
Selten, R. & Schuster, K. G., 1968, Psychological variables and coalition-forming behavior. In: Borch, K. & Mossin, J. (Eds.), Risk and uncertainty: Proceedings of a conference held by the International Economic Association, 221-246. London, McMillan.
Selvin, H. C., 1960, The effects of leadership. Chicago, Free Press.

Sermat, V., 1964, Cooperative behavior in a mixed-motive game. Journal of Social Psychology, 62, 217-239.
Sermat, V., 1967, The effect of an initial cooperative or competitive treatment upon subject's response to conditional cooperation. Behavioral Science, 12, 301-313.
Shannon, C. E. & Weaver, W., 1949, The mathematical theory of communication. Urbana, Illinois; University of Illinois Press.
Shapley, L. S., 1953, A value theory for n-person games. In: Kuhn, H. W. & Tucker, A. W. (Eds.), Contributions to the theory of games, Vol. II, 307-318. Princeton, New Jersey: Princeton University Press.
Shaw, M. E., 1963, Scaling group tasks: A method for dimensional analysis. Technical Report No. 1, ONR contract No. 170-266, NONR-580(11), University of Florida (zitiert nach Shaw 1971).
Shaw, M. E., 1964, Communication networks. In: Berkowitz, L. (Ed.), Advances in experimental social psychology, Vol. I, 111-147, New York, Academic Press.
Shaw, M. E., 1971, Group dynamics. New York, McGraw-Hill.
Shaw, M. E. & Blum, M. J., 1966, Effects of leadership style upon group performance as a function of task structure. Journal of Personality and Social Psychology, 3, 238-242.
Shaw, M. E. & Costanzo, Ph. R., 1970, Theories of social psychology. New York, McGraw-Hill.
Shaw, M. E. & Shaw, L. M., 1962, Some effects of sociometric grouping upon learning in a second grade classroom. Journal of Social Psychology, 57, 453-458.
Sheffield, J. & Byrne, D., 1967, Attitude similarity, authoritarianism, and interpersonal attraction. Journal of Social Psychology, 7, 117-123.
Sheldon, W. D. & Landsman, T., 1950, An investigation of non-directive group therapy with students in academic difficults. Journal of Consulting Psychology, 14, 210-215.
Sherif, M., 1935, A study of some social factors in perception. Archives of Psychology, 27, No. 187.
Sherif, M., 1968, Group formation, 276-283. In: Stills, D. L. (Ed.), International encyclopedia of the social sciences, Vol. VI. New York, Free Press.
Sherif, M. & Sherif, C. W., 1953, Groups in harmony and tension. New York, Harper.
Sherif, M., Harvey, O. J., White, B. J., Houd, W. R. & Sherif, C. W., 1961, Intergroup conflict and cooperation: The robbers cave experiment. Norman, University of Oklahoma Press.
Shomer, R. W., Davis, A. H. & Kelley, H. H., 1966, Threats and the development of coordination: Further studies of the Deutsch and Krauss trucking game. Journal of Personality and Social Psychology, 4, 119-126.
Short, J. F., Jr., 1961, Aggressive behavior in response to status threats. Paper presented at the Meeting of the American Sociological Association, St. Louis, Miss.
Shrader, E. G. & Lewit, D. W., 1962, Structural factors in cognitive balancing behavior. Human Relations, 15, 265-276.
Shubik, M. (Ed.), 1964, Game theory and related approaches to social behavior. New York, Wiley. Dtsch. 1965. Spieltheorie und Sozialwissenschaften. Hamburg, Fischer.
Shubik, M., 1971, Games of status. Behavioral Science, 16, 117-129.
Shure, G. H., Meeker, R. J. & Hansford, E. E., 1965, The effectiveness of pacifist strategies in bargaining games. Journal of Conflict Resolution, 9, 106-117.
Siegel, S. & Fouraker, L. E., 1960, Bargaining and group decision making. New York, McGraw-Hill.
Siegel, S. & Harnett, L. D., 1961, Bargaining information, and the use of threat. Research Bulletin 21. The Pennsylvania State University, Department of Psychology.
Simmel, G., 1908, Soziologie. Leipzig, Duncker & Humblot.
Simon, R. J., 1967, The jury and the defence of insanity. Boston, Little, Brown.
Singer, J. L., 1971, The control of aggression and violence. New York, Academic Press.
Singer, J. E. & Shockley, V. L., 1965, Ability and affiliation. Journal of Personality and Social Psychology, 1, 95-99.
Skinner, B. F., 1938, The behavior of organisms. New York, Appleton-Century-Crofts.
Skinner, B. F., 1953, Science and human behavior. New York, MacMillan.
Skinner, B. F., 1957, Verbal behavior. New York, Appleton-Century-Crofts.
Skinner, B. F., 1959, Cumulative record. New York, Appleton-Century-Crofts.
Slater, P. E., 1955, Role differentiation in small groups. American Sociological Review, 20, 300-310.
Smith, A. J., 1957, Similarity of values and its relation to acceptance and the projection of similarity. Journal of Psychology, 43, 251-260.
Smith, D. H., 1969, Communication and negotiation outcome. Journal of Communication, 19, 248-256.

Smith, K. H., 1961, Ego strength and perceived competence as conformity variables. Journal of Abnormal and Social Psychology, 62, 169-171.
Smith, P. B., 1976, Kleingruppen in Organisationen. Stuttgart, Klett.
Smith, W. P., 1968, Reward structure and information in the development of cooperation. Journal of Experimental and Social Psychology, 4, 199-223.
Smith, W. P. & Emmons, T. D., 1969, Outcome information and competitiveness in interpersonal bargaining. Journal of Conflict Resolution, 13, 262-270.
Smith, W. P. & Leginski, W. A., 1970, Magnitude and precision of punitive power in bargaining strategy. Journal of Experimental and Social Psychology, 6, 57-76.
Solomon, R. L., 1964, Punishment. American Psychologist, 19, 239-253.
Stalling, R. B., 1970, Personality similarity and evaluative meaning as conditioners of attraction. Journal of Personality and Social Psychology, 14, 77-82.
Staub, E., 1971, Helping a person in distress: The influence of implicit and explicit »rules« of conduct on children and adults. Journal of Personality and Social Psychology, 17, 137-144.
Steiner, I. D., 1972, Group process and productivity. New York, Academic Press.
Stendenbach, F. J., 1963, Soziale Interaktion und Lernprozesse. Köln, Kiepenheuer & Witsch.
Stogdill, R. M., 1948, Personal factors associated with leadership. Journal of Psychology, 25, 35-71.
Stogdill, R. M., 1959, Individual behavior and group achievement. New York, Oxford University Press.
Stogdill, R. M., 1965, Managers, employees, organizations. Bureau Business Research Monograph No. 125.
Stogdill, R. M. & Jaynes, W. E., 1953, Personal versus situational determinants of leadership. Unveröff. techn. Bericht (zitiert nach Stogdill 1959, 193-195).
Stoner, J. A. F., 1961, A comparison of individual and group decision including risk. Unveröffentlichte Diplomarbeit, School of Industrial Management, M. I. T. (zitiert nach Braun 1965).
Ströbe, W., Insko, C. A., Thompson, V. D. & Layton, B. D., 1971, Effects of physical attractiveness, attitude similarity, and sex on various aspects of interpersonal attraction. Journal of Personality and Social Psychology, 18, 79-91.
Stryker, S., 1972, Coalition behavior. In: McClintock, C. G. (Ed.), Experimental social psychology, 338-380. New York, Holt, Rinehart & Winston.
Sukale, M., 1971, Zur Axiomatisierung der Balancetheorie. Eine wissenschaftstheoretische Fallstudie. Zeitschrift für Sozialpsychologie, 2, 40-57.
Swingle, P. G., 1970A, The structure of conflict. New York, Academic Press.
Swingle, P. G., 1970B, Exploitive behavior in non-zero-sum games. Journal of Personality and Social Psychology, 16, 121-132.
Tack, W. H., 1974, Zwei Theoreme zur Konstruktion von 3-Personen-Spielen mit nichtleerem Kern. Zeitschrift für Sozialpsychologie, 5, 184-188.
Taffel, C., 1955, Anxiety and the conditioning of verbal behavior. Journal of Abnormal and Social Psychology, 51, 496-501.
Tajfel, H., Billig, M. G., Bundy, R. P. & Flamment, C., 1971, Social categorization and intergroup behavior. European Journal of Social Psychology, 1, 149-178.
Tausch, A., 1960, Verschiedene nicht-autokratische Verhaltensformen in ihrer Auswirkung auf Kinder in Konfliktsituationen. Zeitschrift für experimentelle und angewandte Psychologie, 9, 339-351.
Tausch, R. & Tausch, A., 1965, Reversibilität/Irreversibilität des Sprachverhaltens in der sozialen Interaktion. Psychologische Rundschau, 16, 28-42.
Tausch, R. & Tausch, A., 1971, Erziehungspsychologie. Göttingen, Hogrefe.
Taylor, D. W., 1954, Problem solving by groups. Proceedings of the Fourteenth International Congress of Psychology, Montreal.
Taylor, D. W., Berry, P. C. & Block, C. H., 1958, Does group participation when using brainstorming facilitate or inhibit creative thinking? Administrative Science Quarterly, 3, 23-47.
Taylor, H. F., 1968, Balance, tension, and tension release in the two-person group. Human Relations, 21, 59-74.
Taylor, H. F., 1970, Balance in small groups. New York, van Nostrand Reinhold.
Tedeschi, J. T., 1970, Threats and promises. In: Swingle, P. G. (Ed.), The structure of conflict, 155-187. New York, Academic Press.
Tedeschi, J. T., Bonoma, T. V. & Lindskold, S., 1970, Threatener's reactions to prior announcement of behavioral compliance or defiance. Behavioral Science, 15, 171-179.
Tedeschi, J. T., Bonoma, T. V., Schlenker, B. R. & Lindskold, S., 1969, Interpersonal attraction and the reaction to threats. Mimeographed manuscript, United States International University, San Diego, California.

Tedeschi, J. T., Horai, J., Lindskold, S. & Gahagan, J. P., 1968, The effects of threat upon prevarication and complicance and social conflict. Proceedings of the 76th Annual American Psychological Association Convention, 399-400.

Tedeschi, J. T., Schlenker, B. R. & Bonoma, T. V., 1973, Conflict, power, and games. Chicago, Aldine.

Teger, A. I., Pruitt, D. G., St. Jean, R. & Haaland, G. A., 1970, A re-examination of the familiarization hypothesis in group risk taking. Journal of Experimental Social Psychology, 6, 346-350.

Terbuyken, G., 1977, Sprechform, Situationsstruktur und Verstehensprozeß. In: Tack, W. H. (Ed.), Bericht über den 30. Kongreß der Deutschen Gesellschaft für Psychologie in Regensburg 1976, Band 1, 180-181. Göttingen, Hogrefe.

Thibaut, J., 1950, An experimental study of the cohesiveness of underprivileged groups. Human Relations, 3, 251-278.

Thibaut, J. W. & Kelley, H. H., 1959, The social psychology of groups. New York, Wiley.

Thibaut, J. W. & Strickland, L., 1956, Psychological set and social conformity. Journal of Personality, 25, 115-129.

Thiel, P., 1969, La notation de l'espace du mouvement et de l'orientation. L'architecture d'aujourd'-hui, 40, No. 145, 49-58. Modifiziert in: Prohansky, H. M., Ittelson, W. H. & Rivlin, L. G. (Eds.), 1970, Environmental Psychology: Man and his psychological setting. New York.

Thorndike, E. L., 1920, A constant error in psychological ratings. Journal of Applied Psychology, 4, 25-29.

Thorndike, R. L., 1938, On what type of task will a group do well? Journal of Abnormal and Social Psychology, 33, 409-413.

Thorpe, J. G., 1955, An investigation into some correlates of sociometric status within school classes. Sociometry, 18, 49-61.

Tietz, R., 1975, Zwei-Personen-Verhandlungen mit verbaler Kommunikation. Frankfurter Arbeiten zur experimentellen Wirtschaftsforschung. Frankfurt.

Tietz, R., 1976, Der Anspruchsausgleich in experimentellen Zwei-Personen-Verhandlungen mit verbaler Kommunikation. In: Brandstätter, H. & Schuler, H. (Eds.), Zeitschrift für Sozialpsychologie, Beiheft 2, Entscheidungsprozesse in Gruppen, 123-141. Bern, Huber.

Trimäus, E. & Lück, H., 1976, Sozialpsychologie der Erziehung. Neuwied, Luchterhand.

Tucker, D. M., 1973, Some relationships between individual and group development. Human Development, 16, 249-272.

Tuckman, B. W., 1965, Development sequence in small groups. Psychological Bulletin, 63, 384-389.

Uesugi, T. T. & Vinacke, W. E., 1963, Strategy in a feminine game. Sociometry, 26, 75-88.

Ugurel-Semin, R., 1952, Moral behavior and moral judgment of children. Journal of Abnormal and Social Psychology, 47, 463-474.

Uhlmann, F. W. & Fiedler, F. E., 1958, Choices of fraternity, presidents for leadership and maintenance roles. Psychological Reports, 4, 498.

Upshaw, H., 1967, Comparison level as a function of reward cost orientation. Journal of Personality, 35, 290-296.

Vaughan, G. M. & Mangan, G. L., 1963, Conformity to group pressure in relation to the value of the task material. Journal of Abnormal and Social Psychology, 66, 179-183.

Verplanck, W. S., 1955, The control of the content of conversation: Reinforcement of statements of opinion. Journal of Abnormal and Social Psychology, 51, 668-676.

Vickrey, W., 1953, Strong and weak solutions in the theory of games. Department of Economics, Columbia University. Unpublished paper.

Vinacke, W. E., 1959, Sex roles in a three-person game. Sociometry, 22, 343-360.

Vinacke, W. E., 1962, Power, strategy, and the formation of coalitions under four incentive conditions. Technical Report 1, University of Hawaii.

Vinacke, W. E., 1964, Intra-group power relations, strategy, and decisions in inter-triad competition. Sociometry, 27, 25-39.

Vinacke, W. E. & Arkoff, A., 1957, An experimental study of coalitions in the triad. American Sociological Review, 22, 406-414.

Vinacke, W. E., Crowell, D. C., Dien, D. & Young, V., 1966, The effect of information about strategy on a three-person game. Behavioral Science, 11, 180-189.

Vinokur, A., 1971, Review and theoretical analysis of the effects of group processes upon individual and group decision involving risk. Psychological Bulletin, 76, 231-250.

von Cranach, M. & Frenz, H. G., 1969, Systematische Beobachtung. In: Graumann, C. F. (Ed.), Handbuch der Psychologie, Bd. 7, Sozialpsychologie, 1. Halbband: Theorien und Methoden, 269-331. Göttingen, Hogrefe.

von Cranach, M. & Konau, E., 1970, Die Elemente der Interaktion als unbekanntes Kerngebiet der Sozialpsychologie. Wissenschaftsfortschritt und Problemzuwachs. Rezension, Argyle, M.: Social interaction, In: Zeitschrift für Sozialpsychologie, 1970, 1, 377-383.
von Neumann, J., 1928, Zur Theorie der Gesellschaftsspiele. Mathematische Annalen, 100, 295-320.
von Neumann, J. & Morgenstern, O., 1944, Theory of games and economic behavior. Princeton, New Jersey; Princeton University Press.
von Neumann, J. & Morgenstern, O., 1961, Spieltheorie und wirtschaftliches Verhalten. Würzburg, Physica.
von Rosenstiel, L., Molt, W. & Rüttinger, B., 1977, Organisationspsychologie. Stuttgart, Kohlhammer (3. Auflage).
Vorwerg, G., 1970, Führungsfunktion in sozialpsychologischer Sicht. Berlin, VEB Verlag Deutscher Wissenschaften.
Wahba, M. A., 1972, Preferences among alternative form of equity: The apportionment of coalition reward in the males and females. Journal of Social Psychology, 87, 107-115.
Wallach, M. A., Kogan, N. & Bem, D. J., 1962, Group influence on individual risk taking. Journal of Abnormal and Social Psychology, 65, 75-86.
Wallach, M. A., Kogan, N. & Bem, D. J., 1964, Diffusion of responsibility and level of risk taking in groups. Journal of Abnormal and Social Psychology, 68, 263-274.
Walster, E. & Festinger, L., 1962, The effectiveness of »overheard« persuasive communications. Journal of Abnormal and Social Psychology, 65, 395-402.
Walster, E. & Walster, B., 1963, Effect of expecting to be liked on choice of associates. Journal of Abnormal and Social Psychology, 67, 402-404.
Walster, E., Berscheid, E. & Walster, G. W., 1973, New directions in equity research. Journal of Personality and Social Psychology, 25, 2, 151-176.
Walster, E., Berscheid, E. & Walster, G. W., 1976, New directions in equity research. In: Berkowitz, L. & Walster, E. (Eds.), Advances in experimental social psychology, 1-42. New York, Academic Press.
Walster, E. H., Aronson, O., Abrahams, D. & Rottmann, L., 1966, Importance of physical attractiveness in dating behavior. Journal of Personality and Social Psychology, 4, 508-516.
Walters, R. H. & Parke, R. D., 1964, Social motivation, dependency, and susceptibility of social influence. In: Berkowitz, L. (Ed.), Advances in experimental social psychology, Vol. I, 231-276. New York, Academic Press.
Walton, R. E., 1968, Legal justice, power-bargaining, and social science intervention: Mechanisms for setting disputes. Technical Report No. 3, AF 49 (638)-1751, Institute for Research in Behavioral, Economic and Management Science; Purdue University, West Lafayette, Indiana.
Walton, R. E., 1969, Interpersonal peacemaking: Confrontations and third-party consultation. Reading, Massachusetts; Addison-Wesley.
Walton, R. E. & McKersie, R. B., 1965, A behavioral theory of labor negotiations. New York, McGraw-Hill.
Ward, J. N., 1956, Group-study versus lecture-demonstration method in physical science instruction for general education college students. Journal of Experimental Education, 24, 197-210.
Watzlawick, P., 1977, Die Möglichkeit des Andersseins. Bern, Huber.
Watzlawick, P., Beavin, J. H. & Jackson, D., 1969, Menschliche Kommunikation. Stuttgart, Huber.
Weber, H.-J. & Tietz, R., 1975, Statische und dynamische Vorteilsausgleichstheorien der Verhandlung. Frankfurter Arbeiten zur experimentellen Wirtschaftsforschung.
Weiner, B., 1976, Theorien der Motivation. Stuttgart, Klett.
Weiner, B. & Kukla, A., 1970, An attributional analysis of achievement motivation. Journal of Personality and Social Psychology, 15, 1-20.
Weiner, B., Nierenberg, R. & Goldstein, M., 1976, Social learning (locus of control) versus attributional (causal stability) interpretations of expectancy of success. Journal of Personality, 44, 52-68.
Weiner, H. & McGuinnies, E., 1961, Authoritarianism, conformity, and confidence in a perceptual judgment situation. Journal of Social Psychology, 55, 77-84.
Weiss, R. F., Buchanan, W., Altstatt, L. & Lombardo, J. P., 1971, Altruism in rewarding. Science, 171, 1262-1263.
White, J. E., 1950, Theory and method for research in community leadership. American Sociological Review, 15, 50-60.
White, R. & Lippitt, R. A., 1953/1960, Leader behavior and member reaction in three »social climates«. In: Cartwright, D. & Zander, A. (Eds.), Group dynamics, 1960, 2nd Edition, 527-553. Evanston.
Whittacker, J. O., 1964, Parameters of social influence in the autokinetic situation. Sociometry, 27, 88-95.

Whyte, W. F., 1943, Street corner society: The social structure of an italian slum. Chicago, University Press.
Whyte, W. F., 1955, Money and motivation: An analysis of incentives in industry. New York, Harper.
Wichman, H., 1970, Effects of isolation and communication on cooperation in a two-person game. Journal of Personality and Social Psychology, 16, 114-120.
Williams, R. G., Pollack, V. J. & Ferguson, N. A., 1975, Differential effects of two grading systems on student performance. Journal of Educational Psychology, 67, 253-258.
Willis, R. H., 1962, Coalitions in the tetrad. Sociometry, 25, 358-376.
Willis, R. H. & Hollander, E. P., 1964, An experimental study of three response modes in social influence situations. Journal of Abnormal and Social Psychology, 69, 150-156.
Wilson, R. S., 1960, Personality patterns, source attractiveness, and conformity. Journal of Personality, 28, 186-199.
Winch, R. F., 1958, Mate selection: A study of complementary needs. New York, Harper.
Woleman, B. B., 1960, Impact of failure on group cohesiveness. Journal of Social Psychology, 51, 409-418.
Wright, D. S., Taylor, A., Davis, R. D., Sluckin, W., Lee, S. G. M. & Reason, J. T., 1970, Introducing psychology: An experimental approach. Harmondsworth, Penguin Books.
Wright, G. & Evitts, M. S., 1961, Direct factor analysis in sociometry. Sociometry, 24, 82-98.
Wrightsman, L., 1960, Effects of waiting with others on changes in level of felt anxiety. Journal of Abnormal and Social Psychology, 61, 216-222.
Wrightsman, L., 1973, Social psychology in the seventies. Belmont, California; Brooks/Cole Publishing.
Yerkes, R. M. & Dodson, J. D., 1908, The relation of strength of stimulus to rapidity of habit-formation. Journal of Comparative and Neurological Psychology, 18, 459-482.
Yukl, G. A., 1974, Effects of situational variables and opponent concessions on a bargainer's perception, aspirations, and concessions. Journal of Personality and Social Psychology, 29, 227-236.
Zajonc, R. B., 1965, Social facilitation. Science, 149, 269-274.
Zajonc, R. B., 1966, Social psychology: An experimental approach. Belmont, California; Brooks/Cole Publishing.
Zajonc, R. B., 1968, Cognitive theories in social psychology. In: Lindzey, G. & Aronson, E. (Eds.), Handbook of social psychology, Vol. I, 320-411. Cambridge, Massachusetts; Addison-Wesley (2. Edition).
Zajonc, R. B. & Burnstein, E., 1965A, The learning of balanced and unbalanced social structures. Journal of Personality, 33, 153-163.
Zajonc, R. B. & Burnstein, E., 1965B, Structural balance, reciprocity, and positivity as sources of cognitive bias. Journal of Personality, 33, 570-583.
Zaleska, M., 1974, The effects of discussion on group and individual choices among bets. European Journal of Social Psychology, 4, 2, 229-250.
Zaleska, M., 1976, Majority influence on group choices among bets. Journal of Personality and Social Psychology, 33, 1, 8-17.
Zaleska, M., 1976, A note on some experimental results concerning the majority influence on group decisions. Unpublished manuscript.
Zaleska, M., 1978, Polarization of group choices. In: Brandstätter, H., Davis, J. H., Schuler, H. (Eds.), Social decision schemes. Beverly Hills, Sage. (In Press).
Zander, A., Stotland, E. & Wolfe, D., 1960, Unity of group, identification with group, and self-esteem of members. Journal of Personality, 28, 463-478.
Ziller, R. C., 1965, Toward a theory of open and closed groups. Psychological Bulletin, 64, 164-182.
Zimet, L. N. & Fine, H. J., 1955, Personality changes with a group therapeutic experience in a human relations seminar. Journal of Abnormal and Social Psychology, 51, 68-73.
Zipf, S. G., 1960, Resistance and conformity under reward and punishment. Journal of Abnormal and Social Psychology, 61, 102-109.

Antworten zu den Kontrollfragen

Kapitel 1

(1) s. S. 17.
(2) Hinsichtlich der Merkmale Kontingenz und Strategie, s. S. 19.
(3) Motivation und Ziel, Wahrnehmung, Übersetzung, Motorik, Veränderungen in der Außenwelt, s. S. 20–22.
(4) Zeitartikulation, Sprache und Sprechweise, Blickkontakt, Körperbewegungen und Gesichtsausdruck: s. S. 22–23.
(5) Zeichen-Benutzer-Relation, s. S. 23–25.
(6) Kommunikation über menschliche Beziehungen, s. S. 24.
(7) s. S. 26–27.
(8) s. S. 30.
(9) s. S. 31–32.
(10) s. S. 33.

Kapitel 2

(1) Einheitsbeziehungen, Gefühlsbeziehungen, Produktenregel, s. S. 37–38.
(2) s. S. 41–42.
(3) s. S. 46.
(4) s. S. 43–44, S. 49, S. 68–69.
(5) s. S. 49–51.
(6) Irrelevante, konsonante und dissonante Beziehungen.
(7) s. S. 55–58.
(8) s. S. 63–64.
(9) s. S. 66–68.
(10) s. S. 68–69.

Kapitel 3

(1) s. S. 76.
(2) s. S. 78–80.
(3) s. S. 79–80.
(4) s. S. 81.
(5) s. S. 82.
(6) s. S. 82.
(7) Verantwortlichkeit und antizipierte Wirksamkeit des Eingreifens.
(8) S. Tab. 3.1 auf S. 86.
(9) Die Anwesenheit anderer Personen „erleichtert" unter bestimmten Voraussetzungen die Durchführung der Aufgabe, s. S. 88.
(10) s. S. 88.

Kapitel 4

(1) s. S. 93–94.
(2) s. S. 94–95.
(3) s. S. 94.
(4) s. Abb. 4.1 und 4.2, S. 96 und 97.
(5) s. S. 98–99.
(6) Bei p 0,50.
(7) s. Tab. 4.3 und S. 107–108.
(8) s. S. 112–113.
(9) und (10) s. S. 113–114.

Kapitel 5

(1) Definition s. S. 123.
(2) s. S. 124–126.
(3) Definition s. S. 127.
(4) Definition s. S. 128–129.
(5) s. S. 131–132.
(6) s. S. 132–133.
(7) Stets die Alternative „Gestehen" bzw. R wählen, s. S. 131–134.
(8) s. S. 134.
(9) s. S. 135.
(10) s. S. 130.

Kapitel 6

(1) Die Bezeichnungen kooperativ und kompetitiv beziehen sich lediglich auf das Zugverhalten, über die zugrundeliegende Intention bzw. Motivation wird damit noch nichts gesagt: s. S. 141.
(2) Wenn das Wettstreitziel die Maximierung der Distanz zum Gegenspieler ist, kann im PDG, MDG u. a. Spielen nicht notwendigerweise auch ein hoher Gewinn erreicht werden.
(3) s. S. 145–150.
(4) s. S. 152–156.
(5) s. S. 158–162.
(6) s. S. 160–161 und Tab. 6.10.
(7) s. S. 161–162.
(8) s. S. 163.
(9) s. S. 164–166 und Abb. 6.2.
(10) s. S. 166.

Kapitel 7

(1) s. S. 173–174.
(2) s. S. 176, Abschn. 7.3.
(3) s. S. 174–176.
(4) s. S. 174–176.
(5) s. S. 176, Abschn. 7.2.7.
(6) s. S. 177–179 und Tab. 7.1.
(7) s. S. 178.
(8) s. S. 179–180.
(9) s. S. 179.
(10) s. S. 180–182.

Kapitel 8

(1) s. S. 183–185 und Tab. 8.1.
(2) s. S. 186–191.
(3) s. S. 189–190.

(4) s. S. 193.
(5) s. S. 197–201.
(6) s. S. 203.
(7) s. S. 201–205.
(8) s. S. 203.
(9) s. auch S. 205.
(10) s. S. 209 und Tab. 8.5.

Kapitel 9

(1) s. S. 217–218.
(2) s. S. 220–221.
(3) Leistungen des Bestimmens.
(4) s. S. 223–224.
(5) s. S. 224–225.
(6) s. S. 226–227.
(7) s. S. 227–228.
(8) s. S. 236.
(9) s. S. 242–244.
(10) s. S. 244–246 und Abb. 9.5.

Personenregister

Sachregister